Per Dalin
Theorie und Praxis der Schulentwicklung

*Jubiläumsjahr 1999*
*Von Profi zu Profi. Seit 75 Jahren.*

# Beiträge zur Schulentwicklung

Per Dalin

## Theorie und Praxis der Schulentwicklung

Für den vorliegenden Band wurde die zweibändige norwegische Ausgabe in Absprache mit dem Autor leicht gekürzt und übersetzt von Jochen Pöhlandt

Luchterhand

Die Deutsche Bibliothek – CIP-Einheitsaufnahme

**Dalin, Per:**
Theorie und Praxis der Schulentwicklung / Per Dalin. Für den vorliegenden Bd. wurde die zweibd. norweg. Ausg. in Absprache mit dem Autor leicht gekürzt und übers. von Jochen Pöhlandt. –
Neuwied; Kriftel: Luchterhand, 1999
(Beiträge zur Schulentwicklung)
ISBN 3-472-03266-9

*Originaltitel der norwegischen Ausgaben:*
*Skoleutvikling – Teorier for forandring und*
*Skoleutvikling – Strategier og praksis.*

Alle Rechte vorbehalten.
© 1999 by Hermann Luchterhand Verlag GmbH Neuwied, Kriftel.
Das Werk einschließlich aller seiner Teile ist urheberrechtlich geschützt. Jede Verwertung außerhalb der engen Grenzen des Urheberrechtsgesetzes ist ohne Zustimmung des Verlages unzulässig und strafbar. Das gilt insbesondere für Vervielfältigungen, Übersetzungen, Mikroverfilmungen und die Einspeicherung und Verarbeitung in elektronischen Systemen.
Satz: KompetenzCenter Urban, Düsseldorf
Papier: Permaplan von Arjo Wiggins Spezialpapiere, Ettlingen
Druck: Betz-Druck, Darmstadt
Printed in Germany, Juli 1999

∞ Gedruckt auf säurefreiem, alterungsbeständigem und chlorfreiem Papier

# Inhalt

| | | |
|---|---|---|
| **1.** | **Schulentwicklung: Von der Vision zur Wirklichkeit** | **9** |
| 1.1 | Schulentwicklung in Westeuropa | 11 |
| 1.2 | Die Vereinigten Staaten von Amerika | 15 |
| 1.3 | Schulkritik und Reformversuche | 24 |
| 1.4 | Schulerneuerung und Gesellschaftsentwicklung | 29 |
| 1.5 | Auf dem Weg ins 21. Jahrhundert | 32 |
| | | |
| **2.** | **Organisationstheorien** | **35** |
| 2.1 | Die strukturelle Perspektive | 41 |
| 2.2 | Die humanistische Perspektive | 57 |
| 2.3 | Die politische Perspektive | 67 |
| 2.4 | Die symbolische Perspektive | 74 |
| 2.5 | Integrierte Theorien | 81 |
| | | |
| **3.** | **Die Schule als Organisation** | **103** |
| 3.1 | Theorien als Bezugsrahmen | 103 |
| 3.2 | Systemische Perspektiven | 143 |
| 3.3 | Perspektiven zur Schule als Organisation | 146 |
| 3.4 | Zur Erklärung des Verhaltens von Organisationen | 149 |
| 3.5 | Das Studium der Schule als Organisation | 153 |
| 3.6 | Funktionen von Organisationen | 154 |
| 3.7 | Hauptdimensionen | 155 |
| | | |
| **4.** | **Führungstheorien** | **163** |
| 4.1 | Was ist Führung? | 163 |
| 4.2 | Klassische Organisationstheorie und Führung | 165 |
| 4.3 | Humanistische Theorie und Führung | 167 |
| 4.4 | Offene Systemtheorie und Führung | 176 |
| 4.5 | Systemführung | 196 |
| 4.6 | Führung auf verschiedenen Ebenen | 201 |
| 4.7 | Schulleiter und Schulentwicklung | 202 |

| | | |
|---|---|---|
| 5. | **Veränderungstheorien** | **209** |
| 5.1 | Schulentwicklung – Definitionen | 210 |
| 5.2 | Allgemeine Veränderungsperspektiven | 216 |
| 5.3 | Das Gleichgewichtsparadigma | 221 |
| 5.4 | Das Konfliktparadigma | 224 |
| 5.5 | Die technologische Perspektive | 229 |
| 5.6 | Die politische Perspektive | 231 |
| 5.7 | Die kulturelle Perspektive | 233 |
| 5.8 | Was kann empirische Forschung über Schulentwicklung aussagen? | 238 |
| 5.9 | Auf dem Wege zu einer Theorie der Schulentwicklung | 252 |
| 5.10 | Ein wechselseitiger Anpassungs- und Entwicklungsprozeß | 257 |

| | | |
|---|---|---|
| 6. | **Die Dilemmata des Bildungswesens** | **265** |
| 6.1 | Qualität und Gleichheit | 267 |
| 6.2 | Allgemeinbildung und Berufsausbildung | 272 |
| 6.3 | Tradition und Innovation | 275 |
| 6.4 | Inhalte und Prozesse | 279 |
| 6.5 | Nationale und internationale Begründung der Schule | 279 |

| | | |
|---|---|---|
| 7. | **Die neue Balance: Zentralisierung und Dezentralisierung** | **285** |
| 7.1 | Dezentralisierung | 288 |
| 7.2 | Erfahrungen mit Dezentralisierung in anderen Ländern | 300 |
| 7.3 | Gründe der Dezentralisierung | 308 |
| 7.4 | Hat Dezentralisierung eine Zukunft? | 311 |

| | | |
|---|---|---|
| 8. | **Personbezogene Strategien** | **313** |
| 8.1 | Das Individuum im Entwicklungsprozeß | 314 |
| 8.2 | Der Lehrer als Veränderungsagent | 318 |
| 8.3 | Qualifikationen des Lehrers als Veränderungsagent | 320 |
| 8.4 | Die Schule als lernende Organisation | 324 |
| 8.5 | Innovation als Antwort auf innere und äußere Bedürfnisse | 326 |
| 8.6 | Was geschieht mit einem Lehrer bei der Schulentwicklung? | 327 |

Inhalt

| | | |
|---|---|---|
| 8.7 | Personbezogene Strategien | 332 |
| 8.8 | Grundausbildung von Lehrern | 333 |
| 8.9 | Fort- und Weiterbildung | 336 |
| 8.10 | Wie effektiv ist Fortbildung? | 341 |
| 8.11 | Was ist gute Fort- und Weiterbildung? | 345 |
| 8.12 | Netzwerkstrategien | 348 |
| 8.13 | Schüler und Eltern in der Schulentwicklung | 355 |

**9. Organisationsstrategien**     365

| | | |
|---|---|---|
| 9.1 | Die Schule als Einheit der Veränderung | 366 |
| 9.2 | Leitungsgesteuerte Entwicklungsprogramme | 371 |
| 9.3 | Schulleiterfortbildung und Schulentwicklung | 393 |
| 9.4 | Organisationsentwicklung – Definitionen | 395 |
| 9.5 | Praxis der Organisationsentwicklung | 401 |
| 9.6 | Motivation | 402 |
| 9.7 | Die Startphase | 403 |
| 9.8 | Die Durchführung | 409 |
| 9.9 | Was wissen wir über die Ergebnisse von Organisationsentwicklung? | 417 |
| 9.10 | Neuere Kritik der Organisationsentwicklung | 419 |
| 9.11 | Evaluation als Veränderungsstrategie | 432 |

**10. Systemstrategien**     435

| | | |
|---|---|---|
| 10.1 | Von der Verwaltung zur Entwicklung | 435 |
| 10.2 | Zentrale Steuerung in »dezentralisierten« Systemen | 439 |
| 10.3 | Von der Regelsteuerung zur Zielsteuerung | 462 |
| 10.4 | Externe Evaluation als Entwicklungsstrategie | 467 |
| 10.5 | Das neue Inspektorat | 471 |
| 10.6 | Von einer Verwaltungs- zu einer Entwicklungsfunktion | 472 |
| 10.7 | Wesentliche Bedingungen des Erfolgs | 481 |

**Literatur**     485

# 1. Schulentwicklung: Von der Vision zur Wirklichkeit

Ein Ziel zu kennen genügt nicht. Wir müssen auch wissen, wie wir es erreichen wollen.

Oft erweist sich das zweite als das ungleich Schwierigere – wenngleich der Leser des diesem Buche vorausgehenden Bandes *Schule auf dem Weg ins 21. Jahrhundert* bemerkt haben wird, daß in einer rasch sich wandelnden Welt auch das Erkennen des Ziels keine Kleinigkeit ist. Was eine »gute Schule« ist für Schüler, die im nächsten Jahrhundert leben werden, ist sicher eine schwierige Frage.

Viele meinen, die andere, die nach dem Wie, sei leichter zu beantworten. Sie wird als eine rein praktische, auf die Ressourcen zielende Frage verstanden; aber das ist sie nicht *nur*. Die Geschichte der Schulentwicklung kennt viele Beispiele für Pläne, die nie realisiert wurden, und für Politiker, die zwar Ziele formulieren, aber keine klare Strategie entwickeln können und die überdies im entscheidenden Augenblick durch Abwesenheit glänzen. Ebenso gibt es Experten, die allgemeine Lehrpläne und Fachpläne »reformiert« haben, ohne daß diese den normalen Klassenraum je erreichten. Und schließlich gibt es nicht selten den »entwicklungsorientierten Lehrer« mit guten Ideen für sein Fach oder die Schulentwicklung allgemein, dessen Wirken dennoch nie über den eigenen Klassenraum hinausgelangte.

Es hat unzählige Versuche gegeben, »die Schule zu entwickeln«. Die Amerikaner begannen eine gigantische Reformarbeit, nachdem ein kleiner Satellit namens Sputnik ein paarmal die Erde umrundet hatte. Es wurde wichtig, die Russen einzuholen – und wer sollte das leisten? Die Schule! Die europäischen Sozialdemokraten setzen sich schon seit Beginn des Jahrhunderts für mehr soziale Gerechtigkeit ein. Ein wichtiges Mittel zu diesem Zweck war stets die Schule. Fachleute und Pädagogen arbeiten in Versuchs- und Forschungszentren zusammen, um durch großangelegte Projekte neue Wege der Schulpraxis zu entwickeln. In England haben sich die Lehrer in ihren »Teacher Centres« ein nationales Zentrum für Schulentwicklung geschaffen. Wir könnten Beispiele aus allen Schularten und allen Weltgegenden anführen. An Versuchen hat es nicht gefehlt.

Ebensowenig fehlt es an Hypothesen und Theorien. Für mich wurde es wichtig, Theorie *und* Praxis kritisch zu sehen. Wieviel wissen wir eigentlich über Schulentwicklung? Wissen wir zur Genüge, wie die Schule entwickelt werden soll? Haben wir eine haltbare Theorie? Wird diese Theorie angewandt? Ist die Schule heute ein qualitativ besserer Aufenthalts- und Lernort als vor 20 Jahren? Haben wir überhaupt Kriterien für »Qualität«?

Dies ist der zweite Band eines Doppelwerks über Schulentwicklung. In dem ersten legten wir eine *Vision der Zukunft der Schule* vor – wir stellten dar, was nach unserer Meinung für Kinder und Jugendliche im Europa der neunziger Jahre eine »gute Schule« ist, welche Kräfte auf unsere Gesellschaft einwirken und so unsere Visionen des nächsten Jahrhunderts mitbestimmen. Unsere »gute Schule« beruht daher notwendigerweise in starkem Maße auf *Wertentscheidungen*.

Wir meinen, daß es heute einer neuen Vision der Schule bedarf, weil wir einen Paradigmawechsel erleben. Wir wissen nicht, wie Europa und die Welt in 50 Jahren aussehen werden; wohl aber wissen wir, daß die Gesellschaft enormen, sie stark transformierenden Kräften ausgesetzt sein wird. Deshalb ist Schulentwicklung kein Hobby besonders zukunftsorientierter Lehrer und Schulleiter; sie geht jeden verantwortungsbewußten Staatsbürger an.

Gerade weil unsere Erfahrung mit Schulreformen lehrt, daß der eigentliche *Schulentwicklungsprozeß* unübersichtlich und kompliziert ist, wird es heute noch wichtiger als früher, diesen Prozeß gemäß den jeweiligen Zielen zu lenken. In einer sehr umfassenden Studie aus den siebziger Jahren suchten Berman und McLaughlin, zwei Forscher der RAND Corporation in den USA, die Faktoren zu ermitteln, die für das *Ergebnis* der vielen bundesstaatlichen Versuche zur Veränderung der Schule bestimmend waren. Dabei stellten sie zusammenfassend fest: ... *Implementation dominates outcomes* (BERMAN und MCLAUGHLIN 1977).

Ein Versuchsprogramm konnte die besten Absichten haben, klare Ziele verfolgen, über große Mittel verfügen – letzten Endes lag es an den vielen örtlichen und institutionellen Kräften, ob und inwieweit es wirklich die Praxis der Schule veränderte.

Wir haben uns daher entschieden, *Theorie* an den Anfang zu stellen. Wie können wir den komplizierten Prozeß der Schulentwicklung verstehen? Was können empirische Untersuchungen uns lehren? Dabei gehen wir von einer Grundannahme aus: Die Schule als *Organisation* hat mit anderen Organisationen einige Merkmale gemeinsam, und andererseits weist sie Merkmale auf, die nur ihr eigen sind. Wenn wir den Auftrag der Schule und ihre organisatorische und systemische Eigenart verstehen, können wir am ehesten auch ihre Fähigkeit einschätzen, neuen Herausforderungen gerecht zu werden.

Aus diesem Grunde beschäftigt sich dieses Buch zunächst gründlich mit Organisations- und Führungstheorien und stellt dar, wie wir die Schule als Organisation zu begreifen haben. Erst danach diskutiert es den *Prozeß der Veränderung* in der Schule und im Schulsystem. In den letzten Kapiteln werden dann die praktischen Aspekte der Schulentwicklung behandelt. Hier werden die Möglichkeiten und Grenzen verschiedener Strategien aufgezeigt sowie die Dilemmata, vor die sich die Schule in ihrem Veränderungsprozeß gestellt sieht.

Dieses erste Kapitel beginnt mit einer kurzen historischen Darstellung der Schulentwicklung in Europa und Nordamerika, weil sonst die viele Theorie leicht »geschichtslos« wird und ohne gesellschaftliche Perspektive bleibt.

## 1.1 Schulentwicklung in Westeuropa

Es ist schwer, verallgemeinernde Aussagen zu machen, wenn es um Europa geht! Länder wie Großbritannien (und hier muß jedenfalls noch zwischen England und Schottland unterschieden werden), die Niederlande, Dänemark, Schweden und Deutschland, um nur einige zu nennen, haben, was Schulentwicklung betrifft, höchst unterschiedliche Traditionen. Das hat hauptsächlich kulturelle und politisch-ökonomische Ursachen. Länder wie England und Dänemark haben eine lange Tradition der örtlichen Selbstverwaltung. Deutschland ist in Bundesländer gegliedert, aber jedes einzelne hat eine starke Zentralregierung. Die Niederlande haben drei parallele, den konfessionellen Traditionen (protestantisch, katholisch, staatlich-neutral) entsprechende Schulsysteme, die alle stark zentralisiert sind.

Trotz der vielen Unterschiede gibt es eine gemeinsame soziale Tradition, jedenfalls im Vergleich mit einem Land wie den USA. Lous Hartz drückt das so aus:

> »Die feudale Komponente ist grundlegend für das Verständnis des heutigen Europa. Sie hat in der Entwicklung des Kontinents bleibende, unübersehbare Spuren hinterlassen« (HARTZ 1955).

## Schulentwicklung: Von der Vision zur Wirklichkeit

Obwohl beim Vergleich europäischer Schultraditionen die Unterschiede groß sind, so spiegeln sie doch – freilich in verschiedenem Maße – dieses soziale Erbe wider. Allgemein betrachtet hatten die meisten europäischen Schulreformen dieses Jahrhunderts das Ziel, die dualistische Schultradition zu brechen. In den meisten Ländern – nicht zuletzt in Skandinavien – haben Politiker in enger Zusammenarbeit mit Pädagogen verschiedene Formen von Einheitsschulen zu schaffen versucht. Diese Reformbewegung war getragen von dem Glauben, die Schule könne die Entwicklung einer sozial gerechten Gesellschaft entscheidend beeinflussen.

Norwegen und Schweden waren in dieser Hinsicht führend. Schon 1869 wurde in Norwegen eine dreijährige Schule für alle eingeführt. Das Volksschulgesetz von 1889 gab ihr einen festen Rahmen, und 1896 wurde die allgemeine Volksschule auf fünf Jahre ausgedehnt (MYHRE 1976). In Schweden verlief die Entwicklung ähnlich. Das erste Gesetz datiert vom Jahre 1867. 1894 kam die gesetzlich verankerte dreijährige Schule für alle (PAULSTON 1974).

In England und auf dem Kontinent ging die Entwicklung erheblich langsamer. Erst in der Zwischenkriegszeit, in den zwanziger und dreißiger Jahren, wurden in Ländern wie Deutschland, Frankreich und England entsprechende Gesetze beschlossen. In Deutschland war die Einführung einer vierjährigen Grundschule für alle 1920/21 eine der ersten Errungenschaften der Weimarer Republik. Ein Jahrzehnt später begann die Verlagerung der Volksschullehrerausbildung von den Seminaren auf Pädagogische Hochschulen, deren Besuch das Abitur voraussetzte.

In ihrem Artikel »20 Jahre ohne Reformen im westdeutschen Bildungssystem« zeigten Robinsohn und Kuhlman, daß sowohl »Produzenten« als auch »Konsumenten« von Bildung sich einer Kritik des Schulsystems und grundlegenden Reformen widersetzen. Sie schrieben dies 1967, vor gut 30 Jahren. Zugleich wiesen sie nach, daß Veränderungen der Gesellschaft außerhalb der Schule das Bildungswesen unter Druck setzen. Das geht zum Teil auf zunehmenden Wohlstand zurück, aber auch auf steigenden Bedarf an qualifizierten und mobilen Fachkräften in vielen Berufen. Deutschland zeigt beispielhaft, wie ein starker Berufsstand mit einer ausgeprägten Kultur, nämlich die Gymnasiallehrer, zusammen mit konservativen Politikern und wirtschaftlichen Interessen den Status quo im Bildungswesen kontrolliert hat. Dennoch hat es nach 1967 einige isolierte Reformen gegeben, in mehreren Bundesländern z. B. Versuche mit einer Verlängerung der gemeinsamen Grundschulzeit oder in Nordrhein-Westfalen mit einer kombinierten Sek. II-Schule, der sogenannten Kollegstufe (ROBINSOHN und KUHLMAN 1967).

## Schulentwicklung: Von der Vision zur Wirklichkeit

Frankreich bekam seine erste Volksschule 1925, aber erst Mitte der dreißiger Jahre wurde das erste Volksschulgesetz beschlossen (nach unermüdlicher Vorarbeit von Jean Zay). Das Gesetz von 1937 führte eine sechsjährige gemeinsame Volksschule ein. Das letzte Jahr war indes ein »Beobachtungsjahr«, das entscheiden sollte, ob der Schüler sich für die klassische, die moderne oder die technische Schule eignete.

England durchlief eine ähnliche Entwicklung. Das Schulgesetz von 1944 führte eine gemeinsame Grundschule für alle bis zum elften Lebensjahr ein. Danach gab es eine Wahl zwischen einer theoretischen, einer mehr praktischen und einer rein berufsorientierten Schule. Zu diesem Zeitpunkt besaßen schon alle europäischen Länder eine obligatorische Volksschule bis wenigstens zum elften Lebensjahr. Nach dem Zweiten Weltkrieg galten die Reformbestrebungen hauptsächlich den Zwölf- bis Sechzehnjährigen und in den letzten Jahrzehnten in einzelnen Ländern auch der Sekundarstufe II. Schweden führte 1962 eine neunjährige obligatorische Grundschule für alle ein. Norwegen, das seit 1935 eine siebenjährige Volksschule hatte, erweiterte diese 1969 auf neun Jahre. Frankreich hat jetzt einen vierjährigen »cycle d'observation et d'orientation«, der auf einer fünfjährigen Grundschule aufbaut. Die Schüler sind aber, vor allem aufgrund von Leistungskontrollen, noch immer in drei Gruppierungen eingeteilt. Die sozialdemokratisch regieren Bundesländer in Deutschland, einzelne Schulbezirke in Großbritannien und große Teile der niederländischen und belgischen Schulsysteme bauen innerhalb eines neun- oder zehnjährigen Rahmens Gesamtschulen (Einheitsschulen) auf (Rust 1977).

Die Entwicklung auf diesem Gebiet in Nordeuropa, besonders in Schweden und Norwegen, war dem übrigen Europa um wenigstens zwei Jahrzehnte voraus. In beiden Ländern wird die neunjährige Einheitsschule heute von allen politischen Parteien getragen, und auch eine integrierte Sekundarstufe II ist weitgehend verwirklicht. In anderen europäischen Ländern gibt es dazu nur wenige Parallelen. Am meisten Interesse verdienen wohl im Versuchsstadium befindliche Entwürfe wie die »Kollegstufe« in Nordrhein-Westfalen, die dem norwegischen Modell zum Verwechseln ähnelt. In England gibt es für Schüler ab zwölf eine Reihe Colleges, die einen Schulbesuch bis zum 20. Lebensjahr anbieten, ferner Fortgeschrittenenkurse für Erwachsene, wie z. B. das Countersthorpe College in Leicester.

Die hier beschriebenen Reformen gehen fast ohne Ausnahme auf politische Entscheidungen und administrative Maßnahmen zurück. Soziale Veränderungen waren das hauptsächliche Ziel. Die Schule sollte als

Instrument zur Umformung der Gesellschaft dienen. Indem man die überkommenen Trennungslinien zwischen den Schularten abschaffte, wollte man zugleich das feudale Gesellschaftssystem beseitigen. Bennis, Benne und Chin haben solche Reformbestrebungen als »Machtstrategien« (power-coercive strategies) beschrieben; denn

> »allgemein betrachtet versucht man durch Machtstrategien, politische und wirtschaftliche Kräfte zu mobilisieren, um so die Veränderungen zu fördern, die die Machthaber für wünschenswert halten. Die sich den Zielen widersetzen, werden, wenn sie sich der gleichen Strategie bedienen, ihrerseits versuchen, politische und wirtschaftliche Macht in einer Opposition zu formieren« (BENNIS, BENNE und CHIN 1969).

Das Wort *Macht* bekommt in diesem Zusammenhang leicht einen negativen Klang; manch einer setzt es vielleicht mit einer undemokratischen Strategie des Umsturzes gleich. Nach meiner Auffassung ist die genannte Vorgehensweise – jedenfalls innerhalb des europäischen Kulturkreises – die einzig demokratische. Die Schule wird als Teil des nationalen politischen Systems gesehen, und dieses System muß durch demokratische Wahlen zur Entwicklung der Gesellschaft – und damit auch zur Entwicklung von Zielen und Funktionen der Schule – Stellung nehmen.

Nun muß freilich auch betont werden, daß Lehrer und andere Pädagogen bei der Entwicklung der Einheitsschule in Europa eine führende Rolle gespielt haben. Man sah in den Akteuren keineswegs bloß Techniker, die die Durchführung politischer Entscheidungen zu gewährleisten hatten.

Ebensowenig besteht Grund, die Bedeutung des Wandels der Gesellschaft herunterzuspielen. Wenn ich hier gleichwohl auf einige Probleme hinweise, so deswegen, um grundsätzliche Fragen zur Art und Weise der Umsetzung von Reformen, zu den sogenannten Veränderungsstrategien, aufzuwerfen.

In früheren Arbeiten betonte ich den Unterschied zwischen der Billigung einer bestimmten Politik durch Beschlüsse (»adoption«) und der praktischen Durchführung der Reform in der einzelnen Schule (»implementation«) (DALIN 1973). Es dauert oft Generationen, eine Reform in der Praxis durchzusetzen, während vielleicht nur ein paar Jahre erforderlich sind, die politische Entscheidung herbeizuführen. Suzanne Lie hat gezeigt, daß die »Annahme« der neunjährigen Einheitsschule in Norwegen (die Ausbreitung des Beschlusses zu ihrer Einführung) dem gleichen Muster unterliegt, das für viele andere Neuerungen nachgewiesen ist

(LIE 1972). Sie folgt der von Everett Rogers dargestellten Kurve: Sie geschieht anfangs langsam (»the innovators«), beschleunigt sich dann stark (»the followers«) und erfaßt schließlich eine zögernde Restgruppe (»the laggers«) (ROGERS 1962).

Betrachten wir hingegen, was in diesen Schulen *wirklich geschieht*, z. B. in welchem Maße die »Mønsterplan« (Musterplan) genannten norwegischen Rahmenrichtlinien praktisch umgesetzt wurden, zeigt sich ein ganz anderes Bild (VESTRE 1980). Das gilt natürlich nicht nur für Norwegen. Viele Länder wurden durch das »Namensspiel« bekannt: Schulen änderten ihre Bezeichnung, wurden z. B. in »comprehensive schools« (Gesamtschulen) umbenannt, aber in Wirklichkeit gibt es nach wie vor die »secondary modern« und die »grammar school«. Lehrerseminare wurden zu pädagogischen *Hochschulen* – aber ändert sich deswegen die Praxis?

Nach dieser summarischen Darstellung europäischer Reformstrategien richten wir unser Augenmerk auf die USA. Auf die politisch-administrativen Strategien (Machtstrategien) kommen wir in Kapitel 10 zurück. Hier habe ich lediglich zeigen wollen, daß Europa seine Ressourcen zur Schulentwicklung hauptsächlich für strukturelle, sozioökonomisch motivierte Reformen genutzt hat. Die meisten Kenner werden heute zugeben, daß europäische Schulen erst am Anfang der pädagogischen Entwicklungsarbeit stehen, die unumgänglich ist, will man den Bedürfnissen von Kindern und Jugendlichen in der postindustriellen Gesellschaft gerecht werden (DALIN und SKRINDO 1983).

## 1.2 Die Vereinigten Staaten von Amerika

Die Entwicklung in den USA sei hier dargestellt, weil sie in mehrfacher Hinsicht von der europäischen stark abweicht und diese dennoch beeinflußt hat. Das gilt besonders für Skandinavien.

In den USA hat man die Schule stets als eine Institution zur Festigung der bestehenden Gesellschaft und weniger als ein Instrument der sozialen Veränderung angesehen. Selbst als nach dem Modell der preußischen Volksschule »the common school« geschaffen wurde, behaupteten viele, daß diese Schule nicht Amerikas demokratische Struktur widerspiegele und daß die preußische Schule in Deutschland der Unterdrückung des gewöhnlichen Arbeiters diene. Erst als sich in der öffentlichen Meinung die Auffassung durchsetzte, daß eine Schule für alle die Struktur der Gesellschaft festigen würde, wurde sie allgemein akzeptiert (RUST 1968).

Interessant ist indessen, daß bei dem Beschluß zur Einführung einer allgemeinen Volksschule das deutsche Gymnasium überhaupt nicht diskutiert wurde. Damit entging Amerika dem Dualismus, der die europäische Schulgeschichte geprägt hat. Die amerikanische Schule war stets eng an die Gesellschaft gebunden. Gelegentlich gab es Protestbewegungen, die die Schule in den Dienst sozialer Veränderungen stellen wollten, aber sie waren mehr Ausnahme als Regel (COUNTS 1932).

**Die progressive Reformbewegung:** Kein anderer amerikanischer Pädagoge hat in Amerika selbst und anderen westlichen Ländern eine solche Bedeutung erlangt wie John Dewey. Er wurde zum wichtigsten Träger der progressiven Reformbewegung in den USA (DEWEY 1916). Seine Philosophie rückte Fragen wie die, was Wissen sei, wie eine demokratische Gesellschaft funktionieren sollte und was die Schule zur Entwicklung der Gesellschaft beitragen könnte, in ein neues Licht. Intellektuelles Wachstum ergibt sich nach Dewey aus realen Problemlösungen und dem Wissen, das der Schüler sich aneignet, strukturiert und später aufgrund von Erfahrung neu definiert. Dewey meinte, die Schüler müßten auf Gebieten, die ihnen gut vertraut seien, an praktischen Problemlösungen beteiligt werden. Die Schule sei nach Problemfeldern und nicht nach Fächern zu organisieren, und die Schüler seien in einem kritischen, konstruktiven und engagierenden Lernprozeß an die aktuellen Fragen ihrer nahen Umgebung und der Gesellschaft insgesamt heranzuführen.

Dewey hat auf vielen Gebieten und in fast allen Ländern Spuren hinterlassen. Die organisierte progressive Bewegung ist tot – die amerikanische Vereinigung wurde in den fünfziger Jahren aufgelöst –, aber man braucht nicht viele Lehrpläne zu lesen, bis man direkte Einflüsse der Deweyschen Ideen findet. Die Bewegung stieß auf Widerstand, besonders von seiten derer, die einen sinkenden fachlichen Standard der »neuen Pädagogik« anlasteten. Aber ihre Ideen haben überlebt. Deweys Vorstellungen von »Werteklärung« haben in den Gesellschaftswissenschaften, z. B. in ökologischen und demographischen Untersuchungen sowie in Friedens- und Konfliktstudien und in der internationalen Politik, zu nehmend an Boden gewonnen. Seine Vorschläge zum Studium der Weltgesellschaft finden in der Nord-Süd-Debatte immer mehr Widerhall. Kohlbergs Arbeit über ethische Fragestellungen ist in erheblichem Maße eine Weiterführung von Deweys Gedanken (KOHLBERG 1976).

Trotz relativ starker Protestbewegungen, wie sie etwa in der progressiven Pädagogik sich äußerten, ist die amerikanische Schule durch ein ziemlich stabiles Verhältnis von Schule und Gesellschaft gekennzeichnet. Dabei ist aber zu betonen, daß solche Stabilität keinen Stillstand bedeutet. Veränderung und Wachstum gehören in den USA wie selbstverständlich zum Leben. Neuerungen in der Schule reflektieren wohl einfach diese Einstellung. Eine sich erneuernde Schule gilt als etwas ganz Normales. Wenn es auch zu manchen Zeiten, z. B. in den sechziger Jahren, umfassende Versuche gab, die Schule zum Instrument sozialer Veränderungen zu machen (man denke an Präsident Johnsons »Krieg gegen die Armut«), so war es doch die Regel, sie *nicht* für solche Ziele zu gebrauchen. Die herrschende Auffassung ist, daß Schule und Gesellschaft, da nun einmal beide aus Individuen bestehen, am weitesten kommen, wenn sie versuchen, *den einzelnen Menschen zu ändern,* der in Schule und Gesellschaft lebt und arbeitet.

Dies heißt aber, wie gesagt, nicht, daß Reformer nicht versucht hätten, *die Gesellschaft* mittels der Schule zu verändern. Am klarsten zeigt sich das vielleicht in den vielen Maßnahmen zur Verbesserung der Schulbildung der Farbigen und anderer Minderheiten. Das »Busing« ist nur eines von vielen Beispielen. Dem Elend der großstädtischen Slums, der Arbeitslosigkeit, dem Drogenmißbrauch, ja sogar Fragen der nationalen Sicherheit hat man mit Bildungsprogrammen beggegnen wollen.

**Die akademischen Reformer:** Unter dem Eindruck des »Sputniks« bewilligten die Amerikaner mehrere Milliarden Dollar für spezielle Programme zur »Aufrüstung« der Schulen, wenngleich einige Stiftungen dies schon vor dem Sputnik-Schock vorbereitet hatten.

Die akademische Reformbewegung hatte das fachliche Niveau in amerikanischen Schulen seit langem kritisiert. Aus Mitteln der National Science Foundation sowie erheblichen Zuschüssen der Bundesstaaten und unabhängiger Stiftungen wurde eine großangelegte Reform der Lehrpläne mehrerer zentraler Fächer eingeleitet. Bald gab es »moderne Mathematik«, »moderne Physik« usw. Der Grundgedanke war, ein Pensum aus der den einzelnen Fächern immanenten Methodik heraus zu entwickeln. Die Reformprogramme basieren auf der Annahme, das den Fächern eigene Gewicht werde die Schüler hinreichend motivieren. Jerome Bruner berichtete dies von der Konferenz *The Process of Education* im Jahre 1961:

»Der Unterricht muß von der Logik des einzelnen Fachs ausgehen:
1 Eine solche Organisation gibt den Schülern Fixpunkte, die das Erinnern, Zurückholen und Anwenden von Informationen erleichtern.
2 Die Fächer ermöglichen den Schülern mehr intellektuelle Kontrolle, die zur Analyse und zum Verständnis der sie umgebenden Welt unerläßlich ist.

3 Die wichtigen Fachbegriffe erleichtern Problemlösungen, da die Schüler mit ihnen eine den intellektuellen Prozeß fördernde Struktur erwerben.
4 Der Schulunterricht nähert sich modernem Wissensstand. Statt verwässerter Ideen, die ihnen in ihrem Alltag nicht weiterhelfen, lernen die Schüler Begriffe, die an der Forschungsfront verwendet werden« (BRUNER 1961).

Vor allem Universitätslehrer nahmen sich der schulischen Lehrpläne an. Auf die emotionale Einstellung der Schüler zu den Fächern und zur Schule überhaupt geht Bruner in seinem Bericht nicht ein. Das Wissen an sich ist für ihn Motivation genug – eine Haltung, die die Forscher, ausgehend von ihrer eigenen Erfahrung, ganz natürlich fanden.

Die Reaktionen waren in den USA nicht anders als in Europa. Die Eltern protestierten gegen die vielen »neumodischen Wörter und Ausdrücke«. Wo blieb das gute alte praktische Rechnen? Die Lehrer fühlten sich überfahren und zu Technikern degradiert. So wurden die ehrgeizigen Pläne nicht gemäß den Intentionen umgesetzt. Dennoch erlangte die Reformarbeit große Bedeutung, vor allem für die Gestaltung von Lehrbüchern und allmählich auch für den fachlichen Fortschritt in der Schule. Nach meiner Einschätzung scheiterte die Reformbewegung mehr aus Mangel an *Entwicklungsstrategie* als aus *inhaltlichem* Versagen.

Mehr als jedes andere westliche Land haben die USA Wert gelegt auf den Ausbau der Fort- und Weiterbildung von Lehrern, schulischen Führungskräften und sonstigen Beschäftigten. Im Unterschied zu Europa haben sie keine staatliche und kommunale Verwaltung entwickelt, die den Lehrern eine europäischen Verhältnissen vergleichbare Sicherheit bietet. Man setzt voraus, daß alle Lehrer im Sommer und auch zu anderen Zeiten des Jahres an Fortbildungsveranstaltungen teilnehmen. In mehreren Bundesstaaten werden sie akkreditiert, und die Anerkennung ist oft befristet und mit der Verpflichtung zu kontinuierlicher Fortbildung verbunden. Es ist wichtig, sich diese Bedingungen amerikanischer Schulentwicklung und -erneuerung klarzumachen. Parallel zu einem öffentlichen und privaten Hochschul- und Universitätssystem, das die Hauptverantwortung für Fort- und Weiterbildung trägt, gibt es auch eine sehr große Zahl nationaler, bundesstaatlicher und lokaler Organisationen, die sich auf bestimmte Fachgebiete spezialisieren oder einzelnen Berufsgruppen einen speziell auf deren Bedürfnisse zugeschnittenen Service bieten. Dies wurde nach und nach für den fachlichen Fortschritt in den USA wichtig, wenngleich die Forderung nach besserer Qualität und der Ruf »Back to basics« bis Ende der siebziger Jahre immer wieder vorgebracht wurden.

**Persönliche Entwicklung:** Schon in den frühen vierziger Jahren begannen einzelne amerikanische Universitäten, sich auf das Gebiet zu spezialisieren, das in den USA als »Human relations-Training« und »Organisationsentwicklung« bezeichnet wurde. Pionier war dabei der Psychologe Kurt Lewin, der im Zweiten Weltkrieg nachwies, daß Gruppenmethoden hervorragend geeignet waren, Soldaten zur Änderung ihrer Eßgewohnheiten zu veranlassen. Seine Studenten führten die Experimente weiter und bildeten eine Bewegung, die sich über die ganze Welt ausbreiten sollte. Kurt Lewins Schüler waren hauptsächlich am Training der Human relations interessiert, und zwar mit dem Ziel, den einzelnen Menschen zu verändern.

Einige Psychologen, z. B. Fritz Redl und Carl Rogers, kritisierten die Unterdrückung in den öffentlichen Schulen. Ein prominenter Kritiker wie John Holt hat mit seinen Publikationen vielleicht mehr erreicht als irgendein ausgewiesener Pädagoge mit seinen Ideen. Daß das Augenmerk dem Erleben und den Erfahrungen des einzelnen Schülers galt, wird wohl am deutlichsten in den Arbeiten klinischer Psychologen wie Carl Rogers, Individualpsychologen wie Combs und Maslow und Gestaltpsychologen wie Perls und Schutz (COMBS 1965; MASLOW 1962; PERLS 1968; ROGERS 1961; SCHUTZ 1967). Allerdings blieb ihre Wirkung begrenzt. Sie haben viel zur Theoriebildung beigetragen und einige wenige Lehrerbildungsstätten beeinflußt; aber in der gewöhnlichen amerikanischen Schule haben sich ihre Ideen nicht durchgesetzt. Das heißt nicht, daß diese nur geringe Bedeutung hatten. Auf einigen Gebieten haben sie Spuren hinterlassen, z. B. im Leseunterricht im ersten Grundschuljahr, bei dem viel Wert gelegt wird auf die Selbsterfahrung der Schüler, die der Lehrer fördert, indem er den einzelnen ermuntert, eigene Erlebnisse und Empfindungen zu reflektieren. Am klarsten kommen diese Ideen in der »confluent education« zum Ausdruck, in welcher der Lehrer bei allem Unterricht die kognitiven und die emotionalen Fähigkeiten in gleichem Maße anzusprechen sucht. Auch diese Reformbewegung ist freilich auf Widerstand gestoßen. Manche Eltern befürchteten, ihre Kinder kämen dabei fachlich zu kurz, und manche Lehrer sahen ihre herkömmliche Autorität und Rolle bedroht.

Ob es das Verhältnis des einzelnen Lehrers zu seinem Fach zu verändern gilt oder seine Haltung zu den Schülern, in jedem Falle haben die Amerikaner eine lange Tradition *personenbezogener* Veränderungsstrategien. Sie glauben, daß Lernen nützt. Cremin hat das einmal so ausgedrückt:

»Wenn andere Länder schwerwiegende soziale Probleme haben, gibt es einen Aufstand. In den USA organisieren wir einen Kurs« (CREMIN 1965).

Während in Europa erhebliche Mittel für strukturelle Reformen des Schulwesens aufgewendet wurden, konnten amerikanische Schulbezirke (mehr als 17 000 an der Zahl) sich auf Versuche zur Erneuerung von Lehrplänen, Unterrichtsmethoden, Schulorganisation und -leitung konzentrieren. Natürlich sind auch europäische Länder auf diesen Feldern nicht untätig gewesen. Zweifellos haben aber die USA mehr vorzuweisen, und es dürfte kaum übertrieben sein zu behaupten, daß die meisten entsprechenden Projekte in Europa ihre Impulse Amerika verdanken. Eine Darstellung all der Gebiete, mit denen amerikanische Schulentwicklung sich befaßt hat, würde zu weit führen, zumal es gute Übersichten gibt, z. B. durch das Informationssystem ERIC. Hier wollen wir lediglich die Entstehung *neuer Strategien* der Veränderung näher betrachten, die aus dem umfassenden Einsatz für Schulentwicklung in den sechziger und siebziger Jahren hervorgegangen sind.

**Resultatorientierte Reformer:** Die amerikanische Schule war stets mehr als die europäische von Industrie und Forschung beeinflußt. In den letzten zehn Jahren hat sich die »Performance-« oder »Accountability«-Orientierung stark in den Vordergrund geschoben. Sie basiert auf Systemtheorie und hat die Operationalisierung des Unterrichts zum Ziel. Ihre Wortführer machen geltend, bei genauerer Festlegung von Zielen und Methoden wüchsen die Chancen, die Ziele der Schule zu erreichen. Eine Parallele in Europa ist die in der norwegischen öffentlichen Verwaltung in den letzten Jahren propagierte »Zielsteuerung«, die u. a. »strategische Planung«, Dezentralisierung und Delegierung von Verantwortung einschließt.

Die meisten Programme beruhen auf einer Vielzahl von Daten über den einzelnen Schüler, die normalerweise mit Hilfe von EDV systematisiert sind. Sein Lernprogramm wird aufgrund seiner »Bedürfnisse« definiert, die sich ihrerseits aus dem Abstand zwischen Leistungen und Zielen ergeben. »Individualisierter Unterricht« ist seit vielen Jahren erprobt worden, aber es hat weder alternative Lernprogramme noch eine Ergebniskontrolle gegeben. Mit der neuen Mikro-Revolution und den Investitionen der großen Verlage in Programme scheint sich das jetzt zu ändern.

Der Trend zu höherer Produktivität geht in der Regel mit Dezentralisierung und (in einigen Fällen) mit der einen oder anderen Form von Marktorientierung einher. Dies gilt nicht nur für die USA und ebensowenig nur für den Bildungsbereich. Es handelt sich um eine allgemeine Entwicklung in der ganzen westlichen Welt, in der der öffentliche Sektor zu groß geworden ist.

In dem Maße, wie private Anbieter Chancen auf dem Bildungsmarkt sehen, tauchen jetzt Alternativen auf. In den Niederlanden ist eine geradezu dramatische Dezentralisierung im Gange, die grundsätzlich alle Schulen zu »privaten« (mit eigener Leitung und eigenem Budget) macht und sie auf ein und demselben Markt arbeiten und konkurrieren läßt. Auf dem Gebiet der Lernmethoden gewinnt die Informationstechnologie immer mehr an Bedeutung, so durch die Verbindung von Lehre und Unterhaltung *(Edutainment)*, durch den immer einfacher werdenden Zugang zu Netzwerken und Datenbanken, durch interaktives Video und andere einschneidende technische Neuerungen. Da diese Möglichkeiten *außerhalb der Schule* zugänglich sind, entwickeln sie sich zu wirklichen Alternativen.

In der Schule hatte es die Informationstechnologie am Anfang schwer. Versuche mit ihr haben bisher nicht die gewünschten Ergebnisse erbracht. Viele Lehrer befürchten die »Atomisierung«, die solche Programme bewirken könnten, und die Isolation, die die Schüler *vielleicht* empfinden werden. Es ist derzeit unklar, inwieweit es zu einer Allianz der »rein resultatorientierten« Pädagogen, der »EDV-Pädagogen« und der »Medienpädagogen« kommen wird. Es könnte sein, daß sie nicht von der gleichen Philosophie ausgehen.

**Förderung von Forschungs- und Entwicklungsarbeit:** Amerika hat auf vielen Gebieten Erfolg gehabt, so in der Landwirtschaft, Medizin, Technologie, Konsumgüterindustrie und in der Verteidigung. Dieser Erfolg wurde vor allem systematischen Forschungs- und Entwicklungsarbeiten zugeschrieben. In der Zusammenarbeit von Schulleuten und Forschern, z. B. in der National Science Foundation, wurde die Grundlage geschaffen für einen großangelegten *Einsatz von Forschung und Entwicklung als Hauptstrategie der Schulentwicklung*. Veränderungen mußten eine empirische Grundlage haben, sie mußten »wissenschaftlich« fundiert sein. Mit Hilfe großer nationaler Fonds errichtete man eine Reihe Forschungs- und Entwicklungszentren in Anbindung an die Universitäten, viele sogenannte Laboratorien (mehr praxisorientierte Zentren für Lernmittelentwicklung), staatliche und lokale Versuchszentren sowie pädagogische und verschiedene spezialisierte Zentren. Im Laufe der sechziger Jahre wurden insgesamt mehrere hundert nationale, bundesstaatliche und örtliche Zentren gegründet.

Dabei gab man offen zu, daß die Entwicklungsstrategie aus der Landwirtschaft übernommen war. Die »Land Grant Colleges«, die in den ländlichen Gebieten für landwirtschaftliche Entwicklungsprojekte errichtet worden waren, hatten zu einem annähernd linearen Entwicklungsmodell gefunden, zu dessen zentralen Komponenten u. a. die Prototyp-Entwicklung sowie »change agents« und »extension services« gehörten. Das Modell wurde bald von Versuchszentren in der ganzen Welt übernommen (CLARK 1962):

**Abb. 1: Fo-E-Strategien**

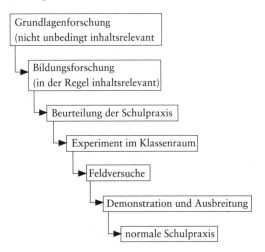

Will man diesen großen Vorstoß begreifen, muß man sich das Verhältnis des Bildungswesens zu anderen Sektoren der amerikanischen Gesellschaft klarmachen. Während etwa die Industrie in diesem Jahrhundert eine rasche Entwicklung zu mehr Mechanisierung und Automatisierung und damit immer größerer Produktivität durchlaufen hatte, schien die Schule von einem solchen Prozeß weitgehend abgekoppelt. Da in den USA eine kommunale Schulaufsicht gesetzlich verankert ist, fehlten die Voraussetzungen einer auf Forschung und Entwicklung basierten Schulentwicklung (wegen der Kosten und des Bedarfs an Experten). Die Entwicklungsarbeit mußte über das Staatsbudget oder von den Bundesstaaten finanziert werden. Damit kam ein neues, zentralisierendes Moment in die amerikanische Schule.

Wir werden in Kapitel 8 die Auswirkungen des Forschungs- und Entwicklungsmodells (Fo-E-Modells) in den USA und Europa genauer betrachten. Hier wollen wir nur unterstreichen, daß diese Entwicklungsstrategie aus dem *technisch-industriellen Bereich* übernommen ist. Ferner hat sich gezeigt, daß die Fo-E-Strategie primär auf *Produkte* abzielt, z. B. Lehrmittel oder Material-Methoden-Systeme (siehe Kapitel 5).

## Schulentwicklung: Von der Vision zur Wirklichkeit

Anders gesagt: *Eine Entwicklungsstrategie ist nicht wertneutral.* Sie hat Konsequenzen für die Schule. Bei der Entscheidung für eine Entwicklungsstrategie muß man daher Stellung nehmen zu der Hauptfrage: Für welche Zukunft der Schule wollen wir eintreten?

**Die neue Rolle der Bundesstaaten:** In die frühen achtziger Jahre fällt eine wichtige Veränderung im amerikanischen Bildungswesen. Bis dahin gingen alle wichtigen Impulse der Schulentwicklung von der zentralen Instanz aus, also von Washington (obwohl ihr Anteil am gesamten Bildungsbudget nur bei 8 % lag). Den Behörden in der Bundeshauptstadt ging es um *Gleichheit* der Bildungsangebote und um eine Hebung des fachlichen Niveaus. Einige der darauf abzielenden Programme wurden obligatorisch, an anderen war die Teilnahme freiwillig.

Mehrere Evaluationen der Programme in den siebziger Jahren zeigten, daß die von der Zentrale initiierten Projekte wenig Durchschlagskraft hatten. Zur gleichen Zeit wuchs Jahr für Jahr das Haushaltsdefizit des Bundes. Es wurde deutlich, daß *die einzelnen Staaten* sich aktiv engagieren mußten, wenn Schulentwicklung Erfolg haben sollte. So entstanden in den achtziger Jahren mehrere bedeutende Projekte, besonders die »Restrukturierungsprojekte«, die eine Reform von Struktur, Inhalten und Methoden zum Ziel hatten.

Die Bundesstaaten hatten als Initiatoren der Veränderung wenig Erfahrung. In den USA ist die Verantwortung für das Bildungswesen in hohem Maße dezentralisiert; sie liegt hauptsächlich bei den Gemeinden. Dennoch hat der jeweilige Staat in Fragen von prinzipieller Bedeutung einige übergeordnete Kompetenzen. Viele Staaten verstanden sich als Garanten der Sicherung von »Standards« und praktizierten mit Lehrertests, Schulevaluationen etc. eine Strategie der Kontrolle. Andere vertraten eine Motivationsstrategie (»Commitment«) und suchten die Entwicklung durch Innovationen anzuregen (ROWAN 1990).

Es ist natürlich unmöglich, auf wenigen Seiten die Schulentwicklung in den USA umfassend darzustellen. Man kann zu Recht behaupten, daß es in diesem Land absolut *alles* gibt. Die konträrsten und miteinander konkurrierenden Bewegungen existieren gleichzeitig. Welche Entscheidungen zu einer gewissen Zeit im Trend liegen, wird nicht von der Schule, sondern von der allgemeinen Entwicklung der Gesellschaft bestimmt. Gerade weil die amerikanische Gesellschaft so groß ist, weil es über 17 000 unabhängige Schulbezirke, mehrere tausend Universitäten und Hochschulen sowie eine Reihe spezialisierter Zentren gibt, ist es möglich, eine jede pädagogische »Schule« am Leben zu erhalten.

In den letzten 25 Jahren, seit ich die Schulentwicklung in den USA aus der Nähe verfolge, habe ich eine ganze Reihe größerer und kleinerer Bewegungen hochkommen sehen. Ich erkenne darin einen ganz natürlichen Ausdruck der amerikanischen Lebensform, die stark von der modernen Informationsgesellschaft geprägt ist. Es fragt sich indes, ob die amerikanische Schule bei solchen Pendelausschlägen echte Chancen der Erneuerung hat. Wir wissen ja, daß Schulen sich nicht von heute auf morgen umkrempeln lassen; Veränderungen brauchen ihre Zeit (GOODLAD und KLEIN 1974; BROADY 1981). In der umfassendsten Studie, die der amerikanischen Schule je gewidmet wurde, *The Study of Schooling*, wird offen zugegeben, daß die Praxis sich keineswegs stark geändert hat (TYE 1981).

Nun klaffen nicht nur in Amerika Intentionen und Realität der Schule auseinander. In einer Intensivstudie dreier schwedischer Schulen im Zeitraum 1977–1981 kommen Sandström und Ekholm zu dem Schluß, daß *Stabilität* und nicht Veränderung die bestimmende Kraft ist. Sie zeigen, in wie geringem Maße zentral getroffene Reformbeschlüsse in die Schulen hineinwirken und welche Kräfte in Wirklichkeit das Leben der Schule regulieren (SANDSTRÖM und EKHOLM 1984, 1986).

## 1.3 Schulkritik und Reformversuche

Kritik an der Schule ist in hohem Maße ein internationales Phänomen. Sie ist keineswegs neu, und sie kam schon immer von vielen Seiten. Soweit ich es beurteilen kann, ist sie am stärksten in den westlichen Industrieländern, also den Staaten, die Bildung und Ausbildung am wichtigsten nehmen.

In den letzten Jahren stand die *fachliche Qualität* der Schulen im Mittelpunkt des Interesses. Diese Tendenz begann mit der »Back to basics«-Bewegung in den USA, setzte sich in etwas veränderter Form in der »Accountability«-Bewegung fort und manifestierte sich in jüngster Zeit in einer klareren Definition fachlicher »Standards«, in landesweiten Tests und in der Schulbeurteilung.

Die meisten, die der Schule fehlende Qualität attestieren, gründen ihre Kritik auf die Ergebnisse standardisierter Tests, wie sie vor allem in Nordamerika verbreitet sind. Sie sind sehr umstritten, u. a. weil sie nur in geringem Maße höhere Denkfähigkeiten messen. Sie konzentrieren sich auf einfache Kenntnisse und Fertigkeiten. Beim Vergleich von Testergebnissen über mehrere Jahrzehnte zeigt sich dann, daß »das fachliche Niveau« stetig gesunken ist.

Andere Untersuchungen betonten die mangelnde Fähigkeit der Schule, den Bedürfnissen einer multikulturellen Gesellschaft Rechnung zu tragen. Der Abstand zwischen den einzelnen Schülergruppen nimmt mit den Klassenstufen zu. Trotz mehrerer Reformen liegen z. B. farbige Schüler und solche lateinamerikanischer Herkunft hinter den weißen Schülern in der Grundschule sechs Monate zurück, in der Sekundarstufe II dagegen drei Jahre (HAYCOCK und NAVARRO 1988). Es überrascht dann nicht mehr, daß doppelt so viele farbige und lateinamerikanische Schüler wie weiße die Schule vorzeitig beenden. Die USA sind dabei kein Sonderfall. Untersuchungen multikultureller Milieus in europäischen Schulen zeigen ungefähr die gleichen Tendenzen.

Daß »fachliche Qualität« in der Schuldiskussion der neunziger Jahre ein so wichtiges Thema geworden ist, geht hauptsächlich auf führende Vertreter der Wirtschaft zurück, die über die wirtschaftliche Entwicklung besorgt sind. Der Druck aus Japan, den südostasiatischen Staaten und China hat in den OECD-Ländern zu einer ziemlich einhelligen Schlußfolgerung geführt: Unsere Zukunft liegt vor allem im »Humankapital«, d. h. in den Kompetenzen, die unsere Bevölkerung hat oder haben wird. In Band 1 dieses Doppelwerks haben wir die Haltbarkeit dieser These ausführlich erörtert. Hier sei nur daran erinnert, daß sie sich im Ruf nach »höherer fachlicher Qualität« niederschlug – hinter dem leider oft ein sehr verengter Wissens- und Qualitätsbegriff steckte, der in seiner primitivsten Form zu einem Wettstreit um die Frage *Wer weiß die meisten Städte in Belgien?* verkommen konnte (vgl. im übrigen den OECD-Bericht *Schools and Quality* von 1989).

Auf die Gefahr hin, das Bild zu entstellen – ist es überhaupt möglich, die Schule in *einem* Bild zu fassen? –, will ich versuchen, einige ihrer Dimensionen zu skizzieren, die von großer Bedeutung sind für die Entscheidungen, die wir am Ende des Jahrhunderts zu treffen haben:

*Die geteilte Schule* – oder die Begegnung zweier Kulturen – ist eines der Bilder, in denen sich mir die heutige Schule darstellt. Für den *Schüler* ist sie der Ort, an dem Freunde sich treffen, Freunde, die eine eigene Jugendkultur haben mit Normen und Erwartungen, die von denen der Erwachsenen abweichen. Was ist den Jugendlichen von heute wichtig? Wenn wir Forschungsergebnissen aus mehreren westlichen Ländern glauben dürfen, bedeuten das Aussehen und sportliche Leistungen mehr als irgend etwas sonst. John Goodlad kam in seiner letzten Studie *(A Place Called School* zu dem Schluß, daß diese beiden Faktoren zusammen 79 % des Ansehens erklären, das jemand bei den Mitschülern hatte. Zugleich scheinen die Schüler im Laufe der Schulzeit mit ihren fachlichen Leistungen immer unzufriedener zu werden. Vielleicht genügt es vielen, gut auszusehen, beliebt zu sein und »dazuzugehören«. Vielleicht finden sie es immer schwieriger, den fachlichen Forderungen zu entsprechen, die die Schule so hochhält. Dieser Eindruck verstärkt sich, wenn wir Schüler fragen, was sie an der Schule am meisten schätzen. Kameradschaft, Sport und ein ansprechendes Milieu machen in Goodlads Untersuchung 60 % der Antworten aus. Nur 7 % der Befragten nennen die Fächer, 4 % die Lehrer; 8 % finden »nichts« an der Schule gut (GOODLAD 1983).

Sandström und Ekholm untersuchten, was schwedische Schüler an einem gewöhnlichen Schulalltag als positiv empfanden. Auch sie nannten die *Kameradschaft* an erster Stelle. Ein anderes Ergebnis der Studie war, daß das Gefühl der Hoffnungslosigkeit zwischen der 7. und 9. Klasse stark zunahm (SANDSTRÖM und EKHOLM 1986).

*Der Lehrer* hat Erwartungen *rein fachlicher* Natur. Er begegnet Schülern, die mit ihren Gedanken oft ganz woanders sind. Chester Barnard veröffentlichte 1938 seine Marktplatz-Theorie: Organisationen gleichen Märkten, auf denen Käufe und Verkäufe getätigt, Belohnungen und Strafen verteilt werden. Soll die Schule als Organisation überleben, so muß verhandelt werden – zwischen der Schülerkultur auf der einen und der Erwachsenenkultur der Lehrer auf der anderen Seite. Vor allem in der Sekundarstufe II wird jetzt, da ein ständig wachsender Teil des Jahrgangs sie besucht, immer offenkundiger, daß die Schule ein Markt ist, den die Partner mit höchst unterschiedlichen Erwartungen betreten (BARNARD 1938).

Das Bild vom *Wartezimmer* beschreibt wohl am besten die Situation vieler Jugendlicher und ebenso die Wandlung der *Funktionen,* die die Schule in der Gesellschaft erfüllt. Vor nur etwa 50 Jahren war die Funktion der *Wissensvermittlung* die wichtigste. Indem andere Institutionen viel von dieser Funktion übernahmen, wurde die relative Bedeutung der Schule geschwächt. Internationale vergleichende Untersuchungen (z. B. die IEA-Studie zum Erwerb naturwissenschaftlicher Kenntnisse) zeigen ziemlich eindeutig, daß die Schule in den Industrieländern für die Kenntnisse der Schüler viel weniger bedeutet als in den Entwicklungsländern (siehe Abb. 2).

Gezeigt wird hier das *anteilige Verhältnis* der in der Schule und außerhalb der Schule erworbenen naturwissenschaftlichen Kenntnisse in den Ländern, die Gegenstand der ersten vergleichenden Studie waren. Die Graphik sagt *nichts über die Inhalte,* über Umfang und Relevanz des

Abb. 2: Anteile von Schule und Elternhaus am Erwerb naturwissenschaftlicher Kenntnisse

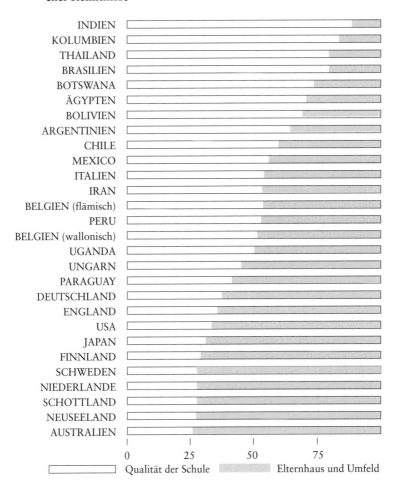

jeweiligen Stoffes. Ablesen läßt sich z. B., daß in einem typischen Industriestaat wie Schweden nur gute 20 %, in einem Entwicklungsland wie Indien dagegen 85 % des Gesamtwissens auf schulisches Lernen zurückgehen.

In den Industriestaaten wurden nach und nach das Sortieren und die *Zertifikation* wichtig. Damit vor allem konnte die Schule ihre zentrale Rolle in der Wissensvermittlung behaupten. Aber zugleich begann sie damit ihre eigene Rolle zu untergraben. Zweifellos ist für viele heutige Schüler das Examen – und dann natürlich am liebsten ein gutes – wichtiger als das Lernen. Wenn wir ferner bedenken, daß der Arbeitsmarkt nicht mehr alle aufnehmen kann, die auf ihn drängen, so wird uns klar, daß sich die Schule immer mehr zu einem *Aufbewahrungsort* entwickelt. Sic gleicht einem *Wartezimmer,* in dem relativ wenig passiert, in dem wir (wenn wir Glück haben) nette Mitreisende treffen, aber in dem wir die ganze Zeit darauf warten, daß ein Zug kommt und uns dort hinbringt, wo es etwas Neues und Spannendes zu erleben gibt. Das Problem heute ist, daß die Wartezeit lang wird – und manch einer fragt sich, ob überhaupt jemals ein Zug kommt.

Neuere Studien, die Beobachtungen im Klassenraum auswerten, haben gezeigt, daß auf pädagogischem Gebiet seit der Zeit des Experimentierens mit alternativen Methoden in den sechziger Jahren relativ wenig geschehen ist. Es dominiert die *Routine des Unterrichts.* Schulen sind im großen und ganzen so organisiert wie eh und je: Es gibt Jahrgangsklassen mit 25 bis 30 Schülern, fächerweise gegliederten Frontalunterricht nach Prämissen des Lehrers sowie mehr oder weniger passive Schüler, die diese Zustände nach und nach akzeptieren. Der Unterricht ist, anders gesagt, standardisiert und fragmentiert, und er hemmt die Aktivität. Der Lehrer oder die Lehrerin »führt die Schüler zum Abitur« – diese Formulierung enthält mehr Wahrheit, als wir vielleicht uns eingestehen. Wir wissen eine ganze Menge über Bedingungen guten Unterrichts, aber wir bemühen uns wenig, diese Bedingungen systematisch herbeizuführen. Wenn eine Lehrerin oder ein Lehrer als fachkundige Person allein vor 30 Schülern steht, ohne jede Supervision oder Unterstützung durch Kollegen, in einer Schule, deren Lehrkräfte wenig voneinander wissen und kaum Gelegenheit haben, voneinander zu lernen, die so gut wie keine gemeinsame pädagogische Plattform kennen, ist die Gefahr des Steckenbleibens in purer Routine sehr groß (siehe Näheres in den Kapiteln 3 und 5).

*Fehlende Visionen:* Bisher sprachen wir von *internen* methodischen Problemen, die für den einzelnen Schüler und Lehrer natürlich wichtig genug sind. Dennoch steht heute eher das Verhältnis der Schule zu ihrem *Umfeld* und zur *Gesellschaft* im Mittelpunkt des Interesses. Wir erwähnten die Zweifel an der fachlichen Qualität der Schule. Allgemeiner gesehen geht es im Lichte der Herausforderungen des nächsten Jahrhunderts um die Frage, welche Aufgaben die Schule in der Gesellschaft wahrnehmen soll. Was sollten Kinder und Jugendliche in der Gesellschaft von heute, aber mit Blick nach vorn vor allem andern lernen? Solche Fragen stellt die Schule selten – die *täglichen* Herausforderungen sind groß genug. Aber ohne eine einigende Vision kann eine Organisation nicht überleben. Daher lautet die vielleicht wichtigste Frage: Was ist eine »gute Schule« für das 21. Jahrhundert?

**Das Verhältnis der europäischen zur amerikanischen Schule:** Mögen Europa und Nordamerika auch mehr gemeinsam haben als andere Kontinente, so sind die Unterschiede dennoch ausgeprägt. Das gilt auch für die Schulkultur und die Einführung und Durchsetzung schulischer Innovationen. Die USA (und teilweise auch Kanada) verfügen über ungleich größere Mittel für Schulentwicklung als irgendein europäisches Land. Sie haben außerdem eine Forschungs- und Entwicklungskapazität, die quantitativ wie qualitativ ihresgleichen sucht. Daher haben wir allen Grund, die Entwicklung in Nordamerika genau zu verfolgen. Der Einfluß der USA ist denn auch unverkennbar. Wer europäische Lehrpläne, Lehrbücher und andere Hilfsmittel unter die Lupe nimmt, wird fast immer feststellen, daß sie »Made in USA« sind und dann den jeweiligen nationalen Verhältnissen angepaßt wurden.

Doch zugleich müssen wir einem Engrosimport von Lösungen schulischer Dilemmata skeptisch gegenüberstehen, denn solche Lösungen können nicht wertneutral sein. Sie gehen von bestimmten Voraussetzungen aus und basieren auf ideologischen und politischen Wertvorgaben.

Das versteht sich eigentlich von selbst. Die Schwierigkeit besteht darin zu erkennen, welche Merkmale einer Kultur für die Übertragbarkeit einer Idee der Schulentwicklung entscheidend sind. Es gibt viele Ansätze einer solchen »komparativen Pädagogik«, aber bis heute gibt es kein einfaches Rezept. Am intensivsten hat sich wohl der Niederländer Geert Hofstede mit diesen Problemen beschäftigt. Aufgrund umfassender empirischer Studien konnte er einige Faktoren benennen, die unsere Einstellung zu Veränderungsprozessen prägen und damit für *Veränderungsstrategien* von Bedeutung sind (HOFSTEDE 1991; vgl. im übrigen Kapitel 5).

## 1.4 Schulerneuerung und Gesellschaftsentwicklung

Die historische Darstellung sollte zeigen, daß »Schulentwicklung« nicht kulturübergreifend eindeutig definiert ist. Der Begriff ist vermutlich amerikanischem Denken entsprungen, aber wird von Land zu Land sehr verschieden gebraucht. Es gibt einen engen Zusammenhang zwischen der Entwicklung der Gesellschaft im allgemeinen und der Schulentwicklung im besonderen. In Europa, wo überkommene Gesellschaftsstrukturen die Schulentwicklung wesentlich bestimmt haben, liegt dies offen zutage, ebenso in den USA, wo die gewählten Veränderungsstrategien die in anderen Sektoren der Gesellschaft gemachten Erfahrungen widerspiegeln. In beiden Kontinenten gibt es die feste Überzeugung, daß die Schule gesellschaftliche Probleme lösen kann, während zugleich offenkundig ist, daß eben diese Schule in hohem Maße von der Gesellschaft abhängt.

Nicht wenige Veränderungen der Gesellschaft wirken sich direkt auf die Schule aus. Wie verhalten sich die geplanten Erneuerungen der Schule zu den »natürlichen« Veränderungen? Ich zweifle nicht, daß die politischen, wirtschaftlichen und sozialen Wandlungen, die nicht im Hinblick auf Konsequenzen für die Schule geplant wurden, für deren Entwicklung viel mehr bedeutet haben als die intern entworfenen Projekte und Pläne (DALIN 1978). Ein Beispiel ist die von Hutmacher beschriebene Feminisierung der Bildungsinstitutionen:

>»Daß immer mehr Frauen den Lehrerberuf wählen, daß der Anteil der Mädchen in den weiterführenden Schulen und in den Hochschulen zunimmt, daß Schüler und Studenten allmählich ihre eigene Macht erkennen, sind nur einzelne Beispiele für solche bedeutenden Veränderungen der Bildungssysteme, die in allen Industrieländern zu beobachten sind.« (Walo HUTMACHER in einem Brief an den Verfasser).

Hutmacher meint, solche Wandlungen seien verbunden mit grundlegenden Veränderungen der Gesellschaft, der Ziele, Werte und Normen der Menschen sowie ihrer Einschätzung des symbolischen und tatsächlichen Wertes der Bildung. Was die starke Zunahme des Frauenanteils in weiterführenden Schulen und Hochschulen angeht, so ist offenkundig, daß die Schule als ein wichtiges Instrument der Emanzipation gewirkt hat, obwohl der Einwand naheliegt, daß wirkliche Gleichberechtigung in der Schule noch bei weitem nicht erreicht ist. Jedenfalls hat die Feminisierung ohne jede systematische Schulentwicklung stattgefunden.

Ein anderes Beispiel nennt Heidenheimer in seinem Vergleich der Entwicklung der Einheitsschule in Schweden und Deutschland (HEIDENHEIMER 1974). Er zeigt, daß die Situation in der Bundesrepublik bis weit in die fünfziger Jahre vom Krieg geprägt war. Junge Leute, die zur NS-Zeit in der Schule leitende Funktionen innegehabt hatten, verloren nach dem Krieg ihre Stellungen. Ältere Verwaltungsfachleute und Lehrer, deren Ideale von der Weimarer Republik geprägt waren, nahmen die Plätze ein. Während schwedische Lehrerorganisationen, vor allem der Verband der Volksschullehrer, gute Kontakte zu Amerika hatten und gewillt waren, sich für eine neue Schule einzusetzen, waren die deutschen Verbände politisch und fachlich stark zerstritten. Die schwedischen Volksschullehrer bekamen politisch die Oberhand, weil die Gymnasiallehrer, die zumeist Gegner der Einheitsschule waren, den Idealen der deutschen Schule anhingen.

Größere Schulreformen sind nicht nur von politischen und sozialen Veränderungen abhängig, sondern auch von relativer politischer Stabilität. Während Norwegen in der Nachkriegszeit (jedenfalls bis Ende der sechziger Jahre) von ungewöhnlicher politischer Stabilität geprägt war, befanden sich andere Länder, wie etwa Italien, in einer politischen Dauerkrise. Die Idee einer Einheitsschule hatte unter italienischen Pädagogen sehr viele Anhänger, und mehrere Resolutionen, Ausschußberichte und Vorschläge wurden publiziert. Da aber die Ideen parteipolitisch umstritten blieben und da solche Veränderungen viel Zeit brauchen, ließen sich entsprechende Beschlüsse bei den häufigen Regierungswechseln verwässern. In Norwegen wurde durch die Regierung der Arbeiterpartei in den vierziger und fünfziger Jahren die Grundlage für die neunjährige Einheitsschule geschaffen. Als 1965 die Regierung wechselte, waren die Reformen in den Grundzügen schon von allen Parteien akzeptiert.

Natürlich gibt es in Europa auch Neuerungen, die pädagogisch motiviert und also nicht dem zuzurechnen sind, was wir als »natürliche Veränderungen« der Gesellschaft bezeichneten. Hierher gehören etwa Wandlungen der Methodik, der Technologie und teilweise der Leitung und Organisation. Aber in alledem sehe ich hauptsächlich Veränderungen der Mittel, die die Schule zur Erreichung traditioneller Ziele braucht. Sie bewirken keine Veränderungen der Rolle und Funktion der Schule in der Gesellschaft.

Es ist im übrigen höchst unklar, welchen Einfluß die Schule auf die Entwicklung der Gesellschaft hat. Einige umfassende Studien in Nordamerika wie in Europa haben die Bedeutung der Schule zu bestimmen versucht (COLEMAN 1966). Eines scheint klar: Die Schule kann soziale und wirtschaftliche Veränderungen nicht allein herbeiführen. Aber welche andere gesellschaftliche Institution könnte das? Nach Ernest House sind die Sektoren der Gesellschaft hierarchisch organisiert, und der wirtschaftliche dominiert. Er zeigt, wie wichtig es für diesen Sektor ist, durch »Innovationen« zu überleben. Damit weist er darauf hin, daß ein Begriff wie *Innovation* (»Erneuerung«) in Wirklichkeit der Erhaltung des Status quo dient:

»In traditionellen Strukturen wird der Status quo durch die statische Natur der Gewohnheit und der Geschichte aufrechterhalten. Der Grundzug einer technokratischen Struktur ist die Bewahrung des Status quo durch fortwährende Innovationen. Dabei müssen die Veränderungen natürlich von besonderer Art sein. Sie kommen von außen und werden von den tragenden Institutionen propagiert. Andernfalls könnte die soziale Ordnung leicht gestört werden. Während der Status quo in einer traditionellen Gesellschaft leicht erkennbar ist, sieht man ihn nicht so bald in einer modernen, weil ständige Veränderungen schnell den Eindruck erwecken, es geschehe etwas Wesentliches« (HOUSE 1974).

Ein direkter Kausalzusammenhang zwischen Schule und Gesellschaft dürfte kaum nachweisbar sein. Nach meiner Auffassung kommt der Wahrheit näher, wer Wechselwirkungen unterstellt. Es ist wohl auch realistisch anzunehmen, daß mehrere Werte um die Vorherrschaft in der Gesellschaft konkurrieren, teils innerhalb der einzelnen Sektoren, teils quer zu ihnen. In einer Gesellschaft, die in steigendem Maße von einer internationalen Informationsflut geprägt wird, ist es immer schwieriger, die Übersicht zu behalten und damit die Fähigkeit, bewußt zu neuen Ideen Stellung zu nehmen. Im Klassenraum ist das tagtäglich zu merken. Erwartungen, Haltungen und Verhaltensweisen von Schülern und Studenten ändern sich schneller als früher. Die Massenmedien, besonders das Fernsehen, gewinnen immer größeren Einfluß auf die Arbeit der Schule.

## 1.5 Auf dem Weg ins 21. Jahrhundert

Im ersten Band (Kapitel 3, S. 56 ff.) sprachen wir von den zehn einschneidenden »Revolutionen«, die heute und in den kommenden Jahren wirksam bleiben und unsere Welt umformen werden. Im einzelnen sind das

- *die Wissens- und Informationsrevolution,* basierend auf einem neuen Grundverständnis von Wissenschaft, einer breiten Wissensindustrie mit enormen Forschungsressourcen sowie einer globalen elektronischen Infrastruktur, die zu einer sich immer mehr beschleunigenden Wissensvermehrung führt;
- *die Bevölkerungsrevolution,* auch Bevölkerungsexplosion genannt, weil sie heute den ganzen Planeten mit exponentieller Geschwindigkeit überzieht und damit sein Ökosystem bedroht;
- *die internationale Revolution,* mit der ein neues politisches Weltbild entsteht, geprägt von Massenerhebungen, politischen und ethnischen Krisen sowie einer Ungleichheit der Lebensbedingungen, die große Migrationen zur Folge hat;

- *die wirtschaftliche Revolution,* die Entwicklung einer weltweit verflochtenen Wirtschaft, die durch riesige multinationale Gesellschaften und das Angebot neuer Waren und Dienstleistungen gekennzeichnet ist;
- *die technologische Revolution,* die neue Perspektiven eröffnet, neue Produkte und Märkte schafft, bisher »unlösbare« Probleme lösen hilft, aber ihrerseits zu neuen Problemen führt;
- *die ökologische Revolution,* die ein ganz neues Verständnis des Lebens auf der Erde bewirkte und der künftigen Entwicklung neue Rahmenbedingungen setzte;
- *die soziale Revolution,* die Frauen neue Rollen ermöglicht und in einer multikulturellen und pluralistischen Gesellschaft neue Lebensstile und neue Formen des Zusammenlebens schafft;
- *die ästhetische Revolution,* die in der Geschichte des Menschen den kreativen und künstlerischen Ausdruck von neuem als Möglichkeit ins Zentrum seines Lebens rückt;
- *die politische Revolution,* die grundsätzliche Fragen der Mehrheitsdemokratie aufwirft und die Rechte von Minderheiten betont;
- *die Revolution der Werte,* die die angeblich wertneutrale pluralistische Gesellschaft von Grund auf in Frage stellt und nach einem allgemeingültigen, verpflichtenden Wertefundament sucht.

Es bedarf keiner großen Phantasie anzunehmen, daß jede dieser Kräfte die Entwicklung unserer Gesellschaft erheblich beeinflussen und sich damit auch auf die Schule auswirken kann. So kann uns z. B. die *technologische Revolution* viele Argumente für eine Stärkung des Fachlichen in der Schule liefern. Andererseits finden wir in der *sozialen Revolution* Argumente für eine Schule, die an den zwischenmenschlichen Beziehungen interessiert ist.

Erst wenn wir formulieren, was wir *wollen,* welche Visionen einer wünschenswerten Entwicklung wir haben, gewinnen wir ein Fundament, von dem aus wir die Aufgabe der Schule erörtern und eine *gute Schule* definieren können. In Kapitel 4 des ersten Bandes skizzierten wir unter diesem Aspekt zehn Visionen einer Gesellschaft der Zukunft.

Natürlich kann keine gesellschaftliche Institution allein den Forderungen einer veränderten neuen Zeit genügen. Die Schule hat ihre Grenzen *und* ihre spezifischen Möglichkeiten. Erst in einem *Zusammenspiel* mit dem Elternhaus, dem sozialen Umfeld, den Medien, der Kirche, sonstigen wertgebundenen Institutionen und der Wirtschaft kann die Schule gute Arbeit leisten.

## 2. Organisationstheorien

Organisationen sind wie Landschaften: kompliziert, abwechslungsreich und komplex. Und sie verändern sich – mit den Jahreszeiten, dem Wetter und unserem Ort der Beobachtung. Wir können in eine uns bekannte Gegend zurückkehren mit dem Eindruck, daß wir sie zum ersten Male erleben. Unser Empfinden ändert sich mit unserer Perspektive.

Unser Blick auf Organisationen beruht in hohem Maße auf Überlieferungen, tiefverwurzeltem Glauben und Gewohnheitsdenken. Wir schlendern gleichsam noch einmal auf dem markierten Pfad durch altbekanntes Gelände. Wir nicken den nach und nach auftauchenden Landschaftselementen wiedererkennend zu.

Ein Beispiel: Wir haben oft gehört, daß eine Organisation ihre Ziele formulieren muß. Das sollte möglichst klar und prägnant geschehen. Je klarer, desto besser, und desto leichter wird es sein, die Ziele zu erreichen. Also setzen wir mehr oder weniger unkritisch voraus, daß Organisationen Ziele anstreben. Das beruht auf einer Art rationalem Modelldenken. Und dieses Denken wurzelt tief in einem positivistischen Wissenschaftsverständnis.

Einige Organisationen lassen sich unter gewissen Bedingungen wohl als zielorientierte Systeme begreifen. Aber ebenso sicher ist, daß noch mehr Organisationen schwerlich so verstanden werden können. Organisationen sind komplexe, uneinheitliche und unübersichtliche Systeme, die uns oft große Überraschungen bescheren. Eine formale, rationale, bürokratische Sicht wird niemals ihre vielen »Anomalitäten« erklären können. Was an Organisationen beobachtet werden kann, was in ihnen sich entwickelt, was Menschen in ihnen erleben, ist allzu komplex, als daß es aus nur einer Perspektive gedeutet werden könnte.

Einen interessanten Beitrag zum Verständnis von Organisationen hat Gareth Morgan in seinem Buch *Organisationsbilder* geliefert (MORGAN 1988). Zur Beschreibung und Analyse der vielen Erscheinungsformen von Organisationen benutzt er eine Reihe Metaphern. Wir stellen diese »Bilder« kurz vor, um unsere Phantasie anzuregen und in unserer Darstellung der Organisationstheorie einer allzu engen kognitiven Sichtweise vorzubeugen. Mittels seiner Bilder entwickelt Morgan Thesen und Antithesen, und damit erweitert er unsere Möglichkeiten des Verstehens eines komplizierten Phänomens. Morgan präsentiert die folgenden acht Bilder:

*1. Die Organisation als Maschine:* Am Anfang dieses Jahrhunderts, im Zeichen des großen Aufschwungs der Naturwissenschaften und der Technik, dachte man sich Organisationen als eine Art Maschine, deren Einzelteile bestimmte Funktionen im Ganzen zu erfüllen hatten. Das Ziel war eine Organisation mit größtmöglicher Produktivität. Die Maschinenteile sind in diesem Bild Menschen, die sich dem Ganzen anzupassen haben und die auswechselbar sind.

*2. Die Organisation als Organismus:* Dieses Bild ergab sich, als man nach und nach die Abhängigkeit der Organisationen von ihrem Umfeld zu verstehen begann. Man stellte sie sich als lebende Wesen vor, die evolutionär verschiedene Entwicklungsphasen durchlaufen und dabei in stetem engen Kontakt mit der Umgebung stehen, von der sie abhängig sind.

*3. Die Organisation als Gehirn:* Hier standen im Mittelpunkt die Fähigkeit zur Datenverarbeitung, die kybernetischen Prozesse, das »Lernen des Lernens«, die Fähigkeit zur Selbststeuerung. Diesem Bild zufolge sind Organisationen durch ein hohes Maß an Flexibilität und ein großes Innovationsvermögen gekennzeichnet, sie arbeiten fast wie ein Computer.

*4. Die Organisation als Kultur:* Dieses Bild sieht Organisationen als soziale Konstrukte, die zur Erreichung bestimmter Ziele geschaffen wurden. Wichtig sind Werte, Normen und Rituale, die die Organisation »verwaltet«. Organisationen haben verschiedene Teilkulturen; um so wichtiger ist daher die Pflege einer gemeinsamen »Betriebskultur«.

*5. Organisationen als politische Systeme:* Mit dieser Metapher veranschaulicht Morgan diverse Interessenkonflikte und Machtkämpfe, die sich in Organisationen abspielen. Wer pluralistische Organisationen leiten will, muß Konflikte verstehen und Macht einsetzen können.

*6. Organisationen als innere Gefängnisse:* Mit diesem Bild stellt Morgan die Frage, was alles an Unbewußtem in Organisationen zum Ausdruck kommen kann, wie etwa Angst, unterdrückte Sexualität, patriarchalische Muster, der Tod. Psychodynamische und ideologische Denkmuster kennzeichnen diese Perspektive.

7. *Organisationen als etwas in steter Veränderung Begriffenes:* Bei diesem Bild steht die »dialektische Analyse« im Vordergrund. Organisationen sind sich selbst reproduzierende Systeme. Wichtig ist die Erkenntnis der fundamentalen (oft unbewußten) Dynamik, die die Organisation formt, die Einsicht in die sie verändernden Kräfte, die man sich nicht linear, sondern als »Schleifen« vorzustellen hat.

8. *Organisation als Herrschaftsinstrumente:* Dieses Bild ist eine Erweiterung der politischen Metapher. Es zeigt, wie Organisationen Individuen und Gruppen ihren Zielen dienstbar machen können. Organisationen sind Werkzeuge der Dominanz und Ausbeutung. Unter diesem Aspekt werden u. a. Probleme am Arbeitsplatz, »Arbeitswut«, Streß und die multinationalen Gesellschaften als Weltmächte untersucht.

Morgans Bilder zeigen, daß man Organisationen unter ganz verschiedenen Blickwinkeln betrachten kann. Wer eine bestimmte Organisationstheorie verstehen will, sollte sich zuerst klarmachen, von welchem Standort aus sie entwickelt wurde.

Der Norweger Paul Moxnes hat in mehreren Arbeiten das Wesen von Gruppen und Organisationen in neuem Licht zu zeigen versucht. Er arbeitet dabei u. a. mit dem Begriff der »mythologischen Rollen«. Indem er seine Bilder Märchen, Sagen und der Mythologie entnimmt, eröffnet er neue, interessante Einblicke in menschliche Interaktionen innerhalb einer Organisation (MOXNES 1993).

Viele Forscher haben sich mit Organisationstheorien beschäftigt. Ihnen allen ist gemeinsam, daß sie spezielle Interessen verfolgten. Entweder galt ihr Augenmerk einer bestimmten Art von Organisation (z. B. Industriebetrieben), oder sie gingen von einer bestimmten Perspektive aus (z. B. dem Interesse an Entscheidungsprozessen). Das führte zwangsläufig zu Theorien, die sich auf bestimmte Organisationstypen unter bestimmten Voraussetzungen bezogen. So gibt es inzwischen – um einige Beispiele zu nennen – Theorien über Entscheidungsprozesse, über Konflikte, über Kommunikation, über Führung und über Macht und Einfluß.

Dagegen gibt es bisher keine Einzeltheorie, die alle Aspekte aller Organisationstypen umfaßt und somit erklären könnte, warum Organisationen sich so und nicht anders verhalten. In den letzten Jahren allerdings wurden recht umfassende Theorien entwickelt, die den Anspruch erheben, alle wesentlichen Merkmale einer Organisation verständlich zu machen. (Wir werden in diesem Kapitel u. a. auf die Theorie der St. Gallen-Gruppe zurückkommen). Viele respektable Versuche wurden unternommen, aber sie alle haben ihre Mängel, auf die wir näher eingehen wollen. Wenn wir in diesem und dem nächsten Kapitel versuchen, vorliegende Ergebnisse auf die Schule als Organisation anzuwenden, wollen wir dies möglichst umfassend tun, d. h. Impulse mehrerer »Schulen« aufnehmen, und andererseits doch eine kritische Auswahl treffen, weil vermutlich nicht jede Organisationstheorie für die Schule gleichermaßen relevant ist.

Dies vorausgeschickt, muß ich auch etwas über die Dilemmata sagen, vor die ich mich dabei gestellt sehe. Erstens: Da unsere Kenntnisse der Schule als Organisation noch recht begrenzt sind, wissen wir auch wenig über das, was *nicht* relevant ist. Es ist ganz einfach leichtfertig zu behaupten, eine Theorie sei irrelevant, weil sie zufällig in einer anderen Organisation als der Schule entwickelt wurde. Die Schule läßt sich vermutlich – wie die meisten anderen Organisationen – in Fachausdrücken der Organisationstheorie beschreiben; aber die Bedeutungen, Charakteristika und Relationen der einzelnen Faktoren können höchst verschieden sein. Zweitens: Wie finden wir Kriterien der Auswahl vorhandener Theorien? Ich habe mich entschieden, einige Hauptperspektiven vorzustellen und solche Theorien zu besprechen, die mir am besten empirisch untermauert scheinen.

Bei der Auswahl der Hauptperspektiven stand ich wiederum vor einem Dilemma. Es gibt in der Organisationstheorie einige Orientierungspunkte. Stets werden mehrere »Schulen« vieles gemeinsam haben, so daß es sich anbietet, sie zu einer Hauptperspektive zusammenzufassen. So ist es z. B. mit der »klassischen Organisationstheorie«. In Deutschland, Frankreich, den USA und anderen Ländern wurden hierzu mehrere Denkschulen entwickelt. Obwohl sie jeweils verschiedene Aspekte einer Organisation betonen, haben sie doch so viel gemeinsam, z. B. was das Menschenbild betrifft, daß sie sich zwanglos unter einer Hauptperspektive behandeln lassen.

In diesem Kapitel sollen also verschiedene Sichtweisen dargelegt und diskutiert werden. Ich bin überzeugt, daß wir unsere Möglichkeiten, Organisationen zu verstehen – und zu verändern! –, nicht von vornherein beschränken sollten. Daher müssen wir sie aus verschiedenen Perspektiven »sehen« können. Eines der gravierendsten Hemmnisse bei der Schulentwicklung war gerade unser fehlendes Verständnis für die Schule als Organisation. Wir hielten es für allzu selbstverständlich, daß sie ihrer formalen Struktur gemäß funktionierte. Nicht wenige Merkmale, die sie als Organisation aufweist, nahmen wir einfach als gegeben hin und gründeten so unsere Schulentwicklungsarbeit auf falsche Voraussetzungen.

Normalerweise ordnet man Organisationstheorie drei verschiedenen Traditionen zu: der klassischen, der humanistischen und der Systemtheorie. Diese Theorien sollen vorgestellt und erörtert werden. Im Laufe meiner Beschäftigung mit *Schulentwicklungstheorie* begann ich jedoch immer mehr zu zweifeln, ob diese allgemeinen Theorien uns helfen können, *Innovationen und Veränderungen* in Organisationen zu verstehen. Nachstehend will ich daher, Bolman und Deal folgend, *vier Perspektiven* vorstellen, die die traditionellen Theorien einschließen (BOLMAN und DEAL 1984):

*I. Die strukturelle Perspektive:* In ihr erscheinen Organisationen als »rationale Systeme«, die durch möglichst effektive Verfahren und eine möglichst zweckmäßige Struktur vorgegebene Ziele erreichen wollen. Zu dieser Perspektive gehören die folgenden Theorien:

*Klassische Organisationstheorie:* Sie geht zurück auf Max Weber, einen deutschen Soziologen aus der Zeit der Jahrhundertwende, Henri Fayol, einen französischen Industriellen, und Frederick Taylor, einen amerikanischen Ingenieur. Sie entwickelten ihre Gedanken ungefähr gleichzeitig. In dem Maße, wie das Industriezeitalter mit neuer Technik und Massenproduktion die Gesellschaft nachhaltig zu prägen begann, galt ihr Hauptinteresse der Schaffung neuer Organisations- und Führungsstrukturen.

*Systemtheorie:* Sie betrachtet eine Organisation als »lebendigen Organismus«, dessen einzelne Teile voneinander abhängen und in dem es möglich ist, die eingesetzten Ressourcen, die typischen Verfahren und das Produkt in ein optimales Verhältnis zueinander zu setzen. Katz, Kahn und Etzioni sind typische Vertreter dieser Richtung.

*Abhängigkeitstheorie:* Sie ist am Verhältnis der Organisation zu ihrer Umgebung interessiert. »Richtige« Auswege aus Organisationsdilemmata gibt es dieser Theorie zufolge nicht. Welche Lösungen und Antworten gut sind, läßt sich allgemein nicht sagen; es hängt von der Situation ab, und das heißt vor allem vom Verhältnis zur Umgebung. Typische Vertreter dieser Theorie sind Burns, Stalker, Lawrence und Lorsch.

*Soziotechnische Theorie:* Ich ordne sie der strukturellen Perspektive zu, obwohl das nicht ganz zutrifft. Einige ihrer Begriffe sind der Systemtheorie entnommen; aber sie wurzelt, wie das *Sozio-* andeutet, auch in der humanistischen Theorie (siehe unten). In mehrfacher Hinsicht sucht sie die strukturelle und die humanistische Perspektive zu verbinden. Vertreter der soziotechnischen Theorie sind z. B. Trist, Rice, Emmery und Thorsrud.

*II. Die humanistische Perspektive:* Die dieser Perspektive verpflichteten Forscher gehen von einem humanistischen Menschenbild aus. Sie interessieren sich für den Beitrag des Einzelnen zu einer Organisation und für die Interaktionen der Mitglieder. Menschliche Bedürfnisse und ihre Befriedigung spielen eine zentrale Rolle. *Motivation* gilt als eine der wichtigsten Ressourcen einer Organisation. Typische Vertreter dieser Perspektive sind Mayo, McGregor, Argyris und Hertzberg.

Dieser Perspektive ordne ich auch die *kollektivistische Theorie* und die sogenannten *Klan-Perspektive* zu (vgl. unten S. 65–67).

*III. Die politische Perspektive:* Ihr zufolge sind Organisationen vor allem Schauplätze von Kämpfen und Konflikten, z. B. von Auseinandersetzungen um Ressourcen oder um Werte und Interessen von Individuen und Gruppen. Die dieser Perspektive zuzuordnenden Theorien werden u. a. von Marx, Baldridge, Cyert, March, Gamson, Berg und Wallin vertreten. Zur politischen Perspektive zähle ich auch das von Chester Barnard entwickelte *Marktplatz-Modell* (vgl. unten S. 72 f.).

Bisher folgt unsere Darstellung organisationstheoretischer Perspektiven ungefähr der Terminologie, die Ernst House für Perspektiven der Schulentwicklung gefunden hat. Er unterscheidet die technokratische, die kulturelle und die politische Perspektive (HOUSE 1981).

Es gibt indes wichtige Unterschiede zwischen der kulturellen Sichtweise schulischer Veränderungen und der obengenannten humanistischen Perspektive. Die erstere hat ihre Grundlagen in mehreren »Schulen« der Organisationstheorie.

Zusätzlich zu den drei ersten organisationstheoretischen Perspektiven will ich noch einzelne neuere Theorien unter den Bezeichnungen *symbolische Perspektive* und *integrierte Perspektiven* vorstellen.

*IV. Die symbolische Perspektive:* Sie ist ein Gegensatz zu allen Versuchen, die Wirklichkeit ausschließlich rational zu erfassen. Wichtig ist nicht, was geschieht, sondern der *Sinn* des Geschehens, der u. a. von dem »Symbolwert« abhängt, den die Mitglieder einer Organisation dem Geschehen beimessen. Mythen, Rituale, Zeremonien, Organisationskultur und Metaphern spielen eine große Rolle. Die symbolische Perspektive vertreten Forscher verschiedener Disziplinen, z. B. Selznik, Blumer, Corwin, Weick, March, Olsen und Moxnes. Zu ihr gehören nach meiner Auffassung zwei Denkmodelle. Das eine ist das der

*organisierten Anarchien*, das Cohen, March und Olsen aufgrund empirischer Untersuchungen in Schulen und Hochschulen entwickelt haben, das andere das der

*lose geknüpften Systeme*, dessen Vertreter – im Gegensatz zu den Systemtheoretikern – Organisationen als zufällige Allianzen von wechselnder Stärke sehen und in der Unabhängigkeit des Individuums den Faktor erkennen, der das Verhalten der Organisation am meisten bestimmt.

*V.»Integrierte« Perspektiven:* Zum Schluß sollen drei Perspektiven beschrieben werden, die sozusagen zwischen den vorgenannten Perspektiven Brücken bauen, nämlich Mintzbergs Organisationstheorie, Peter Senges Theorie von der lernenden Organisation und die umfassende systemische Theorie der St.-Gallen-Gruppe (vgl. unten S. 81 ff.).

## 2.1 Die strukturelle Perspektive

**Klassische Organisationstheorie:** Ich habe alle drei Begründer der Organisationstheorie unter der gleichen allgemeinen Überschrift zusammengefaßt, weil sie von fast identischen Vorstellungen vom Menschen, von der Arbeit und von Organisationen ausgehen. Gleichwohl sind sie verschiedenen Leitbegriffen zugeordnet worden; so wurde Max Weber bekannt durch den Bürokratiebegriff, Henri Foyal durch das Linien-Stabs-Prinzip und Frederick Taylor durch den Begriff »scientific management«.

Was die Schule als Organisation angeht, haben sich wohl Webers Gedanken am meisten durchgesetzt. Ich erörtere daher im folgenden die Grundzüge seiner Theorie, das Menschenbild und Organisationsbild, von dem er ausgeht, sowie die Konsequenzen, die seine Sicht nach meiner Auffassung für die Schule als Organisation gehabt hat.

Weber benannte und definierte einige Organisationsprinzipien, die er für global anwendbar hielt. Von ihrer Befolgung versprach er sich höhere Produktivität:

*1 Hierarchische Struktur:* Die Organisation ist eine Pyramide, in der der höher Placierte stets Autorität über alle Unteren hat. Der Befehlsweg verläuft systematisch von oben nach unten.

*2 Spezialisierung:* Es wäre zu kompliziert, wenn jeder in einer Organisation alles gleich gut lernte. Daher erreicht man mehr Effektivität, wenn die Aufgaben nach der Kompetenz, Fertigkeit, Erfahrung und besonderen Kenntnis des einzelnen verteilt werden.

*3 Reglement:* Entscheidungen und Handlungen werden durch klare Bestimmungen geregelt. Es gibt Regeln und Verfahren, die die Rechte und Pflichten der Beschäftigten festlegen und Gleichförmigkeit und Stabilität garantieren.

*4 Unpersönliche Verhältnisse:* Kontrolle fällt leichter, wenn persönliche Verhältnisse, Gefühle und irrationale Reaktionen eliminiert werden. Jeder Beschäftigte unterliegt daher einer strengen Disziplin, und seine Arbeit wird genau kontrolliert.

*5 Aufstiegsmöglichkeiten:* Beförderung erfolgt aufgrund von Ancienität und/oder Leistung. Das Einkommen ist eng an das Niveau in der Hierarchie gebunden. Es gibt Pensionsregelungen. Im ganzen wird auf diese Weise die Bildung einer stabilen, karrierebewußten Arbeiter- und Angestelltenschicht gefördert.

*6 Zielorientierung:* Organisationen werden als rationell und systematisch aufgebaute, zielorientierte Organismen gesehen. Sie benötigen daher ein rationales Problemlösungsverfahren.

Von welchen grundlegenden Prämissen geht diese Theorie aus? Zum einen impliziert sie ein bestimmtes Menschenbild:

1 Der Mensch reagiert rational.
2 Der Mensch ist beim Arbeiten hauptsächlich durch finanzielle Anreize motiviert.
3 Der Mensch zieht Sicherheit vor und wird daher klar definierte Aufgaben und den Befehlsweg von oben nach unten akzeptieren.
4 Der Mensch arbeitet ungern und bedarf daher steter Lenkung und genauer Kontrolle.

Zum andern basiert die Theorie auf einer bestimmten Auffassung von Organisation der Arbeit, damit diese möglichst viel abwirft:

1 Effektivität läßt sich nur als Produktivität messen.
2 Die Zukunft ist vorhersehbar, und Aufgaben können daher präzise definiert werden.
3 Die Führung muß rational, klar und objektiv handeln und vermeiden, daß subjektive Faktoren auf Entscheidungen Einfluß nehmen.
4 Autorität kommt von oben. Koordination ist nur durch Steuerung von oben erreichbar.
5 Einfache Aufgaben sind am leichtesten zu bewältigen. Die Produktivität wird daher in dem Maße steigen, wie sich die Beschäftigten auf bestimmte Aufgaben spezialisieren (WEBER 1964).

Vieles sprach für eine derartige Entwicklung. Der Optimismus, der die industrielle Revolution begleitete, beruhte auf dem Bild vom rationalen Menschen, wie Albert Guerreiro Ramos es beschrieben hat (RAMOS 1975). Der Mensch ist logisch, hat Zugang zu allem möglichen Wissen, sein Verhalten ist vorhersagbar und zielgerichtet. Aber der traditionelle Autoritätsglaube überlebte auch in der Zeit der stürmischen technischen Entwicklung. Die etablierte Gesellschaft war hierarchisch. Die Entwicklung bewirkte »nur«, daß König und Bischof, die alten Spitzen der Pyramide, durch eine neue Allianz von Industriellen und einer aufkommenden Intellektuellenschicht ersetzt wurden.

Webers Arbeit wurde nach dem Zweiten Weltkrieg von Organisationstheoretikern wiederentdeckt. Neben anderen haben Hall, Blau, Scott und Perrow Webers Bürokratiemodell weiterentwickelt (HALL 1963). Ihr besonderes Interesse galt der *Struktur*, u. a. der Frage, warum Organisationen sich für bestimmte Strukturen entscheiden und was Strukturen für die Arbeitsmoral und die Produktivität bedeuten. Das Wort Bürokratie ist heute negativ besetzt. Die *strukturelle Perspektive* ist nicht so unmenschlich und rigide, wie sie zunächst vielleicht erscheint. Es kommt darauf an, die den Problemen der Organisation adäquate Struktur zu finden. Damit werden Arbeitsteilung und bessere Muster für Rollen und Relationen wichtig.

Wovon hängt nun die Struktur einer Organisation ab? Die Frage läßt sich kaum allgemein beantworten, Organisationen sind sehr verschieden aufgebaut. Ein kurzer Vergleich mag das exemplarisch verdeutlichen: Eine Schule besteht aus mehr oder weniger »unabhängigen Produktionseinheiten« in Form von Klassenräumen. Dagegen ist in einer Fabrik für Fernsehapparate die wechselseitige Abhängigkeit der Einheiten offenkundig, da die meisten Prozesse in einem schrittweisen Produktionsverfahren aufeinander bezogen sind. Vor allem zwei Faktoren entscheiden darüber, welche Struktur zweckmäßig ist:

Erstens ist das die *Technologie*, die Summe der Tätigkeiten, die das, was die Organisation empfängt (input), in das Endprodukt (output) transformieren. In der Schule ist nach dieser Definition *Unterricht* die zentrale Technologie, im Krankenhaus sind es die Diagnosen und Behandlungsmethoden des Personals. Technologien unterscheiden sich in puncto Klarheit, Vorhersehbarkeit und Effektivität. Während sich die Herstellung eines Autos programmieren läßt, ist Unterricht kompliziert und von mehreren unvorhersehbaren Größen abhängig, so z. B. von den Voraussetzungen, die die Schüler und Lehrer mitbringen, von ihrer Tagesform und Motivation.

Zweitens ist die *Umgebung* wichtig, das, was außerhalb der Grenzen der Organisation liegt. Aus der Umgebung erhält sie ihre »Rohwaren«, und in der Umgebung sollen die Produkte verwendet werden. Schulen empfangen Kinder und Jugendliche und entlassen Schüler mit einer Ausbildung. Für die Struktur einer Organisation ist der Grad der Stabilität der Umgebung entscheidend. In der Hightechindustrie ändern sich die Voraussetzungen so rasch, daß ein wichtiges Produkt im Laufe von nur sechs Monaten seinen Markt verlieren kann. Die Post z. B. hat dagegen eine viel stabilere Umgebung. Organisationen, die mit sehr unsicheren Märkten zu rechnen haben, müssen in ihrem strukturellen Aufbau entsprechend flexibel sein.

**Kritik der klassischen Theorie:** Es sollte sich zeigen, daß die klassische Theorie große Schwächen hatte. Menschen in Organisationen reagierten nicht wie Maschinen. Wurde dies dennoch unterstellt, so gerieten Organisationen leicht außer Kontrolle.

Koordinationsprobleme waren kaum noch lösbar, weil die Kommunikation nur vertikal verlief. In Situationen, die neue Antworten erforderten, war man fast hilflos. Das System war ein beträchtliches Hemmnis der Erneuerung. Kein Reglement kann alle Eventualitäten einkalkulieren, es wirkt statt dessen unpersönlich und entfremdend. Statt hoher Produktivität erlebte man im Ergebnis oft, daß die Arbeiter eine Art Minimalniveau der Produktion definierten (GOULDNER 1954). Statt Produktionsziele zu verfolgen, kümmerten sie sich um die Mittel und die Arbeitsbedingungen.

Auch die Führung verhielt sich nicht so, wie Weber erwartet hatte. Infolge der starken Zentralisierung mußte sie oft eine enorme Informationsflut bewältigen. Das ließ sich einfach nicht in befriedigender Weise erledigen. Ferner bekam die Führung selten etwas von den negativen Seiten der Organisation zu hören. Entsprechende Informationen wurden auf den verschiedenen Ebenen der Hierarchie wirksam herausgefiltert. Die Führung erfuhr nur das, was sie nach Meinung der Untergeordneten zu hören wünschte. Damit wuchsen nur die tatsächlichen Schwierigkeiten.

Der norwegische Forscher Einar Thorsrud hat in einem Vortrag überzeugend dargelegt, wie starke Spezialisierung die Entfremdung steigert:

1 Enge Spezialisierung führt zu
2 vermindertem Lernen am Arbeitsplatz; dies führt zu
3 zentralisierter Planung und Kontrolle; sie führt zum
4 Gebrauch materieller Anreize; sie führen zu
5 stärkerer Fluktuation; diese führt zu
6 weniger Vertrauen und Loyalität; daher rührt
7 gesteigerte Entfremdung; sie führt zu 1.

Die Schule hat einige bürokratische Züge. Der Schwede Gunnar Berg hat in mehreren Arbeiten drei grundlegende Merkmale der Schule als Organisation aufzuzeigen versucht, nämlich

1. die Schule als Zwangsorganisation, da die Schüler sie bis zum Ende der Pflichtschulzeit besuchen *müssen*;
2. die Schule als professionelle Organisation, da die meisten der an ihr Beschäftigten eine akademische Ausbildung haben;
3. die Schule als bürokratische Organisation.

Das letzte beschreibt Berg folgendermaßen:

»Die Gesellschaft lenkt die Schule u. a. durch ein formales Reglement. Beispiele dafür sind

– Rekrutierung des Personals,
– Fächerverteilungs- und Stundentafeln,
– Richtzahlen für Klassengrößen,
– Einsatz menschlicher und materieller Ressourcen,
– Zensuren und andere Beurteilungsformen,
– Einteilung nach Jahrgangsklassen,
– Arbeits- und Unterrichtszeiten,
– Konferenzen.

Dieses Reglement, das sozusagen den Eckpfeiler der Schulstruktur ausmacht, kann so angewandt werden, daß es der ganzheitlichen Sicht entgegenwirkt, die die Arbeit in der Schule kennzeichnen soll. Die Regeln vermitteln den Eindruck, die Wirklichkeit lasse sich in viele kleine Teilchen zerstückeln, die klar voneinander geschieden sind. Es bleibt dann den Schülern überlassen, aus diesen Stückchen eine ganzheitliche Sicht zu formen.

Aber nicht nur zentral ausgearbeitete Vorschriften sind der Eckpfeiler. Auch örtliche Regeln tragen zur bürokratischen Struktur der Schule bei, z. B. Ordnungsbestimmungen, der lokale Einsatz von Ressourcen, Verteilung von Räumlichkeiten, Verkehrsregeln, Bestimmungen zum Schülertransport und zur ärztlichen Betreuung der Schüler, Konferenzgepflogenheiten etc.« (BERG 1981).

Offenbar sind Schulen nach mehreren der Weberschen Prinzipien organisiert:

1. *Hierarchie:* In den meisten Staaten wird das Schulwesen von einer zentralen Instanz geleitet. Es gibt mehrere untergeordnete Entscheidungsebenen bis hin zum einzelnen Schüler. Der auf einer höheren Ebene Placierte hat erhebliche Macht über die weiter unten Sitzenden. Macht beruht zu einem erheblichen Teil auf legitimer Autorität. Rolf Haugen hat darauf hingewiesen, wie kompliziert die norwegische Schulbürokratie ist, wie machtlos sich Lehrer und Schüler diesem System gegenüber fühlen und wie Information in wirklich dringenden Fällen außerhalb des Dienstweges erfolgt. Vor allem sieht er in der Bürokratie ein Lernhindernis (HAUGEN 1977). In früheren Arbeiten habe ich dargelegt, daß die Schule Wissen in zunehmendem Maße zu zentralisieren scheint (z. B. durch zentrale Fo-E-Arbeit), daß die »horizontale« Interaktion durch den hierarchischen Aufbau erschwert wird und daß zentrale Behörden in den täglichen Unterricht noch immer lenkend eingreifen (DALIN 1978 und KARLSEN 1991).

2. *Spezialisierung:* Die herkömmliche Schule mit ihrer Aufteilung in Fächer, Klassen, Klassenstufen und verschiedene Schularten beruht auf einem Spezialisierungsmodell. Diese Tendenz hat sich in Ländern wie den USA und besonders Kanada noch verstärkt, während europäische Länder, vor allem wohl Großbritannien und Norwegen, möglichst wenig Spezialisierung haben wollten.

3. *Reglement:* In Ländern mit starker Zentralisierung ist das Reglement zwangsläufig ein wichtiges Instrument zur Lenkung der Schulen. Die norwegische Schule hat, gerade was Lenkung durch Gesetze und Vorschriften angeht, lange Traditionen. In anderen Ländern werden Handbücher mit genauen Anweisungen für Lehrer und Schüler herausgebracht. Schulleiter und andere Funktionsträger sind gehalten, alle möglichen Fragen und Konflikte im Einklang mit geltenden Vorschrif-

ten zu regeln. Bis vor wenigen Jahren mußten Lehrer und Schüler Normen und Verwaltungsvorschriften, die zentrale Organe erließen, einfach akzeptieren. Lehrer sind normalerweise loyal. Von Lehrerseite gibt es wenig radikale Kritik an schulischen Verhältnissen.

4. *Unpersönliche Verhältnisse:* Von den Prinzipien der Weberschen Philosophie hat dieses in der Schule die geringste Bedeutung. Nach meiner Meinung liegt das hauptsächlich daran, daß zum Berufsethos der Lehrer gerade das persönliche Verhältnis zu den Schülern gehört, ja für sehr viele ist dies die wichtigste Arbeitsmotivation (DALIN und RUST 1983). Hieran zeigt sich vielleicht mehr als irgendwo sonst der Konflikt, der nach meiner Auffassung zwischen der bürokratischen Struktur und der Professionalität der Schule besteht (vgl. das nächste Kapitel).

5. *Aufstiegsmöglichkeiten:* Das Beförderungssystem der Schule basiert ausschließlich auf Anciennität. Auch werden die höchsten Positionen in der Bürokratie am besten bezahlt. Damit sind auch im Schulwesen Erfolg und Status in gewisser Weise an den in der Hierarchie erreichten Platz gebunden. Das kann mißliche Konsequenzen haben, z. B. daß ein sehr guter Lehrer Rektor wird, obwohl sich keineswegs von selbst versteht, daß ein guter Lehrer auch ein guter Schulleiter wird. Es kommt leider vor, daß ein guter Lehrer als Schulleiter versagt. Annehmen darf man sicher, daß das System, obwohl das Schulwesen im Vergleich mit anderen Sektoren nur geringe Karrierechancen bietet, das Fundament für eine relativ stabile Berufsgruppe schafft. Brooklyn Derr, der über Jahre hin die Motivation der Beschäftigten in mehreren Berufen untersuchte, stellte fest, daß Lehrer in hohem Maße »Sicherheit« und einen »ausgewogenen« Lebensstil suchen und daß manche starke »fachliche Interessen« haben. Relativ wenige wollen »nach oben kommen« und in führenden Positionen Karriere machen (DERR 1986).

6. *Zielorientierung:* Die Schule ist formal eine auf ein Ziel hin arbeitende Organisation. Die Ergebnisse werden in Form von Schülerleistungen gemessen. Aber in Wirklichkeit hat die Schule sehr allgemeine, diffuse und sich überschneidende Ziele, die oft miteinander in Konflikt geraten. Lehrern geht es oft mehr um die Mittel als um die Ziele. Außerdem hängt an »Insiderwissen« mehr Prestige als an »externem Wissen« (vgl. das nächste Kapitel).

Inwieweit Schulen als Bürokratien betrachtet werden können, ist m. E. eine Interpretationsfrage. Bidwell sagt, Schulen erfüllten einzelne »Minimalkriterien« für Bürokratien; aber er betont andererseits auch, das Schulsystem sei »lose geknüpft«, das Geschehen im Klassenzimmer werde nur relativ wenig kontrolliert und der von Weber behauptete unpersönliche Stil stehe im Gegensatz zu dem persönlichen Verhältnis, das oft die Lehrer-Schüler-Beziehungen kennzeichne (BIDWELL 1965). Nach Lortie werden in Teilen des Tätigkeitsfeldes der Schule »hard rules« angewandt, und es werde erwartet, daß alle die Regeln befolgten, während in anderen Bereichen eine viel laxere Haltung herrsche. Zur ersten Kategorie gehöre z. B. die Verwendung von Geld. Dagegen seien z. B. Richtlinien zur Durchführung von Lehrplänen viel weniger bindend (LORTIE 1969).

Mehrere Theoretiker heben die Vorzüge des klassischen Organisationsmodells hervor, so z. B. Max Hanson:

> »Das klassische Bürokratiemodell hat den Administratoren immerhin bestimmte nützliche Erfahrungen vermittelt.
> a. Jeder Beschäftigte sollte nur *einem* Vorgesetzten Bericht erstatten.
> b. Entscheidungsbefugnis sollte haben, wer auch Verantwortung trägt.
> c. Die Beschäftigten sollten das tun, wofür sie qualifiziert sind.
> d. Regeln und Verordnungen können Verwirrung und Mißverständnisse unterbinden.
> e. Spezifizierte Ziele fördern das Ergebnis.
> f. Lohn sollte an Leistungen gekoppelt sein.
> g. Organisationen sind dazu da, spezifische Ziele zu erreichen« (HANSON 1979).

Inwieweit ein bestimmtes Organisationsprinzip »effektiv« ist, ist dann sowohl situationsbedingt als auch abhängig von der Definition der »Effektivität«.

Es ist nicht leicht, die Relevanz klassischer Organisationstheorie für die heutige Schule einzuschätzen. In vielerlei Hinsicht gehört sie einer überwundenen Phase an. Welche pädagogischen Ziele ließen sich am besten erreichen, wenn man die Schule nach »klassischen Prinzipien« organisierte? Wir sahen, daß *Effektivität* (oft im engen Sinne des Wortes) und *Kontrolle* mit Lenkung von oben Stützpfeiler der klassischen Theorie sind. Es besteht auch Grund anzunehmen, daß man mit diesen Prinzipien *Uniformität* und *standardisierte Lösungen* erreichen kann.

In vielen Ländern hat sich die Schule gerade von Zentralisierung, hierarchischer Kontrolle, Standardisierung und einer Zerstückelung des Lernprozesses entfernt. So gesehen wirkt die klassische Theorie fast anachronistisch. Ich glaube dennoch, daß mehrere der grundlegenden Merkmale der Schule noch immer bürokratische Lösungen fördern.

**Offene Systemtheorie:** Die Organisationsforscher entdeckten bald, daß im Leben einer Organisation die Umgebung eine wichtige Rolle spielte. Viele setzten sich das Ziel, für das innere Leben der Organisation und ihr Zusammenspiel mit der Umgebung umfassendere Bezeichnungen zu finden. Daraus resultierten die »offene Systemtheorie« und die »Abhängigkeitstheorie« (contingency theory).

*Offene Systemtheorie* untersucht Organisationen und ihre Umgebung unter dem Aspekt der wechselseitigen Abhängigkeit. Um diese beschreiben zu können, mußte man von einer statistischen zu einer dynamischen Betrachtung von Organisationen übergehen. Da die Umgebung sich ständig verändert, wird immer ein Austausch zwischen einer Organisation und ihrer Umgebung stattfinden. Allport spricht von »recurring cycles of events« (ALLPORT 1962). Wie in der Natur sind es nach dieser Perspektive ständig wiederkehrende Prozesse, die die Organisation zu ihrem Überleben braucht.

Nach Weick beeinflußt eine Organisation kontinuierlich ihre Umgebung. Diese ist aber immer instabil, da die Welt sich ständig verändert. Daher geschieht das, was Weick *kontinuierliche Organisierung* nennt. Er sieht Organisationen als »Information, hervorgebracht von Prozessen, die die Unsicherheit reduzieren« (WEICK 1969). Menschen und Systeme streben nach seiner Auffassung ständig nach mehr Sicherheit in der sie umgebenden Welt. Gomez und Zimmermann haben neuerdings die Bedeutung der »Umgebung« in verschiedenen *Phasen* des Lebens einer Organisation aufgezeigt (GOMEZ und ZIMMERMANN 1992).

In Übereinstimmung mit Theoretikern der humanistischen Tradition behaupten die Systemtheoretiker, es sei sinnvoller, das tatsächliche Geschehen in einer Organisation zu betrachten als von den formalen Zielen auszugehen. Von daher liegt es nahe zu untersuchen, welche *Ressourcen* die Organisation aus ihrer Umgebung erhält (input), was sie mit den Ressourcen macht (*Bearbeitung* oder throughput) und was sie an die Umgebung zurückgibt (*Resultate* oder output).

Zu den *Ressourcen* der Schule gehören die menschlichen und die materiellen, z. B. Lehrer, Schüler, Lehrbücher, Gebäude, *Erwartungen und Haltungen* von Lehrern, Schülern, Eltern, der Gesellschaft am Ort und der Gesellschaft im ganzen, ferner allgemeine »strukturelle« *Einflüsse* sowie von den Massenmedien verbreitete Gedanken und Ideen.

Mit *Bearbeitung* ist in der Schule in erster Linie das Unterrichtsgeschehen im Klassenraum gemeint. Aber es gibt daneben andere Aktivitäten, die als den Unterricht »unterstützende Prozesse« gesehen werden können: Planung, Konferenzen, Beschlüsse, Evaluation, Entwicklung von Materialien, Kommunikation, Leitung etc. Es gibt fast keine Grenzen all der Aktivitäten und Prozesse, die eine Schule kennzeichnen.

*Resultate* einer Schule sind zunächst einmal das, was die Schüler gelernt haben: ihre konkreten Kenntnisse und Fertigkeiten, ihre Haltungen und Werte, die die Schule mit geformt hat, und das, was sie somit für die Gesellschaft tun können. Aber auch die Haltungen der Eltern zur Schule sind ein Resultat, und dies wiederum hat im politischen Zusammenhang Bedeutung für die Arbeitsbedingungen, die die Gesellschaft der Schule einräumt.

Der offenen Systemtheorie geht es um das *Zusammenspiel* von Schule und Umgebung. Die Schule wird auf ein stabiles Milieu anders reagieren als auf eine Gesellschaft, deren Werte und materielle Voraussetzungen in raschem Wandel begriffen sind. Gerade den Unterschied zwischen einer friedlichen und einer turbulenten Umgebung sahen Emery und Trist als für das Verhalten einer Organisation ganz entscheidend an (EMERY und TRIST 1965). Ist eine Gesellschaft durch neue Technologien, veränderte Märkte, veränderte soziale Haltungen und Werte sowie neue wirtschaftliche Bedingungen geprägt, so wird sich das auf die meisten Organisationen auswirken.

Ein Kennzeichen der heutigen Schulsituation ist hierbei wohl besonders wichtig. Das ist die Rolle der Massenmedien. Ich denke an ihre Bedeutung für einzelne Fächer (z. B. Sozialkunde), aber im weiteren Sinne sehe ich in ihnen sehr starke und »unkontrollierbare« haltungsbildende Faktoren. Sie können in den täglichen Unterricht in entscheidender Weise hineinwirken. – Ein anderer wichtiger Aspekt des gesellschaftlichen Umfeldes sind die Verhältnisse auf dem Arbeitsmarkt. Heute ist es nicht mehr so, daß ein Schulabschluß eine künftige Arbeitsstelle garantiert. Die Schüler, deren wichtigste Motivation die Aussicht auf Arbeit ist, haben weniger Interesse am Schulbesuch. – Ein dritter Faktor ist der Anteil der die Schule besuchenden Jugendlichen am gesamten Jahrgang. Normalerweise führt ein hoher und also in sich sehr heterogener Anteil zu einer stärkeren Differenzierung der Angebote. Dies ist um so dringlicher, je älter die Schüler sind.

Einzelne Merkmale der Schule als Organisation sind in diesem Zusammenhang von besonderem Interesse: In den meisten Organisationen sind die Resultate ungefähr proportional den Ressourcen. Der Schule dagegen sind jedes Jahr neue Ressourcen garantiert, *unabhängig* von dem, was sie »produziert«. Gerade weil es keine großen Folgen hat, wenn eine Schule nicht optimal funktioniert, ist es für sie auch nicht von *vitaler* Bedeutung, sich nach den Erwartungen der Umgebung zu richten. Die Probleme der Schüler werden meist erst dann ein ernstes Problem für die Schule, wenn sie zu einem Disziplinproblem für die Lehrer geworden sind (vgl. das nächste Kapitel).

Das hier berührte Problem hat mehrere Seiten. Es ist bekanntermaßen sehr schwer in Erfahrung zu bringen, ob eine Schule ihre Ziele erreicht hat. Wir haben tatsächlich wenig gesichertes Wissen über Lernen und Unterricht. Daher läßt sich leicht für die Weiterführung etablierter Praktiken und gegen Änderungen argumentieren, die mit viel Arbeit verbunden sind. Auch unerwünschte Kritik läßt sich so gut abwehren. Wenn zudem die Lehrer Arbeitsbedingungen haben, die irgendwelche Verfügungen gegen sie (außer bei groben Pflichtverletzungen) nahezu unmöglich machen, liegt die Annahme nahe, daß manche Schulen an einem offenen Verhältnis zu ihrer Umgebung nicht besonders interessiert sind. Mehrfach schon wurde festgestellt, daß Schulen sich dem nähern, was wir »geschlossene Systeme« nennen könnten (CARLSON 1965).

**Abhängigkeitstheorie:** Auch diese Theorie beschäftigt sich mit dem Verhältnis der Organisation zu ihrer Umgebung. In dem Maße, wie sich in der Umgebung etwas Wesentliches verändert, können auch die »Antworten« der Organisation sich wandeln. Abhängigkeitstheoretiker gehen eklektisch vor, d. h. sie wählen je nach der gegebenen Situation unterschiedliche Lösungen, die auf verschiedenen Theorien beruhen. Es gibt keine Methode der Organisation des Daseins, die in allen Fällen anderen Methoden überlegen wäre. Der Aufbau einer Organisation und die Handlungsweise ihrer Führung sind vor allem situationsabhängig.

Ein Beispiel für eine an der Abhängigkeitstheorie orientierte Untersuchung ist die Anfang der sechziger Jahre veröffentlichte Arbeit der beiden Schotten Burns und Stalker. Sie unterschieden »mechanistische« von »organischen« Organisationen (BURNS und STALKER 1961).

Wie Abb. 3 zeigt, sind die mechanistischen in relativ stabilen Gesellschaften vertreten. Sie sind komplex und haben eine klare Hierarchie, in der Rechte und Pflichten klar definiert sind. Die Aufgaben sind spezialisiert, es gibt nur wenige Kontrolleure des Ganzen, Macht ist an der Spitze konzentriert, und Kommunikation verläuft in der Regel vertikal. Das sind Züge, die an Webers Bürokratiemodell erinnern.

**Abb. 3: Zwei Formen von Organisationen (nach Burns und Stalker)**

|  | Merkmale von Organisationen ||
| --- | --- | --- |
| Merkmale von Gesellschaften | einfach | komplex |
|  | stabil | mechanistisch |
|  | dynamisch | organisch |

Organische Organisationen entstehen oft in Situationen mit raschen Milieuveränderungen. Sie sind in der Regel relativ klein und einfach im Aufbau. In solchen Organisationen werden die Ziele einzelner Personen in hohem Maße berücksichtigt. Macht und Einfluß sind möglichst weit gestreut; dies führt zu gemeinsam verantworteten Lösungen, und horizontale und vertikale Kommunikation werden angeregt. Es gilt als selbstverständlich, daß jemand mehrere Aufgaben wahrnehmen kann und daß Rollen einander oft überschneiden. Alle sollen nach Möglichkeit einen ganzheitlichen Blick auf die Organisation gewinnen.

Nach Burns und Stalker sind die *Größe* der Organisation und das Ausmaß der Veränderung der Umgebung die Faktoren, die die Berechtigung der beiden Organisationsformen erklären. Ich habe in anderem Zusammenhang darauf hingewiesen, daß auch die *Aufgaben der Organisation* bis zu einem gewissen Grad ihre Form bestimmen (DALIN 1973). So wird es z. B. in Forschungs- und Entwicklungsorganisationen eine stärkere Tendenz zu »organischen« Formen geben als in militärischen Gliederungen.

Vieles von dem, was wir heute an Organisationsentwicklung in der Schule beobachten, hat »organische« Ideale. Wir erkennen das an Begriffen wie »die sich selbst erneuernde Schule« (»Creativity of the School«, 1975) und »Organisationslernen in der Schule« (DALIN und ROLFF 1991). In diesem Zusammenhang werden Fragen wie die folgenden wichtig: Ist die Schule autonom? In welchem Maße ist sie durch von der Gesellschaft gesetzte Ziele und durch Verordnungen gebunden? Wer »besitzt« die Schule? Ist sie eine im Sinne von Burns und Stalker »einfache« Organisation? Ist es der Schule, anders gesagt, möglich, *selbst* die Forderungen der Umgebung zu reflektieren – und, vielleicht noch wichtiger, selbst auszuwählen, *welche Forderungen sie berücksichtigen soll?*

Die letzte Frage ist eine Wertfrage – und eine politische Frage. Hier liegt der Einwand nahe, daß es in keiner Gesellschaft der einzelnen Schule überlassen ist zu bestimmen, auf welche Forderungen ihres Umfeldes sie eingehen soll. Das ist Sache der politischen Entscheidungsgremien. Die Schule hat nur einen begrenzten Freiraum. Aber das ist noch keine befriedigende Antwort auf die Fragen der »Abhängigkeitstheoretiker«. Für sie ist die Schulbehörde nur *eine* der Gruppen, die auf die Schule einwirken und auf die sie Rücksicht zu nehmen hat. Tut sie das nicht, bekommt sie Schwierigkeiten mit »ihrer Umgebung«. Aber die Schule nimmt täglich Stellung zu einer ganzen Reihe »Forderungen« ihrer Umgebung. Die meisten Lehrpläne sind so weit gefaßt, daß die Schule große Freiheit bei der Auslegung hat. Ich möchte behaupten, daß sie in vielfacher Hinsicht mehr Freiheit hat als die meisten anderen Organisationen, weil sie nicht von der Qualität ihrer Ergebnisse abhängig ist. Ein Betrieb in der sogenannten freien Wirtschaft ist wahrscheinlich mindestens ebenso durch seine Umgebung gebunden wie eine Schule, weil der Markt seine Überlebenschancen regelt.

Gerade weil die Schule in mehrfacher Hinsicht relativ frei gestellt ist, Repressalien der Umgebung nicht allzu sehr zu fürchten braucht und weil Schulleitung und Lehrer Macht über Schüler haben, fällt den Erwachsenen unter den »Schulteilhabern« eine große politische, wertmäßige und fachliche Verantwortung zu.

Dem amerikanischen Soziologen Amitai Etzioni verdanken wir einen wichtigen Beitrag zum Verständnis von Macht in Organisationen (ETZIONI 1977). Er gehört zu den Systemtheoretikern und war, wie erwähnt, einer der ersten Kritiker der Romantisierung der Wirklichkeit, die er in der »Human relations«-Bewegung zu erkennen meinte. Er zeigte, daß Organisationen sich hinsichtlich ihrer *Macht* und des *Engagements* der Akteure unterscheiden. Nach Etzioni gibt es drei Machttypen:

1. *Zwingende Macht* (coercive power). Hier denkt er an physische Gewalt, an harte Sanktionen, Tortur und andere harte Machtmittel.
2. *Materielle Macht* beruht auf der Kontrolle von Ressourcen, wie etwa Belohnungen, Gewährung bestimmter Leistungen etc. sie darstellen.
3. *Normative Macht* heißt, durch Überredung, Andeutungen und Manipulationen auf andere einzuwirken.

Etzioni unterschied auch drei Typen des Engagements:

1. *Negatives Engagement* (alienative involvement) ist gegeben in einer Organisation, zu der die Akteure negativ eingestellt sind.
2. *Berechnendes Engagement*: Die Teilnahme richtet sich danach, inwieweit sie persönlichen Zielen der Akteure dienen kann.

3. *Moralisches Engagement:* Die Akteure haben eine eindeutig positive Einstellung zu den Werten und Zielen der Organisation.

Wie die nachstehende Übersicht zeigt, ergeben sich aus der Interferenz der Hauptdimensionen Macht und Engagement neun verschiedene Organisationstypen:

**Abb. 4: Etzionis Organisationstypen**

|  |  | ENGAGEMENT | | |
|---|---|---|---|---|
|  |  | negativ | berechnend | moralisch |
| MACHT | zwingend | 1 | 2 | 3 |
|  | materiell | 4 | 5 | 6 |
|  | normativ | 7 | 8 | 9 |

Etzioni meinte, die mit größter Wahrscheinlichkeit am häufigsten auftretenden Typen seien die »kongruenten«, d. h. die Typen 1, 5 und 9 der Übersicht. Er nennt sie *Zwangsorganisationen, Zweckorganisationen und normative Organisationen.*

Er zeigt an mehreren Beispielen, wie solche Organisationen »effektiv« sind, weil sie ihre Machtmöglichkeiten mit einem entsprechend angepaßten Engagement der Mitglieder verbinden:

1. *In der Hauptsache Zwangsorganisationen* sind etwa Gefängnisse, Heil- und Pflegeanstalten, Konzentrationslager und Berufsverbände mit Pflichtmitgliedschaft.
2. *In der Hauptsache Zweckorganisationen* sind z. B. Industrie- und Handelsbetriebe, Gewerkschaften, bäuerliche Berufsverbände, Konsumgenossenschaften.
3. *In der Hauptsache normative Organisationen* sind etwa religiöse, ideologische oder politische Organisationen, Krankenhäuser, Universitäten, Schulen (mit verschiedenen Graden von Zwang), freiwillige und professionelle Organisationen.

Etzioni unterstreicht, daß bestimmte Organisationen – mit bestimmten Zielen – ein bestimmtes Verhältnis zu ihrer Umgebung entwickeln, je nach ihrer Macht und dem Engagement ihrer Mitglieder. Das ist ein Beispiel für Systemorientierung mit »Abhängigkeitstheorie« als einer wichtigen Komponente. Es zeigt zugleich, daß *Macht* und *Konflikt* bei manchen Systemtheoretikern wichtige Begriffe sind.

Das Interessante an der Abhängigkeitstheorie sehe ich darin, daß sie es ermöglicht, die Faktoren zu benennen, welche unter gegebenen Umständen optimale Bedingungen für eine Organisation schaffen können. Insofern wird die Frage wichtig, auf *welche* Umstände in der Umgebung und in der Organisation wir den Blick zu richten haben. Hier stehen wir noch ganz am Anfang. Wir wissen nicht genau, welche Faktoren die wichtigsten sind, und erst recht nicht, wie die wichtigen Faktoren zusammenwirken (DALIN 1978).

**Soziotechnische Theorie:** Diese Theorie ist in erster Linie mit dem Tavistock-Institut in London verbunden. Ich zähle diese Richtung zur strukturellen Perspektive, weil einige ihrer Begriffe der Systemtheorie entnommen sind.

Die Tavistock-Gruppe ist wohl am meisten durch ihre Analysen von Arbeitsgruppen und Technologien bekannt geworden. Die klassische Untersuchung stammt von Trist und Bamforth. Sie konnten dokumentieren, wie das technologische System (die Technik des Kohlenabbaus in britischen Zechen) und das soziale System miteinander verbunden waren (TRIST und BAMFORTH 1951). Rice entwickelte etwas später eine offene soziotechnische Theorie, in der er Elemente der offenen Systemtheorie und der humanistischen Theorie zu vereinen suchte (RICE 1963). Er ging von der Vorstellung aus, daß jede Organisation eine primäre Aufgabe hat, deren Bewältigung Bedingung ihres Überlebens ist. Sie wird aber diese Aufgabe nur bewältigen, wenn sie ihren Mitgliedern eine sinnvolle Betätigung bieten kann. Andererseits dürfen die Bedürfnisse der Mitglieder der Erledigung der primären Aufgabe nicht im Wege stehen. Damit ist die Führung aufgefordert, das System in der Weise im Gleichgewicht zu halten, daß die Aufgabe und die menschlichen Bedürfnisse gleichzeitig wahrgenommen werden. Soll dies geschehen, muß der Leiter mit der Umgebung so verhandeln können, daß die Organisation die für ihre Prozesse erforderlichen Ressourcen erhält. Nur dann kann sie das leisten, was die Umgebung von ihr erwartet.

**Anwendung der strukturellen Perspektive:** Organisationsberater haben von jeher zwei Gruppen angehört: Die einen beschäftigen sich mit Strukturen, die anderen mit Menschen. Die erste Gruppe setzt voraus, daß viele Schwierigkeiten einer Organisation auf verborgene Strukturprobleme zurückgehen. Solche Probleme sind etwa

- sich überschneidende Rollen und dadurch bedingte doppelte Arbeit,
- Aufgaben, die von niemandem richtig wahrgenommen werden,
- Personen oder Einheiten, die unter- oder überbeschäftigt sind,

- zu enge wechselseitige Abhängigkeit mancher Einheiten (und daher evtl. mangelhafte Konzentration auf die Arbeit und unnötiger Zeitaufwand für Koordination),
- zu viel Autonomie (die zu einem Gefühl der Isolation und zu einem Mangel an Koordination führen kann),
- zu viele Konferenzen,
- zu viele Regeln,
- diffuse Autorität, unklar definierte Verantwortung für wichtige Aufgaben,
- zu lockere oder zu rigide Struktur,
- Mißverhältnis zwischen Technologie und Struktur,
- Mißverhältnis zwischen Struktur und Forderungen der Umgebung (BOLMAN und DEAL 1984).

Die Arbeit der strukturell orientierten Organisationsberater ist in der Regel analytischer Natur, und das Ergebnis wird dem Auftraggeber in Form schriftlicher oder mündlicher Berichte vorgelegt.

**Kritik der strukturellen Perspektive:** Die strukturelle Perspektive unterstellt, daß Menschen und Organisationen »vernünftig« reagieren. Oft wird angestrebt, Entscheidungen so »rational« wie möglich zu treffen, d. h. die Ziele explizit zu formulieren (am besten auch die Schritte zu operationalisieren), genaue Prioritäten zu setzen und für eine enge Kopplung von Zielen, Mitteln und Resultaten zu sorgen.

Viele haben bezweifelt, daß diese Art Rationalität erreichbar oder auch nur wünschenswert sei. Einer dieser Kritiker ist Kjell Eide:

> »Die von der traditionellen Organisationstheorie propagierte Rationalität, die sich an industriellen Prozessen orientiert, würde auf vielen anderen Gebieten nicht zu mehr »Rationalität«, sondern in eine Sackgasse führen« (EIDE 1985).

Viele Faktoren, von denen eine Entscheidung abhängt, lassen sich ganz einfach nicht operationalisieren. Es geht nicht ohne eine Portion Ermessen und Spürsinn – und nicht ohne Taktik. Wenn empfindliche Bündnisse nicht zerbrechen sollen, dürfen die Ziele nicht zu eindeutig sein.

Die strukturelle Perspektive hat dem *Irrationalen* zu wenig Gewicht beigemessen. Machtkämpfe und Konflikte in einer Organisation werden in der Regel als etwas Unerwünschtes gesehen, das vermieden werden sollte. Empirische Untersuchungen zeigen, daß die Struktur nicht immer die oberste Kontrollinstanz ist, daß Planung selten die Zukunft formt und daß Konferenzen selten Beschlüsse fassen, die umgesetzt werden, oder

Probleme lösen. Strukturalisten sehen in solche Realitäten Fehler und funktionelles Versagen und unterstreichen damit ihre enge Definition von Rationalität (BOLMAN und DEAL 1984).

## 2.2 Die humanistische Perspektive

Die *humanistische Theorie* (oft »Social systems«-Theorie genannt) ergab sich überraschend aus den Experimenten, die Elton Mayo von der Harvard School of Business in den zwanziger Jahren in der Hawthorne-Fabrik in Chicago vornahm. Er führte eine traditionelle Produktivitätsuntersuchung durch, aber fand zu seiner Verwunderung, daß die soziopsychologischen Faktoren die größte Bedeutung hatten. In scharfem Gegensatz zur klassischen Schule entwickelte sich schnell eine »Human relations«-Schule. Die Vertreter beider Schulen waren überzeugt, daß die Produktivität stiege, wenn ihre Theorie in der Praxis angewandt würde.

Mayos Studie löste also eine Bewegung aus, eine Richtung der Organisationsforschung, die anfangs die Bezeichnung »human relations« erhielt, weil sie von einem humanistischen Menschenbild ausging. Später wurde es üblich, von der »Human resource«-Perspektive zu sprechen. Ganz grundlegend für diese Theorie war die Frage, was die Beschäftigten *motivierte*. Bevor Elton Mayo seine berühmten Experimente durchführte, glaubte man, nur Lohn und Karriereaussichten seien Anreize für eine Anstrengung. Nun entdeckten die Forscher, daß Gruppennormen, die Atmosphäre, das Verhältnis zur Betriebsleitung und das Gefühl, etwas zu leisten, für die Produktivität wenigstens ebenso wichtig waren.

Die »Human relations«-Theoretiker gingen davon aus, daß die Organisation, deren Mitglieder sich am wohlsten fühlten, auch die effektivste sein würde. Damit verstand es sich von selbst, für Demokratie am Arbeitsplatz, maximale Teilnahme aller an der Planung der Arbeitsprozesse und größtmögliche Offenheit der Kommunikation einzutreten.

Die humanistische Perspektive nimmt Forschungsergebnisse aus mehreren Disziplinen auf und beruht auf den folgenden Prämissen:
1. Organisationen existieren, um *menschliche Bedürfnisse* zu befriedigen (und Menschen sind nicht dazu da, Bedürfnissen von Organisationen zu dienen).
2. Organisationen und Menschen brauchen einander. Jene brauchen die Ideen, die Energie und die Talente der Menschen, während diese

die Arbeitsmöglichkeiten, die Entlohnung und die Karriereaussichten brauchen, die Organisationen bieten können.
3. Wenn die Bedürfnisse der Individuen und die der Organisation nicht harmonieren, leidet die eine Seite oder beide: Entweder wird der einzelne ausgenutzt, oder er versucht seinerseits, die Organisation auszunutzen.
4. Umgekehrt profitieren beide Seiten, wenn Übereinstimmung besteht. Die Menschen können Arbeiten ausführen, die sie sinnvoll und befriedigend finden, und damit der Organisation die Ressourcen zuführen, die sie zur Erfüllung ihrer Aufgaben braucht.

Die humanistische Perspektive kennt drei Prämissen der Bearbeitung von Konflikten und Interessengegensätzen.

1. Es ist möglich, den Abstand zwischen prinzipiell unvereinbaren Standpunkten zu verringern und Lösungen zu finden, die allen nützen.
2. Nicht alle Lösungen sind gleich gut. Manche sind besser als andere, z. B. weil sie auf einer besseren Analyse der Situation beruhen oder weil sie nicht nur einigen, sondern allen zugute kommen.
3. Die Beteiligten können durch experimentelles Verhalten und einen offenen Dialog ihre Chancen, gute Lösungen zu finden, verbessern.

Der Begriff *soziales System* nimmt in der humanistischen Theorie einen zentralen Platz ein. Er bezeichnet eine Anzahl Menschen, die durch Interaktion mehr oder weniger klar definierte Ziele zu erreichen suchen. Mark Hanson definiert ein soziales System folgendermaßen:

> »Ein soziales System ist dann gegeben, wenn zwei oder mehr Menschen eine gewisse Zeit beteiligt sind. Ihr Verhalten ist während dieser Zeit auf gleichartige Ziele ausgerichtet. Die wichtigsten Merkmale des Systems sind also 1) mehrere Akteure, 2) Interaktion, 3) ein Ziel, 4) Steuerung des Verhaltens, 5) ein zeitlicher Rahmen« (HANSON 1979).

Nicht jede Menschengruppe ist also ein soziales System. Die Zuschauer bei einem Fußballspiel können, jedenfalls nach einer gewissen Zeit, Züge eines sozialen Systems annehmen. Schüler einer Klasse entwickeln sich zu einem sozialen System in dem Maße, wie sie zu eigenen Normen finden. Nach Charles Loomis hat jedes soziale System gewisse Charakteristika (»elements«), wie z. B.

- eine gemeinsame Überzeugung,
- gemeinsame Erlebnisse,

- eine Rangordnung (z. B. nach dem Grad des Einflusses, den der einzelne hat),
- Sanktionen,
- Hilfsmittel (zur Förderung der Gruppenziele) (LOOMIS 1960).

In dem Maße, wie soziale Systeme sich entwickeln, bilden sich in ihnen auch eine Reihe Prozesse heraus, wie z. B. Kommunikation oder Allianzen mit anderen Gruppen zur Erreichung der Gruppenziele. Soll eine Gruppe überhaupt zusammenhalten, muß der einzelne sie als positiv erleben. Und der Nutzen kann materieller Art sein, aber er kann ebensogut aus persönlicher Befriedigung, Anerkennung und sozialer Akzeptanz bestehen. Soll ein soziales System über längere Zeit existieren, muß unter den Teilnehmern ein Gleichgewicht hergestellt werden, so daß jeder der Gemeinschaft sowohl etwas gibt als auch etwas von ihr zurückerhält.

*Menschliche Bedürfnisse* sind in humanistischer Perspektive ein sehr wichtiger Begriff. Wenige andere Begriffe haben so viele Diskussionen ausgelöst. Dabei wurde vor allem ein geradezu klassischer Konflikt deutlich: Die einen meinen, alle Menschen hätten die gleichen Bedürfnisse, die anderen halten dagegen, die Bedürfnisse seien je nach Umwelteinflüssen verschieden und ergäben sich nur aus diesen (so z. B. SALANCIK und PFEFFER 1977 und MASLOW 1967).

Ein anderer zentraler Begriff der sozio-politischen Perspektive ist *Motivation*. Besonders bekannt wurde der amerikanische Psychologe Douglas McGregor mit seiner Theorie X und Theorie Y, die zwei verschiedene Menschenbilder charakterisieren. Das eine entspricht den Grundvorstellungen der klassischen, das andere denen der »Human relations«-Theorie (der zwischenmenschlichen Perspektive).

| THEORIE X | THEORIE Y |
|---|---|
| 1. Menschen sind von Natur faul. Am liebsten arbeiten sie gar nicht. | Menschen sind von Natur aktiv. Sie setzen sich Ziele und haben Freude an dem Bemühen, etwas zu erreichen. |
| 2. Menschen arbeiten in erster Linie für Geld und Status. | Wir suchen Arbeit aus vielen Gründen: Freude am Tun, Freude am Mitwirken bei einem Arbeitsprozeß, Zufriedenheit beim Zusammensein mit Kollegen, Anregung durch neue Aufgaben etc. |

| THEORIE X | THEORIE Y |
|---|---|
| 3. Der wichtigste Grund zum Arbeiten ist die Furcht, die Stelle zu verlieren. | Der wichtigste Grund zum produktiven Arbeiten ist der Wunsch, persönliche und soziale Ziele zu erreichen. |
| 4. Erwachsene sind nicht mehr als große Kinder: Sie sind von Natur abhängig von Führern. | Unser Reifeprozeß endet nicht im jugendlichen Alter: Wir verlangen nach Unabhängigkeit, Verantwortung, Aufgaben. |
| 5. Menschen erwarten klare Direktiven von oben und sind von diesen abhängig. Sie wollen nicht selber denken. | Die von dem Problem am meisten Betroffenen wissen am besten, was zu tun ist, und können selbst entscheiden. |
| 6. Den Menschen muß erklärt und gezeigt werden, wie sie arbeiten sollen. | Menschen, die sich für ihre Arbeit interessieren, finden selbst heraus, was sie besser machen können. |
| 7. Menschen brauchen jemanden, der ihre Arbeit überprüft. So können sie je nachdem gelobt oder korrigiert werden. | Wir brauchen das Gefühl, geachtet zu werden, und das Zutrauen zu unserer Verantwortungsfreude und Fähigkeit zur Selbstbestimmung. |
| 8. Menschen haben wenig Forderungen, die über die unmittelbaren materiellen Bedürfnisse hinausgehen. | Wir versuchen, unserem Leben einen Sinn zu geben, indem wir uns mit unserem Land, mit Interessengruppen, Organisationen, Familie und Freunden identifizieren. |
| 9. Menschen brauchen genaue Instruktionen für ihre Arbeit. Größere prinzipielle Entscheidungen gehen sie nichts an. | Wir wollen gern verstehen, womit wir uns beschäftigen. Wir haben ein wachsendes Bedürfnis zu begreifen, in welchem Zusammenhang unsere Arbeit steht. |
| 10. Menschen werden gern höflich behandelt. | Wir wünschen uns den echten Respekt derer, mit denen wir zusammenarbeiten. |
| 11. Menschen trennen klar zwischen Arbeit und Freizeit. | Wir sehen unser Leben als integrierte Ganzheit. Die Wahl zwi- |

| THEORIE X | THEORIE Y |
|---|---|
| | schen Arbeit und Freizeit hängt davon ab, was am sinnvollsten ist. |
| 12. Menschen sind von Natur gegen Veränderungen. | Wir werden der Routine leicht überdrüssig. Wir mögen Veränderung, und wir haben alle ein gewisses Maß an Kreativität. |
| 13. Die Berufsarbeit definiert unsere Rollen. Menschen müssen daher zur Erfüllung bestimmter Funktionen angeleitet werden. | Die wichtigste Ressource einer Organisation sind die Menschen. Die Funktionen müssen daher den menschlichen Ressourcen angepaßt werden. |
| 14. Menschen werden früh durch Erbanlagen und das Milieu, in dem sie aufwachsen, geformt. Mit zunehmendem Alter sind wir immer weniger veränderbar. | Wir entwickeln uns ständig, und zum Lernen ist es nie zu spät. Wir lernen gern etwas Neues. |

*Gruppendynamik* ist ein weiterer wichtiger Begriff der humanistischen Perspektive. Die Arbeit in Organisationen ist sowohl von der Wesensart des einzelnen – seinem »Stil« – geprägt als auch von der Tatsache, daß wir bei der Beschäftigung mit einer Aufgabe nicht *nur* mit dieser befaßt sind. In Gruppen arbeiten wir auch an persönlichen Fragen und zwischenmenschlichen Beziehungen, die für uns wichtig sind. Es gibt heutzutage ein kaum noch übersehbares Angebot an Schulungsmaßnahmen in Gruppendynamik und an zugehörigen Materialien, und einige Forscher wie Argyris, Schön, Lewin und Lippitt haben zur Theoriebildung auf diesem Gebiet beigetragen (ARGYRIS 1962). Dabei meinten Argyris und Schön, der einzelne werde von einer persönlichen »Theorie der Praxis« geleitet. Damit ließe sich erklären, daß die Theorie, zu der wir uns bekennen, und die, nach der wir handeln, oft keineswegs übereinstimmen.

Die humanistische Theorie war eine Reaktion auf die klassische. Ein wesentliches Element in dieser waren rationale Problemlösungen und ein Entscheidungsprozeß nach rationalen Kriterien. Ein wichtiger Beitrag der humanistischen Theorie war der Hinweis, man müsse zwischen formalen und informellen Zielen unterscheiden. Das Verständnis der formalen Ziele sei weniger wichtig als das der *operationalen*. Und das erreiche man nur durch Untersuchung des tatsächlichen Geschehens in der Organisation. Katz und Hahn behaupten z. B., die alltäglichen Beschlüsse würden normalerweise ad hoc gefaßt, vielfach von untergeordneten Entscheidungsträgern, und diese Beschlüsse hätten insgesamt oft mehr Gewicht als die von der formalen Führung der Organisation getroffenen »Policy-Entscheidungen« (KATZ und KAHN 1966).

Wahrscheinlich haben die Lehrer – die in der Organisation Schule vielleicht die »mittlere Ebene« ausmachen – bedeutenden Einfluß auf ihre Entwicklung. Im nächsten Kapitel werden wir hierauf genauer eingehen.

Vielleicht den wichtigsten, auf jeden Fall den humorvollsten Beitrag zum Verständnis des Entscheidungsprozesses hat nach meiner Meinung Charles Lindblom geliefert. In seinem Artikel »The Science of Muddling Through« – wörtlich übersetzt etwa »Die Wissenschaft vom Sich-Durchwursteln« – betont er die Wirklichkeitsferne der von der klassischen Schule vertretenen rationalen Deutung des Entscheidungsprozesses. Nach Lindblom kann niemand in leitender Position so rational und auf lange Sicht arbeiten, alle möglichen Alternativen erwägen und objektiv sein. In der Realität bleibt dazu auch gar keine Zeit. Statt dessen wählt der Chef unter einigen wenigen Möglichkeiten, berücksichtigt wenige wichtige Faktoren und sorgt dafür, daß die zu fällenden Entscheidungen einmütig erfolgen, mögen sie nun die »besten« sein oder nicht (LINDBLOM 1959).

Überhaupt wird der Entscheidungsprozeß in dieser Sicht viel komplizierter – im sozialen und politischen Sinne – als in der klassischen Perspektive. Das ist nicht zuletzt in der Schule wichtig, die keine klare hierarchische Leitung kennt. Ich erwähnte schon den Konflikt zwischen relativ unabhängigen Lehrern einerseits, die im Unterricht Freiheit in Verantwortung brauchen, und dem Druck von oben andererseits. Diesen wird es mehr oder weniger immer geben, weil der Ressourceneinsatz und andere Rahmenbedingungen irgendeine Form bürokratischer Kontrolle erfordern (siehe das nächste Kapitel).

**Kritik der humanistischen Perspektive:** Die »Human resource«-Bewegung hatte bald Mühe, ihre Positionen zu verteidigen. Schon während des Zweiten Weltkrieges bekam die Kritik Gewicht. Später wurde der Soziologe Etzioni zu einem der schärfsten Kritiker:

> »Indem sie ein wirklichkeitsfernes Glanzbild präsentiert, die Fabrik als Familie sieht statt als Ort des Machtkampfes zwischen Gruppen mit verschiedenen Werten und Interessen, als eine Quelle der Befriedigung menschlicher Bedürf-

nisse statt als Ort der Entfremdung, hat die »Human relations«-Bewegung dazu beigetragen, die Realitäten des Arbeitslebens zu vernebeln« (ETZIONI 1964).

Dieser Kritik schlossen sich viele an. Einige meinten, der humanistischen Perspektive liege ein falsches Verständnis der menschlichen Natur zugrunde – oder der untaugliche Versuch, allen Menschen so etwas wie das Wertesystem der akademischen Mittelklasse aufzupfropfen. Ferner würden individuelle Verschiedenheiten übersehen. Der Hauptvorwurf war aber, die humanistische Theorie unterschätze die Bedeutung von Macht, Strukturen und Politik in Organisationen.

Menschliche Bedürfnisse lassen sich durch vielerlei Brillen betrachten. Die Gefahr dabei ist, daß die jeweilige Perspektive den Horizont begrenzt. Damit kann jede Prämisse leicht zu einer sich selbst erfüllenden Prophetie werden.

Eine der größten Schwächen der humanistischen Perspektive ist, daß sie Macht und Politik nicht einmal zum Gegenstand ernster Überlegungen macht. Ideologische und »organisationspolitische« Konflikte werden mehr als lösbare Probleme denn als ein grundlegendes, einer Organisation wesensgemäß eigenes Phänomen angesehen.

Einen Vergleich der Voraussetzungen, die der klassischen und der humanistischen Theorie zugrunde liegen, faßt Rensis Likert folgendermaßen zusammen (LIKERT 1967):

**Klassische Theorie**

- Die Führung hat kein Vertrauen zu den Untergebenen – und das gilt umgekehrt ebenso. Untergebene schlagen selten Problemlösungen vor.

- Motivation soll mit Hilfe physischer und ökonomischer Mittel erzeugt werden (Drohungen, Strafen und gelegentliche Belohnungen). Die Beschäftigten sind zur Organisation negativ eingestellt.

**Humanistische Theorie**
»System 4« nach Likert

- Die Führung hat volles Vertrauen zu den Mitarbeitern – das gilt umgekehrt ebenso. Mitarbeiter schlagen oft Problemlösungen vor.

- Die Bedürfnisse aller Mitarbeiter sind wichtig für die Motivation zur Arbeit. Die Mitarbeiter sind zur Organisation grundsätzlich positiv eingestellt.

Organisationstheorien

### Klassische Theorie

- Kommunikation ist begrenzt, läuft von oben nach unten und wird von den Beschäftigten sehr skeptisch betrachtet. Kommunikation von unten nach oben ist selten, oft verfälscht oder »sortiert«.

- Der Einfluß Untergebener ist begrenzt, Zusammenarbeit kommt sehr selten vor, und die Mitarbeiter können auf Ziele, Aktivitäten und Methoden ihrer Abteilung nur sehr wenig einwirken.

- Entscheidungen fallen an der Spitze, weit oberhalb der Ebene, die den besten Informationsstand hat.

- Ziele werden von der Führung formuliert und von den Untergebenen oft konterkariert.

- Produktivitätsziele und Fortbildung des Personals haben geringe Priorität, es gibt zu wenig Mittel für Fortbildung.

### Humanistische Theorie
»System 4« nach Likert

- Kommunikation gibt es in allen Richtungen, sie wird auf allen Ebenen initiiert und ist vollständig (nicht »sortiert«).

- Zusammenarbeit ist selbstverständlich. Mitarbeiter haben großen Einfluß, sie können auf Ziele, Aktivitäten und Methoden einwirken.

- Entscheidungen werden so weit wie möglich dezentralisiert. Die direkt Betroffenen werden in den Entscheidungsprozeß einbezogen.

- Ziele werden in Zusammenarbeit formuliert und von den Mitarbeitern akzeptiert.

- Produktivitätsziele und Fortbildung haben hohe Priorität. Es gibt reichlich Mittel für Fortbildung des Personals.

Bei einem Vergleich der humanistischen mit der Systemtheorie finden wir viele Übereinstimmungen, aber auch einige Unterschiede:

### Systemtheorie

- Vor allem interessiert an den Faktoren, die das Verhältnis der Organisation zur Umgebung regeln

- Konflikte sind unvermeidlich und in gewissen Fällen positiv.

### Humanistische Theorie

- Vor allem interessiert an den Faktoren, die das innere Leben der Organisation regeln

- Konflikte sind unerwünscht und unnötig. Sie sind lösbar, Harmonie ist erreichbar.

## Systemtheorie

- Veränderungen gehen von der Umgebung aus. Dies fordert die Organisation heraus und setzt in ihr innovative Energien frei.
- Macht gibt es sowohl in der Organisation als auch in ihrer Umgebung. Die Effektivität der Organisation wächst mit der Effektivität der Verbindungen zwischen ihr und dem Umfeld.
- Der Leiter ist von vielen Menschen und Umständen abhängig, die er nicht kontrolliert.

## Humanistische Theorie

- Organisationen können »sich selbst entwickeln«, und es ist möglich, die »kreativen Fähigkeiten der Organisation« freizusetzen.
- Macht ist in der Organisation verteilt. An Einzelpersonen und Gruppen werden Befugnisse delegiert.

Der Leiter läßt seine Mitarbeiter so weit wie möglich mitbestimmen. Es besteht gegenseitiges Vertrauen. Leiter und Mitarbeiter kontrollieren ihre Organisation.

Wie schon erwähnt (vgl. oben S. 40), zähle ich auch die kollektivistische Theorie und die »Klan-Perspektive« zur humanistischen Perspektive, obwohl sie ihr nur teilweise angehören. Mit gleichem Recht hätten beide auch im Rahmen der symbolischen Perspektive behandelt werden können, da sie Elemente enthalten, die eher dieser zuzurechnen sind.

**Kollektivistische Theorie:** Von Rotchild-Whitt stammt die folgende »Idealbeschreibung kollektivistisch-demokratischer Organisationen«:

| Dimensionen | Charakteristika |
|---|---|
| 1. Autorität | Autorität ist an die Gruppe als Ganzheit gebunden. Sie wird selten delegiert, und wenn, dann nur vorübergehend und auf Widerruf. Ausnahmen von Normen erlaubt nur das Kollektiv; hier gibt es einen Verhandlungsspielraum. |
| 2. Regeln | Es gibt sehr wenige Regeln, die meistens ad hoc aufgestellt und individuell angepaßt sind. Der einzelne kann in allgemeiner Kenntnis der Gruppenethik auf eigene Faust handeln. |

| Dimensionen | Charakteristika |
|---|---|
| 3. Soziale Kontrolle | Soziale Kontrolle beruht primär auf persönlichem Vertrauen und moralischen Appellen sowie auf sorgfältiger Auswahl der Mitglieder. |
| 4. Soziale Beziehungen | Es herrscht das Gemeinsamkeitsideal. Beziehungen sind ganzheitlich, persönlich und haben Eigenwert. |
| 5. Rekrutierung und Beförderung | a) Rekrutierung erfolgt durch Freunde, aufgrund politischer und sozialer Werte, persönlicher Eigenschaften und einer informellen Einschätzung von Kenntnissen und Fertigkeiten.<br>b) Karriere und Beförderung haben keine Bedeutung. Es gibt keine Hierarchie der Positionen. |
| 6. Belohnung | Normative Belohnung ist am wichtigsten, materielle ist sekundär. |
| 7. Soziale Schichtung | Es herrscht das Ideal der Gleichheit. Unterschiede in der Belohnung (falls es sie gibt) werden vom Kollektiv genau reguliert. |
| 8. Differenzierung | a) Spezialisierung ist sehr wenig ausgeprägt. Administrative Arbeit ist mit fachlicher kombiniert. Die Trennung von geistiger und körperlicher Arbeit ist teilweise aufgehoben.<br>b) Funktionen und berufliche Tätigkeiten werden generalisiert. Die Rollen sind ganzheitlich, das Ideal ist der Amateur. Spezialkenntnisse werden entmystifiziert (ROTCHILD-WHITT 1979). |

In Skandinavien gibt es einige Versuchsschulen, deren Ideale der kollektivistischen Theorie verpflichtet sind. Die Versuchsgymnasien *(forsøksgymnas)* in Norwegen sind ein Beispiel. Eine nach diesen Prämissen organisierte gewöhnliche Schule ist dagegen fast undenkbar, man denke nur an die bürokratischen Regeln für Einstellungen, Personalpolitik und Leitung. Wohl aber können Arbeitsgruppen in allen Schulen nach kollektivistischen Prinzipien organisiert sein. Diese werden um so eher akzeptiert, je kleiner die Gruppierungen sind.

**Die Klan-Perspektive:** Dem Klan als Organisation wurde in den letzten Jahren beträchtliche Aufmerksamkeit zuteil. Nach Ouchi hat ein Klan folgende Merkmale:

1. Einigkeit unter den Mitgliedern über akzeptables Verhalten;
2. Einigkeit über legitime Autorität, oft traditionell begründet;
3. ein Informationssystem, das Rituale und Zeremonien enthält, in denen sich Normen und Werte der Organisation spiegeln;
4. stabiler Mitarbeiterstab;
5. selektive Rekrutierung, intensive Sozialisierung, zeremonielle Formen der Verhaltenskontrolle sowie an Resultate gebundene Zeremonien (OUCHI 1980).

Es gibt Schulen und andere Bildungseinrichtungen, die einige dieser Klan-Merkmale aufweisen. Einzelne neuere Studien zeigen auch, daß die Schulen, die auf klare Verhaltensregeln, klare Autorität und Respekt vor allseits anerkannten Werten und Normen Wert legen, gute Ergebnisse vorweisen können (RUTTER u. a. 1979).

In einer Zeit, da Werte und Normen mehr als jemals früher in der modernen Geschichte relativiert werden und Schulen ernste Disziplinprobleme haben, erstaunt es nicht, daß viele, die in der Schule Verantwortung tragen, die Klan-Perspektive interessant finden. Zu ihr gehört traditionell ein anerkannter Führer. In der Schule wird eine Entwicklung in eine »klare Richtung« nur möglich sein, wenn der legitime Leiter auch ein charismatischer Führer ist, einer, der von allen akzeptiert und respektiert wird. Es gibt solche Schulleiter, und sie können an ihren Schulen auf gute Ergebnisse verweisen, jedenfalls wenn man die traditionelle Notengebung und Verhaltenskriterien zum Maßstab nimmt. Daß solche »Lösungen« auch ihren Preis haben, ist eine andere Sache. Oft dreht sich alles zu sehr um den Leiter als die zentrale Person. Ideen, die andere haben, dringen nicht so leicht durch – jedenfalls dann nicht, wenn sie zu den Interessen und Wertvorstellungen des Leiters quer liegen.

## 2.3 Die politische Perspektive

Die politische Perspektive ergab sich aus den Defiziten der strukturellen und der humanistischen Perspektive. Weder die strukturelle mit ihren Ideen von zielgerichtetem und rationalem Verhalten noch die humanistische mit ihren Vorstellungen von menschlichen Bedürfnissen und ihrer Befriedigung konnte einige fundamentale Dilemmata erklären, die manchen Organisationen anhaften. Oft sind die Ziele nur schwer erkennbar.

Leichter ist es, Individuen und Gruppen zu sehen, die unterschiedliche Interessen, Werte und Ziele vertreten. Und nicht immer stellen wir fest, daß menschliche Bedürfnisse in einem harmonischen Kommunikationsprozeß befriedigt werden. Statt dessen erkennen wir einen kontinuierlichen Machtkampf zwischen Personen und Gruppen.

Mehr als irgendein anderer hat Karl Marx uns gelehrt, die Welt als einen Schauplatz von Interessenkämpfen zu sehen. Es sind verschiedene »Schulen« entstanden, die mehr oder weniger auf der marxistischen Gesellschaftsanalyse beruhen. Im folgenden soll zunächst dargelegt werden, wie Organisationen unter dem Marxschen und dem dialektischen Blickwinkel erscheinen. Im Anschluß daran greife ich organisationstheoretische Ansätze verschiedener Forscher auf (Baldridge, Aliniski, Cyert, March, Pfeffer, Gamson) und konzentriere mich dabei vor allem auf Machtfragen und Konflikte als ein Organisationsphänomen.

**Marxistische Perspektive:** Marxisten behaupten, traditionelle Organisationstheorie reflektiere das Wertesystem des Kapitalismus. Nach Heydebrand impliziert eine marxistische Sicht auf Organisationen u. a. folgendes (HEYDEBRAND 1977):

1. Organisationen müssen historisch begriffen und untersucht werden. So nur werden die Kräfte erkennbar, denen die Organisation ihre Entstehung verdankt, sowie die möglichen Konflikte zwischen ihr und den Gegenkräften, die sich von ihr befreien wollen.
2. Die Berechtigung einer Organisation ergibt sich nicht aus engen Zielsetzungen, wie etwa Produktivitätssteigerung, Dauerhaftigkeit, Stabilität oder Wachstum, sondern aus dem Maß, in dem neue Formen entstehen und alte verschwinden.
3. Die meisten Begriffe der Organisationsliteratur, wie z. B. »Akteure«, »Aktivitäten« etc., sind zu allgemein und verschleiern tendenziell die spezifischen Interessen von Einzelpersonen und Gruppen im Leben der Organisation.
4. Organisationen unterscheiden sich stark hinsichtlich des Ausmaßes, in dem fundamentale Konflikte an die Oberfläche kommen und den Mitgliedern bewußt werden.

Soweit ich sehen kann, macht uns nur die marxistische Perspektive (und vielleicht die dialektische) strukturelle Konflikte in der Schule verständlich. In Skandinavien hat man sich mehr als in vielen anderen Ländern für die politischen Aspekte der Schule und ihrer Tätigkeit interessiert. So sieht Gunnar Berg, der in seiner Organisationsforschung vielfach einer Konfliktperspektive verpflichtet ist, Grenzen der Organisationsentwicklung (die ihre philosophische Grundlage teils in »human relations« und teils in der systemtheoretischen Schule hat) (BERG 1966). Donald Broady hat in mehreren seiner Arbeiten betont, wie die neuere marxistische Bildungsforschung in der Bundesrepublik die traditionellen marxistischen Dogmen weitgehend abgeschüttelt hat und statt dessen auf Marx' Methoden aufbaut. In der Diskussion um Bildung und die politische Ökonomie zeigt Broady, daß die Lehrerrolle (der Lehrer als »Lohnarbeiter«) genauer mit der Funktion der Schule in der Gesellschaft zusammenhängt (BROADY 1981). In der Betrachtung der Schule als Organisation ist es, anders gesagt, von entscheidender Bedeutung, die *strukturellen* Faktoren zu erfassen – oder die wirtschaftlichen und sozialen Kräfte –, die dem Funktionieren der Schule Bedingungen und Grenzen setzen.

Mit sozialen Wandlungen entstehen in der Schule grundlegende politische Konflikte. Zeitweise können sie verdrängt oder unter den Teppich gekehrt werden. Es ist aber natürlich entscheidend wichtig, sie als das zu erkennen und zu behandeln, was sie sind: als politische Konflikte. Die Notengebung in der Schule ist ein solcher Konflikt. Er ist politisch, weil seine Lösung darüber befindet, ob, wie und in welchem Maße die Schule in der Gesellschaft weiterhin als selektierender Machtfaktor wirken soll. Zwar hat die Notengebung auch pädagogische und psychologische Dimensionen, die die grundlegende politische Frage oft überlagern. Soweit ich sehe, sind aber die pädagogischen Probleme unlösbar ohne eine politische Klärung der Selektionsfunktion der Schule.

Die *dialektische Perspektive* stammt aus der marxistischen Analyse. Ihr Interesse gilt vor allem der Transformation, d. h. der Frage, wie Organisationen sich aus einer Form in eine andere umwandeln (BENSON 1977). Die dialektische Analyse weist auch auf bestehende Konflikte, auf den zufälligen Charakter gegebener Strukturen und auf die in gegebenen Zuständen enthaltenen Widersprüche hin. So konnten die Dialektiker Widersprüche nachweisen zwischen den Zielsetzungen der Schule und langen Traditionen, wie z. B. der frühen Selektion in der deutschen Schule, der Rassentrennung in der amerikanischen Schule, der Bevorzugung durch das Privatschulsystem in Großbritannien, der Diskriminierung von Mädchen und Frauen in der skandinavischen und von Minoritätsgruppen in er norwegischen Schule.

**Die Konfliktperspektive:** Baldridge, Aliniski sowie Cyert und March sind führende Vertreter der Konfliktperspektive (BALDRIDGE 1971, ALINISKI 1971, CYERT und MARCH 1963). Sie sehen Organisationen als Koalitionen von Individuen und Interessengruppen. Weil es viele verschiedene Interessengruppen gibt, haben sie unterschiedliche Ziele. Die *Verteilung der Macht* in der Organisation entscheidet darüber, welche Ziele vorrangig verfolgt werden. Bolman und Deal haben die Konfliktperspektive zusammenfassend folgendermaßen gekennzeichnet:

1. Bei den meisten wichtigen Beschlüssen, die in Organisationen gefaßt werden, geht es um die Zuteilung knapper Mittel.
2. Organisationen sind Koalitionen. Beispiele für Interessengruppen sind etwa hierarchische Ebenen, Abteilungen, berufliche Gruppierungen, ethnische Gruppen.
3. Individuen und Interessengruppen unterscheiden sich in ihren Werten, Präferenzen, Glaubensüberzeugungen, Informationen und in ihrer Wahrnehmung der Wirklichkeit. Solche Faktoren sind gewöhnlich stabil und nur sehr langsam oder gar nicht veränderbar.
4. Die Ziele und Beschlüsse von Organisationen kommen in einem kontinuierlichen Verhandlungsprozeß zustande, in dem Individuen und Gruppen um Positionen streiten.
5. Weil die Ressourcen knapp sind und Unterschiede und Ungleichheiten fortbestehen, wird das Leben einer Organisation immer durch Machtkämpfe und Konflikte gekennzeichnet sein.

**Das Setzen von Zielen:** Die strukturelle Perspektive geht davon aus, daß die Ziele von denen gesetzt werden, die Autorität haben, in der Regel von einer Person oder mehreren an der Spitze der Hierarchie, wie etwa den Besitzern privater Betriebe oder, soweit es um Behörden geht, den Politikern. Sollen die Ziele erreicht werden, muß man daher die Struktur und die Arbeitsbedingungen zu schaffen suchen, die unter rationalem Aspekt den größten Nutzen versprechen. Weder die Ziele noch die Art ihres Zustandekommens werden in Frage gestellt.

Die Ziele der Schule werden von den politischen Organen gesetzt. Offiziell sind diese Ziele die Leitlinien des Schullebens. Es wird ohne weiteres akzeptiert, daß sie in Form von Gesetzen und Lehrplänen vorliegen. Das ist ganz im Einklang mit der strukturellen Perspektive.

*Die politische Perspektive* unterstellt, daß die Führung um die »Ziele der Organisation« bemüht ist. Aber tatsächlich bestimmt die Führung die Ziele nur in sehr geringem Maße. Jeder einzelne in einer Organisation verfolgt gemäß seinen Bedürfnissen und Interessen eigene Ziele. Jeder verhandelt im Sinne seiner Interessen. Die Ziele der Organisation entstehen als Resultat eines Interessen- und Machtkampfes auf allen Ebenen, in welchem die mit der größten *wirklichen Macht* die besten Chancen haben, ihre Ziele zu erreichen. Aber es ist in der Regel durchaus nicht klar, ob die an der Spitze der Hierarchie Stehenden die größte Macht haben (CYERT und MARCH 1963).

In Behörden finden wir die vielleicht besten Beispiele für Koalitionen von Interessengruppen. Mit zunehmender Professionalisierung wird der Entscheidungsprozeß immer komplexer. Es gibt mindestens drei Typen Konflikte:

1. Konflikte zwischen »Klienten« und den Beschäftigten. Täglich ergeben sich Konflikte zwischen Lehrern und Schülern, die im System Schule sehr ungleiche Positionen und sehr verschiedene Macht haben (vgl. das nächste Kapitel).
2. Konflikte zwischen Berufsgruppen innerhalb einer Organisation. Hier ist wohl das Gesundheitswesen das beste Beispiel. Traditionelle Autorität, wie die Ärzte sie vertreten, sieht sich ständigen Angriffen der Gruppen ausgesetzt, die weniger fachliches Prestige, aber wegen ihrer Schlüsselposition im System reelle Macht haben.
3. Konflikte zwischen Politikern und Fachleuten. Die Politiker sind ja mehr als alle anderen dazu da, *das Ganze* im Blick zu behalten. Es gibt kaum etwas Bedrohlicheres für einen Politiker, als wenn die Fachleute das Heft in die Hand nehmen – und doch ist er von eben diesen Fachleuten stets abhängig.

**Macht in Organisationen:** Gamson, French und Raven haben in ihren Arbeiten untersucht, welche Art Macht für Interessenkonflikte in Organisationen von Bedeutung ist (GAMSON 1968). Nach der politischen Perspektive, wie wir sie definieren, nehmen *alle* in einer Organisation an einem Machtkampf teil, aber mit recht ungleichen Kräften, weil die Macht ungleich verteilt ist. Welche Art Macht dient nun der Durchsetzung von Interessen am meisten?

1. *Autorität*, verstanden als das *Recht*, über andere kraft der *Position* in der Organisation zu verfügen. Eine Person hat in der Regel um so mehr Autorität, je höher in der Hierarchie sie placiert ist.
2. *Zwingende Macht,* verstanden als die *Fähigkeit*, andere durch Belohnungen und Strafen zu kontrollieren. Dabei gibt es sowohl physische Machtmittel (z. B. Geld) als auch psychologische (z. B. den Ausschluß). Zwingende Macht geht nicht immer von der Spitze der Hierarchie aus, sondern vielfach auch von ihrem unteren Ende. In der Schule gibt es Beispiele dafür, daß einzelne Schüler sowohl über Mitschüler als auch über Lehrer erhebliche Macht haben.
3. *Einfluß,* verstanden als die Fähigkeit, andere *ohne den Einsatz von Machtmitteln* zu beeinflussen. Normalerweise unterscheidet man zwei Arten von Einfluß:

- *Sachverstand,* d. h. die auf Kenntnissen und Informationen beruhende Macht. In schwierigen Entscheidungsprozessen nehmen oft Personen, die sich gut auskennen, »das Heft in die Hand«. In anderen Fällen stellt ein fachlicher Titel eine solche symbolische Macht dar, daß sein Träger wie von selbst Debatten und Beschlüsse lenkt.
- *Persönlicher Einfluß,* der sich äußerst in Charisma, verbalen Fähigkeiten oder der Gabe, durch Humor oder Visionen die Aufmerksamkeit zu fesseln.

Das Machtspiel findet jederzeit statt, entweder als offener Kampf zwischen klar erkennbaren Akteuren oder unter der Oberfläche, und dann oftmals unbewußt und undeutlich als »Gerangel um Positionen« von Einzelpersonen und Gruppen.

Es wurden mehrere Strategien entwickelt, die auf die Machtkämpfe in Organisationen zugeschnitten sind. Die Spieltheorie und die Verhandlungstheorie greifen viele Konfliktsituationen auf und werden von Behörden, privaten Betrieben sowie von Arbeitgeber- und Arbeitnehmerorganisationen eingesetzt (SCHELLING 1960, RUBIN und BROWN 1975).

**Das Marktplatz-Modell:** Schon 1938 schrieb Chester Barnard, Organisationen seien nicht zielorientiert. Sie existierten für das Individuum, das cr als das strategische Element der Organisation ansah (BARNARD 1938). Er behauptete, Verhalten sei an Anreize gebunden, Organisationen seien »Märkte« zum Austausch von Anreizen, und die Ziele der Organisation ergäben sich stets aus den Forderungen, Bedürfnissen, persönlichen Befriedigungen und Belohnungen der Individuen.

Nach Georgiou hängt Macht in einer Organisation von den Möglichkeiten einer Person ab, anderen Anreize zu geben (GEORGIOU 1973).

Nach Barnard existieren Schulen für Lehrer und nicht für Schüler. Später stimmten dieser These andere Organisationstheoretiker zu. Sie hatten untersucht, was in Schulsystemen geschah, wenn die Haushalte drastisch gekürzt wurden. Die meisten Beobachtungen deuten darauf hin, daß die Schulen taten, was für ihre Beschäftigten am besten war, und nicht unbedingt, was für die Schüler am besten gewesen wäre.

Andere Beispiele stützen diese Einschätzung. So zeigt sich, daß diejenigen Innovationsprojekte am leichtesten realisierbar sind, die den Lehrern Vorteile bringen (z. B. weil sie Zeit ersparen, leicht anwendbar sind etc.). Projekte, die den Lehrern etwas Besonderes abverlangen (z. B. weil sie Zeit erfordern oder fachlich anspruchsvoller sind), lassen sich am schwersten durchführen. Lehrer haben sich auch stark gegen solche Projekte gesträubt, die ihnen ihr Unterrichtsmonopol nehmen könnten (z. B. die Computertechnologie) (CLARK und WILSON 1961).

Ein Aspekt dieser Entwicklung wird oft übersehen: Sie schwächt tendenziell das auf fachlicher Kompetenz beruhende Ansehen der Lehrer. Das ist nicht nur deshalb der Fall, weil immer deutlicher wird, daß die Lehrer durch ihre Organisationen sehr nachdrücklich ihre Interessen vertreten – das ist ja ganz legitim. Wichtiger noch ist, daß immer weniger die Unterrichtsleistungen eines Lehrers über seinen Einfluß entscheiden, sondern die Zugehörigkeit zu Machtzentren in den Organisationen, die wichtige Posten zu vergeben haben. Diese Entwicklung ist in bezug auf politische Macht schon seit langem zu beobachten. Politische Zugehörigkeit erleichtert den Zugang zu Ämtern und Beförderungen. Dies wiederum schwächt die Vorstellung, daß die Arbeit mit den Kindern wichtig ist. Die Anreize sind an einflußreiche Arbeit in der Erwachsenengesellschaft gebunden, nicht an die Arbeit im Klassenzimmer.

**Kritik der politischen Perspektive:** Die politische Perspektive hat uns die enorme Bedeutung von Konflikten und politischen Prozessen in Organisationen klargemacht. Einige ihrer Protagonisten wollten sie sogar als *die einzige* gelten lassen, die Organisationen realistisch sehe (ALINISKI 1971).

Die politische Perspektive ist eine klare Alternative zur strukturellen und humanistischen Weltsicht. Aber sie kann auch zur Fallgrube werden, weil sie blind machen kann für viele andere Momente im Leben von Organisationen, die zu verstehen ebenfalls sehr wichtig ist. Sie unterschätzt nach meiner Auffassung die Rationalität und die Bedeutung von Kooperation in Organisationen.

Zugleich impliziert die politische Perspektive eine *pessimistische Sicht* der Möglichkeiten der Erneuerung. Von Erneuerung kann im Grunde gar keine Rede sein, nur von Veränderung. Was sich Schulentwicklung nennt, ist in Wahrheit nur die Verlagerung von Aufmerksamkeit und Ressourcen von einer Interessengruppe auf eine andere.

Dies sind extreme Haltungen, aber sie ergeben sich folgerichtig, wenn man die Welt aus der politischen Perspektive sieht. Diese gibt daher für *Strategien der Erneuerung* nicht viel her – einmal abgesehen davon, daß sie die nicht zu leugnenden Interessen- und Machtkämpfe in den Blick rückt. Hierin liegt ihr Verdienst.

In einer früheren Version dieses Buches habe ich einige alternative Organisationstheorien und -modelle vorgestellt. Dazu wurde ich in erster Linie durch die Arbeiten von Barr Greenfield angeregt (GREENFIELD 1979). Sie leiteten für mich eine spannende Suche auf neuen Pfaden ein. Viel verdanke ich auch den späteren Arbeiten von Paul Hood (HOOD 1979). In diesem Buch habe ich versucht, die alternativen Modelle und Theorien im Zusammenhang zu sehen, und stelle sie, anknüpfend an Bolman und Deal, unter der Überschrift »Die symbolische Perspektive« vor (BOLMAN und DEAL 1984).

## 2.4 Die symbolische Perspektive

Das ist ja nur ein Mythos! Das ist ja ganz wirklichkeitsfern! Solche Aussagen sind nicht ungewöhnlich. Einem Mythos zu trauen ist nicht üblich. Und dennoch, das Leben ist oft kompliziert, manche Situationen erleben wir als chaotisch, und wir schaffen uns Symbole und Mythen.

Die symbolische Perspektive konzentriert sich auf das Irrationale im Menschen. Ihre Protagonisten wollen menschliches Verhalten mit Hilfe von Symbolen deuten. Insofern sind sie den Psychologen Freud und Jung vergleichbar und den Anthropologen, die auf die Bedeutung von Symbolen in der Kultur aufmerksam gemacht haben. Symbolische Phänomene nehmen in Untersuchungen von Organisationen seit langem einen wichtigen Platz ein (SELZNICK 1957, MARCH und OLSEN 1976, WEICK 1976 und MOXNES 1993).

In der symbolischen Perspektive, wie Bolman und Deal sie vertreten, sind *Sinn, Glaube und Vertrauen* zentrale Begriffe. Vieles im menschlichen Leben läßt sich rational kaum erklären. Widersprüche und Dilemmata gehören zu unserem täglichen Leben. In symbolischer Perspektive muß die Analyse in erster Linie vom *Sinn der Handlungen* ausgehen. So wird etwa gefragt: Dient der Planungsprozeß wirklich der *Planung* – oder ist das Ganze nur eine Zeremonie, die der Organisation und der Umgebung den Eindruck vermitteln soll, es herrschten Ordnung und Unternehmungsgeist? Lösen Konferenzen eigentlich Probleme – oder sind sie nur ein Forum des unverbindlichen Meinungsaustauschs? Die symbolische Perspektive hilft uns, bildlich gesprochen, durch die Schale an den Kern zu kommen, d.h. den hinter dem äußeren Geschehen verborgenen Sinn zu entdecken, statt einfach die rationalen Erklärungen der Organisationsmitglieder zum Nennwert zu nehmen. Damit steht sie im Kontrast zu allen drei bisher besprochenen Perspektiven. In der symbolischen Perspektive ist die Welt nicht *sicher, rational und linear*. Sie sieht anders aus:

1. Das Wichtige an einer jeden Handlung ist nicht das Geschehen an sich, sondern sein *Sinn.*
2. Der Sinn einer Handlung ergibt sich nicht nur aus dem Geschehen, sondern auch aus unserer Deutung des Geschehens.
3. Viele der wichtigsten Handlungen und Verfahren in einer Organisation sind unklar oder unsicher. Oft ist es schwierig oder unmöglich, in Erfahrung zu bringen, was geschieht, warum es geschieht und welches die Folgen sind.
4. Unklarheit und Unsicherheit untergraben rationale Methoden der Analyse, Problemlösungen und Entscheidungen.
5. Konfrontiert mit Unsicherheit und Unklarheit, schaffen wir *Symbole,* um die Unsicherheit zu begrenzen, Verwirrung zu beseitigen, die Prognosesicherheit zu erhöhen und eine Richtung anzugeben. Die Geschehnisse an sich erscheinen vielleicht weiterhin als unlogisch, zufällig und sinnlos; aber unsere Symbole lassen sie anders wirken (BOLMAN und DEAL 1984).

Viele Handlungen und Verfahren in Organisationen mögen unlogisch und irrational wirken. Erst wenn ihr *Symbolwert* erkannt wird, sehen wir, daß sie dennoch logisch sind und einem Ziel dienen. Wenden wir uns noch einmal dem Beispiel der Planung zu: Nur wenige Planungsverfahren führen zu Ergebnissen, die für die Zukunft der Organisation wichtig sind. Warum wenden Organisationen dann so viel Zeit für Planung auf? Ein wichtiger Grund ist, daß Planungsprozesse Anlässe schaffen, die Mitglieder zum gegenseitigen Kennenlernen, zum Meinungsaustausch, zum Gespräch über Wertfragen und zur Förderung des Gemeinschaftsgefühls zusammenzuführen. Das ist ein wichtiges Element der Entwicklung einer gemeinsamen Kultur. Aber der Umwelt gegenüber tritt die Organisation als ein moderner, zukunftsorientierter Betrieb auf, der seine Strategien entwirft und Pläne operationalisiert.

Was man in der amerikanischen Industrie und öffentlichen Verwaltung die McNamara-Periode nennt, hat vermutlich in der ganzen westlichen Welt den Trend zu rationaleren Systemen in öffentlichen und privaten Organisationen verstärkt. Oberflächlich betrachtet wirken die Systeme »wasserdicht«, und es gibt Berichte, nach denen sie den Intentionen entsprechend funktionieren. Planungstechniken und zielgerichtete Lenkungssysteme wie »Zielsteuerung« etc. fanden starke Beachtung, sobald sie am Beispiel großangelegter technologischer Projekte beobachtet werden konnten. Die amerikanischen Raumfahrtprojekte sind hier in erster Linie zu nennen. Eine Studie des POLARIS-Projekts ergab indessen, daß die Arbeit der Experten mit der des ausführenden Stabes keineswegs genau koordiniert war. Im Gegenteil, die technischen Abteilungen lieferten Pläne und Zeichnungen, die zum großen Teil unbeachtet blieben. Die Konferenzen der Führungsstäbe dienten zwei Zwecken: Einmal waren sie »Erweckungsversammlungen« zur Stärkung des Glaubens an das POLARIS-Projekt, zum andern konnten die »Admiräle« diejenigen tadeln, die nicht genug arbeiteten. Eine besondere Abteilung für Öffentlichkeitsarbeit präsentierte imponierende Diagramme, Zeichnungen und Pläne, die mit der tatsächlichen Durchführung des Projekts wenig zu tun hatten.

Obwohl somit die eingesetzten Verfahren und Techniken nur in geringem Maße den *offiziellen Zielen* dienten, trugen sie dazu bei, einen Mythos zu schaffen und aufrechtzuerhalten, der der Organisation reichliche Unterstützung sicherte. Dank dieses Mythos hatten die mit dem Projekt Beschäftigten genügend Zeit und Ressourcen, ihre Arbeit zu tun und informell zu koordinieren. Und der Mythos half, den Glauben an das Projekt und die gute Stimmung zu bewahren (SAPOLSKY 1967).

Vor allem zwei Theorien, die der symbolischen Perspektive zuzurechnen sind, haben sich in den letzten Jahren durchgesetzt und sollen deshalb hier kurz dargestellt werden, nämlich die Theorie der »organisierten Anarchien« und die der »lose geknüpften Systeme«.

**Organisierte Anarchien:** Der Begriff stammt von Cohen, March und Olsen. Sie bezogen ihn vor allem auf Bildungseinrichtungen (Universitäten), denen nach ihrer Meinung keineswegs ein »rationales« Verhalten nachgesagt werden konnte (COHEN, MARCH und OLSEN 1972). Ein anderer Begriff, den March und Olsen oft verwenden, ist »The Garbage Can Model«, das »Mülltonnenmodell«. Er soll das beschreiben, was nach ihrer Ansicht beim Entscheidungsprozeß wirklich passiert. Organisierte Anarchien weisen folgende Merkmale auf:

1. *Unklare Präferenzen:* Präferenzen werden durch Handlung ermittelt, statt daß man aufgrund von Präferenzen handelt.
2. *Unklare Technologie:* Obwohl eine Organisation es schafft, zu überleben und sogar zu produzieren, sind die in ihr ablaufenden Prozesse den Mitarbeitern oder Mitgliedern nicht klar.
3. *Schwankende Beteiligung:* Die Beteiligung schwankt; das gilt sowohl für die investierte Zeit als auch für die in verschiedenen Bereichen geleistete Arbeit (a. a. O. S. 2).

Entscheidungssituationen in organisierten Anarchien entsprechen oft nicht einem geordneten Problemlösungsprozeß:

»... verschiedene Prozeduren, die den Beteiligten zu einer Deutung ihres Tuns und seines Resultats verhelfen:

a. Entscheidungen, die nach Problemen suchen;
b. Meinungen und Gefühle, die nach Entscheidungssituationen suchen, in denen sie relevant wären;
c. Lösungen, die nach Fragestellungen suchen, auf die sie vielleicht eine Antwort sind;
d. »Entscheider«, die sich nach Arbeit umsehen (a. a. O. S. 2).

Wenn ich Arbeiten von March und Olsen lese, vor allem »Ambiguity and Choice in Organizations«, bin ich verblüfft darüber, wie »anders« ihre Gedanken sind als die der traditionellen Systemtheoretiker (MARCH und OLSEN 1976). Viele Axiome sind auf den Kopf gestellt, und die Formulierungen zwingen den Leser zum kritischen Durchdenken »rationaler Wahrheiten«, die zu akzeptieren die meisten von uns sich angewöhnt haben.

In meinen Untersuchungen von Fo-E-Organisationen fand ich, daß sie sehr unklare Zielpräferenzen haben (DALIN 1973). Meine Schlußfolgerungen kommen der folgenden Feststellung von March sehr nahe:

> »... eine der wichtigsten Methoden, mit denen eine Organisation entwickelt werden kann, ist die Deutung der von ihr gefaßten Beschlüsse« (MARCH 1972).

Ich möchte meinen, daß Universitäten und Hochschulen dem »Anarchie-Modell« eher entsprechen als Schulen. Gründe dafür sind u. a. die dezentralisierte Organisationsform der Universitäten und die zwischen dem zentralen bürokratischen System und fachlichen Präferenzen auftretenden Konflikte. Diese äußern sich nach meiner Erfahrung an Universitäten klarer als an Schulen.

**Lose geknüpfte Systeme:** Es war ein Grundgedanke der Systemtheorie, daß Organisationen Systeme sind, die in rational faßbarer Weise »zusammenhängen«, so daß Veränderungen in einem Teil des Systems sich auf die anderen Teile auswirken. Als eine Alternative hierzu entwickelte man die Theorie, Organisationen seien nicht so »dicht«, wie es auf den ersten Blick scheine; sie seien vielmehr als nur »lose geknüpft« anzusehen.

Organisationen bestehen nach diesem Gedankengang aus Einheiten, Prozessen, Aktivitäten und Individuen, die relativ locker verbunden sind (WEICK 1980). Anders gesagt: Was in einer Einheit (oder von einer Person initiiert) geschieht, hängt in keiner Weise, die nach irgendeiner Theorie vorhersagbar wäre, mit anderen Teilen der Organisation zusammen.

In lose geknüpften Systemen kommt es vor, daß die Ressourcen größer sind als die Nachfrage. Unterschiedliche Maßnahmen führen manchmal zum gleichen Ziel. Andere mögliche Merkmale sind relativ schlechte Koordination, ziemlich wenige Regeln, bewußte Unabhängigkeit, fehlende Verantwortung als geplanter Zustand, zufällige Überwachung von Aktivitäten, Delegierung von Befugnissen nach Gutdünken (WEICK 1976).

Eine übliche Reaktion auf solche Zustände ist die Auffassung, dies müsse eine kranke, reformbedürftige Organisation sein. Doch muß das nicht unbedingt zutreffen. Die relative Selbständigkeit der Einheiten könnte dazu führen, daß sich einige von ihnen schneller den Forderungen der Umgebung anpassen, während die übrigen stabil bleiben. Diese Konstellation kann auch die ganze Organisation vor dem Zusammenbruch bewahren. Aber sie kann natürlich auch notwendige Veränderungen des Ganzen hemmen, wichtige Kommunikation zwischen Teilbereichen verhindern und einzelne Personen gegen Kritik von Kollegen abschirmen.

Das Wesentliche ist, daß *alle* Organisationen, was ihren inneren Zusammenhalt betrifft, variieren. Sobald wir uns klarmachen, daß dies eine wichtige Variable ist, können wir auch einzelne Merkmale von Schulen als Organisationen besser verstehen. In der Tat haben Schulen mit lose geknüpften Systemen einiges gemeinsam. Wie oft nimmt ein Schulleiter seine pädagogische Verantwortung ernst und hospitiert im Unterricht? Ist das, was z. B. in den Deutschstunden geschieht, mit dem Unterricht in Sozialkunde koordiniert? Gibt es allgemein verbindliche Verhaltensnormen? Werden Empfehlungen von Komitees für den Unterricht relevant? Erreichen Versuche alle Schulen?

Die meisten Schulen sind gekennzeichnet durch eine gewisse Anzahl Einheiten (Klassenräume), die voneinander isoliert sind, durch Lehrer, die zu wenig Anleitung und Hilfe erhalten, durch Maßnahmen, die folgenlos bleiben, und durch Richtlinien, nach denen man sich nicht richtet. Es fragt sich, ob dies ein Vorzug oder ein Übel ist.

Die symbolische Perspektive nimmt einige Begriffe ernst, die die anderen Perspektiven weitgehend vernachlässigen:

1. *Mythen*, die Menschen sich schaffen, um Unsicherheit abzuwehren. Mythen können erklären, Solidarität begründen, legitimieren, ein Gespräch über unbewußte Wünsche und Konflikte in Gang bringen und eine Brücke zwischen Einst und Heute schlagen. Wir glauben vielen Mythen. Daß es ein Bedürfnis nach Veränderung gibt, daß Organisationen rational sind, daß ihre Leiter Macht und Kontroll-

möglichkeiten haben, daß Experten objektiv und neutral sind: das alles sind Mythen. Sie *können* über Schwierigkeiten hinweghelfen – aber sie können auch gefährlich sein, dann nämlich, wenn sie blind machen und notwendige Veränderungen behindern (P. S. COHEN 1969).
2. *Märchen,* die viele Geschehnisse und Einzelheiten zu einer einfachen, klaren Botschaft zusammenziehen können. Sie erfüllen oft unsere Träume, sie unterhalten, geben Sicherheit, vermitteln Kenntnisse und können als gute Reklame dienen. Viele Betriebe halten sagenhafte Geschichten von tüchtigen Gründern und Pionieren oder Geschichten von der Lösung schwieriger Probleme am Leben. Solche Erzählungen transportieren wichtige Prinzipien, und sie geben der alltäglichen Bemühung Sinn (BOLMAN und DEAL 1984).
3. *Rituale und Zeremonien,* die entwickelt werden, um Ordnung, Klarheit und Berechenbarkeit zu schaffen, besonders im Umgang mit Problemen, die zu komplex oder zufällig sind, als daß sie auf andere Art gemeistert werden könnten. Examina sind schlechte Mechanismen zur Überprüfung von Ergebnissen, aber als Rituale bekräftigen sie eine der wichtigsten Funktionen der Schule in der Gesellschaft. Externe Fortbildung von Führungskräften hat nur geringen Effekt, aber indem sie die Teilnehmer aus der Menge heraushebt, gibt sie ihnen ein Gemeinsamkeitsbewußtsein, macht sie zu Teilhabern einer Führungskultur.
4. *Metaphern* als komprimierte Träger eines Sinngehalts. Ein Rektor etwa, der eine Hochschule als eine Art Produktionsbetrieb begreift, wird eine andere Haltung an den Tag legen als einer, der sie wie eine Handwerkerinnung auffaßt. Ein Berater, der sich als »Betriebsarzt« sieht, wird anders auftreten als einer, der sich als Vertreter oder Verkäufer (eines Produkts oder einer Lösung) versteht.
5. *Humor,* der uns hilft, Skepsis auszudrücken, der Flexibilität fördert, Atmosphärisches einfängt und beeinflußt und oft auch Indikator eines bestimmten Status ist. Humor kann sowohl ausschließen (Distanz schaffen) als auch einschließen, Zugehörigkeitsgefühl vermitteln und so zur Sozialisation beitragen (HANSOT 1979).
6. *Spiel,* das eine experimentierende Haltung, Flexibilität und Anpassungsvermögen stimuliert. Nach March sollte das Spiel viel mehr eingesetzt werden, da es uns hilft, Ziele mehr als Hypothesen zu verstehen, Intuition zu respektieren, Erfahrungen als Theorie, Erinnerung als einen Feind und Heuchelei als etwas Vorübergehendes zu behandeln (MARCH 1976).

Die symbolische Perspektive ist in mehrfacher Hinsicht anregend; sie ermöglicht ein vertieftes Verständnis von Organisationen. Sie fragt nach dem verborgenen Sinn von Handlungen und Abläufen und läßt das

Spektrum menschlicher Verhaltensweisen breiter erscheinen. Paul Moxnes hat in mehreren seiner Arbeiten gezeigt, wie wir uns in Rollen aus der Mythologie, aus der Märchen- und Sagenwelt wiedererkennen und wie diese unsere Vorstellungen von einer Organisation färben (MOXNES 1993). Die symbolische Perspektive verhilft auch zu mehr Offenheit, mehr Kreativität, zum Gespräch über das, was »eigentlich passiert«. Sie fordert zur Selbstannahme auf, dazu, die eigenen Fähigkeiten stärker einzusetzen, als es oft dann der Fall ist, wenn uns nur eine offizielle Begründung für das, was uns widerfährt, vorgesetzt wird.

Die symbolische Perspektive regt dazu an, »bloße Zeremonien« mit neuen Augen zu sehen und scheinbar ineffektive und unzweckmäßige Verfahren von neuem zu überprüfen. Ich habe in der Beschäftigung mit Entwicklungsländern die Bedeutung dieser Perspektive zu verstehen begonnen. Mehrmals habe ich Zeremonien miterlebt, von denen ich wenig verstand, die ich als notwendig, aber bedeutungslos ansah und die »dem Eigentlichen« Zeit wegnahmen. In Indonesien gibt es Führungskräfte, die im großen und ganzen nur Fachleute für Eröffnungs- und Abschlußzeremonien sind. Diese dauern lange, da sie mehrere traditionelle Ausdrucksformen wie Tanz, Mythen, Märchen, Lieder und Instrumentalmusik einschließen – und damit die Teilnehmer offenbar begeistern. Mir wurde nach und nach klar, daß die Zeremonien für die Identität der Teilnehmer und für eine Projektkultur, die die kulturellen Werte der Nation aufgreifen will, große Bedeutung haben, stärken sie doch das Gefühl, an etwas Sinnvollem mitzuwirken.

**Kritik der symbolischen Perspektive:** Die symbolische Perspektive ist jünger als die drei anderen. Es gibt daher wenige empirische Untersuchungen, die sie als Bezugsrahmen verwenden. Es liegt auf der Hand, daß dies keine traditionell quantifizierenden Studien sein können. Sie werden von ganz anderer Art sein. Qualitative Methoden unter phänomenologischem Blickwinkel werden vermutlich am fruchtbarsten sein.

Die symbolische Perspektive ist weniger als die anderen Perspektiven *eine* Theorie. Sie greift – in zum Teil nur loser Verknüpfung – mehrere Ideen auf und wird sich erst in einiger Zukunft zu einer ganzheitlichen Perspektive entwickelt haben – vorausgesetzt, sie erweist sich als wichtig und tragfähig genug.

Die symbolische Perspektive impliziert ein Dilemma: Ein Symbol kann Realitäten verdecken und dabei zynische oder unehrliche Absichten verfolgen. Der Mythos, ein Lehrer mit offiziell anerkannter Ausbildung sei auch ein *qualifizierter* Lehrer, kann z. B. inkompetente Lehrer schützen und notwendigen Reformen der Lehrerausbildung im Wege stehen.

In anderer Verwendung sind Symbole Ausdruck des eigentlichen Sinns. Die symbolische Perspektive lehrt uns, angebliche Fakten als von Menschen geplant und geschaffen zu erkennen. Das gibt uns Hoffnung für die Zukunft – wir sind selbst imstande, eine Welt zu formen, die fachlich, politisch und moralisch unseren innersten Wertvorstellungen entspricht.

## 2.5 Integrierte Theorien

In jüngster Zeit sind mehrere neue »Organisationstheorien« vorgelegt worden. Die für die Arbeit an Organisationen bedeutsamsten stammen von Henry Mintzberg von der McGill-Universität in Kanada, von Peter M. Senge von der MITs Sloan School of Management in den USA sowie von Peter Gomez von der Hochschule St. Gallen in der Schweiz (vgl. MINTZBERG 1991, SENGE 1990, GOMEZ und ZIMMERMANN 1992).

Während Senge eine bestimmte systemische Perspektive einnimmt und seine Theorie von der »lernenden Organisation« entwickelt, haben Mintzberg und Gomez ein breiteres Fundament. Wenn ich Senge dennoch hier (und nicht unter der humanistischen Perspektive) vorstelle, so deshalb, weil sein Denken tiefer greift und sich nicht *einer* Perspektive zuordnen läßt.

**Mintzberg:** Mintzberg geht davon aus, daß alle Organisationen internen und externen Kräften ausgesetzt sind und daß Effektivität in einer gegebenen Situation ein *Gleichgewicht* zwischen diesen Kräften voraussetzt. Es gibt nicht *einen* Weg, sondern viele Wege zur Effektivität.

Aber Mintzberg geht weiter als die Abhängigkeitstheoretiker (vgl. oben S. 51 ff.), die annähernd kasuistisch argumentieren, ohne genau zu sagen, welche Wirkung bestimmte Mittel in gegebenen Situationen haben könnten. Mintzberg möchte klären, welche Strategien eine Organisation am besten *entwickeln*, welche Faktoren sie *in entscheidenden Situationen zu einer hervorragenden Organisation machen* und was erforderlich ist, damit eine gut funktionierende Organisation als solche erhalten und *weitergeführt* wird.

In Mintzbergs frühen Arbeiten spielte der Begriff *configuration* eine wichtige Rolle. Er suchte Organisationen nach bestimmten Mustern zu gruppieren, jede »Form« sollte ihren Zwecken adäquat sein. Später fand er jedoch, daß einige sehr effektive Organisationen nicht in diese Muster paßten. So arbeitet er heute mehr mit den Begriffen »Kräfte« und »Formen«.

Nach seiner Auffassung läßt sich das meiste, was in einer Organisation geschieht, als eine Interaktion von sieben Kräften begreifen (Abb. 5).

**Abb. 5: Mintzberg: Ein System von Kräften in einer Organisation**

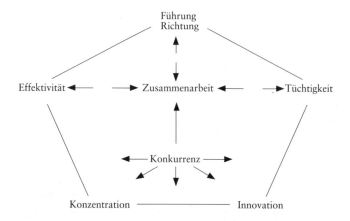

1. *Führung oder Richtung:* Sie deutet an, wohin die Organisation als Ganzes sich bewegen soll. Ohne eine solche »strategische Vision« ist es schwierig, alle Teile der Organisation zur Bewegung in *eine* Richtung zu veranlassen.
2. *Effektivität* ist die Kraft, die das Verhältnis von Kosten und Ergebnissen zu optimieren sucht. Abgesehen von den am meisten gegen Konkurrenzdruck abgeschirmten müssen alle Organisationen um Produktivität bemüht sein. Oft läuft das auf Rationalisierung hinaus.
3. *Tüchtigkeit* heißt, mit fundiertem Wissen und adäquaten Fertigkeiten auf hohem Niveau Aufgaben zu bearbeiten. Ohne fachliche Tüchtigkeit können die meisten Organisationen nicht überleben.
4. *Konzentration* bedeutet, daß einzelne Teile der Organisation sich auf die Bedienung bestimmter Märkte spezialisieren. Ohne diese Spezialisierung kann die Leitung komplexer und unübersichtlicher Organisationen schwierig werden.
5. *Innovation* meint, daß die Organisation für ihre Kunden und für sich selbst neue Methoden, Dienste und Produkte entdeckt und entwickelt.
6. *Zusammenarbeit* ist das Bemühen, »am gleichen Strang zu ziehen«, eine verbindende Ideologie zu finden und zu gebrauchen. Dabei versteht Mintzberg unter »Ideologie« nicht nur eine Organisationskultur im herkömmlichen Sinne, sondern schließt Normen, Traditionen, Überzeugungen und Werte mit ein; den für ihn ist dies alles wertvolle Energie, die als »Leim« die Organisation zusammenhält.

7. *Konkurrenz:* Trotz der Zusammenarbeit werden auch Organisationen von Konkurrenz geprägt oder, wie Mintzberg sagt, von »politics«. Jeder ist sich selbst der Nächste, konkurrierende Interessen kämpfen um Macht, oft mit Haltungen und Verhaltensweisen, die nicht akzeptiert oder nicht legitim sind.

Mintzbergs Theorie läuft darauf hinaus, daß alle die sieben Kräfte in jeder Organisation potentiell wirksam sind. Sobald eine von ihnen dominiert, bildet sich mit der Zeit eine einheitliche Form, die er als eine *Konfiguration* beschreibt. Entwickelt sich eine Organisation zu einseitig nach einem Muster, so unterdrückt dieses in ihr andere wichtige Kräfte. Damit droht die Gefahr einseitiger Dominanz, die Mintzberg *Verunreinigung* nennt.

Organisationen, in denen keine Einzelkraft dominiert, funktionieren als Kombination verschiedener Kräfte, die einander in einem labilen Gleichgewicht halten. Ein solches Muster kann leicht zu *Spaltung* führen.

Sowohl *Verunreinigung* als auch *Spaltung* erfordern eine Führung, die mit *Gegensätzen* umgehen kann. Dabei spielen Zusammenarbeit und Konkurrenz, von Mintzberg als »katalytische Kräfte« bezeichnet, eine wichtige Rolle. Aber diese beiden stehen zueinander im Gegensatz, und eine effektive Organisation muß auch sie im Gleichgewicht halten. Wie auch immer die Form (»Konfiguration«) ausfällt, das Ausbalancieren der Kräfte bleibt das Hauptproblem.

*Konfiguration:* Mit einer bestimmten »Form« meint Mintzberg eine Organisation, die konsistent und integriert ist, in der »alles zusammenpaßt«. Es gibt nicht *die eine* Form, die für alle Zwecke und alle Organisationen effektiv ist, sondern eine ganze Reihe Formen mit jeweils bestimmten Besonderheiten:

1. *Die Unternehmer-Form:* Sie liegt dann vor, wenn »Richtung und Führung« die Organisation beherrschen, oft in der Weise, daß der Leiter eine entscheidende, dominierende Rolle spielt. Vielfach ist das in einer Startphase der Fall, wenn eine überzeugende Vision und eine starke Führungspersönlichkeit gebraucht werden, damit die Organisation »in Schwung kommt«.
2. *Die Maschinen-Form:* Sie ergibt sich, wenn Effektivität und Produktivität wichtig sind. Sie ist typisch für große Produktions- oder Servicebetriebe mit einem großen Bedarf an Kontrolle.
3. *Die professionelle Form:* Sie entwickelt sich gewöhnlich dann, wenn Tüchtigkeit und fachliche Qualität die dominierenden Kräfte sind,

wie z. B. in Krankenhäusern und in Betrieben der Spitzentechnologie. Die Aneignung neuer Kenntnisse und die Entwicklung neuer Methoden sind gegenüber der Fortentwicklung der vorhandenen tendenziell nachrangig. Es dominieren bewährte, anspruchsvolle Prozeduren; sie bieten dem, der sie professionell beherrscht, erhebliche Freiheiten im Verhältnis zu den Kollegen.
4. *Die »Ad-hoc«-Form:* Sie entsteht aus dem Bedürfnis nach Innovation. Auch in ihr ist die Professionalität wichtig; aber wegen des Zwangs, ständig Neues zu schaffen, rangiert interdisziplinäre Teamarbeit vor der Arbeit des einzelnen. Das führt oft zu einer »fließenden« Struktur. Immer gibt es etwas Neues, sei es intern, sei es in direkter Zusammenarbeit mit Kunden.
5. *Die aufgespaltene Form:* Sie ergibt sich dann, wenn der Zwang zur Konzentration auf einzelne Produkte und Dienste so groß wird, daß diese gesondert entwickelt und bedient werden müssen. In Organisationen dieser Form werden zunächst in erheblichem Maße Aufgaben delegiert; der nächste Schritt ist die Aufspaltung in »Divisionen«. Eine mit wenigen Personen besetzte Zentrale gibt mit Normen und Richtlinien einen Rahmen vor, innerhalb dessen jede Abteilung einen hohen Grad an Autonomie erhält.

Mintzberg sieht auch »Ideologie« und »Politik« als Kräfte, die in einzelnen Fällen die Form einer Organisation bestimmen können. Er nennt u. a. die israelischen Kibbuzim als Beispiel einer ideologiegesteuerten Form.

Keine der Formen existiert »rein«, aber es gibt viele Organisationen, die mit ihren Charakteristika einer bestimmten Form recht nahekommen. Mintzberg vergleicht die »Form« mit einer Persönlichkeit. Ohne Form gerät eine Organisation in eine Identitätskrise. Eine etablierte Form ist effektiv, solange die Situation statisch ist. Das heißt umgekehrt, daß sie früher oder später ineffektiv wird, wenn die Situation sich dynamisch verändert.

Wenn eine bestimmte Form zu sehr dominiert und damit andere Kräfte unterdrückt oder wenn die Organisation auf äußere Veränderungen nicht angemessen reagiert, so leitet sie damit ihre Selbstzerstörung ein. Eine Organisation der »Maschinen-Form« ist gefährdet, sobald innovative Kräfte längere Zeit unterdrückt werden. In der professionellen Form können einzelne Mitarbeiter Produktivitätsrücksichten derart beiseite drängen, daß die Organisation sich selbst erstickt. Ein Unternehmer kann eine Organisation zu einem Ego-Trip nutzen. Einer »aufgespaltenen« Organisation droht die Auflösung, wenn die Bindungskraft der gemeinsamen Werte nachläßt, und eine »Ad-hoc«-Organisation, die das Potential ihrer Innovationen nicht ausschöpft, ehe sie wieder etwas Neues entwickelt, wird nicht überleben können.

Eine Organisation kann also nicht effektiv sein in »reiner« Form. Diese muß durch andere Kräfte in Schach gehalten werden. Mintzberg nennt das »containment«.

Zwar ist die »reine« Form theoretisch optimal, aber die meisten Organisationen müssen konkurrierende Kräfte im Gleichgewicht halten. Ein Orchester verlangt natürlich von seinen Mitgliedern ein hohes professionelles Niveau, aber es braucht auch eine klare, tüchtige Leitung. Während also die einseitig reine Form andere Kräfte leicht an die Seite drängen und so die Organisation aus dem Gleichgewicht bringen kann, müssen andererseits Organisationen, in denen viele starke Kräfte vereint sind, oft gegen Spaltungstendenzen kämpfen.

Nach Mintzberg machen die meisten Organisationen im Laufe ihres Bestehens mehrere Umformungen durch; er weist das – und auch die Gefahr der Spaltung – an einigen Beispielen nach. Eine gespaltene Organisation zu leiten oder eine solche, die mit tiefreichenden latenten Spaltungstendenzen zu kämpfen hat, ist eine sehr große (und aktuelle) Herausforderung. Mintzberg betont wichtige Aspekte der Änderungsprozesse, die zu berücksichtigen sind, wenn die Umformung gelingen soll.

Normalerweise reagieren von Spaltung bedrohte Organisationen entweder mit erneuerter *Zusammenarbeit* oder mit verstärkter *Konkurrenz*. In Mintzbergs graphischer Darstellung einer Organisation (siehe Abb. 5) sind diese beiden Kräfte in der Mitte placiert. Sie wirken tendenziell nicht auf eine extreme Form, sondern auf eine Prägung der ganzen Organisation hin. Daher nennt er diese Kräfte *katalytisch*.

*Zusammenarbeit* ist eine entscheidende katalytische Kraft, die die Organisation zusammenhält. Ob nun ein Klima der Kooperation von einem charismatischen Führer geschaffen wird oder ob es Resultat gemeinsamer Anstrengungen ist, Organisationen mit einer starken Kultur der Zusammenarbeit sind gut gerüstet, auch die strukturellen Probleme zu lösen, die eine einseitige Organisationsform mit sich bringt.

Mintzberg weist aber auch auf Grenzen der Zusammenarbeit hin. Erstens ist es schwierig, eine entsprechende Kultur zu entwickeln oder aufrechtzuerhalten. Karl Weick sagte einmal: »Eine Organisation *hat* keine Kultur, sie *ist* eine Kultur« (zitiert nach KIECHEL 1984). Daher ist es so mühsam, Organisationen zu verändern. Zum andern kann eine

Ideologie der Zusammenarbeit zu introvertiert werden, zu selbstbezogen, so daß sie intern gestellte kritische Fragen direkt oder indirekt abwehrt. Wenngleich also eine Kultur der Zusammenarbeit Chancen der Erneuerung innerhalb etablierter Normen eröffnet, so bekämpft sie doch fundamentale Änderungen.

*Konkurrenz* ist die Kraft, die den einzelnen anregt, eigene Interessen zu verfolgen (oft auf Kosten der Gemeinschaft). Sie fordert, anders gesagt, die Organisation auf, sich in viele Richtungen gleichzeitig zu bewegen, was auf längere Sicht zu ihrer Auflösung führen würde. Andererseits kann, wenn eine starke Ideologie fundamentale Kritik lange verhindert hat, mehr Konkurrenz wichtige und notwendige Veränderungen herbeiführen.

Daher ist es wichtig, *Zusammenarbeit* auf der einen und *Konkurrenz* auf der anderen Seite auszubalancieren. Diese beiden Kräfte sind von ganz wesentlicher Bedeutung. Nach Mintzberg kann eine Organisation ohne ein fruchtbares Gleichgewicht zwischen ihnen weder sich entwickeln noch überleben. Zusammenarbeit hilft den sekundären Kräften, eine dominierende Kraft zu zügeln, während Konkurrenz zur Konfrontation anregt. Organisationen brauchen Richtung, aber sie brauchen auch dieses Gleichgewicht.

Mintzberg hat mehrere Theorien der strukturellen und der politischen Perspektive zu integrieren versucht. Unklar ist, inwieweit die humanistische Perspektive in seiner Analyse eine Rolle spielt. Die Kräfte »Zusammenarbeit« und »Konkurrenz« weisen auf die Bedeutung unterschiedlicher Kulturen hin, und man könnte sie also für Mintzbergs Version der humanistischen Perspektive halten. Die symbolische Perspektive ist nicht explizit vertreten, aber kann als extreme Konsequenz einseitig dominierender Kräfte gesehen werden. So ließe sich sagen, daß »lose geknüpfte Systeme« eine Version von Mintzbergs »aufgespaltener« Form sind (die positiv wirken kann, wenn der Markt Spezialisierung erfordert, die aber auch leicht Entzweiung herbeiführt). Im übrigen ist Mintzberg stark von der *Abhängigkeitstheorie* geprägt.

Ein anderer interessanter Zug der Mintzbergschen Theorie ist die Kombination von offener Systemtheorie (die Organisation ist ganz von ihrem Markt abhängig) mit dem Bemühen, die organisationsinternen Prozesse zu verstehen, die für die »Konfiguration« der Organisation so wichtig sind.

**Peter M. Senge:** Mit seinem Buch *The Fifth Discipline – The Art & Practice of The Learning Organization* stellte Peter M. Senge eine neue integrierte Theorie der »lernenden Organisation« vor (SENGE 1990). Seine Hauptperspektive ist die humanistische, aber er geht über sie hinaus.

Senge führt in die Beschäftigung mit Organisationen eine *systemische Perspektive* ein. Vor allem betont er, uns stünden bei allen Versuchen, das Leben von Organisationen zu verstehen, unsere überkommenen »mentalen Bilder« im Wege. Ferner sähen wir nicht die langfristigen Wirkungen dessen, was in einem sozialen System geschieht. Unser Verstehen bleibe auf Details beschränkt, und oft neigten wir zu Mißdeutungen, weil Organisationen, über kurze Zeit betrachtet, sich selten »logisch« verhielten.

Damit fordert Senge auch die Abhängigkeitstheoretiker heraus, denen zufolge Organisationen auf kurzfristige Veränderungen des Marktes reagieren müßten. Er findet, Organisationen seien natürlich von ihrer Umgebung abhängig; aber »die Umgebung« sei kein eindeutiger Begriff, sie reagiere nicht eindeutig, und sie unterscheide nicht zwischen *kurzfristigen und längerfristigen Bedürfnissen*.

Nach Senge sind *fünf »Disziplinen«* für das Verständnis von Organisationen von wesentlicher Bedeutung:

1. *Systemisches Denken,* die für Senge entscheidende Disziplin. Sie hilft uns, Zusammenhänge zu erfassen, das Ganze und nicht nur Bruchteile des Ganzen zu sehen und demzufolge so auf Organisationen einzuwirken, daß diese sinnvolle Veränderungen anstreben.
2. *Persönliche Beherrschung* (»Personal Mastery«): Damit meint Senge den kontinuierlichen Lernprozeß, der das Ziel hat, »unsere persönliche Vision zu klären und zu vertiefen, unsere Energie zu bündeln, unsere Geduld zu entwickeln und die Realitäten objektiv zu sehen« (SENGE 1990, S. 7). Nach Senge kann eine gesunde Organisation nur entstehen, wenn sich jedes einzelne Mitglied einem solchen gründlichen Lernprozeß unterzieht.
3. *Mentale Modelle,* auch »Bilder« genannt, tiefverwurzelte Vorstellungen, Verallgemeinerungen, Hypothesen und Voraussetzungen, die jeder hat und die unser Verständnis der Welt, in der wir leben, einfärben. Sie beeinflussen uns stark und können z. B. die Entscheidung für neue, vielversprechende Möglichkeiten blockieren.
4. *Entwicklung einer gemeinsamen Vision:* Nach Senge ist gemeinsames Planen ein ganz wichtiger *Lernprozeß* in gesunden Organisationen. Es gilt, persönliche »Bilder« und Erfahrungen in *einen* Prozeß zu integrieren, dessen Ziel eine gemeinsame Vorstellung von dem ist,

»wozu wir hier sind«. Nur dann kann eine Organisation Erfolg haben. Eine solche Vision erhält man nicht nach einem schlichten »Schema F«-Rezept, sondern nur durch langfristig angelegte gemeinsame Entwicklungsarbeit in einem Klima der Offenheit und Klarheit.
5. *Lernen im Team* (oder Dialog): Diese Disziplin hängt mit der vorigen eng zusammen, aber sie greift noch weiter. Sie meint die ganz allgemeine Lernsituation in einer Organisation, wenn es den Mitgliedern gelingt, eigene mentale Bilder zurückzustellen und »gemeinsam zu denken«. Das griechische Wort »dia-logos« bezeichnet einen freien Fluß von Meinungen in der Arbeit einer Gruppe, die damit befähigt wird, Einsichten zu gewinnen, die jeder für sich nicht gewinnen könnte. Genau diesen Prozeß hat Senge im Blick.

Senge betont nachdrücklich, die »fünfte« (nach unserer Zählung erste) Disziplin, das *systemische Denken*, sei die wichtigste. Sie hilft, die anderen Disziplinen zu integrieren, so daß diese nicht ein Leben für sich führen und zu »gimmicks« werden. Man spricht heute gern von der Notwendigkeit einer »Vision«; aber oft ist das für die Beschäftigten eines Betriebes nur oberflächliches Gerede. »Teamarbeit« wird dann zu einem Zweck an sich und in der Praxis zu einem unergiebigen, überflüssigen Verfahren. Das Wesentliche für Senge ist, wie der einzelne sich selbst erfährt und daß er die Organisation erlebt als einen Ort, an dem man bewußt und kontinuierlich seine Realität schafft.

Daher spielt der Begriff *metanoia* in Senges Theorie eine zentrale Rolle. Das griechische Wort bedeutet soviel wie grundlegende Veränderung oder, um die religiöse Vokabel zu gebrauchen, Bekehrung, eine ganz neue Weise des Selbst- und Weltverständnisses. Es bezeichnet den tiefsten Sinn dessen, was Senge unter Lernen versteht, eine fundamentale Art, »uns selbst neu zu erschaffen.«

Was versteht nun Senge unter systemischem Denken? Er hat seine Auffassung in einigen »Gesetzen« formuliert, deren Summe eine Richtschnur dieses Denkens, soweit es sich auf Organisationen erstreckt, abgibt.

1. Die heutigen Probleme gehen auf die Lösungen von gestern zurück.
2. Das System reagiert auf Druck mit um so härterem Gegendruck.
3. Die Situation wird oft besser, ehe sie sich verschlechtert. (Wer z. B. den Hungernden Brot gibt, hilft ihnen nicht, selbst Lebensmittel zu erzeugen).
4. Wer immer das gleiche tut, wird das Problem nicht los.
5. Die Kur kann schlimmer sein als die Krankheit.

6. Schnelle Behandlung läuft auf eine späte, zumindest verschobene Lösung hinaus. (Die schnellste Methode ist nicht immer die optimale).
7. Ursache und Wirkung sind zeitlich und räumlich nicht nahe verbunden (und daher ist es oft schwierig, Ursache und Wirkung zu verstehen).
8. Kleine Veränderungen können große Wirkungen haben; aber wo der Einsatz am meisten lohnt, ist oft schwer zu erkennen.
9. Man kann sowohl das eine als auch das andere erreichen, aber nicht unbedingt beides gleichzeitig.
10. Wer einen Elefanten in zwei Teile teilt, bekommt nicht unbedingt zwei Elefanten. (Lebende Organisationen haben eine Identität; ihr Charakter ist an die Ganzheit gebunden).
11. Niemand anders ist schuld.

Senge zeigt, daß Organisationen auf Prozesse reagieren, die auf sie als eine Ganzheit einwirken. Das gilt sowohl kurz- als auch längerfristig. Ohne ein tieferes Verständnis der Kultur und der systemischen Bedingungen von Organisationen laufen wir Gefahr, daß »Entwicklung« ganz andere Wirkungen zeitigt, als wir geplant hatten.

Im Unterschied zu Mintzberg folgt Senge in der Hauptsache einer durchdachten humanistischen Perspektive. Sein Beitrag hat auch große Bedeutung für das Nachdenken über Strategien zur Erneuerung von Organisationen. Aber vor allem ist seine Perspektive für die Schulentwicklung wichtig. Das gilt einmal, weil sie begründet, warum die Kenntnis von Organisationen für die nächste Generation wesentlich ist. Zum anderen kann die Schule selbst von Senge viel lernen, wenn sie die Prinzipien einer lernenden Organisation zu den ihren machen will.

**Die St. Gallen-Gruppe:** An der Hochschule in St. Gallen hat sich in den letzten 20 Jahren ein starkes Forschungs- und Praxismilieu zu Organisations- und Führungsfragen entwickelt. Die St. Gallener Forscher sahen es von Anfang an als eine übergeordnete Aufgabe, existierende Theorien fortzuentwickeln und zu integrieren. Drei Prinzipien standen dabei im Vordergrund:

1. *Ganzheitliche Betrachtungsweise:* Eine Organisation wird verstanden als ein System, dessen Ganzheit mehr ist (oder etwas anderes) als die Summe der Teile. Drei Dimensionen eines Systems werden analysiert, die *normative,* die *strategische* und die *operative.*

2. *Integration von Vielfalt:* Die Unterscheidung mehrerer Dimensionen heißt nicht, daß diese zu trennen wären. Im Gegenteil, die Dimensionen

sind voneinander abhängig, durchdringen einander und sind in Netzwerken verbunden.

3. *Entwicklung einer Denkweise* zum Verständnis von Systemen. Die Mitglieder einer Organisation sollen befähigt werden, die Komplexität zu verstehen, eine zielgerichtete Philosophie zu entwerfen und konkrete Veränderungen durchzuführen (GOMEZ und ZIMMERMANN 1992).

Die St. Gallen-Gruppe sah als Ziel ihrer Arbeit eine »Management-Theorie«. In unserem Zusammenhang gilt es zu beschreiben und zu analysieren, wie die Gruppe Organisationen sieht. Dabei sind drei Hauptbereiche zu unterscheiden:

A. *»Organisationsprofile«:* Der Begriff meint die Strukturierung von Informationen durch acht, genauer: zweimal vier einander konträr zugeordnete Dimensionen einer Organisation. Die Fragen dabei sind: Was kennzeichnet die Organisation aus übergeordneter Perspektive? Welche Möglichkeiten der Erneuerung hat sie?

B. *Organisationsdynamik:* Es geht um die Frage, welche Phasen im »Lebenslauf einer Organisation« zu unterscheiden sind. Welche typischen Profile haben die einzelnen Phasen? Welche Profile sind in einer bestimmten Phase angebracht, damit ein Niedergang vermieden wird?

C. *Organisationsmethodik:* Welche Methoden sind in einer gegebenen Entwicklungsphase einer Organisation die zweckmäßigsten?

Während wir auf diesen Punkt, die methodischen Aspekte der Organisationsentwicklung, nicht weiter eingehen wollen, werden wir auf den Begriff »Organisationsdynamik« noch zurückkommen. Zunächst aber sollen die »Organisationsprofile« erörtert werden, weil sie den besten Einblick in das theoretische Fundament der St. Gallener Forschung geben. Sie sind das grundlegende analytische Werkzeug der Gruppe, das wesentliche Merkmale einer Organisation erkennen hilft. Die vier Hauptprofile heißen so:

1) Technostruktur – Soziostruktur
2) Palast – Zelt
3) Hierarchie – Netzwerk
4) Fremdorganisation – Selbstorganisation

*Technostruktur – Soziostruktur:* Abb. 6 zeigt den Aufbau dieses Profils. Es erscheint als ein Quadrat, dessen Achsen durch je zwei Pole bezeichnet sind: 1) Formalisierung – Systemorientierung, 2) Personorientierung – Sachorientierung.

Abb. 6: Organisationsprofil Technostruktur – Soziostruktur

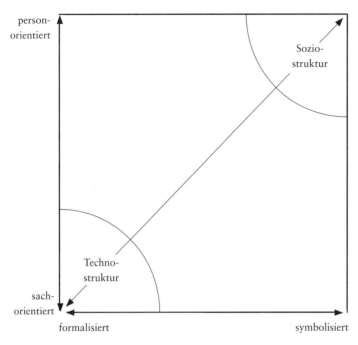

Wenn eine Organisation sowohl stark sachorientiert als auch stark formalisiert ist – was in der Praxis häufig vorkommt –, hat sie nach diesem Konzept in hohem Maße eine »Technostruktur«. Im Gegensatz dazu hat eine ebenso stark symbolorientierte wie personorientierte Organisation eine ausgeprägte »Soziostruktur«. Auch dies ist tatsächlich oft der Fall.

Wie werden nun die einzelnen Dimensionen definiert?

*Sachorientierung:* Die Art der Aufgaben bestimmt die Organisationsstruktur. Wichtig ist vor allem die Sache; es wird Wert gelegt auf rationelle Verteilung der Aufgaben, sowohl wenn es zu differenzieren als auch wenn es zu integrieren gilt.

*Personorientierung:* Die Organisationsstruktur ergibt sich aus dem Potential der einzelnen Mitglieder, aus ihrer Motivation, ihren Kenntnissen und Fertigkeiten. Der einzelne Mitarbeiter steht im Zentrum, und es ist wichtig, wie Gruppen als Team funktionieren und wie der ganze Betrieb »zusammenhängt«. Die Leitung verhält sich kooperativ, die Mitarbeiter sind an den Entscheidungsprozessen beteiligt.

*Formalisierung:* Die Verteilung der Aufgaben, der Verantwortung und der einzelnen Arbeitsprozesse ist schriftlich geregelt. Auf Dokumentation wird Wert gelegt, besonders in großen und komplexen Organisationen. Oft erfolgt die Formalisierung durch Hilfsmittel, wie z. B. Funktionsdiagramme, Stellenbeschreibungen, Richtlinien und Kontrakte.

*Symbolorientierung:* Legitimität wird erreicht durch anerkannte Werte und Normen, die eine bestimmte Identität begründen. Daher bekommen Verhaltensweisen und Symbole, die die Normen reflektieren, eine wichtige Funktion. So tragen z. B. Anekdoten und Rituale zur Stärkung der Identität bei. Die Atmosphäre regt dazu an, Rollen flexibel auszufüllen, in mehreren Gruppen mitzuarbeiten und ohne Bindung an bestimmte Funktionen zu lernen.

Die *Technostruktur* wurzelt in klassischer Organisationstheorie (vgl. oben S. 41 ff.), aber auch neuere Beiträge zur Informationstechnologie haben diese Struktur in den Blick gerückt. Der theoretische Hintergrund der *Soziostruktur* liegt dagegen in der humanistischen Perspektive (vgl. oben S. 57 ff.). Zu ihren zentralen Begriffen gehören Motivation, »subjektive Realität« und kulturelle Sichtweise.

*Palast und Zelt:* Das zentrale Moment dieses Profils ist die Spannung zwischen Bewahren und Entwickeln. Seine Hauptdimensionen, wiederum durch je zwei Pole bezeichnet, sind 1) Produktivität – Zielorientierung, 2) etablierte versus zeitlich befristete Organisationen.

*Produktivität (Effizienz):* Das Ziel soll mit möglichst wenig Ressourcen, möglichst schnell und rationell erreicht werden. Das impliziert in der Regel bewährte Verfahren, routinegeprägte Arbeitsabläufe, enge Entscheidungsspielräume und eine wenig flexible Organisationsstruktur.

*Zielorientierung (Effektivität):* Die strategischen Ziele sollen möglichst schnell erreicht werden, auch wenn dies Mehrkosten verursacht. Es gilt das Prinzip, daß die Struktur der Strategie zu folgen hat. Das funktioniert am besten in dynamischen Situationen oder bei unkalkulierbaren Entwicklungen. Der einzelne hat viel Freiheit. Daher überschneiden sich manchmal die Arbeitsfelder, aber das System kann immer flexibel reagieren.

Organisationstheorien

*Etablierte Organisationen:* Für die Lösung bestimmter Aufgaben sind keine Fristen gesetzt, es geht allein um die Sache. Ein bewährter Stab, meist gegliedert in Abteilungen, spielt eine wichtige Rolle. Manchmal werden abteilungsübergreifende Arbeitsgruppen gebildet.

*Zeitlich befristete Organisationen:* Es sollen eine oder mehrere genau definierte Aufgaben gelöst werden. So ist von Anfang an ziemlich klar, daß das Mandat befristet sein wird. Das ist etwa in »Projektorganisationen« der Fall oder, allgemeiner gesagt, wenn Kommunikation und Kooperation besonders gefragt sind. Flexible, interdisziplinäre Teams erscheinen dann als die geeignetste Form.

In graphischer Darstellung sehen »Palast und Zelt« so aus:

**Abb. 7: Organisationsprofil »Palast und Zelt«**

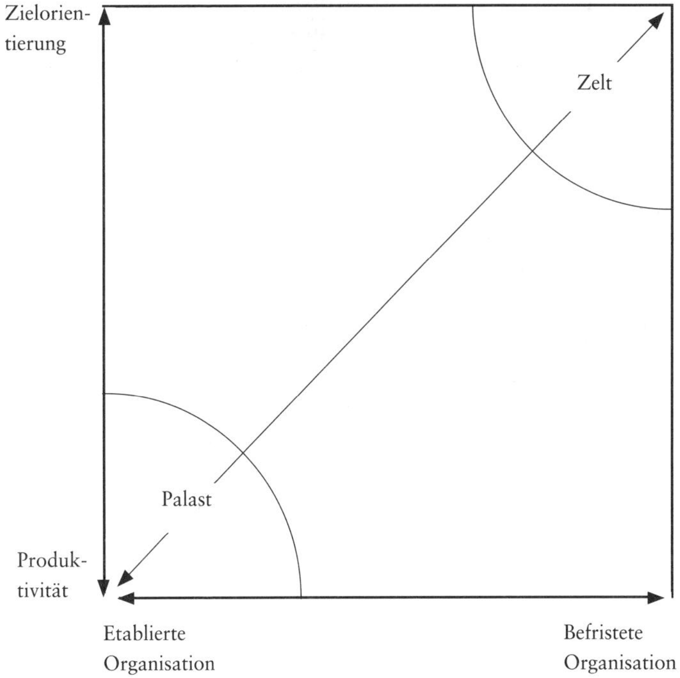

Der *Palast* ist eine stabile Organisation, die Routineaufgaben effektiv lösen kann. Das paßt gut in einer stabilen, schrittweise sich wandelnden Umgebung. Die theoretische Begründung stammt auch hier aus der klas-

93

sischen Organisationslehre (z. B. von Taylor). – Das *Zelt* ist eine Organisation, die in einer Welt der schnellen Veränderungen überlebt. Sie ist flexibel, beweglich, reaktionsschnell und lernfähig. Das Konzept ist zuerst von Hedberg, Nyström und Starbuck entwickelt worden. Sie betonen, das »Zelt« müsse kontinuierlich um Strategien der Veränderung bemüht sein, ja auch die Struktur selbst könne als veränderlich, als ein Prozeß gesehen werden (HEDBERG, NYSTRÖM und STARBUCK 1976). Gomez und Zimmermann beschreiben einige verwandte Modelle (z. B. adaptive Organisationen, »Adhokratie«, informationstechnologische Strukturen), die alle teilweise vom »Zelt« profitiert haben.

*Hierarchie und Netzwerk:* Die Dimensionen dieses Profils sind 1) monolithisch-polyzentrisch und 2) steile versus flache Konfiguration.

*Monolithisch* kann drei Bedeutungen haben: räumliche Konzentration von Aktivitäten, Sammlung gleichartiger Aufgaben, Konzentration von Leitungsfunktionen. Mit einer monolithischen Organisation ist in der Regel eine stark zentralisierte gemeint, in der Entscheidungen auf der höchsten möglichen Ebene getroffen werden.

Eine *polyzentrische* Organisation verlegt dagegen die Entscheidungen auf die niedrigste mögliche Ebene. Bei hoher Komplexität und entsprechend hohen Anforderungen an Flexibilität bedeutet das Zeitersparnis. Autonomes Handeln zahlt sich aus, wenn der Markt nach schnellen Reaktionen verlangt. Das setzt freilich eine hohe fachliche Kompetenz der Akteure voraus. In Organisationen dieser Art macht sich oft eine zentrifugale Tendenz der Mitglieder bemerkbar. Damit entsteht ein Bedarf an Kontrolle; teilweise genügt dabei Selbstkontrolle.

Die *steile* Organisation ist normalerweise hierarchisch aufgebaut, sie hat viele Führungs- und Stabsebenen, deren wichtigste Aufgabe die Kontrolle ist. Das führt oft zu Mißtrauen, zu einem Denken in Rangordnungen und zu Bürokratie.

Die *flache* Organisation hat nur wenige Führungsebenen; dafür gibt es häufige direkte Kontakte der Leitung mit den Mitarbeitern, die Beschlüsse umzusetzen haben. Eine flache Organisation ist besonders wichtig in einer unfesten, rasch sich verändernden Umgebung. Eine Kombination dieser Dimensionen ergibt folgendes Bild:

## Abb. 8: Organisationsprofil Hierarchie und Netzwerk

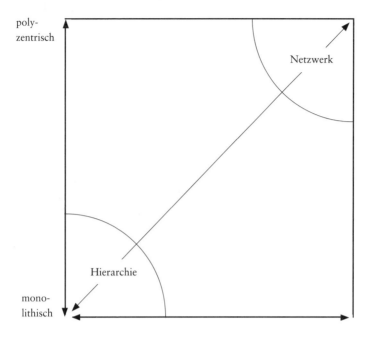

Die *Hierarchie* ist sowohl durch mehrere Entscheidungsebenen als auch durch eine starke »monolithische« Konzentration der Leitungsfunktionen gekennzeichnet. Eine hierarchisch aufgebaute Organisation resultiert aus dem Bestreben, die Kräfte auf ein klar definiertes Ziel hin zu konzentrieren und dabei die Ressourcen optimal zu nutzen. In der Theorie geht dieses Profil auf die Bürokratiemodelle zurück, z. B. auf Max Weber (vgl. oben S. 41 ff.).

Das *Netzwerk* entsteht, wenn die Organisation sowohl eine polyzentrische als auch eine flache Struktur hat. Es eignet sich besonders für Organisationen, die an Innovationen arbeiten und auf schnelle Veränderungen reagieren müssen. Entscheidungen werden überall in der Organisation getroffen, und oft werden Teams quer zu etablierten Grenzen gebildet. Dabei riskiert man Ineffektivität, Kompetenzüberschneidungen und Konflikte. Das Modell beruht ursprünglich auf der humanistischen Perspektive, aber hat sich inzwischen Züge anderer Theorien einverleibt (GOMEZ und ZIMMERMANN 1992).

*Fremdorganisation – Selbstorganisation:* Die Überschrift könnte auch lauten »Vom Diktat zur Selbstbestimmung«. Das Profil hat die Dimensionen 1) Exogene versus endogene Orientierung, 2) Fremdsteuerung – Selbststeuerung.

Diese Faktoren formen die vierte und letzte Matrix des St. Gallen-Konzeptes:

**Abb. 9: Organisationsprofil Fremdorganisation – Selbstorganisation**

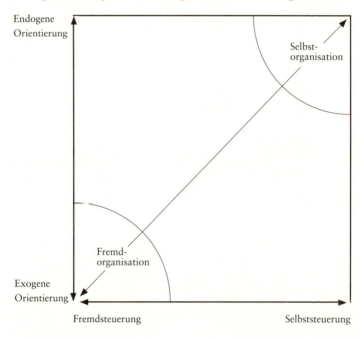

*Exogen orientiert* nennt Gomez eine Organisation, die in ihrer Entwicklungsstrategie stark von der Umgebung geprägt ist. Die Abhängigkeit von dieser liegt teils in der Dynamik, die schnelle Veränderungen mit sich bringen, teils im Wunsch nach Marktnähe (Kundenorientierung), teils in den Forderungen, die die neue Informationstechnologie stellt.

*Endogene Orientierung* besagt, daß die Organisation in ihrer Entwicklungsarbeit hauptsächlich von inneren Bedürfnissen geleitet wird. Dies trifft zu auf Organisationen von etablierter hoher Kultur, die in ihren strategischen Entscheidungen vor allem auf ihre innere Kraft setzen.

Deutlich ist auch ein Streben zur Beeinflussung der Umgebung (statt daß umgekehrt die Umgebung die Organisation beeinflußt).

*Fremdsteuerung* von Entwicklungsprozessen ist das Kennzeichen einer Organisationsentwicklung »von oben nach unten«. Oft trifft man sie bei Organisationen, in denen die Basis grundsätzlich mit Mißtrauen betrachtet wird. Im Einklang damit gehören zu dieser Denkweise viele Regeln und Kontrollsysteme. Im ganzen besagt die Strategie, daß sich die Entwicklungsarbeit durch eine Anzahl Regeln, Verfahren und Pläne »regulieren« läßt.

*Selbststeuerung* von Entwicklungsprozessen läuft auf ein Von-unten-nach-oben-Modell hinaus. Alle, die es irgendwie angeht, sind an der Organisationsentwicklung beteiligt. Geregelt wird sie hauptsächlich durch Schulung und Fortbildung der Mitglieder sowie durch haltungsfördernde Aktivitäten im Sinne eines »common sense«.

Eine *Fremdorganisation* wendet sich stark der Umgebung zu und ist von dieser abhängig. Ein Hauptanliegen ist die Anpassung an den Markt, und Effektivität, hoher Umsatz und Kundennähe sind daher strategische Grundprinzipien. Konflikte entstehen oft, wenn Forderungen der Umgebung mit Bedürfnissen der Beschäftigten in Widerstreit geraten. Entwicklungsprozesse werden von oben nach unten gesteuert und so von der Basis als Forderungen wahrgenommen. Theoretische Grundlage dieser Organisationsform ist die Abhängigkeitstheorie (vgl. oben S. 51 ff., ferner LAWRENCE und LORSCH 1969).

Eine *Selbstorganisation* ist idealtypisch eine solche, die ohne hierarchische oder externe Steuerung »sich selbst reguliert«. Die Mitglieder blicken vor allem nach innen, und die einzelnen Organisationseinheiten haben viel Freiheit, sich selbst zu entwickeln. Dabei wird eine hohe Komplexität sozialer Systeme unterstellt, so daß nicht alle Details vorhersehbar sind. Gerade deshalb setzt Integration ein tolerantes Verhalten der Einheiten zueinander voraus, und die beste Strategie besteht darin, gemeinsame Ziele zu erarbeiten, statt detaillierte Anweisungen zu geben. Nicht die Hierarchie (das Denken anderer), sondern das kreative eigene Denken steht im Mittelpunkt. Das theoretische Fundament des Modells entstammt der humanistischen Perspektive (z. B. EMERY und TRIST 1965, vgl. ferner oben S. 57 ff.).

*Die stabilisierende Organisation:* Die St. Gallen-Gruppe hat durch Forschung und praktische Arbeit verschiedene Organisationstypen zu charakterisieren versucht. Wenn man die vier Organisationsprofile zu integrierten Modellen kombiniert, erhält man Muster, in die sich die Typen einordnen lassen.

Abb. 10 stellt ein solches Modell vor. Es zeigt, welche Kräfte eine Organisation mit »stabilisierender Struktur« hervorbringen.

**Abb. 10: Dimensionen einer stabilisierenden Organisation**

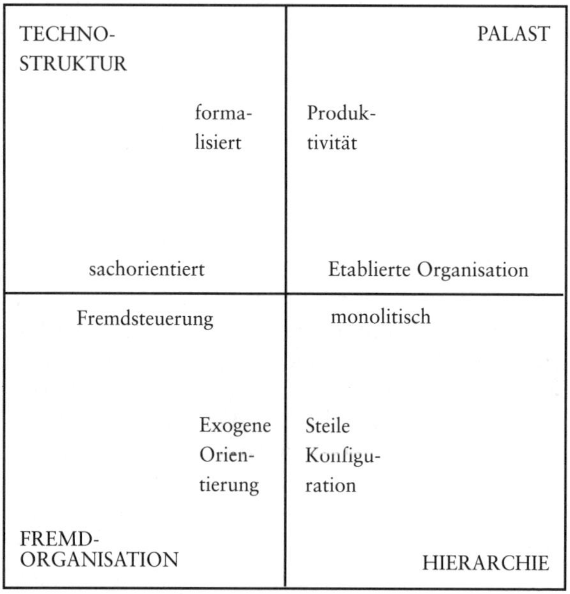

| TECHNO-STRUKTUR | | | PALAST |
|---|---|---|---|
| | formalisiert | Produktivität | |
| | sachorientiert | Etablierte Organisation | |
| Fremdsteuerung | | monolitisch | |
| | Exogene Orientierung | Steile Konfiguration | |
| FREMD-ORGANISATION | | | HIERARCHIE |

Es handelt sich um eine formelle, technokratische, hierarchisch geführte Organisation unter starker Fremdsteuerung. In großen und komplexen Organisationen bietet diese Form gute Möglichkeiten der Standardisierung und produktiven Nutzung der Ressourcen, freilich nur, wenn einige Voraussetzungen gegeben sind. Dazu gehören ein hohes Maß an Planungssicherheit, die Lenkbarkeit der Prozesse und eine relative Stabilität der Umgebung. Dieser Organisationstyp neigt zu

- Überorganisation durch autonomiebegrenzende Regulierungen,
- Bürokratie in Gestalt vieler formeller Regeln und Kontrollsysteme,
- Spezialisierung durch hohe Standardisierung,
- Aufrechterhaltung des Status quo durch Optimierung bestehender Aktivitäten.

Betriebswirtschaftlich gesehen, ist der Zweck einer solchen Form die Optimierung des Ressourceneinsatzes, so daß die Organisation profitabel und überlebensfähig wird. Damit entsteht auch der Eindruck, daß eine Organisation mit autoritären Methoden einen Mangel an menschlicher Orientierung kompensieren kann.

*Die entwicklungsorientierte Organisation:* Im Gegensatz zum »stabilisierenden« Profil steht die persönlich verpflichtende, symbolorientierte Organisation, die nach dem Selbststeuerungsprinzip funktioniert. Abb. 11 zeigt die Dimension dieser Organisationsform:

**Abb. 11: Dimensionen einer entwicklungsorientierten Organisation**

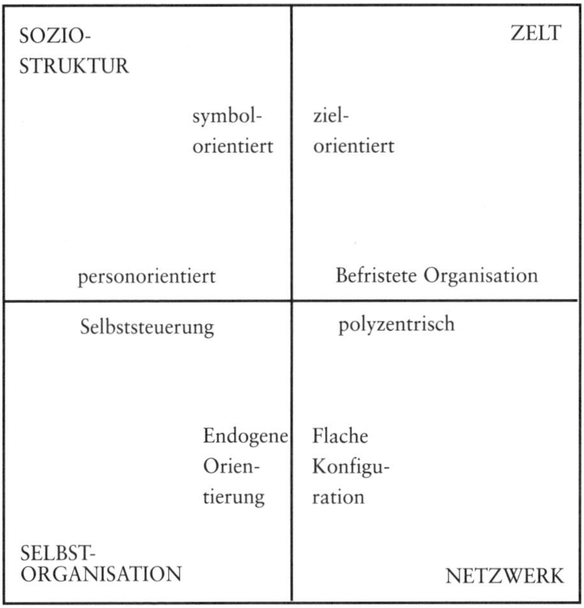

| SOZIO-STRUKTUR | | | ZELT |
|---|---|---|---|
| | symbol-orientiert | ziel-orientiert | |
| | personorientiert | Befristete Organisation | |
| | Selbststeuerung | polyzentrisch | |
| | Endogene Orientierung | Flache Konfiguration | |
| SELBST-ORGANISATION | | | NETZWERK |

Der in diesem Modell zum Ausdruck kommende zentrale Gedanke ist die Nutzung der kreativen Kräfte, die im »humanen Potential« liegen. Die menschliche Motivation ist die treibende Kraft. Die Führung einer Organisation dieses Typs wird »verteilt« und basiert auf Vertrauen. Das geschieht nicht über Nacht, sondern ist Ausdruck der allmählichen Entwicklung einer Kultur.

Der Zweck einer solchen Form ist die Überwindung des Status quo durch visionäre Aufgaben und Prozesse. Oft ist sie gekennzeichnet durch

- zu wenig Organisation und einen starken Glauben an symbolorientierte Führung,
- Anpassungsfähigkeit infolge flexibler Strukturen,
- Reibungsverluste und doppelte Arbeit durch viele kleine autonome Einheiten,
- Innovationen, die starkes Wachstum auslösen,
- Lernfähigkeit durch Selbständigkeit und Motivation,
- Tendenz zum strukturellen Chaos,
- Organisationsentwicklung nach dem Motto »small is beautiful«.

Die Hauptstärke einer entwicklungsorientierten Organisation liegt in ihrer Bereitschaft zur Transformation in einer unübersichtlichen und komplexen Welt.

*Organisationsdynamik:* Zum Abschluß dieser Darstellung des St. Gallen-Konzeptes wollen wir kurz auf einige wichtige Aspekte des Begriffs »Organisationsdynamik« eingehen. Er bezeichnet, wie schon erwähnt (vgl. S. 90), die Frage, wie Organisationen im Laufe ihrer Existenz ihren Charakter verändern. Nicht die St. Gallener Forscher haben diese Frage zuerst gestellt; sie ist schon mehrfach unter verschiedenen Blickwinkeln erörtert worden (siehe z. B. GREINER 1972, LIEVEGOED 1974, ELGIN 1977, MINTZBERG 1989).

Die St. Gallen-Gruppe unterscheidet vier Phasen der Organisationsentwicklung:

- *Die Pionierphase:* Sie kennzeichnet in der Regel eine junge und kleine Organisation, die oft einen charismatischen, starken Führer hat. Es gibt nur wenige formale Regeln, Verfahren und Strukturen; die Mitglieder werden aufgefordert, Ideen einzubringen. Chancen, sich zu behaupten, hat eine solche Organisation, wenn sie besonders guten Kontakt zu ihren Kunden pflegt oder wenn sie technologisch oder in ihrem »Humanpotential« einen Vorsprung hat.

- *Die Wachstumsphase:* Der Markt wird ausgeschöpft, es erfolgt eine Differenzierung, oft auch eine Internationalisierung. Auch die interne Kultur und das Image entwickeln sich weiter. Die Organisation wird ausgebaut, die Position des Leiters ist nicht mehr so dominant, die Führung wird professioneller. Der Gründer übernimmt eine normative Funktion.

- *Die reife Phase:* Die Organisation ist wohletabliert und nutzt voll ihre Möglichkeiten. Dabei kommen ihr teils frühere Anstrengungen, teils

Professionalität und effektive Führung zugute. Der Profit beginnt am Ende dieser Phase zu sinken; es machen sich Selbstzufriedenheit, eine Beschwörung der »guten alten Zeiten« und mangelnde Flexibilität bemerkbar. Zugleich nimmt die Standardisierung zu. Die Personen in leitenden Stellungen müssen in zunehmendem Maße Energie für die Dämpfung von Konflikten aufwenden.

– *Die Veränderungsphase:* Die Organisation steht an einer Wegscheide. Sie kann ihre Aktivitäten einschränken und eventuell liquidiert werden. In diesem Falle wird nichts mehr in neue Entwicklungen investiert. Die Organisation schrumpft, die Kunden haben kein Vertrauen mehr zu ihr, und falls sie noch Gewinn macht, so geht dieser auf frühere Investitionen zurück.

Die Organisation kann aber auch die Rezessionsphase überwinden, indem sie sich erneuert und auf neue Chancen hin orientiert. Das wirft dann grundlegende Fragen auf. Die etablierten Strukturen müssen verändert, Traditionen teilweise gebrochen werden. Mehr Flexibilität und Professionalität sind gefragt, angestrebt wird ein Gleichgewicht zwischen dem Bewahren und dem Verändern.

Durch praktische Arbeiten zur Organisationsentwicklung und durch theoretische Untersuchungen verschiedenartiger Organisationen hat die St. Gallen-Gruppe eine Theorie der sich wandelnden Organisationen entwickelt, auf die wir in Kapitel 5 zurückkommen werden.

**Kritik der integrierten Theorien:** Es mag befremden, die Arbeiten Mintzbergs, Senges und der St. Gallen-Gruppe unter einer Überschrift versammelt zu sehen; denn sie sind unbezweifelbar ganz verschieden. Dennoch ist ihnen gemeinsam der Versuch, die totale Komplexität von Organisationen zu verstehen. Am deutlichsten wird das bei Mintzberg und unter den St. Gallenern bei Gomez.

*Senge* ist mit seiner These von der »lernenden Organisation« normativer. Er sieht die Notwendigkeit, *heutige Organisationen zu verändern* und »organische«, »reflektierende« Einheiten zu schaffen, deren eigentlicher Motor ein fundamentaler Lernprozeß ist. Damit vertritt er im Grunde eine moderne »humanistische Perspektive«. Seine fünf »Disziplinen« wirken unmittelbar überzeugend, aber sie basieren mehr auf einer Analyse persönlicher Erfahrungen als auf empirischen Studien.

Seine oft überraschenden und zum Teil widersprüchlichen Aussagen zum »systemischen Denken« sind ebenfalls anregend, aber sie taugen noch nicht als Definition. Es ist noch recht vage, was systemisches Denken praktisch bedeutet, wenngleich seine vielen Beispiele aus Betrieben den Begriff gut veranschaulichen. Ich bezweifle aber, daß sie sich auf alle Typen von Organisationen übertragen lassen.

Senges Arbeit ist wichtig, weil sie die Prozesse, die eine »lernende Organisation« hervorbringen, klären hilft. Gerade hierin liegt ihre Bedeutung für die Schule.

*Mintzberg* ist in mancher Hinsicht ein »Abhängigkeitstheoretiker«. Er hat ein interessantes Analysemodell entwickelt, das mehrere der von uns besprochenen Perspektiven umfaßt. Sein Modell ist klar, und es ermöglicht spannende Analysen der Kräfte, die auf das Leben von Organisationen einwirken.

Mintzberg selbst hat im nachhinein eine vereinfachende Deutung der »Konfigurationen« kritisiert. Er meint jetzt offenbar, die sieben Kräfte wirkten in einem konstanten dynamischen Prozeß und das *Gleichgewicht* dieser Kräfte (die gleichermaßen wichtig und notwendig sind) schaffe eine gute Organisation.

Die Gefahr des Modells liegt darin, daß es ganz auf rationalem Denken basiert und daß die symbolische Perspektive in ihm nur einen sehr bescheidenen Platz hat.

*Gomez (St. Gallen)* steuert das umfassendste Analysewerkzeug bei, das wir in diesem Kapitel vorgestellt haben. Es schließt viele Aspekte ein und überzeugt wie Mintzbergs Modell durch seine Rationalität. Nur ist im Unterschied zu Mintzberg bei Gomez auch die symbolische Perspektive vertreten.

Dem Modell liegt viel empirische Forschung zugrunde. Gleichwohl basiert die *Zusammenstellung* der Dimensionen auch auf *Intuition*. Zwar spielt diese in den meisten Modellen eine Rolle, doch scheinen die »Organisationsprofile« recht willkürlich konstruiert. Es leuchtet z. B. nicht unmittelbar ein, daß die jeweils zwei der acht Dimensionen, die einander als polare Größen zugeordnet sind, wirklich Gegensätze darstellen.

Am Beispiel der Begriffe »Personorientierung« und »Sachorientierung« sei das verdeutlicht. Sind sie unvermeidlich *konträre* Größen? Können sie (wie z. B. in Burns und Stalkers Abhängigkeitsmodell) nicht auch als zwei *parallele* Kräfte betrachtet werden? Können nicht *beide* stark oder *beide* schwach entwickelt sein? – Wir wollen daher kritisch bleiben, wenn wir das Modell gebrauchen. Sonst könnten wir der Versuchung erliegen zu meinen, wir hätten »Organisationen verstanden«!

# 3. Die Schule als Organisation

## 3.1 Theorien als Bezugsrahmen

Die im vorigen Kapitel dargestellten verschiedenen Perspektiven sollen nun als Werkzeuge dienen. Die einzelne Perspektive ist nichts anderes als *eine Art und Weise, die Wirklichkeit zu sehen.* Sie ist mit einem Fenster zu vergleichen. Durch ein Fenster blicken wir nach draußen, aber nur in eine Richtung. Jedes neue Fenster erweitert unsere Perspektive. Aber jedes hat seinen Rahmen, eine Begrenzung, die tote Winkel schafft.

Manche Menschen haben nur an *einer* Stelle Erfahrungen gesammelt. Sie haben ihr ganzes Leben lang die Wirklichkeit durch *ein* Fenster betrachtet. Sie kennen die dort sich bietende Aussicht gut. Sie können aufgrund ihrer Erfahrung jede Veränderung intuitiv deuten. Sie unterlegen dem, was da geschieht, einen Sinn. *Das wird für sie die Wirklichkeit.* Einige vergessen darüber, daß es noch weitere Fenster gibt. Für andere ist es zu bedrohlich, durch ein neues Fenster zu sehen. Wir handeln ja täglich aus unserem Verständnis der Wirklichkeit heraus – auf der Grundlage dessen, was wir von unserem privaten Blickpunkt aus deuten können.

Wer sich mit Schulentwicklung beschäftigt, sollte nach meiner Auffassung zu allererst lernen, Schule und Gesellschaft aus *neuen Perspektiven* zu sehen. Wollen wir unseren Wahrnehmungen und Erfahrungen einen neuen Sinn abgewinnen, müssen wir unseren Bezugsrahmen kennen – und uns Zeit nehmen, alternative Perspektiven kennenzulernen. Diese wollen wir daher als Werkzeug bei der Suche nach unserem eigenen Bezugsrahmen nutzen. So gewinnen wir Einblick in fremdes Nachdenken über Schule und Entwicklung.

**Von Marktorganisationen zu »Non-Profit«-Organisationen:** Die meisten Theorien, die wir im vorigen Kapitel besprachen, basieren auf Studien von Marktorganisationen oder von Betrieben und Institutionen, die mit ihren Produkten und Diensten einen Markt beliefern. »Non-Profit«-Organisationen sind viel seltener untersucht worden. Das gilt sowohl für private Organisationen (humanitäre, kulturelle, politische, Arbeitgeber- und Arbeitnehmerorganisationen) als auch für öffentliche gemeinnützige Organisationen, wie z.B. Krankenhäuser, Museen, Theater, Universitäten oder Schulen. Bevor wir die organisationstheoretischen Perspektiven auf die Schule anwenden, wollen wir uns klarmachen, was diese Organisationen generell auszeichnet (SCHWARZ 1986).

Zunächst ist die Feststellung wichtig, daß Betriebe und nicht profitorientierte öffentliche Organisationen einiges gemeinsam haben. Die wichtigste Gemeinsamkeit ist wohl, daß beide Kapital, Arbeit und Führung kombinieren müssen, um so Dienste zu erbringen, die erkannten Bedürfnissen genügen. Auf dieser allgemeinen Definitionsebene können wir sagen, daß auch öffentliche Einrichtungen zielorientierte, produktive soziale Systeme sind.

In unserem Zusammenhang sind indes die *Unterschiede* wichtig, weil wir analysieren wollen, was diese für unser Verständnis der Schule als Organisation bedeuten.

Die meisten Non-Profit-Organisationen haben *Mitglieder*. Diese bilden ein *Kollektiv*, in welchem grundsätzlich sie selbst bestimmen. Zugleich aber sind sie diejenigen, die von den Diensten profitieren – sie sind selbst »Kunden«. In solchen »einfachen« Non-Profit-Organisationen funktioniert (mehr oder weniger, gut oder schlecht) die direkte Demokratie. Wenn die Organisationen größer oder öffentlich werden, tritt meist die indirekte Demokratie an die Stelle der direkten, indem gewählte Vertreter in die leitenden Gremien entsandt werden.

Das Bildungswesen hat in dieser Hinsicht eine Sonderstellung, weil die, denen die Dienste zugute kommen (die Schüler), nicht selbst ihre Vertreter wählen (einmal abgesehen vom Schülerrat). Das tun vielmehr ihre Eltern in politischen Wahlen. In den meisten Demokratien werden aber auch die Mitglieder der leitenden Organe des Bildungswesens nicht durch Wahlen bestimmt. Der einzelne Wähler gibt seine Stimme einer Partei und einem Programm, in welchem Fragen der Bildung und Ausbildung ein Punkt unter vielen sind. Es ist durchaus möglich, daß er eine Partei wählt aus Gründen, die mit Bildungspolitik nichts zu tun haben. Damit hat er auf diese wenig oder gar keinen Einfluß.

Die meisten Non-Profit-Organisationen brauchen professionelle *Funktionäre*. Besonders in Organisationen, deren Mitglieder aus mehreren Gründen keinen großen Einfluß auf die Arbeit haben, übernehmen in der Praxis oft die Angestellten die Leitung. Sie kennen sich in den Sachfragen viel besser aus, sie haben Zeit und Ressourcen, die Meinungsbildung in ihrem Sinne zu steuern, und sie setzen sich in den meisten Fragen durch. Ihre eigenen Interessen sind aber nicht immer die der Mitglieder.

Daß beider Interessen *vermengt* werden, schafft oft Konflikte, die das Vertrauen zwischen Mitgliedern und Funktionären erschüttern.

Non-Profit-Organisationen haben keinen *Markt*, auf dem Waren und Dienstleistungen für Geld angeboten und gekauft werden. Eine marktorientierte Organisation braucht zum Überleben zufriedene Kunden und muß Produkte anbieten, deren Verkaufserlös die Herstellungskosten deckt. So funktioniert jedenfalls idealtypisch der private Markt. Natürlich ist das nur in der Theorie so! Wir wissen, daß viele private Betriebe Subsidien bekommen (z. B. in Form billigen elektrischen Stroms aus öffentlichen Kraftwerken), daß mehrere Wirtschaftszweige von großen Einkommensumschichtungen abhängig sind und daß andererseits manche öffentlichen Betriebe auch mehrere Märkte bedienen (siehe unten).

Aber die öffentlichen Einrichtungen haben keinen Markt im privatwirtschaftlichen Sinne. Die Polizei mag als Beispiel dienen. Wenn zur Aufrechterhaltung von Ruhe und Ordnung ihre Verstärkung gefordert wird (weil »zufällige« Gewalt heute jeden Großstädter treffen kann), so müssen die entsprechenden Dienste »produziert« werden. Sie haben aber weder einen Markt noch einen Preis. Nach Norwegen kommen z. B. alljährlich ungefähr fünf Millionen Touristen. Man kann ihnen im Bedarfsfalle den Polizeischutz nicht verweigern mit der Begründung, sie zahlten in Norwegen keine Steuern! Sie profitieren also von einem öffentlichen Dienst, ohne für ihn zu bezahlen.

Wir können auch nicht abschätzen, was die Leistungen der Polizei wert sind. Wenn danach gefragt würde, so fielen die Urteile sicher sehr unterschiedlich aus, je nachdem, ob der einzelne Bürger die Präsenz der Polizei in seiner Straße braucht oder nicht. Wir können also den Preis der Polizeidienste weder quantitativ noch qualitativ festlegen. Sie sind ein *öffentliches Gut*, und das kann grundsätzlich nicht »vermarktet« werden. Der Bedarf ist nicht meßbar, es gibt keine Konkurrenz, ein Preis kann nicht ermittelt werden, und auch wer nicht zahlt (wie etwa der Tourist), hat den Nutzen.

Wenn die Regulierung durch den Markt entfällt, bedarf es einer anderen Steuerung. Sie ist Aufgabe der *Politik*. Der individuelle Bedarf (z. B. an Polizeidiensten) kann nicht der Maßstab sein, die Lösungen müssen dem Ganzen dienen. Der Unterschied liegt auf der Hand: Während ein privater Betrieb am Jahresende einen einfachen Indikator für Erfolg oder Mißerfolg hat, nämlich Gewinn oder Verlust, gibt es keinen entsprechenden Ausdruck für »gelungene Produktion« der öffentlichen Dienste.

Ist die Polizei effektiv? Diese Frage läßt sich nur aufgrund umfassender Untersuchungen *qualitativer* Art beantworten. Zwar könnte man einfache Statistiken heranziehen (Wieviel Prozent der Anzeigen wurden bearbeitet?), aber diese sagen in der Regel über die Effektivität (im weitesten Sinne) wenig aus. Da auch der Preis als Maßstab wegfällt, müssen die Non-Profit-Organisationen ihre Einkünfte unabhängig von einem Markt erhalten. Natürlich ist die Finanzierung aus Steuergeldern der Regelfall; aber auch andere Einnahmen, wie etwa Mitgliedsbeiträge, Eigenanteile und Zahlungen von Kunden für bestimmte Dienste werden immer üblicher.

Die wichtigsten Unterschiede zwischen Marktorganisationen und Non-Profit-Organisationen lassen sich folgendermaßen zusammenfassen:

*1. Zweck:* Betriebe wollen rentabel sein, d. h. das investierte Kapital soll Gewinn abwerfen. Non-Profit-Organisationen wollen ihre Mitglieder bedienen oder kollektive Dienste anbieten.

*2. Bedarf und Kunden:* Betriebe decken die Nachfrage auf einem Markt. Non-Profit-Organisationen blicken *nach innen*, um den kollektiven Bedürfnissen ihrer Mitglieder gerecht zu werden.

*3. Leitung:* Betriebe werden im Blick auf den Markt, auf Kunden und Konkurrenten geleitet. Non-Profit-Organisationen haben entweder eine direkte Mitgliederdemokratie oder eine indirekte Demokratie.

*4. Produktion:* Betriebe haben Einzelpersonen als Kunden, für die sie Waren produzieren oder denen sie Dienstleistungen anbieten. Non-Profit-Organisationen bieten einem Kollektiv oder der gesamten Öffentlichkeit Dienste an, auch denen, die nicht dafür zahlen.

*5. Finanzierung:* Betriebe finanzieren ihre Produktion aus Verkaufserlösen am Markt. Non-Profit-Organisationen werden aus Steuergeldern, Eigenanteilen, Mitgliedergebühren und in beschränktem Maße aus dem Verkauf von Dienstleistungen finanziert.

*6. Arbeitskräfte:* Betriebe haben hauptsächlich angestellte Mitarbeiter. Non-Profit-Organisationen haben teils Angestellte, teils arbeiten Mitglieder ehrenamtlich (besonders in Führungsgremien und in Arbeitsgruppen).

*7. Qualitätssicherung:* In Betrieben geben Marktindikatoren entsprechende Rückmeldungen, z. B. Gewinn, Umsatz, Marktanteile etc. In Non-Profit-Organisationen gibt es keinen Einzelindikator für Qualität und Effektivität. Die Ziele sind schwer zu operationalisieren, und der »Nutzwert« kann vielleicht qualitativ, nicht aber quantitativ erfaßt werden.

**Anpassung öffentlicher Dienste an den Markt:** In den letzten 15 Jahren sind die öffentlichen Dienste in der ganzen westlichen Welt zunehmend in die Diskussion geraten. Die Haushaltsdefizite in vielen Staaten, vor allem in den USA und mehreren europäischen Ländern, sind heute so groß, daß sie die wirtschaftliche Entwicklung hemmen. Fast alle OECD-Staaten waren daher bemüht, den öffentlichen Sektor effektiver zu machen. Länder, die damit zögerten, bekamen ernste Schwierigkeiten; z. B. erlebte Schweden die schlimmste Wirtschaftskrise seit den dreißiger Jahren. Inzwischen ist allen klar, daß wir die Probleme nicht mehr vor uns herschieben dürfen, sondern jetzt die Haushalte in Ordnung bringen müssen. Nur dann kann der Wohlfahrtsstaat aufrechterhalten werden, auch für die Rentner und Pensionäre im 21. Jahrhundert und nicht zuletzt für die nächste Generation.

Die Kostenexplosion geht zu einem erheblichen Teil auf den öffentlichen Dienst zurück. Seine Reform wird daher in allen OECD-Ländern zu einer zentralen Aufgabe. Von Reichard hat die Situation zusammengefaßt, indem er die folgenden allgemeinen Entwicklungstendenzen der öffentlichen Verwaltung wünschenswert nannte:

1. Generelle Reduktion des öffentlichen Sektors, Beschränkung auf Schlüsselfunktionen;
2. Teilprivatisierung, Übernahme von Aufgaben entweder durch private, marktorientierte Betriebe oder durch den privaten Non-Profit-Sektor;
3. Demokratisierung des öffentlichen Sektors, z. B. durch mehr Mitsprache der Verbraucher;
4. Reorganisation öffentlicher Arbeit durch Teilautonomie, Entbürokratisierung, Dezentralisierung und Rationalisierung;
5. Verbesserung des finanziellen Managements, u. a. durch ergebnisabhängige Finanzierung, interne Bilanzen, Nutzung der Marktmechanismen im möglichen Rahmen, flexibleren Einsatz der Ressourcen (z. B. durch Übertragungsmöglichkeiten);
6. Steigerung der Produktivität, z. B. durch eine andere Personalpolitik, Entlohnung nach Leistung, Personalentwicklung (von REICHARD 1992).

Auch im Bildungssektor ist der Reformdruck spürbar, aber in viel geringerem Maße als in anderen öffentlichen Bereichen. Dennoch lassen sich die folgenden Tendenzen beobachten:

1. Zunehmende Privatisierung mit einer steigenden Zahl privater Schulen, oft mit dem Anspruch einer pädagogischen Alternative (z. B. in den Waldorfschulen). Diese Entwicklung ist besonders stark in Osteuropa und der früheren Sowjetunion, sehr deutlich in Großbritannien und Schweden, etwas schwächer in den meisten OECD-Staaten;
2. Demokratisierung der Schule mit stärkerer Mitsprache der Eltern oder mit Freiheit der Schulwahl innerhalb der Gemeinde (z. B. in den Niederlanden);
3. Reform der Schulverwaltung, vor allem mit dem Ziel der Vereinfachung und Entbürokratisierung (z. B. in Schweden und den Niederlanden);
4. Finanzreform, z. B. Einführung resultatabhängiger Finanzierung (in den Niederlanden), pauschale Zuweisung von Mitteln an Gemeinden oder Schulen (Norwegen), zunehmende Abhängigkeit von privaten Sponsoren.

Dennoch sind dies relativ bescheidene Reformen (außer in den Niederlanden, die heute das liberalste System der ganzen Welt haben). Die Schule ist offenbar in mancher Hinsicht ein »geschlossenes System«, auf das sich die Entwicklung in anderen Sektoren nur in geringem Maße auswirkt.

**Die Schule als Organisation:** In diesem Kapitel sollen einige Forschungsprojekte vorgestellt werden, die das Ziel hatten, *Charakteristika der Schule als Organisation* zu ermitteln. Die im vorigen Kapitel besprochenen Organisationstheorien dienen dabei als Ausgangspunkt der Analyse. Wir müssen uns vor allem auf die nordamerikanische und britische Forschung stützen, die sich diesem Aspekt am meisten gewidmet hat. Da sie viele grundlegende Merkmale der Schule als Organisation herausgearbeitet hat, bin ich von der Übertragbarkeit der eigentlichen Problemstellung überzeugt. Das heißt nicht, daß die *Ergebnisse* dieser Forschung in anderen Ländern unbedingt die gleichen gewesen wären. Dazu läßt sich nichts Bestimmtes sagen, aber es ist jedenfalls wichtig, sich das bewußt zu machen.

Was ist nun unter *Charakteristika* zu verstehen? Erstens sind mit dem Begriff *typische* Merkmale der meisten Schulen gemeint, zweitens längerdauernde *stabile* Merkmale und drittens solche, die der Schule von ihrem *Wesen* her eigen sind. In einer früheren Arbeit habe ich einige solche Charakteristika genannt (DALIN 1978):

1. *Unklare Ziele:* Die Ziele sind oft allgemein, unklar und widersprüchlich.

2. *Verletzbarkeit:* Schulen hängen stark von finanzieller Unterstützung durch die Gesellschaft ab, und sie haben wenig Möglichkeiten der Selbstbestimmung.
3. *Schwache Integration:* Lehrer arbeiten für sich in ihren Klassenräumen. Es gibt wenig klassen-, stufen- und schulübergreifende Zusammenarbeit.
4. *Schwache Kenntnisgrundlage:* Wir wissen wenig über Unterricht und Lernen. Die Schule hat im Unterschied zu manchen anderen Organisationen keine Technologie, die es erlaubte, bestimmte Ergebnisse vorherzusagen.
5. *Fehlende Konkurrenz:* Schulen bleiben bestehen, gleichgültig (mehr oder weniger) was geschieht. Ihre Existenz ist nicht auf die Qualität ihrer »Produktion« gegründet; damit gibt es zwischen Schulen auch keinen Wettbewerb um die Wahrnehmung von Aufgaben (oder nur sehr selten innerhalb einzelner Schularten).

Diese Liste von Charakteristika beruht wie andere solche Listen nur teilweise auf empirischer Forschung. Charakteristische Züge der Schule lassen sich auf verschiedenen Wegen ermitteln. Sarason benutzte z. B. eine Methode, die er »Naive Beobachtung« nannte, indem er sich vorzustellen suchte, was eine Person aus dem außerirdischen Weltraum von Schulen begreifen würde, wenn sie sie von oben sähe (SARASON 1971). Andere haben sich einer eher spekulativen Analyse bedient. Elboim-Dror kam zu einer Art Abhängigkeitskarte, die veranschlagt, wie bestimmte Variablen wahrscheinlich »zusammenhängen« (ELBOIM-DROR 1970, siehe nächste Seite):

Die Forscher arbeiten zum Teil mit den gleichen Variablen. Der Ausgangspunkt ist allerdings nicht immer der gleiche, mehrere mögliche Kausalzusammenhänge sind bisweilen ausgelassen, und die Modelle münden in eine Reihe abhängiger Variablen. Hätten wir andere Modelle aus anderen Perspektiven berücksichtigt, so hätten wir noch mehr Variation vorgefunden. Die Organisationsperspektive, aus der wir hier die Schule betrachten, prägt mit anderen Worten unseren Ausgangspunkt, die Faktoren, mit denen wir arbeiten, und die »Charakteristika«, zu denen wir schließlich gelangen.

Ein Forscher, der sich lange um die Formulierung einer ganzheitlichen Theorie der Schule als Organisation bemüht hat, ist der Amerikaner Matthew Miles. Er hat übrigens auch als erster eine vergleichende Studie zur Schulentwicklung veröffentlicht (MILES 1964). In einer Arbeit für das National Institute of Education (den amerikanischen Forschungsrat für Bildungsfragen) hat er dargelegt, wie er zu zentralen Charakteristika der Schule gelangte (MILES 1980).

## Abb. 12: Charakteristika von Schulen (nach Elboim-Dror)

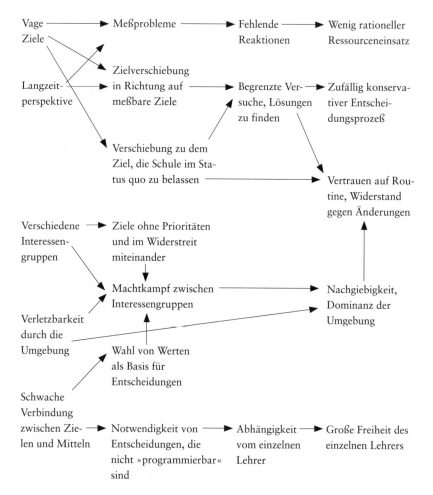

Er unterscheidet zwischen »originären« und »historischen« Eigenschaften. Mit originären Eigenschaften meint er grundlegende Merkmale von Schulen als Systemen. Unter historischen Grundzügen versteht er Gegebenheiten, die sich durch Tradition oder bestimmte politische Entscheidungen ergeben haben. Eine originäre Eigenschaft ist z. B. die Tatsache, daß die Schule mit Kindern zu tun hat und keine Waren produziert. Ein Beispiel für eine historische Eigenschaft ist die in Norwegen durch eine politische Entscheidung 1969 eingeführte neunjährige Schulpflicht für alle.

## Die Schule als Organisation

Miles argumentiert, alle Schulen müßten gewisse zentrale Aufgaben wahrnehmen, »primary tasks«. Bei der Bewältigung dieser Aufgaben stünden sie vor bestimmten Wahlentscheidungen, vor der Frage, wie die Dinge angepackt und verändert werden sollten. Solche Entscheidungen seien schwierig, und sie würden oft als *Dilemmata* bezeichnet (»dilemmas of operation and change«). In der Regel beschlössen die Schulen, die Dilemmata auf diese oder jene Art zu lösen, und damit ergäben sich bestimmte »Charakteristika« von Schulen als Organisationen (observed regularities). Die Schulen nähmen ihre zentralen Aufgaben nicht isoliert von der Umgebung wahr. Es gebe für die Arbeit der Schule gewisse lokale und zentrale Rahmenbedingungen des Spielraums, den sie bei der Wahl von Lösungen habe.

Wer die Schule als Organisation verstehen will, muß sich nach Miles neun besonders wichtige Dilemmata klarmachen:

1. *Fachliche Ziele im Verhältnis zu sozialen Zielen:* Schulen können nicht alle Aufgaben, die sie haben, gleich gut erfüllen. Gewisse Prioritäten zu setzen ist in der täglichen Arbeit unumgänglich. Wo Ziele miteinander in Konflikt geraten, z. B. traditionelle fachliche Ziele und soziale Ziele, steht die Schule vor einem Dilemma.
2. *Individualisierung oder Standardisierung:* Können Lehrer sich einzelner Schüler annehmen? Ginge das auf Kosten anderer? Würde »positive Diskriminierung« irgend jemandem schaden? Soll eine Schule andere Lehrbücher anschaffen dürfen als die, die an den übrigen Schulen der Gemeinde eingeführt sind? Es ergeben sich mehrere Dilemmata, wenn Schulen zwischen Standardisierung und Individualisierung wählen sollen.
3. *Koordinierung oder Autonomie:* Auf Schul-, Gemeinde- und staatlicher Ebene stehen wir vor einem ähnlichen Dilemma: Sollen Schulen »koordiniert« werden, oder können wir mehr Autonomie zulassen?
4. *Abhängigkeit oder Unabhängigkeit:* Inwieweit können und sollen Schulen von ihrer Umgebung unabhängig sein, und inwieweit müssen sie mit ihr zusammenarbeiten?
5. *Einbeziehung oder Abgrenzung:* Nach der Schultradition mancher Länder ist das Schulgebäude und -gelände traditionell für Lehrer und Schüler da. Die Eltern haben dort nichts zu suchen, andere Personen in der Regel ebensowenig. Es gibt aber auch Gegenbeispiele, Länder, in denen Eltern, Vertreter des örtlichen Arbeits- und Wirtschaftslebens und sonstige Personen, bei denen die Schule profitieren kann, ganz selbstverständlich an ihr teilhaben. Die Tendenz geht in allen Ländern klar in die Richtung größerer Teilhabe.
6. *Selbsthilfe oder Hilfe von außen:* Müssen Lehrer und Mitglieder der

Schulleitung, die »wissen, wo der Schuh drückt«, selbst zurechtkommen, oder sollen sie die Hilfe außenstehender Personen und Organisationen anfordern, die auf dem jeweiligen Gebiet besonders fachkundig sind?
7. *Beschlußfassung aufgrund von Intuition oder Information:* Soll die Schule weiterhin auf intuitiver Basis Beschlüsse fassen, oder soll sie sich befähigen, Daten zu sammeln und zu systematisieren, um auf dieser Grundlage zu entscheiden? Das zweite erfordert Arbeit und ist zum Teil bedrohlich, weil damit leicht Schwächen der eingefahrenen Praxis ans Licht kommen können. Andererseits werden so vielleicht auch Möglichkeiten der Erneuerung eröffnet.
8. *Zentralisierte oder dezentralisierte Entscheidungen:* Wo, wie und von wem sollen in der Schule Entscheidungen getroffen werden? Dieses Dilemma gibt es im Klassenraum, auf Schul-, Gemeinde- und nationaler Ebene.
9. *Veränderung oder Status quo:* Das ist ein Hauptdilemma, das den anderen sozusagen übergeordnet ist und sie durchdringt. Inwieweit soll die Schule auf Ruhe und Stabilität setzen und inwieweit auf den Versuch, neue Wege zu begehen?

Nach Miles ergeben sich diese neun Dilemmata aus der Interaktion zwischen den zentralen Aufgaben der Schule (primary tasks) und ihren Charakteristika. Sie tauchen fortwährend auf, und sie fordern eine Lösung. Die Gesamtheit der Voraussetzungen und Rahmenbedingungen, die Leitung der Schule und die Qualifikationen des Personals sind einige der Variablen, die bei den Entscheidungen eine Rolle spielen. Einiges spricht für die Annahme, daß Schulen sich in der Regel auf *einer* Seite eines Dilemmas befinden und daß etwas Wesentliches geschehen muß, soll dieses »Profil« geändert werden. Eine Schule beispielsweise, die ziemlich einseitig auf Stabilität vor aller Veränderung setzt, bekommt leicht ein »Stabilitätsprofil« und damit ein besonderes Gepräge.

Im folgenden stütze ich mich auf Miles, auf Studien anderer Organisationsforscher zum Thema Schule und auf eigene Arbeiten, vor allem IMTECs Schulentwicklungsprogramm (Dalin und Rolff 1991).

**Ziele der Schule:** Es ist oft behauptet worden, die Ziele der Schule seien allgemein, diffus und vage. Manche widersprächen auch einander, und von daher ergebe sich oft eine Verschiebung der Ziele.

Elboim-Dror gehört zu diesen Kritikern. Sie sieht die vagen Zielsetzungen als natürliche Folge des langen zeitlichen Horizonts, unter dem man die Ziele der Schule realistischerweise beurteilen muß (Elboim-Dror

1970). Auch in das oben vorgestellte Modell ist ja diese Langzeitperspektive eingegangen.

Nach Wallin und Tangerud geht die Unklarheit der Ziele auf den Pluralismus in der Gesellschaft zurück (WALLIN und TANGERUD 1983). Solange wir eine Schule für alle haben wollen, müssen die Ziele so allgemein sein, daß alle sie akzeptieren können (TANGERUD 1980). Es kann nicht zweifelhaft sein, daß *unklare Ziele* ein Charakteristikum der allgemeinbildenden Schulen in den meisten Ländern sind.

Tangerud zeigte, daß in die Zielsetzung der Grundschule Konflikte eingebaut sind; u. a. sieht er wenig Zusammenhang zwischen dem allgemeinen Plan und den einzelnen Fachlehrplänen. Gunnar Berg konstatiert mehrere Konflikte zwischen der Zielsetzung der schwedischen Grundschule und der Spannung, die die Schule als bürokratische, professionelle und erzwungene Organisation impliziert (BERG 1981). Ein Hauptgrund dafür, daß die Schule nach und nach in Zielkonflikte gerät, ist vermutlich die Erwartung, sie werde eine Reihe gesellschaftlicher Aufgaben übernehmen, die früher von anderen wahrgenommen wurden. Boyd sagt das so:

»Man gibt der Schule ständig neue Ziele vor und erwartet, sie werde diese erreichen, während gleichzeitig auch die alten beibehalten werden. Die Erwartungen hinsichtlich dessen, was die Schule leisten kann, scheinen grenzenlos zu sein. Die Schule wird als eine Triebkraft des Fortschritts und der Reform betrachtet, aber zugleich wird erwartet, daß sie die heutige Gesellschaft und Kultur aufrechterhalten hilft. In dem Maße, wie dieser Prozeß weiterläuft, bekommen wir immer mehr konkurrierende Ziele, die mit sehr begrenzten Mitteln erreicht werden sollen« (BOYD 1979, S. 12).

Man erwartet, daß die Schule folgende Funktionen erfüllt:

1. *Die Lehrfunktion:* Die Schüler sollen immer mehr lernen, sowohl in den herkömmlichen Fächern als auch auf neuen Wissensgebieten, und sie sollen sich ständig neue Fertigkeiten aneignen.
2. *Die Zertifikatsfunktion:* Die Schule soll jedem Schüler eine Bescheinigung ausstellen können, die ihn für weiteren Schulbesuch oder für eine berufliche Tätigkeit qualifiziert. So hilft sie zugleich, die Schüler für die vielen Aufgabenfelder der Gesellschaft zu sortieren.
3. *Die Sozialisierungsfunktion:* Durch die Gemeinschaft, die sich in der Schule bildet, durch die Beschäftigung mit bestimmten Fächern und nicht zuletzt durch das »verborgene Pensum« – d. h. die indirekten Botschaften, die die Schule vermittelt – geschieht ein wichtiges Stück

Erziehung. Es wird erwartet, daß die Schule ihre Verantwortung bei dieser Sozialisierung bewußter wahrnimmt.
4. *Die Aufbewahrungsfunktion:* Bei einer immer längeren Schulzeit, mit Schülern, die früher als vor einigen Jahrzehnten reif werden, und angesichts eines Arbeitsmarktes, der jungen Menschen nicht mehr genug Arbeit bietet, wird die Schule immer mehr zu einer Bleibe – einem Aufbewahrungsort.

In diesen Funktionen liegen mehrere latente Konflikte. Wir erkennen das z. B. an der Diskussion um »fachliches Niveau«, in der die konservative Seite die Sozialdemokraten beschuldigt, sie hätten die Schule zu einer angenehmen Bleibe, aber zu einem unmöglichen Lernort gemacht. Lehrer erleben oft Konflikte zwischen Prüfungszwängen (der Zertifikatsfunktion) und der Förderung von Zusammenarbeit und Gemeinschaft (der Sozialisierungsfunktion). Gerade weil der Schule eine fast unmöglich zu lösende Aufgabe auferlegt ist, müssen ihre Ziele allgemein und unklar formuliert werden. So ergeben sich zwangsläufig viele Deutungsmöglichkeiten.

Einige Forscher haben gezeigt, wie Unklarheit der Ziele oft dazu führt, daß andere Fragen in den Vordergrund rücken. Nach Willower wird z. B. die Kontrolle von Schülern nicht selten so wichtig genommen, daß sie zum Selbstzweck wird (WILLOWER 1970). Andere finden, manche Schulen verfügten alle möglichen Maßnahmen, ohne wirklich zu wissen, ob sie dem Lernen dienten. Die Aktivitäten würden zum Ziel an sich (NIEDERMEYER 1979). Noch wichtiger ist vielleicht der Umstand, daß die Schule nur einzelne Teile ihrer Arbeit mißt, nämlich das in Klassenarbeiten und Examina Meßbare. Damit werden die Ziele in der Praxis stark verschoben. Aus vielen Studien geht hervor, daß gerade Prüfungen stark lenkend auf die gesamte Arbeit der Schule einwirken. Da sich nur wenige ihrer Ziele in einem begrenzten Zeitraum operationalisieren und messen lassen, wird es schwer – manche meinen ganz unmöglich –, anderen Aspekten ihrer Zielsetzung Raum zu schaffen. Das Ergebnis ist eine *Zielverschiebung.*

Lassen sich nun diese Merkmale der Schule plausibel erklären? Mehrere Forscher meinen, da es zur Aufgabe der Schule gehöre, Menschen zu verändern, müßten ihre Ziele diffus und also schwer meßbar sein (MILES 1965, MILES 1967, SIEBER 1968). Ebenso wichtig ist wohl, daß die Ziele in einer pluralistischen Gesellschaft allgemein sein müssen, vor allem weil der Schulbesuch obligatorisch ist. Aber es ist natürlich nicht gleichgültig, wie die Ziele *interpretiert* werden. Die Interpretation gehört zu einer kontinuierlichen Klärung der Werte. Nach meinem Eindruck ist man dort, wo es im Schulwesen eine starke lokale Selbstverwaltung gibt, z. B. in den USA und Dänemark, an diesen Fragen mehr interessiert als in anderen Ländern.

In Norwegen hat es eine exemplarische Zielfragendiskussion gegeben, nämlich die um Zensuren in der Schule. Sie hätte eine Grundsatzdebatte werden können. Tatsächlich aber ging es in ihr mehr darum, was man tun müsse, um die Schüler zum Schulbesuch zu motivieren. So wurde sie auf eine pragmatische Frage reduziert, obwohl nicht wenige sie zu einer Diskussion um Werte machen wollten. Das klare Eintreten der Schüler für die Beibehaltung der Zensuren war wohl der wichtigste Beleg dafür, daß eine Verschiebung der Ziele akzeptiert war und ist und daß die schönen Worte über Ziele der Schule für festliche Anlässe gedacht und vielleicht in der Welt der Realitäten zu schwer umsetzbar sind.

Dieses Beispiel lehrt noch mehr. Die allgemeinen Ziele der Schule sagen, über das, was *wirklich in ihr geschieht,* wenig aus. Erst wenn über das Wie diskutiert wird, über Mittel und Wege, wird die Debatte für die meisten sinnvoll und konkret. Dalin und Rolff haben betont, Ziele würden oft zu Methoden und Methoden zu Zielen und die Ziele würden durch eine Diskussion der Instrumentarien konkretisiert und festgelegt (DALIN und ROLFF 1991).

Die unklaren Ziele der Schule sind, wie wir sahen, typisch für Non-Profit-Organisationen, die eine heterogene Klientel haben. Das *kann* dazu führen, daß die Angestellten (die Lehrer) praktisch die Ziele (im Klassenraum) definieren. Es *kann* auch zu einem »lose geknüpften System« oder zu einer »organisierten Anarchie« führen (vgl. oben S. 76 ff.).

**Der Lernprozeß:** Die Schüler werden in Altersgruppen eingeteilt, mit der Folge, daß man in einer durchschnittlichen Gruppe Zehnjähriger Schüler hat, die wie Siebenjährige, und andere, die wie Fünfzehnjährige denken und handeln. In allen Weltteilen hat man diesen Problemen durch organisatorische Differenzierung zu beggnen versucht (PACKARD 1977), aber klar ist auch, daß dies normalerweise zu einer Einteilung führt, die im ganzen sozio-ökonomischen Klassengrenzen folgt. Sie hat ferner eine Tendenz zu überdauern, weil sie selbstverstärkend wirkt (CARLSON 1965). Ist ein Schüler z. B. bei niveaudifferenziertem Unterricht im untersten Kurs gelandet, wird der Unterricht auf dieses Niveau abgestellt, die Schüler orientieren sich an den Erwartungen des Lehrers, der Abstand zu den Schülern der höheren Kurse wird immer größer, und Aufstufungen sind ziemlich selten.

## Die Schule als Organisation

In den letzten Jahrzehnten ging die Tendenz daher zu größtmöglicher Beibehaltung der *ungeteilten* Jahrgangsgruppe im Unterricht und zu einer Differenzierung innerhalb der Klasse. Dennoch zeigte eine sehr umfassende Untersuchung der amerikanischen Schule, »The Study of Schooling«, daß organisatorische Differenzierung dort noch sehr viel üblicher ist, als man sich gewöhnlich vorstellt (GOODLAD 1983).

Individualisierung in der Form, daß die einzelne Schülerin und der einzelne Schüler Aufgaben bekommen, die ihren individuellen Lernbedürfnissen entsprechen und die methodisch so aufbereitet sind, daß sie/er von ihnen maximal profitieren kann, ist in der Schule sehr selten. In einer landesweiten Untersuchung in den USA fand z. B. Havelock, daß ungefähr 15 % der Schulleiter und Inhaber leitender Stellen meinten, es habe Individualisierung und Zusammenarbeit der Lehrkräfte gegeben (HAVELOCK 1973). Abramowitz stellte fest, daß 23 % der weiterführenden Schulen »individually paced learning« versucht hatten und nur 11 % »diagnostic-prescriptive education« (ABRAMOWITZ 1978). Die erwähnte Studie von Goodlad, die auf Beobachtungen in Klassenräumen beruht – im Unterschied zu den ebengenannten, deren Basis die Vorstellungen der Schulleitung oder -aufsicht vom Unterrichtsgeschehen sind –, nennt sehr viel bescheidenere Zahlen.

Die generelle Tendenz ist also, daß Schüler in großen Gruppen unterrichtet werden und daß individualisierter Unterricht sehr selten vorkommt. Wie ist das zu erklären? Die meisten, die sich mit diesen Fragen beschäftigt haben, betonen, die große Schülerzahl erzwinge eine Standardisierung des Unterrichts (SIEBER 1980). Einige haben gemeint, ein Hauptgrund sei der obligatorische Schulbesuch, der zur Rekrutierung des ganzen Geburtsjahrgangs geführt habe. Allerdings sind in den westlichen Ländern schon vor Einführung der Schulpflicht 90 % des Jahrgangs zur Schule gegangen. Michaelson behauptet freilich, Schulen seien durch Schulpflichtgesetze viel bürokratischer geworden, obwohl die Schülerzahl durch sie nur um 10 % gestiegen sei (MICHAELSON 1977).

Die schwedische Klassenraumforschung – hier sind vor allem die Arbeiten von Urban Dahllöf und Ulf P. Lundgren zu nennen, die z. T. auf den Theorien Basil Bernsteins beruhen – hat uns Modelle zur Analyse des faktischen Geschehens im Klassenzimmer an die Hand gegeben (LUNDGREN 1977). Die Schweden betonen sehr nachdrücklich die entscheidende Bedeutung der *Rahmenbedingungen* für das Handeln des Lehrers. Lundgren zeigt z. B., daß Lehrer dazu neigen, Schüler durch Lernschwierigkeiten »hindurchzulotsen«, indem sie ihnen Aufgaben fast ganz abnehmen. So wollen sie Probleme mit solchen Schülern vermeiden, die unzureichende Vorkenntnisse haben. Nach Lundgren zwingen die äußeren Faktoren (Schülerzahl, Räume, Zeit) den Lehrer zu einer solchen Praxis. In mehreren schwedischen Arbeiten werden die Konsequenzen dessen betont, was wir die strukturellen Bedingungen nennen könnten: Die Schüler lernen, daß sie nicht imstande sind zu lernen; sie lernen auch, wie sie Anstrengungen umgehen – das »verborgene Pensum« produziert ein »Meta-Lernen« – und vermeiden können, sich selbst zu erkennen und ihre Rolle in der Gesellschaft als Konsequenz der Rahmenbedingungen, die die Arbeit der Schule steuern (PEDRO 1981, BROADY 1981).

Andererseits wird behauptet, die organisatorische Differenzierung sei wegen der vielen wenig motivierten Schüler eingeführt worden. Da das System der Belohnungen in der Schule oft nicht an den Lernprozeß gebunden sei – jedenfalls lägen die wirklichen Belohnungen erst in fernen Zukunftschancen –, könne die Schule diesen Schülern kaum helfen. Nach Packard und mehreren skandinavischen Forschern, darunter Magne Skrindo, vermehrt das heutige Zensurensystem auch nur die Probleme, weil die am wenigsten motivierten Schüler oft die schlechtesten Noten bekommen, was wiederum zu noch geringerer Motivation führt (PACKARD 1977, SKRINDO 1981).

Diese Überlegungen verweisen allesamt auf die von Miles so bezeichnete *Standardisierung* als ein Charakteristikum von Schulen.

Unterricht, das Lehren und Lernen, ist die *primäre Aufgabe* der Schule. Man könnte den Unterricht auch als ihre Technologie bezeichnen. Die Schüler sind dabei in den meisten Schulen in Altersgruppen gegliedert, und die meiste Zeit werden sie als Gruppe unterrichtet, obwohl ihre Lernbedürfnisse sehr unterschiedlich sind. Und die Unterschiede nehmen mit Alter und Klassenstufe zu. Wie können wir dies im Lichte unserer Perspektiven erklären?

In *struktureller Perspektive* erklärt sich das hohe Maß an Standardisierung aus dem Streben nach *Effektivität*. Unterricht im Klassenverband ist die effektivste Praxis der Wissensvermittlung, und die Anforderungen an »Produktkontrolle« sind so beschaffen, daß die Schule an dieser Praxis festhalten kann. Sollte sie geändert werden, müßte die Umgebung ihre Forderungen neu definieren, die Produktkontrolle verändern und genügend Mittel für mehr Differenzierung bereitstellen. Ein konsequenter Zielsteuerungsprozeß könnte z. B. zu dieser Schlußfolgerung führen.

In *humanistischer Perspektive* erscheint die Standardisierung als ein schwerwiegendes Problem. Dem Bedürfnis des einzelnen wird nicht

Rechnung getragen, der Unterricht läßt der sozialen Interaktion nicht genügend Raum, und die Ergebniskontrolle ist einseitig und dient nicht dem Lernen. Daß Schulen am standardisierten Unterricht festhalten, liegt daran, daß die Lehrer sich in der *Rolle des Fachlehrers* sicher fühlen, andere Unterrichtsformen zu wenig kennen und eine unkontrollierbare Situation fürchten. Verändern ließe sich die Praxis durch Fortbildung und durch wirksame Unterstützung des einzelnen Lehrers und der einzelnen Schule.

In *politischer Perspektive* würde man die Standardisierung mit der Knappheit der Ressourcen erklären – aber sie zugleich auch mit der Notwendigkeit der gleichen Behandlung aller begrüßen. Sollte die Schule mehr Mittel bekommen, würde das nicht unbedingt zu einem differenzierteren Angebot führen, eher vielleicht zu kleineren Klassen, in denen alle das gleiche lernen, der Lehrer aber mehr Zeit für den einzelnen Schüler hätte. Erst wenn die Schule einen deutlich größeren Teil der in der Gesellschaft im ganzen vorhandenen Ressourcen erhielte, könnte sich etwas Grundsätzliches ändern.

In *symbolischer Perspektive* würde man die Standardisierung und die fehlende »Produktkontrolle« durch die Gesellschaft als Beleg dafür nehmen, daß der Unterricht *nicht wirklich* den Wert hat, der ihm offiziell beigemessen wird. Aber er hat Symbolwert und trägt dazu bei, die Schule in der Gesellschaft zu legitimieren. Das Prinzip, die Schüler ohne äußere Differenzierung zu unterrichten – das sehr ineffektiv ist, wenn die Schule wirklich jedem Schüler optimale Möglichkeiten geben will –, symbolisiert, daß die Schule ein *Sammelpunkt* ist; die Klasse steht für *Stabilität*, die Zukunft ist überschaubar – wenn auch vielleicht für manche ziemlich langweilig. Dieses Muster zu verändern ist ziemlich kompliziert und würde voraussetzen, daß die Gesellschaft die Funktion der Schule neu bewertet.

In Mintzbergs Modell erschiene die *standardisierte Lösung* der schulischen Primäraufgabe, des Unterrichts, als Anzeichen einer Tendenz zur *Maschinenform*. Diese wird gestützt von einem *egalitären* Wertesystem, das *Zusammenarbeit* fördert. Je mehr *Konkurrenz* die Gesellschaft verlangt, desto mehr wird die Schule einer Aufteilung in »Divisionen« zuneigen, der – mit Mintzberg gesprochen – »aufgespaltenen Form«, in der die Schüler in homogenen Gruppen unterrichtet werden.

**Die Lehrerrolle:** Ich gehe von einer Definition von »Professionalität« aus, die ursprünglich von Etzioni stammt und von Miles auf die Schule angewandt wurde:

»Professionelle sind gewöhnlich definiert als Personen, die auf einer gesicherten Wissensgrundlage arbeiten, mit definierten Standards für Kompetenz und in Bindung an gegebene ethische Richtlinien. Der Zugang zu einer Profession ist begrenzt und hängt von einer spezialisierten Ausbildung ab« (MILES 1981).

Der Lehrerberuf erfüllt mehrere Kriterien dieser Definition. Einige Beobachter sind allerdings der Meinung, daß Lehrer in ihrer Arbeit keineswegs allen Kriterien gerecht werden. Lortie zeigt in seiner klassischen Studie *Schoolteacher*, daß Lehrer Sicherheit im Beruf haben, aber wenig kollektive Macht und daß der einzelne Lehrer wenig Möglichkeiten der Gestaltung seines eigenen Arbeitstages hat (LORTIE 1975). In den USA, wo Akkreditierung so wichtig ist, hat sich gezeigt, daß die Berufsverbände der Lehrer in mehreren Staaten keine Professionslizenz bekamen. Die Begründung der Verweigerung ist interessant: Es hieß, die Verbände könnten den mit der Professionalisierung gegebenen Status ausnutzen. Zum Teil wurde den Lehrern unterstellt, sie würden sich den Forderungen widersetzen, die eine Akkreditierung mit sich brächte, z. B. 1) kontinuierlicher Fort- und Weiterbildung (auch außerhalb der Arbeitszeit) und 2) einer Berufsethik, die u. a. eine gründliche Anleitung im Unterricht einschlösse.

Ronald G. Corwin untersuchte als einer der ersten das Verhältnis von Lehrern und Administratoren in der amerikanischen Schule und fand, sie verträten zwei Kulturen, die einander oft bekämpften (CORWIN 1965). Der Hauptkonflikt sei der zwischen fachlicher Kompetenz und Autonomie einerseits und bürokratischer Disziplin und Kontrolle andererseits. Dieser Konflikt ist nach meiner Auffassung ein allgemeiner. Nicht zuletzt hat die derzeitige Auseinandersetzung um Schulbeurteilung ihn aktualisiert.

Wayne K. Hoy und seine Kollegen haben sich ebenfalls mit professionellen und bürokratischen Rollen in Schulen beschäftigt, vor allem mit der Sozialisierung, die in den unterschiedlichen Rollen am Arbeitsplatz erfolgt (HOY und MISKEL 1987). Sie sehen einen »eingebauten Konflikt« zwischen Lehrern und Schulleitern und meinen, dieser lasse sich am ehesten lösen, indem man die Verantwortungsbereiche klar trenne und beiden Parteien Karrieremöglichkeiten eröffne. Das liefe auf ein doppelgleisiges Karrieresystem in der Schule hinaus (siehe den Abschnitt *Der Entscheidungsprozeß* unten S. 122 ff.).

Wir können die amerikanische Argumentation nicht ohne weiteres auf westeuropäische Verhältnisse übertragen. Wir stehen hier vor politischen und sozialen Verhältnissen, die von Gesellschaft zu Gesellschaft verschieden sind, und damit auch vor unterschiedlichen Interessengegensätzen. Es gibt indes einen Umstand, der den Mangel an Professionalität sowohl in den USA als auch in Westeuropa zum Teil erklärt. Lehrer verlassen sich hauptsächlich auf eigene Kenntnisse, sie sind Pragmatiker und finden, Lehrer seien die einzigen, die von Unterricht wirklich etwas verstünden. Das trifft die Sache vermutlich recht gut.

Die Frage der Professionalität hat auch damit zu tun, ob die »Technologie« der Schule, d. h. die Art und Weise des Lernens, *bekannt* ist und beachtet wird, wenn Lehrer ihren Unterricht vorbereiten und durchführen. Mit anderen Worten: Wissen wir, welche Wirkungen durch unterschiedlich akzentuierte Bemühungen erreicht werden? Ohne eine solche *empirische* Grundlage bleibt der Lehrer in seiner Arbeit hauptsächlich auf praktische Erfahrung und auf Intuition angewiesen.

Deutsche Forschungen zur Lehrerprofessionalität zeigen, daß nur 6–7 % der Lehrer ihre pädagogischen Entscheidungen mit pädagogischer Theorie begründen können (TERHART u. a. 1993). Es fragt sich, ob dies unbedingt ein Kriterium der Professionalität sein muß. Nach Terhart beruht die Professionalität des Lehrers auf persönlicher Erfahrung, die sich aus der Eigenart der Arbeit ergibt. Das fachliche und pädagogische Wissen des Lehrers ist unsystematisch, emotional verankert und normativ eingefärbt, eine Mischung aus »bewußtem Wissen« (Fachwissen, Fachdidaktik und pädagogisch-psychologischem Wissen), berufsethischer Orientierung und praktischer »Handlungserfahrung« (TERHART 1993). Professionalität wird als *Prozeß* aufgefaßt. Sie zeigt sich in der Behandlung der Schüler, in der Qualität des Fachunterrichts, in der Wahrnehmung des »öffentlichen Auftrags« gegenüber der Schulleitung und den Eltern und im kollegialen Umgang der Lehrer miteinander.

Nach Bauer setzt Professionalität ein hohes Maß an Autonomie voraus (BAUER 1992), natürlich auch Kompetenz; aber es ist wichtig einzusehen, daß die bürokratische Struktur (z. B. der deutschen Schule) die professionelle Entwicklung des Lehrers behindert.

In den letzten Jahren ist eine Diskussion über die »Kosten der Schule« aufgekommen. Inwieweit gibt es einen Zusammenhang zwischen Einsatz (input) und Resultaten (output)? In einer sehr umfassenden Meta-Studie des Verhältnisses von *eingesetzten Ressourcen* und *Ergebnissen* (gemessen in Schülerleistungen bei standardisierten Tests) fand Hanushek eine nur sehr schwache Korrelation (HANUSHEK 1989). Seine Analyse erregte Aufsehen, obwohl er selbst vor zu weitreichenden Folgerungen warnte (da die Studie nach seiner Auffassung nur begrenzten Aussagewert hatte). Andere haben zwischen beiden Größen einen klar positiven Zusammenhang nachgewiesen (FERGUSON 1991, KAZAL-THRESHER 1993). Einen nuancierten und interessanten Kommentar dazu gab Judith Chapman (CHAPMAN 1991).

Ein ungleich breiter angelegter Forschungsansatz zur Effektivität der Schule stammt von der sogenannten »Effective School Research«, die viel zur Erhellung der Faktoren beigetragen hat, von denen Lernergebnisse in der Schule abhängen (REYNOLDS und CUTTANCE 1992).

Der Begriff »School Effectiveness« ist unklar. In der frühen Forschung waren effektive Schulen solche, die gute Schülerleistungen bei standardisierten Wissenstests vorweisen konnten (PURKEY und SMITH 1983); später wurden auch andere Aspekte, wie z. B. soziale Fertigkeiten, berücksichtigt (MORTIMORE u. a. 1988). Es bildete sich ein internationales »Effective School Movement«, das hauptsächlich darauf gerichtet war, Schulcharakteristika zu finden, die mit Lernergebnissen positiv korrelieren.

Die Bewegung geht eigentlich auf James Colemans Studie *Equality of Educational Opportunity* zurück (COLEMAN 1966), die in den sechziger und siebziger Jahren stark beachtet wurde, aber jetzt aufgrund neuer Datenanalyse und einer allgemeineren Kritik viel niedriger eingeschätzt wird (MADARIS u. a. 1980). Nach Coleman trug die Schule generell wenig dazu bei, amerikanischen Kindern und Jugendlichen gleiche Entwicklungsmöglichkeiten zu schaffen. Die Forscher der »Effective School«-Bewegung sahen es als ihre Aufgabe zu zeigen »that schools matter«.

Aus den vielen Projekten sind einige Listen von »Fak oren« hervorgegangen, die für schulische Ergebnisse offenbar von Bedeutung sind. Wie wir in anderem Zusammenhang betonten, können solche Charakteristika nicht wie »Komponenten« in einem Bauwerk verstanden werden. Sie sind Charakteristika einer Organisations- und Lernkultur, die sich nur über Jahre entwickeln läßt (DALIN und ROLFF 1991).

Wahrscheinlich wird uns künftige Forschung über manche Aspekte von Unterricht und Lernen genauere Aufschlüsse geben. Für mich ist indes der folgende Gesichtspunkt ebenso wichtig:

Unterricht und Lernen müssen in ihrem jeweiligen konkreten Zusammenhang begriffen werden, im Rahmen der Klasse und Schule, in der Lehrer und

Schüler sich befinden. Was in der einzelnen Klasse geschieht, hängt mehr von dem *besonderen Gepräge dort* ab als von klassen- und schulübergreifenden Faktoren allgemeiner Art. Der Lehrer muß, wenn es in der Klasse Probleme gibt, aufgrund seiner *Erfahrung und seines theoretischen Wissens* eine Diagnose stellen und mögliche Lösungen finden, die sich an anerkannten Normen orientieren. Es ist mit anderen Worten die *Professionalität* des Lehrers, die vor allem andern über Qualität entscheidet.

Die pädagogische Professionalität beruht nicht auf exaktem empirischen Wissen. Wirkliche Qualität läßt sich nicht empirisch messen. Wir werden immer aus der Empirie lernen können, aber was im Unterrichtsgeschehen Qualität ausmacht, hängt von mehreren situationsbedingten Einschätzungen und Entscheidungen ab, die der Lehrer aufgrund seiner »Praxis-Theorie«, seiner sittlichen Überzeugungen und seiner *Intuition* trifft.

Die Einsicht, daß viele Entscheidungen auf *Intuition* beruhen, einem *Zusammenspiel* zwischen »der linken und rechten Gehirnhälfte«, gilt nicht nur für den Lehrerberuf, sondern für viele »Professionen« (vgl. z. B. Mintzberg 1989). Die Mythen, die sich um die auf Theorie und Empirie beruhende *rationale* professionelle Berufsrolle gebildet haben, werden im Lichte neuerer Professionsforschung allmählich in Frage gestellt (vgl. Simon 1987).

**Der Entscheidungsprozeß:** Hier sei eine Erfahrung aus Norwegen an den Anfang gestellt. Wenn man das Schulwesen des Landes als Ganzes betrachtet, als nationales System, fallen zwei konträre Züge auf. Die großen historischen Linien zeigen, daß das Schulwesen erheblich ausgebaut und der Verwaltungsapparat umfassender geworden ist. Das hat zu mehr Bürokratie geführt. Ein Beispiel ist die Einführung der neunjährigen Pflichtschule für alle. In den ersten Jahren führte sie zur Schließung vieler kleiner Schulen auf dem Lande mit der Begründung, große Schulen seien besser als kleine, u. a. hätten sie Fachräume und besser qualifizierte Lehrer. Die Zentralisierung nütze also den Schülern. Diese Annahme war empirisch schwach belegt. Jedoch gab es gute wirtschaftliche Argumente. Größere Schulen waren zugleich kompliziertere, weniger übersichtliche Schulen. Das mußte zu stärker genormten Vorschriften und Arbeitsweisen und zur Ausdehnung der Verwaltung führen. Es mag sein, daß einzelne Gemeinden von der Neuregelung profitierten (im engen finanziellen Sinne), und wahrscheinlich haben mehr Schüler ein breiteres Angebot an Wahlfächern erhalten. Aber zugleich ist offenkundig, daß lange Schulwege, die Herauslösung aus der vertrauten engeren Umgebung sowie große Lerngruppen für viele Schüler zu Problemen wurden.

## Die Schule als Organisation

Ganz allgemein zeigt sich, daß in Organisationen, deren Ziele schwer meßbar sind, die Akteure dazu neigen, den Blick von Qualitätsfragen, wie z. B. dem Unterrichtsgeschehen, abzuwenden und auf »Ressourcenfragen« zu konzentrieren (WEISBORD 1978). Wenn man Lehrer fragt, welches nach ihrer Meinung die wichtigsten Probleme sind, nennen sie meistens zuerst Faktoren wie große Klassen, schwache Motivation der Schüler, zu wenig Ressourcen etc. Erst danach kommen Dinge, die mit der eigenen Rolle im Unterricht zu tun haben, wie etwa mangelnde Kenntnisse, ein veralteter Lehrplan, zu wenig Austausch mit Kollegen etc. Lehrer sind auf Ressourcenfragen fixiert. Das heißt natürlich nicht, daß sie sich *nicht* um diese kümmern sollten. Die strukturellen Bedingungen, unter denen die Schule arbeitet, sind wichtig. Bedenklich ist aber, daß diese Fragen fast immer den direkt mit dem Unterricht verbundenen vorgeordnet werden (VESTRE 1980).

Tangerud und Wallin meinen, die starke Fixierung auf Ressourcenfragen sei eine Verteidigungshaltung der Lehrer in Zeiten wirtschaftlicher Stagnation und des Pessimismus (TANGERUD und WALLIN 1983). Es ist wenig Geld da, den guten Willen der Lehrer zu »kaufen« – insofern hat sich die Situation im Laufe der letzten Jahre drastisch verändert. In früheren Zeiten war Schulentwicklung gleichbedeutend mit *Wachstum* und Bewilligung von mehr Mitteln. Heute werden Umstellungen innerhalb gegebener Rahmen gefordert, ja die Mittel könnten, wenn die Schülerzahl sinkt, sogar gekürzt werden.

Die andere Tendenz in Norwegen ist die entgegengesetzte: Versuche, Entscheidungen zu dezentralisieren. Allerdings hatte Norwegen eines der am meisten zentralisierten Schulsysteme der westlichen Welt; daher war gerade auf diesem Gebiet vieles nachzuholen. Die »Rahmenstundenzahl«-Regelung, eine recht originelle Form der Übertragung von Verfügungsrechten an die einzelne Schule\*, ist eine radikale Dezentralisierung der Ressourcenkontrolle.

In früheren Arbeiten habe ich darauf hingewiesen, daß »Dezentralisierung« in Wirklichkeit auf eine *stärkere* Kontrolle des einzelnen Lehrers hinauslaufen kann (DALIN 1978). Es wird z. B. behauptet, britische Schulen hätten viel mehr Freiheit als norwegische. Aber wer verwaltet

---

\* Die »Rahmenstundenzahl« ist die Gesamtzahl der an einer Schule erteilten Wochenstunden. Sie übersteigt die Summe, die sich nach den offiziellen Stundentafeln ergäbe, und läßt so der einzelnen Schule eine gewisse Verfügungsfreiheit bei der Festsetzung der Zahl und Art der Wahlfächer, beim Einrichten von Förderstunden für schwache Schüler etc. (Anm. des Übersetzers)

123

diese Freiheit? Zweifellos die Rektorin/der Rektor der Schule. Sofern sie/ er auf Machterhaltung bedacht ist, sind die Lehrkräfte in ihrer Rolle in viel stärkerem Maße gebunden. Abramowitz zeigt, daß es auch in der amerikanischen Schule leicht zu einer solchen »lokalen Zentralisierung« kommt (ABRAMOWITZ 1978). Nach meiner Meinung geht es in der Frage der Dezentralisierung nicht um das Verhältnis von zentraler und örtlicher Kontrolle. Die Hauptfrage ist, *wer* die Schule kontrolliert. Sind es die Schulaufsicht, der Schulleiter, die Lehrer, die Schüler oder die Eltern, die von der Dezentralisierung profitieren?

Gustav E. Karlsen hat in seiner Dissertation über *Dezentralisierte Schulentwicklung*, einer historischen Arbeit über die norwegische Schule mit besonderer Berücksichtigung der siebziger und achtziger Jahre, nachgewiesen, daß viel weniger Dezentralisierung stattgefunden hat, als man nach der politischen Rhetorik vermutet hätte. In Wirklichkeit lief der Dezentralisierung eine zunehmende Zentralisierung entgegen (KARLSEN 1991). Die Argumente für Dezentralisierung waren zahlreich, sie haben sich mit der Zeit geändert, und besonders in den achtziger Jahren gab es gegenläufige Tendenzen.

Worauf gehen die divergierenden Entwicklungen zurück? Lauglo, McLean und Weiler haben die Prozesse der Dezentralisierung in allgemeiner Form analysiert (LAUGLO und McLEAN 1995, WEILER 1983). Weiler nennt drei Modelle der Dezentralisierung:

1. Dezentralisierung als Rückverteilung von Autorität zum Zwecke der Stärkung der Macht vor Ort;
2. Dezentralisierung als Effektivisierung zwecks Mehrung der Ressourcen durch Mobilisierung lokaler Kräfte.
3. Dezentralisierung zur Verbesserung der Relevanz und Qualität des Unterrichts.

Lauglo und McLean arbeiten mit einer ähnlichen dreigeteilten Typologie. Sie unterscheiden einen administrativen Aspekt (Steigerung der Effektivität), einen politischen (Mittel zur Aufrechterhaltung und Erweiterung von Macht) und einen ideologischen (Förderung der Teilhabe).

Karlsen findet mehrere Erklärungen für die »Dezentralisierungswelle« der siebziger Jahre, wie etwa geschwächte staatliche Autorität oder anhaltendes Wohlstandswachstum mit der Möglichkeit großzügiger Mittelvergabe. Allerdings könne auch das Umgekehrte als Erklärung dienen, nämlich eine Mobilisierung der Ressourcen vor Ort zum Zwek-

## Die Schule als Organisation

ke der Rettung des Wohlfahrtsstaates, der schon in eine Krise geraten war. Das wäre im Einklang mit von Reichards Analyse der kommunalen Entwicklung in Europa (vgl. oben S. 107 f.). Karlsen nennt darüber hinaus auch mögliche ideologische Erklärungen.

Der schulinterne Entscheidungsprozeß kann am besten als zweigeteilt in einen pädagogischen, der von den Lehrern, und einen administrativen, der vom Schulleiter kontrolliert wird, beschrieben werden. Wenn wir ferner bedenken, daß der Prozeß eine »zentral-lokale Dimension« hat, können wir ihn mit der folgenden Abbildung veranschaulichen.

**Abb. 13: Der pädagogische und administrative Entscheidungsprozeß**

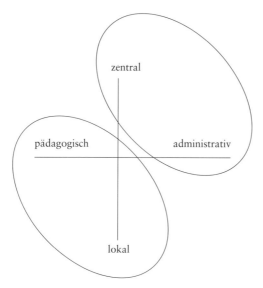

Die Tendenz in den siebziger und achtziger Jahren ging dahin, daß pädagogische Fragen mehr und mehr auf lokaler Ebene geregelt wurden, vorzugsweise vom einzelnen Lehrer. Zentrale Verordnungen auf pädagogischem Gebiet wurden immer seltener. Allerdings ist das wohl teilweise einfach ein Ausdruck der Einsicht, daß eine zentrale Instanz in solchen Fragen nicht viele allgemeine Empfehlungen geben kann.

Die Entwicklung in den neunziger Jahren ging in eine andere Richtung. In einigen OECD-Ländern, die jetzt eine wirtschaftliche Krise durchmachen (welche teilweise Ausdruck einer tieferliegenden strukturellen Krise ist), wird der Ruf nach zentralen Vorgaben der *Inhalte* der Schule laut. Vor allem Fachkreise an den Universitäten, und hier besonders Mathematiker und Naturwissenschaftler, suchen Einfluß auf die Inhalte der Schule zu gewinnen und werden dabei von führenden Kreisen der Wirtschaft und teilweise von den Unterrichtsministerien unterstützt. Es hat ja dergleichen schon früher gegeben, zuletzt nach dem »Sputnik«-Schock Ende der fünfziger Jahre, als führende Fachleute an amerikanischen Universitäten die Arbeit an schulischen Lehrplänen förmlich an sich rissen. Die Ergebnisse waren durchaus nicht ungeteilt positiv.

Ich habe schon darauf hingewiesen, daß Dezentralisierung keine Garantie für mehr Teilnahme von Schülern (und Eltern) an den Entscheidungen ist. Obwohl die Vertretung von Schülern in Entscheidungsgremien wichtig ist, berührt dies doch den gewöhnlichen Schüler nur wenig. Erst durch eine andere Organisation des täglichen Unterrichts hätten die Schüler die Chance stärkerer Mitwirkung.

Die andere Tendenz ist, daß administrative Fragen in steigendem Maße von der Verwaltung der Schule geregelt werden. Hier spielen jedoch die zentralen Behörden eine wichtige Rolle bei der Formulierung der Rahmenbedingungen. Da auch die Lehrerverbände zunehmend beteiligt werden, bedeutet dies, daß die administrativen Prozesse in viel stärkerem Maße zentral gesteuert werden als die pädagogischen.

Diese Zweiteilung der Entscheidungen ist für Schulen mehrerer Länder typisch. Deal und Nutt haben das am Beispiel der USA gezeigt (DEAL und NUTT 1979). Das durch IMTECs Schulentwicklungsprogramm ermittelte »Einflußprofil« läßt erkennen, daß Lehrer die eigene Arbeitssituation sehr weitgehend kontrollieren, besonders was fachliche und methodische Fragen angeht. Dagegen haben sie fast gar keinen Einfluß auf Verwaltungsentscheidungen, wie z. B. den Einsatz von Ressourcen, die Vergabe von Stellen und die Abfassung von Berichten.

Es gibt Gebiete, die auf der Grenze liegen, z. B. die Erstellung des Stundenplans, Dienstvorschriften, disziplinäre Normen etc. Hier sind beträchtliche Veränderungen im Gange, Allianzen werden gebildet und aufgelöst; aber ein allgemeines Muster der Handhabung dieser Fragen gibt es nicht.

Sandström und Ekholm beobachteten, wie schon erwähnt, drei schwedische Schulen vier Jahre lang und stellten dabei mehr Stabilität als Veränderung fest. Sie fanden auch große Mängel im Entscheidungsprozeß. Die Beschlüsse waren unklar und wurden nicht konsequent umgesetzt,

## Die Schule als Organisation

zufällige Vorschläge »rutschten durch die Entscheidungsgremien« und wirkten sich negativ auf die Arbeit der Schule aus, vor allem weil wichtige Entscheidungen nicht getroffen wurden. Ferner fanden sie, daß das *Verfahren selbst* vielen unklar war. Das führte nach Meinung der beiden Forscher dazu, daß der Entscheidungsprozeß eher stabilisierend denn als Instrument der Veränderung wirkte (SANDSTRÖM und EKHOLM 1986).

Somit ergibt sich das Bild einer Organisation mit verschiedenen Interessensphären. Möglicherweise stehen wir hier vor einer Art Konfliktmodell oder einem »lose geknüpften System«. Ob es sich um ein solches System mit anarchistischen Zügen handelt oder um ein offenes System mit eingebautem Machtkampf, ist wohl schwer zu entscheiden (vgl. das vorige Kapitel). Was wir sagen *können,* ist dies: Die Schule ist dadurch geprägt, daß Lehrer *pädagogische Entscheidungen* und zentrale Instanzen *administrative Entscheidungen* treffen. Unklar ist die Rolle der Schulleitung. In Westeuropa finden wir mehrere Modelle: Da sind einmal Schulleiter, die sich als Repräsentanten des Systems verstehen und damit als Exekutoren zentraler Verordnungen. Ihnen stehen andere gegenüber, die sich als Vertreter der Schule sehen und damit als Verwalter des Auftrags, die bestmöglichen Arbeitsbedingungen für ihre Schule herauszuholen. Und schließlich gibt es solche, die zentrale Behörden im Bedarfsfalle als Zuchtrute benutzen und die gegenüber der Schulaufsicht und den zentralen Behörden im Bedarfsfalle mit den Problemen der Schule argumentieren.

In der Reorganisation, der das norwegische Ministerium für Kirche und Unterricht in den letzten Jahren unterzogen wurde, sehen viele Schulleiter und Lehrer eine starke Wendung zur Zentralisierung und staatlichen Kontrolle. Schweden ging den entgegengesetzten Weg, indem es die Verantwortung für die Schule radikal von der zentralen auf die örtliche Ebene verlagerte. Die Gemeinden erhalten eine Gesamtverantwortung als Schulträger und haben innerhalb dieses Rahmens viel Freiheit, die Arbeit der Schule zu organisieren. Mehrere deutsche Bundesländer dezentralisieren auch Entscheidungsbefugnisse, teils auf die kommunale Ebene, teils auf die der Schule. Beispiele sind das kleinste und das größte Bundesland, Bremen und Nordrhein-Westfalen.

**Schüler und Eltern:** *Ein* Merkmal des Entscheidungsprozesses ist in der Schule kaum umstritten: Schüler haben sehr geringen formalen Einfluß auf Entscheidungen. Das gilt auch für ein Land wie Norwegen, das eine Vorreiterrolle hat, was die Bildung von Schülerräten und die Vertretung von Schülern in den Entscheidungsgremien der Schule betrifft. Trotzdem spielen die Schüler bei den Entscheidungen eine ganz unbedeutende Rolle. Das heißt nicht, daß sie diese nicht *beeinflussen*. Studien der informellen Organisation zeigen gerade, wie Gruppen, die aus der offiziellen Organisation ausgeschlossen sind, informelle Gruppierungen bilden und Strategien entwickeln, die großen Einfluß auf Entscheidungen haben (RIECKEN und HOMANS 1954). Im ganzen war man in manchen Ländern wohl allzusehr auf die *formale* Entscheidungsstruktur fixiert. Sehr viele Lehrer und Schulleiter empfinden die vielen Gremien als Belastung. Man darf wohl sagen, daß die Architekten solcher Konstruktionen ein Webersches Bürokratiemodell als Leitbild hatten. Dennoch sei noch einmal unterstrichen, daß *die Schüler eine geringe formale Entscheidungskompetenz* haben. Das ist ein Charakteristikum der Schule als Organisation.

Sandström und Ekholm suchen die geringe Mitwirkung der Schüler, die sie auch in der schwedischen Schule beobachteten, folgendermaßen zu erklären:

- Die Erwachsenen in der Schule, die die Verantwortung für die Arbeit tragen, sind »beseelt von einem Willen, die Schüler vor der Komplexität der Erwachsenenwelt zu verschonen.«
- Die Lehrer nehmen ihren Unterricht und ihre Fächer sehr ernst und haben für Planungs- und Entscheidungsarbeit keine Zeit.
- Die Lehrer nehmen eine kategorische Haltung ein: Da die Schüler nicht in allen Fragen Beschlüsse fassen können, lassen sie sie auch dann nicht mitwirken, wenn sie durchaus die Möglichkeit hätten, eigene Standpunkte zu vertreten.
- Die Lehrer *wollen* ganz einfach nicht – weil sie das Verhältnis von Jugendlichen und Erwachsenen traditionell sehen und eine Schwächung ihrer Autorität fürchten (SANDSTRÖM und EKHOLM 1986).

Die fehlende formale Mitwirkung der Schüler an den Entscheidungen wird oft damit gerechtfertigt, daß sie immerhin noch unreif seien und die Probleme nicht in ihrer vollen Breite verstünden. In den letzten Jahren haben solche Argumente an Beweiskraft verloren. Einige Versuche haben gerade erwiesen, daß die Schüler einen Beitrag leisten *können* und daß dies dem Unterricht zugute kommt. Vermutlich haben das Versuchsgymnasium in Oslo und andere ähnliche Schulen zu der allmählich sich durchsetzenden Veränderung der Einstellungen beigetragen. Das gilt besonders für die Sekundarstufe II, aber es gibt auch in der Grundschule und Sekundarstufe I gute Beispiele für Schülerbeteiligung.

In einer über sechs Jahre sich erstreckenden Langzeitstudie der Studenten einer Osloer Fachhochschule für Krankenpfleger zeigen Dalin und

## Die Schule als Organisation

Skard, daß das Ausmaß der Mitsprache während der Studienzeit derjenige Faktor ist, der die größte Bedeutung für die Anpassung an den Beruf (gemessen zwei Jahre nach Beendigung des Studiums) und die Einschätzung der Hochschule hat. Die Studenten wurden kontinuierlich durch das ganze Studium begleitet, und viele den Unterricht und das Umfeld betreffende Parameter wurden berücksichtigt. Damit wurde nach meiner Kenntnis erstmals die Bedeutung aktiver *Mitwirkung* von Studenten in Unterricht und Schule zu ihrer Anpassung an den Beruf und zu ihrer Befindlichkeit im Studium in Beziehung gesetzt (DALIN und SKARD 1986). In dem Buch *Lernen durch Teilhabe* stellen Dalin und Skrindo mehrere praktische Beispiele aktiver Schülermitwirkung in der Grund- und Sekundarschule vor und dokumentieren, welche Bedeutung das für den einzelnen Schüler und für die Schule hat (DALIN und SKRINDO 1983).

Die Schüler erleben täglich die zentrale Tätigkeit der Schule, den Unterricht, und sind doch von jeder nennenswerten Macht abgeschnitten. Statt dessen werden sie genau kontrolliert, oft mit der Begründung, sie seien unreif und wenig motiviert. Das Ergebnis ist eine lehrer- und rektorgeleitete Schule. Das heißt *nicht*, daß Schüler keine Macht hätten. Aber sie haben nur begrenzte Machtmittel. Von konstruktiveren Strategien sind sie abgeschnitten, ihr wichtigstes Mittel ist der *Protest*.

Auch Eltern hatten und haben in der Schule mancher Länder, so z. B. in Norwegen, sehr geringen Einfluß. Damit unterscheiden sich diese Staaten von anderen, in denen die Eltern recht aktiv mitwirken, u. a. als freiwillige Assistenten der Lehrer. Es ist bezeichnend für die norwegische Schule, daß Hospitation von Eltern im Unterricht fast gänzlich unbekannt ist. Jedenfalls kommt sie nur als Ausnahme vor, die die Regel bestätigt. Dabei wird die Bedeutung der Mitwirkung der Eltern in vielen Untersuchungen nachgewiesen. Vor diesem Hintergrund ist es bedenklich, wie wenig sie mit der *primären Aufgabe der Schule*, dem Unterricht, zu tun haben. Oft haben Schulen auch Mühe, Eltern für schulische Dinge zu interessieren, und vielfach kommen nur solche aus der Mittel- und Oberschicht zu den Elternversammlungen.

Meist beschränkt sich die Mitarbeiter der Eltern auf besondere Veranstaltungen, auf die Ausschmückung und Instandhaltung von Räumlichkeiten, auf Geldspenden und die Verwaltung von Spendenmitteln. Das gilt nicht nur für öffentliche Schulen. Die norwegischen Waldorfschulen pflegen eine ausgedehnte Zusammenarbeit mit den Eltern, nur nicht auf pädagogischem Gebiet!

Auch mehr Dezentralisierung bedeutet nicht zwangsläufig, daß die Eltern aktiver am Schulleben teilnehmen. Amerikanische Untersuchungen zeigen, daß Eltern auch in den USA nur wenig beteiligt werden und bei Entscheidungen kaum eine Rolle spielen (MICHAELSON 1977). Es hat radikale Versuche gegeben, sie an den Entscheidungsprozeß heranzuführen. Ein Beispiel sind die sogenannten Voucher-Pläne. Es gibt dafür verschiedene Modelle, aber in der Hauptsache geht es um folgendes: Eltern erhalten einen »Ausbildungsscheck«, der die Kosten des Schulbesuchs ihres Kindes für die Dauer eines Schuljahrs deckt. Sie haben dann die Freiheit, selbst zu wählen, von welcher Schule sie die Ausbildungsdienste »kaufen« wollen. Der Gedanke beruht auf einer Art freiem Marktmodell. Die Eltern sollen Macht erhalten und Einfluß darauf nehmen können, welche Schulen überleben sollen. Viele meinen, dies würde dazu führen, daß Lehrer und Schulleiter mehr auf die Eltern hören. In Großbritannien wurden ähnliche Vorschläge gemacht, und die Niederlande haben schon ein solches System.

In den Niederlanden sind 70 % der Schulen als katholische, protestantische oder »freie« privat. Alle werden aber zu 100 % vom Staat finanziert. Sie erhalten alljährlich eine fixe Summe (nach einem komplizierten System, das sich nach der Schülerzahl, dem Fächerangebot und anderen Faktoren richtet). Das neue System, das jetzt nach und nach eingeführt wird, enthält u. a. die Bestimmung, daß die Schulen Geld für Schüler bekommen, die in der normalen Zeit *ihren Abschluß erreichen,* während es für Sitzenbleiber weniger gibt. Zugleich können die Eltern die Schule völlig frei wählen. Das hat weitreichende Folgen, u. a. haben Eltern und Schüler wirkliche Macht, und die Schulleitung muß mehr als früher auch betriebswirtschaftliche Überlegungen anstellen (Orientierung am Kunden, »Profil«-Entwicklung etc.).

In vielen Ländern hat es sich als sehr schwierig erwiesen, solche Pläne zu verwirklichen. Sie wurden von den Lehrerverbänden blockiert, und auch Schulleiter haben sich ihnen widersetzt. Ferner zeigen Analysen, daß das »Voucher«-Modell wahrscheinlich der Verwaltung mehr Macht gäbe, weil es so schwer umsetzbar wäre, daß diese kontrollierend eingreifen müßte (BURCHAM und COHN 1979).

Andere Studien bestätigen, daß Eltern sehr wenig Einfluß auf das haben, was in der Schule geschieht. Besondere Institute für Elternrechte (wie z. B. »Citizens in Education« und »Institute for Responsive Education«) lassen sich nur sehr schwer am Leben halten. Das liegt nach meiner Meinung daran, daß Eltern nicht so viele gemeinsame Interessen haben, wie man glauben könnte, und daß sie hauptsächlich an der Ausbildung der eigenen Kinder und an den Klassen, in die diese gehen, interessiert sind. Charakteristisch für Schulen ist *geringe Elternbeteiligung*.

In seiner Untersuchung der »Non-Profit-Organisation« (vgl. oben S. 103 f.) zeigt Schwarz, daß eine »Redemokratisierung« vordringlich ist. Andernfalls gibt es eine Herrschaft der Funktionäre, bei der die Mitglieder immer weniger zu sagen haben. Geschieht genau dies, wenn Eltern vom täglichen Schulunterricht isoliert werden?

Wie lassen sich nun die hier beschriebenen Merkmale des Entscheidungsprozesses erklären? Erstens: Es ist nicht ungewöhnlich, daß Organisationen »den Produktionsprozeß abschirmen« gegen Störungen, besonders wenn die maßgeblichen Leute meinen, der Besuch werde nichts Positives bringen. Das könnte ein Grund dafür sein, daß Eltern normalerweise im Klassenzimmer nicht willkommen sind. Zweitens: Schulen sind verletzbar. In den meisten Klassenräumen geht es durchaus nicht idyllisch zu. Zwar bekommen die Eltern ohnehin am Mittagstisch viele Geschichten serviert. Aber es wäre wohl noch schwieriger für die Schule, wenn Eltern aus eigener Erfahrung wüßten, wie der Unterricht war.

Was können uns unsere vier Organisationsperspektiven über die Rollenverteilung in der Schule lehren?

In *struktureller Perspektive* würde man fragen, ob die Verteilung von Verantwortung und Arbeit effektiv ist in dem Sinne, daß sie der primären Aufgabe, dem Unterricht, dient. Vor allem wäre zu fragen, ob die Aufgabenverteilung die Probleme reflektiert, die die Schule mit ihrem Umfeld und ihrer »Technologie« hat. Die Eltern und die Gesellschaft des Einzugsbereichs sind in dieser Perspektive in erster Linie daran interessiert, daß *hohe fachliche Qualität* gesichert wird und daß die Schule in den unteren Klassen den Kindern Sicherheit gibt und gut für sie sorgt. *Der Lehrer* hat daher eine zentrale Position, und die jetzige Rollenverteilung zwischen Lehrern und Schülern erscheint in dieser Perspektive nicht als Problem.

Aber es gibt Probleme: Wer die *Gesamtheit der Schulziele* betrachtet, wird Leerstellen bemerken – Aufgaben, die nicht wahrgenommen werden –, und wer die Schüler als *Ressource* sieht, wird feststellen, daß diese schlecht genutzt wird. Viele langweilen sich, einige sabotieren den Unterricht, und viele bekommen nicht das Angebot, das ihnen optimale Entwicklungsmöglichkeiten gäbe. Hier liegt ein Effektivitätsdilemma. Es ließe sich lösen durch mehr Differenzierung, indem das Angebot auf einzelne Schüler oder Schülergruppen zugeschnitten würde, und durch verbesserte Fortbildung der Lehrer.

In *humanistischer Perspektive* enthalten die Rollenverteilung und das Zustandekommen von Beschlüssen große Probleme. Die aktuellen Probleme sind Ausdruck einer sich selbst erfüllenden Prophetie. Wenn Schüler keine Verantwortung bekommen, handeln sie verantwortungslos. Die heutige Schule ist nicht dazu da, Bedürfnissen der Schüler entgegenzukommen. Die Schüler sind dazu da, den Bedürfnissen der Schule zu entsprechen.

Wenn dies so ist, sind *alle* Verlierer, auch die Lehrer, die in den Augen der Schüler Vertreter des Systems sind. Die vielen Disziplinarprobleme, erschöpfte Lehrer und verunsicherte Schulleiter sind Symptome eines nicht mehr funktionierenden sozialen Systems.

Die Entscheidungsbefugnisse tragen dazu bei, das soziale System zu untergraben. Sollen Lehrer und Schüler sich selbst in die Schule einbringen können, müssen sie wirklich mitentscheiden können. Heute werden wichtige Beschlüsse über die Köpfe der Akteure hinweg gefaßt. So bleiben ihnen nur wenig konstruktive Reaktionen: Protest, Apathie und Rückzug.

Diese Probleme sind nicht mit einfachen Mitteln zu lösen. Es bedarf grundlegender Veränderungen der Einstellung, bei Schulleitern, Lehrern und nach und nach auch bei Schülern. Ein neues Verhalten muß erlernt werden. Der Lehrer muß mehr Sicherheit bekommen; er muß es riskieren, das Katheter und die richtigen Antworten hinter sich zu lassen und nach den Prämissen der Schüler zu arbeiten. Das wird nicht möglich sein ohne Programme, die dem einzelnen Lehrer und Schulleiter helfen, ein anderes Verhältnis zu Schülern zu gewinnen, auch nicht ohne gruppendynamische Verfahren und Maßnahmen der Organisationsentwicklung, die die ganze Schulgemeinschaft einbeziehen.

In *politischer Perspektive* erscheinen die Rollenverteilung und die Entscheidungsbefugnisse als eine Frage der Machtverteilung. Die Lehrer haben sich nach und nach als wichtigster Machtfaktor in der Schule etabliert. Die Schüler sind die Verlierer des Systems. Sie haben wenig oder gar keine Macht; sie sind ganz von der Beurteilung durch die Lehrer abhängig; ihnen wird gesagt, was sie tun sollen; sie erfahren nur Teile von Aufgaben und nehmen nicht an Besprechungen des *Ganzen* teil (was erst Mitwirkung ermöglichen würde), und so bleiben sie *Abhängige*.

## Die Schule als Organisation

Die Lehrer schirmen sich gegen die Eltern und das übrige Umfeld ab, teils weil Einblicke von außen unangenehm sein können, teils weil andere Erwachsene die souveräne Machtstellung der Lehrer bedrohen.

Die asymmetrische Verteilung von Verantwortung und Entscheidungsbefugnissen (lokale pädagogische und zentrale administrative Entscheidungen) spiegelt die Machtverteilung realistisch wider. Die Lehrer haben ihr Territorium (den Klassenraum, zu dem Schulleiter und Eltern keinen Zutritt haben), und die Verwaltung hat das ihre. Daß die Entscheidungsprozesse unklar, verwirrend und irrelevant wirken, liegt daran, daß niemand sie verändern möchte. So wird die Machtverteilung im System bewahrt.

Diese Struktur liegt allem, was in der Schule geschieht, so elementar zugrunde, daß sie nur durch *externe Macht* verändert werden kann. Das kann geschehen, indem Schüler und Eltern sich organisieren oder indem der Druck auf politische Instanzen so stark wird, daß es zu einer Umverteilung von Rollen und Verantwortung kommt.

In *symbolischer Perspektive* ist die Rollenverteilung *ein äußeres Phänomen*. Wichtig ist der Sinn dieser Struktur. Die Schüler lernen, so wie die Rollen verteilt sind, daß sie nicht in der Lage sind, Verantwortung für ihr eigenes Leben zu übernehmen. Das Meta-Lernen, das täglich geschieht, lehrt die Schüler, wie sie sich Autoritäten gegenüber zu verhalten und wie sie ihr eigenes Spiel zu spielen haben. Eltern lernen, daß sie nicht auffallen sollten. Elternversammlungen finden statt, damit die Eltern der Schule ihr Interesse bekunden können, aber sonst haben sie keinen vernünftigen Zweck.

Der Lehrer darf der unabhängige Professionelle sein, der er gern sein möchte. Das Verhältnis zu den Schülern beruht auf »Minimalverträgen«; die Routine im Klassenzimmer wird aufrechterhalten, weil sie die gesellschaftlich anerkannten Rollen der Schule und des Lehrers symbolisiert.

Der Entscheidungsprozeß ist unübersichtlich. Konferenzen sind zeitraubend und ineffektiv. Sie dienen dazu, Frustration abzulassen sowie eigene Meinungen und die eigene Rolle bestätigt zu finden.

Veränderungen kann es geben, wenn die Schule andere Ausdrucksformen für die Zeremonien findet, die sie heute in ihrer Rolle bestätigen, oder wenn die Lehrer- und die Schülerkultur zu einer Gemeinsamkeit finden, die auf anderen Werten basiert.

Die Schule als Organisation

**Kommunikation:** Strukturell weisen Schulen und Schulsysteme einen ziemlich durchgängigen Zug auf: die geringe wechselseitige Abhängigkeit. Schulen ein und derselben Gemeinde sind voneinander nicht abhängig. Sie gleichen nicht verschiedenen Abteilungen eines Betriebes, die zur Fertigung eines gemeinsamen Produkts aufgebaut sind. Schulen sind vielmehr relativ gleichartige Einheiten mit gleichen Zielen und Funktionen. Erst recht gibt es über administrative Grenzen hinweg wenig Abhängigkeit der Schulen voneinander und wenig regulären Kontakt. Selbst zwischen den Schularten ist die Kommunikation eher schwach, obwohl man meinen sollte, daß die Grundschulen mit den Sekundarschulen intensiv zusammenarbeiteten (und umgekehrt), weil die Schüler ja von jenen auf diese überwechseln. Es gibt sporadische Kontakte, besonders was Schullaufbahnberatung betrifft, aber die Zusammenarbeit hat kein System.

Die extremsten Beispiele geringer wechselseitiger Abhängigkeit finden wir in manchen Hochschulen. In den norwegischen Fachhochschulen für Krankenpflege ist es z. B. noch immer so, daß ein Lehrerteam die Verantwortung für ein bestimmtes Semester hat, ein anderes die Klasse im folgenden Semester übernimmt etc. Auf diese Weise durchlaufen die Studenten sechs Semester, manche werden behaupten sechs verschiedene Schulen (DALIN und SKARD 1986, DALIN 1979).

In allen Schularten bleibt der Unterricht in *einem* Fach ziemlich folgenlos für andere Fächer. *Im Prinzip* ist es natürlich nicht so, wohl aber oft in der Praxis. Den größten Koordinationsschwierigkeiten versucht die Schule durch Stundenplan- und Lehrplanregelungen entgegenzuwirken, so daß A vor B unterrichtet wird. Praktisch weiß ein Lehrer jedoch oft nicht, was der andere tut, und im ganzen bleibt es dem einzelnen Schüler überlassen, die erworbenen Kenntnisse zu integrieren. Zwar hat es viele Versuche gegeben, die Grenzen der Fächer zu überwinden. In manchen Schulen ist das geglückt, besonders wohl in solchen, deren Architektur einer Integration entgegenkommt, weil sie ganz oder teilweise vom Prinzip der geschlossenen, unveränderlichen Klassenräume abweicht. Im großen und ganzen bleibt aber festzuhalten, daß die traditionelle Fächereinteilung weiterhin vorherrscht.

Ein damit verbundenes Schulcharakteristikum ist die *Isolation der Lehrer*. Lortie hat in seiner Untersuchung amerikanischer Lehrer darauf hingewiesen, daß Lehrer »in der Arbeitszeit orts- und zeitgebunden sind. Sie haben wenig Gelegenheit zur Mobilität und zu gemeinsamen Initiativen« (LORTIE 1977). Er spricht von der Privatisierung, die mit dem Lehrerberuf verbunden sei. Die Qualität des Unterrichts hängt in entschei-

## Die Schule als Organisation

dendem Maße von den Qualitäten der einzelnen Lehrkraft ab (LIEBERMAN und MILLE 1979).

Sandström und Ekholm zeigen am Beispiel Schwedens, daß die Isolation der Lehrer früher, z. B. um die letzte Jahrhundertwende, noch größer war. Die Schulen waren klein, und Fortbildung gab es nicht. Die einzige Gelegenheit zur Kommunikation bot die alljährliche Lehrerversammlung, auf der man Kollegen aus anderen Schulen traf. Die beiden Autoren betonen ferner, daß heutige schwedische Lehrer selten über Fachgrenzen hinweg zusammenarbeiten, und wenn es einmal vorkommt, dann nicht aufgrund systematischer Planung, sondern rein zufällig. Die wenigsten wünschen auch fächerübergreifende Zusammenarbeit. Eine gewisse Kooperation gibt es zwischen Fachkollegen – was nach Meinung der Forscher ihnen und nicht den Schülern zugute kommt (SANDSTRÖM und EKHOLM 1986).

Nach Joyce ist die Fächer- und Jahreseinteilung der Hauptgrund dafür, daß Lehrer die Entwicklung der *ganzen Schule* nicht als ihre Aufgabe sehen. Statt dessen hat sich eine Art Privatismus gebildet; der Lehrer betrachtet »seine Klasse« und »sein Fach« als private Domäne (JOYCE, HERSH und MCKIBBIN 1983).

Was für Informationen erhalten Lehrer bei ihrer Berufsarbeit? Neben schriftlichen Informationen in Form von Rundschreiben, sporadischem Kontakt mit Kollegen im Lehrerzimmer und seltenen Fortbildungskursen sind *die Schüler* die wichtigste Informationsquelle. Diese aber bedeutet viel. Aus mehreren Untersuchungen geht hervor, daß die von Lehrern am meisten geschätzte Belohnung gerade die ist, daß die Schüler den Unterricht mögen. Das Gefühl, einem oder mehreren Schülern vorwärtsgeholfen zu haben, ist ihnen wichtig. Am zweitwichtigsten ist die Wertschätzung der Kollegen (siehe z. B. IMTECs Schulentwicklungsprogramm).

Das Bild der Schule, das sich so ergibt, ist das einer Organisation, die aus voneinander weitgehend unabhängigen Einheiten besteht, deren Hauptaktivität *Unterricht* in relativ isolierten »Zellen« (Klassenräumen) stattfindet und die als primäre Belohnung persönliche innere Befriedigung zu vergeben hat. Damit sind Schulen nicht unbedingt eine Art organisierter Anarchie (als welche Cohen, March und Olsen Universitäten beschrieben haben), aber unzweifelhaft ist wohl, daß sie relativ *lose geknüpfte Systeme* sind.

Wie läßt sich eine solche Struktur erklären? *Eine* Erklärung liefern der Charakter des Lehrplans und die Praxis der geschichtlich gewordenen

Fächertraditionen. Es kann nicht zweifelhaft sein, daß die Fächer eigenständige, tiefverwurzelte Kulturen darstellen. Die Schulen, die durch Integration der Fächer deren Grenzen zu überwinden suchten, haben die vielen damit verbundenen Schwierigkeiten erfahren. Die Frage ist also, welche Struktur *rationell* ist und den größtmöglichen fachlichen Lerneffekt bringt. Einige Schulen hatten indes mit der Fächerintegration Erfolg. Nach Packard haben die Schulen, die das Programm »Individually Guided Education« (IGE) einführten, ein fächerübergreifendes Programm, das eine weitreichende Zusammenarbeit der Lehrkräfte voraussetzt, eine gewisse Verlagerung der didaktischen Entscheidungen erreicht. In Schulen ohne IGE findet Packard, daß 9 % der unterrichtsrelevanten Beschlüsse von einem Lehrer in Zusammenarbeit mit einem oder mehreren anderen gefaßt werden. In IGE-Schulen hat sich dieser Anteil auf 18 % verdoppelt. Dennoch trifft die allermeisten Entscheidungen immer noch der einzelne Lehrer (PACKARD 1977).

Es gibt noch andere Erklärungsmodelle. Kouzes und Mico meinen z. B., Schulen und viele andere öffentliche Institutionen suchten eine Integration ihrer Arbeitsprozesse zu vermeiden aus der Befürchtung, sie könnten dann leichter kontrolliert werden. In Zeiten der Geldknappheit könne eine Institution mit vielen relativ unabhängigen Einheiten sich eher »verstecken« und Inspektionen umgehen. Eine übersichtlichere Organisation werde leicht in einen Kampf um die Ressourcen verwickelt und damit vielen schädlichen Konfrontationen ausgesetzt. Das ist eine politische Perspektive (KOUZE und MICO 1979).

Nach Meyer und Rowan erhält eine lose Struktur eher die Legitimität der Schule gegenüber der Umgebung aufrecht (MEYER und ROWAN 1978). Die gegenseitigen Verpflichtungen würden verstärkt, weil ein System, das nicht inspiziert werde, auf persönliches und professionelles Vertrauen Wert legen müsse. Sodann könne man von der (ohne verstärkte Kontrolle nicht möglichen) Messung von Ergebnissen zum Messen von Formalitäten und mehr symbolischen Handlungen übergehen (z. B. dem Notieren der Abwesenheit von Schülern, der Aufrechterhaltung der Zahl der Unterrichtsstunden etc.). Ferner ließen sich eventuelle Konflikte leichter isolieren, so daß sie für das Ganze der Schulgemeinschaft folgenlos blieben. Das ist in der Hauptsache eine symbolische Perspektive.

Von ganz zentraler Bedeutung ist die Erkenntnis, daß die schultypische Arbeits-, Entscheidungs- und Kommunikationsstruktur bestimmenden Einfluß auf die gesamte Arbeit der Schule hat. Die vielen »Kommunikationsprobleme«, mit denen man beinahe täglich alle möglichen Schwierigkeiten erklärt, gehen oft auf rein strukturelle Bedingungen zurück. Es ist jedenfalls allzu bequem – und manchmal geradezu schädlich –, solche Probleme zu »Kooperationsschwierigkeiten« herunterzureden. Es wird immer seinen Wert haben, daß man besser miteinander sprechen lernt, den anderen und sich selbst besser versteht und Gruppenprozesse besser bewältigt; aber das kann auch leicht zur Rechtfertigung dafür werden, an den Strukturen, die die interne und externe Tätigkeit der Schule bestimmen, nichts Grundlegendes zu ändern.

Im vorigen Kapitel erwähnten wir die Kritik, die an der »Human relations«-Schule laut wurde (vgl. oben S. 62 f.). Es gab und gibt eine Tendenz zum »Psychologisieren« von Problemen, die eher grundsätzlicher Natur sind, da sie mit strukturellen Faktoren (z. B. Rahmenbedingungen), Wert- und Interessenkonflikten oder organisatorischen Fragen zu tun haben. Probleme, die auf der Ebene der Organisation, des Systems oder der Gesellschaft gelöst werden müßten, werden auf die Individualebene verlagert. Das Ergebnis ist Frustration.

Was kann die *humanistische Perspektive* zur Erhellung der »Kommunikationsprobleme« beitragen? Erstens kann sie auf die schlimmen *menschlichen* Konsequenzen aufmerksam machen, die solche Probleme zeitigen können, sowohl für Schüler als auch für Lehrer. Mit der Zeit wird der isolierte Lehrer vielleicht stagnieren, in eine Verteidigungsposition geraten und schwierige Situationen kaum noch meistern können. Die menschlichen Ressourcen, die durch Zusammenarbeit entwickelt und genutzt werden, liegen brach und kommen niemandem zugute. – Zum anderen kann die humanistische Perspektive helfen, Lösungen zu finden und geeignete Strategien zu entwerfen. Organisationsentwicklung kann dazu beitragen, neue Strukturen aufzubauen und die Zusammenarbeit innerhalb der Schulgemeinschaft zu verbessern.

**Kontrolle:** Im System Schule wird eine der beteiligten Gruppen umfassend kontrolliert: die Schüler. Die Kontrolle erstreckt sich auf das Erscheinen, die häusliche Arbeit, die Disziplin, das Verhalten allgemein und das Verhältnis zu Erwachsenen im besonderen. Packard, der die Kontrolle von Schülern in mehreren Arbeiten untersucht hat, sagt folgendes:

»...gleichgültig, was sie jeweils tun sollen, werden sie wie ungelernte Arbeiter behandelt. Ihnen wird Arbeit zugeteilt, und sie werden genau überwacht. Sie haben wenig oder gar kein Mitspracherecht bei der Auswahl der Arbeitsaufgaben, dem Arbeitstempo, dem Arbeitsort, den Normen für Produktion und Arbeitsqualität. Sie haben wenig Mobilität. Sie müssen sich nach einem festen Stundenplan und gemeinsamen Aktivitäten in der Klasse richten...« (PACKARD 1977).

Im übrigen ergab eine von NEA (dem nationalen Lehrerverband in den USA) 1979 durchgeführte Untersuchung, daß Lehrer die »Durchsetzung strengerer Disziplin« wünschten und »Disziplin« als das wichtigste aktuelle Forschungsthema ansahen. Abramowitz fand, daß nur 7 % der Rektoren von Schulen die Existenz formaler Regeln für Hausaufgaben bejahten, während 33 % Vorschriften über die Schuluniform erwähnten (ABRAMOWITZ u. a. 1978). Zugleich wissen wir aus anderen Studien, daß gerade strikt angewandte Normen für Hausaufgaben deutlich einhergehen mit besseren Lernerfolgen, weniger Disziplinschwierigkeiten und einer besseren Atmosphäre in den Klassen (RUTTER u. a. 1979).

Es gehört mit zu diesem Thema, daß nicht wenige Lehrer und Schulleiter sich durch das viele Kontrollieren selbst gebunden fühlen. Strenge Vorschriften zu befolgen, nach der Schulglocke zu kommen und zu gehen, in den Pausen Aufsicht zu führen und ständig Polizist sein zu müssen wird als eine Last empfunden. So haben denn auch viele Schulen damit begonnen, diese Praktiken kritisch zu hinterfragen.

Andererseits gibt es so gut wie keine Kontrolle von Lehrern. Lehrer werden täglich von ihren Schülern beurteilt, aber die Schüler haben wenig oder gar keine Macht, die Unterrichtssituation zu verändern (abgesehen von Sabotage, Lärm und Verweigerung). Es obliegt dem Schulleiter, die Lehrer an Richtlinien zu erinnern. Obwohl es aus den meisten Ländern wenig empirisches Material gibt, ist als Summe praktischer Erfahrung wohl der Satz haltbar: Kontrolle von Lehrern kommt sehr selten vor. Daher hat der einzelne Lehrer ein hohes Maß an Unabhängigkeit. Aber das führt auch zu Isolation. Die Offenlegung eigener Probleme wird erschwert, weil der Gesprächspartner so wenig über den Unterrichtsstil und die Schwierigkeiten des anderen im Klassenzimmer weiß. Gespräche unter Kollegen bleiben daher oft oberflächlich. Wirkliche Gespräche über Unterrichtsprobleme sind seltene Ausnahmen.

Irgendwie kann ein gewisser Schutz darin liegen, daß der Schulleiter seine Richtlinienverantwortung nicht ernst nimmt. Nach Lortie versuchen Schulen – wie viele andere Organisationen – ihren »Produktionsprozeß« gegen allzu genaue Überwachung abzuschirmen (LORTIE 1977). Rektoren, die Lehrer gegen Elternkritik in Schutz nehmen wollen, haben es etwas leichter, wenn sie das, was im Klassenraum geschieht, tatsächlich nicht wissen. Ob diese Art »Schutz« dem betroffenen Lehrer – oder den Schülern – auf lange Sicht hilft, ist eine andere Frage. Ich glaube, daß viele Rektoren Loyalitätskonflikte erleben. Sie sind sich oft über die Schwierigkeiten, die manche Lehrer haben, durchaus im klaren. Nur wissen sie nicht, wie sie an die Probleme herangehen sollen, und sie kom-

## Die Schule als Organisation

men in die Klemme, wenn Schüler- oder Elternkritik laut wird. Nach meiner Auffassung bleiben diese Probleme jedenfalls so lange unlösbar, bis man sich auf ein anerkanntes System von Richtlinien für *alle* Lehrer geeinigt hat. Ein brauchbares System der Schulbeurteilung müßte als vielleicht wichtigsten Teil die *interne* Beurteilung durch Kollegen, Schulleitung und Schüler enthalten. Rat und Anleitung durch Kollegen wird in den meisten Fällen Gespräche über den Unterricht des einzelnen anstoßen und so die von vielen Lehrern empfundene Isolation mildern (LAUVÅS und HANDAL 1990).

Auch auf einem anderen Gebiet gibt es wenig Kontrolle. Ich meine die Tätigkeit der Schule insgesamt. Mehrere Forscher finden es bezeichnend, daß Schulen sehr selten ihre eigene Arbeit bewerten, während die Bewertung der Arbeit der Schüler etwas ganz Alltägliches sei (DEAL 1975). Allerdings wurden mit der Zeit einige Schulbeurteilungsprogramme entwickelt, die in manchen Gemeinden und einzelnen Schulen Verwendung fanden. Einige Schulen betreiben schon regelmäßig Schulbeurteilung. Aber noch sind sie eine kleine Minderheit. IMTEC hat in Norwegen die Erfahrung gemacht, daß nur sehr wenige Schulen sich an einem Schulbeurteilungsprogramm beteiligen wollen. Allerdings scheint sich das jetzt zu ändern. Weil Jahrespläne eingeführt wurden und weil die Umgebung zunehmend nach Qualitätssicherung verlangte, fangen mehr Gemeinden damit an, ein Konzept der Schulbeurteilung zu entwikkeln.

Schulen haben, anders gesagt, in puncto Kontrolle ein *asymmetrisches Profil*. Eine Gruppe, die Schüler, wird stark kontrolliert, der Unterricht der Lehrer ist so gut wie gar nicht Gegenstand offizieller Beurteilung, und die Schule als Organisation wird niemals oder nur in ganz wenigen Fällen einer Beurteilung ihrer gesamten Tätigkeit unterzogen. Woran mag das liegen? Recht verbreitet ist die Auffassung, die Schülerkontrolle beruhe auf der Vorstellung von unreifen und unmotivierten Schülern. Aber die Erklärung liegt wohl auf einer anderen Ebene. Der obligatorische Schulbesuch hat die *Aufbewahrungsfunktion* der Schule in den Vordergrund gerückt. Wenn das richtig ist, werden Uniformität und Kontrolle wichtig. Wie schon erwähnt, meint Gunnar Berg, die Betrachtung der Schule als *Zwangsorganisation* sei eine von drei Sichtweisen, die auf die Schule als Organisation angewandt werden könnten. Manche Anzeichen deuten darauf hin, daß die Kontrolle der Schüler am stärksten in den Jahrgangsstufen 8 und 9 ist, also in den Jahren, in denen viele den obligatorischen Schulbesuch als Zwang empfinden. Freiwilligkeit des Schulbesuchs, wie sie zumindest formal in der Sekundarstufe II gegeben ist, müßte den Bedarf an Kontrolle mindern.

139

## Die Schule als Organisation

Der Lehrerberuf fordert viel von der ganzen Persönlichkeit. Beim Vergleich mit anderen Berufen finde ich die Arbeit des Lehrers mit der eines Künstlers näher verwandt als mit der eines Büroangestellten oder Handwerkers. Der Lehrer wird jeden Tag auf die Probe gestellt. Er wird oft mit Konflikten konfrontiert, muß mit einer Klientel arbeiten, die sich in einer aktiven Entwicklungsphase befindet, und wird oft vor Situationen gestellt, in denen Einfallsreichtum, Klugheit, Führungskraft und Ruhe unerläßlich sind. In dieser Rolle ständig der Kritik ausgesetzt zu sein ist schwierig.

Niemals kann diese Kritik zu einer rein technischen Frage werden. Wäre es so einfach, daß wir wüßten, was guter Unterricht ist, wäre die Technologie sozusagen geklärt, dann hätten wir ein Stück handwerklicher Arbeit zu beurteilen. Aber die Sache ist erheblich komplizierter. Obwohl die neuere Klassenraumforschung uns neue Einsichten in das tatsächliche Geschehen in der Schule vermittelt hat (vgl. die Arbeiten von Dahllöf und Lundgren), wissen wir noch immer sehr wenig über Unterricht, Lehren und Lernen. Wir haben daher auch keine Kriterien für guten Unterricht.

Nun heißt das natürlich nicht, daß es unmöglich wäre, Unterricht zu beurteilen. Aber es ist schwierig. Es erfordert große Sachkenntnis, Kenntnis des Lehrers, der Klasse, der Schule, des Milieus, des Faches und der Situation. Vor allem bedarf es des Vertrauens zwischen dem Lehrer und dem Beurteiler. Und Vertrauen bedeutet in diesem Zusammenhang zweierlei: Der für die Beurteilung Verantwortliche muß erstens die richtige Motivation haben (den Wunsch zu helfen), und er muß zweitens kompetent sein (theoretische Einsicht mit praktischer Erfahrung verbinden) (Meyer und Rowan 1977). Manche Forscher meinen, die fehlende Kontrolle sei eine Strategie zur Verhinderung des »Reinguckens« in die Welt des Lehrers und eine Methode zur Aufrechterhaltung der Legitimität. Ich teile diese Auffassung nicht. Aufgrund eigener Erfahrung meine ich, daß viele Lehrer sich Hilfe wünschen, aber die Verwirklichung des Wunsches aus vielen praktischen Gründen schwierig finden (z. B. wegen des Stundenplans). Sie arbeiten in einer Umgebung, in der solche Hilfe noch nicht zur Norm gehört, und haben Bedenken, gerade weil das Verfahren so schwierig ist.

Vielleicht wirkt noch ein anderer Umstand auf die Motivation des Lehrers ein. Nach Broady gehört der Lehrer zur Klasse der Lohnarbeiter, d. h. er ist jemand, der »keine eigenen Produktionsmittel hat und daher gezwungen ist, seine Arbeitskraft gegen Lohn zu verkaufen, und der weniger Bezahlung erhält, als seine Arbeit wert ist« (Broady 1981b).

## Die Schule als Organisation

Sofern Broady recht hat – und Lehrer erfahren ihre Situation so –, gibt es keinen Grund anzunehmen, es sei ein Wunsch des Lehrers, sich einem vielleicht belastenden und als Kontrolle empfundenen Verfahren auszusetzen.

Als Schlußfolgerung aus alledem müssen wir festhalten, daß die Schule durch *starke Schülerkontrolle, wenig Lehrerkontrolle und wenig Institutionskontrolle* gekennzeichnet ist.

**Verhältnis zur Umgebung:** Die Schule als Institution hat bei den meisten Menschen großen Rückhalt. Das kann man mit hoher Wahrscheinlichkeit für die ganze westliche Welt behaupten. Belege für diese Einschätzung liefern die vielen Meinungsumfragen dazu, welche Institutionen bei der Bevölkerung Vertrauen genießen. Die Schule rangiert dabei ziemlich weit oben. Wenn eine Schule geschlossen werden soll, zeigt sich mit wenigen Ausnahmen, daß Eltern »auf die Barrikaden gehen«, um »ihre« Schule zu verteidigen.

Es wird bisweilen behauptet, die Zukunft der Schule sei gefährdet, da Eltern so oft Unzufriedenheit mit ihr äußerten. Ich meine – aber muß einräumen, daß es nicht mehr als ein Glaube ist –, daß die Existenz der Schule als Organisation niemals gefährdet war. Ständiges Objekt der Kritik sind dagegen manche Versuche, pädagogische Projekte, neue Lehrpläne, neue Normen der Erziehung und andere Dinge, die geeignet sind, die relativ konservative Vorstellung der Eltern von dem, was Schule sein soll, zu verändern. Selbstverständlich gibt es radikale Opposition gegen die Schule als Institution. Ich möchte jedoch behaupten, daß weder Ivan Illich noch Nils Christie viele Eltern als Anhänger gewinnen werden. Beide können nur bei einer sehr kleinen Minderheit von Intellektuellen auf Beifall rechnen. Die Schule als wichtige gesellschaftliche Institution findet breite Zustimmung.

Es gibt auch ein ganz spezielles Abhängigkeitsverhältnis zwischen Schule und Gesellschaft. Die Schule kann sich ihre »Klienten« nicht aussuchen, und die Klienten können ihre Teilnahme nicht verweigern. Das heißt also, daß die Schule, wie bereits erwähnt, einen kontinuierlichen Zustrom von Klienten und Geld hat, ohne daß dieser von »Produktionsergebnissen« abhängig gemacht würde. Die Schulen sind also in höchstem Maße von der Gesellschaft abhängig, aber da sie ein Monopol haben, können sie sich auch ein hohes Maß an Freiheit erlauben (SIEBER 1980). Es bleibt also festzuhalten, daß die Schule als Organisation in ganz einzigartiger Weise *durch die Umgebung garantiert ist.*

Aber Schulen sind auch verletzbar. Gelegentlich sind sie wegen ihrer Verfügung über die Schüler (obligatorischer Schulbesuch) mit anderen Zwangsanstalten (z. B. Gefängnissen) verglichen worden. Es mag da mehrere Gemeinsamkeiten geben. Aber ein entscheidender Unterschied bleibt: Die Klienten der Schule gehen jeden Tag nach Hause. Dort werden die Aktivitäten der Schule besprochen. Die Lehrer werden begutachtet. Die Schule wird bewertet. Ein dezentralisiertes Schulsystem, in dem der kommunale Schulausschuß bei der Einstellung von Lehrern und in Haushaltsangelegenheiten reale Macht hat, ist leicht dem Druck von Schülern und Eltern ausgesetzt.

Schulen können sich gegen diese Form von Kritik ihrer Klienten nur schwer schützen. Es ist schwer zu klären, worauf die Kritik sich bezieht, schwer nachzuweisen, daß die Kritiker unrecht haben, und so läuft die normale Verteidigung darauf hinaus, solche Kritik zu übersehen und lieber die Schule gegen direkte Beteiligung der Eltern am täglichen Schulleben abzuschirmen.

Ich habe mich oft gefragt, ob das relativ bescheidene Interesse der Eltern an allgemeinen Schulfragen eine Folge der Monopolstellung der Schule ist. Ohne mich auf überprüfbare Daten stützen zu können, bin ich nach mehrjähriger Tätigkeit in verschiedenen Ländern der Auffassung, daß die Diskussion härter, die Aktivität größer und die Alternativen zahlreicher sind in Ländern mit einem relativ dezentralisierten System, das Alternativen zur öffentlichen Schule zuläßt. Könnte es sein, daß in den anderen Ländern Eltern, die an sich gern mitarbeiten würden, von vornherein resignieren? Vielleicht fragen sie sich, ob es überhaupt möglich ist, etwas Positives zu tun? Könnte nicht etwaige Kritik dem eigenen Kind schaden? Gibt es eine organisierte Alternative?

Andere Schulforscher, wie z. B. Arfwedson und Lundman, haben in Schweden die Bedeutung der sozialen Schichtung für das Verhältnis von Schule und Umgebung aufgezeigt. Ihre gründlichen empirischen Untersuchungen bestätigen den allgemeinen, übrigens auch von Lortie in seinem *Schoolteacher* genannten Eindruck, daß Eltern aus der Arbeiterschicht erheblich weniger als Oberschichteltern an der Zusammenarbeit von Schule und Elternhaus teilnehmen (ARFWEDSON, GOLDSTEIN und LUNDMAN 1979). Daß Schüler aus der Unterschicht in fast jeder denkbaren Hinsicht von ihrer Schulzeit weniger profitieren als andere Kinder, ist heute klar dokumentiert, u. a. in Schweden. Bisher haben die Eltern dieser Kinder noch nicht in spürbarem Maße auf die Schule eingewirkt.

Ein charakteristisches Merkmal von Schulen als Organisationen ist somit, daß die Beurteilung durch die Umgebung informell erfolgt und ohne direkte Konsequenz für die Organisation bleibt.

## 3.2 Systemische Perspektiven

Abschließend wollen wir in dieser Analyse fragen, welche Charakteristika im Lichte der Theorien von Mintzberg, Senge und Gomez die Schule prägen und worin sie sich etwa von anderen Non-Profit-Organisationen unterscheidet.

Betrachten wir das Schulwesen als *System*, so finden wir in Mintzbergs »Kraftanalyse« einige dominante Kräfte:

- »*Konzentration*« um Teilmärkte ist typisch, d. h. das System ist in »Divisionen« gegliedert und bedient verschiedene Schülermärkte mit unterschiedlichen Schultypen. Das ist besonders ausgeprägt in kontinentalen Staaten (Deutschland), aber ist keineswegs auf diese beschränkt.
- »*Effektivität*« ist in gewissem Maße auch vertreten, nämlich in Gestalt von Standardisierung, Verordnungen, Dienstvorschriften etc. und in dem Versuch, knappe Mittel optimal zu nutzen. Es ist höchst zweifelhaft, ob dies wirklich »Effektivität« bewirkt; aber das ist eine andere Frage.
- Gleichgewicht zwischen »*Zusammenarbeit*« und »*Konkurrenz*«: Ein so großes System wie das Bildungswesen muß politisch geführt werden, und wir können tägliche Beispiele für das Ausbalancieren von Kräften beobachten, nicht zuletzt Versuche, Konflikte zu harmonisieren.
- Schwache und z. T. unterdrückte Kräfte sind nach meiner Auffassung »*Führung*«, »*Innovation*« *und z. T.* »*Fachlichkeit*«. Im Bildungswesen mancher Länder, so z. B. in Norwegen, sind Führung oder »Richtung« zurückgedrängt, weil das System in hohem Maße auf einer Ideologie der Zusammenarbeit beruht, in der Führung beinahe als etwas Verdächtiges erscheint. »Innovation« ist nur schwer durchzusetzen, wenn so viele Interessen einander entgegenstehen, und »Fachlichkeit« wird erschwert durch die Art des Ressourceneinsatzes (z. B. durch den Mangel an Zeit und Entwicklungsressourcen).

Das läuft hinaus auf ein System, das mit sich selbst kämpft. Man strebt nach mehr Effektivität, aber dem System fehlt wegen der »Divisionen« die zentrale Steuerung. Das führt zu einer »losen Verknüpfung«, bei der die »Funktionäre« faktisch die Leitung übernehmen (vgl. oben S. 104).

Betrachten wir indes *die einzelne Schule* mit Mintzbergs Augen, so kommen wir zu anderen Schlußfolgerungen:

1. Keine Schule ist wie die andere, und sie ist in ihrer »Form« nicht festgelegt. Freilich hängt diese z. T. von Größe, Alter, Führung und der Zusammensetzung des Kollegiums ab.
2. Die meisten Schulen haben eine Ideologie der Zusammenarbeit als Norm, und ein wesentliches Element ihrer Kultur sind daher bestimmte Vorstellungen von Mitbestimmung bei Entscheidungen.
3. »Konkurrenz« als treibende Kraft ist in der Schule zurückgedrängt, soweit es um die Arbeit der Lehrer geht, aber sehr wirksam in der Arbeitssituation der Schüler. Wir haben also ein Ungleichgewicht in der normativen Grundlage der Kultur.
4. Schulen bieten ihren Beschäftigten ein hohes Maß an Autonomie. Zum Teil ergibt sich das aus strukturellen Bedingungen (z. B. dem Stundenplan, der Einteilung der Fächer etc.).
5. »Fachlichkeit« ist nur teilweise eine wichtige Kraft (stärker ausgeprägt in der Sekundarstufe II), »Innovation« ist von Schule zu Schule sehr verschieden stark entwickelt, und »Effektivität« spielte bisher keine große Rolle.

Betrachten wir Senges *lernende Organisation* (vgl. oben S. 86 ff.), so müssen wir feststellen, daß die Schule kaum als solche bezeichnet werden kann, obwohl man meinen sollte, daß gerade eine Bildungsinstitution bemüht wäre, sich diesem Ideal zu nähern. Auf der Ebene des Systems kann ich keinen einzigen dominanten »Senge-Faktor« entdecken. Auf Schulebene sieht es etwas anders aus; dennoch fällt auf, wie viele Faktoren *negativ* geladen sind:

- Schulen sind keineswegs von »systemischem Denken« geprägt; im Gegenteil, vieles geschieht ad hoc.
- »Persönliche Beherrschung« (personal mastery) ist ein Ideal; aber in der Praxis hat ein Lehrer keine Gelegenheit, in seinen Fächern auf dem neuesten Stand zu bleiben, weil die Fortbildungsangebote zu dürftig sind.
- »Lernen im Team« findet in der Schule selten statt. Vor allem lernen die Lehrer wenig voneinander, was z. T. an der Organisation des Unterrichts liegt.
- Die »Entwicklung mentaler Modelle« – das Bemühen, Gewohnheitsdenken und überkommene »Wahrheiten« in Frage zu stellen – ist in der Schule schwach entwickelt. Selbstkritik der Schule ist die Ausnahme.
- Der »Bau einer gemeinsamen Vision« ist für die meisten Schulen nicht

typisch. Allerdings haben in den letzten Jahren immer mehr Schulen erkannt, wie wichtig gerade eine solche Vision ist, und einige haben mit der Arbeit an Jahresplänen einen Anfang gemacht.

Die Schule als »lernende Organisation« bleibt also einstweilen ein fernes Ideal.

Zum Schluß wollen wir mit Hilfe des St. Gallener Konzepts fragen, welches »Profil« die Schule als System bei Anwendung der diesem Konzept eigenen Analyseinstrumente wahrscheinlich zeigen würde. Natürlich ist einschränkend anzumerken, daß eine reelle Analyse auf empirischen Daten beruhen müßte. Hier kann es nur darum gehen, die Richtung anzudeuten, in die eine Analyse führen würde:

Abb. 14: »Profil« des Schulsystems (durchgezogene Linien) und der einzelnen Schule (schwach markierte Linien)

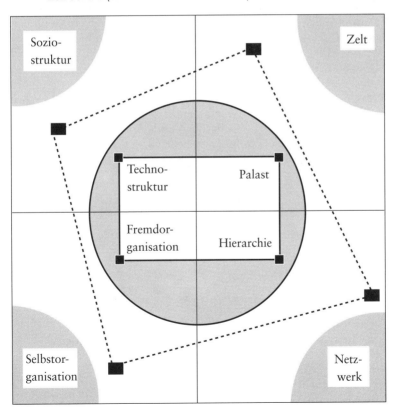

Die Abbildung zeigt zwei verschiedene Profile:

1. *Das Systemprofil*, bezogen auf das Bildungswesen als Ganzes. Es ist in meiner Sicht stark geprägt von einer *Hierarchie*, einer »*Palast*«-Form, einer *Technostruktur* und einer von *Fremdorganisation* bestimmten Entwicklungsarbeit. Diese Dimensionen charakterisieren nach Gomez und Zimmermann sehr *stabile* Organisationen, die mit Veränderungsprozessen ihre Schwierigkeiten haben (vgl. oben S. 98 f.).

2. *Das Schulprofil*: Hier finde ich eine andere Struktur. Schulen sind in den meisten westlichen Ländern nur wenig von Hierarchie geprägt, eher von einer »*Netzwerks*-Struktur«. Das Hauptgewicht liegt auf der *Soziostruktur*, die Technostruktur tritt zurück. Es gibt mehr *Selbstorganisation* als im Ganzen des Systems, und die Schule ist in viel geringerem Maße ein *Palast*. Zwar sind die Unterschiede von Schule zu Schule groß; aber im ganzen haben Schulen mehr als Bürokratien eine Soziostruktur. Erneut stellen wir fest, daß die Schule mit sich selbst im Widerstreit liegt. Die einzelne Schule beruht auf anderen Normen als das System insgesamt.

Was kennzeichnet die Schule als Non-Profit-Organisation? Es ist *nicht* so, daß »die Mitglieder bestimmen.« Die direkte Demokratie funktioniert schlecht. In der Hauptsache haben die Professionellen (die Lehrer) das Heft in der Hand und laufen Gefahr, eine Doppelrolle zu spielen, wenn ihre eigenen Interessen berührt sind. Auch ist es in der Schule besonders schwer, »das Produkt« zu beurteilen, denn dieses Produkt ist die Entwicklung der Person und intellektuelles Wachstum.

### 3.3 Perspektiven zur Schule als Organisation

Wir haben in diesem Kapitel viele Aspekte der Schule als Organisation behandelt:

- Zielkonflikte
- Zielverschiebungen
- Standardisierung des Unterrichts
- quasi-professionelle Lehrerrolle
- geteilte Entscheidungskompetenz (administrativ/pädagogisch)
- geringe formale Entscheidungskompetenz der Schüler
- geringe Elternbeteiligung
- isolierte Lehrer
- lose verknüpfte Einheiten

## Die Schule als Organisation

- starke Kontrolle von Schülern
- wenig Kontrolle von Lehrern
- wenig Institutionskontrolle
- Garantie seitens der Umgebung
- informelle Beurteilung durch die Umgebung ohne direkte Folgen für die Schule
- zentraler Platz der Ideologie
- ungünstige Bedingungen für Innovationen
- zu wenig systemisches Denken
- Konflikt zwischen der »Systemkonfiguration« und der »Schulkonfiguration«
- Schwierigkeiten bei der Beurteilung der Tätigkeit der Schule.

Keine der Perspektiven, unter denen wir Organisationen betrachteten, kann *allen Aspekten* der Schule als Organisation gerecht werden; aber jede kann zum Verständnis der Schule als Organisation etwas *beitragen*.

*In struktureller Perspektive* geht es vor allem um die Frage, wie die Arbeitsprozesse effektiver werden können. Das wird nicht möglich sein ohne Veränderungen der *Umgebung* und/oder der *Technologie*. Beide sind in Veränderung begriffen, und zwar in dramatischem Tempo: Mit der Entwicklung der modernen Mikrotechnologie macht auch die Gesellschaft rasche Wandlungen durch. Der Ruf nach besser und anders qualifizierten Arbeitskräften geht einher mit der Forderung an die Schule, sie müsse mit der Entwicklung »Schritt halten«. *Der Glaube* an die neue Technologie ist dabei, neue Voraussetzungen für Veränderungen des Unterrichts zu schaffen, jedenfalls in einzelnen Fächern. Dieser Prozeß wird noch lange andauern, aber schon heute haben die meisten Schulen Computer, und diese werden einige Traditionen des Lehrens und Lernens allmählich verändern – auch die Rollen von Lehrern und Schülern.

Sollte die Schule sich notwendigen Änderungen des Unterrichts widersetzen, werden die Strukturalisten Veränderungen des Lenkungssystems anstreben. Eine Option dabei wäre, der Umgebung (z. B. den Eltern) mehr Einfluß zu geben. Damit würde eine Kontrolle durch den »Markt« eingeführt, z. B. in Form von »Ausbildungsschecks«, die nach niederländischem Vorbild eine freie Wahl der Schule böten.

*In humanistischer Perspektive* geht es um die Nutzung der menschlichen Ressourcen und um die Notwendigkeit radikaler Veränderungen in puncto Rollenverteilung, Einfluß und Formen der Zusammenarbeit. Dazu bedürfte es ganz anderer Einstellungen und eines anderen Verhaltens. Dann könnte eine Entwicklungsarbeit auf Schulebene beginnen, bei der die Akteure sich ihre Lösungen wirklich zu eigen machen. Diese Arbeit müßte sich an den jeweiligen schulspezifischen Gegebenheiten orientieren. Das Ganze liefe also auf Organisationsentwicklung hinaus.

*In politischer Perspektive* geht es um die Verteilung der Ressourcen und um die Macht der verschiedenen Interessengruppen in der Schule. Waren die Vertreter dieser Perspektive zunächst hauptsächlich an den äußeren Bedingungen interessiert (z. B. an der Gleichheit der *Angebote*), so geht es ihnen jetzt mehr und mehr um die *interne* Verteilung der Mittel und um die Dynamik, die zu einer schiefen Verteilung der Lernchancen führt. Sie stehen vor einem Dilemma: Während es einerseits sehr wichtig ist, die Rechte der *Lehrer* zu verteidigen gegen eine Gesellschaft, die – relativ gesehen – den »weichen Sektor« immer weiter herunterstuft, ist es andererseits von entscheidender Bedeutung, intern die Rechte der *Schüler* zu stärken (was manchmal mit Lehrertraditionen kollidieren kann).

Die Vertreter dieser Perspektive setzen nicht auf *Freiwilligkeit*. Macht kann nur durch Gegenmacht umverteilt werden, z. B. indem die Gesellschaft die internen Spielregeln so verändert, daß die Schüler mehr Macht bekommen. Da wir wissen, daß meist Eltern aus der Mittel- und Oberschicht ihren Einfluß auf die Schule geltend machen, werden Sozialdemokraten schwerlich für mehr Elternmacht eintreten. Dies ist dagegen von konservativen Politikern zu erwarten.

*In symbolischer Perspektive* geht es um den *Sinn* des Geschehens, um die Wahrnehmung wichtiger Funktionen und um die den Aktivitäten und Prozessen innewohnende *Symbolik*. Entscheidungen kommen in Schulen auf unklare Weise zustande, und die Ergebnisse sind selten befriedigend. Das ist typisch für Institutionen mit unklaren Zielen, einer unklar definierten Technologie und divergierenden Erwartungen der Umgebung.

Wirklich wichtig sind den Eltern *Garantien*, daß ihre Kinder sicher aufgehoben sind, daß sie das Nötige lernen und daß die in der Schule tätigen Erwachsenen gut qualifiziert sind. Kontrolliert werden die *formalen* Seiten der Institution (z. B. die formalen Qualifikationen der Lehrer, die Eignung der Gebäude und Räume etc.), weil sie die notwendigen *Symbole* sind. Nach dem, was wirklich passiert – ob zwischen der formalen Qualifikation und der Tüchtigkeit des Lehrers ein Zusammenhang besteht, ob die Schüler sich in »genehmigten« Gebäuden wohler fühlen als in anderen –, fragt niemand.

Forderungen nach mehr Rationalität, Effektivität und Erreichung der Ziele werden sabotiert. Das ist aber nicht so wichtig. Wesentlich ist, daß ein *Eindruck von Qualität* vermittelt wird – und das geht am besten durch Symbole, auf die alle sich einigen können. Wenn das erreicht ist, gibt es *Arbeitsruhe*, die eine Voraussetzung der Erneuerung ist.

Nach *Mintzberg* hat die Schule eine schwache Führung, z. T. weil ihre Ziele unklar sind und Zielverschiebungen stattfinden. Vieles entspricht der *Maschinenform* (Standardisierung), aber es gibt auch starke Kräfte, die auf eine *aufgespaltene Form* hinwirken (geteilte Entscheidungsbefugnis, isolierte Lehrer, wenig Institutionskontrolle etc.). Sehr wenig spricht für eine dynamische Innovationsform und relativ wenig auch dafür, daß die Schule sich der *professionellen Form* annähert. Die beiden »katalytischen« Kräfte, Zusammenarbeit und Konkurrenz, halten einander vermutlich die Waage, aber die *Ideologie* beruht auf *Zusammenarbeit*.

Mit *Senge* würde man feststellen, daß die »fünf Disziplinen« (vgl. oben S. 87 f.) in der Schule wenig Chancen haben. Ihre *Voraussetzungen* sind schlecht. *Persönliche Beherrschung* ist im günstigsten Fall ein zufälliger und personenabhängiger Prozeß, die Entwicklung neuer *mentaler Modelle* ist selten, die wenigsten Schulen haben produktive Formen des *Lernens im Team*, und nur wenige entwickeln *gemeinsame Visionen*.

## 3.4 Zur Erklärung des Verhaltens von Organisationen

Mehrere Forscher – Thompson, Allison, Olsen und Ellström, um nur einige zu nennen – haben die verschiedenen Organisationsperspektiven zu integrieren versucht. Nach Ellström, Thompson und anderen sind zwei Dimensionen für das Verhalten von Organisationen maßgebend:

1. der Grad der Klarheit und des Konsenses über Ziele und Präferenzen der Organisation,
2. der Grad der Klarheit der Technologie und der Verfahren (ELLSTRÖM 1986).

Ellströms Analyse, die zu dieser Darstellung führt (Abb. 15), ist in doppelter Hinsicht problematisch: Erstens verengt sie die Wirklichkeit erheblich. Wie ich zeigen werde, wirken noch mehrere andere Faktoren auf das Verhalten von Organisationen ein. Zweitens ist es in der Schule

## Die Schule als Organisation

**Abb. 15: Typologie von vier Organisationsmodellen (nach Ellström)**

|  |  | 1. Ziele und Präferenzen der Organisation | |
|---|---|---|---|
|  |  | klare und Einigkeit | unklare und/oder Uneinigkeit |
| 2. Technologie und Verfahren der Organisation | klare | Rationales Modell<br>Schlüsselworte: wahr, Nachdenken, aufgabenbezogen | Politisches Modell<br>Schlüsselworte: Macht, Konflikt, Kampf |
|  | unklare | Modell soziales System<br>Schlüsselworte: Vertrauen, Lernen, Zusammenarbeit | Anarchistisches Modell<br>Schlüsselworte: Dummheit, Zufälligkeit, Spiel |

keineswegs so, daß Ziele entweder klar oder unklar sind. Beides kommt gleichzeitig vor. Die Ziele variieren von Thema zu Thema, von Fach zu Fach. Wir wissen aus Erfahrung, daß manche Faktoren auch von Schule zu Schule variieren, wenngleich man *ganz allgemein* sagen kann, daß Schulen relativ unklare Ziele und eine relativ unklare Technologie haben. Lassen sich nun Unterschiede von Schule zu Schule *nur* aus der unterschiedlichen Klarheit der Ziele und der Technologie erklären? Welche Dimensionen – oder unabhängigen Variablen – könnten für das Verhalten von Organisationen maßgebend sein? In meiner Sicht sind *für die Erklärung von Unterschieden* zwischen Organisationen (und Schulen) wenigstens die folgenden von wesentlicher Bedeutung:

- *Werte und Ziele,* wie sie offiziell formuliert sind und *wie sie von Individuen und Gruppen in der Organisation vertreten werden;* d. h. zugleich, welche *Kraft* die Ziele *in der Praxis* der Organisation haben und welche Ideologien sie stützen oder ihnen entgegenarbeiten;
- *Technologie,* die Art und Weise, in der Aufgaben gelöst und Verfahren durchgeführt werden; der Grad der Standardisierung und der Grad der Innovation bei der Aufgabenlösung;
- *Autonomie* oder das Maß an Unabhängigkeit der Organisation *von der Umgebung* (ablesbar etwa an den Konflikten sowie an der Art der Abhängigkeit);

– *Struktur,* die Art der Aufgabenstellung und -verteilung, der Grad der Spezialisierung und Aufspaltung, die »Konfiguration« der Organisation im Sinne Mintzbergs und der St. Gallen-Gruppe (vgl. oben S. 83 f. und S. 94 f.);

– *Teilnehmer:* in der Schule die Leitung, die Lehrer, die sonstigen Beschäftigten, die Schüler; die Einstellungen und Verhaltensweisen all dieser Gruppen, ihre Kapazität und Professionalität, die Qualität ihrer »Mitgliedschaft«, die Lernfähigkeit der einzelnen und der Gruppen.

Mit welchem Recht kann ich behaupten, diese Größen seien *unabhängige Variablen*? Ich will hier nur auf die drei letzten eingehen (Autonomie, Struktur, Teilnehmer); sie sind »neu« im Unterschied zu den beiden ersten, zu denen ich auf Ellström verwiesen habe.

*Autonomie:* Alle Organisationen sind von einem Markt abhängig. Private Betriebe brauchen Käufer, die ihre Produkte abnehmen. Öffentliche Institutionen brauchen, soll ihre Existenz garantiert sein, genügend politischen Rückhalt (der in einer Demokratie ideell eine Antwort auf die Einschätzung des Bedarfs durch die Wähler ist). Von dem bloßen Kriterium *Markt* her kann man also unterschiedliches Verhalten von Organisationen nicht erklären. Wichtig ist dagegen, in welchem Maße die Organisation *gezwungen ist, ein Ergebnis zu erzielen, mit dem der Nutzer zufrieden ist.* Einzelne private Betriebe, die ein Monopol haben (z. B. der einzige Kaufmann am Ort) oder die über große Mittel verfügen, die sie nach ihrem Gutdünken über längere Zeit einsetzen können, brauchen auf den Markt keine Rücksicht zu nehmen (z. B. weil ihnen langfristige Ziele wichtiger sind). Manche öffentliche Einrichtungen, z. B. die Schule, kontrollieren ihre »Produkte« kaum, und jedes Jahr sind ihnen wieder Mittel garantiert, *gleichgültig* was sie produzieren (jedenfalls sind die Grenzen sehr weit gezogen). Ich behaupte, daß der Grad an Autonomie *im Prinzip* nicht mit den Dimensionen *Werte* oder *Technologie* variiert und deshalb als neue, unabhängige Variable zu gelten hat, die für das Verständnis des Verhaltens von Organisationen wesentlich ist.

*Struktur* galt gewöhnlich als eine Dimension, die mit dem Ziel variiert (z. B. mit der Komplexität des Ziels, seiner Klarheit und dem Grad der Einigkeit über die Ziele). Sicher ist das ein wichtiger Aspekt. Ich halte *Struktur* gleichwohl *auch* für eine *unabhängige* Variable, weil die Struktur »ein eigenes Leben zu führen beginnt«. Man darf wohl annehmen, daß bei Gründung einer Organisation die Struktur in einem »vernünftigen« Verfahren etabliert wird, bei dem auch externe und interne Interessengruppen erheblichen Einfluß nehmen (politischer Prozeß). Allmäh-

Die Schule als Organisation

lich verändert sich dann die Umgebung; aber auf ihre neuen Forderungen an die Organisation reagiert diese nicht mit entsprechenden »logischen« Veränderungen. So entsteht ein Mißverhältnis zwischen der von der Umgebung gewünschten und der etablierten Struktur (vgl. den Dynamik-Begriff der St. Gallen-Gruppe, S. 100 f.). Starke Interessengruppen wollen am Status quo festhalten. Das kann sich auf die wahrzunehmenden Funktionen und Verfahren direkt auswirken und dazu führen, daß Organisationen »zufällig«, »irrational« und »inkonsequent« erscheinen. Ich möchte also behaupten, daß in manchen Situationen *Struktur als unabhängige Variable auftritt* und das Verhalten der jeweiligen Organisation stark beeinflußt.

*Teilnehmer:* Es ist fast eine Binsenweisheit zu sagen, daß die Menschen für das Verhalten einer Organisation von Bedeutung sind. In struktureller und politischer Perspektive (wie auch Thompson und Ellström sie vertreten) wirken die Ziele und die Technologie der Organisation prägend auf menschliches Verhalten ein. Ich behaupte, daß die Individuen und ihre Interaktionen eine wichtige Dimension sind, will man das Verhalten von Organisationen verstehen.

Das gilt für die offizielle und inoffizielle Führung, aber ebensogut kann jeder andere Akteur für das Leben der Organisation wichtig werden. So treten *die Teilnehmer* den Zielen, der Technologie, der Autonomie und der Struktur als unabhängige Variable gegenüber. Sie *beeinflussen* Werte und Ziele. Sie sind bemüht, die Technologien ihren Interessen und ihrer Kompetenz *anzupassen*. Sie »öffnen« oder »schließen« (innerhalb gewisser Rahmen) die Organisation gegenüber der Umgebung; sie arbeiten entweder innerhalb der formellen Struktur oder etablieren ihre eigene informelle Struktur, um die ihnen wesentlich erscheinenden Aufgaben zu lösen; sie tragen zur *Entwicklung* einer Lernorganisation bei und bauen (selbstverständlich) die eigene Professionalität aus.

Jede dieser unabhängigen Variablen kann in *verschiedenen Ausprägungen* erscheinen:

So kann es viele oder wenige *Werte und Ziele* geben, sie können speziell oder allgemein sein, divergieren oder einander ergänzen, voneinander abhängig sein oder unabhängig.

*Die Technologie* kann einfach oder kompliziert sein, vielseitig oder einseitig, traditionsgebunden oder wissenschaftlich fundiert, auf Interaktion angewiesen oder auf Autonomie.

*Die Autonomie* kann groß oder gering sein, selektiv oder umfassend; sie kann mit den einzelnen Bereichen schulischer Tätigkeit variieren, und sie kann von der Schule oder von der Umgebung gewährt oder verweigert werden.

*Die Struktur* kann komplex oder einfach sein, horizontal und vertikal variieren, eine große oder geringe wechselseitige Abhängigkeit der Teile voraussetzen.

*Die Teilnehmer* können, was Herkunft, Kenntnisse, Fertigkeiten, Haltungen und Interessen betrifft, viel oder wenig gemeinsam haben; ihre Fähigkeit zur Interaktion und Problemlösung kann groß oder gering sein.

Damit sind nur *einige* gewöhnliche Ausprägungen der Organisationsvariablen genannt. Nach meiner Erfahrung haben Schulen gewisse generelle Merkmale gemeinsam. Einige habe ich in diesem Kapitel schon genannt; aber sie reichen nicht aus, *Schulen zu beschreiben, das »Verhalten« von Schulen zu erklären* oder Maßnahmen vorzuschlagen, die uns in der Schulentwicklung weiterhelfen können.

Die Wahl einer Strategie der Schulentwicklung setzt eine gründlichere Kenntnis *der einzelnen Schule* voraus, weil die Dynamik der jeweiligen Organisation über ihre *Fähigkeit zur Veränderung* entscheidet. Aufgrund des Studiums vieler Organisationen möchte ich behaupten, daß diese Fähigkeit in manchen Schulen größer ist als in vielen relativ einfachen und übersichtlichen Betrieben. Aber wahr ist auch, daß derzeit nur wenige Schulen daran arbeiten, sich zu erneuern. Damit wird es nur um so wichtiger, die Faktoren zu erkennen, von denen die Fähigkeit zur Erneuerung ausgeht.

## 3.5 Das Studium der Schule als Organisation

Unsere fünf Hauptperspektiven geben uns einen gewissen Einblick in die Dynamik des Lebens einer Organisation. Sie sind aber allesamt Vereinfachungen – und damit in gewissem Maße auch Zerrbilder – der Wirklichkeit. Sie können uns nicht nur sehen helfen, sondern auch blind machen. Für mich sind drei Grundsätze beim Studium der Schule als Organisation wichtig:

1. *Die Schule* – d. h. die einzelne Schule – ist Ausgangspunkt der Untersuchung. Es ist auch möglich – und oft nützlich –, die Schule *auf den*

*Ebenen des Systems oder des Individuums* zu studieren. Doch ist für mich *die Schule* die Einheit der Veränderung. Im täglichen Zusammenspiel der Akteure wird über die Qualität von Lehren und Lernen entschieden. *Systembedingungen* zu verstehen ist indes wichtig, da sie den Handlungsspielraum der Schule mitbestimmen. *Die Individuen* sind wichtig für die Analyse, weil sie die Gemeinschaft ausmachen, die das Leben der Schule formt (vgl. das nächste Kapitel).
2. *Die Abhängigkeitstheorie* ist mein theoretischer Ausgangspunkt. Ich möchte relevante Aspekte der Schule aus allen fünf Perspektiven betrachten, aber will nicht *a priori* behaupten, daß bestimmte Lösungen anderen überlegen sind. Der Alltag der Schule ist von so vielen Faktoren abhängig – kontrollierbaren und unkontrollierbaren –, daß ich jeden Glauben an »die ideale Lösung« abwegig finde.
3. *Phänomenologie* ist daher die natürliche wissenschaftstheoretische Vorgehensweise. Organisationen müssen begriffen werden aus dem Zusammenhang, in dem sie agieren. Das gilt auch für die äußeren Bedingungen der Schule. Zum Verständnis der Phänomene bedarf es historischer und kultureller Einsicht. Datenmaterial bekommt nur in dem Kontext Sinn, für den es zusammengetragen wird. Manche Erkenntnisse werden über den Einzelfall hinaus wichtig sein – aber erst wenn wir *das Phänomen verstehen*, ist der theoretische Ansatz angebracht.

### 3.6 Funktionen von Organisationen

Organisationen können nur existieren, wenn bestimmte Funktionen wahrgenommen und fortentwickelt werden. Nicht alle sind stets gleich wichtig, auch müssen sie, will man ein optimales Ergebnis erreichen, nicht in einer bestimmten Weise erfüllt werden. Aber *daß* sie erfüllt werden, ist unerläßlich. Im einzelnen handelt es sich um folgende Funktionen:

*Produktion* – die Arbeit, die getan werden muß, damit die Ziele der Organisation erreicht werden;

*Führung* – das Management der Organisation insgesamt, also einschließlich Planung, Entscheidungsverfahren, Koordination, Orientierungshilfen, Entwicklung einer Betriebskultur, Kommunikation zwischen Individuen und Gruppen;

*Entwicklungsarbeit* – der Umgang mit Bedarfsanalysen, neuen Ideen und Entdeckungen;

# Die Schule als Organisation

*Informationsbehandlung* – das Einholen, Lagern, Sichern und Aktivieren sowie der Austausch von Informationen;

*Evaluation* – der Vergleich des Wünschenswerten mit dem Erreichten, die kritische Überprüfung des Erreichten, die Überprüfung des faktischen Geschehens unter der Frage, ob es den ihm zugeschriebenen Wert hat;

*Legitimierung* – die interne Vergabe von Aufträgen an Personen und Gruppen, das Bemühen um ein gutes Image nach außen und um Akzeptanz durch die Umgebung.

## 3.7 Hauptdimensionen

Die genannten Funktionen werden in Relation zu einigen *Hauptdimensionen der Organisation* wahrgenommen.

**Abb. 16: Die Schule als Organisation**

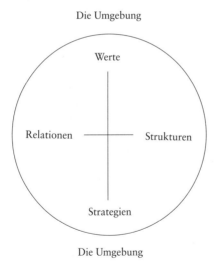

Die Abbildung veranschaulicht die wechselseitige Abhängigkeit, die ich zwischen fünf wichtigen Hauptdimensionen der Schule als Organisation sehe: *Werte, Strukturen, Relationen, Strategien und Umgebung*. Wenn ich den Zusammenhang wechselseitig nenne, so heißt das nicht unbedingt, daß die Dimensionen in mechanischer, automatischer oder linearer Weise zusammenhängen. In manchen Fällen und Situationen werden Änderungen in einem Teil des Systems (z. B. eine veränderte Arbeitsstruktur) Änderungen in anderen Teilen auslösen. In anderen Fällen wird sich die Organisation wegen loser Verknüpfungen gegen die Folgen von Veränderungen in einem der Teilsysteme abschirmen. Welche Verbindungen gegenseitige Reaktionen auslösen, sowie die Stärke und Richtung solcher Reaktionen, wird nur verständlich, wenn man die Dynamik der einzelnen Schule kennt, z. B. weiß, wie sie ihre *Funktionen* wahrnimmt. Wir haben in anderem Zusammenhang sechs Schulen beschrieben, die auf der Basis dieses Modells beurteilt wurden. Wer es praktisch anwenden möchte, muß von realen Situationen ausgehen und am besten eine bestimmte Schule oder mehrere Schulen untersuchen (DALIN und ROLFF 1991).

Ich setze *nicht* voraus, daß einzelne Dimensionen anderen übergeordnet sind. So müssen z. B. nicht alle Veränderungen von neuen Werten ausgehen. Ebensogut können veränderte Werte, Normen und Einstellungen als Folge neuer Verhaltensweisen »entdeckt« werden. Genauso können krisenhafte Situationen im nahen Umfeld Veränderungen in der Schule auslösen, wie umgekehrt eine Neuerung in der Schule (z. B. die Einführung eines neuen Bewertungssystems) zu Reaktionen der Umgebung führen kann. – Im einzelnen ist mit den Dimensionen des Organisationsmodells folgendes gemeint:

**Die Umgebung** meint in schulischem Zusammenhang sowohl das allernächste Umfeld als auch die Gesellschaft im ganzen, genauer: jede Person und Organisation, zu der die Schule bei ihrer Arbeit, soll diese Erfolg haben, Kontakt halten muß. Zum Teil steht die Schule in einem formalen Abhängigkeitsverhältnis zu Institutionen der Umgebung (Schulaufsicht, kommunaler Schulausschuß, Ministerium etc.), z. T. wird eine Zusammenarbeit vorausgesetzt (z. B. mit anderen Institutionen, die am Ort für Kinder und Jugendliche Verantwortung tragen), und z. T. hat sie ein informelles, nicht verpflichtendes Verhältnis zu Personen und Organisationen.

Den meisten Schulen gewährt die Umgebung relativ viel Handlungsfreiheit. Wenn eine Schule im großen und ganzen tut, was die Eltern und das übrige Umfeld von ihr erwarten, hat sie bei der Gestaltung ihres Alltags und ihrer Kultur große Freiräume. Wenn sie aber (oft unausgesprochene) Erwartungen, Normen und Traditionen verletzt, kurzum: der Vorstellung, die die Leute von »Schule« haben, nicht mehr entspricht, stößt sie auf Widerstand.

In ihrem Verhältnis zur Umgebung muß die Schule zu folgenden Fragen Stellung nehmen:

## Die Schule als Organisation

- Wie »durchsichtig« soll die Schule sein?
- Würde große Offenheit dazu führen, daß einflußreiche Kreise das Heft in die Hand nehmen?
- Sollen die Grenzen zur Umgebung so flexibel gehalten werden, daß die Schule sie je nach ihren Bedürfnissen öffnen und schließen kann?
- Läuft die Schule Gefahr, sich zu sehr zu isolieren, so daß sie mit der Gesellschaft nicht Schritt hält?
- Was kann die Schule für ein konstruktives Verhältnis zur Umgebung tun?

Eine *lebendige Schule* unterhält aktive wechselseitige Verbindungen mit der Umgebung. Das gilt auch für das Verhältnis zur Schulhierarchie. Man kann die Schulverwaltung als eine Serviceorganisation verstehen. Geltende Bestimmungen lassen sich z. B. so anwenden, daß sie die Schule gegen den Druck sozial starker Eltern schützen und daß die schulischen Ressourcen vor allem den Kindern aus sozial schwächeren Elternhäusern zugute kommen. Die Interessen dieser Kinder werden auf Elternversammlungen erfahrungsgemäß nicht vertreten. Sie bekommen zu Hause wenig Unterstützung und brauchen mehr als andere Kinder die Schule. Würde diese nur auf die aktiven Eltern hören, hätten die schwächsten Kinder wahrscheinlich noch weniger Chancen.

Das wirft ein Licht auf den Konflikt zwischen Offenheit zur Umgebung einerseits und der gesamten Zielsetzung der Schule andererseits. Blickt man nur auf kurzfristige Ziele, wäre oft eine positive Haltung zu Vorschlägen von Eltern und anderen Personen aus dem nahen Umfeld angebracht. Die Gefahr dieser Art »Offenheit« liegt im Übersehen der Tatsache, daß verschiedene Interessenten unterschiedlich viel Macht haben und damit unterschiedliche Möglichkeiten, ihren Standpunkten Geltung zu verschaffen. Bei der (wie immer auch definierten) Leitung der Schule muß die Verantwortung für das »Öffnen« der Schule zur Umgebung bzw. für das »Abschirmen« gegen sie liegen. Diese Verantwortung sollte in einem offenen Dialog wahrgenommen werden, in dem u. a. das in dem erwähnten Beispiel dargestellte Dilemma zur Sprache gebracht wird.

Damit ist ein wesentliches Dilemma angesprochen, das Non-Profit-Organisationen von Marktorganisationen unterscheidet. Für diese sind größtmögliche Offenheit und Kundenkontakt von ganz entscheidender Bedeutung. »Der Kunde hat immer recht« lautet ein Schlagwort. Für eine öffentliche Einrichtung wie die Schule ist die Lage komplizierter. Sie soll kurzfristige und langfristige Lernziele erreichen, sie hat »Klienten«, die oft nur die kurzfristigen im Auge haben, und sie soll sowohl *Gleichheit* der Bedingungen als auch *Qualität* des Angebots gewährleisten.

**Die Werte der Schule** orientieren sich an grundlegenden Werten, wie sie in Ideologien, Philosophien, Zeremonien und Symbolen zum Ausdruck kommen. Sie beziehen sich ferner auf die offiziell formulierten Ziele sowie auf die inoffiziellen Werte und Normen der Schulleitung, der Lehrer, der Schüler und anderer Personen der Schulgemeinschaft. Vor allem sind mit den Werten der Schule die gemeint, die sich in der didaktischen Grundhaltung niederschlagen.

Normalerweise ist in einer Schule ein ganzes Spektrum von Werten vertreten. Häufig gibt es auch Konflikte zwischen diesen Werten und den offiziellen Zielen, zwischen Praxis und offiziellen Werten und zwischen verlautbarten Werten und Praxis. Es sind die tatsächlichen Werte der Schule, die täglichen Normen für Verhalten, Lernen und Erziehung, die ihre Arbeit bestimmen. Alle Schulen sollten sich bemühen, Werte zu klären, Unterschiede in den Auffassungen zu respektieren und alle Gruppen (einschließlich der Schüler) in die Erarbeitung *gemeinsamer* Werte und Normen einzubinden. Jede Schule braucht einige solche zentralen gemeinsamen Werte (z. B. eine von allen anerkannte Auffassung von richtigem Verhalten), während sie in manchen Bereichen durchaus mit unterschiedlichen Auffassungen leben kann (z. B. was das Lehrer-Schüler-Verhältnis betrifft). Die Aufgabe liegt darin zu klären, auf welchen Gebieten gemeinsame Werte unverzichtbar sind, hier verbindliche Normen zu schaffen und andererseits unterschiedliche Haltungen und Normen da zu akzeptieren, wo die Gemeinschaft sich auf Freiheit für die einzelne Person oder Gruppe geeinigt hat.

Auch bei den *Werten* steht die Schule vor einigen Dilemmata. Die Perspektive, in der wir Organisationen und ihren Wandel betrachten, entscheidet über unsere Haltung zu dieser Dimension:

In *struktureller Perspektive* kommt der Klärung der Werte und Präzisierung der Ziele besondere Bedeutung zu. Es ist wichtig, daß Uneinigkeit oder Konflikte zwischen den Gruppen vermieden werden und daß alle am gleichen Strang ziehen, daß sie *die Konsequenzen* von Werten und Zielen erkennen und daß die Organisation zwischen Zielen verschiedenen Ranges zu unterscheiden lernt.

Auch in *humanistischer Perspektive* ist die Klärung der Werte wichtig, aber der Schwerpunkt ist ein anderer. Das Wesentliche ist hier, Wert- und Zielkonflikte so zu lösen, daß ein Gefühl der Zusammengehörigkeit und gegenseitigen Verpflichtung entsteht, daß bindende Absprachen getroffen werden und die Mitglieder sich als Eigentümer der Organisation begreifen lernen. Die Klärung der Werte soll jeden in die Lage versetzen,

## Die Schule als Organisation

seine Mitgliedschaft so zu definieren, daß er seine Energie der primären Aufgabe der Organisation widmen kann. Dann ist es *nicht* mehr wichtig, Ziele zu *operationalisieren*. Ein offener Dialog ist das beste Mittel, sowohl den richtigen Kurs zu finden als auch nötigenfalls flexibel zu reagieren.

In *politischer Perspektive* sind Werte und Ziele wiederum anders akzentuiert. Am Beispiel der Schule werden die Unterschiede zu den anderen Perspektiven deutlich: In politischer (vor allem sozialdemokratischer) Perspektive bestimmt *die Gesellschaft* Werte und Ziele der Schule. Der einzelnen Schulgemeinschaft obliegt es, diese Ziele zu interpretieren. In der Praxis kommt es dann darauf an, daß Werte, Ziele und Prioritäten mit den offiziellen Zielen übereinstimmen. Dabei gilt es Einzelinteressen in Schach zu halten; sonst bräche ein lokaler Machtkampf aus, in dem die Schwächsten der Schulgemeinschaft die Verlierer wären.

In *symbolischer Perspektive* geht es nicht um die offiziellen Ziele, sondern um die Werte, die sich in Handlungen materialisieren. Die Verfahren der Klärung von Werten und Zielen erscheinen als ein Ritual, das die Mitglieder der Organisation näher zusammenbringt; aber klarere Ziele sind kein Mittel zur effektiveren Lenkung der Organisation. Ziele zu diskutieren ist nicht so wichtig wie Werte im Tun zu *erleben* – und so durch daran geknüpfte Metaphern, Symbole und Rituale bestätigt zu sehen, daß die Organisation auf dem richtigen Weg ist.

In den *integrierten Perspektiven* geht es um verschiedene Aspekte der Wertfragen. Eine Non-Profit-Organisation muß sicherstellen, daß den Werten und Bedürfnissen der Mitglieder Rechnung getragen wird. Ist das in der Schule möglich, ohne daß Schüler und Eltern mehr zu Wort kommen? Aber würde mehr Mitsprache nicht eine ohnehin bestehende Schieflage verstärken, indem die Schule mit ihren Angeboten noch mehr als bisher den sozial starken Elterngruppen entgegenkäme? – Senges Interesse gilt den Verfahren der Klärung von Visionen und tatsächlichen Werten. Mintzberg beschreibt Organisationen, in denen Ideologien eine dominierende Rolle spielen (»Missionary organizations«), und er zeigt ferner, wie eine starke innere Dynamik (»politics«) eine Organisation spalten und die Führung »politisieren« kann.

Im ersten Fall gewinnen die Werte die Oberhand, die Karte wird sozusagen wichtiger als das Terrain. Sollte etwas nicht stimmen, so liegt es jedenfalls nicht an der Ideologie! Im zweiten Falle dominieren Sonderinteressen und Machtkämpfe und schaffen für längere Zeit ein konfliktreiches und unproduktives Klima. Diese Kräfte zu kontrollieren und dennoch der Diskussion um Werte genügend Raum zu lassen ist nach Mintzberg von wesentlicher Bedeutung. Das gilt sicher auch für viele Schulen, in denen es ideologische Streitigkeiten gibt.

**Struktur:** Diese Dimension meint Entscheidungsstruktur, Aufgabenstruktur und Kommunikationsstruktur. Die Entscheidungsstruktur definiert, wer worüber zu entscheiden hat, die Aufgabenstruktur, wie die Arbeit auf Schulleitung, Lehrer und Schüler verteilt ist, und die Kommunikationsstruktur, welche Personen und Gruppen nach Verantwortungsbereichen, Aufgaben, Stundenplan etc. miteinander zu tun bekommen.

Es gibt keine Patentlösung dafür, wie eine Schule ihre Arbeit zu organisieren hat. Manche Strukturen sind unter bestimmten Bedingungen zweckmäßiger als andere. Erst in Kenntnis der Ziele und sämtlicher Aktivitäten der Schule lassen sich Vorzüge und Nachteile bestehender Praktiken beurteilen. Jede Schule braucht effektive, ihren Aufgaben angemessene Strukturen. Die Struktur muß die an der Schule geschätzten Gepflogenheiten und Traditionen bewahren und zugleich der Flexibilität Raum geben, ohne die es keine Veränderung gibt. Die Schwierigkeit besteht darin, Stabilität und Erneuerung im richtigen Gleichgewicht zu halten. Etablierte Strukturen können beruhigend, zu schnelle Veränderungen zersetzend wirken. Jede wesentliche Veränderung setzt konstruktive Maßnahmen voraus, die ungewollte negative Wirkungen verhindern und die intendierten Innovationen ermöglichen.

Auch in puncto Struktur ist die Schule mit einigen Fragen konfrontiert:

- Wie fest und wie flexibel soll die Struktur sein?
- Wieviel Abhängigkeit zwischen den Lehrern erfordert die primäre Aufgabe, der Unterricht?
- Inwieweit ermöglicht es die Struktur, daß einer vom anderen lernt und von den Stärken des anderen profitiert?
- Inwieweit ermöglicht sie Zusammenarbeit bei gleichzeitiger Autonomie?
- Inwieweit ist Konkurrenz, inwieweit Zusammenarbeit die Norm, und welche Bedeutung hat das für die Struktur?

Wenngleich unser Begriff »Struktur« hauptsächlich eine strukturelle Sicht von Organisationen reflektiert, sehen wir doch die in einer zu engen Definition liegende Gefahr. Erst wenn wir erkennen, wie eine Dimension mit den anderen Dimensionen *zusammenhängt*, vermögen wir die Schule als Organisation voll zu verstehen.

**Relationen:** Diese Dimension bezieht sich auf die zwischenmenschlichen Beziehungen in der Schule, wie sie in der informellen Organisation zum Ausdruck kommen (Macht, Einfluß, Zusammenarbeit und Normen der einzelnen Personen und Gruppen), einschließlich der Faktoren, die zum Gesamtklima der Schule beitragen (Motivation, Zufriedenheit, Vertrauen, Hilfe, Zusammenarbeit etc.). Einbezogen sind ferner die emotionale, als Verpflichtung empfundene Bindung des einzelnen an die Schule und die *Qualität* der zwischenmenschlichen Beziehungen, zu der auch die Art der Konfliktlösung gehört.

Oft kommen die Verhältnisse an einer Schule in eben dieser Qualität exemplarisch zum Ausdruck: in den Beziehungen zwischen den Gruppen, speziell im Lehrer-Schüler-Verhältnis. Lernen geschieht durch gemeinsames Handeln. Daher muß sich jede Schule um produktive und gute zwischenmenschliche Beziehungen bemühen. Oft erlebt man freilich, daß Probleme auf diesem Gebiet als »das Problem« schlechthin angesehen werden. Dabei können die eigentlichen Probleme eher in ungeklärten Wertkonflikten liegen, in unzweckmäßigen Strukturen, im Verhältnis zum Umfeld oder zu den Behörden. Es gibt daher keine einfachen Methoden zur Lösung zwischenmenschlicher Probleme. Der Markt wird von Angeboten auf diesem Gebiet überschwemmt. Oft bleibt es dann bei einem Herumkurieren an Symptomen, das die Schule nicht voranbringt.

Auf dem Gebiet der Relationen müssen Organisationen zu folgenden Problemen Stellung nehmen:

- Inwieweit kann die Organisation ein wirkliches Erlebnis der »Mitgliedschaft« vermitteln, selbst wenn – ein häufiger Fall in der Schule! – die Werte, die Normen und die ganze Persönlichkeit mancher Mitglieder vom Üblichen abweichen?
- Wie äußern sich Gefühle? Gibt es Gefühle und Ausdrucksformen, die anerkannt sind, und andere, die unterdrückt werden müssen? Werden Mädchen und Jungen verschieden behandelt?
- Wird anerkannt, daß alle Einfluß nehmen können, und wissen die Mitglieder, wie sie ihren Einfluß geltend machen können? Gibt es anerkannte und nicht anerkannte Arten der Einflußnahme?
- Gibt es in der Organisation ein offenes, konstruktives Klima der Kommunikation, oder können die Leute nicht miteinander reden?
- Hat die Schule Verfahren der Problem- und Konfliktlösung entwickelt, die von der ganzen Schulgemeinschaft akzeptiert werden?
- Inwieweit hat sich die Schule aktiv um ihre eigene »Kultur« bemüht, um das Klima, ihre Verantwortung, die Zufriedenheit der »Mitglieder« am Arbeitsplatz?

– Inwieweit gilt, daß Verfahrensfragen in der Arbeit der Schule den gleichen Rang haben wie »Produktfragen«?

**Strategien:** Diese Dimension meint die Art und Weise der Schulleitung, Mechanismen und Methoden der Schulentwicklung sowie Verfahren der Problemlösung, Entscheidungsfindung, Belohnung und Grenzziehung. Es ist Aufgabe der Leitung, die Werte der Schule, die Strukturen und die zwischenmenschlichen Beziehungen so gut wie irgend möglich im Gleichgewicht zu halten. Ferner muß sie sich bemühen, zweckmäßige Verbindungen zur Umgebung herzustellen. In der Schulentwicklung fällt ihr eine besondere Verantwortung zu. Im nächsten Kapitel werden wir auf das Thema Schulleitung und Schulentwicklung näher eingehen.

Auch die Dimension der Strategien enthält eine Reihe Probleme:

– Inwieweit sind die Verfahren der Entscheidungsfindung den Akteuren klar, und inwieweit ist ihre Klärung *wünschenswert*?
– Welche Verfahren und Mechanismen der Delegierung von Entscheidungen gibt es, und wie werden sie angewandt?
– Wer kann Entscheidungen wirklich beeinflussen, und inwieweit harmoniert der formale Einfluß mit den Normen, die die Schule sich gegeben hat?
– Inwieweit hat die Schule die zur Erfüllung ihrer Aufgaben erforderlichen Kompetenzen, inwieweit werden diese genutzt, geschätzt und fortentwickelt?
– Reichen die Ressourcen zur Erfüllung der Aufgaben aus? Werden die Mittel zielbezogen bewilligt? Richten sich die Aktivitäten nach den Mitteln, oder ist es umgekehrt?
– Werden die Ressourcen effektiv genutzt?
– Hat die Schule Systeme und Verfahren der Schulentwicklung gefunden, die die Kreativität anregen, kreatives Verhalten belohnen, die Anpassung der Praxis erleichtern, Analyse und Evaluation ermöglichen? Und hat sie ein »Sicherheitsnetz«, mit dem sie Unsicherheit und Konfliktsituationen abfangen kann?
– Werden alle Schulleitungsfunktionen wahrgenommen (einschließlich der Funktion administrativer, sozialer und fachlicher Erneuerung)? Ist oder war der Führungsstil Gegenstand der Diskussion, ist die Schulleitung kooperativ eingestellt, und steht sie positiv zur Schulentwicklung?

# 4. Führungstheorien

Viele der in diesem Buch bisher besprochenen Untersuchungen und Erfahrungsberichte betonen die Wichtigkeit der Führung beim Entwicklungsprozeß. In diesem Kapitel wollen wir die Rolle der Schulleitung und ihre Bedeutung für die Schulentwicklung näher betrachten.

»Führung« ist kein eindeutiger Begriff. Was man im zwanzigsten Jahrhundert darunter verstand, hängt eng zusammen mit dem jeweiligen Menschenbild, der Organisationsperspektive und der Grundeinstellung zu Veränderungen. Zunächst wollen wir die verschiedenen Theorien der Führung im Lichte der in den beiden vorigen Kapiteln besprochenen Organisationsperspektiven betrachten.

Wir werden »Führung« auf den Ebenen des Systems, der Kommune und der Schule definieren, beschreiben und analysieren. Damit sollen Theorien und Begriffe geklärt werden; praktische Anweisungen zur Schulleitung sind nicht beabsichtigt. Dennoch wollen wir unseren Blick auf die Schulleitung richten, indem wir zuerst ihre nach meiner Auffassung zentralen Funktionen behandeln und danach die Literatur zur Rolle der Schulleitung bei der Schulentwicklung kritisch darstellen.

## 4.1 Was ist Führung?

Es gibt mehrere Definitionen von »Führung«. Wie schon erwähnt, sind diese an bestimmte Auffassungen vom Menschen und von Organisationen gebunden. Die meisten einschlägigen Arbeiten beziehen sich nicht auf die Schule, sondern auf andere Organisationen, vor allem Industriebetriebe. Jeder der in Kapitel 3 beschriebenen Theorien lassen sich eine oder mehrere Definitionen von »Führung« zuordnen.

Novotny und Tye unterscheiden zwischen *Leiter* und *Administrator* (NOVOTNY und TYE 1973):

*Der Administrator* strebt nach vorgegebenen Zielen und gebraucht bekannte Methoden.

*Der Leiter* strebt nach neuen Zielen und regt zum Gebrauch neuer Methoden an.

Die beiden Autoren, die in erster Linie die Leitung von Schulen untersuchten, sehen die folgenden vier Dimensionen als für einen Schulleiter wesentlich an:

1. *Zielorientierung:* die Fähigkeit, Aufgaben gezielt anzugehen und die Arbeit zu strukturieren;
2. *Menschenorientierung:* die Fähigkeit, ein gutes Klima der Zusammenarbeit zu schaffen, mit anderen zusammenzuarbeiten und Konflikte lösen zu helfen;
3. *Selbsterkenntnis:* Einsicht in die Begrenzungen und Stärken der eigenen Führungsqualitäten, so daß sowohl die eigenen Ressourcen genutzt werden als auch andere die Chance erhalten zu zeigen, was sie können;
4. *Perspektive:* die Fähigkeit, über die tägliche Arbeit hinauszublicken, die in der Gesellschaft wirksamen Kräfte zu begreifen, externe Ressourcen zu nutzen und die eigene leitende Tätigkeit aus übergeordnetem Blickwinkel zu sehen.

Lipham schließt sich der Unterscheidung von Administration und Führung an. Diese definiert er als

»...das Ergreifen der Initiative zu neuen Arbeitsformen, so daß die Organisation ihre Ziele erreicht – oder eventuell zu neuen Zielen findet...« (LIPHAM 1964).

Nach Jacob Getzels wird in den Definitionen, die ausschließlich auf die innovativen Möglichkeiten und Qualitäten des *Leiters* abstellen, die Rolle der Mitarbeiter übersehen. Führung ist in seiner Sicht nur möglich als Zusammenspiel von Leiter und Mitarbeitern. Er unterscheidet Ordination, bei der die Organisation dem Leiter Autorität übertragen hat, und *Führung, bei der die Autorität von den Mitarbeitern verliehen ist.* Führung beruht also auf anvertrauter Autorität (GETZELS, LIPHAM und CAMPBELL 1968).

In mehreren Definitionen wird Führung als ein solches Zusammenwirken beschrieben, dessen Zweck die Erreichung der Organisationsziele ist. Kelly betont, es sei die Gruppe (oder Organisation), die Ziele erreiche, nicht der Leiter:

»...Führung heißt, die Dinge so zu regeln, daß die Gruppe bestimmte Ziele erreichen kann... (KELLY 1974).

Der Däne Svend Skyum-Nielsen betont, Führung hänge sowohl von allgemeinen Rahmenbedingungen als auch von verschiedenen situativen Faktoren, von den Personen und der Aufgabe ab. Er schlägt die folgende Definition vor:

»Führung ist ein Ziele setzendes und Ziele suchendes Verhalten, bei dem Personen ein psychologisches Vertragsverhältnis eingehen und gemeinsam Probleme lösen« (SKYUM-NIELSEN 1985).

Die in der »Management-Literatur« der letzten Jahre vorgeschlagenen Definitionen verstehen unter Führung die zur Beeinflussung des Verhaltens von Personen und Gruppen notwendigen Prozesse, damit in gegebenen Situationen bestimmte Ziele erreicht werden.

Führung hat es also mit dem Leiter, den Mitarbeitern, den Aufgaben, der Organisation und der Umgebung zu tun. Diese Definition unterscheidet auch nicht zwischen offiziellen und inoffiziellen Leitern. *Führung geschieht in jeder Situation, in der eine Person eine andere zu beeinflussen sucht.*

Wir wollen später in diesem Kapitel auf unsere Auffassung von Schulleitung zurückkommen. Hier genügt die Feststellung, daß Führung eine *Funktion* ist, die von mehreren Personen in der Schule wahrgenommen wird. Der einzelne Lehrer fungiert in der Klasse als Leiter. Manche Schüler haben in gewissen Situationen eine Führungsfunktion. Der Beratungslehrer der Schule kann ein Leiter sein. Und selbstverständlich werden die Mitglieder der offiziellen Schulleitung oft als Leiter auftreten.

## 4.2 Klassische Organisationstheorie und Führung

**Die Theorie der Führereigenschaften:** Die klassische Organisationstheorie setzt, wie in Kapitel 2 erwähnt, voraus, daß Menschen in der Organisation rational handeln (vgl. oben S. 41 f.). Der Leiter hat eine souveräne Position inne, weil er (meistens ist es ein Er!) intellektuell überlegen, kenntnisreich und entscheidungsbefugt ist. Nach diesem Gedankengang ist der Leiter dazu da, wenn es Probleme gibt, »den Knoten durchzuhauen«, zu neuen und besseren Praktiken zu finden und Konflikte zu lösen. Bei dieser Aufgabe genießt er wegen des hierarchischen Aufbaus der Organisation volle Unterstützung.

Unter solchen Voraussetzungen wurde die Findung des richtigen Leiters zu einer wichtigen Sache. Denn er mußte ja sozusagen mit den erforderlichen besonderen Eigenschaften geboren sein! Thomas Carlyle entwarf die »great man theory«; er meinte, die großen Fortschritte der Weltgeschichte ließen sich auf einzelne große Männer zurückführen (CARLYLE 1910). Nach dieser Theorie hatten solche Führungspersönlichkeiten einige Eigenschaften, die sie von anderen Personen unterschieden. Sie hoben sich von diesen in vielfacher Hinsicht positiv ab: in der körperlichen Entwicklung, im seelischen Gleichgewicht, in Energie, Freundlichkeit, Intelligenz, Ausdauer und Kreativität. Nach Carlyle bewährten sich diese Eigenschaften in unterschiedlichen Situationen.

In einer bekannten Studie aus dem Zweiten Weltkrieg zeigte Ralph Stogdill, daß persönliche Eigenschaften, isoliert gesehen, über Führungsqualitäten wenig aussagen. Er fand indes, daß eine Kombination mehrerer Eigenschaften, Kenntnisse und Fertigkeiten diese Qualitäten erklären konnte. Im einzelnen meinte Stogdill Persönlichkeitsmerkmale auf folgenden Gebieten:

1. *Kapazität* (Intelligenz, Schnelligkeit, verbale Fähigkeiten, Originalität, Urteilsvermögen;
2. *Studienfertigkeiten* (sowohl Leistungen in traditionellen Schulfächern als auch sportliche Leistungen);
3. *Verantwortung* (Initiative, Ausdauer, Elan, Selbstwertgefühl, Vertrauen);
4. *Teilnahme* (Kooperations- und Anpassungsfähigkeit, Humor, soziale Fähigkeiten, Aktivitätsniveau);
5. *Status* (berufliche, soziale und materielle Position, Popularität);
6. *Situation* (Voraussetzungen, Status, Fertigkeiten, Bedürfnisse und Interessen von Mitarbeitern – und das angestrebte Ziel) (STOGDILL 1974).

Auf der Basis solcher Gedanken wurde eine ganze Serie von Tests entwickelt, die bei der Besetzung von Führungspositionen die Findung geeigneter Personen erleichtern sollten. Diese Auswahl ist seither zu einer eigenen Profession geworden. Seit einigen Jahren geht man dabei von Theorien aus, die solider sind als die ursprüngliche Theorie der Führungseigenschaften.

Mehrere Forscher fanden nämlich, daß diese mit großen Schwächen behaftet war. Stogdill selber kam in späteren Arbeiten zu dem Ergebnis, daß es sehr schwierig sei, Persönlichkeitsmerkmale auszumachen, die *nur* bei Inhabern leitender Stellungen vorkämen. Er fand z. B., daß nur 5 % der in 106 einschlägigen Studien erwähnten Eigenschaften in vier oder mehr von ihnen genannt wurden! Er folgerte, daß der von ihm früher unter Nummer 6 (siehe oben) aufgeführte Faktor »Situation« der entscheidende sei:

> »Überzeugende Untersuchungsergebnisse zeigen, daß je nach Situation unterschiedliche Führungseigenschaften gefragt sind. Die Verhaltensweisen und Eigenschaften, die ein Gangster braucht, um eine Verbrecherbande kontrollieren zu können, sind nicht die gleichen wie die eines religiösen Führers, der viele Jünger um sich scharen möchte. Und doch scheinen einige Züge – wie Mut, seelische Kraft, Stärke der Überzeugung – für beide charakteristisch zu sein« (STOGDILL 1974).

Cecil A. Gibb konnte bei Inhabern von Führungspositionen, wenn er sie mit anderen Personen verglich, keine durchgängigen Charakterzüge feststellen (GIBB 1954), und Eugene E. Jennings stellte fest:

> »Nach 50 Jahren Studien gibt es keinen Beweis für die Existenz auch nur eines einzigen Personmerkmals oder einer Eigenschaft, die Führungspersönlichkeiten von Menschen, die das nicht sind, trennen« (JENNINGS 1961).

Die Wendung des Blicks von Führungseigenschaften zur *Führungspersönlichkeit und ihrem Milieu* vollzog sich sehr schnell. Es gibt dabei Parallelen etwa zur Entwicklung der Intelligenzforschung, die sich von der Vererbung ab- und dem Milieu zuwandte. *Führung in Gruppen* wurde daher das wichtigste Thema der Forschungen zum Thema Führung.

## 4.3 Humanistische Theorie und Führung

Wie wir in Kapitel 2 sahen, bedeutete die humanistische Organisationstheorie einen krassen Bruch mit der klassischen Theorie. Während diese auf Rationalität, Klarheit, Präzision, hierarchische Befehlsstrukturen und mechanische Verfahren Wert legte, ging die humanistische Theorie von den Bedürfnissen des einzelnen Arbeitgebers aus. Von daher sollte die Organisation entwickelt werden, nicht sollten umgekehrt sich die Bedürfnisse nach der Organisation richten.

Die Aufgabe des Leiters bestand nach dieser Perspektive darin, die Dinge so zu regeln, daß gemeinsame Ziele erreichbar waren und zugleich die Bedürfnisse des einzelnen befriedigt wurden. Etwas vereinfacht läßt sich sagen, daß die klassische Theorie die Aufgaben betonte, während die humanistische Theorie *die Menschen* in der Organisation in den Mittelpunkt stellte.

**Situationsbedingte Gruppenleitung:** Schon früh zeigte sich, daß die Wahl einer bestimmten Person zum Führer sowie der Führungsstil situationsbedingt waren. Zunächst hatten die Psychologen in der einschlägigen Forschung dominiert. Nun warfen auch die Soziologen ihr Gewicht in die Waagschale.

Allmählich wandte sich damit die Forschung von der Untersuchung der Person und ihrer Eigenschaften ab und dem Studium von Rollen in Gruppen und dem des Zusammenspiels von Menschen in gegebenen Situationen zu. Dabei stellte sich nach und nach heraus, daß »gute Führung« von Gruppe zu Gruppe und von Situation zu Situation etwas Verschiedenes bedeutete. Damit wurde es immer unwahrscheinlicher, daß man ein brauchbares analytisches Mittel finden könnte, mit dem sich voraussagen ließe, wer sich, ganz allgemein gesehen, für Führungsaufgaben eignen würde.

Andere Fragen begannen daher die Forscher zu interessieren:

- Unter welchen Bedingungen entwickeln sich Personen mit Führungsqualitäten?
- Was kennzeichnet die Personen, die in bestimmten Situationen plötzlich als führend in Erscheinung treten?
- Wird jemand, der in einer Gruppe Führer ist, dies auch in einer anderen sein?
- Wann verliert ein Führer seine Gefolgschaft?
- Was kennzeichnet ein über längere Zeit andauerndes Führungsverhalten?

Mit dieser Neuorientierung wurden oft kleinere, unstrukturierte Gruppen zum Gegenstand der Forschung. Vielleicht verdienen dabei Schulleitungen besonderes Interesse, weil ein erheblicher Teil der in der Schule anfallenden Führungsaufgaben in kleinen, oft informellen Gruppen geregelt wird (BASS 1954).

**Theorie des Führungsstils:** Eine der ersten Studien zum Thema Führungsstil war eine Untersuchung von Elfjährigen in einem Jugendclub in Iowa, ausgeführt von Kurt Lewin, Ronald Lippitt und Ralph White. Aus dieser Studie stammen die Begriffe *autokratischer, demokratischer* und *Laissez-faire*-Führungsstil, die sich seither eingebürgert haben (LEWIN, LIPPITT und WHITE 1939). Einige Autoren meinten, zwischen autoritär und demokratisch eingestellten Leitern gebe es eine scharfe Trennlinie. Der Leiter könne nämlich entweder seinen Mitarbeitern sagen, was getan werden solle (autokratisch), oder seine Führungsverantwortung mit ihnen teilen, so daß sie an der Planung und Ausführung von Beschlüssen mitwirkten (demokratisch).

McGregors Theorie X und Theorie Y brachte die beiden Führungsstile unter ein Dach (vgl. oben S. 59 ff.). Der autoritäre Leiter gründet seinen Stil auf die ihm verliehene Entscheidungsbefugnis und hat ein X-Menschenbild (Mitarbeiter sind faul, man kann sich nicht auf sie verlassen, etc.). Der demokratische Leiter sieht seine Autorität als etwas, das die Gruppe ihm übertragen hat, und hält die Mitarbeiter für kreativ und in der Lage, sich selbst zu führen (Theorie Y).

Die beiden Briten Blake und Mouton sahen auch die *Konflikte, die sich aus der doppelten Verpflichtung des Leiters ergeben können: der notwendigen Rücksicht auf die Produktion einerseits und auf die Menschen in der Organisation andererseits.* Sie entwickelten das recht bekannt gewordene »Grid« oder Raster, das fünf verschiedene Führungsstile und entsprechend fünf verschiedene Organisationen veranschaulicht (BLAKE und MOUTON 1964, siehe Abb. auf der nächsten Seite).

*Der Stil 1.1* kennzeichnet einen Leiter, der sich weder für die Produktion noch für die Menschen in der Organisation interessiert. Er ist bestrebt, so wenig wie möglich zu tun, und treibt das *Laissez faire* auf die Spitze, indem er die Dinge einfach schleifen läßt.

*Der Stil 1.9* steht für einen stark humanistisch orientierten Leiter, der die Gefühle und Bedürfnisse des einzelnen den Bedürfnissen der Organisation überordnet.

*Der Stil 9.1* bezeichnet einen ausgeprägt ziel- und produktorientierten Leiter, der sich um Strukturierung, Begleitung und Kontrolle der Produktion persönlich kümmert und sehr wenig Zeit für seine Mitarbeiter hat.

*Der Stil 5.5* ist typisch für einen kompromißorientierten Leiter, der nach einem mittleren Weg sucht, die Regeln des Systems loyal befolgt, aber auch seinen Mitarbeitern gern ihren Teil vom Kuchen gönnt. Normalerweise ist dabei niemand ganz zufrieden, obwohl die meisten sich, alles in allem genommen, mit ihrem Chef abfinden, weil sie ihn für einigermaßen gerecht halten.

*Der Stil 9.9* kennzeichnet einen kreativen Leiter, der sowohl die Produktion als auch die Menschen in der Organisation in größtmöglichem Maße zu berücksichtigen sucht. Er ist konsensorientiert, sieht im

Unmöglichen noch Möglichkeiten und gilt als tüchtige und ideenreiche Persönlichkeit.

Die Theorie besagt also, daß es durchaus möglich ist, sozusagen zwei Fliegen mit einer Klappe zu schlagen. Die starke Betonung der einen Dimension steht nicht unbedingt im Gegensatz zur starken Betonung auch der anderen. Zwischen den beiden Dimensionen besteht kein unausweichliches und grundsätzliches Konfliktverhältnis. Ein Beispiel hierzu aus der Schule ist vielleicht das Verhältnis von *Wissensvermittlung* zur Betonung der *zwischenmenschlichen Werte*. Sollte es nicht möglich sein, praktische Lösungen zu finden, mit denen wir beide Ziele erreichen?

**Abb. 17: Das Management-Raster nach Blake und Mouton**

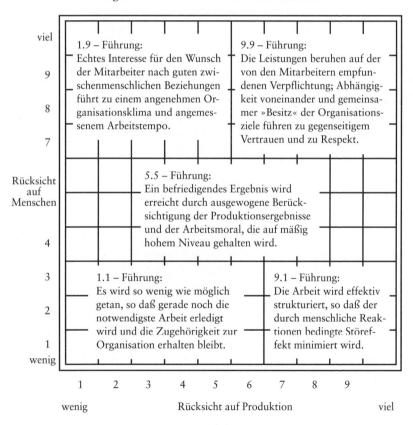

Gegen einen zu naiven Umgang mit dem Modell sind erhebliche Vorbehalte angemeldet worden. Die Wirklichkeit, so hieß es, sei durchaus nicht so einfach, daß der Inhaber einer Führungsposition bei seiner Arbeit nur zwei Dimensionen zu berücksichtigen hätte. Es sei ferner höchst zweifelhaft, ob die »unpolitische« Philosophie, die das Modell kennzeichne, anwendbar sei auf große und komplexe Organisationen, in denen Gruppeninteressen oft miteinander und mit den Zielen der Organisation kollidierten.

Tannenbaum und Schmidt gingen einen Schritt weiter, indem sie verschiedene Haltungen beschrieben, die jemand in leitender Stellung zu zwei Hauptdimensionen einnehmen kann (siehe Abb. 18):

1. Gebrauch der Führerautorität
2. Delegierung an die Gruppe (TANNENBAUM und SCHMIDT 1957).

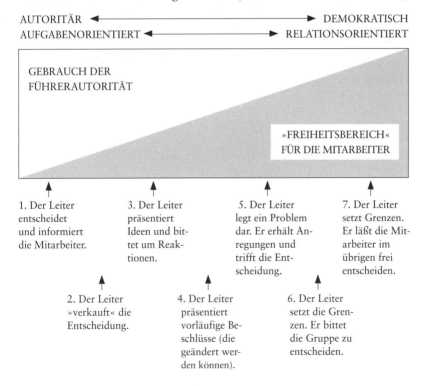

Abb. 18: Varianten des Führungsverhaltens (nach Tannenbaum und Schmidt)

Der autoritäre und der demokratische Führungsstil sowie die Aufgaben- und Beziehungsorientierung bezeichnen also jewejls die äußersten

Punkte eines Kontinuums, auf dem es viele Nuancen möglicher Führungsstile gibt. Diejenigen, die Beschlüsse meist auf eigene Faust fassen, ohne je ihre Mitarbeiter zu konsultieren, praktizieren einen extrem autoritären Stil. Diejenigen andererseits, die alle Entscheidungen der Gruppe überlassen (d. h. die in Abb. 18 noch rechts von Nr. 7 anzusiedeln wären), haben in Wahrheit schon abgedankt, sie führen die Gruppe nicht mehr. Lewin würde hier von einem Laissez-faire-Stil sprechen.

Am Midwest Administrative Center der Universität von Chicago war der Führungsstil Gegenstand mehrerer Untersuchungen, in denen drei typische Stile unterschieden wurden (GETZELS 1973):

1. *Der regelgebundene Typ* (»nomothetic«): Der Leiter ist der klassischen Organisationstheorie verpflichtet (strukturelle Perspektive). Er betont die Wichtigkeit der Forderungen, Regeln und Bestimmungen der Organisation und überwacht die Einhaltung der Regeln genau.
2. *Der personorientierte Typ* (»ideographic«): Der Leiter ist der humanistischen Organisationstheorie verpflichtet und kümmert sich besonders um die Bedürfnisse der Mitarbeiter sowie um ein gutes Klima der Zusammenarbeit.
3. *Der Verhandlungsführer* (»transactional«): Der Leiter erkennt die Bedeutung von Regeln und Organisationszielen an, aber sieht auch die Bedürfnisse des einzelnen Mitarbeiters. Es gelingt ihm, beide Dimensionen aufgaben- und situationsbedingt abgewogen zu berücksichtigen (d. h. die Interessen der Organisation können manchmal denen der Personen übergeordnet werden – und umgekehrt).

Chris Argyris hat gezeigt, in welche Konflikte Personen in führender Position kommen können, wenn sie sich anders verhalten, als es ihren Wertvorstellungen entspricht (ARGYRIS 1962). Er ging aus von McGregors Theorie X und Theorie Y (vgl. oben S. 59 ff.) und setzte sie in Beziehung zu zwei Arten des Führungsverhaltens:

Das *A-Verhalten* ist das eines verschlossenen Menschen, der als Leiter auf Routine und Kontrolle setzt.

Das *B-Verhalten* ist das eines offenen Menschen, der als Leiter experimentierfreudig und hilfsbereit ist.

Argyris zeigte dann den Zusammenhang von Wertvorstellungen und Verhalten:

**Abb. 19: Wertvorstellungen und Führungsverhalten (nach Argyris)**

|  |  | FÜHRUNGSVERHALTEN | |
|---|---|---|---|
|  |  | A | B |
| WERTVOR-STELLUNGEN (McGregor) | X | AX | BX |
|  | Y | AY | BY |

Die Personentypen AX und BY kommen nach Argyris gut mit sich selbst zurecht. Ihre grundlegenden Wertvorstellungen harmonieren mit ihrem Führungsstil. Die Typen AY und BX stehen dagegen im Konflikt mit sich selbst.

Ein Leiter des Typs AY hat sich die akribische Kontrolle der Mitarbeiter zur Aufgabe gemacht, entweder weil der Auftraggeber dies von ihm verlangt (bzw. weil er glaubt, dieser verlange es) oder weil er es für nötig hält, in bestimmten Situationen oder in einem bestimmten Zeitraum energisch aufzutreten. Er praktiziert den A-Stil, um seinen Mitarbeitern weiterzuhelfen, damit diese nach einer Weile mehr Verantwortung übernehmen können und er selbst im Stil BY arbeiten kann, der seinem grundsätzlichen Bild vom Menschen (der Y-Sicht) entspricht.

Die BX–Kombination kommt nach Argyris aus zwei Gründen vor: Entweder haben die leitenden Personen dieses Typs irgendwo gelesen, Anteilnahme am Wohl und Wehe der Leute steigere die Produktion, oder sie arbeiten in einem Milieu oder für Auftraggeber, die ein B-Verhalten von ihnen erwarten, so daß sie es praktizieren, obwohl sie selbst nichts von Offenheit und Teilnahme halten.

Ich habe oft den Eindruck, daß man sich etwas unkritisch auf McGregors X-Y-Theorie beruft. Ein Hinweis auf das, was er selbst äußerte, als er nach sechsjähriger Erfahrung seine Stellung als Hochschullehrer verließ, mag daher nützlich sein:

»...Ich glaubte,... ein Leiter werde Erfolg haben, wenn er seiner Organisation als Berater gegenübertrete. Ich glaubte, ich könnte es vermeiden,»Chef« zu sein. Ich vermute, daß ich unbewußt am liebsten das Unangenehme umgehen wollte: schwierige Entscheidungen, die Verantwortung für einen unter mehreren unsicheren Alternativen zu wählenden Kurs, das Fehlermachen und das Einstehen für die Konsequenzen. Ich dachte, vielleicht könnte ich so sein, daß alle mich mochten, daß gute zwischenmenschliche Beziehungen allen Unstimmigkeiten abhelfen würden. Ich hätte mich nicht krasser irren können. Es dauerte ein paar Jahre, aber ich merkte schließlich, daß ein Leiter nicht umhin kann, seine Autorität einzusetzen, ebensowenig wie er der Verantwortung für das, was mit seiner Organisation geschieht, entkommt« (McGregor 1954).

McGregor ist also durchaus kein Gewährsmann dafür, daß die Theorie Y ein Ideal ist, das zu gruppenorientierter Leitung führt (etwa zu den Führungsstilen 6 und 7 in Tannenbaums Terminologie, siehe Abb. 18).

Nach Argyris tendieren die meisten offiziellen Organisationen zu einer Funktionsweise, bei der die Arbeiter in einem Zustand der Unreife bleiben (vgl. die Darstellung der Schule als Organisation in Kapitel 3). Er betont, die Art, wie eine Organisation und ihr Leiter sich darstellten, führe entweder zu größerer Reife oder zu größerer Unreife:

UNREIFE . . . . . . . . . . . . . . . . . . . . . . . . . . . . REIFE
– passiv . . . . . . . . . . . . . . . . . . . . . . . . . . . . aktiv –
– Abhängigkeit . . . . . . . . . . . . . . . . . Unabhängigkeit –
– einseitiges Verhalten . . . . . . . . . mehrere Verhaltenstypen –
– oberflächliches Interesse . . . . . . . . . . . tiefere Interessen –
– kurzfristige Perspektive . . . . . . . . längerfristige Perspektive –
– untergeordnete Position . . . gleich- oder höherrangige Position –
– wenig Selbstbewußtsein . viel Selbstkenntnis und Selbstkontrolle –

Die Entwicklung des Begriffs *Führungsstil* ging, anders gesagt, auch dahin, daß man ihn in Relation zu einer Reihe situationsbedingter Faktoren verstehen lernte. U. a. wird allmählich immer klarer, daß der amerikanisch-europäische kulturelle Hintergrund unser intuitives Verständnis von »guter Führung« beeinflußt.

Rensis Likert suchte zu ermitteln, was die (unter dem Aspekt der Produktion) effektiven Führer von den wenig effektiven unterschied. Er fand, daß die Abteilungen in den Betrieben, deren Leiter sich viel um die Beschäftigten kümmerten, zugleich auch am meisten produzierten (Likert 1961). Paul Hersey, der diese Untersuchung in Nigeria nahezu kopierte, kam fast zu entgegengesetzten Ergebnissen (Hersey 1982). Er folgerte, es sei unproduktiv, immer nur auf den Führungsstil zu blicken. Die Begriffe, mit denen wir operierten, nähmen zu wenig Rücksicht auf kulturelle Faktoren, Normen, Traditionen, Bildungsstand und Organisationserfahrung.

**Theorie des Führungsverhaltens:** Wir haben bisher solche Theorien besprochen, die Führungsqualitäten und Situationsbedingungen ins

Blickfeld rücken. Schon 1945 begann die Universität von Ohio mit Studien des Führungs*verhaltens*. Das von Blake und Mouton vorgestellte Modell der Führungshaltungen ist in Wahrheit eine Popularisierung der Ergebnisse der Ohio-Gruppe (BLAKE und MOUTON 1964). Es gibt indes einen wesentlichen Unterschied: Blake und Mouton entwerfen ein *Haltungsmodell*, d. h. es mißt, inwieweit Inhaber leitender Stellungen *in ihren Haltungen zum Führen* der einen oder anderen Dimension zuneigen. Das von der Ohio-Gruppe entwickelte Modell mißt dagegen, *was der Leiter wirklich tut*; es ist ein *Verhaltensmodell*. Führungsverhalten wurde dabei an zwei Fähigkeiten gemessen:

1. *Strukturieren* (»initiating structure«): die Fähigkeit des Leiters, Aufgaben zu strukturieren sowie klar definierte Verfahren, gute Kommunikations- und Entscheidungswege zu etablieren;
2. *Umsicht zeigen* (»consideration«): die Fähigkeit, das Verhältnis von Leiter und Mitarbeiterstab mit Freundschaft, gegenseitigem Vertrauen, Respekt und Wärme zu erfüllen (STOGDILL 1974).

Die Ohio-Gruppe entwickelte das »Leader Behavior Description Questionnaire« (LBDQ), den in der westlichen Welt wahrscheinlich meistgebrauchten Fragebogen zum Thema Führung. Die Forscher fanden, das Verhalten einer Person in leitender Stellung könne von den Untergebenen, Kollegen und Vorgesetzten in Relation zu zwei Dimensionen beschrieben werden, wie Abb. 20 zeigt:

**Abb. 20: Verhaltensmatrix der Ohio-Gruppe (nach Stogdill)**

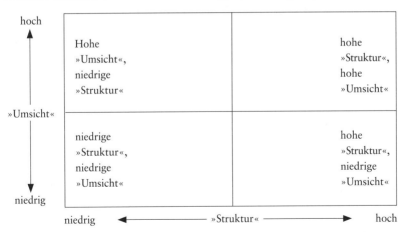

LBDQ mißt das Verhalten des Leiters auf zwölf Gebieten:

1. *Repräsentation:*
   Der Leiter redet und verhält sich als Repräsentant der Gruppe.
2. *Konfliktlösung:*
   Er handelt so, daß Konflikte begrenzt werden und das System möglichst wenige destruktive Unterbrechungen erfährt.
3. *Duldung des Ungewissen:*
   Er duldet die in unsicheren Situationen, bei Verschiebungen etc. auftretenden Probleme ohne Erschrecken oder Irritation.
4. *Überredung:*
   Er kann überreden, setzt Argumente wirksam ein und hat feste Meinungen.
5. *Strukturierung:*
   Er definiert die eigene Rolle klar und sagt den Mitarbeitern, was von ihnen erwartet wird.
6. *Toleranz:*
   Er läßt Mitarbeitern einen Freiraum für Initiativen, Beschlüsse und Aktivitäten.
7. *Rollenerwartung:*
   Er nimmt seine führende Rolle aktiv wahr und gibt keine Befugnisse ab.
8. *Umsicht:*
   Er bedenkt Situationen, Status und Leistung der einzelnen Mitarbeiter.
9. *Produktion:*
   Er übt Druck aus, um Ergebnisse zu erzielen.
10. *Prognostische Fähigkeit:*
    Er zeigt Weitblick und kann die Ergebnisse mit großer Genauigkeit vorhersagen.
11. *Integration:*
    Er hält eine gut eingearbeitete Organisation in Schwung und löst zwischenmenschliche Konflikte.
12. *Verhältnis zu Vorgesetzten:*
    Er unterhält gute Verbindungen zu Vorgesetzten, nimmt auf sie Einfluß und strebt einen höheren Status an.

## 4.4 Offene Systemtheorie und Führung

Wie wir in Kapitel 2 sahen, geht es der offenen Systemtheorie um das Verhältnis der Organisation zu ihrer Umgebung, um die Ressourcen, die die Organisation braucht (input), die Prozesse, die zu Ergebnissen füh-

ren (throughput), und die Ergebnisse selbst (output; vgl. oben S. 49 f.).
Die Abhängigkeitstheorie (vgl. oben S. 51 ff.) ist eine Form der offenen
Systemtheorie, die vor allem an den für die Zielverwirklichung bedeutsamen Faktoren interessiert ist.

**Abhängigkeitstheorie:** Paul Hersey und Richard Blanchard wollten diesen Ansatz weiterführen und brachten eine »Effektivitätsdimension« in die Diskussion ein (HERSEY und BLANCHARD 1967). Sie hatten aber schon einen Vorläufer in William J. Reddin (REDDIN 1970), der von Blakes und Moutons Raster ausging (siehe Abb. 17 S. 170). Der Grundgedanke bei ihm wie bei Hersey und Blanchard war, *jeder* Führungsstil könne – je nach der Situation, in der der Leiter sich befinde – sowohl effektiv als auch ineffektiv sein. Die Abhängigkeitstheorie kommt also dem ziemlich nahe, was wir früher situationsbedingte Führung genannt haben, nur eben jetzt bezogen auf Organisationen. Die ersten Ansätze konzentrierten sich auf zwei Merkmale der Situation informeller Gruppen: das Verhältnis von Leiter und Teilnehmern und die zu lösende Aufgabe.

Mit der Abhängigkeitstheorie wird eine ganze Reihe Faktoren zum Gegenstand der Beurteilung, von Interna der Organisation (Ziele, Strukturen, Prozesse, Relationen) bis zu Merkmalen der Umgebung. Herseys und Blanchards Modell ist wohl für die Schule von besonderem Interesse (siehe Abb. 21). Es geht von den beiden Hauptdimensionen des Ohio-Modells aus, aber nennt sie *Aufgabenverhalten* (»initiating structures«) und *Relationsverhalten* (»consideration«). Effektives Führungsverhalten wird dann zur *Reife der Gruppe* in Beziehung gesetzt. »Reife« meint hier *die Fähigkeit der Gruppe zur Kooperation und ihre Fertigkeiten beim Lösen der Aufgaben* (HERSEY und BLANCHARD 1977).

1. *Hohes Aufgaben-, niedriges Relationsverhalten* (S 1-Stil):
Dieses Verhalten zeigt der *erzählende* (»telling«) Leiter. Sein Führungsstil ist gekennzeichnet durch Einbahnstraßen-Kommunikation. Er definiert die Rollen der Mitarbeiter, sagt ihnen, was sie tun sollen und wie, wann und wo die Aufgabe zu lösen ist. Nach Hersey und Blanchard ist diese Art Führung dann wirksam, wenn die Reife der Gruppe gering ist.

2. *Hohes Aufgaben-, hohes Relationsverhalten* (S 2-Stil):
Dieses Verfahren zeigt der *verkaufende* (»selling«) Leiter. Die Initiative geht noch immer überwiegend von ihm aus, aber er bemüht sich auch um die Mitarbeiter; er möchte, daß sie Vorschläge machen, Initiativen ergreifen und sich die Aufgaben wirklich zu eigen machen. Nach Hersey und Blanchard ist dieser Stil effektiv in Gruppen von mittlerer bis geringer Reife.

Führungstheorien

*3. Hohes Relations-, niedriges Aufgabenverhalten* (S 3-Stil):
Dieses Verhalten wird auch *Teilhabe* (»participation«) genannt, weil die Mitarbeiter ernstlich an der Planung und Durchführung der Arbeitsaufgaben teilnehmen. Es gibt wirkliche zweiseitige Kommunikation, und der Leiter unterstützt persönlich die Mitarbeiter, die sich im übrigen um den praktischen Teil der Arbeit kümmern. Dieser Stil ist wirksam in Gruppen von mittlerer bis hoher Reife.

*4. Niedriges Aufgaben-, niedriges Relationsverhalten* (S 4-Stil):
Dieses Verhalten wird *Delegierung* (»delegating«) genannt, weil der Leiter die Mitarbeiter beim Ausführen der Aufgaben frei schalten und sie im großen und ganzen sich selbst überläßt. Ein solcher Stil empfiehlt sich in wirklich reifen Gruppen.

**Abb. 21: Situationsbedingte Führung (nach Hersey und Blanchard)**

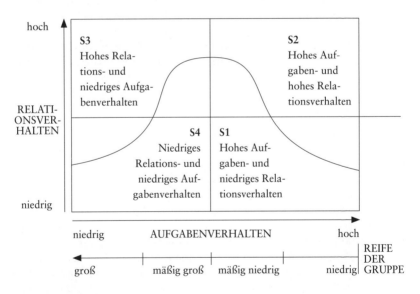

Etwas vereinfachend können wir sagen, daß die vier Hauptstile in folgenden Situationen effektiv oder ineffektiv sind:

*Stil 1* (ERZÄHLEND):
Effektiv: Wenn die Mitarbeiter von klaren Strukturen abhängig sind.
Ineffektiv: Wenn die Mitarbeiter den Eindruck haben, daß der Leiter ihnen eine Struktur aufzwingt.

*Stil 2* (VERKAUFEND):
Effektiv: Wenn die Gruppe sowohl in ihrer Struktur als auch in ihren persönlichen Beziehungen Hilfe wünscht. Ineffektiv: Wenn die Gruppe den Eindruck hat, daß es ein Zuviel an Struktur gibt und daß der Leiter an den einzelnen Mitgliedern als Menschen kein genuines Interesse hat.

*Stil 3* (TEILHABE):
Effektiv: Wenn die Mitarbeiter viel persönliche Unterstützung brauchen, um ihre Arbeit ordentlich ausführen zu können. Ineffektiv: Wenn der Leiter als überflüssiger »Harmonieapostel« empfunden wird, wenn er sich vor Führungsverantwortung drückt und unbeliebt zu werden fürchtet.

*Stil 4* (DELEGIERUNG):
Effektiv: Wenn die Gruppe am liebsten selbst Verantwortung übernimmt und selbständig arbeiten will, d. h. ohne einen Leiter auskommen möchte. Ineffektiv: Wenn die Gruppenmitglieder den Eindruck haben, daß sie weder bei der Lösung ihrer Aufgaben noch persönlich genügend Unterstützung erfahren.

Hersey und Blanchard demonstrieren an mehreren Beispielen aus der Schule die Relevanz ihrer Theorie der situationsbedingten Führung. In einem brasilianischen Versuch durchliefen Schüler einen Prozeß, bei dem der Leiter am Anfang stark lenkte, um dann allmählich zum verkaufenden Stil, zur Teilhabe und zur Delegierung überzugehen. Im Vergleich mit Kontrollgruppen zeigten diese Schüler eine höhere Motivation, mehr Enthusiasmus, bessere Leistungen und weniger Schulmüdigkeit.

Die Autoren zeigen auch, wie manche Lehrer beim Übergang zu einem mehr individualisierten Unterricht ihren Stil drastisch verändern. Im gewöhnlichen Frontalunterricht praktizieren viele einen erzählenden Stil und strukturieren die Arbeit für alle Schüler. Im individualisierten Unterricht werden die Schüler mehr sich selbst überlassen, oder man setzt voraus, daß sie ihr Lernen aktiv mitgestalten. Hersey und Blanchard weisen nach, daß dies einigen Schülern sehr entgegenkommt, besonders denen aus der Mittelschicht, die aus ihren Elternhäusern einen solchen Stil gewohnt sind; aber es kann den Schülern direkt schaden, die noch nicht so reif sind, daß sie ohne weiteres Verantwortung für sich selbst übernehmen können.

Die meisten von uns haben in leitender Position einen eingeschliffenen *Hauptstil* und einen *subsidiären Stil*, den sie unter gewissen Bedingungen gebrauchen. Die wenigsten vermögen die Situation, in der sie sich jeweils befinden, zu analysieren und ihr Führungsverhalten darauf abzustimmen. Hersey und Blanchard zeigen an mehreren Beispielen, daß viele dazu neigen, zwischen Hauptstil und subsidiärem Stil rasch zu wechseln. Die Übergänge verwirren dann die Mitarbeiter oder schließen ein großes Risiko ein, daß das Ergebnis schlecht wird.

Nach Fiedler, der ebenfalls eine Abhängigkeitstheorie der Führung entwickelt hat, ist ein Leiter entweder »relationsorientiert« oder »aufgabenorientiert«. Diese Grundorientierung wird teilweise beeinflußt von drei Situations- und Umgebungsfaktoren (FIEDLER 1973):

*1. Leiter-Mitarbeiter-Verhältnis:*
Entweder beruht das Verhältnis auf Vertrauen und Loyalität – die Mitglieder schätzen den Leiter und akzeptieren seine Entscheidungen –, oder das Verhältnis ist genau entgegengesetzt.

*2. Aufgabenstruktur:*
Die Aufgaben sind in bezug auf Ziele, Aktivitäten, Verfahren und Erfolgskriterien klar strukturiert und programmiert. *Oder* sie sind unklar, und die Verfahren sind vage und mißverständlich.

*3. Machtposition:*
Die offizielle Organisation gibt dem Leiter Macht, Kontrolle zu üben und gezielt Belohnungen und Strafen einzusetzen. Die Macht ist durch Vereinbarungen, hierarchische Ebenen und die Erfahrung des Leiters legitimiert. *Oder* der Leiter hat wenig Macht.

Fiedler konnte zeigen, daß der durch Aufgaben und der durch Relationen motivierte Leiter in Abhängigkeit von diesen Faktoren verschieden reagieren. Indem er alle drei kombinierte, erhielt er günstige, mäßig günstige und ungünstige Situationen (siehe Abbildung 22 nächste Seite):

Nach Fiedler ist der durch Aufgaben motivierte Leiter (siehe die gestrichelte Linie) am effektivsten in extrem günstigen Situationen (1), d. h. wenn Macht, Einfluß und Kontrolle auf seiner Seite sind (anders gesagt: wenn die Unsicherheit gering ist), *oder* wenn die Situation extrem ungünstig ist (3), wenn also der Leiter wenig Macht, Einfluß und Kontrolle hat. Relationsmotivierte Leiter scheinen dagegen am besten zu sein in Situationen, die ihnen mäßig viel Macht, Kontrolle und Einfluß lassen (durchgezogene Linie). Somit kann man nicht von einem »guten« oder »schlechten« Leiter sprechen, *weil unterschiedliche Führungspersönlichkeiten sich unter verschiedenen Bedingungen optimal entfalten.*

Entscheidend wird dann das richtige Erfassen der Situation, vor die die Organisation gestellt ist. Danach kann man entweder nach geeigneten Führungspersönlichkeiten suchen, die vorhandenen »entwickeln« oder die Führungsaufgaben auf ein Team verteilen.

**Abb. 22: Fiedlers Abhängigkeitstheorie**

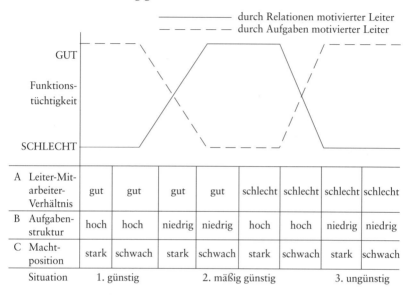

Inwieweit sind Personen in führenden Positionen in der Lage, ihren Stil zu ändern? Nach Fiedler sind sie entweder durch Aufgaben oder durch Relationen motiviert. Er sieht in dieser Grundorientierung einen Teil der Persönlichkeit und hält sie daher für kaum wandelbar. Er meint ferner, die Situation entscheide über Effektivität oder Ineffektivität eines Führungsstils. Sind also manche Leiter zum Scheitern verurteilt? Dies findet Fiedler nicht – vielmehr sagt er, die *Situation* müsse veränderbar sein. – Auch Sergiovanni hält den Führungsstil für sehr stabil, während Hersey und Blanchard, die ja auch eine Theorie der situationsabhängigen Führung vertreten, mit Nachdruck behaupten, man könne sich durch Training einen flexibleren Führungsstil aneignen.

Reddin nimmt eine mittlere Position ein; er sagt, die Frage sei nur personabhängig zu beantworten. Einige seien zur Änderung ihres Führungsstils in der Lage, andere seien ziemlich festgelegt. Nach Reddin müssen Inhaber leitender Positionen vor allem drei Eigenschaften haben: erstens Sensibilität für die Situation, um diese analysieren zu können, zweitens Flexibilität im Stil, um sich der Situation anpassen zu können, und drittens »situationsbedingte Führungseigenschaften«, d. h. die Fähigkeit, die Situation so zu verändern, daß sie besser zum eigenen Stil paßt. Reddin sah auch, daß *zu große* Flexibilität in manchen Kulturen sehr negativ bewertet wird und als Indiz dafür gilt, daß der Leiter in Wahrheit keinen eigenen Standpunkt hat (REDDIN 1970).

Sergiovanni hat diejenigen Trainingsprogramme für Führungspersonal kritisiert, die, basierend auf einer Abhängigkeitstheorie, nur eine oder wenige Variablen berücksichtigen (z. B. die »Reife« der Teilnehmer). Er nennt weitere Variablen, die in der Forschung zur Führungstheorie als relevant erwähnt werden, wie etwa Reddins »Jobcharakteristika«, Fiedlers Grundstile und situative Determinanten, Rollenerwartungen der Teilnehmer, Persönlichkeitsmerkmale des Leiters, Fristen bei der Ausführung von Aufgaben, zwischenmenschliche Probleme in der Gruppe (SERGIOVANNI 1979).

Sergiovanni und Elliot haben Faktoren benannt, die nach ihrer Ansicht jeder Inhaber einer Führungsposition zu berücksichtigen hat: die Forderungen, die die Sache (der jeweilige Job) an ihn stellt, den Grad der Delegierung, die Erwartungen anderer. Im übrigen meinen sie, daß in der Schule gewöhnlich ein *humanistischer* Führungsstil an wirksamsten sei (SERGIOVANNI und ELLIOT 1975).

Die bisher besprochenen Theorien sehen Führung hauptsächlich in Abhängigkeit von Organisationsvariablen, d. h. von Interna der Organisation, die auf Führung Einfluß haben können. Das gilt auch für Fiedler. Nur sehr wenige Forscher haben die offene Systemtheorie auf Probleme der Führung anzuwenden versucht.

Auch zur Diskussion um Schulen und Schulleitung hat die offene Systemtheorie bisher noch keinen Beitrag geleistet. Es reicht aber nach meiner Meinung nicht aus, Führungsprobleme nur in kleinen Gruppen (und in einem geschlossenen System) verstehen zu wollen. Diese Begrenzung sollte aufgegeben werden zugunsten einer offenen Systemperspektive.

In dem Maße, wie Schulen sich immer aktiver mit ihrem nahen Umfeld auseinandersetzen, mit Eltern, der örtlichen Wirtschaft und den politischen und administrativen Organen, wird es wichtig, das Verhalten des Schulleiters in eine solche offene Perspektive zu rücken, bei der seine Rolle nicht durch zentral erlassene Regeln und Verordnungen abgesichert ist, sondern eigene Entscheidungen gefordert sind, die mehr als früher der Beurteilung vor Ort unterliegen. Dezentralisierung kann bedeuten, daß Konflikte auf die lokale Ebene »heruntergeholt« werden. Der Leiter muß sich in steigendem Maße mit externen Kräften auseinandersetzen.

Ausgehend von dem Modell, das ich im vorigen Kapitel vorgestellt habe (vgl. oben S. 155 ff.), sehe ich Schulleitung als einen von Kräften in der Schule und ihrer Umgebung gesteuerten *Prozeß*.

1. *Werte:* Gemeint sind die wichtigsten praktisch wirksamen Werte der Schule (z. B. die Einstellung der Lehrer und Schüler zum Lernen) sowie die Konflikte, die sich aus unterschiedlichen Wertvorstellungen von Schulleitung, Lehrern, Eltern und Schülern ergeben können.
2. *Strukturen:* Das sind die wichtigsten Merkmale der Arbeit der Schule. Im einzelnen gehören dazu die Arbeitsweise, die Verteilung der Arbeit, die Sicherheit der Arbeit und die Entscheidungswege.
3. *Zwischenmenschliche Beziehungen:* Damit ist all das gemeint, was Lehrer, Schüler, Eltern und Schulleiter bei der Arbeit motiviert, ferner die Methoden der Konfliktlösung und die tatsächlichen und subjektiv erfahrenen Möglichkeiten der Zusammenarbeit (z. B. die Fähigkeit, gemeinsam Probleme zu lösen).
4. *Die Umgebung:* Das sind die Kräfte, die von außen auf die Arbeit der Schule einwirken: die Zufuhr von Ressourcen (z. B. die Verläßlichkeit dieser Zufuhr), Haltungen von Eltern und Politikern sowie das Maß der wechselseitigen Abhängigkeit von Schule und nahem Umfeld.

In dieses Zusammenspiel wirkt auch das Selbstgefühl des Leiters hinein: seine Selbsterfahrung und seine Wahrnehmung der Haltung, die seine Mitarbeiter zu ihm einnehmen.

**Rollentheorie:** Mehrere Forscher haben untersucht, was Inhaber von Führungspositionen tun und ob es einen Zusammenhang zwischen diesem oder jenem Führungsverhalten und der Produktivität gibt. Ferner haben sie ein Spektrum an *Rollen* skizziert, die Führungspersönlichkeiten ihrer Meinung nach ausfüllen müssen.

Nach Henry Mintzberg läßt sich mit sechs Mechanismen gut erklären, wie Organisationen ihre Arbeit koordinieren: Vieles geschieht durch *informelle* Koordination an der Basis. Selbst der komplizierteste Plan fordert Menschen, die die unmittelbar anfallenden Arbeiten möglichst einfach und informell erledigen. Die zweite Art der Koordinierung ist der Auftrag an eine Person, andere *direkt zu beaufsichtigen* und die damit verbundene Verantwortung zu übernehmen. Die dritte Art ist die *Standardisierung der Arbeitsabläufe*, so daß alle wissen, was sie zu tun haben. Beispiele dafür sind etwa Arbeiter an einem Fließband oder ein Ärzteteam, das eine Routineoperation ausführt. Viertens kann Koordination durch eine *Standardisierung des Produkts* erfolgen. Taxifahrer bekommen die Order, *wohin* sie fahren sollen, nicht, *wie* sie das am besten tun. Und schließlich läßt sich Koordination durch Standardisierung von *Kenntnissen* und *Fertigkeiten* erreichen (MINTZBERG 1989).

Je komplexer und komplizierter eine Arbeit ist, desto mehr tendiert sie nach Mintzberg zur Standardisierung. Das gilt besonders für die Verfahren. Er meint, Führungsrollen seien im Zusammenhang der Gesamtheit der internen Abläufe (mit der »Organisation« als Handlung) zu betrachten; besonders die Art der Koordinierung sei wichtig. Im Blick auf die Schule läßt sich hierzu feststellen, daß Koordination hauptsächlich durch Standardisierung von Kenntnissen, Fertigkeiten und Methoden erfolgt. In die Erstausbildung der Lehrkräfte werden erhebliche Mittel investiert. Danach erwartet man, daß sie weitgehend »allein zurechtkommen« und keine »Koordinierung« brauchen oder wünschen.

Aufgrund seiner Organisationstheorie skizziert Mintzberg zehn mögliche Führungspositionen und Führungsrollen. Er gliedert die Rollen nach *zwischenmenschlichen, Informations- und Entscheidungsrollen*. Jede der drei Arten wird dann weiter unterteilt. Mintzbergs Verdienst liegt darin, daß er, ausgehend von einer sorgfältig ausgearbeiteten Organisationstheorie, den Begriff der Führungsrolle fortentwickelt. Er zeigt, wie kompliziert dieser Begriff ist und wie gut man eine Organisation kennen muß, ehe man der Leitung irgendeinen Rat gibt.

Mintzberg erinnert daran, wie viele *Mythen* mit den landläufigen Vorstellungen von Führung verbunden sind:

1. »Der Leiter ist ein reflektierter und systematischer Planer.« Viele Studien (nicht zuletzt von Schulleitern) zeigen eine andere Wirklichkeit. Die Arbeit des Leiters ist oft durch hohes Tempo und kurze Sequenzen mit ständigen Unterbrechungen gekennzeichnet. Er ist aktionsorientiert und scheut Arbeit, die Nachdenken erfordert.
2. »Der effektive Leiter braucht keine regulären Routineaufgaben auszuführen.« Auch dies wird durch Untersuchungen widerlegt. Besonders in kleinen und mittelgroßen Betrieben muß der Leiter, wenn jemand krank ist, oft einspringen und Routinearbeiten erledigen, bei der Kundenbetreuung aushelfen oder andere Mitarbeiterfunktionen

wahrnehmen, weil die Kapazität des Unternehmens keine andere Lösung zuläßt.
3. »Ein Leiter braucht ein fortschrittliches EDV-gestütztes Management-System.« In Wirklichkeit arbeiten Chefs noch immer mit Dokumenten, Telefonaten, Konferenzen und Lokalterminen, um die notwendigen Informationen zusammenzutragen. Sie bevorzugen die mündliche Form und suchen große Mengen schriftlicher Daten zu vermeiden.
4. »Führung ist eine Wissenschaft oder jedenfalls auf dem Wege, eine solche und zugleich eine Profession zu werden.« Tatsächlich arbeiten aber die Inhaber leitender Stellungen ziemlich unsystematisch und ohne klare methodische Vorgaben. Was sie tun, wenn sie Informationen sammeln und analysieren und Entscheidungen treffen, bleibt ein Geheimnis – oft auch für sie selbst.

Mintzberg weist also *das Intuitive* im Handeln von Führungspersonen nach. Gutes Führungsverhalten zeigt, wer alle seine Talente, die ganze Persönlichkeit, in die Arbeit einzubringen sucht (MINTZBERG 1989).

Auch Herbert Simon hat sich viel mit dem Verhältnis von Ratio und Intuition (der linken und rechten Gehirnhälfte) beschäftigt. Er sagt, aus Untersuchungen gehe hervor, daß die beiden Gehirnhälften nicht getrennt arbeiteten, sondern voneinander abhingen. Dennoch seien viele Entscheidungen nicht das Ergebnis systematischer, rationaler Verfahren, sondern sie würden schnell und also vermutlich aufgrund von Intuition getroffen. Das sei durchaus möglich; auch erfahrene Führungspersönlichkeiten könnten so handeln, weil sie viele Kenntnisse und Erfahrungen gesammelt hätten. Es komme darauf an, dieses Wissen so zu organisieren, daß es schnell verfügbar sei (SIMON 1987).

Ein anderer Forscher, der in der Literatur zum Thema Führungsrollen oft zitiert wird, ist J. Adizes. Wie Mintzberg hat er sich viel mit Produktionsbetrieben beschäftigt (aber im Unterschied zu ihm nicht auch mit Schulen und öffentlicher Verwaltung). Er ist weniger theoretisch orientiert als Mintzberg und hat also seiner Beschreibung von Führungsrollen kein theoretisches Fundament unterlegt. Er arbeitet mit folgenden Rollenbegriffen:

*Produzentenrolle:* Der Leiter kümmert sich vor allem darum, daß die Organisation ihre primären Aufgaben erfüllt.
*Administratorenrolle:* Der Leiter sorgt für möglichst effektive Verwendung der Ressourcen mit dem Ziel einer kostengünstigen Produktion.
*Unternehmerrolle:* Der Leiter sucht die Kreativität der Organisation

wachzuhalten, ergreift Initiative zu ihrer Erneuerung, fordert aktiv (und nicht nur reagierend) Umstellungen.

*Integratorenrolle:* Der Leiter konzentriert sich auf die Pflege der zwischenmenschlichen Beziehungen, fördert Zusammenarbeit, Problem- und Konfliktlösungen und hat die Verantwortung für die *Entwicklung* der Mitarbeiter (ADIZES 1979).

Adizes betont, die Leiter in einer Organisation müßten, um alle Führungsaufgaben wahrnehmen zu können, *als Team zusammenarbeiten.*

Abschließend seien in dieser Übersicht die Auffassungen der Dänen Erik Johnsen und Svend Skyum-Nilsen dargestellt. Johnsen sieht drei Dimensionen des Führungsverhaltens: das *Ziele setzende, problemlösende* und *kooperierende* Verhalten. In seinen früheren Arbeiten unterschied er nicht weniger als 27 Führungsrollen, die er später zu neun Rollen zusammenfaßte. Er untersucht verschiedene Verhaltensweisen in einer Betriebssituation (mit relativ stabilen Bedingungen), einer Anpassungssituation (in der die Organisation neuen äußeren und inneren Forderungen zu genügen hat) und einer Entwicklungssituation (in der etwas Neues geschaffen werden muß). Nach Johnsen muß das Verhalten des Leiters sich nach diesen Situationstypen richten, und das Ziele setzende, problemlösende und »Sprache schaffende« Verhalten bekommt je nachdem eine verschiedene Betonung und Bedeutung (JOHNSEN 1981).

Skyum-Nilsen hat, von Johnsens Modellen ausgehend, neun Führungsrollen beschrieben, von denen nach seiner Meinung in der Schule sechs auf jeden Fall möglichst vollständig ausgefüllt werden müssen (SKYUM-NILSEN 1985). Das sind die Rollen

1 des Personalleiters (eine primär binnenorientierte Funktion),
2 des Inspirators/Vermittlers (pädagogische Funktion),
3 des Administrators (der aber zugleich entscheidungsfähig ist),
4 des Relationsverwalters (eine primär nach außen orientierte Funktion),
5 des Interessenanalytikers/Strategen) (eine Rolle in der Grenzzone von außen- und binnenorientierter Funktion)
6 des Verfahrensberaters (einschließlich der Beratung in Konfliktfällen).

**Funktionstheorie:** Für mich ist es wichtig, zwischen *Führungsrolle* und *Führungsfunktionen* zu unterscheiden. Angesichts all der Aufgaben, die einem Leiter abverlangt werden, kann wahrlich jeder sich klein vorkommen! Den Idealen, von denen da die Rede ist, wird kaum jemand auch nur annähernd gerecht werden. Es ist für die Leitung einer Schule von entscheidender Bedeutung, daß wir an die Rolle keine Erwartungen knüpfen, die unrealistisch sind, weil niemand sie erfüllen kann.

Milber und Lieberman stellen die hohen Erwartungen den täglichen Realitäten gegenüber:

- Der Rektor soll Leiter sein; wahrscheinlich ist er Administrator.
- Der Rektor soll Helfer sein; er ist einer, der evaluiert und urteilt.
- Der Rektor soll Informationen mit anderen teilen; statt dessen muß er sie für sich behalten.
- Der Rektor soll demokratisch sein; er ist autoritär (jedenfalls zeitweise).
- Der Rektor soll sich um den einzelnen kümmern; meistens kann er sich nur um die Organisation kümmern.
- Der Rektor soll langfristig denken; in der Regel denkt er nur »ad hoc«, handelt spontan und situationsbezogen.
- Der Rektor soll ein Erneuerer sein; er ist ein Bewahrer.
- Der Rektor soll gute Ideen haben; statt dessen handhabt er meisterlich das Konkrete (MILBER und LIEBERMAN 1982).

Daher ist es realistischer zu fragen, welche *Leitungsfunktionen* in einer Schule anfallen, um dann ein Team zusammenzusetzen, das diese Funktionen wahrnehmen kann. Manchmal, wenn die Schule groß genug ist, können die Inhaber der offiziellen Führungspositionen dies tun. In anderen Fällen kann es erforderlich – und tatsächlich auch besser – sein, die Funktionen auf Leiter und andere Personen zu verteilen. – Um welche Funktionen handelt es sich?

1. DIE ADMINISTRATIVE FUNKTION
*Das Organisieren:* Damit ist gemeint die maximale Nutzung der vorhandenen Ressourcen (Menschen, Geld, Materialien, Ausstattung), damit die Schule ihre Ziele (die der Organisation und die der Individuen) erreichen kann. Dazu gehört, daß die Einhaltung der administrativen Regeln und Verfahren überwacht wird, daß Budgets aufgestellt und eingefahrene Praktiken effektiver gemacht werden.

*Der Entscheidungsprozeß:* Das ist die Schaffung, Fortentwicklung und Stützung von Strukturen, die bewirken, daß die getroffenen Entscheidungen wirklich von allen mitgetragen werden. Dazu gehören die Bereitstellung von genügend Informationen als Basis für Entscheidungen (eventuell das gezielte Einholen von Auskünften) sowie das Erkennen von Situationen, in denen der Leiter auf eigene Faust entscheiden muß.

*Das Delegieren:* Das heißt, Lehrern, Schülern und anderen die Möglichkeit zu geben, durch Übernahme von Verantwortung weiterzukommen, sich zu entwickeln. Ferner heißt es, manche Dinge an andere abzugeben – so kann der Leiter seine Kräfte auf das konzentrieren, was er selbst bearbeiten muß. Voraussetzung solchen Delegierens ist die Schaffung eines Vertrauensverhältnisses.

*Das Repräsentieren:* Das ist die Pflege des Kontakts zur Umgebung im Namen der ganzen Schule. »Umgebung« meint hier die Schulbehörde, andere Behörden sowie Gruppen oder Organisationen, bei denen es nicht angeraten erscheint, die Kontaktpflege zu delegieren.

2. DIE FUNKTION DER FACHLICHEN ERNEUERUNG
*Klärung von Werten:* Das heißt, den Lehrern, Schülern, Eltern und anderen zu helfen, die eigenen Werte und Ziele, die der Gruppen und der Schule im ganzen zu klären. Es heißt ferner, die eigenen Ziele anderen bekanntzugeben, und schließlich, die wirklichen Ziele der Schule vor dem Hintergrund der offiziellen Zielsetzungen zu beurteilen.

*Entwicklung:* Es geht um die Vorbereitung eines Planungs- und Entwicklungsprozesses, der zumindest *den* Bedürfnissen gerecht wird, die sich in der Ziel- und Wertedebatte als besonders dringlich herausschälen. Dazu gehört die Bemühung, möglichst viele an der Schulentwicklungsarbeit zu beteiligen.

*Anleitung und Hilfe:* Es geht darum, die Lehrkräfte zu unterstützen bei der Bewältigung der täglichen Arbeit und dem Bemühen um Annäherung an die Ziele, die sie sich selbst und der Schule gesetzt haben. Das schließt ein, sie bei der Arbeit zu beobachten, auf ihr Verhalten zu reagieren und ihre Arbeit an ihren Zielen zu messen.

*Evaluation:* Es gilt die Evaluation der Arbeit der Schule (auf allen Ebenen) vorzubereiten oder andere bei dieser Vorbereitung zu unterstützen. In Relation zu allgemein anerkannten Zielen (siehe oben) müssen Kriterien für den Grad der Zielverwirklichung gefunden, verschiedene Methoden der Evaluation vorbereitet und die abgerufenen Informationen interpretierend vorgestellt werden.

3. DIE SOZIALE FUNKTION
*Motivation:* Das ist das Bemühen, den Bedürfnissen aller Personen in der Schule so entgegenzukommen, daß sie bereit und gewillt sind, ihr Bestes zu tun. Dazu gehören Ermutigung und Unterstützung in schwierigen Tagen.

*Kommunikation:* Es gilt Strukturen und Verfahren zu etablieren, die eine offene zweiseitige Kommunikation sowohl auf individueller als auch auf Gruppenebene ermöglichen. Ferner gilt es sicherzustellen, daß jeder über die Informationen verfügt, die er für die Kooperation mit anderen braucht, und ein Klima zu schaffen, in dem die Arbeit der Schule als gemeinsame Verantwortung begriffen wird.

*Konfliktlösung:* Gemeint ist die Fähigkeit, Konflikte zu entdecken und zu verstehen und Wege zu ihrer Lösung zu finden; ferner die Fähigkeit, das Wertvolle einer Konfliktsituation zu sehen, sobald man mit ihr umzugehen gelernt hat.

*Fürsorge:* Es gilt den Problemen des einzelnen offen gegenüberzutreten, zuzuhören sowie in persönlichen Krisen, bei schwierigen Arbeiten und bei Wahlentscheidungen zu helfen (MILBER und LIEBERMAN 1982).

Nach Paul W. Hersey, der die sogenannten »Beurteilungszentren« (Assessment Centers) für Schulleiter aufbaute, einem von der *National Association for Secondary School Principals* initiierten Projekt, ist gute Schulleitung erwiesenermaßen an die folgenden Fähigkeiten geknüpft:

– Arbeit zu planen und zu organisieren,
– Probleme zu analysieren und Entscheidungen zu treffen,
– mündlich und schriftlich zu kommunizieren,
– die Bedürfnisse und Sorgen anderer zu verstehen,
– unter Streß zu arbeiten (HERSEY 1982).

Schulleitung ist also keine *Rolle,* die ohne weiteres von einer Person ausgefüllt werden kann. Sie umfaßt eine ganze Reihe von Funktionen. Für einige von diesen eignen sich manche Personen besser als andere. Viele Fortbildungsmaßnahmen für Schulleiter führten zu Frustrationen, weil die Teilnehmer mit dem Gefühl ihrer Unzulänglichkeit nach Hause kamen. Dieser Eindruck besteht allerdings zu Recht, wenn sie an sich den Anspruch stellen, alle Funktionen gleich gut zu beherrschen!

Wir kommen nicht umhin, von einem *Führungsteam* oder einer Verteilung der Leitungsfunktionen auf die Mitglieder einer Gruppe zu sprechen. Das setzt *Vertrauen,* die Fähigkeit zum *Delegieren* und Verständnis für das, was andere *motiviert,* voraus. Vertrauen bedeutet in diesem Zusammenhang zweierlei:

*1. Motivation:*
Als Leiter traue ich jemandem, der für mich eine Aufgabe erledigen soll,

die richtige Einstellung zu, d. h. ich glaube, er werde mein Vertrauen nicht mißbrauchen oder für eigene Zwecke nutzen. Ich muß sicher sein, daß er die gleichen Ziele wie ich verfolgt oder daß ich *seine* Ziele akzeptiere.

2. *Kompetenz:*
Gleichzeitig muß ich mich darauf verlassen können, daß der/die mit der Aufgabe Betraute ihr wirklich gewachsen ist, die erforderlichen Kenntnisse und Fähigkeiten mitbringt, die in der Sache liegenden Grenzen kennt und mit schwierigen Situationen umzugehen weiß.

Manchmal delegieren wir, ohne uns zu vergewissern, daß die beiden Voraussetzungen gegeben sind. Es ist übel, wenn jemand, in dessen Motivation wir persönliches Vertrauen setzen, sich als inkompetent erweist. Es ist nicht leicht, die dann auftretenden Schwierigkeiten zu meistern. Eine Delegierung zu widerrufen ist schwerer als das Delegieren.

Ebenso problematisch kann es sein, einer kompetenten Person eine Aufgabe zu übertragen, wenn wir feststellen, daß sie andere Ziele verfolgt als wir selbst. Auch dann entsteht eine heikle Situation. Viele Führungspersönlichkeiten scheuen solche Konflikte und wollen daher am liebsten gar nicht delegieren.

*Delegieren* ist ein Begriff, der selten richtig verstanden wird, und wir sahen schon, daß das, was er meint, schwer zu praktizieren ist. Wie wir oben zeigten, kann man *Aufgaben* delegieren, einschließlich mancher *Entscheidungen.* In gewissen Situationen ist es angebracht, daß nicht der Leiter selbst, sondern jemand anders die letzte Entscheidung trifft; dann wird also *Entscheidungskompetenz* delegiert.

Ein Schulleiter, der Leiter einer Organisation, trägt eine gewisse offizielle Verantwortung. Dazu gehört u. a., daß er Vorgesetzten oder Behörden, z. B. der Schulaufsicht, Rechenschaft ablegt. Nun haben vermutlich die meisten Rektoren gegenüber höheren Instanzen viel mehr Spielraum, als es traditionellen Vorstellungen entspricht. Dennoch ist der Rektor derjenige, der das, was in der Schule geschieht, offiziell verantwortet. *Verantwortung kann nicht delegiert werden,* jedenfalls nicht die formale Verantwortung im hierarchischen System.

Wohl aber kann der Schulleiter *Befugnisse* delegieren, d. h. das *Recht*, bestimmte Aufgaben und Funktionen wahrzunehmen. Er kann leitende Funktionen anderen übertragen, aber letzten Endes wird immer er nach außen hin die Arbeit der Schule verantworten müssen.

Soll der Schulleiter delegieren können, muß nicht nur er Vertrauen zu seinen Mitarbeitern haben, sondern diese müssen auch zur Übernahme von Verantwortung motiviert sein. Was motiviert uns, was bewirkt, daß wir gern Aufgaben übernehmen? Mit diesen Fragen haben sich mehrere Sozialwissenschaftler jahrelang beschäftigt. In Kapitel 2 haben wir Elton Mayos bahnbrechende Arbeit vorgestellt (vgl. oben S. 57). Douglas McGregor zeigte, daß die Motivation von Mitarbeitern u. a. davon abhängt, wie man sie behandelt (Theorie X und Theorie Y, vgl. oben S. 59 ff.). Wir sind auch auf Chris Argyris' »Reifeskala« eingegangen.

Eine der bekanntesten Theorien zur Motivation ist Frederick Herzbergs »Zwei-Faktoren-Theorie« (HERZBERG, MAUSNER und SYNDERMAN 1959). Er wollte ermitteln, wodurch Wohlbefinden und Motivation bei der Arbeit bedingt waren und was Unbehagen und Frustration verursachte. Er sagt:

> »In der Industrie wird die Untersuchung von Einstellungen zur Arbeit erhöhte Produktivität, weniger Fehlzeiten und bessere Zusammenarbeit bewirken. Dem einzelnen Beschäftigten wird vertiefte Einsicht in die motivierenden Kräfte mehr Befriedigung und Selbstverwirklichung bringen« (HERZBERG a. a. O.).

Nach Herzberg haben die Beschäftigten bei ihrer Arbeit zwei Arten von Bedürfnissen. Wenn Menschen mit ihrem Job unzufrieden sind, so deswegen, weil sie sich durch die äußeren Verhältnisse gestört fühlen (schlechte Arbeitsbedingungen, verworrene Administration, schlechte Zusammenarbeit, unhaltbare physische Voraussetzungen). Dies faßt Herzberg unter dem Begriff »Hygienefaktoren« zusammen.

Wenn Menschen mit ihrer Arbeit *zufrieden* sind, haben sie das Gefühl, etwas Wichtiges zu schaffen, eine anspruchsvolle Arbeit zu leisten, die sie auch persönlich weiterbringt, und Anerkennung für ihr Tun zu erhalten. Herzberg nennt dies »Motivationsfaktoren«.

Er verknüpft seine Theorie mit Maslows Bedürfnishierarchie. Während diese Typologie uns menschliche Bedürfnisse verstehen lehrt, hilft Herzberg uns zu begreifen, welche Ziele und Belohnungen normalerweise die Bedürfnisse befriedigen (siehe Abb. 23).

Die von Maslow genannten physiologischen, sozialen und Sicherheitsbedürfnisse werden von Herzbergs Hygienefaktoren beeinflußt. »Achtung« kann sowohl *Status* oder *Ansehen* bedeuten (Hygienefaktor) als auch *Anerkennung* (Motivationsfaktor). Das Bedürfnis nach Selbstverwirklichung wird von Motivationsfaktoren beeinflußt.

Führungstheorien

**Abb. 23: Herzbergs Zwei-Faktoren-Theorie und Maslows Bedürfnishierarchie**

Das Wesentliche an Herzbergs Theorie ist die Erkenntnis, daß Menschen *sich nicht zwangsläufig wohlfühlen,* sobald das, was ihnen Unbehagen bereitete, eliminiert ist. Lust zur Arbeit und Wohlbefinden bei der Arbeit haben ihren Grund in den *Motivationsfaktoren.*

Herzberg ist auf viel Kritik gestoßen. Es ist beispielsweise eine Tatsache, daß manche Menschen sich krank arbeiten, um »sich selbst zu verwirklichen«, und damit »niedrigere« Bedürfnisse vernachlässigen. Es ist deshalb zweifelhaft, ob Maslows Hierarchie der Bedürfnisse wirklich in allen Situationen als eine *Hierarchie* aufgefaßt werden kann. In einer sehr interessanten Studie britischer Lehrer zeigt Jennifer Nias, daß Herzbergs Theorie zwar im ganzen gilt, daß aber das Maß ihrer Gültigkeit sehr davon abhängt, was man in die Begriffe »Motivationsfaktoren« und »Hygienefaktoren« hineinlegt (NIAS 1981).

Wir sahen schon, daß Lehrer in der Regel *äußere Bedingungen* anführen, wenn man sie fragt, was an ihrer beruflichen Situation geändert werden sollte (siehe Kapitel 3). Sie wünschen sich z. B. mehr Mittel, kleinere Klassen und andere Verbesserungen der »Ressourcenfaktoren«. Selten nennen sie Dinge, die direkt mit ihrer Situation am Arbeitsplatz zu tun haben. Natürlich ist es wichtig zu versuchen, die äußeren Bedingungen zu verbessern, weil damit Unbehagen vermindert werden kann. Aber man erreicht damit noch nicht, daß Lehrer sich bei ihrer Arbeit wohler fühlen. Wohlbefinden hat mit dem Wunsch nach Selbstverwirklichung zu tun, und dieser steht, mit Herzberg gesprochen, unter dem Einfluß der Motivationsfaktoren (z. B. der Anerkennung für eine gut ausgeführte Arbeit).

Entscheidend ist aber etwas anderes. Wohlfühlen wird sich normalerweise, wer das Gefühl hat, seine Lebenssituation unter Kontrolle zu haben. *Damit erhält eine Aufteilung der Leitungsfunktionen doppelte Bedeutung:* Sie hilft diese Funktionen besser zu ordnen, und sie gibt mehreren Personen Chancen, sich selbst zu verwirklichen.

Nun liegt der Einwand nahe, daß es so einfach nicht sei; Führung werde immer davon abhängen, wieviel Autorität, Macht und Einfluß jemand hat. Das ist natürlich, allgemein betrachtet, richtig; aber es trifft nicht unbedingt auf Personen zu, die in hierarchischen Organisationen die Schlüsselpositionen bekleiden. Es ist wichtig, sich den Inhalt der genannten Begriffe klarzumachen:

1. Autorität ist das formale *Recht*, Entscheidungen zu treffen.
2. Macht ist *die Fähigkeit* (nicht das Recht), zu belohnen und zu strafen.
3. Einfluß ist die Fähigkeit, einen Beschluß ohne Einsatz von Autorität oder Macht praktisch umzusetzen.

Autorität und Macht sind in der Regel an Positionen gebunden, Einfluß hingegen an die Persönlichkeit von Individuen.

So *muß* es indessen nicht sein. Einzelne Schüler können sehr viel Macht haben, so viel, daß sie die Durchführung von Beschlüssen der Schulleitung völlig blockieren können. Manche Lehrer haben in einem Kollegium sehr großen Einfluß, vielleicht weil sie fachlich »etwas darstellen«.

Während also Autorität an bestimmte formale Positionen geknüpft ist, sind sowohl Macht als auch Einfluß *verteilt*. Wenn delegiert wird, ändert sich auch das Muster der Ausübung von Autorität und Macht.

Was sagen nun unsere fünf Organisationsperspektiven über Führung aus?

Die Vertreter der *strukturellen Perspektive* waren mehr als die der anderen Schule daran interessiert, was Führung für eine Organisation bedeutet. In der strukturellen Perspektive wurzeln die meisten Führungstheorien. Im Kern entwerfen diese ein Rollenbild, das den Lehrer als *Brückenbauer* zwischen der Organisation und ihrer Umgebung und zwischen den einzelnen Subsystemen der Organisation zeigt. Das Ziel guter

Führung ist mehr Effektivität, bessere Koordination und optimale Nutzung der Ressourcen. Wer an führender Stelle sitzt, soll sich bemühen, den/die Richtige(n) an der richtigen Stelle einzusetzen und die Organisation und ihre Umgebung in dem Maße, wie beide sich wandeln, einander anzupassen.

Auch in der *humanistischen Perspektive* geht es um Führung und Führungsrollen, doch liegt der Schwerpunkt auf der Bedeutung, die Führungsaufgaben für die persönliche Entwicklung und für zwischenmenschliche Beziehungen haben können. Ein tüchtiger Leiter soll *Energie freisetzen* können, deshalb muß er sensibel sein, Verständnis haben und analysieren, Kontakte knüpfen und mit Menschen umgehen können. Die Vertreter dieser Perspektive sind an den *Prozessen* interessiert, die eine Organisation zusammenhalten – oder, bildlich gesprochen, an dem *Leim*, der sie als Einheit funktionieren läßt. Die Leitung soll durch ihr Auftreten die Organisation so einbinden, daß sie den Bedürfnissen der Individuen, der Gruppen und des Ganzen möglichst gut gerecht wird.

*Die politische Perspektive* hat im Unterschied zu den beiden anderen keine eigene Theorie der Führung hervorgebracht. Die ihr verpflichteten Theoretiker waren vor allem am *Machtbegriff* interessiert und suchten nach Wegen zu mehr Demokratie (im Sinne von Verteilung der Macht). Mehrere kooperative Bewegungen sowie Schulen ohne offiziellen Leiter sind Beispiele für von dieser Perspektive inspirierte Versuche. Machtkonzentrationen sollen aufgelöst, leitende Funktionen auf mehrere Personen verteilt werden. Damit wird *Führungspotential* freigesetzt, das es auf allen Ebenen der Organisation gibt.

Den Vertretern der *symbolischen Perspektive* ging es um den Symbolwert, den Führung in Organisationen hat; aber zur Theorie haben auch sie nicht viel beigetragen. Soweit davon die Rede sein kann, ist die Rolle des Leiters als *Zeremonienmeister* der zentrale Begriff. Als solcher hat er vor allem die Aufgabe, die wichtigsten Funktionen verschiedener Zeremonien und Mythen in der Organisation zu begreifen und die darin liegenden Werte auf glaubhafte, vertrauenerweckende Weise zu vertreten und zu wahren. Zugleich muß er unvorhergesehene Ereignisse dazu nutzen können, seine Führungskraft unter Beweis zu stellen.

*Die integrierten Perspektiven* haben wir, soweit es um Mintzberg geht, bereits kommentiert. Senge arbeitet mit einem stark an »Innovationsführung« (siehe das nächste Kapitel) orientierten Führungsbegriff, und die St. Gallen-Gruppe hat ein Konzept der »Systemführung« (siehe unten) entwickelt.

**Führung in Non-Profit-Organisationen:** Die schweizerische Forschung zur Führung in Non-Profit-Organisationen kontrastiert zum Teil zu den Modellen, die aus der Untersuchung produzierender Betriebe hervorgingen (SCHWARZ 1986). Nach Schwarz steht die Führung von Non-Profit-Organisationen vor vier wichtigen Herausforderungen:

1. Sicherung der demokratischen Grundlage der Organisation,
2. Sicherung und Nachweis der Produktivität,
3. Entwicklung des Innovationspotentials,
4. Entwicklung der Führungskompetenz.

Wir wollen jede dieser Aufgaben näher betrachten und begründen, warum sie in Non-Profit-Organisationen – und damit, wie wir sehen werden, auch in der Schule – besonders wichtig sind.

*1. Die demokratische Grundlage:* Nach der Organisationstheorie, von der wir hier ausgehen (vgl. oben S. 103 ff.), bestehen Non-Profit-Organisationen aus *Mitgliedern, gewählten Vertretern* für die Führungsgremien, den *Führungsgremien* und den angestellten, bezahlten *Funktionären.* In vielen dieser Organisationen spielen nach und nach die gewählten Vertreter und die Führungsgremien eine passive und untergeordnete Rolle, während die *angestellten Funktionäre* das Heft in der Hand haben. Das demokratische Dilemma besteht darin, Formen der Führung zu finden, bei denen die Interessen der Mitglieder wahrgenommen werden, ohne daß sie durch die Eigeninteressen der Angestellten in den Hintergrund treten.

In großen öffentlichen Non-Profit-Systemen wie der Schule liegen große Entfernungen zwischen den »Mitgliedern« (den Schülern), den gewählten Vertretern (Politikern), den Führungsgremien (Ministerium, Gemeinden) und den Funktionären (Lehrern). Damit stellen sich prinzipielle Fragen zum demokratischen Fundament der Schule.

*2. Wie produktiv ist die Organisation?* Non-Profit-Organisationen haben keinen Markt im traditionellen Sinne. Das verursacht einige Probleme bei der Festsetzung von Zielen, der Einschätzung der Produktivität und der Evaluation von Ergebnissen. Kurz gesagt fällt es den meisten Non-Profit-Organisationen schwer, ihre (oft vagen) Ziele praktisch umzusetzen. Meist haben sie auch eine heterogene Mitgliedermasse, die die Setzung von Prioritäten erschwert. Statt dessen wird es oft wichtig, »allen etwas zu geben«. Vieles von dem, was die Organisation tut, läßt daher klare Prioritäten vermissen, und entsprechend schwierig wird die Beurteilung solchen Tuns. In der Regel sollen bestimmte Wirkungen erzielt werden, und zwar beim einzelnen Mitglied, nicht in Form eines

Produkts oder feststellbarer Ergebnisse der Organisation. Die Evaluation von Ergebnissen im traditionellen Sinne wird damit fast unmöglich.

*3. Welches Innovationspotential hat die Organisation?* Die Sanktionsmechanismen des Marktes wirken auch als Motor der Innovationsarbeit in den Betrieben. Diese werden ständig gezwungen, ihre Arbeit noch besser zu machen. Non-Profit-Organisationen unterliegen nicht dem gleichen äußeren Druck, und es gibt viele interne »Bremsklötze«, die innovationshemmend wirken. Zu dem Image, das die meisten öffentlichen Non-Profit-Systeme erworben haben, gehören eine schwerfällige Bürokratie, unnötige Verfahren, lange Entscheidungswege etc. (vgl. das nächste Kapitel).

*4. Fehlende Führungskompetenz:* In privaten Betrieben ist es selbstverständlich, die Besten als Leiter einzustellen und ihre Kompetenz durch kontinuierliche Fortbildung zu sichern. In Non-Profit-Organisationen waren dagegen Begriffe wie »Management« oder »Führung« bis vor kurzem nahezu suspekt. Der *Wille* zur Führung fehlt oft. Das ist wahrscheinlich der Grund dafür, daß viele solche Organisationen keine tüchtigen Lehrer haben. Damit fehlen auch Kenntnisse und Fertigkeiten, die zur Führung komplexer Organisationen benötigt werden.

Peter Schwarz argumentiert, die Leitung von Non-Profit-Organisationen müsse sich diesen Herausforderungen stellen, z. B. durch systematische Bemühungen um Steigerung der Effektivität, durch bessere Vermarktung, klarere Zukunftsorientierung (Visionen etc.), Re-Demokratisierung (Vergabe realer Macht an die Mitglieder) und ein systematisches Programm der Organisationsentwicklung (SCHWARZ 1986).

## 4.5 Systemführung

Bisher haben wir Führungstheorien in Anknüpfung an die fünf Organisationsperspektiven beschrieben und sind auf Führungsverhalten, Führungsrollen und -herausforderungen eingegangen. Im folgenden wollen wir Führung *auf der Ebene des Systems* erörtern, d. h. auf den Ebenen, die dem institutionellen Leiter (Schulleiter) übergeordnet sind. Wir benutzen dabei zum Teil die an der Hochschule St. Gallen entwickelten Theorien und Begriffe (MALIK 1981).

Ganz allgemein hat die »Systemführung« die Verantwortung dafür, daß die von ihr geleitete Organisation die Forderungen, die die Gesellschaft an sie stellt, so gut wie möglich erfüllt (siehe Abb. 24).

Führungstheorien

**Abb. 24: Die Basissysteme**

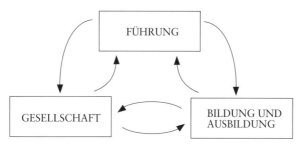

Zum Verständnis dieser übergeordneten Aufgaben bedarf es einer Theorie der »Gesellschaft« und einer Theorie der »Bildung« und ihrer Relationen. Hier sei auf den Band *Schule auf dem Weg ins 21. Jahrhundert* verwiesen, in dem wir versucht haben, die sich abzeichnende künftige Welt, ihre Herausforderungen an die Gesellschaft und die Konsequenzen für die Schule umfassend zu analysieren.

Wir wollen uns hier darauf beschränken darzulegen, was »Führung« auf der Ebene des Systems bedeuten kann. Abb. 25 zeigt die vier Komponenten des Begriffs.

**Abb. 25: Struktur des Führungskonzeptes**

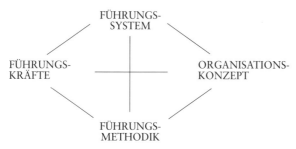

Jedes dieser Subsysteme (die alle voneinander abhängig sind) ist in sich wieder feiner gegliedert. Das Führungssystem enthält in einer traditionellen bürokratischen Organisation wenigstens die folgenden Komponenten, die hierarchisch angeordnet sind:

1. *Das Politiksystem:* Es legt die langfristigen Ziele fest, die Hauptstrategien für die Entwicklung des Systems, die Normen und Spielregeln, die Führungsprinzipien sowie das Menschenbild und die Vorstellung vom Lernen und Lehren, die im System gelten soll.

2. *Das Planungssystem:* Es hat die Aufgabe, die politischen Intentionen zu interpretieren und sie in Prinzipien sowie lang-, mittel- und kurzfristig angelegten Plänen und Vorschriften zu konkretisieren. Im Schulwesen hat bisher der Lehrplan als Lenkungsinstrument eine wesentliche Rolle gespielt. – Es hat sich als unmöglich erwiesen, die rein »faktenbasierte« Planung von der ideologischen zu trennen.
3. *Die dispositiven Systeme* oder der Verwaltungsapparat: Er faßt Beschlüsse, trifft Dispositionen und Anordnungen, entscheidet über Einsatz und Verteilung der Ressourcen, prüft Gesuche und urteilt. Diese Aufgaben werden im Bildungswesen der westlichen Länder hauptsächlich vom Stab des Ministeriums wahrgenommen, aber Zweifelsfälle werden manchmal vom Minister selbst entschieden, auch wenn es sich um bloße Verwaltungsangelegenheiten handelt.
4. *Das ausführende System:* In unserem Zusammenhang sind das die »äußeren Glieder«, d. h. die kommunalen Dienste und die Schulen selbst. Ihre Aufgaben sind Organisation, Koordination, Detailplanung, Unterricht und Beurteilung.
5. *Das Informations- und Kontrollsystem:* Das ist ein im Prinzip *unabhängiger* Apparat, der *allen Gliedern* des Systems mit wichtigen verläßlichen Informationen über anstehende Aufgaben und Verfahren dienen soll. Er soll ferner die Beaufsichtigung und Kontrolle der »Produktion« und *Veränderungen* der Funktionsweise des Systems ermöglichen.

Als nächste Komponente betrachten wir das *Organisationskonzept*.

**Abb. 26: Struktur des Organisationskonzeptes**

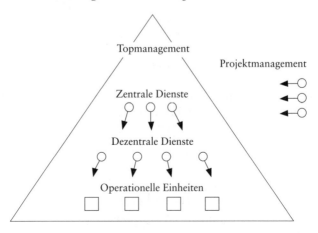

Die Abbildung zeigt die Aufgabenverteilung und das Zusammenspiel von Topmanagement (politischer Führung), zentralen und dezentralen Diensten und den operationellen Einheiten (den Schulen), ferner das bereichsübergreifende kontrollierende »Projektmanagement«.

Die folgenden Grundsatzfragen sind zur Klärung des Organisationskonzeptes zu beantworten:

1. Nach welchen Spielregeln soll das Zusammenwirken der Einzelteile und der verschiedenen Ebenen der Organisation gestaltet sein? Was bedeutet z. B. das Delegieren? Was geschieht, wenn im Vorfeld einer Entscheidung widerstreitende Interessen im System aufeinandertreffen?
2. Welche Aufgaben können nicht routinemäßig erledigt werden, weil sie sich nicht einfach geltenden Regeln und Vorschriften fügen? In der Schulwirklichkeit sind viele Entscheidungen in hohem Maße eine Ermessensfrage. Gibt es für solche Entscheidungen dennoch Regeln?
3. Wo liegt für welche Entscheidungen die Informationsgrundlage? Nach einer Alltagsweisheit spürt der am besten, wo der Schuh drückt, der ihn anhat. Das muß nicht immer die unterste Ebene sein. Aber um zu erkennen, wo das Delegieren seine Grenzen hat, muß man sich zu allererst klarmachen, welche Entscheidungen die Kompetenz der einzelnen Schule überschreiten.
4. Welche Prinzipien gelten für die operationellen Einheiten? Können sie frei arbeiten? Oder müssen sie sich nach bestimmten Spielregeln richten, z. B. in puncto Professionalität, gegenüber Mitarbeitern, Kunden etc.?
5. Nach welchen Grundsätzen soll das Topmanagement organisiert werden? Soll es nach unserer Terminologie politisch »repräsentativ« sein, soll es sich auf die prinzipiellen Richtlinien beschränken, oder soll es in das Planungssystem und die dispositiven Systeme eingreifen können?
6. Welche zentralen Dienststellen sind zur Ausführung der zielgerichteten Kontrollen bei den operationellen Einheiten erforderlich? Welcher Kompetenz auf zentraler Ebene bedarf es, damit die notwendigen relevanten Informationen beschafft und an ein effektives System der Entscheidungsfindung gekoppelt werden können? Welche Bereiche lassen sich nicht kontrollieren, und welche Folgen hat das für die Führung?

Das dritte Subsystem des Führungskonzeptes haben wir mit Schwarz als *Führungsmethodik* bezeichnet. Abb. 27 zeigt seine drei Komponenten:

**Abb. 27: Führungsmethodik**

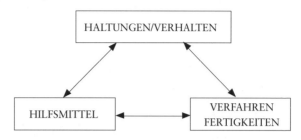

Wir haben diese Komponenten schon oben weitgehend beschrieben, aber wollen sie hier dennoch kurz definieren:

1. *Haltungen und Verhalten:* Diese Begriffe meinen den Führungsstil, den Umgang mit und die Lösung von Konflikten, die Art der Entscheidungsfindung und der Kontrolle. Bei alledem geht es hauptsächlich um Einstellungen zu Mitarbeitern.
2. *Verfahren und Fertigkeiten:* Die Begriffe meinen hier, im rein technischen Sinne, Methoden bei der Arbeit, Beschlußfassung, Aufgabenverteilung, dem Management etc.
3. *Hilfsmittel:* Das sind Spielregeln und routinemäßig eingesetzte Werkzeuge, wie z. B. Beurteilungsbögen, Checklisten sowie Formulare für verschiedene andere Zwecke.

Dies sind die Komponenten der täglichen Arbeit eines Leiters, wesentliche Teile des »Führungskonzeptes«. Werden sie vernachlässigt, ist jedwede Struktur ziemlich nutzlos.

Als letztes betrachten wir das Subsystem *Führungskräfte*, bei dem es vor allem um die Frage geht, ob das System über das erforderliche Führungspotential verfügt. Es enthält die folgenden Komponenten (Abb. 28):

**Abb. 28: Führungskräfte**

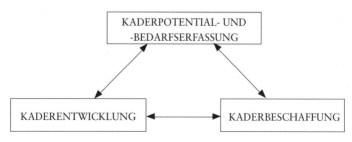

Damit sind drei bekannte Führungsprobleme benannt: Wieviel Kapazität und Kompetenz besitzen die Inhaber leitender Stellungen? Gibt es ein Rekrutierungspotential? Gibt es eine durchdachte Weiterentwicklung der Führungskräfte, die ihnen Karrierechancen bietet und der Organisation für die Führungspositionen geeignete Persönlichkeiten sichert?

Nach unserer Meinung wirft diese Theorie der Systemführung einige grundsätzliche Fragen auf, die auch für Schulsysteme wichtig sind.

## 4.6 Führung auf verschiedenen Ebenen

Über »Schulleitung« zu sprechen macht nur Sinn, wenn klar ist, auf welcher Ebene das geschehen soll. Ist die Leitung der Lernprozesse durch den Klassenlehrer gemeint, vielleicht die wichtigste Form von Leitung in einem »Wissensunternehmen«? Oder sprechen wir von der Leitung einer Fachschaft in der Sekundarstufe II und der damit verbundenen ganz anderen Verantwortung? Ist vom stellvertretenden Schulleiter, vom Rektor oder vom Führungsteam der Schule die Rede?

Der Rektor ist im Sinne Druckers ein »middle manager« (DRUCKER 1985). In den meisten Schulsystemen ist er für die Umsetzung der Schulpolitik in die tägliche Praxis verantwortlich, und zugleich soll er sein Lehrkräfteteam und die ganze Schulgemeinschaft leiten.

Welche Rolle er bei Veränderungsprozessen spielen kann, hängt natürlich vom Organisationskonzept des Systems ab (siehe Abb. 26). Von ihm aus sind sowohl der Grad der Dezentralisierung zu definieren als auch die Aufgaben, die der Schulleiter wahrzunehmen hat. Ähnliches gilt für die Leitung auf der Ebene der Gebietskörperschaften (Gemeinde, Bezirk etc.). Die Rolle des Schulträgers und die mit ihr gegebenen Möglichkeiten der Leitung werden wir in Kapitel 10 (»Systemstrategien«) behandeln.

Das Ministerium hatte bei der Schulentwicklung bisher die unklarste und schwächste Rolle. Jedes System braucht eine Ebene der politischen Führung und eine administrative Ebene, die aufgrund *verläßlicher Informationen* Aufgaben bearbeitet und Prozesse lenkt (und dabei die von der Zentrale gesetzten Prioritäten beachtet).

Im folgenden betrachten wir, was bisherige Forschung zum Thema *Schulleiter und Schulentwicklung* ermittelt hat.

## 4.7 Schulleiter und Schulentwicklung

Wir haben in diesem Kapitel verschiedene Führungstheorien vorgestellt und sind bemüht, diese bezogen auf die Schule als Organisation weiterzuentwickeln. Abschließend wollen wir einige der wichtigsten Beiträge zur Rolle des *Schulleiters* bei der Schulentwicklung dokumentieren.

Der bekannte amerikanische Bildungsforscher John I. Goodlad leitete in den siebziger Jahren ein umfassendes, IDEA genanntes Forschungsprogramm, das vor allem zum Verständnis von Veränderungsprozessen in der amerikanischen Schule beitragen sollte. Ein wesentlicher Teil der Arbeit galt der Rolle des Schulleiters beim Entwicklungsprozeß. Goodlads Schlußfolgerung lautet so:

»Anfangs wurde der Rektor als strategischer Angelpunkt des Entwicklungsprozesses angesehen. Vielleicht war er in der Regel eher ein *Hindernis* der Veränderung als jemand, der half, ihr den Boden zu bereiten« (GOODLAD 1976).

Mehrere Studien aus Großbritannien betonen die große Bedeutung des Rektors für die Schulentwicklung. In einer vom Department of Education and Science durchgeführten Untersuchung von zehn Sekundarschulen heißt es:

»Das Führungsverhalten, an dem der Rektor beteiligt war, war der für die Entwicklung dieser Schulen bedeutungsvollste Einzelfaktor« (DEPT. OF EDUCATION AND SCIENCE 1977).

Auch Baker zeigt, daß Rektoren Schulentwicklung positiv beeinflussen können. Er zeigt aber auch, daß sie viele Möglichkeiten haben, einen Versuch zu sabotieren – nicht durch direktes Abblocken, sondern durch eine »Laß-uns-mal-abwarten«-Haltung, eine Art Neutralität, mit der sie Skepsis gegenüber den Lehrkräften signalisieren, die mit einem Entwicklungsprojekt Ernst machen wollen (BAKER 1981).

Forscher der RAND Corporation kamen in der sogenannten Change-Agent-Studie zu ähnlichen Ergebnissen. Der Rektor hatte in der Durchführungsphase z. T. entscheidenden Einfluß. Er konnte einen Versuch sowohl aufhalten als auch ihm den Weg ebnen. Dazu brauchte er nicht unbedingt direkt einzugreifen. Aber seine Kontrolle der Ressourcen und seine Macht über das Personal waren so groß, daß der Mitarbeiterstab *gegen* die negative Einstellung eines Schulleiters wenig ausrichten konnte (BERMAN und MCLAUGHLIN 1975a).

Gordon und McIntyre fanden bei einer Untersuchung von 60 Rektoren mit »sehr gutem Ruf«, daß diese nach eigener Einschätzung der Entwicklungsarbeit einen sehr hohen Stellenwert einräumten. Sie gaben ihr den ersten Platz unter neun wichtigen Sachgebieten, die sie dem Range nach ordnen sollten. Die Lehrer der betreffenden Schulen meinten dagegen, daß Entwicklungsarbeit keineswegs so weit oben rangierte; sie hielten sie für das Fünftwichtigste von dem, was ihre Schulleiter taten (gemessen nach der den einzelnen Aufgaben gewidmeten Zeit) (GORDON und MCINTYRE 1975). Andere Ergebnisse bestätigen, daß die Rektoren, *mit den Augen der Lehrer gesehen,* für die Entwicklungsarbeit wohl nicht besonders wichtig sind. Nach Aoki und Barrows spielen sie nur eine periphere Rolle. Aokis Studie galt den gesellschaftswissenschaftlichen Fächern, Barrows untersuchte den Übergang zu individualisiertem Unterricht (AOKI 1977, BARROWS 1980).

Es gibt noch mehr Studien, die dem Schulleiter eine eher bescheidene Rolle in der Schulentwicklung zuweisen, ihm aber zugleich bescheinigen, er trage dazu bei, die Ideen seinem Stab zu vermitteln. Man hat den Eindruck, als zögen die Forderungen nach Stabilität und Ruhe in der Schule den Leiter von einer fachlichen Führungsfunktion weg und zwängen ihn zum bloßen Verwalter (CROWSON und PORTER-GEHRIE 1968).

Weitere Untersuchungen des Verhaltens von Schulleitern bestätigen das. Oft müssen sie sich um disziplinarische Probleme kümmern und um Bedürfnisse der Lehrer, die mit dem Unterricht nichts zu tun haben; sie müssen praktische Details bedenken, Formulare ausfüllen, weil die Bürokratie es vorschreibt; sie müssen Kontrolleure sein und das Verhältnis zur Umgebung pflegen (PETERSON 1988).

Nach Dan Lortie gibt es viele Gründe dafür, daß die Leiter amerikanischer Schulen – er bezieht sich auf Rektoren in Chicago – zum Status quo tendieren. Zunächst hat das mit der Rekrutierung und Sozialisierung zu tun: Schulleiter sind vorher Lehrer gewesen, sie haben wenig andere Erfahrungen, sie haben gelernt, daß es nicht lohnt, neue Wege zu gehen, und sie wissen, daß sie von der Zustimmung ihrer Kollegen abhängig sind, wenn sie etwas verändern wollen. Zum andern hat der Schulleiter kaum Belohnung zu verteilen – um so schwerer ist es dann für ihn, Lehrer davon zu überzeugen, daß eine Neuerung »sich lohnen« wird. Wir wissen ganz einfach noch zu wenig, was gute Unterrichtspraxis ist, und die meisten Lehrer wissen, daß Reformen Mehrarbeit bedeuten (LORTIE 1975).

Drittens ist der Schulleiter ständig dem Druck der übergeordneten Behörden und des nahen Umfeldes ausgesetzt. So wird der Trend zur

Standardisierung stark. Er darf eigentlich nichts anpacken, das Ungleichheiten schaffen oder das Gleichgewicht der Kräfte stören könnte. Nun stören aber die meisten Entwicklungsprozesse das Gleichgewicht, und restriktive Regeln erschweren es der einzelnen Schule, etwas zu tun, einzuführen oder zu entwickeln, das sie wirklich wünscht.

Viertens hängen nach Lortie die Karrierechancen des Schulleiters davon ab, daß er in allen »Lagern« – bei Lehrern, Vorgesetzten und Eltern – beliebt ist. Ein innovativer Leiter muß unvermeidlich manchmal etwas riskieren; dabei kann er leicht dieser oder jenem zu nahe treten, und das könnte seiner Karriere schaden. Ein Satz wie »War er das nicht, der voriges Jahr für so viel Unruhe sorgte?« kann zu einem Argument werden, das eine Beförderung verhindert. Lortie kommt zu dem Schluß, daß Schulleiter zwangsläufig vorsichtig sind, und Fullan meint, unter zehn kanadischen Schulleitern sei höchstens einer ein »dynamischer Veränderungsagent« (FULLAN 1988).

Schon früher war Seymour Sarason zu ganz ähnlichen Folgerungen gekommen (SARASON 1982). Er argumentiert, Schulleiter hätten einen schmalen Erfahrungshintergrund und tendierten aufgrund ihrer Sozialisation zu einem vorsichtigen Führungsverhalten. Unsere Vorstellungen vom »System« und seinem Einfluß auf uns wirkten auf unser Verhalten zurück. Darum gehe ein Rektor selten ein Risiko ein. Gewöhnlich habe er aber viel größere Freiheiten, als er glaube, und empirische Daten zeigten denn auch, daß Schulleiter innerhalb ein und desselben Systems sehr verschieden seien. Daran werde deutlich, daß »das System« viel mehr toleriere, als manche Schulleiter meinten.

Trotz alledem kann der Schulleiter im Schulentwicklungsprozeß eine entscheidende Rolle spielen, vor allem indem er diesen *legitimiert.* Nach Berman und McLaughlin ist wirkliches Interesse des Rektors an einem Projekt hauptsächlich daran am besten zu erkennen, ob er *gemeinsam mit den Lehrern* an Seminaren und Planungskonferenzen teilnimmt (BERMAN und MCLAUGHLIN 1975a). Wenn ein Projekt nicht vom Schulleiter moralisch unterstützt wird, gerät es in Schwierigkeiten.

Gene Hall hat ebenfalls mehrfach die Leiter der Schulen untersucht, in denen er Lehrer bei der Schulentwicklung beobachtete. Er sagt dazu:

> »Wo die Lehrer sich über die administrativen Seiten des Projekts am meisten Sorgen machten, nahmen die Rektoren nicht aktiv an der Arbeit teil. (...) Die Durchführung hängt direkt vom Handeln des Rektors ab« (HALL, HORD und GRIFFIN 1980).

Hall weist damit auf die Rolle des Schulleiters bei der *Administration* eines Projekts hin. Einige Schulleiter delegierten die administrative Verantwortung *zu schnell*, so daß das Projekt in Schwierigkeiten kam (Hersey und Blanchard nennen das einen »Delegierungsstil«). Die Lehrer sahen darin mangelndes Interesse.»Der Rektor verfolgt die Sache nicht weiter – also ist ihm ziemlich egal, was wir machen«: So etwa sind die von Hall beobachteten Reaktionen zu deuten.

In späteren Arbeiten hat Hall verschiedene Rollen des Schulleiters bei der Schulentwicklung sowie die Rollen anderer Mitglieder des »Führungsteams« untersucht (G. E. HALL 1988, HORD und HALL 1987). Dabei war seine wichtigste Fragestellung die folgende: Wie trägt ein Schulleiter dazu bei, daß die Lehrer bei der praktischen Umsetzung von Innovationen im Klassenraum Erfolg haben? In einer intensiven Studie wurden die Leiter von neun Grundschulen ein Jahr lang täglich beobachtet. Die Forscher fanden, daß sie eine von drei Rollen spielten: Sie waren entweder *Initiatoren* oder *Innovationsleiter* oder *Unterstützer*.

Ferner entdeckten die Forscher (zu ihrer Überraschung), daß neben dem Schulleiter mindestens eine Person offiziell oder inoffiziell eine wichtige führende Rolle spielte. In Schulen, die mit Innovationen Erfolg hatten, gab es faktisch ein Führungsteam, dessen Mitglieder *zusammen* die Haltungen und Qualifikationen hatten, die zum Gelingen der Veränderungsprozesse erforderlich waren. Das stimmt gut überein mit den Erfahrungen, die IMTEC in den letzten 20 Jahren bei der Schulentwicklung gemacht hat (DALIN und ROLFF 1991).

Nach Leithwood ist *die Art und Weise der Teilnahme des Schulleiters* für das Ergebnis maßgebend. Er unterscheidet zwischen »organisierenden« (facilitative) und »dirigierenden« (directive) Leitern. Die ersten setzten gewisse Ziele, aber überließen im übrigen alles den Lehrern, die sie dann im weiteren Prozeßverlauf begleiteten und unterstützten. Die anderen trafen die meisten Entscheidungen zum Inhalt des Projekts selbst und bemühten sich hinterher um die Zustimmung der Lehrer. Leithwood zeigt, daß in mehreren Fällen die erste Gruppe die effektivere war, obwohl es so schien, als seien diese Schulleiter recht wenig beteiligt (LEITHWOOD u. a. 1978).

Leithwood und Montgomery haben viele Jahre lang über Schulleiter geforscht (LEITHWOOD und MONTGOMERY 1982). Dabei haben sie einen umfassenden Begriffsapparat und eine Theorie zur Rolle des Schulleiters entwickelt. Die sogenannten Rektor-Profile sind recht detailliert. Der effektivste Rektor ist nach Meinung der Autoren der

»Problemlöser«; allerdings komme er in der kanadischen Schule (!) selten vor.

Auch Matthew B. Miles hat in mehreren Arbeiten die Rolle des Schulleiters untersucht. Nach Miles und Louis hat ein Schulleiter mindestens drei Gründe, für Veränderungen einzutreten:

1. eine Vision für die Schule zu erarbeiten,
2. ein gemeinsames Engagement aller Beteiligten für Inhalt, Richtung und Methode der Veränderungen herzustellen,
3. eine kontinuierlich zu erneuernde Planung einzuleiten, die die im Laufe des Entwicklungsprozesses gewonnenen Lehren in diesen einarbeitet (LOUIS und MILES 1990).

In einer früheren Arbeit fand Miles, ein effektiver »Veränderungsleiter« habe die Fähigkeit, zwei divergierende Haltungen zu vereinen: einmal an die Mitarbeiter und sich selbst klare Forderungen zu stellen, zum andern den ganzen Veränderungsprozeß mit wirksamen Hilfen zu begleiten (HUBERMAN und MILES 1984).

Michael Fullan hat in seinen Arbeiten die Rolle des Schulleiters bei Veränderungsprozessen ausführlich untersucht (FULLAN und STIEGELBAUM 1984). Er unterstreicht mit Nachdruck, die alten Theorien vom Schulleiter als dem rationellen und starken Anführer in einer (zumindest in der Vorstellung) wohlgeordneten Weise seien ein obsoletes Paradigma, das in der unsicheren Welt von heute durch ein anderes ersetzt werden müsse.

Die meisten Studien zur Rolle des Schulleiters bei der Schulentwicklung stammen aus Nordamerika. In den letzten Jahren sind allerdings auch in anderen Kontinenten etliche Untersuchungen entstanden, vor allem in Europa und Australien (siehe z. B. CHAPMAN 1991). In Europa hat Großbritannien die relativ längste Tradition.

Weindling und Earley haben sich, um ein Beispiel zu nennen, mit den ersten Jahren der Tätigkeit eines Schulleiters beschäftigt. Im Unterschied zu ihren nordamerikanischen Kollegen stellen sie fest, die Leiter britischer Schulen seien sehr aktiv in ihren Bestrebungen, die Schule zu erneuern. Sie ergriffen die Initiative, stellten Forderungen und förderten den Prozeß nach Kräften. In Leithwoods und Montgomerys »Profilschema« (siehe Vorseite) stünden die meisten auf der höchsten Stufe. Die Autoren erklären die Abweichung dieser Ergebnisse von denen aus Nordamerika mit der anderen Fragestellung: Sie hätten Schulleiter untersucht, die *am Anfang ihrer Karriere* stünden. Sie betonten freilich auch, britische Rektoren hätten erheblich mehr Macht und Spielraum als ihre amerikanischen Kollegen (WEINDLING und EARLEY 1987).

Damit stellt sich die Frage, inwieweit solche Untersuchungen *kulturabhängig* sind. Wir brauchen *kulturübergreifende* Studien, um dies entscheiden zu können. Hofstede hat die Haltung von Lehrern zur Schulleitung und zu Veränderungen gründlich untersucht und weist auf grundlegende kulturbedingte Unterschiede hin. Z. B. versteht man unter guter Führung in Skandinavien etwas ganz anderes als in den USA. Das muß sich natürlich auf die Rolle des Schulleiters bei der Schulentwicklung auswirken (HOFSTEDE 1991).

Wir finden es auch bemerkenswert, daß die meisten Arbeiten über Schulleitung unterstellen, der Leiter agiere in einer rationalen Welt. Vom idealen Schulleiter zeichnen Arbeiten aus verschiedenen Ländern ein ganz ähnliches Bild. Es gibt in der einschlägigen Literatur nur wenige alternative Entwürfe.

Eine dieser Ausnahmen stammt von Patterson. Er geht in seiner Theorie der Führung davon aus, daß Organisationen nicht geordnet und logisch handeln, sondern daß die Entwicklung oft paradox und widersprüchlich verläuft, aber gleichwohl verständlich ist. Nach seiner Meinung müssen Schulleiter drei Strategien gleichzeitig einsetzen: die Entwicklung der Kultur der Schule leiten, langfristig planen und die Lehrer bei ihrer Arbeit motivieren (PATTERSON, PURKEY und PARKER 1986).

Allgemeiner gesehen arbeitet das »middle management« heute unter starkem Erwartungsdruck, und nicht wenige meinen, die auf dieser Ebene Tätigen hätten unmögliche Jobs. Block hat daher ein radikales Konzept vorgelegt, das er *The empowered manager* nennt. Die Entwicklung führt nach seiner Auffassung weg von dichter Kontrolle und hin zu mehr Unternehmergeist. Das bedeutet größere Verantwortung und das Bekenntnis zu ihr, Bereitschaft zur Professionalisierung und Einsicht in die Notwendigkeit positiver Visionen. Es gilt nach Block zu wählen zwischen einem System, das nicht funktioniert, und einem neuen System, in dem die Leiter die Verantwortung für die Entwicklung übernehmen. Block faßt seine Überlegungen folgendermaßen zusammen:

> »... Den Schlüssel zu ›positiver Politik‹ gewinnt, wer in jedem Gegensatz eine Möglichkeit sieht, Autonomie zu fördern und eine Organisation nach eigenen Vorstellungen zu schaffen. Das bedeutet, daß wir uns selbst als die primären Akteure sehen müssen, die eine bessere Kultur schaffen wollen. Kulturen verändern sich auf mancherlei Weise, aber selten aufgrund von Befehlen. Das

Warten auf Signale von oben bedeutet den Verlust der eigenen Handlungsmöglichkeiten. Wollen wir eine bessere Zukunft gewinnen, müssen wir selbst Verantwortung übernehmen...« (BLOCK 1987).

Versuchen wir abschließend, unsere kurze Beschreibung und Analyse der Forschungen zur Rolle des Schulleiters zusammenzufassen! Wir stellen fest,

– daß es keinen verbindlichen Führungsstil gibt,
– daß »Effektivität« stark situationsbedingt ist,
– daß *Zusammenarbeit* und die Verteilung der Verantwortung für Innovationen sehr wichtig sind,
– daß das Wichtigste – *was Führung in einer rasch sich wandelnden Welt leisten sollte* – erst jetzt allmählich definiert wird.

Es muß definiert werden von der dynamischen Wirklichkeit her, mit der die Schule als Organisation und System sich konfrontiert sieht (vgl. das Buch *Schule auf dem Weg ins 21. Jahrhundert*), und auf jeder Ebene in bezug auf das Organisationskonzept, an dem die Handlungen des Systems sich orientieren.

# 5. Veränderungstheorien

Diskussionen zur Schulentwicklung drehen sich in der Regel um die Ziele dieser Entwicklung oder um das, was geändert werden soll. Die Massenmedien tragen das ihrige zu dem Eindruck bei, daß etwas in der Schule nicht stimmt und daß Veränderungen erforderlich sind. Diskutiert werden meistens die Aufgaben der Schule. Die unterschiedlichen Auffassungen hierzu sind in der Regel politisch motiviert, und zum Teil verlaufen die Grenzlinien zwischen anthropologischen und didaktischen Grundpositionen. Das ist eine wichtige Debatte.

In unserem Zusammenhang soll ein anderer Aspekt der Schulentwicklung betrachtet werden, nämlich *wie* sie geplant und umgesetzt wird. Jeder Vorschlag zur Entwicklung der Schule enthält implizit *auch* eine oder mehrere Ideen zur *Art und Weise der Änderung*. Auch hierbei geht es u. a. um unterschiedliche Wertvorstellungen. Forschungen, auf die wir in diesem Kapitel Bezug nehmen, zeigen eindeutig, daß sehr viele beschlossene Neuerungen entweder nicht erprobt oder im Laufe der Durchführung stark verändert oder ganz einfach konterkariert werden. Das *Wie* der Schulentwicklung ist für das Ergebnis oft entscheidender als das *Was* (der Inhalt der Änderungen).

Ein Lehrer, der seinen täglichen Unterricht verändern möchte, ein Rektor, der sich um Veränderungen der Schulorganisation bemüht, ein Fachberater, der zusammen mit Lehrern an pädagogischer Erneuerung arbeitet, ein Schulrat, der Neuerungen in seinem Zuständigkeitsbereich durchsetzen will, oder eine Person im politischen oder administrativen Zentrum, die Reformen anstrebt: sie alle stehen vor derselben grundlegenden Frage: Wie geschehen Veränderungen in der Schule am besten?

Die Voraussetzungen der Schulentwicklung werden selten geklärt. Oft liegen sie im dunkeln auch für den, der die Entwicklungsarbeit verantwortet. Dennoch muß er oder sie zu einigen Verfahrensfragen begründet Stellung nehmen, wie z. B. »Was ist durchführbar?«, »Wie werden die Lehrer/die Schüler reagieren?«, »Welche Umstände sind für die Durchführung von Bedeutung?«, »Wer soll beteiligt werden?«, »Wie erreichen wir, daß die Beteiligten ein Eigentümerverhältnis zu dem Projekt entwickeln, es zu ihrer gemeinsamen Sache machen?«, »Was wird das Ganze kosten?«

Zu diesen eher pragmatischen Fragen kann sich nur äußern, wer sich mit grundsätzlicheren Fragen der Anthropologie, der Didaktik und der Reformbereitschaft auseinandergesetzt hat: »Ist der Mensch ein passives Individuum, das Änderungen von anderen vorgesetzt bekommen will – oder ist es ein menschliches Bedürfnis, sich für eine bessere Zukunft einzusetzen und dafür die Voraussetzungen schaffen zu wollen?« »Sind wir bereit, Veränderungen zu akzeptieren, die uns selbst nicht nützen?« »Wird Offenheit in einem Kollegium latente Konflikte ans Licht bringen und schüren – ist mit anderen Worten Offenheit bei der Erneuerungsarbeit eine Bedrohung – oder wird sie dazu beitragen, daß wir einander freier begegnen?« »Ist Teilhabe etwas Gutes, oder hindert sie effektive Führung?« »Brauchen wir genauere Kenntnisse des Schulalltags, bevor wir ihn ändern können, oder wissen wir schon mehr als genug?« »Müssen wir bei den meisten Reformen mit politischen und weltanschaulichen Konflikten rechnen, so daß Macht eine Voraussetzung der Änderung ist?« »Ist zentrale Lenkung der Schulentwicklung die beste Sicherung gegen unerwünschte Wirkungen?« »Ist Schulentwicklung nicht mit so vielen Risiken verbunden, daß sie das fachliche Fortkommen der Schüler gefährdet?«

Unsere Antworten auf diese und eine Reihe anderer Fragen werden unsere Haltung zu Reformvorschlägen formen. Das gilt sowohl für deren Inhalt als auch – mehr noch – für den einzuschlagenden Weg. Im Grunde stehen wir vor einem allgemeinen Problem: Wie geschehen Veränderungen in sozialen Systemen?

## 5.1 Schulentwicklung – Definitionen

Die Begriffe »Veränderung«, »Erneuerung«, »Reform«, »pädagogische Entwicklungsarbeit« und »Versuch« werden in der Umgangssprache oft nahezu synonym verwendet. Das gleiche gilt in etwa auch für die englischen Begriffe »change«, »innovation«, »renewal« und »educational development«. Es herrscht keineswegs Einigkeit über die Begriffe.

In den sechziger Jahren unternahm Havelock einen Versuch, zwischen »innovation« und »change« zu unterscheiden (HAVELOCK 1971). Sein Hauptgedanke war, daß eine Innovation eine Verbesserung des Systems sei, während »change« nur eine Änderung meine, ohne daß diese notwendigerweise eine Verbesserung enthalte. Obwohl ich mit Havelock der Meinung war, daß mehr begriffliche Klarheit erforderlich sei, wandte ich ein, daß eine solche Definition leicht ein zu oberflächliches Verständnis von »Innovation« bewirken könne (DALIN 1973). Meine Definition dieses Begriffs war »ein wohlüberlegter Versuch, die Praxis im Hinblick auf gesetzte Ziele zu verbessern.«

Auch in meiner Definition wird also »Innovation« als eine *Erneuerung* verstanden. Aber es war für mich nicht von vornherein klar, daß eine Erneuerung eine Verbesserung für alle bedeutete. »Besser« für wen? Es gilt nicht nur zu fragen, worin die Verbesserung besteht, ebenso wichtig ist es zu klären, wem die Erneuerung genützt hat.

Diese Diskussion ist wichtig, weil der Begriff »Innovation« positiv aufgeladen ist und aus dem Bereich der Technik stammt. Wir sind sozusagen überzeugt, daß das Automodell des nächsten Baujahrs besser sein wird als das diesjährige. Daß Innovationen auch auf technischem Gebiet ernste ungewollte Wirkungen haben können, ist uns nicht erst gestern durch tragische Ereignisse in der Medizin, Pharmakologie, Chemie und Landwirtschaft deutlich geworden. Es ist wichtig zu begreifen, daß die meisten Innovationen ihren Preis haben.

Besonders gilt das für Bildung und Ausbildung. Hier sind die Ziele unklar und oft in sich widersprüchlich (vgl. Kapitel 3). Kurzfristige Ziele harmonieren nicht unbedingt mit den längerfristigen. Darum sind unbeabsichtigte Wirkungen von »Innovationen« schwer feststellbar und so gut wie gar nicht meßbar.

Hieraus folgt, daß es problematisch ist, zwischen »Veränderung« und »Erneuerung« zu trennen. Ein unkritischer Gebrauch der Begriffe »Innovation« und »Erneuerung« kann leicht eine Versuchstätigkeit auf falscher Grundlage legitimieren. Man hat es für nahezu selbstverständlich gehalten, daß solche Tätigkeit zu einer besseren Schule führt; denn geht es nicht um »Erneuerungen«?

Auch der Begriff »Schulentwicklung« ist in den letzten Jahren oft und in ganz unterschiedlicher Weise definiert worden. Die umfassendste Definition findet sich in dem Buch *Making School Improvement Work – A Conceptional Guide to Practice*, einem der Ergebnisse des OECD-Projekts *International School Improvement*. Da heißt es:

»Schulentwicklung (school improvement) nennt man systematische, längere Zeit andauernde Maßnahmen zur Veränderung der Lernbedingungen und anderer darauf bezogener Faktoren in einer oder mehreren Schulen zu dem Zweck, die Ziele der Schule effektiver zu realisieren (van VELZEN u. a. 1985).

Die Autoren betonen,

- daß die *Schule* die Einheit der Veränderung ist (nicht also Personen oder eine einzelne Klasse) und daß die Maßnahmen die ganze Zeit *systematisch* durchgeführt werden müssen;
- daß die Veränderungen das ganze potentielle Spektrum umfassen (Strukturen, Verfahren und Klima);
- daß die Veränderungen all das berücksichtigen müssen, was mit einer bestimmten pädagogischen Neuorientierung zusammenhängt (Gegebenheiten der Organisation, beim Personal, den Finanzen, der Ausstattung, dem Zeitgebrauch).

Diese Definition ist stark geprägt von einer *rationalen* Einstellung zu Organisationen und zu Veränderungen. Die Autoren räumen ein, es könne vorkommen, daß einige der Beteiligten mit einer bestimmten Veränderung zum Besseren nicht einverstanden sind; aber dazu bemerken sie folgendes:

»Diese Frage ist nicht wirklich lösbar... Sie muß im Rahmen einer umfassenderen *policy* der Schulentwicklung gesehen (und an dieser gemessen) werden. Eine klare Formulierung der Ziele trägt dazu bei, auch die Strategien der Schulentwicklung genauer zu bestimmen.«

Die Autoren behaupten auch, ein guter Schulentwicklungsprozeß setze »Einigkeit über die Ziele voraus, und dies muß gleich am Anfang des Verfahrens geklärt sein.«

Dies ist wahrscheinlich die klarste apolitische Definition von Schulentwicklung aus den letzten Jahren. Hans Tangerud und Erik Wallin unterscheiden in anderem Zusammenhang zwei Typen der Schulentwicklung:

- Veränderungen, die sich am Gegebenen orientieren und grundlegende Werte und Ziele nicht antasten. Sie erstrecken sich auf Techniken und Methoden und bezwecken eine Steigerung der Effektivität;
- Veränderungen, die die bisherigen Ziele und organisatorischen Bedingungen reformieren wollen (TANGERUD und WALLIN 1983).

Pfeffer sagt in seinen Organisationsstudien, beim Design und bei Veränderungen gehe es nicht um die Frage, *welches* Ziel, sondern *wessen* Ziel angestrebt werde (PFEFFER und SALANICK 1978). Bei Bolman und Deal heißt es: »Es gibt keine permanente Erneuerung. Es gibt heute Gewinner und Verlierer, und es wird morgen Gewinner und Verlierer geben. In der Welt, wie sie nun einmal ist, verändert sich etwas dann, wenn sich die

Gewichte der Macht in erheblichem Maße verschieben« (BOLMAN und DEAL 1984).

Die OECD-Definition beruht, wie gesagt, auf einer *rationalistischen* Betrachtung von Organisationen und kommt dem nahe, was Ernest House *die technologische Sicht* von Veränderungen genannt hat (vgl. unten S. 229 f.). Die anderen Definitionen basieren auf einer *politischen Einstellung* zu Organisationen und zu Veränderungen.

Nun bleibt allerdings etwas unklar, was der OECD-Bericht eigentlich aussagt (das Buch ist von mehreren Autoren geschrieben, und das merkt man ihm an). In dem abschließenden Kapitel sagen nämlich Mats Ekholm und Matthew B. Miles:

> »Allgemein gesehen variiert der Begriff *Erneuerung* mit dem Kontext seiner Verwendung, in dem politische, soziale, wirtschaftliche, kulturelle und demographische Faktoren zusammenkommen können. ... Was als Verbesserung betrachtet wird, hängt von den Wertvorstellungen der Beteiligten ab...
> Es gibt keine Universalnorm, an der sich messen ließe, was für eine Schule *besser* ist. Das hängt von Werten ebenso wie von anderen situativen Faktoren ab...

Anderen Forschern zufolge sind Organisationen weder rational noch politisch – sie sind *zufällig* (vgl. Kapitel 2). Die Vertreter dieser Perspektive sagen, das meiste, was geschehe, lasse sich symbolisch verstehen. Veränderungen hätten viele Gründe. Die Akteure versuchten etwas zu verbessern und engagierten sich für eine Zeremonie, die sie *als Veränderung bezeichneten*. Wenn die Zeremonie vorüber sei, könnten sie darüber nachdenken,

– was getan wurde,
– was von Bedeutung war,
– was Legitimität erhielt.

Und meistens, so fügen Bolman und Deal hinzu, sei die Zeremonie sehr befriedigend: »Alte Probleme, frisches Blut, Expertise von außen und wichtige Fragen werden in die Arena gezerrt, kollidieren und verschmelzen zu neuen Mythen und Glaubenssätzen« (BOLMAN und DEAL 1984).

Eine solche Sicht der Veränderung unterscheidet sich von der rationalistischen und der politischen. Sie ähnelt Houses *kultureller* Sichtweise, aber in erster Linie repräsentiert sie, was Bolman und Deal die *symbolische* Organisationsperspektive nennen (vgl. oben S. 74 f.).

Veränderungstheorien

Es ist also unmöglich, Schulentwicklung im Konsens zu definieren, solange man sich nicht auf *eine* Organisationsperspektive geeinigt hat, und die wiederum hängt ab vom Menschenbild, Gesellschaftsbild und von Grundvorstellungen vom Lernen. Letztlich geht es bei der Schulentwicklung um *Werte*. Wir müssen uns daher damit abfinden, daß etwas, das die einen als wirklich sinnvoll erfahren, andere gar nicht interessiert. Zahlreich sind die Beispiele dafür, daß Lehrer es als »störende Einmischung« empfinden, wenn Politiker sich mit der Schule beschäftigen. Andererseits finden Politiker manchmal, die Schule stehe still, obwohl ihre »Benutzer« an mehreren internen Erneuerungen arbeiten, die für sie ebenso wichtig wie schwierig sind.

Versuche, die Schule zu erneuern, müssen sich an den *Werten* orientieren, denen die Schule verpflichtet ist. Diese sind als allgemeine Ziele und Normen vorgegeben, aber selten liegen sie in der einzelnen Schule *lebendig und anschaulich* vor, so daß die Akteure sie sich wirklich zu eigen machen. In dem diesem Buch vorausgehenden Band *Schule auf dem Weg ins 21. Jahrhundert* haben wir die Notwendigkeit von *Visionen* für das Schulwesen als Ganzes und für die einzelne Schule betont. Die Schule hat eine *langfristige* Mission. Sie soll Kinder und Jugendliche auf eine neue und andere Welt im nächsten Jahrhundert vorbereiten. Dabei geht es um ganz grundlegende Wertfragen.

In den letzten 50 Jahren hat die Schule die eine Welle von »Innovationen« nach der anderen erlebt. Sie wurden in der Regel in bester Absicht entwickelt, sei es intern oder extern. Aber meistens haben sie nur einen kleinen Teil des Ganzen erfaßt, haben kurzfristig erreichbaren Zielen gedient und wurden selten an dem Wertefundament der Schule gemessen. Nicht ohne Grund haben sich professionelle Lehrer oft den sogenannten Reformen widersetzt.

Schulentwicklung kann daher viele Formen haben, auf verschiedenen Ebenen des System stattfinden, viele Akteure einbinden und mit verschiedenen Methoden realisiert werden. Die üblichsten Schulentwicklungsmaßnahmen sind die folgenden, die klar zu unterscheiden ich angebracht finde:

*Reformen:* Ich habe in anderem Zusammenhang »Reform« definiert als staatlich verfügte Veränderungen des Schulwesens, die sich auf Gesetze, Verwaltungs- und Dienstvorschriften und die Struktur erstrecken, oft auch auf die Organisation und den Lehrstoff (Dalin 1977b). Solche Reformen schließen in der Regel soziale Veränderungen ein. Sie sind politisch motiviert. In welchem Maße sie tatsächlich Verbesserungen bedeuten, hängt natürlich vom jeweiligen Beurteiler ab. Ebenso wichtig ist die Frage, ob die Reformen wirklich umgesetzt wurden. Mehrere Untersuchungen zentraler Reformbestrebungen zeigen, daß diese Reformen während der Durchführungsperiode zum Teil drastisch verändert wurden. Die Praxis an der einzelnen Schule und im Klassenraum unterschied sich nicht wesentlich von dem, was man vor der »Reform« auch schon gemacht hatte. Die Akteure auf verschiedenen Ebenen legten die Reform so aus, daß sie besser in ihre Situation paßte. Wir haben allen Grund, bei der Einschätzung der Wirkung solcher großangelegter Reformen uns vor undifferenzierten Schlußfolgerungen zu hüten.

*Lehrplanentwicklung:* Dieser Begriff wird im Zusammenhang mit Schulentwicklung nur selten gebraucht. In der Regel bezeichnet er die Arbeit, die eigens ernannte Komitees, ministerielle Ausschüsse o. ä. leisten. In einigen Ländern gibt es eine kontinuierliche (in Schweden »rotierend« genannte) Lehrplanentwicklungsarbeit. In unserem Zusammenhang wollen wir damit den Teil der Schulentwicklung bezeichnen, dessen Hauptzweck die Beurteilung des Gesamtlehrplans und der Fachpläne ist, d. h. die Arbeit zielt darauf ab, die gesamte Tätigkeit der Schule zu beurteilen, Vorschläge zur Veränderung von Zielen und Inhalten der Fachlehrpläne vorzulegen und allgemeine Richtlinien für die Arbeit der Schule zu entwerfen.

*Pädagogische Entwicklungsarbeit:* So wird oft diejenige Versuchsarbeit genannt, die einzelne Lehrer oder mehrere gemeinsam an einer Schule betreiben. Im folgenden bezeichnen wir mit dem Begriff alle Versuche, die Inhalt und Methodik der Fächer betreffen, gleichgültig ob Lehrer oder andere (z. B. ein pädagogisches Zentrum) die Arbeit leiten. Wir meinen nur solche Arbeiten, die Inhalte und Methoden innerhalb der durch den Lehrplan gesetzten Ziele zu verbessern suchen.

*Organisationsentwicklung:* Das ist in der Schulentwicklung ein relativ neuer Begriff. In Nordeuropa wurde er wichtig und recht bekannt, weil mehrere größere Projekte in Schweden und Norwegen Elemente von Organisationsentwicklung enthalten. Hauptziel der Organisationsentwicklung ist es, der einzelnen Schule als Organisation größere »Problemlösungskapazität« zu geben, so daß sie mehr als vorher in der Lage ist, ihre eigene Praxis zu entwickeln, sei es in der Pflege des Milieus, in der Leitung oder in der Arbeit im Klassenraum.

*Schulentwicklung:* »Schulentwicklung« wird hier gebraucht als übergeordneter Begriff, der Reformen, Lehrplanentwicklung, pädagogische

Entwicklungsarbeit und Organisationsentwicklung einschließt. Wenn wir auf einem dieser Gebiete eine Änderung feststellen, die von den *Nutzern* (z. B. Schülern und Lehrern) als Verbesserung empfunden wird, definieren wir sie als *Erneuerung* (oder »Innovation«), gleichgültig ob sie sich auf kurzfristig zu erreichende oder längerfristige Ziele bezieht.

Der Begriff »Versuch« wurde früher auf »systematisch geplante Veränderungen des Inhalts der Schule« angewandt (DALIN 1969). So wie die Versuchstätigkeit in den meisten westeuropäischen Ländern betrieben wurde – als erste tastende Schritte in Richtung auf eine im voraus beschlossene Reform, ohne nennenswerte Möglichkeiten der Neubewertung –, hat der Begriff viel von seiner eigentlichen Bedeutung (im Sinne von Experiment) verloren. Ich finde das eigentlich nicht so schlimm. Das Modell der Erneuerung, auf dem die Versuchstätigkeit beruhte, erwies sich letzten Endes als ziemlich unrealistisch. Es kam dem Fo-E-Modell ziemlich nahe (vgl. oben S. 22). Wenn im folgenden von »Versuchen« die Rede ist, dann im Sinne von »experimentierend Lösungen anstreben«. Das kann auf jedem der obenerwähnten Gebiete geschehen, geplant oder weniger systematisch.

Schulentwicklung hat nach meiner Auffassung nur *eine* Rechtfertigung: daß sie *in der Praxis* zu einer für Schüler und Lehrer besseren Schule führt. Auf welche Weise das geschieht, ist dann eine zweitrangige Frage. Wer eine rationale Grundhaltung zum Dasein hat, wird ein möglichst systematisches Verfahren anstreben – und das hat erfahrungsgemäß oft zu Erfolgen geführt. Wer die Welt in einer Konfliktperspektive betrachtet, wird das Ziel auf politischem Wege zu erreichen suchen. Auch das hat Erneuerung bewirkt. Wie wir sehen werden, gibt es noch andere Wege, die Schule als Organisation zu verstehen – und damit auch weitere Möglichkeiten, sie zu entwickeln.

## 5.2 Allgemeine Veränderungsperspektiven

Die Literatur zum Thema Veränderung ist reichhaltig. Wir wollen in diesem Abschnitt versuchen, eine Übersicht über verschiedene »Veränderungstheorien« zu geben. Dabei ist es nicht unsere Absicht, jede einzelne detailliert zu erörtern. Dazu sei der Leser auf die Literaturangaben verwiesen. Unsere Darstellung basiert in der Hauptsache auf vier Quellen: Chins und Bennes Erörterung von »General Strategies for Effecting Changes in Human Systems« (CHIN und BENNE 1969), Rolland Paulstons Übersicht über Theorien der sozialen Wandlung (PAULSTON 1976),

Ernest Houses Studie zu »Innovationsperspektiven« (HOUSE 1981) und Dalins Besprechung von Theorien und Modellen zu Veränderungen im Bildungssektor (DALIN 1973 und 1978).

Chins und Bennes Arbeit wurde für das Verständnis des Veränderungsprozesses sehr bedeutsam. Ehe sie vorlag, gab es für das Bildungswesen keine zusammenfassende Übersicht über den Beitrag der verschiedenen Disziplinen zum Verständnis von Reformen. Chin und Benne ordneten die diversen »Schulen« drei »Strategien« der Veränderung zu:

A. Rational-empirische Strategien
B. Normativ-reedukative Strategien
C. Machtstrategien.

*Rational-empirische Strategien* im Sinne von Chin und Benne gehen von der Voraussetzung aus, daß der Mensch ein rationales Wesen ist und sich von »objektiven Kenntnissen« überzeugen läßt. Wer eine Änderung anstrebt, muß daher die Betroffenen von den Vorteilen zu überzeugen suchen, die sie ihnen bringen wird. Ein großer Teil des traditionellen Versuchsdenkens beruht auf einer solchen Philosophie. Man unterstellt, daß ein Projekt seine Tauglichkeit durch Experimente erweisen wird und daß die potentiellen Nutznießer sich überzeugen lassen, weil die neue Praxis der alten überlegen ist.

*Normativ-reedukative Strategien* haben einen anderen Ausgangspunkt: Die Hauptfrage ist, wie der Betroffene sein Problem auffaßt. Die diesem Ansatz zuzurechnenden Theorien haben ihre Wurzeln in der Psychologie, besonders im Werk Sigmund Freuds, John Deweys und Kurt Lewins. Die Anhänger dieser Strategien sind vor allem daran interessiert, ob Haltungen, Normen, Relationen und Fertigkeiten sich ändern. Die Beschaffung »richtiger« technischer Informationen im Sinne der rational-empirischen Strategie ist für sie von untergeordneter Bedeutung. Haltungs- und Verhaltensänderungen sind ebenso wichtig wie Änderungen der Produkte. Sie behaupten auch, die Gefahr der Manipulation sei geringer, wenn man von den *Werten* der Betroffenen ausgehe. Das Wesentliche sei, *innerhalb des Systems* Kräfte für erwünschte Änderungen zu mobilisieren. Daher konzentriert man sich auf die Stärkung der »problemlösenden Fähigkeiten« einer Organisation und bemüht sich, dem einzelnen Mitglied Möglichkeiten der Selbstverwirklichung zu bieten. Chin und Benne begründen solche Strategien folgendermaßen (zitiert nach DALIN 1973):

Veränderungstheorien

## Abb. 29: Veränderungsstrategien (nach Chin und Benne)

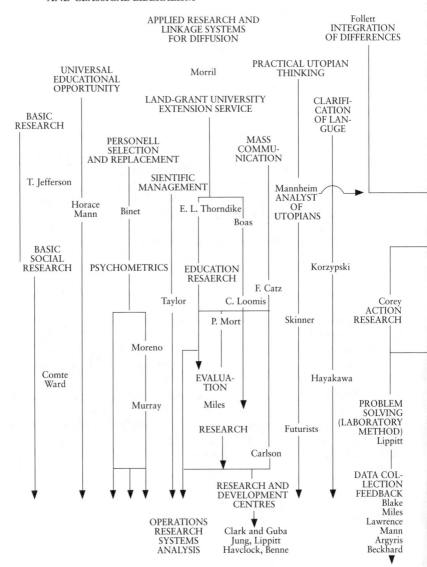

# Veränderungstheorien

**– RE-EDUCATIVE**     **C. POWER/COERSIVE**

**TRAINERS AND SITUATION CHANGERS**

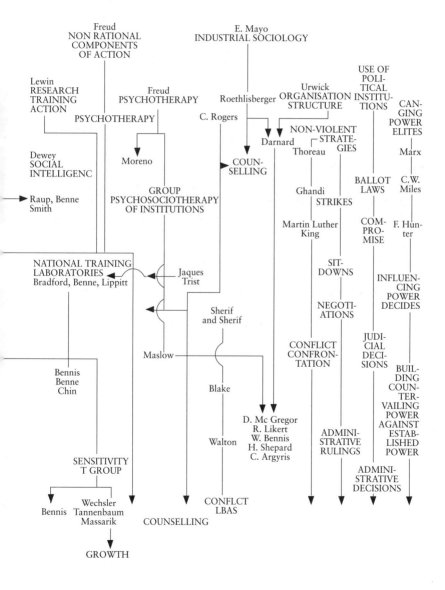

219

»Intelligenz ist eher sozial als im engen Sinne individuell. Menschliches Handeln beruht auf sozialen Normen und einem allgemein anerkannten Wirklichkeitsverständnis, kurz gesagt einer normativen Kultur. Im persönlichen Bereich handeln wir auf der Grundlage verinnerlichter Erlebnisse, Gewohnheiten und Werte. Veränderungen betreffen daher nicht nur das Äußere, sondern ebensosehr die persönliche Ebene – Gewohnheiten und Werte – sowie die soziokulturelle Ebene, d. h. Normen, Rollen und Relationen.«

Auch die normativ-reedukativen Strategien beruhen auf einem idealistischen Menschenbild und auf optimistischen Vorstellungen von der Fähigkeit des einzelnen, zu sinnvollen Veränderungen beizutragen.

*Machtstrategien*, in anderem Zusammenhang auch *politisch-administrative Strategien* genannt (DALIN 1973), gehen von einem fundamental entgegengesetzten Menschenbild aus. Sie setzen voraus, daß Veränderungen normalerweise durch den Einsatz von Machtmitteln bewirkt werden. Nach Chins und Bennes Definition von »power coercive« ist es *die Art des Machtgebrauchs*, die diese Strategie von den beiden anderen unterscheidet. Macht in dem Sinne, daß eine Person oder Gruppe eine andere beeinflußt, kommt überall vor, wo Menschen miteinander zu tun haben. Machtstrategien nehmen es als gegeben, daß Menschen nur ungern Änderungen mittragen und daß daher auf Strategien des Zwangs oder des Anreizes nicht verzichtet werden kann. Als Beispiele seien die Anwendung von Gesetzen und Vorschriften, materielle Belohnungs- und Strafmaßnahmen oder Änderungen von Einstellungsbedingungen genannt.

Anfang der siebziger Jahre führte die OECD eine größere Untersuchung zur Innovationsfähigkeit der Schule durch. Eine der dabei behandelten Fragen war, in welchem Maße die von Chin und Benne beschriebenen Veränderungsstrategien in den Mitgliedländern tatsächlich angewandt worden waren. Es würde zu weit führen, alle Ergebnisse aus dem vierbändigen Untersuchungsbericht zu referieren. In unserem Zusammenhang sei hervorgehoben, daß die Verwendung einer bestimmten Strategie teils als *kulturell bedingt* und teils als Folge *struktureller Faktoren* angesehen wurde (die USA haben z. B. ein stark dezentralisiertes Schulwesen, im Gegensatz etwa zu Schwedens zentralisiertem System). Zum Teil hingen die Strategien vom *Gegenstand der Innovation* ab. Im Unterschied zu vielen der amerikanischen Forscher, die bis dahin auf diesem Gebiet gearbeitet hatten, war ich der Ansicht, daß man über Strategie sinnvoll nur diskutieren könne im ständigen Blick auf die Ziele, d. h. den Inhalt der Reform. Die Ausdehnung der Schulpflicht auf neun Jahre mit ihren sozialpolitischen Zielsetzungen erforderte zwangsläufig eine andere Strategie als etwa die Einführung einer neuen Technik im Klassenraum, die hauptsächlich pädagogisch-methodische Ziele verfolgte (wenngleich sie oft auch andere Konsequenzen hatte).

Die Diskussion um Veränderungstheorien kam einen wesentlichen Schritt voran, als Rolland G. Paulston seine Arbeit *Conflicting Theories of Social and Educational Change* veröffentlichte (PAULSTON 1976). Die besondere Qualität seiner Untersuchung lag darin, daß er Studien aus vielen Disziplinen auswertete. Er beschränkte sich auch nicht auf nordamerikanische Arbeiten (eine Schwäche früherer Untersuchungen), und er sah die in den USA dominierenden Modelle in breiterer philosophischer Perspektive. Paulston unterschied zwei Hauptkategorien:

1. das Gleichgewichtsparadigma,
2. das Konfliktparadigma.

Unter »Paradigma« versteht Paulston die Art und Weise, in der eine Disziplin ein Forschungsgebiet betrachtet, geeignete Forschungsprobleme festmacht und Begriffe und Methoden anwendet. Es geht also um die totale »Sichtweise« und das »Modell« des Wissenschaftlers. Bevor wir Paulstons Typologie vorstellen und diskutieren, lassen wir ihn selbst zu Wort kommen:

> »Wenn ich jetzt diese höchst selektive Übersicht vorstelle, weise ich besonders hin auf mein Bestreben, Ideologie, Macht und Gruppeninteressen als Schlüsselfaktoren bei der Planung und Durchführung grundlegender Bildungsreformen anzusehen. Wenngleich diese drei Begriffe auf Ablehnung stoßen bei denen, die eine konservativ-liberale Lebenseinstellung haben – wie sie amerikanische Reformmaßnahmen lange bestimmt hat –, so gibt es doch Anzeichen dafür, daß Ideologie in amerikanischen Reformstudien endlich als unabhängige Variable betrachtet wird.

Dieser Stoßseufzer berührt einen ganz wesentlichen Punkt der Untersuchungen, die die Innovations- und Organisationsforschung geprägt haben und zum Teil noch prägen. Da der Großteil der auf diesem Gebiet entwickelten Theorien von Amerikanern stammt, wurden auch die entsprechenden Ansätze in Europa und anderen Erdteilen in erheblichem Maße vom pragmatischen, rationalistischen Denken bestimmt.

## 5.3 Das Gleichgewichtsparadigma

Unter dieser Überschrift subsumieren wir eine ganze Reihe Theorien und »Schulen«, die gleichwohl bestimmte Grundvoraussetzungen gemeinsam haben. Die evolutionären und neo-evolutionären Theorien

z. B. fußen auf der biologischen Evolutionstheorie und ziehen Parallelen zu Wandlungen im sozialen und im Bildungsbereich. Sie verstehen den Prozeß als eine allmähliche Entwicklung von primitiveren zu fortgeschrittenen Formen (PERSONS 1950). Funktionalistische Theorien suchen vor allem nachzuweisen, daß jede Entwicklung zur Harmonie tendiert und dabei zuerst allmählich verläuft und sich dann stetig beschleunigt (EMERSON 1954).

Die Theoretiker der evolutionären und neo-evolutionären Schule haben Beweise dafür beizubringen versucht, daß Gesellschaften sich nach einem ihnen sozusagen natürlich innewohnenden Modell und die Bildungssysteme sich annähernd automatisch parallel zur übrigen Gesellschaft entwickeln (DURKHEIM 1956). Durkheims Versuch, gesellschaftliche Entwicklung und Schulentwicklung zusammenzukoppeln, haben mehrere Forscher weiterverfolgt. Wilson hat versucht, die Sozial- und Bildungsgeschichte der am meisten industrialisierten Länder mit der der Entwicklungsländer zu vergleichen (H. C. WILSON 1973). Thomas unterschied bei den Bildungsinstitutionen vier Typen, und zwar nach der jeweils vorrangigen Bewertung von Auswendiglernen, Üben, intellektueller Entwicklung und Problemlösung (THOMAS 1968). Er meint, man könne zwischen der wirtschaftlichen und sozialen Entwicklung eines Landes einerseits und der »Reife« der Schulsysteme andererseits Zusammenhänge finden. Nach Beeby leisten die Industrieländer den weniger entwickelten Ländern gerade dadurch einen Bärendienst, daß sie ihnen ein Bildungssystem überstülpen, das zum sonstigen Entwicklungsstand dieser Länder nicht paßt (BEEBY 1966).

Die Strukturfunktionalisten haben mit den Anhängern der Evolutionslehre vieles gemeinsam. Während diese sich vor allem für Zusammenhänge zwischen den Entwicklungsstufen von Schule und übriger Gesellschaft interessieren, untersuchen jene vornehmlich die Mechanismen, die die verschiedenen sozialen Systeme in der Gesellschaft im Gleichgewicht halten. Beide »Schulen« sind konservativ und sehen in allem, was über kleine und allmähliche Veränderungen hinausführt, unerwünschte »Störungen«. Beiden geht es um Harmonie. Jeder Konflikt innerhalb eines Systems (z. B. der Schule) ist ein Krankheitssymptom und erfordert schnelle »Behandlung«, damit das System wieder ins Gleichgewicht kommt.

Die meisten Theoretiker dieser Schulen akzeptieren soziale Ungleichheiten und halten sie auch für wünschenswert, damit die in der Gesellschaft geltenden Werte nicht angetastet werden. Davis sagt hierzu:

»...Soziale Ungleichheit ist ... ein unbewußt entwickelter Mechanismus, welcher sicherstellt, daß die qualifiziertesten Personen einer Gesellschaft in die wichtigsten Stellungen gelangen...« (DAVIS 1949).

Theoretiker wie z. B. Persons sehen in der Ausbildung den wichtigsten Mechanismus der Gesellschaft. Damit sichert sie dem Individuum die Kontrolle über seine Entwicklung, während sie es zugleich verpflichtet, ihre kulturellen Traditionen weiterzuführen. Da die Schule völlig abhängig ist von den Ressourcen, die die Gesellschaft ihr bewilligt, kann diese auch die Sozialisierung, die die Schule leistet, genau kontrollieren.

Den Strukturfunktionalisten zufolge werden somit Innovationen in der Schule auf folgende Weise herbeigeführt: 1) In der Gesellschaft entsteht ein Bedarf, 2) die Schule erhält den Auftrag, diesen Bedarf zu befriedigen, 3) sie paßt ihre Struktur der Aufgabe an, 4) sie übernimmt ihre neue Funktion, und 5) die Gesellschaft wandelt sich allmählich aufgrund des geänderten Ausbildungsprogramms der Schule.

Weil Schule und Gesellschaft so sehr voneinander abhängen, ist es nach Auffassung der Strukturfunktionalisten nicht möglich, die Schule in Abweichung von der Gesellschaft zu verändern. Die meisten der in diesem Jahrhundert in den westlichen Ländern durchgeführten Reformen folgten in hohem Maße einer evolutionären Tradition. Das gleiche gilt für viele Versuche der Schulentwicklung in der dritten Welt (DALIN u. a. 1994).

Die Systemtheorie geht einen Schritt weiter. Sie basiert auf dem gleichen Fundament wie der Strukturfunktionalismus, aber ist bemüht, Ergebnisse biologischer, kybernetischer, informations- und kommunikationstheoretischer Forschung auszuwerten, um so eine Theorie zu schaffen, die einen höheren Erklärungswert hat als der Strukturfunktionalismus (BARTALANFFY 1968, CADWALLADER 1968). Die Theorie geht von einem extrem rationalen Problemlösungsverfahren aus, das sich nach Bushnell in folgende Phasen gliedert:

1. Problemdiagnose,
2. Formulierung des Ziels,
3. Erkennen von Hindernissen,
4. Auswahl möglicher Lösungen,
5. Evaluation der Alternativen,
6. Umsetzung der gewählten Alternative (BUSHNELL und RAPPAPORT 1971).

Die meisten der von Chin und Benne als »rational-empirisch« bezeichneten Strategien beruhen auf Systemtheorie. Hierzu gehört nicht zuletzt das sogenannte Forschungs-, Entwicklungs- und Ausbreitungsmodell (siehe Kapitel 10). Schon Anfang der siebziger Jahre zeigte sich aber, daß diese Strategien deutliche Schwächen hatten. In der OECD-Untersuchung wurde die Fo-E-Strategie Gegenstand heftiger Kritik (DALIN 1973). Herzog kritisierte sie unter drei Gesichtspunkten:

> »1) Sie ist naiv »professionell«, 2) sie betrachtet Schulen als manipulierbare Objekte, 3) sie sieht nicht, daß die Leute das tun, was sie tun, weil sie an die damit verbundenen Werte glauben, nicht weil sie Veränderungen ablehnen« (zitiert nach DALIN 1973).

Die Schulentwicklung in den westlichen Industrieländern verlief, wie gesagt, im ganzen nach einem evolutionären Modell, bei dem Schule und Gesellschaft in vielerlei Hinsicht »Hand in Hand« gingen. Die Schule galt als ein wichtiger Baustein der Gesellschaftsentwicklung. Bis Anfang der siebziger Jahre haben wohl auch nur wenige die Entwicklung der Gesellschaft wirklich kritisch in Frage gestellt. Hatten wir nicht alle Anteil an einem ständig wachsenden Lebensstandard? Brachte nicht jede Entwicklungsstufe mehr Chancen? Nur wenige fragten, wer vom Wachstum profitierte, welche Funktionen die Schule in der Gesellschaft hatte und ob sie eine andere Rolle spielen könnte.

Soweit ich sehen kann, gibt es kein Beispiel dafür, daß die Schule *allein* radikale Reformen initiiert und durchgeführt hätte. Chinas Volksschulen, Cubas Internatsschulen und Tansanias »Ujamaa community«-Schulen sind oft als Beispiele drastischer Schulreformen genannt worden. Aber waren sie nicht gerade Ausdruck des politischen Willens der herrschenden Klasse? Die Schulreform kam *nach* revolutionären Veränderungen des politischen und wirtschaftlichen Systems.

## 5.4 Das Konfliktparadigma

Unter dieser Bezeichnung fassen wir solche Theorien zusammen, die die inneren Schwächen sozialer Systeme und die in ihnen herrschenden Wert- und Interessenkonflikte in den Mittelpunkt stellen. Marxisten und Neomarxisten betonen die ökonomischen Konflikte. Die »Kulturreform«-Theoretiker legen am meisten Gewicht auf Wert- und Kulturkonflikte, und die Anarchisten beschäftigen sich hauptsächlich mit Konflikten, die auf repressive Institutionen zurückgehen.

## Veränderungstheorien

Marxistische Veränderungstheorien haben besonders in Europa Nährboden gefunden. Viele Untersuchungen haben sozioökonomische Konflikte in der Gesellschaft in neuer Perspektive gezeigt. Der schwedische Bildungsforscher Donald Broady hat in mehreren Arbeiten nachgewiesen, welche Bedeutung marxistisches Denken für das Verständnis der Funktionen der Schule in der Gesellschaft gehabt hat. Er beschäftigt sich besonders mit Ausbildung als Reproduktion, mit der politischen Ökonomie (in der die Schule eine wichtige Rolle spielt) und nicht zuletzt mit der Rolle des Lehrers als »Lohnarbeiter« (z. B. BROADY 1981a und BROADY 1978).

Wie die Evolutionstheoretiker sehen auch die Konflikttheoretiker die Schule in Abhängigkeit von der Gesellschaft, vor allem von ihren dominierenden wirtschaftlichen Institutionen. Erst in der Analyse dieser Abhängigkeit werden die Grenzlinien zwischen dem Gleichgewichts- und dem Konfliktparadigma deutlich.

Die Konflikttheoretiker betrachten das Verhältnis von Schule und Gesellschaft nicht als harmonisch oder funktionell, sich selbst regulierend und positiv, sondern im Gegenteil als einseitig von der Gesellschaft bestimmt und als Figur im Spiel der Elite um die Macht. Wenn die Schule es z. B. nicht schafft, allen die gleichen Bildungschancen zu bieten, wird dies nicht – wie die Funktionalisten es täten – als eine Art technisches Versagen gedeutet, das neue pädagogische Methoden erfordert. Die Konflikttheoretiker sehen darin einen von mehreren Beweisen für grundlegende Konflikte in der Gesellschaft. Die herrschende Elite will ihre Privilegien nicht ohne weiteres mit denen teilen, die sie nicht haben. Nach diesem Gedankengang dient die Struktur des Schulsystems der Erhaltung der sozioökonomischen Struktur der Gesellschaft. Den Schülern wird beigebracht, Konkurrenz (die nach dieser Theorie immer ungerecht ist) zu akzeptieren, Niederlagen zu ertragen und Belohnungen zu empfangen, die im Belieben der herrschenden Klasse stehen.

Bildungsreformen können daher nur im Gefolge sozialer Revolutionen zustande kommen, da sie stets von radikalen Veränderungen des wirtschaftlichen und politischen Systems abhängig sein werden.

Diese Konflikttheorien, die die Schule wie die Gesellschaft insgesamt marxistischer Analyse unterzogen, haben indes auf Bildungsreformen in der westlichen Welt nur geringen Einfluß gehabt. Tatsache ist auch, daß die Theorie selbst in angeblich sozialistischen Ländern wie der ehemaligen Sowjetunion und der DDR wenig praktische Bedeutung hatte. Dort haben gerade funktionelle Theorien und nicht zuletzt Systemtheorien dominiert. Das lag nach meiner Ansicht hauptsächlich daran, daß die marxistische Theorie in erster Linie ein analytisches Instrument ist. Sie kann zum Verständnis gesellschaftlicher Verhältnisse einen wesentlichen Beitrag leisten. Als eine Strategie der Schulentwicklung ist sie aber bisher nicht brauchbar. Die Erfahrungen aus sozialistischen Ländern zeigen, daß die Schule gerade dort als ein Instrument in den Händen der Machthaber gesehen wurde, als eines, das den ideologischen Grundsätzen anzupassen war, nach denen die wirtschaftlichen und sozialen Institutionen aufgebaut wurden. So gesehen mußte das Ziel die Entwicklung eines sehr effektiven Schulsystems sein, das den Forderungen der Gesellschaft im größtmöglichen Maße entsprach. Damit wurden gerade der Strukturfunktionalismus und besonders wohl die Systemtheorie zu dienlichen Werkzeugen.

Paulston sieht in »cultural revitalisation« oder kulturellen Bewegungen der Basis eine andere Form der Konfliktstrategie. Hierin wird er unterstützt von anderen Forschern, z. B. Horton, der Massenbewegungen an der Basis als wichtige strategische Voraussetzung für Veränderungen im Bildungswesen bewertet (PAULSTON 1976):

> »Wir sollten gelernt haben, daß grundlegende Veränderungen nicht aus Unzufriedenheit mit dem Funktionieren des Systems oder aus den Reformplänen der Machtelite hervorgehen. Opposition allein ... hat niemals zu radikalen Änderungen geführt. Von den Volkshochschulen, von Paulo Freire und seinesgleichen und von den großen Bewegungen an der Basis in diesem Jahrhundert haben wir gelernt, daß wir motiviert sind, wenn wir persönlich einbezogen werden in Arbeiten, die direkte Bedeutung für uns und unsere Lebenssituation haben. ... Die einzige Möglichkeit, radikale Veränderungen der Bildungssysteme durchzusetzen, liegt darin, daß Pädagogen sich mit gewöhnlichen Menschen verbünden, mit Schülern, verschiedenen ethnischen Gruppen und Arbeitern. Ziele, Lehrstoffe und Richtlinien werden in dem Maße geändert werden, wie immer mehr Menschen am Entscheidungsprozeß teilnehmen und zu Anhängern durchgreifender Veränderungen des Bildungssystems und der Gesellschaft werden.«

Es ist schwer, gute Beispiele für solche Bündnisse zu finden. Jedenfalls haben sie bisher keine wesentliche Rolle in der Schulentwicklung gespielt. Reformbewegungen wie die Waldorfschulen Rudolf Steiners könnte man als Repräsentanten einer alternativen Kultur bezeichnen. Denn in ihnen ist ja ein Bündnis von Reformpädagogen und Eltern Wirklichkeit geworden. Allerdings hat die Anthroposophie wohl eine breitere philosophische Grundlage als Hortons Überlegungen. Weiter verbreitet – und von besonderer Aktualität in Skandinavien – sind allgemeinere Reformbewegungen, die eine neue Gesellschaft und damit auch eine neue Schule anvisieren. Ich denke hier an Volksbewegungen wie »Framtiden i våre hender« (Die Zukunft in unseren Händen), die auch Vorstellungen dazu entwickelt haben, wie die Schule aussehen sollte. Solche Bewegungen – auf verschiedener ideologischer Grundlage – sind in den USA weit verbreitet; allerdings haben sie in der Schulentwicklung bisher keine entscheidende Rolle gespielt.

Mit ihnen eng verbunden ist das, was Paulston die anarchistisch-utopische Theorie der Veränderung nennt. Sie wird exemplarisch veranschaulicht durch Illichs »Entschulungs«-Bewegung und hat in Nils Christies Arbeit eine skandinavische Parallele (CHRISTIE 1971). Die »Entschuler« halten nichts von irgendeiner Form der *institutionalisierten* Schule, weil diese trotz aller ideellen Zielsetzungen stets von den sozial Starken und Durchsetzungsfähigen auf Kosten der Schwachen ausgenutzt werde. Weniger klar ist, ob eine Gesellschaft, in der es keine Schule gibt, in geringerem Maße von den Starken beherrscht würde. Hier gibt es erhebliche Zweifel, wie nicht zuletzt Ian Lister, einer der aktivsten Theoretiker der Entschulungsbewegung, bestätigt hat (LISTER 1976).

Im Kielwasser der Schulkritiker der sechziger und siebziger Jahre entstand eine Reihe alternativer Schulen, sowohl außerhalb als auch innerhalb des öffentlichen Schulwesens. Nordamerika bekam mehrere Hundert solcher Schulen mit höchst verschiedenen Ideologien. Minoritätsgruppen schufen sich ihre eigenen Schulen. Reformpädagogen gründeten Versuchsschulen. Von der Lernmittelindustrie unterstützt, entstand alles mögliche von computergesteuerten, ans heimische Telefon angeschlossenen Systemen bis zu »Schulen an der Ecke«, wo die Schüler Kurse an kleinen, spezialisierten Schulen belegen können, die sich im normalen Ladenmilieu etabliert haben. Ende der siebziger Jahre wurde die Herausforderung von den öffentlichen Schulsystemen angenommen. Einige große Sek. II-Schulen gliederten sich mehrere alternative Schulen unterm gleichen Dach an, und manche Gemeinden bauten ein noch viel differenzierteres Angebot in Gestalt der »Magnet-Schulen« auf (SILBERMAN 1971).

Auch Europa erhielt eine Reihe alternativer Schulen. Hier verlief die Entwicklung indessen viel langsamer, vermutlich wegen der zentralisierten Kontrolle der Schulen. Bezeichnenderweise entstanden die radikalsten Alternativen in Ländern wie Großbritannien und Dänemark, die das am wenigsten zentralisierte System haben. Die TVIND-Schulen in Dänemark können als Exponenten der alternativen Schulen in Europa gelten. Ein anderes Beispiel ist das norwegische »Versuchsgymnasium« (Forsøksgymnaset) in Oslo, eine Schule, die für das Bemühen um Demokratisierung in der Sekundarstufe II sowohl in Norwegen als auch in anderen Ländern große Bedeutung bekam.

Es ist keineswegs geklärt, wie wichtig alternative Schulen für das übrige Schulwesen sind. Häufig wird z. B. behauptet, der Preis ihrer Entwicklung sei Sektierertum und Isolation, und damit versuche das System, sich von alternativer Praxis bewußt zu distanzieren.

Während alternative Schulen in den sechziger und frühen siebziger Jahren hauptsächlich an »internen« Fragen interessiert waren, vor allem an solchen der pädagogischen Methode, haben sie sich in den letzten Jahren auf das Verhältnis von Schule und Gesellschaft konzentriert. Von zentraler Bedeutung sind hier »Youth participation«-Programme oder das, was wir in anderem Zusammenhang »Lernen durch Teilhabe« genannt haben (HOUSE 1982, DALIN und SKRINDO 1983). Diese Programme streben nicht nur eine bessere Integration von Schule, Arbeit und Freizeit an, sondern bieten auch Jugendlichen in der Gesellschaft neue, verantwortungsvolle Rollen. In Norwegen wurden »alternativer Unterricht«, »erweitertes Lernen« und »angepaßter Unterricht« Modelle, mit denen man das Angebot an den einzelnen Schüler verbessern und mehr als bisher seinem Lern- und Entwicklungsbedürfnis entgegenkommen konnte. »Lernen durch Teilhabe« hat sich tatsächlich in der norwegischen Schule in sehr kurzer Zeit durchgesetzt.

Mit Paulstons Analyse des Gleichgewichts- und des Konfliktparadigmas konnte man eine Reihe alternativer Schulen als Teil einer Konfliktstrategie der Veränderung verstehen. Während Chins und Bennes Arbeit hauptsächlich einen Einblick in verschiedene Entwicklungsstrategien *innerhalb* des Systems gab, bezog Paulston auch die Veränderungsprozesse ein, die nicht vom System gesteuert werden.

Abschließend wollen wir in diesem Zusammenhang auf eine Arbeit des amerikanischen Soziologen Ernest R. House eingehen. Sie stellt drei Hauptperspektiven der Erneuerung vor: die *technologische*, die *politische* und die *kulturelle* (HOUSE 1981).

House wies in der amerikanischen Diskussion zur Schulentwicklung als einer der ersten auf die politischen Dimensionen der Entwicklung hin (HOUSE 1974). Er fragt, wie unser Wissen über Veränderungsprozesse in der Schule beschaffen ist.

»Unser Wissen besteht nicht nur aus Tatsachen, Resultaten oder Verallgemeinerungen, sondern aus verschiedenen Perspektiven, die Tatsachen, Werte und Voraussetzungen kombinieren, so daß ein komplexer Filter entsteht, durch den wir Veränderungsprozesse betrachten« (HOUSE 1981).

Die Hauptperspektive, die man einmal hat, wird somit prägen, was man sieht, worauf man Wert legt, welche Aktionen man für vorrangig hält, welche Probleme man entdeckt und welche Erklärungen man findet. Das Hauptziel dieses Kapitels ist die Darstellung einiger Hauptrichtungen der Innovationsforschung; in dem Zusammenhang ist Houses Perspektivdenken wichtig.

## 5.5 Die technologische Perspektive

In dieser Perspektive geht es vor allem um das *Produkt*. Der Innovationsprozeß wird oft mechanistisch gesehen. Die zwischenmenschlichen Beziehungen werden von den technischen Bedingungen geschaffen und geformt. Das Hauptziel ist größere Effektivität.

Wir haben bereits den Aufschwung der Schulentwicklung in den USA seit dem »Sputnik« Ende der fünfziger Jahre beschrieben (vgl. S. 9, S. 17 f.). Anfangs waren die Lehrplanreformen von den Fachspezialisten an den Universitäten geprägt. Die Akademiker genossen allgemeines Ansehen, und in dieser Periode bestand über die Ziele und Aufgaben der Schule im großen und ganzen Einigkeit. Wie wir sahen, änderte sich das ziemlich drastisch Mitte der sechziger Jahre. Altüberlieferte pädagogische Praxis wurde in Frage gestellt, und es wurde gefordert, daß Schulentwicklung sich an empirischem Wissen orientieren müsse, das auf in der Schule erprobten Materialien beruhe (siehe Kapitel 10). Damit begann ein großangelegter systematischer, rationeller und »technologisch« geprägter Erneuerungsprozeß.

Die technologische Perspektive ist vor allem dadurch gekennzeichnet, daß Lösungen für Probleme der Schule in solchen »Technologien« gefunden werden können, die von einer Situation auf eine andere übertragbar sind. Die Hauptaufgabe besteht dann darin, das zur Erreichung eines bestimmten Ziels effektivste Mittel zu finden. Das »Mittel« ist oft ein Produkt, etwa in Form eines Lehrmittels oder eines methodischen Systems.

In einer neueren Arbeit haben Sashkin und Egermeier verschiedene Schulentwicklungsmodelle aus den USA zu analysieren versucht (SASH-

KIN und EGERMEIER 1993). Sie sagen, eine typische Strategie in den USA sei »Fix the parts« gewesen, beruhend auf der rational-wissenschaftlichen Vorstellung, Erneuerungen würden durch Ausbreitung innovativer Techniken herbeigeführt. Wir erkennen das Fo-E-Modell der Veränderung wieder und Chins und Bennes »rational-empirische« Strategien. Sashkin und Egermeier kommen zu folgendem Schluß:

> »Nach langjährigen Versuchen und Erfahrungen wissen wir, daß dies höchstens eine *Teillösung* sein kann. Je mehr die Verbreitung sich auf reine Information beschränkt, desto geringer ist die Chance, daß ein potentieller Nutzer die Lösungen annimmt. Je mehr jemand sich beim Versuch der Verbreitung persönlich einsetzt und fortlaufend kompetente und angesehene Personen als Helfer heranzieht, desto größer sind die Aussichten, daß die Innovation (in der einen oder anderen Form) genutzt wird. Bei Bildungsreformen ist es nicht damit getan, die Botschaft vom Besseren ›unters Volk zu bringen‹.«

In Kapitel 8 werde ich an Beispielen zeigen, welche Probleme die technologische Perspektive mit sich bringt. Hier will ich nur die beiden wichtigsten Gründe dafür nennen, daß diese Perspektive in den siebziger Jahren im Vergleich mit den fünfziger und sechziger Jahren an Bedeutung verlor. Zum einen wuchs allmählich ein allgemeiner Zweifel an technischen Lösungen gesellschaftlicher Probleme. Auch in manchen im Unterschied zur Schule hochtechnologischen Bereichen, wie etwa Medizin, Landwirtschaft und Umweltschutz, wurde man auf unerwünschte Nebenwirkungen der Technik aufmerksam. Zum andern führte die soziale und politische Entwicklung zu wachsender Unsicherheit bezüglich des gesellschaftlichen Ortes der Schule. Was in den fünfziger Jahren in der westlichen Welt ein beinahe selbstverständlicher parteiübergreifender Konsens war, begann zu zerfallen. Da die Ziele nicht mehr klar waren und die Mittel entsprechend fragwürdig wurden, bedurfte es jetzt anderer Perspektiven.

Vielleicht bezeichnet die Computer-»Welle« der letzten Jahre eine Rückkehr zum Glauben an die technologische Perspektive in der Schulentwicklung. Das muß nicht so sein; aber setzt man nicht die EDV in einen *pädagogischen und sozialen Zusammenhang*, besteht die Gefahr, daß sowohl die Technik als auch die Schule verlieren: die EDV, weil sie abgelehnt wird, und die Schule, weil sie die EDV nicht zu ihren eigenen Bedingungen als Hilfsmittel entwickeln kann. Es ist fast ein Prinzip der Schule, technische Möglichkeiten nicht zu nutzen – man denke nur daran, wie wenig Radio, Fernsehen und Telefon im Unterricht eingesetzt worden sind. Das gleiche *kann* mit der EDV passieren. Das wäre bedauerlich, denn die EDV könnte auf mehreren Gebieten eine Reform unserer Schule fördern. Vor allem würden die Schüler verlieren, besonders die, die eine praxisbezogene Berufsausbildung wünschen, oder die behinderten, die mit der neuen Technologie ein viel reicheres Leben führen könnten. Die Gefahr liegt darin, daß die Neuerungen die Jugendlichen und die Elternhäuser viel früher erreichen als die Schule. Bei einer rein kommerziellen Nutzung der Technologie wächst die Gefahr negativer Nebenwirkungen.

## 5.6 Die politische Perspektive

In dieser Perspektive erscheint Schulentwicklung in erster Linie als ein um Macht, Autorität und konkurrierende Interessen zentrierter Prozeß. Die Interessengegensätze können zwischen einzelnen Personen, auf Gruppen- und auf Organisationsebene auftreten. Schulentwicklung wird vor allem zu einer Frage der Verteilung der Ressourcen (im weiten Sinne). Damit wird es wichtig, den Blick umzulenken von der *Innovation* auf *die Konsequenzen, die die Innovation in einer bestimmten Situation* haben würde. Wer von einer Veränderung profitiert, wer einen Veränderungsprozeß unterstützt, welche Belohnungen und Kosten mit einer Änderung verbunden sind und wer im Prozeß der Schulentwicklung letzten Endes entscheidet – das sind einige der zentralen Probleme.

Die politische Perspektive bricht mit den Harmoniemodellen, von denen man in der Schulentwicklung bis dahin ausgegangen war. Veränderungsprozesse können mit Problemen verbunden sein, vielleicht mit Interessenkonflikten. Nicht alle wollen das gleiche, nicht alle profitieren von der Entwicklung, aber die meisten *wollen* von der initiierten Arbeit profitieren. Wenn Entwicklung mehr sein soll als eine geringfügige technische Verschiebung der in der Schule eingesetzten Mittel, müssen die Interessengruppen miteinander verhandeln. Sollen die Verhandlungen Erfolg haben, müssen alle kompromißbereit sein, und dazu bedarf es eines gewissen Maßes an gemeinsamen Interessen.

Wie wir später in diesem Kapitel sehen werden, trugen die Fallstudien der OECD zum Durchbruch der politischen Perspektive bei (DALIN 1973). In Nordamerika bewirkten die vielen Konflikte, die in der Gesellschaft im Zusammenhang mit dem Vietnamkrieg entstanden, daß auch die Schule Gegenstand scharfer politischer Analyse wurde (HOUSE 1974, BERMAN und MCLAUGHLIN 1977, GREENWOOD, MANN und MCLAUGHLIN 1975). Die ersten Studien untersuchten Interessenkonflikte auf der individuellen Ebene (z. B. zwischen Schulleitung und Lehrkräften oder zwischen Lehrern und Schülern). Diese Arbeiten leiteten

# Veränderungstheorien

über zu politischen Studien der Schule als Organisation. Man sah die Schule als soziales System mit Untergruppen, die für ihre Interessen kämpften. Die späteren Untersuchungen zeigten, welche Interessen in den verschiedenen lokalen und zentralen Organisationen vertreten sind, die Schulentwicklung betreiben. In den USA ist das besonders kompliziert wegen der dreistufigen Entscheidungsstruktur (staatlich, bundesstaatlich, kommunal), die zusammen mit einer immer weiter ausgebauten »Unterrichtindustrie« ein komplexes Muster von Interessen darstellt.

Eine Konsequenz dieser Perspektive ist, daß die Aufmerksamkeit nicht mehr nur den Fragen der »Qualität« einer bestimmten Innovation gilt, sondern auch dem Zusammenspiel einer Idee mit den an ihr interessierten Organisationen und Milieus.

Eine Reihe Studien zur Durchführung von Reformen in den siebziger Jahren zeigte gerade, daß Merkmale der Schule als Organisation sowie der am Prozeß beteiligten örtlichen und zentralen Organisationen für die Verwirklichung einer Idee mehr Bedeutung hatten als die »Qualität des Produkts« im engeren Sinne. Damit konnte erklärt werden, warum ein und dieselbe Idee der Schulentwicklung sich an einem Ort durchzusetzen und an einem anderen auf Widerstände zu stoßen scheint. Dies unterstrich nur den ohnehin schon vorhandenen Zweifel an der Übertragbarkeit von Innovationen von einer Schule auf die andere. Allgemeiner gesehen, stellte sich damit erneut die Frage, ob das, was wir über Unterricht wissen, allgemeingültig und auf andere Verhältnisse übertragbar ist.

**Abb. 30: Kritische Relationen in der Schulentwicklung (nach Dalin 1978)**

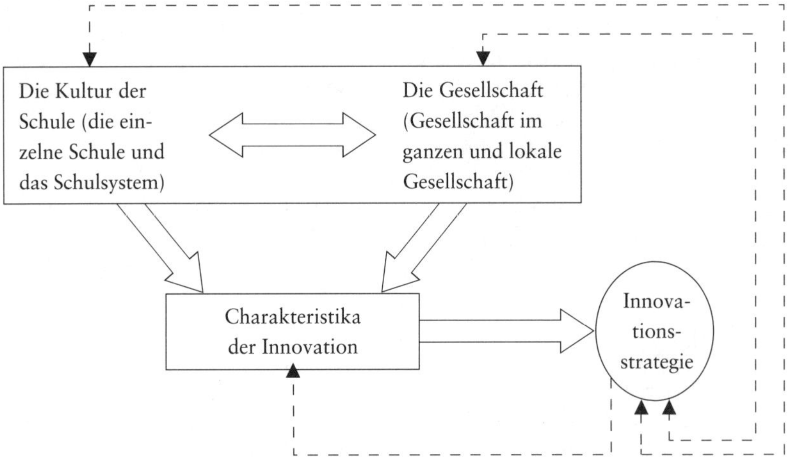

In einer älteren Arbeit habe ich gezeigt, wie Merkmale der *Innovation*, der *Schule*, des *Schulsystems* und der *Gesellschaft* (der nationalen und örtlichen Kultur) darüber entscheiden, ob und in welchem Maße eine Innovation realisiert wurde (DALIN 1978). Diese Relation zeigt das vorstehende Modell (Abb. 30):

Michael Fullan zeigt ebenfalls, daß die Charakteristika der Innovation für die Realisierung wichtig sind. Auch die Besonderheiten des örtlichen Schulwesens, Charakteristika der Schule allgemein sowie externe Faktoren sind nach Fullan von wesentlicher Bedeutung (FULLAN 1993).

## 5.7 Die kulturelle Perspektive

Nach der kulturellen Perspektive im Sinne von House sind die Werte und Normen, die sich in einer Gruppe, einer Organisation oder einer anderen Gemeinschaft herausbilden, für den Entwicklungsprozeß entscheidend. Soziale Relationen sind stabil. Werte und Normen der Organisation zu bewahren und am Leben zu halten ist ein primäres Ziel. Kulturelle Autonomie wird zu einer wesentlichen Voraussetzung der Bewahrung von Kulturen, die, auf sich gestellt, ein zu schwaches politisches oder wirtschaftliches Fundament hätten.

Die kulturelle Perspektive konzentriert die Aufmerksamkeit auf die Organisation, die von Ideen beeinflußt wird. Es ist von wesentlicher Bedeutung zu erfassen, wie Werte und Normen geformt, die Arbeit strukturiert, zwischenmenschliche Beziehungen entwickelt und gepflegt werden und wie die Beteiligten einen Vorschlag zur Erneuerung und Veränderung aufnehmen und interpretieren. Entscheidend ist, in welchem Maße die von »der Entwicklung« getragenen Werte und Normen mit der Wertgrundlage der Organisation harmonieren.

Diese Sicht des Veränderungsprozesses ist nicht neu. Viele Untersuchungen sind ihr verpflichtet, z. B. Sarasons grundlegende Arbeit *The Culture of the School and the Problem of Change* (SARASON 1971), sowie die Arbeiten von Smith, Keith und Lortie (SMITH und KEITH 1971, LORTIE 1975). Aber sie läßt sich noch weiter zurückverfolgen, z. B. zu Jules Henrys Analyse des Klassenzimmers (HENRY 1963). Interessant daran ist, daß diese Perspektive erst bedeutsam wurde, als die technologische in den siebziger Jahren an Geltung verlor. Hieran zeigt sich wohl ein weiteres Mal, daß unsere Sicht des Daseins und das Paradigma, das unserer Forschung zugrunde liegt, in hohem Maße von allgemeineren gesellschaftlichen Entwicklungen bestimmt werden.

In manchen Analysen lassen sich die politische und die kulturelle Perspektive nur schwer trennen. Während die politische in allen Konflikten doch immer eine gewisse verbindende Wertgrundlage voraussetzt, die Kompromisse ermöglicht, geht die kulturelle Perspektive von einer fragmentierten Gesellschaft aus. Sie unterstellt *innerhalb* von Organisationen und Gruppen einen relativ großen und zwischen den Gruppen einen um so geringeren Konsens über Werte und Normen. Gerade weil nach dieser Perspektive Gruppennormen den Veränderungsprozeß stärker bestimmen als politische und wirtschaftliche Interessen, läßt sich erklären, wie verschiedene professionelle Kulturen Einfluß auf den Prozeß gewinnen. Ein naheliegendes Beispiel ist die »Post-Sputnik«-Phase, in der Universitätsprofessoren in der Schulentwicklung den Ton angaben. Bald zeigte sich, daß viele ihrer Entwürfe (z. B. die »moderne Mathematik«) in der Schule auf große Schwierigkeiten stießen. An der kulturellen Perspektive orientierte Forscher konnten nachweisen, daß die Lehrer in der Schule eine andere Kultur mit anderen Werten und Normen vertreten als die Universitätsprofessoren – eine Erkenntnis, die für die Durchführung dieser Projekte entscheidend wichtig wurde.

Erstmals in einem mehrere westliche Länder einbeziehenden Vergleich zeigten die OECD-Studien auch, daß die in der Entwicklungsphase vertretene »Kultur« maßgebliche Bedeutung erlangt nicht nur für das, *was* entwickelt wird, sondern auch für das, was von den *Ergebnissen* der Entwicklung in der Praxis verwendet wird (DALIN 1973). Ferner zeigt sich, daß von Lehrern beherrschte Projekte stark zu einer Reform der Inhalte der Fächer tendierten, während Projekte, an denen andere Gruppen (z. B. Schüler) teilnahmen, andere Aspekte des Schullebens in den Mittelpunkt stellten (z. B. Rollenveränderungen). Die traditionelle Lehrerrolle ist fachorientiert. Das kommt auch in der Lehrerausbildung und großenteils in der Lehrerkultur zum Ausdruck.

Einer von denen, die die Bedeutung der örtlichen Kultur nachweisen konnten, ist J. Farrer (FARRER 1980). In Übereinstimmung mit den Ergebnissen der RAND-Studien (BERMANN 1980) zeigt er, wie die örtlichen kulturellen Werte und Normen ein Projekt während der Durchführung verändern. Er sieht in den Veränderungen eine Form der Evolution, bei der die örtlichen Normen von wesentlicher Bedeutung sind. Ich habe in anderem Zusammenhang behauptet, es sei gleichermaßen wichtig zu untersuchen, wie ein System eine Versuchsidee und umgekehrt wie eine Versuchsidee ein System verändert. Die RAND-Studien zeigen, daß dies vermutlich auch bei der Beschäftigung mit amerikanischer Schulentwicklung eine nützliche Perspektive ist.

Eine andere Variante der kulturellen Perspektive ist die »multikulturelle«. Mehrere Autoren, wie z. B. Goodenough und Bourdieu, halten es für ganz natürlich, in jeder Nation ein Geflecht aus mehreren Kulturen zu sehen (GOODENOUGH 1978, BOURDIEU und PASSERON 1971). Der einzelne Mensch lernt in der Regel zunächst, sich an einer bestimmten Kultur zu orientieren. Die Begegnung mit der Gesellschaft (und der Schule) bedeutet, daß man lernen muß, mehrere Kulturen zu verstehen und in ihnen zu arbeiten. Die Schule ist oft von einer Elitekultur beherrscht. Das hat vielfältige Konsequenzen; eine ist die, daß Erfolg um so schwerer erreichbar wird, je weiter entfernt von der Elitekultur jemand geboren ist. Aber vielleicht ebenso wichtig ist es zu erkennen, daß die Ermöglichung des Zugangs zu ihr die eigentliche Kernbedingung der Veränderung ist.

Eine grundlegende Untersuchung von »Kulturen und Organisationen« hat Geert Hofstede vorgelegt. Er konnte nachweisen, daß es in einer an sich global einheitlichen Betriebskultur (IBM) *nationale Besonderheiten* gab, die für die Wandlungsfähigkeit der Betriebe von großer Bedeutung waren. Wir zweifeln nicht, daß wir nur aufgrund solcher *international und transkulturell orientierten, vergleichenden Studien* eine integrierte Theorie der Schulentwicklung bilden können. Wir kommen auf Hofstede später in diesem Kapitel noch zurück (vgl. unten S. 252 f.).

Von House stammt der folgende Vergleich der drei Perspektiven (HOUSE 1981):

|  | *technologisch* | *politisch* | *kulturell* |
|---|---|---|---|
| Hauptgesichtspunkt des Interesses | Die Innovation selbst, Techniken und ihre Wirkungen | Die Innovation in einem bestimmten Zusammenhang, Macht und Einfluß | Situation und Zusammenhang, Sinn und Werte |
| Werte | Gemeinsame Werte. Die Ziele liegen vorher fest. Finden des besten Weges zur Erreichung des Ziels | Werte nicht von allen anerkannt Einigkeit erreichbar nach Verhandlungen | Wertekonsens innerhalb kleinerer Gruppen, Dissens und oft Konflikte um Werte zwischen den Gruppen |

Veränderungstheorien

|  | technologisch | politisch | kulturell |
|---|---|---|---|
| Ethik | Autoritativ Die Innovation liegt im Interesse aller. Technologische Veränderungen sind unbedingt erstrebenswert. | Nur vertraglich verpflichtend. Innovation nicht unbedingt im Interesse aller. Suche nach Kompromissen. | Relativistisch. Die Innovation kann ungewollte Wirkungen haben. Es ist falsch, anderen eine Innovation aufzuzwingen. |
| Gesamteindruck | Produktion Produktionsorientiert | Verhandlungen. Konfliktorientiert | Gemeinschaft. Meinungsorientiert |
| Fundamentale Prinzipien und Voraussetzungen | Systematisch. Rationelle Prozesse. Explizite Kenntnisse können angewandt werden (vgl. Fo-E). Passive Konsumenten. Zusammenarbeit geschieht automatisch. Effektivität und Verantwortlichkeit wesentlich. Gemeinsame Interessen und Werte vorausgesetzt. | Konflikte und Kompromisse zwischen Fraktionen. Einflußnahme durch Überredung und Zwang. Machtkampf herrscht vor. Zusammenarbeit ist problematisch. Legitimität wesentlich. Es gibt Interessenkonflikte. | Teilnehmer gegliedert nach Kulturen und Subkulturen. Innovation setzt Zusammenwirken unabhängiger Gruppen voraus. Innovationswirkungen diffus, kaum feststellbar. Zusammenarbeit unklar. Veränderungen haben verschiedenen »Sinn«. Autonomie wesentlich. |

House zeigt hier, wie der Hauptgesichtspunkt und das Interesse sich verschieben von der Innovation selbst zu dem Zusammenhang, in dem sie steht, zur Kultur der Organisation. Auch die Haltung zu Werten und Normen ist unterschiedlich, damit auch die implizierte ethische Grundlage und das »Image«, auf das der Prozeß abzielt. Zwischen den drei Perspektiven verlaufen ethische Grenzlinien.

Man kann jedes Projekt aus allen drei Perspektiven betrachten. Aus technologischer Perspektive hat ein jeder das Recht, aktiv Einfluß auf die Schule zu nehmen. Das ergibt sich aus dem grundsätzlichen Einvernehmen über die Entwicklungsziele der Schule sowie aus der Hauptfrage, nämlich der Suche nach den besten Methoden zur Förderung der gemeinsamen Ziele. Eine solche Perspektive liefert auch die politische und ethische Begründung einer zentralen nationalen Verantwortung für den Schulentwicklungsprozeß.

Aus der politischen Perspektive erscheint Einflußnahme von außen problematischer. Die ideologische Frage ist: »Was ist gerecht?« Es gibt so gut wie gar keine Projekte, die allen nützen, und äußere Einflüsse können leicht einseitig werden. Die einzige ethisch zu verantwortende Art, Schulentwicklung zu betreiben, ist in dieser Perspektive der Verhandlungsweg. Er führt zu vertraglichen Abmachungen, bei denen Kompromisse selbstverständlich sind.

Aus kultureller Perspektive ist allgemeine Einigkeit sehr problematisch. Zwei verschiedene Kulturen können einander leicht mißverstehen, und vielleicht gibt es gar keine gemeinsame Basis einer Verständigung. Weil Mißverständnisse naheliegen, kann eine Innovation leicht ungünstige Nebenwirkungen haben. So gesehen ist die einzige Grundlage der Schulentwicklung die, daß die einzelne Schule selbst gemäß ihrer Kultur ihre Entwicklung kontrolliert. Dies wird oft von Lehrern geltend gemacht, indem sie behaupten, daß nur Lehrer wirklich verstünden, was Unterricht sei. Darum wird alles, was der Lehrerkultur »fremd« ist, bewußt oder unbewußt abgelehnt, während das, was auf in dieser Kultur registrierte Bedürfnisse zurückgeht, Aussichten hat, verwirklicht zu werden.

Eine Hauptfrage bei aller Schulentwicklung ist, wie man den Unterricht als Profession einschätzt. Ist Unterricht ein Handwerk, vielleicht sogar eine Kunst, oder ist er eine Profession, deren »Technologie« erlernbar und also in ihren einzelnen Schritten vorhersagbar ist? Ein Handwerk beruht auf überliefertem Wissen. Man erlernt es durch Praxis, oft im Zusammenwirken mit einem »Meister«. Eine Technologie, z. B. die Entwicklung von Tests, beruht auf empirischem Wissen, das in dem genannten Sinne vorhersagbar ist. Viele Lehrer werden behaupten, Unterricht sei ein Handwerk, das man sich nur intuitiv im Klassenraum aneignen könne. Fest steht, daß wir in der Pädagogik bisher *nicht* über viel empirisch abgesichertes Wissen verfügen, das sich verallgemeinern ließe. Die Anhänger der technologischen Perspektive behaupten gewöhnlich, daß sich Unterricht auf vorhersagbares Wissen gründen lasse, daß gute allgemeingültige Praktiken erreichbar und Erfahrungen übertragbar seien und daß entschiedenes Testen und Experimentieren zu einem besseren Produkt führe, das den Unterricht allgemein verbessern könne.

Wer das Unterrichten als Handwerk versteht, sieht auch den Veränderungsprozeß als einen langsamen Wandel, den der einzelne Lehrer zu kontrollieren hat. Genau entgegengesetzt ist das in der technologischen Perspektive. Hier wird die Verantwortung für die Entwicklung Forschern und »Entwicklern« übertragen, während der Lehrer im großen und ganzen nur die neuen Lösungen umzusetzen hat.

Die letzten 20 Jahre haben keineswegs Klarheit in dieses Dilemma gebracht. Viele verschiedene Strategien zur Förderung der einzelnen Perspektiven wurden entwickelt. Mir liegt vor allem daran, sämtliche Perspektiven kritisch in Frage zu stellen, so ihre Grenzen zu zeigen und zugleich Methoden der Analyse des Entwicklungsprozesses zu finden, damit geeignetere Strategien benannt werden können.

In diesem Zusammenhang sei auf den Zweifel hingewiesen, den House selber äußert, wenn er darüber reflektiert, warum er die drei Perspektiven unterschied:

>»Warum diese und nicht andere Perspektiven? Die Antwort ist nicht ganz klar. Man könnte sagen, die technologische Perspektive repräsentiere die Interessen der Verfechter der Innovation, die kulturelle die Interessen der von ihr Betroffenen und die politische die Verhandlungen zwischen diesen Interessen. Aber diese Analyse ist selbst eine politische Perspektive. Es ist wichtig, daß die Perspektiven dominierende Institutionen der Gesellschaft widerspiegeln. Sie haben schon in die akademischen Disziplinen Eingang gefunden, z. B. in die Wirtschafts- und Ingenieurwissenschaften (technologische Perspektive), in die Staatswissenschaft und Soziologie (politische Perspektive) und in die Anthropologie (kulturelle Perspektive)« (HOUSE 1981).

## 5.8 Was kann empirische Forschung über Schulentwicklung aussagen?

Viele haben in den letzten 30 Jahren zu beschreiben versucht, was in einem Schulentwicklungsprozeß geschieht und welche Faktoren darüber entscheiden, ob er in eine *erneuerte und verbesserte Praxis* mündet. Die meisten einschlägigen – und einigermaßen zugänglichen! – Arbeiten stammen aus den englischsprachigen Ländern, vor allem aus Nordamerika, wo man seit Jahren die gesamte Schulforschung systematisch ordnet und in Datenbanken speichert. Dies sei eingangs erwähnt, damit deutlich wird, daß die folgende Darstellung zwangsläufig einseitig ist. Sicher werden in vielen Ländern interessante Forschungen zur Schulentwicklung durchgeführt; einige ihrer Ergebnisse kann ich nachlesen, aber viele Untersuchungen bleiben mir unbekannt. Die Zugänglichkeit müßte erheblich verbessert werden; denn kulturübergreifende Studien sind wichtig, wenn wir unser Verständnis der Schulentwicklung erweitern und vertiefen wollen.

Die US-amerikanische Forschung ist der *technologischen* und der *humanistischen* Perspektive zuzuordnen. Die meisten größeren Forschungsprojekte zur Schulentwicklung wurden von der Bundesregierung finanziert, die das Schulsystem der USA reformieren wollte. Es war daher wichtig, Strategien zu finden, »die etwas bringen«. Vielen der frühen Projekte (besonders denen der siebziger Jahre) liegen, soweit ich sehen kann, die folgenden bewußt oder unbewußt gemachten Annahmen zugrunde.

1. »Innovationen« sind generell besser als die Praxis, die sie ersetzen sollen, und die Forschung hat zu ermitteln, welche Faktoren und Prozesse die Planung, Umsetzung und Implementierung des Neuen beeinflussen.
2. Veränderungen, die Erneuerung bewirken sollen, müssen auf *Konsens* gegründet werden. Da als selbstverständlich gilt, daß ein Projekt *Verbesserungen* bringt, müssen die Verfechter der Innovation die Sache gut *verkaufen*, die Benutzer überzeugen. Die Forschung hat die Aufgabe, verbesserte Strategien zu entwickeln.
3. Die Veränderungsprozesse sind *lenkbar*. Man unterstellt, daß das System sich rational verhält und daß es vor allem ein technisches Problem ist, wie die Prozesse gelenkt werden. Die Forschung hat die Schule als System und als Organisation zu studieren und wirksame Organisations- und Führungsstrategien zu ermitteln.
4. Schulen sind *Ziele* oder *Objekte* externer, von Behörden initiierter Versuche, den Schulalltag zu verändern. Lehrer sind in der Hauptsache Konsumenten, die die Innovationen *benutzen* sollen, so daß sie zu einer erneuerten und verbesserten Praxis führt (DALIN 1988).

Sashkin und Egermeier nennen dies die »Fix the parts«-Strategie. Aber auch in ihrer »Fix the people«-Strategie steckt viel von der gleichen Denkweise (SASHKIN und EGERMEIER 1993). Das ist hauptsächlich eine Schulungs- und Entwicklungsstrategie. Wir wissen aber, daß die traditionelle, auf den einzelnen Lehrer bezogene Fort- und Weiterbildung einen sehr begrenzten Effekt hat, weil der einzelne sich mehr nach den Erwartungen des Kollegiums richtet, als daß er sich traut, seinen eigenen Weg zu gehen. Auch diese Strategie kann so eine oberflächliche »Fix the parts«-Strategie werden, weil sie die Kultur der Schule nicht ernst nimmt.

Veränderungstheorien

Matthew B. Miles vom Center for Policy Research in New York ist der Nestor der amerikanischen Schulentwicklungsforschung. Seit über 40 Jahren hat er alle ihre Phasen geprägt und außerdem an vielen internationalen Projekten mitgearbeitet. So verfügt er über reiche Erfahrungen und hat einen weiten Horizont, in dem er die verschiedenen Perspektiven der Forschung in systematischer Ordnung überblickt. Er ist wohl mehr als irgend jemand sonst »in die Tiefe gegangen«, um die kritischen Variablen zu finden. 1992 wurde er aufgefordert, in einem Vortrag vor der amerikanischen Organisation für Bildungsforschung (AERA) die Geschichte der Schulentwicklungsforschung in einem kritischen Rückblick zusammenzufassen. Wir wollen im Anschluß an Miles die wichtigsten Phasen der Entwicklung kennzeichnen und dabei auch auf seine Schlußfolgerungen eingehen (MILES 1992).

Schon 1948 begann sich Miles im *Gruppentraining* für Veränderungsprozesse zu interessieren. In den fünfziger und sechziger Jahren beschäftigte er sich unter dem Einfluß der »National Training Laboratories« viel mit Gruppenprozessen. Aus dieser Arbeit erwuchs das bis heute vielgelesene Buch *Learning to work in groups* (MILES 1959, 1980). Ein Schlüsselbegriff dieser Phase war *Prozeßanalyse*, die Fähigkeit, offen und direkt zu sagen, welche Erfahrungen man in einer Gruppe macht und welche Veränderungen man an sich selbst beobachtet. Die »Selbstanalyse« war daher auch ein wichtiger Motor der frühen, auf der humanistischen Perspektive beruhenden Schulentwicklungsprojekte. Noch kürzlich wurde in mehreren Arbeiten nachgewiesen, daß Veränderungsstrategien, die die Prozeßanalyse vernachlässigen, Gefahr laufen zu scheitern (LIEBERMAN u. a. 1991). Nach Miles ist sie auch für die Lernprozesse in der Klasse wichtig (MILES 1964, 1971).

Die nächste Phase nennt Miles in seinem Rückblick »Innovationsausbreitung und Adoption«. Sie ist ganz von der technologischen Perspektive geprägt. Zwei Leitbegriffe waren Triebkräfte der Forschung: *technische Rationalität* und *Wahlmöglichkeit*. Innovationen galten als der traditionellen Praxis *technisch überlegen*, und wegen der Komplexität der öffentlichen und privaten Schulsysteme der USA war es wichtig, der einzelnen Schule eine *Wahlmöglichkeit* zu lassen. Man arbeitete an »lehrersicheren« Innovationen, und es entstanden viele gute Produkte. In dieser Periode wurde auch dokumentiert, wie wichtig *temporäre Gruppen* für die Entwicklung und Ausbreitung von Innovationen sind. Sie konnten außerhalb der offiziellen Kanäle kurzfristig zusammentreten und so die Hierarchie etwas »einebnen« (MILES 1964).

Die folgende Phase ist nach Miles die der »Selbsterneuerung von Organisationen«. Es bedeutete einen wesentlichen Fortschritt, von der Konzentration auf das *Individuum* loszukommen und das Hauptaugenmerk auf *die Organisation* zu richten. In der Industrie war dieser Schritt schon früher vollzogen worden. Nun begann auch in der Schule die Zeit der Organisationsentwicklungs-Projekte. Miles initiierte 1963 das erste, »Organization Development in Schools«, und danach das bekanntere »Cooperative Project in Educational Development« (COPED), das durch Schulung, Verfahrensberatung, Feedback von Daten, Problemlösungen und strukturelle Veränderungen auf eine »Selbsterneuerung« abzielte. Das bleibende Ergebnis dieser Phase sieht Miles in dem Begriff der *gesunden Organisation* (»Organization health«), der seither, wenn auch mit etwas variierendem Inhalt, eine zentrale Rolle gespielt hat. – Woran lag es nun, daß *Organisationsentwicklung* (OE) zu Schulentwicklung führte? Miles sieht den Konnex vor allem in den Ideen vom *Feedback der Daten* oder einer Art Prozeßanalyse und von der *normativen Veränderung* (MILES 1969). OE hat erheblichen Einfluß auf die Spielregeln der Organisation, und eine verbesserte Kommunikation erleichtert die Veränderung der Funktionsweise der Organisation. Doch stieß die OE auch auf Schwierigkeiten. Trotz klarer positiver Ergebnisse breitete sie sich nur langsam aus, was nach Miles auf zu geringe Berücksichtigung pädagogischer und mit dem Lehrplan gegebener Faktoren zurückging. Die spätere »Effective Schools«-Bewegung zielte auf den Klassenraum als Einheit der Veränderung, aber vernachlässigte dabei oft wichtige Normfragen der Schule. Es ist offenbar erforderlich, die organisatorischen und pädagogischen Dimensionen zusammenzubringen (vgl. MILES und KAUFMAN 1985 sowie DALIN und ROLFF 1991).

Die nächste Bewegung nennt Miles »Wissensübertragung« (»Knowledge transfer«). Ihr lag der Gedanke zugrunde, das durch Forschungs- und Entwicklungsarbeiten bereitgestellte Wissen müsse systematischer als bisher der Schule verfügbar gemacht werden. Das setzte *kapazitätsfördernde Maßnahmen* sowohl bei einzelnen Personen (z. B. dem Schulleiter) als auch bei der ganzen Schulgemeinschaft voraus (RUNKEL u. a. 1978). Ebenso wichtig war der Aufbau von Netzwerken, so daß die einzelne Schule »sich ohne Mühe Zugang zu verläßlichen Informationen verschaffen konnte« (LAKE und MILES 1975). – Die Bewegung hat in der Schulentwicklung der späteren Jahre nur wenige Spuren hinterlassen.

Auf sie folgte in den USA *die Entwicklung ganz neuer Schulen* – aufgrund der Annahme, die alten Schulen seien hoffnungslos rückständig, neue Strukturen und Prozesse erforderlich. Nicht weniger als 25 % der amerikanischen Kommunen hatten in den siebziger Jahren »alternative«

Schulen und Programme. Das wichtigste Ergebnis dieser Bestrebungen war die Erfahrung, daß traditionelle Planung nicht funktionierte, d. h. daß neue Schulen erst dann zu wirklichen Alternativen werden konnten, wenn alle Gruppen die Chance hatten teilzunehmen. Der Begriff des »Eigentümerverhältnisses« zu Veränderungen stammt aus dieser Phase.

Am Ende der siebziger und in den achtziger Jahren verschob sich das Interesse der Forscher an der Schulentwicklung deutlich. Miles nennt diese Phase die der *Implementierung*. Es war schon erwiesen, daß Schulen neue Lösungen oft nicht annahmen, daß man sich also mehr um das zu kümmern hatte, was im Stadium der Umsetzung geschah (siehe u. a. SMITH und KEITH 1971, GROSS, GIAQUINTA und BERNSTEIN 1971, DALIN 1978). Das Hauptinteresse galt daher nun dem *Sinn*, den die Nutzer dem Schulentwicklungsprozeß beilegten. Eine wichtige Erfahrung war, daß die Schulen sich einer neuen Praxis und daß sie die Innovation der Organisation *anpaßten*. Es ging jetzt nicht mehr darum zu untersuchen, wie externe Innovationen auf die Schule einwirkten, sondern wie *das System* sich veränderte (BERMAN 1981, FULLAN 1982). *Qualitative Methoden* mit besonderer Betonung einer neuen *Systematik* setzten sich in Studien zur Schulentwicklung durch. Es galt Prozesse in ihrem richtigen Kontext zu verstehen (CRANDALL u. a. 1982, HUBERMAN und MILES 1984). Ferner zeigte sich in dieser Phase die Wichtigkeit *fortlaufender Unterstützung* der innovativen Arbeit der Lehrer – mit einem einführenden Kurs war es nicht getan! – Von grundlegender Bedeutung war auch der Nachweis, wie wichtig für den Erfolg *die Beherrschung der Innovation durch die Lehrer* war. Je besser sie mit ihr umgehen konnten, desto mehr fühlten sie sich ihr verpflichtet. – Diese Periode war eine der ertragreichsten in der Geschichte der Schulentwicklung. Am wichtigsten war vielleicht die Erkenntnis, daß eine Variable, wie z. B. »Beherrschung«, nicht für sich steht, sondern in einem Abhängigkeitsverhältnis zu mehreren anderen Variablen gesehen werden muß (HUBERMAN und MILES 1984).

Mitte der achtziger Jahre richtete sich die Aufmerksamkeit auf die *Leitung von Reformen*. Es war eine Zeit, in der der Bund sein Engagement für die Schulentwicklung reduzierte und die Bundesstaaten und die unabhängigen Schulbezirke selbst die Initiative ergreifen mußten (woran sie wenig gewöhnt waren). Louis und Miles studierten 178 Schulen der Sekundarstufe II bei ihren Versuchen, sich zu erneuern, und achteten dabei vor allem auf das, *was die Schulleitung tat*, um Veränderungen zum Erfolg zu verhelfen (LOUIS und MILES 1990). Mehr als früher wurden *das Verhältnis der Akteure zum Prozeß, die Legitimität der Planung* und deren Auswirkung auf die Bereitschaft, *Verantwortung zu übernehmen*, zu wichtigen Anliegen (»empowerment«). Traditionelle Planung versagte, während »evolutionäre Planung« Engagement auslöste und gute Voraussetzungen für die Lösung von Problemen während des Prozesses schuf (»problem coping«). Die Schlußfolgerungen der Studie, die Miles für eine gute Anleitung zur Schulentwicklung vor Ort hält, sind in Abb. 31 wiedergegeben.

**Abb. 31: Zentrale Dimensionen bei der Leitung von Veränderungen**

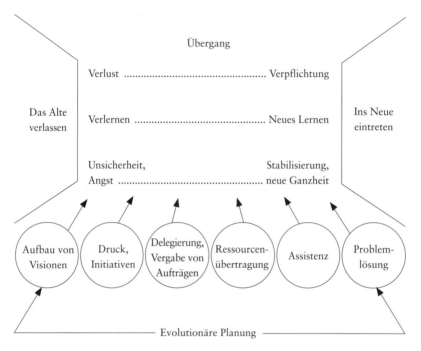

Ein Thema, das seit Ron Havelocks Projekt »Training of changes agents« (HAVELOCK & HAVELOCK 1973) immer wieder diskutiert wird, ist *die Rolle der Berater* im Schulentwicklungsprozeß. Nach Miles besitzen erfolgreiche Berater einige charakteristische Haltungen und Fertigkeiten: Sie finden leicht zu anderen Menschen Kontakt (sind aber in ihrem Auftreten ganz unterschiedlich), zeigen sich kompetent bei Gruppenarbeiten und beim Training von Erwachsenen, sind selbst gute Lehrer, haben Selbstkontrolle und Organisationsvermögen. Sie ergreifen gern die Initiative und bewähren sich in Situationen von zentraler Bedeutung (z. B. beim Lösen von Konflikten). Ihnen ist bewußt, daß *Organisationsdiagnose* eine wesentliche Voraussetzung ihrer Arbeit ist. Die wichtigste Variable für den Erfolg ist nach Miles die Fähigkeit, *Ver-*

*trauen zu bilden und gute Zusammenarbeit zu ermöglichen* (MILES, SAXL und LIEBERMAN 1988).

In den achtziger Jahren richtete sich das Interesse auch auf die Leitung *großer systemischer Reformen*. Deren Untersuchung hatte die OECD schon einmal Anfang der siebziger Jahre angeregt (DALIN 1973), aber erst ein Jahrzehnt später, hauptsächlich durch das »International School Improvement project« der OECD (ISIP, siehe z. B. VELZEN u. a. 1985), kam das Thema richtig auf die Tagesordnung. Ein anderes großes Projekt, die Untersuchung nationaler Reformen in drei Entwicklungsländern, führte IMTEC im Auftrag der Weltbank durch (DALIN u. a. 1994).

Was sagen nun diese umfassenden Studien in ihrer Summe über Schulentwicklung aus? Miles spricht von »local strategic grounding«. Damit will er sagen, daß selbst stark zentralistische Reformen nur gelingen können, wenn die Verantwortlichen engen Kontakt zur Basis halten, d. h. zu *allen Schulen* und Bezirken, in denen die Reform durchgeführt werden soll. Wo die Reformen wirkungslos blieben, sahen die Akteure auf der zentralen und die auf der örtlichen Ebene die Wirklichkeit diametral verschieden. – Ein weiteres wichtiges Ergebnis ist, daß die *Entwicklung* einer Innovation etwas ganz anderes ist als ihre *Institutionalisierung*. Erst wenn sie ein selbstverständlicher Teil des Schulalltags geworden ist, wenn sie im Klassenraum funktioniert, wenn sie von allen bejaht und befolgt wird, können wir sagen, daß eine Reform durchgesetzt ist (MILES, EKHOLM und VANDENBERGHE 1987). Hierzu hat der Schwede Mats Ekholm ein wichtiges Projekt durchgeführt. Er beobachtete eine Gruppe schwedischer Grundschulen über mehrere Jahrzehnte und stellte fest, daß die schwedische Grundschule sich trotz starken Reformdrucks seitens der Zentrale auf vielen wichtigen Gebieten kaum geändert hat (EKHOLM, FRANSSON und LANDER 1986).

Wesentlich ist aber auch, daß eine Reform nicht nur in der einzelnen Schule, sondern ebenso auf der politischen Ebene, die für den Betrieb der Schule verantwortlich ist, verbindlich verankert wird (DALIN u. a. 1994).

Eine letzte Bewegung in den USA ist die »Restrukturierung«, d. h. das Bestreben, die Struktur des ganzen Schulsystems zu verändern und Inhalte, Methoden und Rollen neu zu definieren. Einige Projekte hierzu kamen in den neunziger Jahren in Gang. Sowohl der Begriff der Restrukturierung als auch die Wege zu ihr sind aber noch unklar (MURPHY 1991, LIEBERMAN, DARLING-HAMMOND und ZUCKERMAN 1991). So können wir derzeit noch nicht sagen, welche Lehren aus den jüngsten Reformbestrebungen zu ziehen sind. –

# Veränderungstheorien

Diese Übersicht, die im wesentlichen auf den Überlegungen beruht, die Miles im Rückblick auf seine sich über 40 Jahre erstreckenden Forschungen zur Schulentwicklung anstellte, verdeutlicht den Wechsel der Perspektiven. Sie zeigt auch, daß wir heute über ein recht komplexes Bild der in der Schulentwicklung wirkenden Kräfte verfügen.

Ein anderer bedeutender Forscher, der Studien zur Schulentwicklung systematisiert und kommentiert hat, ist Michael Fullan. Wir wollen unsere Übersicht mit einem Blick auf einige seiner wichtigsten Schlußfolgerungen beenden. Da dies auf wenigen Seiten nicht möglich ist, verweise ich auf seine letzte und umfassendste Dokumentation, die eine sehr wichtige Grundlage weiterer Studien zur Schulentwicklung darstellt (FULLAN 1991, 1993).

Fullan hat sich stets am meisten für die *Implementierung* interessiert, d. h. für das, was bei einem Veränderungsprozeß praktisch geschieht. Er definiert Implementierung als »Umwandlung bestehender in neue Praxis (die potentiell neue Materialien, neue Unterrichtspraktiken und neue Werte und Normen mit einbezieht), damit die Schüler gewünschte Lernergebnisse erreichen können« (FULLAN 1988). Wie wir schon erwähnten (vgl. oben S. 233), zeigt Fullan, daß eine ganze Reihe Faktoren für die Implementierung wichtig ist.

Er betont besonders, daß Implementierung *kein Ereignis, sondern ein Prozeß* ist. Er zeigt, daß der Lehrer *lernen* muß (Professionalisierung), daß der Veränderungsprozeß selbst ein Lernprozeß ist, daß technische Assistenz wichtig ist und daß die Innovation sich den Realitäten des Prozesses anpaßt. Die meisten Projekte stoßen nach Fullan während der Implementierung auf mehrere Hindernisse:

1. »Overload«: Die meisten Schulen führen nicht eine Innovation nach der anderen ein, sondern stellen sich mehreren Herausforderungen gleichzeitig. Die nordamerikanische Bildungspolitik läuft Gefahr, daß die Behörden Druck ausüben und zu viele Ad-hoc-»Innovationen« durchsetzen.
2. Komplexität: Die meisten Schulreformen setzen neue Kenntnisse und Fertigkeiten voraus. Das Komplexe liegt darin, daß *alle* in der Schule einer Reform beipflichten müssen, obwohl die wenigsten im voraus wissen, wie eine gute Lösung aussehen müßte.
3. Kompatibilität: Viele Reformen scheinen mit etablierten Werten und Normen des Unterrichts zu kollidieren. Manchmal entsteht dieser Eindruck aufgrund mangelnder Kenntnisse und Fertigkeiten oder aus einem Gefühl der Unsicherheit angesichts dessen, worauf die Reform eigentlich hinausläuft.

4. Beherrschung: In der ersten Phase der Implementierung sind der Einsatz (an Zeit, Energie, Psychologie) hoch und die Vorteile (Fortschritte, Wirkungen) gering. Ohne das Angebot gründlicher Anleitung und Hilfe während des Prozesses können Reformen leicht scheitern.
5. Ressourcen: Reformen erfordern Zeit, Geld, Ideen und Fachkenntnisse. Die meisten Schulleiter und Lehrer bekommen von alledem zu wenig, und so gestalten sich die Reformen in der Praxis ganz anders, als sie geplant waren.
6. Veränderungsstrategie: Viele Reformen sind schlecht geplant und werden schlecht umgesetzt. Sie blenden die Erfahrungen aus, die man in früheren Phasen der Schulentwicklung gemacht hat. Es ist leicht, etwas in Gang zu setzen; schwieriger ist die Fortsetzung, und etwas zu vollenden erfordert eine besonders gute Strategie (FULLAN 1982).

Michael Fullans wichtigster Beitrag zum Verständnis der Schulentwicklung ist sein Buch *The New Meaning of Educational Change* (FULLAN mit STIEGELBAUM 1991). Es stellt ausführlich dar, wie Veränderungsprozesse auf Schüler, Lehrer, Eltern, Umfeld und Regierungen einwirken.

Klarer als irgend jemand sonst zeigt Fullan, was Reformen für den einzelnen Lehrer bedeuten. Er erinnert an Marris' Feststellung, daß »alle wirklichen Veränderungen mit Verlusten, Angst und Kampf verbunden sind« (MARRIS 1975). Für die Lehrer ist die Situation besonders schwierig, weil sie nicht immer wissen, was *besser* ist. In der Regel sind sie aufs Ausprobieren angewiesen und haben wenig Gelegenheit zur Reflexion (LORTIE 1975, ROSENHOLZ 1989). Huberman weist darauf hin, wie der *Streß* der Unterrichtssituation die Einstellung der Lehrer zu Reformen mitbestimmt. Der Lehrer muß

– augenblicklich und konkret reagieren (ungefähr 200 000mal in einem Schuljahr),
– mehrere Dinge möglichst gleichzeitig tun (Material herbeischaffen, mit Schülern sprechen, andere Schüler im Auge behalten, Fortschritte beurteilen etc.),
– sich neuen und überraschenden Herausforderungen stellen – alles mögliche kann passieren,
– sich um Schüler persönlich kümmern, um zu helfen und ein Vertrauensverhältnis aufzubauen (HUBERMAN 1983).

Dieser Streß treibt die Lehrer in eine Tag-für-Tag-Perspektive, isoliert sie von anderen Erwachsenen, zehrt ihre Energie auf und hindert sie an längerdauernder Reflexion (CRANDAL u. a. 1983).

## Veränderungstheorien

Mitten in diesen Streß fallen dann die Zumutungen von oben – in Gestalt *noch einer Reform*, die schön in rationale Argumente verpackt ist. Nur paßt sie ganz einfach nicht in den Alltag des Lehrers. Viele Reformvorschläge werden als unseriös empfunden, sie geben keine Antworten auf die anstehenden Probleme, sie enthalten keine immaterielle Anerkennung, sie nehmen keine Rücksicht auf Studentafeln, Routine, Schülerprobleme oder darauf, ob es für die Umsetzung interne Hilfen gibt oder nicht. Sie scheitern von vornherein, weil sie die Kultur der Schule ignorieren (LORTIE 1975, SARASON 1982).

Nach Fullan geht diese Situation letzten Endes auf drei Faktoren zurück:

1. Der Lehrer ist gebunden durch die täglichen Notwendigkeiten und die Kräfte, die den gegebenen Zustand bewahren wollen.
2. Es gibt wenig Spielraum für Erneuerung, und einem Druck von außen wird daher mit aller Kraft entgegengearbeitet. Selbst wenn ein Lehrer freiwillig an einem Reformprozeß teilnimmt, erfährt er diesen oft als kompliziert und verwirrend.
3. Die Tendenz geht dahin, im Interesse des Überlebens so wenig wie möglich zu verändern (FULLAN 1991).

Fullan faßt die nach seiner Meinung wichtigen Erfahrungen so zusammen:

1. Nimm jeden Reformvorschlag kritisch unter die Lupe.
2. Mach dir bewußt, was alles mit dem Neuen verbunden ist und ab wann es praktiziert wird (»If I don't know I don't know, I think I know«).
3. Prüfe, ob die Richtlinien für die Durchführung der Reform klar genug sind.
4. Prüfe, ob der Alltag der Schule einer Herausforderung durch eine Reform gewachsen ist, und mach dir klar, was die Reform von der Schule verlangt.
5. Sei dir dessen bewußt, daß »tiefreichende Reformen« Fragen aufwerfen, die Angst auslösen und ein Gefühl der Unzulänglichkeit wecken können.
6. Mach dir klar, nach welchen Kriterien du selbst den Wert einer Reform beurteilst. Woher nehmen wir die Kriterien – woher wissen wir, daß etwas besser ist als das, an dessen Stelle es treten soll?«

Fullan diskutiert auch, wovon die Auslösung eines Erneuerungsprozesses abhängt. Er nennt acht Faktoren, die er alle empirisch belegen kann (FULLAN 1991, S. 50–64). Sie sind in vielerlei Hinsicht Ausdruck einer *technologischen Perspektive.* Will man mit einer Reform in Gang kommen, muß es nach Fullan »irgendwo draußen« »qualitativ gute Innovationen« geben, die Schule muß von ihnen wissen, der Schulträger muß sie befürworten, die Lehrer müssen für sie eintreten, und externe »Veränderungsagenten« können den Innovationsprozeß unterstützen. Im Grunde heißt das: »Die Lösung« ist eine von anderen entwickelte, getestete und kritisch beurteilte »Innovation«, die die Schule nun übernimmt. In Nordamerika glaubt man allgemein, die Schule als Institution könne so am besten erneuert werden.

Beim »implementation process« hält Fullan, wie wir sahen, die gleichen Faktoren für bedeutsam wie europäische Schulforscher, nämlich Charakteristika der Innovation selbst, der Nutzer, der Schule, des nahen Umfeldes und externer Faktoren (z. B. der Regierungspolitik). Betrachten wir, welche Faktoren nach Fullan den Prozeß *in der Schule* beeinflussen – also nachdem die extern entwickelte Innovation akzeptiert worden ist –, so finden wir eine weitgehende Übereinstimmung mit Erfahrungen aus anderen Ländern.

Fullans Liste der »Schlüsselthemen« der Schulentwicklung ist auch außerhalb Amerikas wohlbekannt:

- *Entwicklung von Visionen:* Darin sieht Fullan einen dynamischen und interaktiven Prozeß (vgl. auch BENNIS und NANUS 1985). Nach Miles gehört dazu sowohl das, *was* die Vision besagt, als auch das *Wie* ihrer Realisierung (MILES 1987). Wie wir in Kapitel 2 sahen, sieht Senge in der Entwicklung einer Vision sowohl einen sehr persönlichen als auch einen Team-Prozeß, der *Resultat* und nicht *Anfang* eines Schulentwicklungsprozesses ist (vgl. oben S. 87 f.).
- *Evolutionäre Planung:* Das heißt Berücksichtigung der Realitäten der Schule, so daß das im Laufe des Prozesses Gelernte »eingebaut« werden kann. Das Entscheidende ist, einen Plan zu haben und zu lernen, während man mit ihm arbeitet. Kalkuliertes Risiko ist »the name of the game«. Das stimmt gut überein mit der offenen, immer wieder kritisch zu überprüfenden Planung, wie IMTECs Schulentwicklungsprogramm sie vorsieht (DALIN und ROLFF 1991).
- *Die Initiative ergreifen und Verantwortung teilen:* Die Initiative anzuregen und Macht und Verantwortung zu teilen sind wichtige Prämissen einer Veränderung. Louis und Miles nennen in dem Zusammenhang vor allem sektionsübergreifende Projektgruppen und betonen, es komme entscheidend darauf an, »Macht aufzugeben, ohne die Kontrolle zu verlieren, die Initiative zu ergreifen, ohne andere zu behindern, und anderen zu helfen, ohne sie zu sehr zu beschützen«

(LOUIS und MILES 1990). In IMTECs Modell spielen die Entwicklung von Teamgeist und die Schaffung einer Kultur der Zusammenarbeit eine ganz wichtige Rolle; damit wird auch die Isolation der Lehrer vermindert (vgl. HARGREAVES und DAVE 1989, LITTLE 1990). Peters und Waterman unterstreichen die Wichtigkeit des Gefühls, gebraucht zu werden, weil es ein Ansporn zu noch besserer Arbeit sei (PETERS und WATERMAN 1982).

– *Mitarbeitertraining und Assistenz:* Fullan betont die Bedeutung des *Lehrens und Lernens* neuer Haltungen und Verhaltensweisen und fügt hinzu, das sei mit kurzen Ad-hoc-Seminaren (meist im Vorfeld einer Reform) nicht zu leisten. Erforderlich sei umfassende begleitende Hilfe während des ganzen Prozesses, und *Interaktion* sei für das Lernen wesentlich (vgl. auch JOYCE und SHOWERS 1988). Das ist ganz im Einklang mit IMTECs Modell für Schulentwicklung sowie mit Åke Dalins Ansichten zur Kompetenzförderung in der Arbeitswelt (Å. DALIN 1993).

– *Nachbereitung und Problemlösung:* Fullan betont nachdrücklich, konkrete Informationen über den Verlauf eines Prozesses müßten in Problemlösungen und Handlungen münden. Das gelte für Informationen sowohl über den *Prozeß* selbst als auch über (vorläufige) Ergebnisse. Auch die Forschung über effektive Schulen bestätigt die Bedeutung sorgfältiger Nachbereitung (MORTIMORE u. a. 1988). Alle wesentlichen Schulentwicklungsprogramme werden auf Hindernisse stoßen, und ein offenes Problemlösungsverfahren, bei dem möglichst konkrete Daten verfügbar sein sollten, ist ein Schlüssel zu erfolgversprechender Fortsetzung. So sieht es auch IMTECs Schulentwicklungsprogramm; die Nachbereitung ist dort Teil der »Projektleitung« (DALIN und ROLFF 1991).

Fullans in Nordamerika empirisch untermauerte These vom »Ingangsetzen« eines Projekts aufgrund von »Lösungen da draußen«, von denen die Schule erfahren und die sie nach entsprechender Anleitung übernehmen sollte, mag uns in Europa fremd erscheinen. Dennoch ließe sich auch aus ihr viel lernen. Empfinden nicht die Lehrer einen neuen Lehrplan oft als eine externe, ihnen »von oben« auferlegte »Lösung«, auf die sie kaum Einfluß haben? Das ist eine Situation ganz ähnlich der, die Fullan beschreibt.

Die amerikanischen Erfahrungen mit einem Schulentwicklungsprozeß, der schon begonnen hat, stimmen mit den europäischen sehr gut überein. Hier wie dort sieht man die gleichen kritischen Faktoren. In seiner letzten Arbeit erörtert Fullan die auf den Prozeß einwirkenden Kräfte und gibt acht Ratschläge, in denen er ein »neues Paradigma« sieht (FULLAN 1993):

Veränderungstheorien

1. Veränderungen, die wirklich spürbar sind, lassen sich nicht erzwingen – um so weniger, je komplexer sie sind.
2. Veränderung ist eine Reise – kein Plan.
3. Probleme sind unsere Freunde – sie sind nicht zu vermeiden, und sie sind eine Bedingung allen Lernens.
4. Visionen und strategisches Planen entwickeln sich allmählich als ein Teil des Lernens. Zu frühe Visionen und Pläne können zu Blindheit führen.
5. Individualität und Kollektivismus müssen die gleiche Chance haben. Wenngleich Teamarbeit wichtig ist, darf sie nicht als Ideologie zwangsweise verordnet werden, gleichgültig um welche Aufgabe es geht.
6. Weder Zentralismus (Top-down) noch Dezentralisierung (Bottom-up) sind für sich genommen Patentrezepte. Die zwei Prinzipien müssen einander ergänzen.
7. Kontakt mit der »Umwelt« ist eine Bedingung des Erfolgs. Die besten Organisationen lernen extern ebensoviel wie intern.
8. Jede Person ist ein »Veränderungsagent«. Veränderung ist zu wichtig, als daß sie Experten überlassen werden könnte; persönliche Verantwortung und persönliches Können sind die wichtigste Garantie.

Fullan beschäftigt sich in diesem Buch viel mit der Schule als »lernender Organisation«. So lautet auch der Titel des letzten von IMTEC herausgegebenen Buches über Schulentwicklung (*Organisasjonslæring i skolen*, DALIN und ROLFF 1991). Wir sahen, wie die nordamerikanischen und europäischen Erfahrungen einander gleichen. Welche weiteren Ergebnisse hat die von IMTEC betriebene Forschungs- und Entwicklungsarbeit erbracht?

1. Wir gehen davon aus, daß eine »Innovation« keine von außen kommende Lösung ist, sondern positives Resultat eines »Dialogs« zwischen internen Bedürfnissen und von außen kommenden Forderungen.
2. Wir betonen nachdrücklich, daß wesentliche Schulentwicklungsprojekte mehr sind als die Ersetzung einer alten Praxis durch eine andere. Sie sind tiefreichende Veränderungen der Schule als Organisation, für die wir daher ein systemisches Modell entwickelt haben.
3. Wie die amerikanischen Denkschulen, auf die wir verwiesen, legen wir großen Wert darauf, daß der Prozeß der Schulentwicklung ein *Lernprozeß* ist. Er muß aber nach unserer Auffassung ausgehen von dem »Modell der wirklichen Bedürfnisse«, das auf einer gründlichen Beschäftigung mit den tatsächlichen Problemen der Schule basiert, die wir im Lichte der heutigen und künftigen Herausforderungen sehen. Erst wenn wir die Stärken und Schwächen der Schule gut ken-

nen und ein Klima der Veränderung sowie die Bereitschaft zu ihr geschaffen haben, können wir wirkliche Erneuerungen erwarten (DALIN und ROLFF 1991, S. 31).
4. IMTECs Modell beruht auf zehn expliziten Voraussetzungen, die großenteils in den nordamerikanischen Erfahrungen ihre Parallelen haben. Für eine von ihnen gilt das allerdings nicht, nämlich für die Frage, was »effektiv« ist. Wir meinen, daß wir darüber wenig wissen und daß es *von der Situation und den Bedingungen* in der einzelnen Schule abhängt, ob eine »Innovation« sich im gegebenen Kontext der Praxis wirklich als solche erweist.
5. Unsere Erkenntnisse bezüglich der Faktoren, die einen guten Schulentwicklungsprozeß fördern, und die entsprechenden amerikanischen Erfahrungsberichte stimmen weitgehend überein. Das gilt z. B. für die schulbasierte Kompetenzentwicklung, das Schaffen eines Eigentümerverhältnisses, die Bedingungen guter Führung und die Entwicklung der Problemlösungskapazität (wie etwa durch Bildung einer internen, repräsentativen Leitungsgruppe). Aber besonders gute Erfahrungen hat IMTEC damit gemacht, daß wir betonen, der Prozeß müsse zu einer *neuen Schulkultur*, zur Schule als lernender Organisation führen.
6. Schulen unterscheiden sich in ihrer Reife, ihrer Bereitschaft zur Veränderung. (Wir sprechen unter diesem Gesichtspunkt von der »fragmentierten Schule«, der »Projektschule« und der »Kooperationsschule« und zeigen, von welchen Faktoren diese Bereitschaft abhängt.)
7. Wir haben ein Modell der Schule als einer lernenden Organisation entwickelt. Das ist eine »Kooperationsschule«, die auf der Grundlage konkreter Entwicklungsdaten und eines *Dialogs* mit der Umgebung und dem Schulträger eine »Bottom-up«- mit einer »Topdown«-Strategie verbindet.

Damit sind wir fast am Ende dieser Odyssee durch die Schulentwicklungsforschung; aber eine Frage ist noch unbeantwortet: Was bedeutet die *nationale Kultur* für die Schulentwicklung? Können wir ohne weiteres Erfahrungen aus einem Land auf ein anderes übertragen? Diese Frage hat uns viele Jahre beschäftigt. Ein in den neunziger Jahren abgeschlossenes, recht umfassendes Projekt mit dem Titel *How Schools Improve* (DALIN u. a. 1994), dessen Gegenstand Reformen in Äthiopien, Kolumbien und Bangladesch waren, hat gezeigt, daß viele der vorstehend besprochenen Faktoren auch in diesen Ländern wichtig sind. Es gibt aber auch markante Unterschiede. Daher wollen wir im nächsten Abschnitt genauer untersuchen, welche Bedeutung die nationale Kultur für die Schulentwicklung haben kann.

### 5.9 Auf dem Wege zu einer Theorie der Schulentwicklung

Nach meiner Meinung ist es nicht möglich, Schulentwicklung aus nur einer Perspektive zu betrachten. Jede Theorie der Schulentwicklung muß eine »Abhängigkeitstheorie« (contingency theory) sein. Ich habe diesen Standpunkt in mehreren Arbeiten vertreten und begründet und will hier eine kurze Zusammenfassung der Ergebnisse einfügen, die mich zu ihm führten.

Ende der sechziger Jahre waren die Studien zur Schulentwicklung ganz von der technologischen Perspektive beherrscht. Es galt als selbstverständlich, daß »Entwicklung« nur in eine Richtung gehen konnte, nämlich zum Besseren hin. Der Begriff »Innovation« enthielt schon ein positives Werturteil, und wer sich gegen Innovationen stellte, mußte zwangsläufig ein Gegner des Fortschritts sein.

Dies hielt ich zunächst für »typisch amerikanisch«. Nach einiger Zeit stellte ich fest, daß es für viele westliche Industrieländer damals typisch war. Bei meinen Studien der Schulentwicklung in verschiedenen Ländern und Kulturen der ersten und dritten Welt hatte ich bald den deutlichen Eindruck, daß so etwas wie »nationale Eigenart« in den Veränderungsprozessen eine Rolle spielte. Doch konnte ich dieses Etwas nicht näher definieren und seinen Einfluß auf die Schulentwicklung nicht analysieren.

In den späten Jahren wuchs das Interesse an diesem Faktor. Einen sehr wichtigen Beitrag zur Rolle der kulturellen Bedingungen lieferte Geert Hofstede in seiner Studie *Cultures and Organizations*. Er untersuchte Merkmale nationaler Kulturen, indem er eine relativ einheitliche Betriebskultur (IBM) in 40 Ländern verglich. Nach Hofstede sind für die Bereitschaft einer Kultur, sich auf einen Veränderungsprozeß einzulassen, vier Faktoren von Bedeutung (HOFSTEDE 1991):

1. *Akzeptanz von Machtunterschieden:* Kulturen unterscheiden sich in ihrem Verhältnis zur Macht. Daß diese in einer Organisation (und in der ganzen Gesellschaft) ungleich verteilt ist, wird in manchen Kulturen sehr kritisch gesehen, in anderen wird es ohne weiteres akzeptiert.
2. *Grad der Individualität:* Manche Kulturen erwarten vom einzelnen, daß er »für sich selbst aufkommt«, andere überlassen die Verantwortung der Gruppe, dem Betrieb oder der Gesellschaft, jedenfalls einem Kollektiv.
3. *Grad der »Maskulinität«:* Manche Kulturen sind stark vom Streben nach Geld, Prestige, Karriere und materiellen Gütern geprägt. Das

nennt Hofstede »Maskulinität«. In anderen Kulturen sind Lebensqualität, das Interesse für Menschen, das Ausdrücken von Gefühlen höhere Werte (»Feminität«).
4. *Bemühen um Vermeidung von Unsicherheit:* Manche Kulturen legen viel Wert auf die Ermöglichung sicherer Karrieren, ein sicheres Netz von Regeln, die Einhaltung dieser Regeln und überhaupt auf die Verhaltenskontrolle.

Wir wollen hier auf die Kritik an Hofstedes Arbeit nicht eingehen (siehe DALIN und ROLFF 1991). Fragen, die man an die These von den vier kulturprägenden Faktoren anschließen könnte, sind etwa die folgenden: Wird sich eine typisch individualistische Kultur am ehesten mit der traditionellen Schule abfinden, in der der Lehrer meistens isoliert für sich arbeitet? Wird eine typisch »maskuline« Kultur, die auch große Machtunterschiede akzeptiert, einer hierarchischen Organisation der Schule den Vorzug geben? Wird eine Kultur, die nach einem hohen Maß an Sicherheit strebt, an größere Veränderungen der Schule besonders vorsichtig herangehen?

Nun glaube ich, daß es *innerhalb einer Kultur* ebenso große Unterschiede gibt wie zwischen verschiedenen Kulturen (jedenfalls wenn wir die westlichen Industrieländer in eins betrachten). Die Bedeutung »nationaler« Kulturen könnte auch überschätzt werden und zu oberflächlichen Deutungen führen. Dennoch bin ich überzeugt, daß wir in unserem Verständnis der »Kulturvariable« in der Schulentwicklung erst am Anfang stehen.

Als ich in den siebziger Jahren mit kulturübergreifenden Studien begann, war es mein erstes Anliegen zu zeigen, daß eine bestimmte Reform nicht unbedingt allen Vorteile brachte. Es ist in dem Zusammenhang interessant, daß man in den USA hauptsächlich an »pädagogisch« definierten Entwicklungsprojekten arbeitete, während Europa noch immer mit strukturellen Reformen beschäftigt war, die als politisch galten. Da Forschung zur Schulentwicklung in erster Linie in den USA betrieben wurde, ergab es sich sozusagen von selbst, daß die technologische Perspektive die Oberhand gewann.

Die OECD-Studien, die Schulentwicklungsprojekte in Europa und Nordamerika verglichen, zeigten klar, daß »The Characteristics of Innovation« für das Verständnis des Innovationsprozesses ganz entscheidend waren. Die Frage war nicht, ob ein Projekt besser war als das, was ersetzt werden sollte, sondern für wen es besser war, wer bei der Änderung der Verlierer war und welche Kosten (im weiten Sinne) mit der Entwicklung verbunden waren (DALIN 1983). Was bisher als »resistance to change« definiert worden war (unerwünschter Widerstand gegen den Fortschritt), war in Wirklichkeit viel komplizierter:

1. Innovationen sind *Wertkonflikte*, da größere Innovationen stets Änderungen pädagogischer, sozialer, politischer oder wirtschaftlicher Ziele einschließen.
2. Sie sind *Machtkonflikte*, da größere Innovationen oft mit einer Umverteilung von Macht verbunden sind.
3. Sie sind *praktische Konflikte*, weil die Konsequenzen der Innovation oder verschiedene mit der Umsetzung verbundene praktische Fragen nicht geklärt sind.
4. Sie können auch *psychologische Konflikte* sein, die oft in Furcht vor dem Unbekannten ihre Wurzel haben (DALIN 1971).

Schulentwicklung *konnte* also in wenigstens zweifacher Hinsicht »politisch« sein: als Kampf um Werte und Ideologien und als Kampf um Macht und Verteilung von Ressourcen.

Jene Studie ging indes noch weiter, indem sie darauf hinwies, daß Schulentwicklung in hohem Maße auch von der »Kultur« abhängig war, die die Schule vertritt. Es war damals nicht möglich, das von uns als »the readiness of the total ›school culture‹« Bezeichnete zu spezifizieren; aber es war völlig klar, daß Schulen neue Ideen nicht »adoptierten«, sondern daß sie Ideen »stahlen«, umformulierten und so fortentwickelten, daß sie sie nutzen konnten. Es fand ein Anpassungsprozeß statt. In späteren RAND- und IMTEC-Studien sollte dies zu einem Kernpunkt werden.

Die OECD-Studie wies einen Zusammenhang zwischen der Entscheidungsstruktur und der *Richtung* der Schulentwicklung nach. Wo Lehrer an Entscheidungen zur Schulentwicklung stark beteiligt sind, werden ganz bestimmte Projekte favorisiert (zentriert um Fächerinhalte und Methoden). Wenn andere Gruppen dominieren, treten auch andere Projekte in den Vordergrund (z. B. geben Schüler Projekten zum Rollenverhalten und zur Zusammenarbeit den Vorzug). So wurde es möglich, eine Theorie zu entwerfen, die *Typen der Veränderung* und *Ebenen der Entscheidung* zueinander in Beziehung setzte. Die Ergebnisse dieser Zusammenschau sind die folgenden:

1. Schulentwicklung, die Veränderungen der Ziele und Funktionen der Schule anstrebt (und damit politisch ist), erfordert eine zentrale Entscheidungsebene.

2. Veränderungen von Rollen, Verhaltensweisen und Haltungen setzen voraus, daß die Beteiligten (z. B. Lehrer und Schüler) sich möglichst weitgehend mit der Reform identifizieren, ein Eigentümerverhältnis zu ihr entwickeln. Entscheidungen müssen daher soweit wie möglich auf die Ebene der Akteure verlegt werden.
3. Innovationen können nicht mechanisch von einem Ort auf andere Orte »verteilt« werden. Jede Schule muß einen kontinuierlichen Lernprozeß durchmachen und ihre eigenen Lösungen finden.
4. Keine Veränderungsstrategie ist »besser« als eine andere. Strategien sind in Relation zum Ziel zu sehen, und in der Regel müssen mehrere Strategien in Kombination eingesetzt werden.

*Was* verändert werden soll, wird also in hohem Maße darüber entscheiden, *wie* das geschehen soll. Angesichts der enormen Herausforderungen des Bildungswesens (und der Gesellschaft überhaupt), vor die das nächste Jahrhundert uns stellen wird, ist es natürlich eminent wichtig, erfolgversprechende Strategien zu finden. Es geht nicht allein um technische oder strukturelle Veränderungen, auch nicht nur um solche der Werte und Normen. Wir stehen vor der Notwendigkeit, *die Rolle des ganzen Schulwesens in der Gesellschaft, seine Funktionstüchtigkeit, seine Anpassungsfähigkeit, sein Verhältnis zu den Nutzern sowie seine Inhalte, Methoden und die interne Verteilung der Rollen* zu verändern. Das Schulwesen wird sich wie alle großen öffentlichen Dienste von Grund auf ändern müssen, will es seinen Aufgaben in der Gesellschaft der Zukunft gewachsen sein (vgl. Kapitel 1 und das Buch *Schule auf dem Weg ins 21. Jahrhundert*).

Durch die OECD-Untersuchung zieht sich leitmotivisch die These von der Wichtigkeit der örtlichen Kultur und der Kultur der Schule. Die Studie hatte begründete Zweifel an der technologischen Perspektive vorgebracht (bzw. einige ihrer Grenzen aufgezeigt), aber sie hatte die »Kulturvariablen« nicht in gleicher Weise festmachen können. Daraufhin ergriff IMTEC die Initiative zu einem Seminar über »Critical processes in educational change«, das 1974 in Norwegen stattfand. Ungefähr zur gleichen Zeit erschien Seymore Sarasons Arbeit *The Culture of the School and the Problem of Change* (SARASON 1971), in der er sehr überzeugend darlegte, wie die Kultur der Schule auf den Veränderungsprozeß einwirkt. Ebenfalls etwa gleichzeitig veröffentlichten Smith und Keith ihre sehr interessante Fallstudie zum Zusammenbruch eines Schulentwicklungsprozesses (SMITH und KEITH 1971). Außerdem fand die Arbeit von Organisationspsychologen wie Matthew Miles und Richard Schmuch allmählich allgemeines Interesse. Einige dieser Forscher nahmen an dem IMTEC-Seminar teil, und das führte zu einem Organisationsentwicklungsprojetzt mit der Bezeichnung »The Institutional Development Program« (vgl. Kapitel 9).

Im vorliegenden Zusammenhang mag der Hinweis genügen, daß das, was House als die kulturelle Perspektive bezeichnete, in den Studien zur Schulentwicklung während der siebziger Jahre immer mehr in den Vordergrund rückte.

Der Veränderungsprozeß war also keine gegebene Größe, er hing von vielen Faktoren ab. Daher bedurfte es einer »Abhängigkeitstheorie«. Es wurde wichtig zu wissen, unter welchen Bedingungen eine bestimmte »Perspektive« oder eine bestimmte Strategie den Prozeß erklären und zu gewünschten Ergebnissen führen konnte. In meinem Buch *Limits to Educational Change* habe ich ein Modell zum Verständnis des Entwicklungsprozesses vorgestellt (siehe Abb. 30 S. 232).

Das Modell zeigt ein wechselseitiges Abhängigkeitsverhältnis zwischen der Art und Weise der Innovationsarbeit (Innovationsstrategie), den Charakteristika der Innovation und den in der Gesellschaft und in der Kultur der Schule wirkenden Kräften. Z. B. eignet sich die Forschungs- und Entwicklungsstrategie offenbar am besten zur Herstellung von Material, und sie wird in stark vom technischen Fortschritt geprägten Gesellschaften eher anerkannt als in anderen. Eine mehr problemlösende Strategie ist vielleicht besser geeignet, wenn es um die Änderung von Haltungen und Verhaltensweisen geht. Solche Strategien, z. B. Organisationsentwicklung, sind in Schulsystemen mit einem hohen Grad lokaler Autonomie leichter anwendbar als in stark zentralisierten Systemen.

Das Modell zeigt also eine *Interaktion* zwischen Kräften und Bedürfnissen in der *Gesellschaft* und Merkmalen des *Schulsystems* und der *einzelnen Schule*. IMTECs Fallstudien zeigen fast ausnahmslos, daß Schulentwicklung initiiert wird, wenn eine solche Interaktion existiert. Es gibt zwar Beispiele dafür, daß allein eine Kooperation zwischen *der einzelnen Schule und dem Schulsystem* (etwa vertreten durch die Schulaufsicht oder ein pädagogisches Zentrum) zu Schulentwicklung führt; aber die daraus erwachsenden Veränderungen setzen sich auf lange Sicht nicht durch, wenn sie nicht auch einem Bedürfnis in der Gesellschaft entsprechen.

Was innerhalb des Systems geschieht und im Zusammenspiel von Schule, System und Gesellschaft wird nach und nach das formen, was ich »Charakteristika der Innovation« genannt habe. Durch die Bedürfnisse und Kräfte, die die Gesellschaft und das System prägen, wird aber nicht nur die Innovation, sondern *auch die Erneuerungsstrategie* geformt. Dies geschieht auf komplizierte Weise (die in dem allgemeinen Modell nicht vermerkt ist). Z. B. wird in dem Maße, wie die Bedürfnisse der Schule mit den Forderungen der Gesellschaft in Konflikt geraten, eine Anpassung der Innovation stattfinden, so daß sie möglichst gut den Werten und der Kultur der Schule entspricht. Eine einheitliche politisch-administrative Machtstrategie zur Durchsetzung einer Innovation *kann* Erfolg haben; aber das setzt mehrmaliges »Nachfassen«, kräftige Hilfen und Verhandlungen voraus.

Mit der Zeit paßt sich die Innovation den Realitäten der einzelnen Schulen an. Zugleich machen die Schule, das System und die Gesellschaft Erfahrungen mit der Einführung und Umsetzung des Neuen, und diese Erfahrungen werden nach und nach auf die Art der Umsetzung zurückwirken.

Im Grunde verdeutlicht ein solches Modell nur eine Tatsache: Erneuerung ist kein linearer Prozeß – sie geschieht als ein *Zusammenspiel* aller beteiligten Personen, Gruppen und Institutionen, als ein wechselseitiger Entwicklungs- und Anpassungsprozeß. Hier werden Werte und Bedürfnisse auf die Probe gestellt. Machtkämpfe können in vielen Formen und auf verschiedenen Ebenen entstehen. Die meisten mühen sich mit praktischen Problemen ab und versuchen, mit dem Unfertigen irgendwie zurechtzukommen, und jeder bemüht sich, neue Kenntnisse und Fertigkeiten zu erwerben. Das sind die zentralen Prozesse in der Schulentwicklung.

## 5.10 Ein wechselseitiger Anpassungs- und Entwicklungsprozeß

Obwohl klar wurde, daß nur *eine* Perspektive der Schulentwicklung nicht gerecht wird, obwohl die Bedeutung zentraler Faktoren – Schule als Organisation, örtliches Milieu, politische und wirtschaftliche Einflüsse – nachgewiesen ist, reichten die Kenntnisse zur Anwendung einer Abhängigkeitstheorie in konkreten Situationen noch nicht aus. Dennoch war es möglich, eine Definition der Schulentwicklung zu formulieren, die auf *der einzelnen Schule* als Einheit der Veränderung basiert:

Dabei ist vorausgesetzt, daß eine Innovation nicht *unabhängig von einer konkreten Unterrichtssituation* existiert. Ein an sich ausgezeichnetes Produkt, ein neuer Lehrplan oder eine gute Idee sind keine Innovationen, aber sie sind notwendige Beiträge zu einem Prozeß. Solche Pläne, Produkte oder Ideen können einen Innovationsprozeß in einem komplizierten, vielschichtigen Schulalltag anregen, fördern oder ihm eine Richtung geben.

Ferner ist vorausgesetzt, daß eine Innovation nicht ausschließlich aus *internen Bedürfnissen* entstanden ist. Der interne Prozeß – oder die Kreativität der Schule – ist unerläßlicher Bestandteil eines Innovationsprozesses. Die Schule kann sich damit für die Innovation qualifizieren, indem sie die Bereitschaft zu ihr mobilisiert. Jedoch ist die Schule nicht für sich selbst da. Sie hat einen wichtigen gesellschaftlichen Auftrag, und erst wenn interne Ideen und Entwicklungen mit den Visionen konfrontiert werden, an denen Gesellschaft sich orientiert, wird eine Innovation möglich. Abb. 32 zeigt, wie wir schematisch verschiedene Institutionen oder Schulen kennzeichnen können:

**Abb. 32: Verhältnis von eigener Entwicklung und Anpassung**

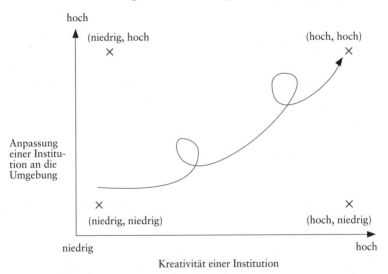

Die vier Positionen im Modell lassen sich so beschreiben:

1. Position (niedrig, niedrig)
   Die Institution hat eine extrem geringe Kapazität. Sie ist kaum fähig, intern neue Ideen zu besprechen und ihre Praxis zu verändern, und erst recht nicht kann sie von außen kommende Ideen aufgreifen. Eine Stärkung dieser Fähigkeit wird viel Zeit erfordern. – Diese Position kann als »weitestgehendes Festhalten am Status quo« gekennzeichnet werden.

2. Position (niedrig, hoch)
   Die Institution hat wenig Einsicht in sich selbst, macht sich Neuerungen wenig zu eigen, ist stark abhängig von externer Hilfe, setzt mehr auf Nachahmung als auf innovatives Denken. Wahrscheinlich stimmen ihre Werte mit denen der Umgebung weitgehend überein. Es ist die Position der »maximalen Adoption«.
3. Position (hoch, niedrig)
   Die Institution ist sich ihres Bedarfs an Innovation sehr bewußt, aber versteht wenig von externen Forderungen und Kräften. Die interne Motivation ist hoch, man entwickelt ein Eigentümerverhältnis zu Innovationen. Es ist die Position der »maximalen internen Kreativität«.
4. Position (hoch, hoch)
   Die Institution hat eine sehr große Kapazität. Das gilt sowohl für ihre innere Entwicklung als auch für das Verständnis und die Nutzung von außen kommender Ideen. Sie kann sich schnell auf Veränderungen einstellen, hat eine hohe Arbeitsmoral, kann Konflikte lösen und ist mit mehreren Innovationsstrategien vertraut. Trotz der hohen Akzeptanz externer Ideen identifiziert sich die Institution im Sinne eines Eigentümerverhältnisses mit der eigenen Praxis. Es gilt nicht als ausgemacht, daß Verhandlungen bloß zu faulen Kompromissen führen. – Diese Position kann als die der »wechselseitigen Anpassung und Entwicklung« beschrieben werden (DALIN 1978, S. 98).

Diese Definition der Schulentwicklung ähnelt dem, was House als *kulturelle* Sicht der Veränderung bezeichnet. Sie bezieht aber auch die *politische Perspektive* ein. Wir wollen sie im Lichte der Dimension betrachten, die House in seiner Analyse von Veränderungsstrategien verwendet.

*Fokussierung und Werte:* Die tägliche Praxis und die Kultur der Schule bestimmen ihre Haltung zu Neuerungen. Schulen unterscheiden sich stark in ihrer Fähigkeit und Motivation, Probleme zu lösen. Die Schule wird sich zu jeder Veränderung – gleichgültig ob sie auf Forderungen von innen oder von außen zurückgeht – aufgrund ihrer Werte, Wertkonflikte, Voraussetzungen und Bedürfnisse ein Urteil bilden. Sie wird sich für Erneuerungen engagieren, sobald der Abstand zwischen ihrer Praxis und den Ideen, an denen sie sich orientiert, so groß wird, daß er zu unhaltbaren inneren Belastungen führt. Für Veränderungen, deren Notwendigkeit sie nicht sieht, engagiert sie sich *symbolisch* – vor allem indem sie offiziellen Forderungen »gehorcht«. Die »Kultur« der Schule, an der alle neuen Ideen gemessen werden, ist in der Regel nirgendwo fixiert; sie wird von einzelnen starken Persönlichkeiten verwaltet und weitergetragen.

Veränderungstheorien

Oben haben wir zwischen »fragmentierten Schulen«, »Projektschulen« und »Kooperationsschulen« unterschieden (vgl. S. 251). Je fragmentierter eine Schule ist, d. h. je isolierter (oder »privater«) die Lehrer arbeiten, desto weniger ist sie fähig und bereit, eine verbindende Kultur des Lernens zu schaffen und komplizierte Veränderungsprozesse zu meistern. Am ehesten können sich Innovationen durchsetzen in der täglichen Arbeit einzelner Lehrer, die in ihren Klassen Unterrichtsinhalte und -methoden verändern.

*Werte:* In der Schulgemeinschaft im weiten Sinne, die alle Beschäftigten und Schüler einschließt, ist eine Vielzahl von Werten vertreten. In den meisten Schulen wird aber über Werte nicht gesprochen. Die praktisch geltenden Werte ergeben sich aus mehr oder weniger unausgesprochenen Kompromissen zwischen Lehrtradition, Forderungen der Schüler und Forderungen der Umgebung (z. B. in Gestalt des Lehrplans). Einigkeit über Werte findet man oft innerhalb der Fachgruppen, manchmal teilt auch das ganze Lehrerkollegium bestimmte Haltungen zum Unterricht und zu den Schülern. In dieser Hinsicht gibt es aber große Unterschiede von Schule zu Schule; innerhalb eines Kollegiums kann es zu Wertkonflikten zwischen einzelnen Gruppen kommen. Solche Konflikte werden aber selten ausgetragen – es besteht dazu kein Zwang, weil jede Lehrkraft (und jede Fachgruppe) unbeeinflußt von anderen an ihrer Praxis festhalten kann. Der einzelne Lehrer kann, wenn er will, seine Arbeit in selbstgewählter Isolation von den Kollegen verrichten, und das tun Lehrer an solchen Schulen, die keine von allen getragene »Schulkultur« geschaffen haben. – Die Werte der Schüler spielen keine große Rolle (vgl. unten S. 263).

Je mehr andererseits eine Schule an sich selbst gearbeitet, ein Klima der Offenheit und des Vertrauens geschaffen, eigene Visionen entwickelt und ihren »Mitgliedern« eine persönliche Entwicklung und ein Lernen im Team ermöglicht hat, um so konstruktiver wird sie mit inneren und äußeren Forderungen umgehen können (»Kooperationsschule«). Reformen, die größere Umstellungen, eine fächer- und gruppenübergreifende Zusammenarbeit, eine Umverteilung von Rollen und Aufgaben erfordern, haben gute Aussichten auf Erfolg.

*Moral:* Die Moral ist, wenn wir das Schulwesen allgemein betrachten, *relativ.* Es ist falsch, anderen eine Innovation aufzuzwingen, weil sie ungewollte Wirkungen haben kann und weil jeder über seine Situation am Arbeitsplatz selbst sollte bestimmen können. *Das gilt besonders für Schulen ohne eine gemeinsame Kultur.* In diesen wirkt die »Praxistheorie« des einzelnen Lehrers normierend. Wenn die internen oder externen

Forderungen stark genug werden, sucht das Kollegium nach angepaßten Lösungen, die die gängige Praxis nicht zu sehr antasten. Mögliche drohende Fragen werden umgangen, individuelle Lösungen werden akzeptiert, und *Freiwilligkeit* ist ein tragendes Prinzip. Wenn die Forderungen nach Veränderung allzu stark werden, die Strategie des Kompromisses nicht mehr trägt und das Prinzip der Freiwilligkeit nicht mehr aufrechterhalten werden kann, wird die Fähigkeit der Schule zur *Problemlösung* über den weiteren Verlauf des Innovationsprozesses entscheiden.

Schulen ohne gemeinsame Kultur werden auf »Lenkung«, »Produktionsforderungen« und penible Evaluation negativ reagieren. Es gilt die Moral, daß Unterschiede erlaubt sind, weil die Herausforderungen auf die Lernsituation der einzelnen Klassen/Gruppen verschieden wirken. Damit wird es schwierig, »entrepreneur« zu sein (oder ein starker Führer, wie Mintzberg ihn sich vorstellt); die Professionalität wird *relativ*, teils weil die Arbeit des einzelnen keiner professionellen Offenheit unterliegt, teils weil die Schule eine »flache Organisation« hat (vgl. oben S. 94 f.) und außerdem »polyzentrisch« ist (die Leitung ist auf mehrere Personen verteilt) oder ein »Netzwerk« im Sinne von Gomez (vgl. oben S. 94 f.).

*Gesamteindruck:* Die meisten Schulen sind durch Stabilität und vorsichtige Anpassungen geprägt. Tradition und die über längere Zeit gestreckte Einführung neuer Praktiken sind die Norm. Umdenken ist mit Konflikten verbunden, und Neuerungen werden in den meisten Schulen nicht belohnt.

Wir sahen in unserer Analyse der Schule als Organisation, daß die Möglichkeiten zur Veränderung in der einzelnen Schule relativ gut sind, daß aber das System als ganzes gegen Veränderungen ziemlich resistent ist. Schulen unterscheiden sich erheblich in ihrem Innovationsvermögen, je nachdem, wie weit ihr »Klima« und ihre Problemlösungsfähigkeiten entwickelt sind oder, um mit Gomez zu sprechen, wie weit sie sich von einer Technostruktur zur Soziostruktur und zugleich von einer »Fremdsteuerung« (dem Warten auf eine von außen auferlegte Änderung) zur »Selbstorganisation« bewegt haben (vgl. oben S. 90 f., S. 96 f.).

*Grundlegende Prinzipien und Voraussetzungen:* Es gibt keine allgemeingültige Definition für Schulen. Diese erneuern sich in einem unübersichtlichen Prozeß, bei dem das Zusammenspiel unabhängiger Gruppen ein wesentlicher Punkt ist. Die Einwirkung auf den Erneuerungsvorgang erfolgt auf zwei Ebenen: auf der offiziellen (über Schulausschuß – Rektor – Lehrer – Schüler) und der inoffiziellen, d. h. über

Koalitionen halbautonomer Gruppierungen. Bei Interessenkonflikten ist normalerweise die Autonomie der Fachgruppen die bestimmende Kraft. Werden ungewollte Veränderungen als Forderungen von außen an die Schule herangetragen, so mobilisiert das Kollegium seine ganze Energie, um diese abzuwehren. Das geschieht, trotz einer eigentlich an Loyalität orientierten »Funktionärskultur«, aufgrund unklarer Mechanismen und kommt als Ruf nach mehr Mitteln, mehr Zeit zur Umsetzung der Erneuerungen, in extremen Fällen auch als Machtkampf zwischen der Schule und äußeren Instanzen zum Ausdruck. Machtkampf ist allerdings sehr selten, weil die Schulkultur hauptsächlich konsensorientiert ist.

Dem Schulwesen liegt eine klassische bürokratische Auffassung von Organisationen zugrunde. Es wird unterstellt, daß Entscheidungen Ergebnis rationaler Abwägung sind, daß das System »gehorsam« ist und die einzelne Schule aufgrund einer Reihe von Gesetzen, Direktiven und Kontrollmechanismen geleitet werden kann. Der Faktor der Umgebung, der den größten Einfluß auf die einzelne Schule hat, ist bezeichnenderweise die *Schulverwaltung*, die die Interessen der Gesellschaft wahrnehmen soll. Aber die Schule unterliegt stets auch anderen Einflüssen aus dem Umfeld, da z. B. Schüler, Eltern und andere lokale Kräfte ihre Interessen geltend machen. Oft sind diese so stark, daß sie wichtiger werden als die offizielle Ebene.

Da die Schule keinen Marktkräften ausgesetzt ist, kann sie äußeren Druck, z. B. einen neuen Lehrplan, längere Zeit ignorieren. Für *eine* Form dieses Drucks gilt das allerdings nicht, nämlich für Veränderungen der Lebenssituation der Schüler und für Einflüsse des nahen Umfeldes und der Massenmedien. Diese wirken auf die tägliche Arbeit in starkem Maße ein und werden vielfach ernster genommen als zentrale Direktiven und Verordnungen. Schulleiter und Lehrer müssen sich täglich neuen Herausforderungen stellen und haben wenig Zeit und Energie, konstruktiv auf ständig neue Richtlinien »von oben« zu reagieren.

Damit sind wir wieder bei dem Konflikt zwischen der »rationalen« Systembürokratie und dem »lose geknüpften System« der Schule (vgl. oben S. 77 f.). Soweit die einzelne Schule »fragmentiert« ist und die Verfahren nicht kennt, ohne die nach Senge eine lernende Organisation nicht entstehen kann (vgl. oben S. 86 ff.), sind sowohl zentral initiierte Reformvorstöße als auch schulinterne Maßnahmen nutzlos, es sei denn, man meint mit einer Vision nur marginale Korrekturen der täglichen Unterrichtspraxis.

Das Wertesystem des Kollegiums wird damit oft zur eigentlichen Richtschnur in den täglichen »Verhandlungen«, die z. B. zwischen der Schülerkultur und der Lehrerkultur stattfinden.

Die Aufmerksamkeit wird so wieder auf *die Schule als Organisation* gelenkt. Eine Voraussetzung der Schulentwicklung ist Einsicht in die Merkmale *der einzelnen Schule* als Organisation. Dazu gehören die Werte und Normen, nach denen man sich im Schulalltag richtet, die Charakteristika von Lehrern, Schulleitung und Schülern, die Art der zwischenmenschlichen Beziehungen, die strukturellen Bedingungen der täglichen Arbeit und das Verhältnis der Schule zu ihrer Umgebung.

*Rolle der »Mitglieder«:* Ihre Werte, d. h. an der Schule die der Schüler, kommen selten *konstruktiv* zum Ausdruck. Ihr Beitrag ist oft von *Ohnmacht* geprägt (z. B. von Protesthaltungen in manchen Krisen); ihr Einfluß ist an enge Regeln gebunden, die den Interessen des Lehrerkollegiums entgegenkommen. Hierin liegt eine der Herausforderungen der Führung von Non-Profit-Organisationen (vgl. oben S. 103 ff.). Einstweilen sind die Schüler in den meisten Schulen *Objekte* des Entwicklungsprozesses. Die »Funktionäre« (Lehrer) lenken die Entwicklungsarbeit, die Schüler sind passive Zuschauer. Das ist ein klarer Ausdruck der Auffassung, daß die Lehrer das Mandat (und damit das Recht) haben, die Bedingungen, unter denen die Schüler lernen, zu verändern.

Die Schülerperspektive ist besonders wichtig bei Reformen, die uns ins nächste Jahrhundert führen sollen, das uns vor ganz neue, einschneidende Herausforderungen stellen wird. Dann ist die Objektsrolle den Schülern nicht mehr angemessen. Sie müssen, wollen sie die Zukunft meistern, *eine aktive Haltung zu Veränderungen erworben,* d. h. gelernt haben, mit dem Unbekannten zu leben, mit unabgeschlossenen Problemlösungen umzugehen, im Team zu lernen und zu Visionen für eine bessere Zukunft ihren Beitrag zu leisten.

# 6. Die Dilemmata des Bildungswesens

Dieses Kapitel handelt von grundlegenden Entscheidungen, die im Bildungswesen zu treffen sind, damit Bildungspolitik betrieben werden kann, sei es die Weiterführung überkommener Praxis oder die Umsetzung einer Reformidee. Bildung ist heute ein Angebot an die ganze Bevölkerung; es gibt in allen mittelgroßen und großen Ländern Tausende von Bildungsstätten, die jeder in mindestens einer Lebensphase nutzt; viele ideelle Ziele sollen durch Bildung erreicht werden. Doch genau hier tun sich Konflikte auf: Trotz der enormen Größe und Komplexität des Systems werden sich niemals alle Ziele gleichzeitig verwirklichen lassen, jedenfalls nicht in gleichem Maße. Daher müssen Prioritäten gesetzt werden: auf der politischen, der administrativen und der exekutiven Ebene.

Eine Reform wird oft mit neuen Erfordernissen begründet, und ihre Befürworter nennen ideelle Zielsetzungen als Richtschnur. Auf dieser Ebene gibt es meist relativ wenig ernste Einwände. In den meisten demokratischen Ländern geht der Reform eine umfassende Planungsarbeit voraus, an der Vertreter verschiedener Interessenorganisationen teilnehmen. Dieses Verfahren ist nicht einfach, aber es ermöglicht eine breite Akzeptanz der Reformidee.

Wie wir sahen, dauert es lange, oft 15 bis 20 Jahre, ehe eine Reform sich in der Mehrzahl der Klassenräume im Lande praktisch auswirkt. Wir arbeiten also heute an Ideen, die erst im nächsten Jahrhundert für Schüler von Bedeutung sein werden. Die Arbeit am geistigen Fundament der Reformen bedarf daher in jedem Falle einer *langfristigen* Perspektive (vgl. das Buch *Schule auf dem Weg ins 21. Jahrhundert*).

Die Schwierigkeiten melden sich, sobald die *praktischen Entscheidungen* getroffen werden müssen. Es führt kein einfacher Weg von den (oft vage und allgemein formulierten) Zielen zu den Beschlüssen, die ihre Umsetzung ermöglichen sollen. Meine These in diesem Kapitel lautet: Es gibt schlechthin keine einfachen, »linearen« Antworten auf komplexe Probleme. Es gibt keine Patentlösung, keine »How-to-do-it«-Anweisung, keine einfachen »Zehn Grundsätze«.

## Dilemmata des Bildungswesens

Ich möchte zeigen, daß Pädagogen in der Konfrontation mit der Zukunft vor schwierigen *Entscheidungen* stehen, die in der jeweiligen praktischen Situation als Wahlen zwischen konkurrierenden Werten erscheinen, als Dilemmata. Schulpolitik ist oft eine Art »Puh-der-Bär-Politik« gewesen: Wir wollen von allem möglichst viel haben. Und auf der abstrakten Ebene – beruhigend weit entfernt vom täglichen Zwang zu Entscheidungen – scheint auch alles Wünschbare möglich zu sein. Eine der großen Fallgruben bei der Umsetzung von Bildungsreformen ist die unzulängliche Klärung ihrer *Konsequenzen*. Wir wollen in diesem Kapitel einige der Dilemmata behandeln, denen die Exekutoren einer Reform im Alltag am häufigsten begegnen, besonders dann, wenn es um *Veränderungen* des Systems geht.

Ich habe fünf »Basisdilemmata« ausgewählt und werde diese an einer Reihe praktischer Dilemmata verdeutlichen. Diese Organisation des Stoffes könnte so aufgefaßt werden, als träten manche praktische Dilemmata nur als Folge je eines Basisdilemmas auf. Das wäre eine verengende Sicht. Viele praktische Dilemmata gehen aus mehreren Basisdilemmata hervor.

Zur Abgrenzung der Begriffe *Basisdilemmata* und *praktische Dilemmata* sei folgendes angemerkt: Ein Dilemma ist eine *Wahl zwischen zwei Werten, wenn wegen begrenzter Ressourcen (z. B. Geld, Zeit, Kompetenz) nicht beiden zugleich und im gleichen Maße Rechnung getragen werden kann*. Das muß nicht bedeuten, daß die Werte *grundsätzlich* unvereinbar sind. Rein theoretisch kann man oft beides als *wünschenswert* und *erreichbar* ansehen, ja beide könnten sogar *gleichzeitig* verfolgt werden, wenn die Ressourcen nicht begrenzt wären. Weil nun aber die Ressourcen (im weitesten Sinne) Grenzen setzen, könnten wir *alle* Dilemmata, um die es hier geht, als *praktische* Dilemmata betrachten.

Wenn ich dennoch fünf *Basisdilemmata* benannt habe, so deshalb, weil sie in allen Schulsystemen für die Zielsetzung der Schule wesentlich sind. Politiker, Planer und Schulleiter müssen zu ihnen Stellung nehmen. Die vielen *praktischen Dilemmata* (an denen ich jedes der Basisdilemmata aufzeigen möchte), veranschaulichen die Zielkonflikte, mit denen das *ausführende System* bis hin zum Lehrer vor Ort sich auseinandersetzen muß.

## 6.1 Qualität und Gleichheit

Kaum ein anderer Wert hat Schulpolitiker, Schulleiter, Lehrer, Schüler und Eltern so beschäftigt wie die Werte *Qualität* und *Gleichheit.* Unter Qualität verstand man dabei in der Regel *die Möglichkeit des einzelnen Schülers, in jedem Fach so viel wie möglich zu lernen.* Bisweilen wurde der Qualitätsbegriff über das fachliche Lernen hinaus auf die soziale und persönliche Entwicklung ausgedehnt. Bezugspunkt blieb in jedem Falle der einzelne Schüler.

Mit *Gleichheit* war meistens eine *Gleichheit der Bildungschancen* für alle gemeint. Es gibt kaum jemanden, der diese Auffassung nicht teilt. Einige haben darüber hinaus unter Gleichheit Gemeinsamkeit verstanden und gefordert, daß alle Schüler so lange wie möglich »einander folgen«, d.h. den gleichen Unterricht erhalten sollen. Wieder andere behaupten, das Bildungssystem *diskriminiere,* und daher müsse Gleichheit (so weit wie irgend möglich) Gleichheit der *Ergebnisse* bedeuten. Dahinter steht der Gedanke, *alle* könnten die Schulfächer auf hohem Niveau bewältigen. Damit läuft diese Deutung des Gleichheitsbegriffs auf eine *positive Diskriminierung* hinaus. Sie äußert sich etwa darin, daß behinderte Schüler besondere Bildungsangebote erhalten (was wohl kaum jemand unsinnig finden wird). Weniger einig ist man sich in der Frage, ob die Schüler, die hinter dem Durchschnitt zurückbleiben, ohne weiteres besondere Zuwendung brauchen. Darauf werden wir unten zurückkommen.

Die beiden Werte Qualität und Gleichheit sind in der politischen Diskussion oft als konträre Größen behandelt worden. »Gleichheit« war eine Hauptforderung der Sozialdemokraten, während »Qualität« ein eher von den Konservativen besetzter Begriff war. In den letzten 15 Jahren wehte der bildungspolitische Wind von rechts, vor allem wegen starker Schwankungen in der Wirtschaft der westlichen Länder. Die Argumentation war ungefähr diese: Wir verlieren Arbeitsplätze, weil wir nicht konkurrenzfähig sind. Das sind wir nicht, weil wir nicht tüchtig genug sind. Nicht tüchtig genug sind wir, weil die Schule zu wenig Wert auf solide Kenntnisse und Fertigkeiten legt. Die Schule ist nicht qualitätsbewußt.

Nach und nach haben auch viele auf der politischen Linken sich dem Sprachgebrauch der Rechten angepaßt. »Qualität« wollen alle; aber der Begriff wird umdefiniert. Qualität soll die gesamte Tätigkeit der Schule prägen, nicht nur das im engeren Sinne Fachliche. Und Qualität soll für *alle* gelten.

Gleichheit der Bildungschancen sollte nach meiner Meinung bedeuten, daß allen eine für sie *relevante Qualität* angeboten wird. Das erfordert eine Anpassung an die Lernfähigkeit des einzelnen. Jeder sollte etwas haben, nach dem er sich strecken kann, mag auch das Niveau dabei höchst unterschiedlich sein. Vor allem sollte dies in heterogenen Gruppen geschehen, so daß das Gleichheitsideal aufrechterhalten und niemand durch »organisatorische Differenzierung« – um eines der pädagogischen Moteworte der siebziger Jahre zu gebrauchen – als minderwertig abgestempelt wird. Aber hier sind wir vielleicht einer »Puh-der-Bär-Politik« recht nahe und müssen daher auf die praktischen Dilemmata näher eingehen.

**Die praktischen Dilemmata:** Erst auf der praktischen Ebene läßt sich feststellen, ob Qualität und Gleichheit konträre oder miteinander vereinbare Werte sind. Wir betrachten daher einige der praktischen Dilemmata, die sich ergeben, wenn man *beiden Werten* gerecht zu werden versucht.

*Frühe oder späte Differenzierung:* Um diese Frage drehte sich die sozusagen klassische pädagogische Diskussion in Europa seit dem Zweiten Weltkrieg. Nehmen wir das Beispiel Deutschland. Dort erfolgt eine organisatorische Differenzierung schon nach vier Grundschuljahren, wenn die Kinder zehn Jahre alt sind. Das andere Extrem sind manche Waldorfschulen, in denen Jahrgangsklassen bis zum 13. Schuljahr zusammengehalten werden. In Skandinavien gibt es keine wirkliche organisatorische Differenzierung vor der 10. Klasse (also im Alter von 16–17 Jahren). Konservative Politiker haben geltend gemacht, bei früher Differenzierung kämen die Schüler zu besseren fachlichen Leistungen, während man auf der Linken von dem Circulus vitiosus sprach, der sich selbst erfüllenden Prophetie, nach welcher »schwache« Schüler gerade durch eine frühe Aufteilung der Jahrgangsklasse schwach würden.

Nun zeigt neuere Forschung, daß frühe Differenzierung viel weniger fachliche Qualität erbringt, als man bisher annahm (vgl. die Zeitschrift *Educational Leadership* 1992/2). Vieles spricht im Gegenteil dafür, daß sie auf die erwähnte sich selbst erfüllende Prophetie hinausläuft. Jedoch meinen manche deutsche Forscher, das differenzierte deutsche System biete ebenso gute »Gleichheitsbedingungen« wie das Gesamtschulsystem (Leschinsky und Mayer 1991).

*Heterogene oder homogene Gruppen:* Hierbei geht es nicht um den Zeitpunkt der Differenzierung, sondern darum, ob die Lerngruppen überhaupt nach dem Prinzip der Heterogenität oder dem der Homogenität organisiert sein sollen. Bisher hat man meistens eine Einteilung aufgrund von Schulleistungen vorgenommen und danach »starke« und »schwache« Gruppen unterschieden. Sobald man das tut, kehrt man freilich doch wieder zu der Diskussion über frühe oder späte Differenzierung zurück.

Es gibt indes auch andere Beispiele für dieses Dilemma. Eines davon ist die Frage der Koedukation. Mehrere Untersuchungen aus der sogenannten Klassenraumforschung zeigen, daß Lehrer oft Jungen vorziehen und daß Mädchen es schwerer haben, die Aufmerksamkeit der Lehrer zu gewinnen. Einige Schulen haben hieraus Konsequenzen gezogen und wieder reine Jungen- und Mädchenklassen eingerichtet.

In anderen Fällen werden Lerngruppen nach Interessen der Schüler gebildet, d. h. nach einem Homogenitätsprinzip. Das leuchtet auf den ersten Blick ein; aber es kann dazu führen, daß weniger motivierte Schüler (die von den motivierten viel lernen könnten) in einer »Restgruppe« landen.

*Festes oder flexibles Pensum:* Anwälte eines festen Kernpensums, das den Schülern wenig Wahlmöglichkeiten läßt, behaupten, damit werde Qualität in wichtigen Fächern gesichert, während viele Wahlmöglichkeiten zur Abwahl schwieriger und zur Bevorzugung leichterer Fächer führten. Mit einem festen Pensum wird sowohl für Qualität als auch für Gleichheit argumentiert – die schwächsten Schüler, so heißt es, seien bei Wahlfreiheit die ersten Verlierer.

Die Befürworter von Wahlmöglichkeiten behaupten, diese stärkten die Motivation (und seien damit eine Voraussetzung für Qualität). Auch dienten gerade sie den schwachen Schülern, die die Chance haben müßten, in der Schule jedenfalls *etwas* zu wählen, für das sie sich interessierten. Die Möglichkeit der Fächerwahl sei ein Weg, diese Schüler einzubinden – das mache sich später bezahlt, indem sie dann auch schwierige Fächer wählten.

Die Diskussion der letzten Jahre hat in den meisten westlichen Ländern zu einer Beschränkung der Wahlmöglichkeiten geführt. Das »Cafeteria-Prinzip« – ursprünglich ein amerikanisches Konzept – hatte zur Folge, daß viele Schüler sich mit einem »verdünnten« Pensum begnügten und sich keinen neuen fachlichen Herausforderungen stellten. –

Die Zeit ist begrenzt, das wissen gerade Lehrer sehr gut. Sie sehen sich einem ständigen Druck unterschiedlicher Interessengruppen ausgesetzt, die die Aufnahme von immer mehr Fächern in die Schule verlangen. Nimmt man noch die kontinuierlichen Veränderungen in den etablierten Fächern hinzu, die auch zeitlich zu Buche schlagen, so wird klar, daß kein Schüler sich alle Teile eines »Pensums« aneignen kann, die aus der einen oder anderen Perspektive nützlich erscheinen mögen. In jedem Falle sind viele Entscheidungen unausweichlich: Lehrplanausschüsse, Lehrbuchautoren und Lehrer und Schüler müssen sich ihnen stellen. Es gilt einzusehen, daß einige Fächer potentielle Schulfächer sind, daß aber andere, ebenso wichtige Fächer und Themen als Gegenstände der Schule chancenlos sind. Das Dilemma jedenfalls bleibt: Welchen Umfang soll das Kernpensum haben, und wie groß soll der wählbare Teil sein?

*Zentralisierte oder dezentralisierte Entscheidungen:* Das ist ein klassisches Dilemma der heutigen Schule. Verfechter zentraler Entscheidungen sehen durch sie größtmögliche Gleichheit und höchste Qualität gesichert. So behaupten heute mehrere norwegische Lehrerorganisationen, die Dezentralisierung des Schulwesens im Lande sei zu weit gegangen und eine gerechte (gleiche) Verteilung der Ressourcen werde am besten durch eine zentrale Instanz gewährleistet.

Die Anhänger dezentralisierter Entscheidungen halten dem entgegen, Qualität sei bei denen in besten Händen, die das jeweilige Problem direkt betreffe: »Wer den Schuh anhat, weiß, wo er drückt.« Nur die einer speziellen Situation angepaßten Lösungen seien optimal. Zwar könnten Ressourcen ungleich verteilt sein, doch müsse sich dies nicht gleich auf die Lernerfolge auswirken. Guter Unterricht werde am ehesten dadurch ermöglicht, daß die Schule – oder der einzelne Lehrer an »seiner« Schule – in wichtigen Dingen entscheidungsbefugt seien.

Das praktische Dilemma »Zentral oder dezentral?« tut sich auch bei anderen Problemstellungen auf. Es dient z. B. als Effektivisierungsargument (Effektivität wächst mit dem Grade der Dezentralisierung) oder als politisches Argument (Dezentralisierung legitimiert den politischen Prozeß) (WEILER, LAUGLO und MCLEAN 1985, KARLSEN 1991).

*Ziel-/Ergebnissteuerung oder Regelsteuerung:* Eine der neuen Strömungen, die über den öffentlichen Dienst hereinbrechen, heißt »Zielsteuerung«. Sie besagt, daß Behörden (auf verschiedenen Ebenen) allgemeine Ziele vorgeben, daß aber die Verantwortung für das Erreichen dieser Ziele so weit wie möglich delegiert wird. Dies führt dazu, daß verschiedene Akteure die Ziele interpretieren oder sie auf die einzusetzenden Mittel reduzieren und daß die Behörden »steuern«, indem sie die *Ergebnisse* prüfen (vgl. unten S. 462 ff.).

Die Zielsteuerung bedeutet einen Bruch mit dem bisherigen Verfahren. Die traditionelle Regelsteuerung bestimmt nicht nur Ziele, sondern legt auch das Wie der Arbeit im einzelnen fest. Man klärt zunächst, ob *die Voraussetzungen* eines Vorhabens gegeben sind (»Input-Steuerung«), und überwacht dann bei der Durchführung die Einhaltung der Richtlinien. Regeln, Vorschriften und Verfahrensweisen spielen also eine wichtige Rolle. Die Prüfung der *Ergebnisse* ist weniger wichtig, da man wohl unterstellt, daß Befolgung der Regeln ein optimales Ergebnis garantiert!

Es handelt sich also um zwei grundverschiedene Lenkungsstrategien, die sich kaum kombinieren lassen. Die Anwälte der Gleichheit hätten wohl am liebsten möglichst viel Dezentralisierung, wenn diese eine Gleichheit der Bildungsangebote sichern könnte. Da sie diese Voraussetzung aber nicht gegeben sehen, argumentieren sie, die Schwächsten würden nur durch gründliche, zentral überwachte Regeln genügend abgesichert. Die Verfechter der Qualität halten dem entgegen, Ziele ließen sich am besten von den Betroffenen verwirklichen. Außerdem seien unsere pädagogischen Kenntnisse noch zu gering, als daß die Wege zum Ziel in detaillierten Regeln festgelegt werden sollten. Auch sei die pädagogische Praxis nicht vom jeweiligen konkreten Zusammenhang ablösbar, und den kennten nur Lehrer, Schüler und Schulleitung.

*Öffentliche und private Verantwortung:* In dem Maße, wie das soziale Kapital schwächer wird, gewinnt das Argument an Gewicht, die öffentliche Hand müsse mehr Verantwortung für eine ganzheitliche Erziehung übernehmen, weil die Elternhäuser immer mehr versagten. Das Gegenargument lautet, eine solche Verlagerung werde den Autoritätsverfall der Familien nur weiter beschleunigen.

Die egalitär Denkenden betonen die Pflicht der Schule zur *Kompensation*, wo immer das Elternhaus und sein Umfeld versagten; sonst wären auch hier wieder die Schwächsten die Verlierer. Die Schule habe eine ganzheitliche Verantwortung. Die Anhänger des Qualitätsdenkens verweisen auf Analysen der den Schulerfolg beeinflussenden Faktoren und sagen, gerade eine Stärkung der *Rolle der Elternhäuser* sei eine notwendige Bedingung besserer Schulleistungen. Die Schule dürfe daher dem Elternhaus keine Aufgabe abnehmen, sondern müsse in Zusammenarbeit mit dem Elternhaus dessen relative Bedeutung für Erziehung und Unterricht stärken.

*Angebotsorientierung – Nutzerorientierung:* Dieses Dilemma hängt mit dem vorigen zusammen, aber es reicht darüber hinaus. Sowohl Gleichheits- als auch Qualitätsverfechter gestehen den Lehrern (oder der Schule, ja sogar der Behörde) die Verantwortung für die Arbeit der Schule zu. Sie sehen darin eine Garantie für die Gleichheit bzw. die Qualität der Angebote. Dem steht die Auffassung gegenüber, die beste Garantie für Qualität liege im Recht der Nutzer (Schüler und Eltern), unter mehreren Möglichkeiten zu *wählen* und an der Verantwortung beteiligt zu werden. Erst wenn die Nutzer zu wirklichen Miteigentümern des Bildungsangebots würden, brächten sie die nötige Motivation auf.

Die Anwälte der Gleichheit wenden dagegen ein, wirklich wählen könnten nur diejenigen, die den Überblick hätten, die ihre Bedürfnisse artikulieren und selbständig Initiativen ergreifen könnten, die die Schulkultur kennten, in Diskussionen erfahren seien und Zeit und Kräfte hätten, ihre Interessen geltend zu machen. Das treffe bei weitem nicht auf alle Schüler und Eltern zu.

Werden nun »Gleichheit« und »Qualität« in der Schule hinreichend beachtet? Das hängt in hohem Maße davon ab, wie Schulleitung und Lehrer sich in den vielen Entscheidungssituationen verhalten, vor die sie sich angesichts der praktischen Dilemmata gestellt sehen.

## 6.2 Allgemeinbildung und Berufsausbildung

Wenige Fragen haben die Diskussion um die Sekundarstufe II so beherrscht wie das Verhältnis von Allgemeinbildung und Berufsausbildung. In manchen Ländern betrifft diese Diskussion schon die Grundschule; denn in einigen Entwicklungsländern gehören berufsvorbereitende Kurse von der fünften Klasse an zum Pensum.

Die Frage, welche Art Ausbildung am besten auf das Leben nach der Schulzeit vorbereitet, ist ein umfassendes Thema, das wir in dem Buch *Schule auf dem Weg ins 21. Jahrhundert* erörtert haben. Sowohl allgemeinbildende als auch berufsbezogene Fächer können und sollen die Schüler auf eine aktive Rolle in der Gesellschaft vorbereiten. Es fragt sich nur, *was für eine Rolle* das sein und wie breit oder eng die Vorbereitung angelegt sein soll.

In Wirtschaftskreisen gehört es fast zur Tradition, eine Hebung der Qualität des Fachunterrichts zu fordern. Allmählich werden aber auch andere Aspekte der schulischen Arbeit mehr beachtet, so z. B. Kooperation, Problemlösung und Kreativität.

Sehr kompliziert wird das Bild, wenn wir die interne Fortbildung, die moderne Industriebetriebe ihren Mitarbeitern bieten, in die Betrachtung einbeziehen. Der Volkswagen-Konzern z. B. wendet ein Drittel seiner Fortbildungsressourcen für »persönliche Entwicklung« auf (d. h. etwa die Beschäftigung mit schöner Literatur, Theater etc.), ein Drittel für »soziale Entwicklung« (u. a. Problemlösungen im Team) und ein Drittel für fachliche Vertiefung (MEYER-DOHM 1988, MEYER-DOHM und SCHNEIDER 1991). Wir befinden uns, anders gesagt, in einer Phase, in der der Begriff der Berufsausbildung gerade neu definiert wird.

Die gesellschaftliche Entwicklung verlangt allen immer mehr Allgemeinbildung (im weiten Sinne) ab, eine Bildung also, die über das Fachliche hinausgeht. Dennoch werden auch in Zukunft viele Berufe eine lange und gründliche fachliche Ausbildung, sowohl in der Schule als auch durch Praxis am Arbeitsplatz, erfordern.

**Die praktischen Dilemmata:** *(Aus-)Bildung fürs Leben oder zum Arbeiten:* Was wird von einem guten Staatsbürger im nächsten Jahrhundert verlangt werden? Wie können wir uns auf ein ständig sich wandelndes Berufsleben vorbereiten? – Die mit diesen Fragen benannten Lebensbereiche müssen nicht immer Gegensätze sein; der Versuch einer Antwort mündet nicht unbedingt in ein Dilemma. Wohl aber steht die *enge* Konzentration auf das Fachliche im Konflikt mit einer breiten Allgemeinbildung (die nicht mit theoretischer Bildung gleichgesetzt werden darf). Hier stehen wir wieder vor einem praktischen Dilemma, weil die Zeit, die Ressourcen und die Möglichkeiten begrenzt sind.

*Theoretische und praktische Ausbildung:* Dieses Dilemma ähnelt dem vorigen, ist aber von ihm zu trennen. Es ist das sozusagen klassische Dilemma zwischen theoretischer, auf ein Hochschul- oder Universitätsstudium vorbereitender Ausbildung einerseits und praktischer, berufsorientierter Ausbildung andererseits.

Schüler der achten und neunten Klasse, die die Schule gründlich leid sind, würden eine praktisch ausgerichtete Berufsschule begrüßen; aber viele sind dann frustriert angesichts des theoretischen Zuschnitts der heutigen Berufsausbildung. Die Lehrer (die zu einem erheblichen Teil aus der Praxis kommen) kritisieren ebenfalls oft die »abgehobene Theorie«, die die Schüler nicht motiviere. Andererseits wissen wir, daß einschlägige Theorie unverzichtbar ist. Ohne sie gibt es keine Flexibilität, keine Fähigkeit zur Umstellung in einem Berufsleben, das durch ständige Veränderungen geprägt ist. So bleibt das Dilemma. Auf der Ebene der Lehrpläne lassen sich theoretische und praktische

Ausbildung harmonisch vereinen. Im Klassenzimmer sieht es anders aus.

*Das Leben in – das Leben außerhalb der Schule:* In engem Zusammenhang mit dem vorgenannten Dilemma steht die Frage, wie weit die Schule sich dem »Leben da draußen« öffnen soll. In welchem Maße soll sie sich in ihrer täglichen Arbeit von den Turbulenzen beeinflussen lassen, die wir in Politik, Wirtschaft, Technik und Gesellschaft fortwährend erleben?

Manch einer wird sagen, die Schule müsse abgeschirmt sein, ein Ort, an dem Lehrer und Schüler – basierend auf einem gegebenen Pensum und in hinreichendem Abstand vom täglichen Leben – sich in Ruhe auf *eine* Sache, die Optimierung der Lernmöglichkeiten, konzentrieren könnten. Gerade der *Abstand* sei wichtig, weil die wirklich grundlegenden Fragen, die mit *Bildung* zu tun hätten, zeitunabhängig seien, so daß das pulsierende tägliche Leben nur störe.

Andere wünschen sich eine *offene* Schule, die Fragen des täglichen Lebens in Diskussionen aufgreift, eine Schule vor allem, die die großen Veränderungen an den Arbeitsplätzen wach und aufmerksam verfolgt. Das ist besonders deswegen wichtig, weil so viele junge Leute nach Beendigung der Schule hilflos und arbeitslos dastehen. Ihre Chancen können durch lange Isolation von den Realitäten des Lebens nur weiter vermindert werden.

*Berufsausbildung in der Schule oder durch praktische Arbeit:* In der Regel ist die Berufsausbildung in der Schule allgemeiner, theoretischer und grundsätzlicher als die Ausbildung in der Praxis. Es ist unbestritten, daß beide Komponenten notwendig sind und eng zusammengehören.

Die Frage ist nur, welches Gewicht beiden zukommt, *wie* sie zusammengehören und wie sie sich gegenseitig bereichern können. Bisher wollte meistens die Schule den ganzen Ausbildungsgang so weit wie möglich kontrollieren, jetzt aber verschiebt sie die eigentliche Berufsausbildung immer mehr auf die Praxis am Arbeitsplatz. Das ist eine Variante des Dilemmas *Allgemeine versus berufsbezogene Ausbildung.*

*Schule fürs Leben – Schule im Leben:* In dem Maße, wie das Tempo gesellschaftlicher Veränderungen zunimmt, so daß die meisten sich mehrmals im Leben beruflich neu orientieren müssen, wird die Frage aktuell, ob die Bildungsressourcen effektiv genutzt werden, wenn wie bisher ein erheblicher Teil auf ein frühes Lebensstadium entfällt. Könnte nicht, wenn die Zukunft derart unsicher ist, mit den gleichen Mitteln mehr erreicht werden, wenn ein Teil späteren Stadien vorbehalten bliebe? Oder ist es umgekehrt? Brauchen wir gerade wegen der raschen Veränderungen eine längere und breitere Vorbereitung als früher – *zusätzlich zum lebenslangen Lernen?*

### 6.3 Tradition und Innovation

Schnelle Veränderungen in der Gesellschaft, wie wir sie in dem Buch *Schule auf dem Weg ins 21. Jahrhundert* beschrieben haben, werfen auch grundsätzlichere Wertfragen auf. Oft scheint es, als gingen technologische und soziale Veränderungen mit einer veränderten Haltung zu Werten und Normen einher.

Die überkommenen Werte der Gesellschaft in den westlichen Ländern haben eine christlich-humanistische Grundlage. Die Wellen von »Innovation«, die in den letzten 30–40 Jahren über diese Länder hinweggingen – oft beruhend auf internationalen Bewegungen, Moden, neuen Technologien oder Pressionen der Medien –, erscheinen der erwachsenen Generation oft fremd. Anders ist es für viele der Jüngeren. Sie identifizieren sich mit neuen Lebensstilen, die der Veränderung Raum geben. Hinzu kommen die Möglichkeiten der emotionalen Annahme des Neuen. Mit ihrem Lebensstil verändern sie unbewußt auch ihre Werte und Normen. Viele junge Leute vertreten neue Werte, ohne daß sie dies wissen. Oft führt das zu einer starken Bindung an die Freundesgruppe und deren Anführer.

Andere sehen in Veränderungen eine starke Herausforderung. Sie machen sich die Kritik des Bestehenden zu eigen und bilden Gegenkulturen, die oft Träger wichtiger Botschaften sind. Bezeichnend ist etwa das Engagement vieler Junger für den Umweltschutz, für die Armen auf der Erde oder für neue Kunstarten.

Die Spannung zwischen den überkommenen Werten und Handlungsmustern und der Welt, mit der die Jungen sich in zunehmendem Maße identifizieren, ist konfliktträchtig und zwingt die Schule auf mehreren Gebieten zum Durchdenken von Alternativen.

**Die praktischen Dilemmata:** *Reproduktion und Erneuerung:* Die immer schnelleren Wandlungen der Gesellschaft werfen die Frage nach Nutzen und Bedeutung von Erfahrungen auf. Oft beobachten wir z. B., daß junge Leute neue Technologien besser beherrschen als ältere. Und es ist eine Binsenweisheit, daß viel Fachwissen rasch veraltet.

Dennoch macht es Sinn, die Bedeutung der *Tradition* im Lehrplan und die Notwendigkeit der Reproduktion zu unterstreichen. Die so argumentieren, treten nicht unbedingt für einen *statischen* Lehrplan ein; wohl aber wollen sie das Essentielle, das Grundlegende bewahren, das sich nur sehr langsam ändert. Sie betonen, Veränderungen seien kein Wert an sich, ja es würde den Schülern schaden, wollte man allen neuen Forderungen sofort nachgeben.

Gegenüber allen »neumodischen Einfällen« ist offenbar eine gehörige Portion gesunder Skepsis am Platze. Vieles spricht dafür, daß die beste Vorbereitung auf die Zukunft in der *Beherrschung des Elementaren* und nicht so sehr in der Jagd nach dem Neuen und Aktuellen liegt. Schulen sollen die Tradition vertreten, am Wesentlichen festhalten und damit eine wichtige nationale Institution sein.

Wer eine offenere und risikofreudigere Grundeinstellung hat, wird demgegenüber betonen, daß alle heutigen Schüler damit rechnen müßten, sich im späteren Leben hin und wieder umzustellen; ständige Veränderungen und die mit ihnen verbundenen Forderungen seien nicht zu ignorieren. Die beste Vorbereitung sei es daher, den Umgang mit dem Neuen und Unbekannten schon in der Schule einzuüben, nicht im Sinne eines unkritischen Anpassungsprozesses, sondern eines bewußten Trainings, einer Arbeit an offenen Fragen und Situationen.

Die Neuerer wollen auch mehr »Leben«, mehr Alltag, mehr aktuelle Fragen in die Schule bringen; sie möchten, daß die Schüler sich mit komplexen und schwierigen Zeitfragen auseinandersetzen, mit denen sie außerhalb der Schule ohnehin konfrontiert werden.

*Fachwissen und Problemlösung:* Eine Frage, die immer wieder diskutiert wird, ist die nach der Art des Wissens, das Schüler in einer modernen Gesellschaft brauchen. Die eine These hierzu lautet, daß solides Grundwissen in den einzelnen Fächern die unerläßliche Voraussetzung des Bestehens in einer sich ständig wandelnden Gesellschaft sei. Wir erwiesen unseren Schülern einen Bärendienst, wollten wir die Kernfächer beschneiden.

Die Gegenthese ist, daß die Welt nicht aus Fächern bestehe, sondern aus *Herausforderungen*, die in den meisten Fällen nur fächerübergreifend zu bewältigen seien. Sie appellierten an mehrere Seiten unserer Person und verlangten uns Teamarbeit und kreative Problemlösungen ab. Solche nützlichen Fertigkeiten würden in der Schule selten gelehrt und gelernt.

Das Lernen in der Schule war stets etwas anderes als das Lernen im Alltag (RESNICK 1983). Im Alltag lernen wir, wenn wir vor einer neuen Herausforderung stehen, oft gemeinsam mit anderen, oft angesichts einer neuen Technologie und meistens, weil wir ein Problem lösen *müssen*. Viele werden sagen, das schulische Lernen müsse sich mehr am Alltagslernen als an einem Idealbild orientieren.

Wieso ist das ein praktisches Dilemma? Nicht weil die beiden Formen des Lernens einander ausschließen, sondern weil jede für sich einen vollen Schultag fordert, weil die Stoffülle in den Fächern groß ist und weil der ganze Schulalltag auf individuelles Lernen in 45-Minuten-Einheiten zugeschnitten ist, unter Betonung der Fachgrenzen und mit wenig Zeit zur Vertiefung und Zusammenarbeit (sowohl der Schüler untereinander als auch fächerübergreifend).

*Wissen und Verstehen:* In dem Buch *Schule auf dem Weg ins 21. Jahrhundert* haben wir die Unterschiede zwischen Wissen und Verstehen beschrieben (ebd. S. 128 ff.). Auch diese beiden Begriffe schließen einander nicht aus. Wirkliches Verstehen erfordert Kenntnisse, aber es geht über diese hinaus. Das Dilemma besteht darin, dem *Verstehen* Raum und Zeit zu schaffen. Das wird nur in einer ganz anderen Schule möglich sein, die dem Leben nähersteht, die sich weniger um das Pensum und mehr um die heutige Wirklichkeit kümmert.

*Individuum und Gruppe:* Die heutige Schule ist stark auf das Individuum fixiert. In der traditionellen Schule stehen das Lernen und die Leistungen des einzelnen Schülers im Mittelpunkt. Dabei ist kaum noch umstritten, daß die heutige Gesellschaft in Arbeit und Freizeit *Zusammenarbeit* verlangt. Dazu regt die Schule die Schüler weder an, noch übt sie Zusammenarbeit ein.

»Kooperationslernen«, richtig angewandt, führt zu besseren Ergebnissen – in fachlicher, sozialer und persönlicher Hinsicht (SLAVIN 1990). So fordern denn auch die »Abnehmer« der Schule fast unisono, daß die Schüler das gemeinsame Arbeiten lernen müßten. Alle wissen, daß dies nicht von heute auf morgen geschehen kann. Viel Zeit, die für Gruppenarbeit aufgewandt wird, erscheint vertan, sie geht dem systematischen fachlichen Lernen verloren. Viele Lehrer und Schüler haben mit Gruppenarbeit auch negative Erfahrungen gemacht und teilen nicht die Hoffnung, daß moderne Formen des Kooperationslernens so viel effektiver wären. Die meisten Lehrer sind dafür auch nicht ausgebildet und haben keine Erfahrung. Soll man sie dann in etwas hineinzwingen, von dem sie nicht viel halten und das sie nicht beherrschen, und riskieren, daß sowohl das Fach als auch die Zusammenarbeit Schaden nehmen?

*Unterricht nach Prämissen des Lehrers oder der Schüler:* Welche Unterrichtsformen sind vorzuziehen, die eher traditionellen, in denen der Lehrer meistens dominiert und die Schüler eine rezeptive Rolle spielen, oder stärker von den Schülern bestimmte, in denen der Lehrer im wesentlichen Helfer und Berater ist?

Die Frage kann natürlich so nicht gestellt und beantwortet werden. Wir müssen wissen, was vermittelt werden soll, in welchem Fach, unter welchen Fragestellungen, von welchem Lehrer an welche Schüler an welcher Schule (JOYCE und WEIL 1972). Dennoch ist die Frage in dieser allgemeinen Form oft von Lehrern gestellt worden.

Viele sind in alternativer Pädagogik weder ausgebildet, noch haben sie Erfahrung mit ihr. Sie glauben wohl auch nicht, daß sie funktioniert. So halten sie sich an das Bekannte, obwohl die meisten dessen Schwächen durchaus erkennen. Für die Ziele, die die Schule erreicht, ist die Wahl der Unterrichtsform von wesentlicher Bedeutung. Die Entscheidung für das Traditionelle hat die Sicherung des fachlichen Niveaus im Auge, während allgemeinere Ziele wie Erziehung zur Selbständigkeit, Kreativität und Zusammenarbeit dem Zufall überlassen bleiben.

*Bürokratische oder organische Organisation:* Die Organisation der Schule ist oft bürokratisch und unflexibel. Auch wenn alle Gruppen ihre Rechte und somit Einfluß auf die Entscheidungen haben, empfinden viele Schüler die Bürokratie als schwierig und undurchschaubar. Aber es gibt eine Alternative, und viele Schulen haben schon eine andere Organisationsform gefunden, die jedem einzelnen Einfluß auf das Leben der Schule sichert.

Diese »organischeren« Schulen haben nicht viele feste Regeln, aber kümmern sich um so mehr um die *Prozesse,* die das Engagement des einzelnen fördern und sein Gefühl, im Sinne eines Eigentümerverhältnisses persönlich beteiligt zu sein. Diese Schulen kommen besser mit unvorhergesehenen Situationen zurecht, aber haben oft mehr zu tun als andere, weil das Routinemäßige nicht gut genug funktioniert.

Die bürokratische Organisationsform kümmert sich um die Routine und kann Sicherheit und Ruhe schaffen. In einem eingefahrenen System zu arbeiten spart auch oft Zeit und Mühe. Das Bekannte wird besser als in anderen Systemen bewältigt, doch das Unvorhergesehene löst oft Hilflosigkeit aus.

## 6.4 Inhalte und Prozesse

Das ist eines der schwierigsten Dilemmata der Lehrer. Sollen sie vor allem Wert darauf legen, den Stoff zu schaffen, oder sollen sie sich Zeit nehmen, sich den Problemen zu widmen, die während des Unterrichts stets auftauchen? Sicher tun alle Lehrer irgendwie beides; aber das Dilemma bleibt. Je umfangreicher der Lehrstoff wird, je mehr Leistungskontrollen gefordert werden, desto weniger Zeit haben Lehrer und Schüler, sich mit den »unterwegs« entstehenden Fragen zu beschäftigen.

*Die Zeit* ist hier die wesentliche Ressource: Zeit etwa zum Nachdenken *über* die Inhalte, zu einer kurzen Wanderung durch unbekanntes Gelände, zu einer Abschweifung, die vielleicht »nichts bringt«, zur Besprechung eines Beispiels aus dem Alltag der Schüler, das zu mehr Verständnis für den Stoff, zu mehr Einsicht und Motivation beitragen kann. Man möchte wünschen, daß zu solchen »Seitensprüngen« immer noch Zeit da ist.

Wie sollen die Lehrer mit persönlichen oder zwischenmenschlichen Problemen im Klassenzimmer umgehen? Es entsteht z. B. ein Konflikt zwischen zwei Schülern oder zwischen der Lehrerin und einigen Schülern. Den Konflikt zu lösen kostet natürlich Zeit, und das Schuljahrsende mit seinen Abschlußprüfungen steht bevor. Die Lehrerin weiß, daß die Statuten der Schule ihr die Beschäftigung mit solchen Konflikten gestatten, auch wenn sie dafür weder speziell ausgebildet ist noch sich gut genug qualifiziert fühlt. In jedem Falle litte der Fachunterricht. Was soll sie tun?

Sich bietende Situationen spontan zu nutzen und nach dem Prinzip »Hier und jetzt« die persönliche und soziale Entwicklung der Schüler zu fördern kann das Wichtigste in einer Unterrichtsstunde sein, die eigentlich dem Weiterkommen im Fachlichen dienen sollte. Normalerweise, wenn überhaupt, werden solche Situationen nur genutzt, wenn sie dem fachlichen Inhalt nichts wegnehmen oder wenn einmal kein Zeitdruck besteht. Offenkundig geht aber solch einseitiges Setzen auf fachliche Qualität zu Lasten anderer Aufgaben der Schule.

## 6.5 Nationale und internationale Begründung der Schule

Die Schule ist das wichtigste Instrument der Gesellschaft zur Pflege des Nationalgefühls. Noch immer beginnt der Tag an vielen Schulen der Welt mit einem nationalen oder religiösen Lied und einem Gruß an die

Nationalflagge. In jungen Staaten spielt die *nationale Begründung* beim Aufbau des Schulwesens eine große Rolle.

Vor dem Hintergrund eines wachsenden Nationalismus einerseits und einer immer mehr verpflichtenden internationalen Zusammenarbeit andererseits stellt sich die Frage, wie das Fundament beschaffen sein soll, auf dem die Arbeit der Schule ruht. Darauf gibt es unterschiedliche Antworten; der Dissens betrifft sowohl die Zweckbestimmung der Schule als auch die Mittel und Wege zum Zweck.

Die »Nationalisten« sehen in der Identifikation mit der *Nation* eine Bedingung übernationalen Verständnisses und internationaler Zusammenarbeit. Indem den Schülern die Werte und Normen nahegebracht werden, die Generationen hindurch die Entwicklung der Nation getragen haben, lernen sie, auch die Eigenart anderer zu respektieren. Ziel ist ein »Europa der Nationen«, der Weg zu ihm ist internationale Zusammenarbeit bei Verankerung in der eigenen Nation.

Die »Internationalisten« halten dagegen die Tage des Nationalstaats für gezählt. Die sogenannten nationalen Werte sind für sie entweder allgemeinmenschliche Werte, die in allen Ländern und Kulturen gelten und so die Basis einer internationalen Gesellschaft abgeben könnten, oder es sind Werte zur Verteidigung nationaler Sonderinteressen. In deren Ablösung sehen die Internationalisten die Voraussetzung friedlichen Zusammenlebens der Nationen in einer komplexer und komplizierter werdenden Welt.

*Allgemeine oder nationspezifische Werte:* Eigentlich ist das eine grundsätzliche Frage. Wenn wir uns indes klarmachen, wieviel Zeit in der Grundschule die Beschäftigung mit dem eigenen Land erfordert, so wird offenkundig, daß nationale Identifikation ein wichtiges Anliegen ist.

Eine Umorientierung der Didaktik auf eine internationale Begründung der Lehrpläne würde in den herkömmlichen Fächern (z. B. den gesellschaftswissenschaftlichen) erhebliche Änderungen auslösen und zur Aufnahme neuer Fächer in die Schule führen (wie internationale Politik und Wirtschaft, Kommunikation, Konfliktlösung etc.).

*Identifikation mit dem Allgemeinen oder dem Vertrauten:* Können wir uns mit dem Übernationalen identifizieren, bevor wir das uns vertraute Nahe verstanden haben? Kann ein Kind sich überhaupt mit etwas anderem als dem, was ihm nahe ist, identifizieren?

Die pädagogischen und psychologischen Argumente für die Identifikation mit diesem Nahen sind sehr stark. Kinder empfinden Sicherheit, wenn sie das Vertraute wiedererkennen. Mit zunehmender Sicherheit bekommen sie eine Grundlage für die Erweiterung ihres Horizonts.

Doch zugleich ist die Gefahr groß, daß »das Nahe« auch den Keim zum Ausschluß derer enthält, die anders sind. Das Nahe kann ethnisch, sprachlich, religiös oder kulturell so besonders sein, daß es fast automatisch ausschließend wirkt.

Wo finden wir die Balance zwischen dem Nahen und dem Fernen? Wann soll die Erziehung zum Weltbürger beginnen? Was ist erforderlich an Zeit, neuen Fachinhalten, neuer Methodik und neuen Formen des Zusammenlebens, damit die Identifikation mit dem Vertrauten und die mit dem Fernen in ein gesundes Gleichgewicht kommen?

*Homogene oder heterogene Wertegemeinschaft:* Die internationale Gesellschaft fordert die Achtung höchst unterschiedlicher Werte und Normen. In mancher Hinsicht hängt unsere Zukunft davon ab, daß die globale Gesellschaft Formen des Zusammenlebens findet, in denen die Werte aller Teilgesellschaften respektiert werden. Die UN-Menschenrechtserklärung und andere wichtige Resolutionen (z. B. die über Rechte von Kindern) sollten eine Mindestgrundlage bilden.

Wir sehen, daß diese Werte im heutigen Europa wie in der übrigen Welt in dem einen Konflikt nach dem anderen mit Füßen getreten werden. Von neuem sind enge ethnische und religiöse Interessen die beherrschenden Kräfte in den bitteren Streitigkeiten, deren Zeugen wir werden. Das gilt auch gerade für die Gebiete, denen jahrzehntelang *eine gemeinsame Ideologie* (der Kommunismus) als eine die engen Gruppeninteressen überspannende Wertegrundlage aufgezwungen war.

Das zeigt uns, daß eine solche Grundlage, wenn sie ethnische und religiöse Gruppen sowie Nationen zu friedlicher Koexistenz zusammenführen soll, auf ganz andere Weise als durch Zwang und zentrale Entscheidungen geschaffen werden muß. Es bedarf von allen Seiten wirklicher Teilhabe und Empathie, praktischer Koexistenz, der Mobilisierung aller guten Kräfte über viele Jahrzehnte. Es geht um Grundhaltungen, und zwar um einige der wichtigsten, an denen wir als Pädagogen arbeiten können.

Gibt es eine homogene Wertegemeinschaft, oder gibt es eine Basis, mit der wir alle uns identifizieren können – und die uns zugleich die Sicherheit und den Frieden gibt, nach denen wir alle als Menschen uns sehnen?

Und soll die Schule eine solche Basis schaffen helfen? – Oder müssen wir akzeptieren, daß die einzige Lösung eine heterogene Wertegemeinschaft ist, in der wir die Werte und Normen anderer kennenlernen, uns durch Verhandlungen Regeln des Zusammenlebens erarbeiten und der Schule einen neutralen Platz zwischen den verschiedenen Kulturen, Religionen und nationalen Wertmustern zuweisen?

*Selbstverständnis und Verständnis anderer:* Ein ganz grundlegendes Problem in diesem Komplex ist unsere Fähigkeit, das Leben anderer zu verstehen, uns in dieses Leben hineinzuversetzen. Nach Meinung vieler Psychologen ist dies nicht möglich ohne ein sicheres Selbstgefühl, ohne Selbstverständnis und Selbstannahme.

Die Schule tut nur wenig, um das positive Selbstgefühl der Schüler gezielt zu entwickeln. Viele werden im Gegenteil behaupten, sie zerstöre das Selbstgefühl vieler Schüler durch einseitige Belohnung theoretischen Wissens und kognitiver Fähigkeiten. Soll die Schule zu einer gesunden Entwicklung des Selbstgefühls beitragen, müßte sich das auf ihre ganze Arbeit einschneidend auswirken.

Erst wenn die Schule ein Ort geworden ist, an dem die Eigenart des Individuums sich entfalten kann, Schülerinnen und Schüler eine Sicherheit in ihrem So-sein entwickeln können, wird man für das Verständnis und die Achtung »der anderen« etwas Wirksames tun können. Anders gesagt: Mit einigen Extra-Aktivitäten im Klassenraum, Kommunikationsübungen oder Übungen zur Konfliktlösung ist es nicht getan; es geht um Ziele, Normen und Klima der Schule als Organisation.

Andere werden dem entgegenhalten, daß die Schule durch ihre Arbeit den Schülern ein zutreffendes Bild der Wirklichkeit vermittle und daß das Selbstgefühl der Schüler von der unbestreitbar vorhandenen Konkurrenzgesellschaft nicht abgelöst werden könne. Die Aufgabe sei die Erziehung zu gegenseitiger Achtung bei Anerkennung der Ungleichheiten sowie die praktische Erprobung einer »vielfarbigen Gemeinschaft« innerhalb des gegebenen Lehrplans. –

Ich habe in diesem Kapitel einige grundlegende und praktische Dilemmata aufzuzeigen versucht, zu denen die Schule heute und in Zukunft Stellung nehmen muß. In den folgenden Kapiteln geht es – anhand von Beispielen aus der Praxis verschiedener Länder – um die Beschreibung und Analyse von *Strategien*, mit denen sie künftige Aufgaben vielleicht bewältigen kann. Die Erörterung der Dilemmata soll dazu dienen, die Lösungsvorschläge zu problematisieren.

Es gibt keine Patentlösung für alle Probleme. Wohl aber gibt es Strategien, die einige Probleme recht gut lösen, zugleich aber in ein Dilemma (oder mehrere Dilemmata) münden. Das heißt, daß Strategien nicht wertneutral sind, daß sie in engem Zusammenhang mit den Visionen und Zielen, die wir für unser Bildungswesen haben, gesehen werden müssen.

# 7. Die neue Balance: Zentralisierung und Dezentralisierung

In den letzten Kapiteln des Buches geht es um die *strategischen Fragen*. Zunächst eine Bemerkung zum Sprachgebrauch: Das Wort *Strategie* hat oft einen militärischen Unterton im Sinne von *Lenkung* oder *Befehl*. Hier soll es in umfassenderer Bedeutung verwendet werden: Es meint alle Vorgehensweisen und Mittel, mit denen bestimmte Ziele verfolgt werden. Das *kann* durch Eingriffsversuche von außen geschehen, aber z. B. auch dadurch, daß das Lehrerkollegium einer Schule gemeinsam einen Weg zur Erreichung erwünschter Ziele erarbeitet.

Frey und Argegger definieren *Strategie* als einen Plan, der das Zusammenspiel von Personen und Institutionen beschreibt (FREY und ARGEGGER 1984). Nach einer anderen Definition hat eine Strategie den Zweck, »Aktivitäten zielgerichtet und kohärent zu bündeln« (HAMEYER und LOUCKS-HORSLEY 1984). Die Entwicklung einer Strategie wird diesen Autoren zufolge von fünf Faktoren bestimmt.

- Welches Ziel haben die Veränderungen?
- Wer soll an ihnen beteiligt werden?
- Wie gestalten sich die Veränderungen in der Praxis?
- Wann sollen sie den Plänen zufolge durchgeführt werden?
- Welche Ressourcen werden benötigt?

Viele Schulentwicklungsprojekte setzen Veränderungen von Einstellungen und Verhaltensweisen voraus. Wie wir in früheren Kapiteln dargelegt haben, spricht vieles dafür, daß bei solchen Veränderungen Planung und Durchführung eng zusammenhängen müssen. Auch sollen sich die Akteure als »Eigentümer« des Projekts verstehen. Damit ergeben sich andere Fragen, als Hameyer und Loucks-Horsley sie stellen; es geht um die *Prozeß*-Dimensionen der Strategieentwicklung.

Wir haben in Kapitel 3 den Trend zum »neuen Staat« erwähnt (vgl. oben S. 107), der die Deregulierung, Dezentralisierung, Effektivisierung und Privatisierung öffentlicher Dienste mehr oder weniger gefördert hat (VON REICHARD 1992). Nur wenn man sich diesen Trend vergegenwärtigt, macht es Sinn, über Entwicklungsstrategien im öffentlichen Dienst zu sprechen. Aufgaben, die vor 10 bis 15 Jahren ganz selbstverständlich in staatlicher Hand lagen, sind heute dezentralisiert oder privatisiert. Wir werden Projekte vorstellen, die klare Elemente von Dezentralisierung aufweisen, aber auch solche, bei denen umgekehrt der Staat eine deutlichere (wenn auch andere) Rolle spielt als früher. Ein großer Teil dieses Kapitels gilt der Definition der *neuen Balance zwischen zentraler, dezentraler und institutioneller Verantwortung,* die sich in mehreren Ländern abzeichnet.

Wir haben in Kapitel 5 Chins und Bennes Strategiebegriff beschrieben und erörtert. Sie unterscheiden zwischen *rational-empirischen, normativ-reedukativen und Machtstrategien* (CHIN und BENNE 1969, vgl. oben S. 216 ff.). Diese Typologie ist wichtig, weil sie die *Mittel* in den Blick rückt, die in einer Strategie eingesetzt werden. Wir wollen uns bei der Darstellung der praktischen Beispiele ihrer bedienen.

In Kapitel 5 stellten wir auch Sashkins und Egermeiers Analyse der amerikanischen Reformbestrebungen vor (vgl. oben S. 229 f., S. 239). Sie unterscheiden vier Strategien:

1. die »Fix the part«-Strategie, bei der die einzelnen »Teile« (z. B. Teile eines Lehrplans) ausgewechselt und durch eine »Innovation« ersetzt werden;
2. die »Fix the people«-Strategie, bei der man versucht, die Haltungen, Kenntnisse und Fähigkeiten einer Person zu verändern, z. B. durch Fort- und Weiterbildung;
3. die »Fix the school«-Strategien, bei der die einzelne Schule als Institution verändert werden soll, z. B. durch Organisationsentwicklung, und
4. die »Fix the system«-Strategie, die auf eine Veränderung des ganzen Systems abzielt (SASHKIN und EGERMEIER 1993).

In einer Analyse der auf staatlicher Ebene in den letzten 10–20 Jahren durchgeführten umfassenden »Restructuring«-Reformen zeigen die Herausgeber von *Education Week* in der Studie »From Risk to Renewal – Charting a Course for Reform«, daß das Gelingen großangelegter Reformen Strategien erfordert, die folgende Momente enthalten (DECATION WEEK 1993, S. 187–198):

– Veränderungen der Kultur jeder einzelnen Schule,
– Veränderungen der Systembedingungen (»Rules of the game«),
– Verknüpfung von »Top-down«- und »Bottom-up«-Reformstrategien.

## Zentralisierung und Dezentralisierung

Wir benutzen in unserer Erörterung der Strategien die Typologie, die wir in der ersten Ausgabe des Buches »Schulentwicklung« (DALIN 1986) eingeführt haben. Dort unterschieden wir die folgenden Gruppen:

1. *Personbezogene Strategien:* Das sind Maßnahmen, die Schulentwicklung mittels des einzelnen Akteurs fördern wollen (meistens des Lehrers, aber gelegentlich auch des Schulleiters, der Eltern, der Schüler etc.). *Das Individuum* ist die Einheit der Veränderung. Wir werden darlegen, was wir über den Effekt von Lehrerfort- und -weiterbildung bei der Schulentwicklung wissen, und entsprechend auch, welchen Beitrag die Schulleiterfortbildung leisten kann.

In Chins und Bennes Terminologie sind die personenbezogenen Strategien rational-empirisch und normativ-reedukativ. Nach Sashkin und Egermeier gehören sie zur »Fix the people«-Strategie.

2. *Organisationsstrategien:* Das sind die Vorgehensweisen, die bei der Schulentwicklung von *der einzelnen Schule* als Einheit der Veränderung ausgehen. Wir werden auf sie im Zusammenhang der *Dezentralisierung* auf die Ebenen der Gemeinde und der Schule eingehen und dabei solche Projekte darstellen, die auf Organisationsentwicklung und Entwicklung der Schulleiterrolle gerichtet sind.

Auch die Organisationsstrategien gehören nach Chin und Benne zu den rational-empirischen oder normativ-reedukativen, während Sashkin und Egermeier sie als »Fix the school«-Strategie bezeichnen würden. Eine Voraussetzung des »neuen Staates« ist ja, daß die örtliche Verwaltungsebene und die einzelne operationelle Einheit (die Schule) den Entwicklungsaufgaben gewachsen sind. Das wird auch in *Education Week* (siehe oben) als Bedingung umfassender Veränderungen in der amerikanischen Schule nachdrücklich betont.

3. *Systemstrategien:* Das sind die Instrumente der Schulentwicklung, die auf Teile des Systems oder das ganze System gerichtet sind. *Das System* ist die Einheit der Veränderung.

Chin und Benne würden hier von Machtstrategien sprechen, da Systemveränderungen ohne den Einsatz von Macht nicht denkbar ist. Nach Sashkin und Egermeier handelt es sich um eine »Fix the system«-Strategie, und in *Education Week* werden Systemstrategien als Veränderung der Funktionsweise des Systems und als Kombination zentraler und lokaler Initiativen besprochen.

Zentralisierung und Dezentralisierung

Erneut müssen wir feststellen, wie problematisch es ist, in der Auswahl der Beispiele die internationale Perspektive beizubehalten. Die Begriffe können von Land zu Land verschiedene Bedeutungen haben. Wenn wir etwa von der Notwendigkeit stärkerer zentraler Kontrolle sprechen, so bedeutet das in einem Land wie den USA, die über 15 000 selbständige Schulbezirke haben, etwas ganz anderes als im Stadtstaat Bremen mit seinen insgesamt 160 Schulen. Wenn wir gleichwohl Beispiele aus verschiedenen Ländern anführen, so deshalb, weil sie uns helfen können, die übergeordneten Fragen zu stellen, die unserer Beschäftigung mit Bildungsreformen angemessen sind.

## 7.1 Dezentralisierung

Wir gehen aus von der Tatsache, daß die meisten westlichen Länder im Begriff sind, extrem zentralistische Formen der Lenkung ihrer Bildungssysteme aufzugeben. Die letzten 20 Jahre haben gezeigt, daß *Dezentralisierung* nicht bloß eine Modeerscheinung war, sondern etwas Endgültiges ist, ein neuer natürlicher Rahmen der Organisation des Bildungswesens, und daß sich nach und nach eine neue *Balance* und Aufgabenverteilung zwischen Zentrum und Peripherie etabliert.

Allerdings gilt es zu differenzieren. Die Dezentralisierung ist kein universeller Trend. Es gibt auch Länder mit einer langen Tradition der Dezentralisierung, die jetzt zentralistischer geworden sind. Das beste Beispiel sind England und Wales unter der konservativen Regierung. Erstmals wurden ein nationaler Lehrplan und ein System der landesweiten Tests und Rückmeldungen eingeführt. Außerdem erhielten die Schulen die Möglichkeit, *nicht* mehr von der Gemeinde, sondern direkt vom Ministerium verwaltet zu werden. – Das beste Gegenbeispiel ist wohl Schweden, wo derzeit die traditionelle ausgeprägte Zentralisierung von einer radikalen Dezentralisierung (genauer: Kommunalisierung) abgelöst wird.

Es gibt also keine eindeutige Dezentralisierungstendenz, ebensowenig eine *einseitige* Dezentralisierung. Wo sie stattfindet, wird auch die Rolle der Zentrale neu definiert; das *kann* eine Stärkung dieser Rolle bedeuten. Letztlich geht es darum, was der Qualität und der Zielsetzung der Schule mehr dient: von der Praxis (der Basis) oder von oben ausgehende Entscheidungen, ein »Bottom-up«- oder ein »Top-down«-Verfahren.

Wie bringen wir die von der Schule, vom Schulträger und von der Zentrale getroffenen Entscheidungen in ein optimales Gleichgewicht? Hängt die Antwort auf diese Frage davon ab, worum es bei der jeweiligen Entscheidung geht? Wie wirkt sich eine Störung des Gleichgewichts auf die Praxis der Schule aus? Welche Kräfte fördern, welche hindern einen Dezentralisierungsprozeß? Was »kostet« eine Veränderung der Rolle der Zentrale?

Es gibt ein Spannungsverhältnis zwischen dem Ruf nach *Autonomie* für die einzelne Schule und dem Bedürfnis, die erreichten Ergebnisse zu dokumentieren (»accountability«). Die Schule braucht öffentliche Mittel, und es ist offenbar ein öffentliches Interesse, die Leistungen jeder Schule zu kontrollieren und dafür geeignete Methoden zu finden. Der Trend zu mehr Autonomie und mehr Verantwortung der einzelnen Schule wirkt sich zwangsläufig auf das gesamte System der Entscheidungsfindung aus, auf alle Entscheidungsebenen und alle, die zu entscheiden haben, von der Lehrerin im Klassenraum bis zum Minister.

Dies fordert von den Beteiligten eine ganze Menge. Mehr Autonomie wird nicht durch einen Beschluß erreicht, sondern in einem längeren Lernprozeß. Im Grunde muß die Schule ihre Kultur verändern. Das ist eine sensible Angelegenheit, die mit dem Verlangen der Behörden nach Einblick und Kontrolle leicht in Konflikt gerät.

Wie wir in den »strategischen Kapiteln« dieses Buches sehen werden, ist sehr umstritten, was der Qualität der Schule dient. Vertreter der »Effective Schools«-Forschung sagen, die Behörden müßten die Zügel anziehen, konsequenter führen und strenger kontrollieren. Andere Forscher behaupten demgegenüber, die beste Strategie zur Hebung der Qualität des Unterrichts sei die Schaffung »lernender Organisationen«; dazu gehöre vor allem, den Lehrern Verantwortung zu übertragen (»empowerment«). Das sei nur mit einer »Bottom-up«-Strategie möglich, da die Lösungen der einzelnen Schule angepaßt und von ihrer Kultur und der des Umfeldes mitgetragen sein müßten (ROSENHOLTZ 1989). Wir werden auf diese und andere wichtige strategische Fragen in den folgenden Kapiteln zurückkommen. Vorher aber wollen wir genauer betrachten, was Dezentralisierung eigentlich bedeutet. Da in den meisten Ländern aktiv an einem neuen Gleichgewicht zwischen Peripherie und Zentrum gearbeitet wird und die einzelne Schule dadurch mehr Freiheit und Verantwortung erhält, ist eine Begriffsklärung unerläßlich.

Dezentralisierung tritt in verschiedenen Formen auf, und es gibt mehrere Definitionen. Wir wollen induktiv vorgehen, indem wir zunächst einige konkrete Beispiele beschreiben und danach analysieren, was sie gemeinsam haben und aus welchen Gründen in einem Bildungssystem bedeutende Aufgaben dezentralisiert werden.

## Zentralisierung und Dezentralisierung

Wir konzentrieren uns auf Dänemark, Norwegen und Schweden als Beispiele, weil diese Länder modellhaft die ganze Spannweite der Dezentralisierung vorführen, wie sie in der westlichen Welt praktiziert wird. Abschließend wollen wir die Erfahrungen darstellen, die man im Bildungswesen der USA, der Niederlande und Deutschlands mit der *Praxis* der Dezentralisierung gemacht hat.

Zunächst einige statistische Daten zu Skandinavien. Die drei Länder (einschließlich Spitzbergen) haben eine dreimal so große Fläche wie das vereinigte Deutschland, aber mit 17 Millionen Einwohnern nur 21 % von dessen Menschenzahl. Die Bevölkerungsdichte beträgt nur ein Vierzehntel der deutschen. Besonders Norwegen und Teile Schwedens sind sehr dünn besiedelt. Alle drei Länder haben eine starke *kommunale Tradition*; die lokalen Angelegenheiten werden von kommunalen politischen und fachlichen Organen wahrgenommen.

Die Länder haben vieles gemeinsam, sind aber in mancher Hinsicht auch sehr verschieden. Dänemark hat einen Schwerpunkt in seiner Landwirtschaft, Schweden hat als einziges der drei Länder eine bedeutende Großindustrie, Norwegen ist vor allem Rohwarenexporteur und besitzt daneben eine Reihe Nischen-Industrien.

*Reformen im öffentlichen Dienst*: In den letzten 20 Jahren hat auch in Skandinavien eine umfassende Reformarbeit mit dem Ziel der Schaffung »des neuen Staates« stattgefunden. Die skandinavischen Länder sind als Wohlfahrtsstaaten bekannt, und die Ausgaben der öffentlichen Hand hatten ein solches Ausmaß erreicht, daß alle drei Staaten sich zu starken Einschränkungen genötigt sahen. Die Rolle des Staates sollte auf die wesentlichen zentralen Aufgaben beschränkt werden, und alles andere, wofür er bisher verantwortlich war, sollten die Behörden der unteren Ebenen sowie private Betriebe übernehmen.

Wie in anderen OECD-Ländern werden auch in Skandinavien manche Maßnahmen mit einer »Revitalisierung der Demokratie« begründet; öffentliche Angelegenheiten sollen in größerer Nähe zum Bürger geregelt werden. Andere Momente der Entwicklung sind deutlich von Deregulierung und Kommunalisierung geprägt (VON REICHARD 1992; vgl. auch oben S. 107 f.).

*Die Entwicklung in Dänemark*: Hier ist die Dezentralisierung des Schulwesens am weitesten fortgeschritten. Das ist höchstwahrscheinlich das Ergebnis eines mehr als hundertjährigen Prozesses. Heute haben die »Leitungsausschüsse« der dänischen Volksschulen, in denen die Nutzer (die Eltern) die Mehrheit haben, das Recht, Grundsatzentscheidungen zur Entwicklung der einzelnen Schule zu treffen – im Rahmen sehr weit gefaßter nationaler pädagogischer Ziele und gebunden an die finanziellen Möglichkeiten der Gemeinde (LINDBOM 1993). In der dänischen Schuldiskussion wird diese Form des Einflusses der Nutzer oft als »Selbstverwaltung« bezeichnet. Dieser Begriff könnte zu Mißverständnissen führen; denn er wird in unterschiedlichen Bedeutungen gebraucht. Er kann ein hohes Maß an Autonomie der einzelnen Schule meinen; aber er kann auch bedeuten, daß der einzelne Bürger das Recht hat, über »seine« Schulressourcen selbst zu verfügen, z. B. die Schule für seine Kinder frei zu wählen. Selbstverwaltung im dänischen Sinne heißt also, daß die Leitungsausschüsse und damit die Eltern erhebliche Macht haben.

Dieser Trend zur Lenkung durch die Nutzer geht vermutlich auf den bis heute wirksamen starken Einfluß des Grundtvigianismus* zurück (HAARDER 1983). Für die Grundtvigianer war es wichtig, daß die Schule nicht von einer zentralen Instanz verwaltet wurde. Sie wollten ausschließen, daß eine Ideologie oder ein Glaube durch die Schule gefördert wurde. Die Eltern sollten das Recht haben, gehört zu werden (z. B. in den leitenden Organen der Schule), und auch das Recht, sich zu weigern (also ihre Kinder von einer Schule ab- und an einer anderen anzumelden). Außerdem wurden viele freie Schulen gegründet, vor allem im Zuge der Volkshochschulbewegung.

Die Aufsicht über die dänischen Volksschulen hatte vom Anfang im Jahre 1814 an bis 1933 der örtliche Staatsbeamte, nämlich der Pfarrer. Zugleich aber waren die Volksbewegungen im ländlichen Dänemark im ganzen 19. und 20. Jahrhundert zur Führungselite skeptisch eingestellt. In Dänemark wurde auch um die Einführung des Parlamentarismus erbittert gerungen. »Der Verfassungskampf war ein wirtschaftlicher und kultureller Machtkampf zwischen den Gutsbesitzern und den Beamten auf der einen und der Bauernklasse auf der anderen Seite« (LINDBOM 1993).

Die dänische *Venstre*-Partei, die 1901 an die Macht kam, hatte eine starke kommunale und grundtvigianische Tradition. Es gab Versuche, an den einzelnen Schulen den Eltern direkten Einfluß zu geben. Dafür fand

---

\* Grundtvigianismus nennt man die Bewegung, die innerhalb der lutherischen dänischen Staatskirche die Bildung freier Wahlgemeinden durchsetzte (benannt nach dem Anreger der Volkshochschulbewegung und Bischof N.P.S. Grundtvig, 1783–1872). (Anm. des Übersetzers)

sich keine Mehrheit; aber als Deutschland 1920 Nordschleswig an Dänemark abtreten mußte, wurde in diesem Landesteil an jeder Schule die Einrichtung sogenannter Schulkommissionen ermöglicht, in denen Eltern mit beratender Stimme vertreten waren.

Der Kampf um Einfluß auf die Schule wurde auch zwischen der kirchlichen und der regionalen administrativen Aufsicht ausgetragen. 1932 wurde beschlossen, eine stärkere fachlich-pädagogische Schulaufsicht einzuführen und zugleich den Eltern mehr Einfluß zu geben. Dabei diente Nordschleswig als Modell, das wegen seiner langjährigen Zugehörigkeit zu Deutschland einen etwas anderen Status hatte. Der bisher selbstverständliche Platz des örtlichen Pfarrers in der Schulkommission verschwand, und eine Lehrerkonferenz sollte an jeder Schule eingerichtet werden. In jedem Regierungsbezirk wurde die Stelle eines beamteten *pädagogischen Beraters* (nicht Inspektors) geschaffen. Es war politisch sehr umstritten, der Staatsverwaltung auf regionaler Ebene so viel Macht zu geben. Die Sozialdemokraten wollten noch weiter gehen und dem Amt *Inspektionsbefugnis* verleihen. Die Eltern hatten in den jetzt Schulausschuß genannten Gremien noch immer nur beratenden Einfluß.

Die Bildung größerer Gemeinden (ihre Zahl wurde von 1 300 auf 275 vermindert) bedeutete eine Stärkung der lokalen fachlichen Kompetenz. Allmählich, besonders seit 1975, wurden den Schulausschüssen immer mehr Aufgaben übertragen. Die Gemeinden arbeiteten zielbewußt auf ein Delegieren und Dezentralisieren der Entscheidungsbefugnisse hin. Damit sollte die einzelne Schule ein höheres Maß an Selbstbestimmung erhalten, aber sich zugleich an den Interessen der Nutzer orientieren.

Das Volksschulgesetz von 1989 gab jeder Schule eine starke Leitung, die Prioritäten setzen kann und so zusammengesetzt ist, daß sie die Interessen der Nutzer wahrnehmen kann und nicht zu allererst die der »Produzenten« sieht. Die Gemeinden können in einem weitgesteckten Rahmen selbst bestimmen, wie ihre Schulen geleitet werden sollen. Die Schulkommissionen wurden abgewickelt, und die Regierungsbezirke haben mit den Volksschulen nichts mehr zu tun. Das Regelwerk wurde stark vereinfacht. Statt der Lehrerkonferenz hat die dänische Volksschule einen pädagogischen Rat mit geringerem Einfluß erhalten. Statt der Schulausschüsse gibt es jetzt die eingangs erwähnten Leitungsausschüsse mit Elternmehrheit. Die Stellung des Schulleiters ist gestärkt.

Die ganze sich über 180 Jahre erstreckende Entwicklung hat ihre immanente Konsequenz und ist, im ganzen gesehen, ein Kampf um das Verfügungsrecht über die Volksschule. Daß diese *kommunal* sein sollte, galt als selbstverständlich; aber ob man sich unter diesem Begriff eine kommunal oder eine von den Eltern gelenkte Schule vorzustellen hatte, war sehr umstritten.

Was geschieht nun heute in der dänischen Schule in puncto Dezentralisierung? Die Frage ist beinahe uninteressant, weil Dänemark schon seit mehreren Generationen eine starke, dezentralisierte Volksschule hat. Henrik Larsen, der die Dezentralisierung in der dänischen Schule in mehreren empirischen Studien untersucht hat, sieht die folgende Charakteristika der Entwicklung (LARSEN 1992):

- Über 85 % der Gemeinden praktizieren – in unterschiedlicher Form – eine Ressourcenverwaltung auf Schulbasis. Viele Gemeinden haben auch die alleinige Kontrolle über die Lehrergehälter. Die meisten Erfahrungsberichte hierzu sind positiv: Die Mittel werden besser genutzt, ihre Verwaltung auf Schulbasis ist billiger als die alte Form der zentralen Vergabe, und sie gibt den Schulen eine bessere Übersicht über ihren Betrieb.
- In zunehmendem Maße werden auch kommunale Verwaltungsaufgaben den einzelnen Schulen übertragen, mit ihnen auch die dafür bisher ausgegebenen Mittel. Die Schule kann dann wählen, ob sie diese Aufgaben selbst ausführen, die Dienste von der Gemeinde kaufen oder sie ausschreiben und von privaten Anbietern erledigen lassen will.
- Eine wesentliche Veränderung ist die neue *Rolle des Rektors*. Er ist nicht mehr Kollege unter Kollegen, sondern eher ein Koordinator zwischen Leitungsausschuß und Gemeinde auf der einen sowie Lehrerkollegium und Schülern auf der anderen Seite. Um zu vermeiden, daß der Rektor zu einer Art Flaschenhals im System wird, gibt es Fortbildungen und Hilfen auf den Gebieten Nutzerorientierung, Kommunikation und Führung einer sich wandelnden Institution.
- Die Veränderungen in der Schule haben auf die staatliche und kommunale Verwaltung zurückgewirkt. In dem Maße, wie immer mehr Aufgaben den einzelnen Schulen übertragen werden, wird die Verwaltung schlanker, und ihre Funktion wandelt sich allmählich zur *Beratung* – beim Aufstellen des Haushalts, in administrativen und in pädagogischen Dingen, z. B. bei der Ausarbeitung der jährlichen Entwicklungspläne der Schulen.

Larsen sieht in der dänischen Entwicklung einige Probleme, z. B. fühlen sich viele Schulen überlastet. Aus mehreren Untersuchungen geht hervor, daß die »Nutzer« die Ressourcen insgesamt reduziert finden. Besonders gilt das für die Gemeinden, die den Schulhaushalt mit dem Sozialhaushalt vereinigt haben mit der Folge, daß die Kommunalpolitiker diesen vorrangig, jenen nachrangig behandeln. Ferner haben viele Lehrer und Schulleiter mit den großen, noch nicht abgeschlossenen Veränderungen ihre Schwierigkeiten (LARSEN 1992).

*Die Entwicklung der schwedischen Schule* verlief völlig anders als die der dänischen. Das läßt sich weitgehend aus der schwedischen Geschichte und den in mehreren Generationen geformten Traditionen erklären. Obwohl sich heute auch in Schweden ein Zielsteuerungsprinzip durchgesetzt hat, wurde ein direkter Einfluß der Nutzer auf die Schule vom schwedischen Reichstag abgelehnt (LINDBOM 1993).

Ein zentraler Punkt in der historischen Debatte war die Frage, wie Demokratie zu definieren sei. Dabei wurde die Unterscheidung von *Staatsbürgerschaft* und *Interessenwahrnehmung* wichtig. Der Begriff »Basisdemokratie« spielt in allen drei skandinavischen Ländern eine wichtige Rolle. In Dänemark folgerte man aus ihm, die Nutzer müßten auf sektorspezifische Organe wie die Schulausschüsse Einfluß nehmen können *(Interessenwahrnehmung)*, während in Schweden sektorübergreifende kommunale Organe geschaffen wurden *(Staatsbürgerschaft)*. Der norwegische Forscher Johan P. Olsen sagt es so:

> »Ist zum Beispiel die Schule etwas, das primär Schüler, Eltern und Lehrer angeht, so daß diese den »demos« ausmachen und besondere Möglichkeiten der Einflußnahme haben sollten? Oder ist die Schule eine alle betreffende nationale Institution, auf die alle gleichermaßen durch repräsentative Organe einwirken dürfen?« (OLSEN 1990)

Die Entwicklung in Schweden war stark vom *Gleichheitsideal* geprägt. Ein starker Staat sollte ausgleichend wirken, indem er z. B. dafür sorgte, daß die unterschiedliche Finanzkraft der Gemeinden die Schüler nicht benachteiligte. Aber die Schweden hatten im Unterschied zu den Dänen erheblich mehr Vertrauen zu den Regierenden. Lindbom erklärte das mit dem schwedischen »Verwaltungskorporatismus«, der u. a. implizierte, daß Arbeiter schon lange vor der Einführung des allgemeinen Stimmrechts in korporativen Organen vertreten sein konnten (LINDBOM 1993).

Schweden hat eine lange Beamtentradition. 1842 wurde im Schulgesetz vorgeschrieben, daß das Schulgebäude möglichst nahe an der Wohnung des Bürgermeisters zu errichten sei, damit dieser die Schule leichter inspizieren (!) könne. Auch in Schweden war die Volksschule ein kommunales Anliegen, aber der Staat war zur Aufsicht berechtigt und verpflichtet. Doch schon 1858 wurde deutlich, daß die staatlichen Finanzen

## Zentralisierung und Dezentralisierung

eine erhebliche Rolle spielen würden, sowohl aus pragmatischen (wirtschaftlichen) als auch aus ideologischen Gründen (Gleichheit).

Die liberale Durchbruch führte in Schweden nicht zu so radikalen Konsequenzen wie in Dänemark. Das charakteristische starke Mißtrauen der Bauern gegenüber dem Staat war in Schweden bei weitem nicht so kraß, wahrscheinlich wegen der langsamen, kontinuierlichen Entwicklung zur Demokratie (LINDBOM 1993).

Auch staatliche Intervention wurde in den beiden Ländern diametral verschieden beurteilt: In den 1880er Jahren führte die schwedische Regierung auf Druck der Bauern einen Zoll auf Lebensmittel ein. In Dänemark dagegen sahen die Bauern den Freihandel positiv, weil sie auf den internationalen Märkten sehr konkurrenzfähig waren und daher keine staatliche Intervention wünschten (LINDBOM 1993).

Die Entwicklung in diesem Jahrhundert hat das schwedische Beamtentum auf allen Ebenen weiter gestärkt. Erst die radikalen Reformen der neunziger Jahre brachten eine Wende. Seit 1904 entwickelten sich in raschem Tempo eine Schulbürokratie und mit ihr eine Flut von Detailregelungen. Auch der Staatsanteil an der Finanzierung der Schulen stieg von 30 % im Jahre 1900 auf ca. 63 % 1940 (WENNÅS 1988). Die Bürokratie nahm einen solchen Umfang an, daß »Skolöverstyrelsen«, der zentrale Beamtenapparat, mit derart vielen laufenden Angelegenheiten befaßt war, daß er seine Aufsichtspflichten und die pädagogische Funktion vernachlässigte.

Die Diskussion wurde auch ideologisch geführt. Die Freikirchlichen wollten ihre Kinder vom Religionsunterricht abmelden. Die Verteidiger der Rolle des Staates argumentierten dagegen, die Schüler sollten an diesem Unterricht teilnehmen, um sich mit der Zeit einen eigenen religiösen Standpunkt bilden zu können. Das hieß, daß der Staat den Kindern ein solches Recht garantieren sollte (ALGOTSSON 1975). Die Verstaatlichung der Volksschule ging in den dreißiger Jahren weiter und endete eigentlich erst 1975.

Das Vertrauen zur schwedischen Schule und der Schulbürokratie war in dieser Periode stark. Schweden galt auch international als großes, leuchtendes Beispiel eines erfolgreichen Wohlfahrtsstaates und einer entsprechenden Schulpolitik. Aber allmählich wurden die technokratischen Züge der schwedischen Schule immer deutlicher. Vor allem die von Skolöverstyrelsen (SÖ) initiierte, einseitig rational begründete Fo-E-Strategie der Schulentwicklung geriet in die Kritik.

## Zentralisierung und Dezentralisierung

Im Laufe der siebziger Jahre mehrten sich die Anzeichen, daß nicht alles in Ordnung war. Die schwedische Schule steckte in einer Krise. Eine Untersuchungsgruppe mit der Bezeichnung »Innere Arbeit der Schule« (abgekürzt SIA) wurde eingesetzt, und sie schlug ganz neue Töne an. Zwar hatten schon frühere Schulkommissionen die lähmende Bürokratie kritisiert und die Notwendigkeit einer Beteiligung der Nutzer angemahnt, aber erst die SIA-Kommission brachte die prinzipielle Wende.

Ende der achtziger Jahre nahm das Ministerium eine eigene Untersuchung vor, auf die weder SÖ noch andere Interessen Einfluß hatten. Sie führte zu einer Reihe radikaler Entscheidungen, die für die schwedische Schule nichts weniger als einen Epochenwechsel bedeuteten. Die Regierung beschloß, SÖ aufzulösen und die Arbeitsbedingungen der Lehrer zu kommunalisieren. Eine neue Behörde, »Skolverket« genannt, wurde geschaffen, die nur ein Drittel des Umfangs von SÖ hat. Ihre Aufgaben sind Grundlegung und Koordination; sie soll die Entwicklung einer *nationalen* Schule sichern. In den verschiedenen Landesteilen wurden sechs Zweigstellen mit jeweils regionaler Zuständigkeit eingerichtet. Für das Personal der Schulen haben die Gemeinden die volle Verantwortung. Ferner wurde das System der staatlichen Beiträge neu geregelt. Diese sind jetzt reine Zuschüsse, der Staat mischt sich in die Arbeit der Schule vor Ort nicht mehr ein.

Hat Schweden damit seine zentralistische Vergangenheit hinter sich gelassen? Diese Frage ist nicht einfach zu beantworten. Die Vorschläge haben die Arbeit der Schule wohl *kommunalisiert*, aber sie haben weder zu einer Selbstverwaltung noch zu einer Orientierung an den Interessen der Nutzer geführt. Statt dessen ist in mehreren Regierungsbezirken und Gemeinden ein System des Kaufs und Verkaufs von Dienstleistungen entstanden. Der Bezirk (schwedisch *län*) oder die Gemeinde »bestellt« gewisse Bildungsdienste, und die Schulen »reichen Angebote ein« und bekommen Verträge. Das läuft auf eine Art Marktkontrolle der Dienste hinaus.

Von grundsätzlicher Bedeutung ist die Frage, ob die schwedische Schule sich von ihrer positivistischen Vergangenheit verabschiedet hat. Ingrid Carlgren hat die sogenannte LUVA-Ideologie kritisch analysiert (CARLGREN 1986). LUVA ist die schwedische Abkürzung für »lokale Entwicklungsarbeit«, wie sie 1982 in einer Reform beschlossen wurde. Carlgren meint, ein positivistisch fundiertes technologisches Denken habe LUVA weithin bestimmt, obwohl man das traditionelle Fo-E-Modell habe verlassen wollen. Noch immer hätten die Forscher alles am besten gewußt. Die LUVA-Ideologie sei von der stillschweigenden Voraussetzung ausgegangen, lokale Entwicklungsarbeit müsse »im Einklang mit den Richtlinien« betrieben werden. Wenn die Lehrer nur in die Lage versetzt würden, den Richtlinien des Lehrplans zu folgen, so würde alles gutgehen. Wann immer die Schule ein Problem habe, *sei die Lösung schon da* (nämlich im Lehrplan). Erst wenn die lokalen Probleme *als Wissensprobleme definiert* würden, d. h. als in der Praxis zu beantwortende Fragen, hätten wir eine Garantie dafür, daß »die Qualität der Arbeit in einem tieferen Sinne besser wird« (MADSEN 1993).

Obwohl in den schwedischen Reformen der späten achtziger Jahre sicher Deregulierung und vielleicht Dezentralisierung wichtig waren, so spielten doch die drängenden finanziellen Probleme die wichtigste Rolle. Das Verlangen nach mehr Effektivität war ein kräftiger Impuls.

Die schwedische Entwicklung impliziert auch eine konsequente *Zielsteuerung*, zu der eine ausgedehnte Evaluationspraxis gehört, in der »Skolverket«, die neue Behörde, eine zentrale Rolle spielt. Ein anderes wichtiges Merkmal ist der Umstand, daß die Gemeinden früher nur 15 %, jetzt aber 100 % der Haushalte der Schulen kontrollieren. Auch verhandeln sie mit den Lehrerorganisationen über Gehälter und Arbeitsbedingungen (EKHOLM 1992).

Die Kommunalisierung bringt es ferner mit sich, daß die Schule als Teil eines größeren Ganzen gesehen wird, nämlich der Gesamtheit der Bedingungen, unter denen Kinder und Jugendliche aufwachsen. Diese Entwicklung und das obenerwähnte Nachfrage-Angebot-System (»Contracting out«, vgl. Vorseite) zwingen den Schulleiter in eine neue Rolle, eine viel aktivere, als er sie früher hatte. Hierbei spielen auch die sogenannten Jahrespläne, schulinterne Evaluationen und eine übergeordnete Verantwortung für die Ressourcen eine Rolle. Der Schulleiter ist heute auch – nach Beratungen mit dem Lehrerkollegium – für die Einstellung von Lehrkräften verantwortlich.

*Die Entwicklung der norwegischen Schule* wollen wir relativ knapp behandeln. Das Land war 400 Jahre mit Dänemark und 100 Jahre mit Schweden vereinigt. Der Demokratisierungsprozeß im 19. Jahrhundert muß in mehr als einer Hinsicht als ein Kampf um die Lösung der Union mit Schweden, um nationale Selbständigkeit gesehen werden. Das parlamentarische System wurde schon 1884 etabliert, die Union dauerte bis 1905.

Auch für Norwegen wurde Grundtvig wichtig, wenn auch nicht in dem Maße wie in Dänemark. Wie in Schweden gab es in Norwegen eine starke Arbeiterbewegung, die auf die Entwicklung der Schule erheblichen Einfluß gewann. Daher war auch in Norwegen das Ideal der Chancengleichheit ein zentrales Thema.

Die Rolle der Regierungsbezirke, *fylker* genannt, war schon früh umstritten. 1860 wurde das Amt eines »Schuldirektors« *(skoledirektør)* eingerichtet, der zusammen mit der »Stiftsdirektion«, dem bischöflichen Aufsichtsgremium, die Entwicklung der Volksschulen im Bistum leiten sollte. Nach Hans Jørgen Dokka ging es bei dieser Maßnahme im Kern darum, ob die Schule, in die alle gingen, eine »Staatsangelegenheit im prägnanten Sinne des Wortes« war oder ob jede Gemeinde das Recht und die Pflicht hatte, sich in puncto Schulentwicklung selbst zu verwalten (DOKKA 1967). Auch in Norwegen wurden staatliche Mittel zur Unterstützung der Gemeinden bereitgestellt, unter der Bedingung freilich, daß sie selbst ebensoviel bewilligten und daß sie, was Lehrer, Gehälter und Stundenzahlen betraf, bestimmte Mindestbedingungen erfüllten.

Die liberale *Venstre*-Partei ergriff 1884 die Initiative zu einer Revision der norwegischen Schulgesetze, besonders trat sie für eine Erneuerung der Schulverwaltung ein. Im Geiste der liberalen Zeit sollte die Macht der Stiftsdirektionen zugunsten einer Volksherrschaft beschnitten werden, vor allem was die Einstellung von Lehrern betraf. Eine heftig geführte Debatte im Parlament, dem *Storting*, endete mit Venstres vollem Sieg. Das gab der einzelnen Gemeinde viel Freiheit. Die Debatte führte zu dem Gesetz von 1889 (vgl. oben S. 12), das dem örtlichen Volkswillen einen hohen Rang zuerkennt.

Norwegen liegt in der Entwicklung einer dezentralisierten Schule in mancher Hinsicht zwischen Schweden und Dänemark. Die norwegische Schule war in diesem Jahrhundert lange von einer starken zentralistischen Tradition geprägt, aber in der Nachkriegszeit verlief die Entwicklung eher umgekehrt. Eine Dezentralisierung wurde mehrfach erprobt, sowohl in Lokalisierungsfragen (die in Norwegen von großer Bedeutung sind) als auch bei pädagogischen und administrativen Entscheidungen (KARLSEN 1991). Typisch für die Zeit etwa seit 1970 ist nach Karlsen, daß der Staat mit der einen Hand gibt und mit der anderen nimmt. So hat es parallel zur Dezentralisierung in mancher Hinsicht auch wieder eine Zentralisierung gegeben.

Der wichtigste Dezentralisierungsbeschluß fiel 1986, als das System der Zuweisung staatlicher Mittel an die Gemeinden geändert wurde. Statt zweckgebundener Mittel, für die es ein kompliziertes Regelwerk gab,

## Zentralisierung und Dezentralisierung

erhielten die Gemeinden nun einen Pauschalbetrag. Das bedeutet z. B., daß der Staat nicht mehr landesweit gültige Normen (etwa zur Lehrerversorgung) festsetzen kann. Jede der 450 Gemeinden kann jetzt über viele Personalfragen und über die Gesamtzahl der zu erteilenden Unterrichtsstunden selbst entscheiden. Die allgemeine Kommunalgesetzgebung regelt auch die Beziehungen zwischen den Gemeinden und ihren Schulen. Das führte dazu, daß die Gemeinden einen erheblichen Teil des Schulhaushalts dezentralisierten, d. h. den einzelnen Schulen die Verwendung der Mittel überließen. Auch die Einstellung von Lehrern hat sich geändert. Bis 1986 mußte der regionale staatliche *Skoledirektør* (vgl. Vorseite) die Einstellung von Lehrern, Schulleitern und Leitern der kommunalen Schulaufsicht bestätigen. Jetzt ist dies Sache der kommunalen Schulausschüsse, doch hat der Skoledirektør ein Einspruchsrecht. Wichtiger noch ist vielleicht, daß die pädagogischen Aufgaben an die Schulen delegiert sind. Der »Musterplan« *(Mønsterplan)* von 1987, ein Rahmenlehrplan, war in dieser Hinsicht ein Markstein. Auch in norwegischen Schulen soll jetzt regelmäßig ein Jahresplan aufgestellt werden, der zur Genehmigung dem Schulausschuß vorgelegt wird. Dessen Rolle ist in diesem Punkt allerdings etwas unklar.

Die einzelne Schule hat heute mehr Verantwortung als früher, aber der Einfluß der Nutzer ist nicht nennenswert größer. Im Mittelpunkt der Diskussion standen in Norwegen die Arbeitsbedingungen der Lehrkräfte in einem dezentralisierteren Schulalltag. Die überkommenen Absprachen erscheinen veraltet, und von großer Bedeutung sind neue Absprachen, die den Lehrern mehr Zusammenarbeit und daher eine längere gemeinsame tägliche Verweilzeit in der Schule abverlangen. In vielen Schulen gibt es auch pauschale Budgets, die Verschiebungen zwischen einzelnen Posten gestatten.

Die bis 1997 amtierende sozialdemokratische Regierung hat die Entwicklung in einigen wichtigen Punkten rückgängig gemacht und die Zügel zum Teil gestrafft. Sie hat die Lehrplanarbeit forciert (vgl. Kapitel 10) und die staatliche Verwaltung der Schulen »dezentralisiert«; es gibt sie jetzt an 19 Orten im Lande. Andererseits erhielten die für die Sek. II-Schulen zuständigen Behörden ein stärkeres zentralistisches Profil, weil sie viel mehr als früher an *Resultaten* interessiert sind. Diese Entwicklung geht wohl hauptsächlich auf den Wunsch nach schärferer fachlicher Profilierung der norwegischen Schule zurück, deren Qualität von Kreisen der Wirtschaft in Zweifel gezogen wird. Hinzu kommt der Wunsch nach stärkerer politischer Lenkung. Das Verhältnis von zentralen und dezentralen Entscheidungen hat sich geändert, und wir wissen noch nicht, welche Konsequenzen sich daraus ergeben werden.

## 7.2 Erfahrungen mit Dezentralisierung in anderen Ländern

Nicht nur in Skandinavien werden Entscheidungen den Gemeinden und den einzelnen Schulen übertragen. In den USA gab es die achtziger Jahre hindurch eine aktive Reformbewegung, zu deren wichtigen Zielen die Dezentralisierung gehörte. Nun ist ein Land mit über 110 000 Schulen, 15 000 *unabhängigen* Schulbezirken, 50 Staaten mit je eigener Gesetzgebung und einer gesamtstaatlichen Ebene ein so kompliziertes System, daß man nur schwer allgemeine Schlußfolgerungen ziehen kann.

Ein Kapitel des Buches *From Risk to Renewal* sucht die Dezentralisierung im Rahmen der großen Reformbewegung, die als »restructuring« bezeichnet wird, zu beurteilen (Education Week 1993). Ein wichtiges Bestreben war die Schaffung eines Eigentümerverhältnisses zu der einzelnen Schule; daher sollten Eltern, Schüler, Lehrer und Schulleiter viel mehr Einfluß auf ihre Entwicklung bekommen. Typisch für den Optimismus, der mit dieser Bewegung einherging, ist die folgende Äußerung des Gouverneurs von Colorado, Roy Romer:

> »Ich möchte, daß ein jeder, wenn er die Straße entlangblickt, die Schule sehen und sagen kann: ›Das ist unsere. Wir sind für sie verantwortlich‹« (Education Week 1993).

Es gab Tausende von Versuchen, die meisten im »site-based management«, d. h. als Dezentralisierung von Entscheidungsbefugnissen an die einzelnen Schulen. Die Form, in der das geschah, war von Bundesstaat zu Bundesstaat verschieden; teils erhielt die Schulleitung mehr Macht, teils setzte man auf »collaborative decision-making«, d. h. daß Lehrer und Schulleitung in Fragen der Schulentwicklung umfassend zusammenarbeiten sollten. So war es z. B. in Colorado, Florida, Kentucky, North Carolina und Texas. Die Eltern wurden nur in wenigen Staaten einbezogen.

Die vermehrten Befugnisse der Schulen betrafen viele Gebiete: Verfügung über Haushaltsmittel innerhalb eines vorgegebenen Rahmens, Personalpolitik (einschließlich des Rechts zur Einstellung neuer Lehrkräfte), große Teile der Lehrplanentwicklung und pädagogische Aufgaben. Es gibt Schulen mit fast vollständiger Autonomie und andererseits solche, in denen so gut wie gar keine Dezentralisierung stattgefunden hat.

Die Ergebnisse lassen sich nicht auf einen Nenner bringen. Oft übertraf die Rhetorik die Praxis. Nur sehr wenige Versuche wurden von einer unabhängigen Instanz evaluiert. Es ist nicht erwiesen, daß mehr Dezentralisierung zu besseren Schülerleistungen in standardisierten Tests führt. In manchen Projekten gerieten die Schulen über ihre neue Macht in Verwirrung. An gründlichem Training für die neuen Rollen hat es weitgehend gefehlt. Ernster noch ist ein anderes Versagen: Viele Schulen haben keine klare Vision und wissen nicht, was sie mit soviel Macht und Einfluß anfangen sollen. Wenn Dezentralisierung Erfolg haben soll, bedarf es einer ganzheitlichen Entwicklung der Kultur und Organisation der Schule.

Ein zentraler Aspekt der »Restrukturierung« war, daß die Lehrer in der Schule mehr zu sagen haben sollten. Man hoffte, sie würden dann zu ihr ein Eigentümerverhältnis entwickeln, sich ihr mehr verpflichtet fühlen und so die Qualität der Schule heben (CONLEY, SCHMIDLE und SHEDD 1988). Daten aus der Studie *High Schools and Beyond*, die das US-Erziehungsministerium 1988 veröffentlichte, zeigen, daß amerikanische Lehrer in der Sekundarstufe II ihren Unterricht schon weitgehend selbst kontrollieren, sich aber mehr Mitsprache wünschen in Haushaltsdingen, bei Stellenbesetzungen, in der Evaluationspraxis und Personalentwicklung (BACHARACH, BAUER und SHEDD 1986). Aus vielen Berichten über »site-based management« geht hervor, daß in dieser Richtung noch nicht viel geschehen ist, obwohl die Forschung zeigt, daß die Lehrer an Schulen, wo sie mehr Einfluß haben, motivierter sind, effektiver arbeiten und ein stärkeres »Wir-Gefühl« haben. Wenn das Klima offener, für Teilhabe günstiger wird, sind die Lehrer zufriedener (MISKEL und OGAWA 1988). Aus mehreren Studien wissen wir auch, daß die Schüler solcher Schulen in standardisierten Tests besser abschneiden (ANDERSON 1982).

Levin und Eubanks haben »site-based management« in vielen Schulen der USA untersucht. In ihrem Forschungsbericht (LEVIN und EUBANKS 1989) analysieren sie die Probleme, denen eine dezentrale Schulreform in der amerikanischen Wirklichkeit begegnet: zu wenig Zeit, Training und Unterstützung, unklare Verantwortlichkeiten, Schwierigkeiten beim Entscheidungsverfahren, Widerstand auf allen Ebenen seitens der Inhaber von Führungspositionen, die keine Macht abgeben wollen, schließlich Grenzen, die durch das Regelwerk und staatliche Absprachen gesetzt sind (LEVIN und EUBANKS a. a. O. S. 4–8; vgl. auch FULLAN 1991).

Die Autoren betonen drei Gefahren der Dezentralisierung: Erstens dürfe man nicht Zufriedenheit der Beteiligten mit guten Ergebnissen gleichsetzen. Bisher gebe es nur wenige Anzeichen dafür, daß dezentralisierende Reformmaßnahmen zu besseren Schülerleistungen führten (gemessen in gewöhnlichen Arbeiten und Tests), wenn auch die Lehrer zufriedener seien. Zweitens solle bei aller Dezentralisierung nicht vergessen werden, daß auch die Zentrale für umfassende Schulreformen Verantwortung trage. Drittens müsse »site-based management« auch eine Veränderung des Unterrichts intendieren, statt sich nur auf Führung und Organisation zu konzentrieren.

Elmore betont, Dezentralisierung ende nicht auf einer abstrakten Ebene, sondern schaffe Entwicklung im Klassenraum, in der Schule als Ganzem sowie im Verhältnis der Schule zum Schulsystem und zum nahen Umfeld (ELMORE 1988, 1992). Es gehe also nicht mehr um die Durchführung bestimmter Projekte, sondern um die Veränderung der Schulkultur und des Zusammenspiels von Zentrum und Peripherie.

Die Amerikaner neigen zur Begeisterung für Innovationen und wollen oft die herkömmliche Praxis über Nacht von Grund auf verändern. Das gelingt selten. Man hat die Versuche im Schulbereich mit entsprechenden Versuchen in der amerikanischen Industrie verglichen, die sehr gute Ergebnisse zeitigten. Der entscheidende Unterschied liegt darin, daß in der Industrie die Initiatoren organisatorischer Veränderungen belohnt werden, ja daß es ein System der Belohnungen gibt. Die Schule kennt nichts Vergleichbares.

Betrachtet man die langfristig angelegten, seriösen Maßnahmen im ganzen, so treten zwei Ergebnisse hervor:

– Der Schulleiter bekommt eine neue, wichtigere Rolle. Ihm als Leiter einer Institution wird mehr abverlangt: mehr Kreativität sowie die Fähigkeit, der Schulgemeinschaft (Lehrern, Schülern, Eltern und anderen) eine einigende Vision zu vermitteln und die kontinuierliche Entwicklungsarbeit zu leisten, die jetzt, da die Schule nicht mehr wie früher den Schutz einer zentralen Stelle genießt, unerläßlich geworden ist.
– Der Status der Lehrer wird verbessert. Das ist wichtig in den USA, wo der Lehrerberuf wenig angesehen ist. Wenn die Lehrkräfte einer Schule die Eltern aktiv in den Entscheidungsprozeß einbeziehen, entwickelt sich eine Partnerschaft. An Projekten aus dem Bundesstaat Florida wird das beispielhaft deutlich (Education Week 1993).

Am Anfang der Entwicklung in den USA standen unrealistische Erwartungen; daher waren Enttäuschungen unvermeidlich. Relativ schnell zeigte sich, daß Dezentralisierung kein *Beschluß*, sondern ein *Lernprozeß* ist. Daß sich etwas geändert hat, vor allem in der Kultur der Bürokratie, ist offenkundig; es gibt kein Zurück mehr. In den USA werden jetzt realistische Pläne erarbeitet, nicht nur zur Dezentralisierung, sondern auch zur Qualifikation von Schulleitern und Lehrern, zur Aufstellung solider Budgets und zu notwendigen Hilfen bei der Umsetzung. –

Die Entwicklung in *Neuseeland* ist ein Versuch radikaler Dezentralisierung in Kombination mit einer starken, dirigistischen Rolle der Zentrale. In Kapitel 10 werden wir auf die Konsequenzen dieser Reform für das System eingehen. Hier wollen wir darstellen und erörtern, wie sie sich auf Schulebene auswirkt.

Jede Schule erhielt ein leitendes Gremium (»Board of Trustees«), das für alle ihre Aktivitäten, auch für den Haushalt, im juristischen Sinne verantwortlich ist. Vor allem soll dieser Ausschuß sicherstellen, daß die Schule den Interessen und Bedürfnissen des Umfeldes Rechnung trägt. Insgesamt verfügen die Leitungsausschüsse über ein Budget von 500 Millionen neuseeländischen Dollar für den jährlichen Schulbetrieb und von 1,5 Milliarden Dollar für Personalkosten (CAMERON 1992).

Zur Hälfte sind die Leitungsausschüsse mit Eltern besetzt. Hinzu kommen der Schulleiter, ein gewählter Vertreter des Lehrerkollegiums, ein Schülervertreter und (in besonderen Fällen) ein Vertreter der Eigentümer des Schulgrundstücks. Hinzugewählt werden dürfen ferner bis zu vier Personen aus dem Umfeld, die aufgrund besonderer Leistungen oder Erfahrungen das fachliche Profil des Ausschusses stärken können.

Jede Schule muß ein eigenes »charter« erarbeiten, das – im Rahmen weitgefaßter nationaler Ziele – ihre Besonderheiten beschreibt. Das Charter muß vom Ministerium gebilligt und vom Minister unterschrieben werden und wird dadurch zu einem Vertrag zwischen Schule, Umfeld und Ministerium. Diesen erstattet der Leitungsausschuß regelmäßig Bericht, und das zentrale »Education Review Office« beurteilt jedes zweite Jahr die Entwicklung der Schule. Bei dieser Evaluation geht es vor allem darum, ob der Leitungsausschuß als verantwortliches Organ seinen Aufgaben gerecht wird und sich in seiner Arbeit an Ziele, Gesetze und Richtlinien hält. Aber auch die fachlichen Leistungen der Schüler werden beurteilt. Die Ergebnisse werden in einem Bericht zusammengefaßt, der öffentlich ist (LANGE 1988).

Aus jedem Charter muß klar ersichtlich sein, wie die Schule in ihrer Arbeit den übergeordneten nationalen Zielen gerecht werden und wie sie vor allem den Minoritäten, z.B. den Maoris mit ihrer besonderen Kultur, gleichwertige Bildungsangebote sichern will.

Die neuen Leitungsausschüsse, in denen außerschulische Vertreter eine starke Stellung haben, wurden von Eltern, Lehrern und Schulleitern gleichermaßen begrüßt. Die Zusammenarbeit der Schulen mit ihrem Umfeld hat sich in den Jahren seit 1989 positiv entwickelt (MITCHELL u. a. 1993). Das Interesse an einer Mitarbeit in den Ausschüssen war groß (etwas geringer beim zweiten Wahlgang), und innerhalb von 18 Monaten hatten alle Schulen ein Charter erarbeitet. Dabei spielte in den meisten Schulen die Leiterin oder der Leiter eine zentrale Rolle. Der Wert des Charters und seiner Erarbeitung durch die Schulgemeinschaft wurden von den meisten sehr hoch veranschlagt, doch viele fanden auch, es sage über die Schule nichts wesentlich Neues aus und sei daher keine Schulentwicklung.

Das zentrale Evaluationsverfahren wurde als »hilfreich« und nicht als Kontrolle aufgefaßt. Über 1 000 von insgesamt 3 000 Schulen haben den externen »review-process« schon durchlaufen. Negativ sind aus der Perspektive der Schulen vor allem zwei Folgen der Reform zu bewerten: die Überbelastung der Lehrkräfte und die veränderte Rolle des Schulleiters, dem mehr Verwaltungsfunktionen auferlegt wurden, so daß er für seine pädagogischen Führungsaufgaben weniger Zeit hat.

Die Überbelastung wird in mehreren Berichten beklagt. Grundschullehrer in Christchurch haben, wie Bridges in einer Untersuchung nachwies, eine durchschnittliche wöchentliche Arbeitszeit von mindestens 50 Stunden (BRIDGES 1992). Obwohl etwa die Hälfte der Lehrer sich von der Reform inspiriert fühlte, stand ihr die Mehrheit wegen der Arbeitsbelastung, der Finanzierungsprobleme und geänderter Verantwortlichkeiten negativ gegenüber. Viele Lehrer empfanden angesichts des Umfangs der Reform Machtlosigkeit. Sie sind enttäuscht von einer Politik, die offenbar »das System dem Menschen (Schüler) überordnet« (BRIDGES a. a. O. S. 34).

Der *Schulleiter* spielt in der Reform eine zentrale Rolle. Nach Gordon, der das neue System der Schulleitung untersucht hat, ist die wichtigste Aufgabe des Leitungsausschusses die Einsetzung des Rektors (GORDON 1993). Dieser trägt die Verantwortung für das Fachliche und soll die Beschlüsse des Leitungsausschusses »umsetzen«. In der Praxis ist die Grenze zwischen »governance« und »management« unscharf (GORDON u. a. 1994), und jede Schule findet ihr eigenes »Muster«, in dem die Rollen mehr oder weniger klar definiert sind. In der ersten Phase der Reform wurde die lokale Bindung der Schulleitung stark betont; man nahm die kulturellen und demographischen Faktoren sehr wichtig. So traf es sich gut, daß der Leitungsausschuß überwiegend Mitglieder aus dem Umfeld hatte. Nach und nach rückten Konkurrenz, Finanzen und Effektivität mehr in den Mittelpunkt, und damit bekommt der Schulleiter immer mehr Gewicht.

Welches Modell der Macht- und Aufgabenverteilung zwischen Leitung und Verwaltung ist am zweckmäßigsten? Hierzu hat man relativ rigide Vorstellungen entwickelt, die das »Education Review Office« an den einzelnen Schulen durchzusetzen sucht. Aber diese legalistische Haltung hemmt gerade die Schulen in ihrem Bemühen, zu einem funktionierenden Leitungssystem zu finden. Gute Schulleitung hängt wie guter Unterricht in hohem Maße vom lokalen Kontext ab.

Viele waren besorgt, die Reform könne die Gleichheit der Bildungsangebote bedrohen. Mehrere Kritiker behaupten, der Abstand zwischen den Schulen werde ständig größer (NUTHALL 1993). Nach Gordon spielt die lokale Finanzierung eine immer größere Rolle (GORDON u. a. 1994). Obwohl das Ministerium einige Meldepflichten installiert hat und Berichte einfordert, zeigt sich schon nach wenigen Jahren, daß das neue System die Gleichheit der Bildungsmöglichkeiten weniger gut gewährleistet als das alte mit seinen komplizierten Regelungen. In einem marktähnlichen System wird es naturgemäß immer einige »Verlierer« geben, Schulen, die es nicht schaffen, alle die Schüler zu gewinnen, die im »natürlichen« Einzugsbereich wohnen. Die Folgen sind weniger Einkünfte, weniger Lehrkräfte und nicht zuletzt ein schlechter Ruf, den zu verändern in die Verantwortung des Leitungsausschusses fällt (GORDON u. a. 1994).

Nach nur fünf Jahren lassen sich die Auswirkungen der weitreichenden neuseeländischen Reform auf die Schulen noch nicht abschließend beurteilen. Es gibt viele kritische Stimmen, und Forschungsberichte weisen auf einige Dilemmata hin. Haben z. B. die Eltern wirklich mehr zu sagen, weil einige wenige von ihnen an der Leitung der Schule maßgeblich beteiligt sind? Das hängt sicher in erster Linie davon ab, wie der Leitungsausschuß tatsächlich arbeitet, ob seine Mitglieder ihre Aufgabe als Elternvertreter ernst nehmen.

Die Reform ist durchgängig von einer »modern management«-Philosophie geprägt. Aus ihr erklärt sich z. B. die erwähnte Belastung des Schulleiters mit administrativen Aufgaben zu Lasten der pädagogischen. Immer lauter werden die Stimmen derer, die in der Reform nur einen Versuch sehen, die Ausgaben des Staates zu kürzen; mit Schülern und gutem Unterricht habe das Ganze nichts zu tun. Vor allem hat das neue System mit »bulk funding«, den pauschalen Mittelzuweisungen, Unsicherheit geschaffen und die Lehrer gegen sich aufgebracht, weil sie ihre Arbeitsplätze bedroht sehen.

Wir fassen die Auswirkungen der Reform auf die Schulen zusammen, indem wir aus der großen Evaluationsstudie zitieren, die der New Zealand Council for Educational Research durchgeführt hat (WYLIE 1994):

- 41 % der Lehrkräfte und 46 % der Schulleiter finden, die Qualität der Schülerarbeiten sei mit der Reform besser geworden.
- 81 % der Eltern sind mit den Lernfortschritten der Schüler und mit den Informationen über die Arbeit der Schule zufrieden.
- An 85 % der Schulen ist das Verhältnis der Lehrer zum Leitungsausschuß gut.
- Die meisten Mitglieder der Ausschüsse meinen, daß sie ihrer Rolle gewachsen sind; aber sie haben wenig Interesse an noch mehr Macht und Aufgaben.
- 55 % der Schulleiter halten jetzt die Haushaltsmittel für unzureichend, während dieser Anteil 1990 bei 21 % lag. Nur 16 % der Schulen beantragten 1993 keine Extrazuweisungen.
- Schulen in Gebieten mit unterdurchschnittlichem Einkommensniveau haben besonders große Finanzierungsprobleme, und sie verlieren besonders leicht Schüler an andere Schulen.
- Es gibt jetzt im ganzen mehr Angebote an Schüler mit besonderen Bedürfnissen, dennoch hat sich an etwa der Hälfte der Schulen in diesem Punkt nichts geändert.
- Wettbewerb zwischen den Schulen läßt die Ausgaben für Werbung steigen, aber führt selten zu einer Veränderung des Unterrichtsangebots. Im übrigen haben von den Eltern der Fünfjährigen 63 % schon entschieden, auf welche Schule das Kind gehen soll.
- Die Arbeitsbelastung ist, wie wir schon sahen, ein großes Problem. Schulleiter arbeiten im Durchschnitt 59,85 Stunden pro Woche, Lehrer 48,18 Stunden.

Die Schulreform in Neuseeland ist vielleicht die umfassendste und einschneidendste in den OECD-Ländern. In Kapitel 10 werden wir auf ihre Konsequenzen für das System zurückkommen und dann besonders die Rolle der Zentrale untersuchen.

Die Entwicklung in *den Niederlanden* ähnelt der in Neuseeland und verläuft seit Anfang der neunziger Jahre in raschem Tempo. Die Niederländer haben eine radikale Reform durchgeführt, die die Lern- und Arbeitsbedingungen an den einzelnen Schulen von Grund auf verändert hat. Im einzelnen enthält sie folgendes:

## Zentralisierung und Dezentralisierung

1. Jede Schule »besitzt sich selbst« und kommt damit einer Stiftung nahe. Sie verantwortet ihren gesamten Unterricht selbst. Die Leitfrage bei der Reform war: »Was kann die Schule *nicht* selbst tun?« Die Reformer setzten also großes Vertrauen in die Selbständigkeit der Schulen.
2. Der Staat hat der pädagogischen Arbeit sehr weite Rahmen gesteckt. Die privaten Schulen (70 % von allen) und die öffentlichen werden, was Ziele und Rahmenbedingungen betrifft, prinzipiell gleich behandelt.
3. Jede Schule erhält pauschal Haushaltsmittel, deren Höhe grundsätzlich von der Zahl der Schüler abhängt, die ihre Examina in normaler Zeit ablegen. Wenn viele mehr Zeit als üblich benötigen, werden die Mittel gekürzt. Allerdings gibt es besondere Zuweisungen für Schüler mit Behinderungen irgendwelcher Art.
4. Im Rahmen sehr allgemein gefaßter nationaler Ziele kann jede Schule ihren Lehrplan und ihre pädagogischen Angebote selbständig festlegen. Die Schulleitung nimmt Einstellungen und Entlassungen vor, konsultiert aber jeweils vorher das Lehrerkollegium.
5. Jede Schule hat – ähnlich wie in Neuseeland – einen Leitungsausschuß, der von den Nutzern gewählt wird. In der Regel sitzen im Ausschuß Bürger von hohem Ansehen und großem Einfluß. Sie sind für die Ausarbeitung grober Richtlinien für den Schulbetrieb verantwortlich und stellen die Schulleitung ein, die dem Leitungsausschuß verantwortlich ist.
6. Die Eltern haben das Recht der freien Schulwahl für ihre Kinder. Damit gibt es einen wirklichen Markt, und die Schulen müssen um die Schüler konkurrieren. Daher kommt dem »pädagogischen Profil« und der Werbung für die Schule große Bedeutung zu.

Diese Maßnahmen stellen ein radikales Beispiel für Dezentralisierung in Kombination mit *Lenkung durch die Nutzer* dar. Das niederländische Reformprojekt ist derzeit eindeutig das radikalste in Europa. Wie und wohin es sich entwickeln wird, läßt sich noch nicht sagen. Auch in den Niederlanden ist die Rhetorik oft stärker als die Praxis, aber es kann nicht zweifelhaft sein, daß jede Schule sich mit einer neuen Wirklichkeit konfrontiert sieht.

Auch aus Ländern mit einer längeren bürokratischen Tradition liegen Erfahrungen vor. In Deutschland hat sich gezeigt, daß eine Dezentralisierung der öffentlichen Verwaltung extrem schwierig war (VON REICHARD 1992).

Aus dem kleinsten deutschen Bundesland, Bremen, ist uns ein radikaler Versuch bekannt, das Schulsystem gleichzeitig »von unten und von oben« zu verändern. Die Schulen haben sich auf freiwilliger Basis zu einem »Innovationsforum« zusammengeschlossen, in dem Ideen entwickelt und diskutiert werden. Im Laufe von zwei bis drei Jahren wurden über 20 Schulentwicklungsberater mit dem Schwerpunkt Verfahrensberatung ausgebildet, und mehrere Schulen haben, oft von einem der Berater unterstützt, eine selbständige Entwicklungsarbeit begonnen. Gleichzeitig sucht das Ministerium seine Arbeit intern neu zu strukturieren, u. a. durch eine weitreichende Delegierung und Dezentralisierung. Dieser Prozeß wird begleitet von einem umfassenden Fort- und Weiterbildungsprogramm für Lehrer, Schulleiter, Schulaufsichtsbeamte und einzelne Gruppen des ministeriellen Stabes. Eine besondere Kommission hat sich mit den inhaltlichen Aspekten der Reform beschäftigt und Vorschläge zum Rahmen einer pädagogischen Reform unterbreitet.

Auch hier ist es für abschließende Urteile zu früh. Noch läßt sich nicht absehen, inwieweit es in Bremen zu einer wirklichen Dezentralisierung kommen wird. Trotz der vielen Traditionen und Gesetzesvorschriften, an die das System gebunden ist, läßt sich auf allen Ebenen eine beträchtliche Motivation zur Schaffung eines flexibleren, dezentralisierteren Systems feststellen (ROLFF 1994a).

## 7.3 Gründe der Dezentralisierung

Betrachten wir die besprochenen Länder im ganzen, so finden wir die folgenden möglichen Gründe des Dezentralisierungsprozesses:

1. *Produktivität:* In den meisten der analysierten Fälle spielt der Wunsch nach höherer Produktivität eine Rolle. Er kommt in Deregulierungen, der Fortbildung von Führungskräften, einer neuen Personalpolitik, dem »contracting out« (z. B. von Schulbauten), pauschalen Budgets mit flexiblen Einzelposten etc. zum Ausdruck. Das Wichtige dabei ist, daß die größere Flexibilität denen nützen soll, die die Herausforderungen zu allererst zu bestehen haben. »Wer den Schuh anhat, weiß, wo er drückt« war das Hauptargument.
2. *Demokratisierung:* Dieses Stichwort bezeichnete das Bestreben, die Entscheidungen näher an die Nutzer öffentlicher Dienste heranzutragen, ja die Nutzer möglichst selbst einzubeziehen, entweder als gewählte Mitglieder in bestimmten Gremien oder informell als Berater. In den USA war es wichtig, zur Entwicklung der Schule ein Eigentümerverhältnis zu schaffen; in Dänemark galten die Rechte des einzelnen Bürgers als selbstverständlich, und man sah sie in den Elternrechten und in der Teilnahme der Eltern am besten wahrgenommen.

3. *Relevanz und Qualität:* Die »Technologie« der Schule – oder das Wissensfundament, auf dem guter Unterricht fußt – existiert nicht auf einer abstrakten, wissenschaftlichen Ebene. Pädagogik ist mehr eine Kunst als eine Wissenschaft; sie wird ausgeübt von erfahrenen Lehrern in der täglichen Begegnung mit vielen verschiedenen Schülern und mancherlei Herausforderungen. Die Qualität steigt daher *nicht,* wenn die Entscheidungen an zentraler Stelle aufgrund von Forschungsergebnissen über guten Unterricht oder eine gute Schule getroffen werden. Dagegen steigt sie, wenn wohlinformierte, gutausgebildete und erfahrene Lehrer ihre theoretischen Kenntnisse und ihre praktischen Erfahrungen nutzen, um gemeinsam über Dilemmata des Unterrichts nachzudenken.

Ganz ähnlich argumentieren Lauglo und McLean, die Dezentralisierung in mehreren Ländern unter verschiedenen Aspekten (politisch, administrativ, ideologisch) untersucht haben (LAUGLO und MCLEAN 1985), und Weiler verwendet Begriffe, die mit den eben genannten fast identisch sind: Redistribution von Autorität, gesteigerte Produktivität, Verbesserung der Lernkultur (WEILER 1990).

Karlsen behandelt die Dezentralisierung im norwegischen Schulwesen der siebziger und achtziger Jahre unter drei Kategorien, die wir hier übernehmen wollen:

1. *Politische oder professionelle Macht:* Gibt die Dezentralisierung den Politikern mehr Macht oder denen, die von Berufs wegen mit der Schule zu tun haben? In Dänemark haben die Nutzer auf Kosten der Professionellen mehr Macht erhalten. Ähnlich ist es in den Niederlanden; aber hier wurde auch die Stellung der Schulleitung gestärkt. In Schweden ist der Trend weniger klar; das Gleichgewicht scheint einigermaßen gewahrt. In den einzelnen Staaten der USA divergiert die Entwicklung so sehr, daß sich kaum etwas Eindeutiges feststellen läßt; im ganzen hat vielleicht doch der Schulleiter mehr Macht bekommen. Seine Rolle ist im übrigen interessant geworden, weil er nicht mehr ein »Kollegenführer« ist. Vertritt er jetzt die politische Macht oder die professionelle (die Lehrer)? – In Neuseeland haben die Nutzer (jedenfalls formell) erheblich mehr Einfluß bekommen. Auch hier ist aber, nach der Erfahrung der ersten Jahre zu urteilen, die Stellung des Schulleiters gestärkt worden, doch scheinen seine Verwaltungsaufgaben den pädagogischen Führungsaufgaben Zeit und Aufmerksamkeit zu nehmen.
2. *Das Verhältnis von Markt und staatlichen Eingriffen:* In zentralistischen Systemen hat ganz überwiegend die öffentliche Hand das Bil-

dungsangebot bestimmt. Mit der Dezentralisierung scheint sich das Bildungswesen mehr den Marktkräften zu öffnen. Das ist in allen Ländern, auf die wir in diesem Kapitel eingingen, zu beobachten: In Schweden kaufen die Gemeinden Bildungsdienstleistungen von den Schulen, in Dänemark können die Schulen von öffentlichen oder privaten Institutionen Dienste kaufen, und die Eltern können die Schule für ihre Kinder frei wählen. In den Niederlanden sind alle Schulen als »Betriebe« auf einem Markt organisiert, und alle Dienste sind privatisiert; die Schulen können um die Schüler offen konkurrieren. In dem deutschen Stadtstaat Bremen wird die Schulbauabteilung als selbständige Einheit aus der Behörde ausgegliedert. In Norwegen spielt der Markt bisher noch die geringste Rolle. Immerhin können Schulen ihre Kompetenzen auf einem offenen Markt anbieten; so führen z. B. manche Sek. II-Schulen EDV-Fortbildungskurse für private Betriebe durch.

Die Entwicklung in Neuseeland soll einen Markt schaffen. Der Stand der Dinge im Sekundarschulwesen ist von Hugh Lauder und seinen Kollegen untersucht worden. Sie stellen fest, daß die freie Schulwahl die Unterschiede zwischen Schülern aus verschiedenen sozialen Schichten verstärkt und daß die ohnehin schon privilegierten jetzt noch mehr Vorteile genießen. Auch Schüler aus typischen Arbeiterfamilien machen von ihrer Wahlfreiheit Gebrauch, aber wählen nur zwischen Schulen, die ihre Schüler traditionell aus der Arbeiterschaft rekrutieren. Schüler aus wohlhabenden und/oder Akademikerfamilien sind mobiler und wählen relativ oft eine weit entfernte Schule, wenn diese einen »guten Ruf« hat. Diese Selektion geht so weit, daß die besten Schulen unter den Bewerbern sich die besten Schüler aussuchen, daß also das Elternrecht der freien Wahl durchaus nicht effektiv ist. Lauder und seine Mitarbeiter knüpfen daran die ethische Frage, ob der Grundgedanke des Marktmodells haltbar ist, weil er impliziert, daß einige Schulen erfolglos sind oder sich negativ entwickeln. Damit läßt man zu, daß auch die Schüler dieser Schulen mit großer Wahrscheinlichkeit keinen Erfolg haben. Eine letzte Feststellung ist, daß Schüler die Schule und darüber hinaus ihre Lebenschancen weitaus realistischer beurteilen als die Eltern. Daher stellt sich die Frage, wieviel tatsächlichen Einfluß die Eltern auf die weiterführende Schule haben (LAUDER u. a. 1994; vgl. auch WILLMS und ECHOLS 1993).

3. *Stabilität oder Veränderung:* Bewirkt Dezentralisierung Veränderung oder Stabilität, vielleicht sogar eine neue Art Erstarrung? Mehrere Schulen und ihre Umfelder berichten von Schwierigkeiten bei der Suche nach einem Konsens; andere werden von starken Persönlichkeiten oder Gruppen beherrscht. Es ist keineswegs selbstver-

ständlich, daß Dezentralisierung eine positive Entwicklung oder gar Erneuerung auslöst. Gerade dies wollen wir in den drei folgenden Kapiteln genauer untersuchen. Soll Schulentwicklung in einem dezentralisierten System eine Realität werden, muß dieses in seiner Funktion bestimmten Forderungen genügen.

## 7.4 Hat Dezentralisierung eine Zukunft?

Abschließend wollen wir fragen, ob Dezentralisierung eine von vielen Modeerscheinungen ist oder ob sie als Strukturmerkmal von Dauer sein wird. Es sind mit dieser bedeutenden Reform genügend Probleme verbunden, so daß ihr Erfolg sich keineswegs von selbst versteht.

Dezentralisierung wird sich in viele Richtungen entwickeln und viele Formen annehmen. Die Basis bekommt mehr Spielraum; schon deswegen werden die Probleme nach unterschiedlichen Lösungen verlangen. Keine zentrale Instanz kann Dezentralisierung anordnen, sie kann nur die Rahmen definieren.

Soll der einzelne Schüler, Lehrer, Schulleiter, Elternteil oder sonst jemand, der mit der Schule zu tun hat, eine neue Wirklichkeit erleben, in der er sich als Mitglied einer spannenden lernenden Organisation erfährt, so muß ein jeder, ob jung oder alt, sich verpflichten, einen persönlichen und sozialen Lernprozeß durchzumachen. Im nächsten Kapitel werden wir »personbezogene Strategien« erörtern.

Ganz sicher wird Dezentralisierung sich nicht durchsetzen, wenn die einzelnen Schulen nicht ihre Kultur zu ändern bereit sind. Elemente wie der jährliche Entwicklungsplan, interne Evaluation und ähnliches können leicht zu bloßen Übungen verkommen, statt als Strategien einer Schule zu dienen, die sich entwickeln will. Sollen die Chancen der Dezentralisierung genutzt werden, muß jede Schule ihre Praxis zur Disposition stellen. Eine Dezentralisierung der Entscheidungen auf die kommunale Ebene wird nur als eine neue Form der Zentralisierung aufgefaßt werden, weil die Kontrollinstanz nähergerückt ist. Wir kommen auf die Kultur der Schule und ihre Entwicklung in Kapitel 9 zurück.

Meine Arbeit in verschiedenen Ländern hat mich in der Auffassung bestärkt, daß Dezentralisierung eine seltene Ausnahme bleiben wird, wenn nicht die Zentralbehörden umdenken. Erforderlich sind ein »neuer Staat«, ein neues Gleichgewicht zwischen Zentrum und Peripherie, Mut und Wille zu dezentralem Denken, ein Lernen auf allen Ebenen,

Übung im Ausfüllen neuer Rollen. Wichtige systembezogene Strategien der Veränderung werden wir in Kapitel 10 darstellen.

Wir stehen, im ganzen gesehen, vor einem Prozeß, der alle Beteiligten zu Verhandlungen und Zusammenarbeit zwingt. Henrik Larsen malt aus, was geschieht, wenn die Bereitschaft dazu *nicht* da ist:

> »*Wenn* die übergeordnete Führung viele detaillierte Richtlinien festlegt, *wenn* die Zentralverwaltung nur Akten abarbeitet und Kontrolle übt, *wenn* Leiter und Personal der Institution fachlich und in ihrer ganzen Haltung traditionsgebunden und *wenn* die Nutzer passiv sind, wird die Institution nur in sehr engen Grenzen agieren können. Was eine solche Institution an Dienstleistungen erbringt, wird relativ festgelegt sein, bestimmt von Faktoren, die mit den Nutzern, denen die Institution dienen soll, wenig zu tun haben...« (LARSEN 1992, S. 10 f.).

Erst in einem systemischen Prozeß, in dem alle kooperieren, um ein neues System zu schaffen, haben wirkliche Veränderungen eine Chance.

# 8. Personbezogene Strategien

Die Überzeugung von der wesentlichen Bedeutung des einzelnen für die Entwicklung der Gesellschaft und die Entwicklung von Organisationen gehört zu unserer abendländischen Kultur. Ihre philosophischen Wurzeln gehen weit zurück bis in die hellenistische Zeit, und ein großer Teil unseres christlichen Kulturerbes beruht auf dem Glauben an die Verantwortung und die Möglichkeiten des Individuums.

Die USA sind wohl das Land, in dem man die Chancen des einzelnen am konsequentesten betont hat. Es war dieser relativ junge Staat, der mehr als irgendein anderer Bildung in den Dienst der Gesellschaftsveränderung stellte.

Alle Anstrengungen, die in diesem Jahrhundert auf dem Bildungssektor unternommen wurden, beruhen ja letzten Endes auf dem Glauben, die Bildung von Individuen sei eine für die Entwicklung der ganzen Gesellschaft entscheidende Kraft. Daß Bildungspolitik im Laufe der Zeit dann auch anders begründet worden ist, lassen wir hier dahingestellt.

Welche Bedeutung hat das Individuum für die Schulentwicklung? Dieses Kapitel handelt hauptsächlich von der Rolle des einzelnen Lehrers, Schulleiters und Schülers im Entwicklungsprozeß.

Ohne Individuen gibt es keine Schulentwicklung. Das sollte sich von selbst verstehen, doch sind wir so daran gewöhnt, im *System* oder der *Institution* die bestimmenden Faktoren zu sehen, daß wir oft die wichtige Rolle vergessen, die bedeutende Einzelne in der Schulentwicklung gespielt haben und noch spielen. Namen wie John Dewey, Rudolf Steiner, John Goodlad und Marisa Montessori seien hier beispielhaft genannt. Sie haben auf je verschiedene Weise die Entwicklung in vielen Ländern über längere Zeit beeinflußt.

Aber kann denn auch die gewöhnliche Lehrerin oder Schulleiterin, der gewöhnliche Schüler oder Elternteil auf die Schulentwicklung einwirken? Auf welche Weise könnte das geschehen? Oder ist es eine Utopie anzunehmen, der einzelne könne aktiv zu einer besseren Schule beitragen? Im Klassenraum ist das sicher möglich, und es geschieht ja tatsächlich jeden Tag in Tausenden von Unterrichtssituationen; aber gilt es auch jenseits dieses nahen, kontrollierbaren Bereichs? Kann der einzelne an seiner Schule, in seiner Gemeinde, seinem Land »Entwicklung« schaffen?

In diesem Kapitel und den beiden folgenden wollen wir *Strategien* in den Blick nehmen, d. h. mögliche Wege der Schulentwicklung. Wir sind hier weniger theoretisch orientiert als in den Kapiteln 2 bis 5, auf die als Grundlage wir uns aber mehrfach beziehen werden.

## 8.1 Das Individuum im Entwicklungsprozeß

In Kapitel 2 haben wir auf die Bedeutung der Psychologie für unsere Auffassung von Veränderung hingewiesen. Sigmund Freud, John Dewey und Kurt Lewin verhalfen den sogenannten normativ-reedukativen Strategien der Veränderung zum Durchbruch. Sie betonten die Bedeutung des Individuums im Entwicklungsprozeß, indem sie die Änderung von Einstellungen und Verhaltensweisen für ebenso wichtig erklärten wie die von »Produkten«. Die philosophische Grundlage waren der Subjektivismus und der Existentialismus. Den Gegenpol bildete der Rationalismus, der in den forschungs- und entwicklungsorientierten westlichen Gesellschaften viel Rückhalt hatte. Im Laufe der Zeit stellte sich die Frage, ob es möglich sei, die Bedeutung des Individuums nachzuweisen.

Mehr als irgendein anderer hat Everett M. Rogers diesen Nachweis geführt. Er und seine Kollegen an der Michigan State University untersuchten die Ausbreitung von Innovationen in den USA und anderen westlichen Ländern sowie die Wissensvermittlung in einigen Entwicklungsländern (ROGERS 1962). Im Mittelpunkt der Arbeit standen

1. Charakteristika von Innovationen,
2. die Weiterleitung der Innovation von einer Person zur anderen,
3. Charakteristika der sozialen Systeme, die am Verbreitungsprozeß teilhaben,
4. die zeitliche Dimension des »Adaptionsprozesses«.

Rogers war von Haus aus Soziologe, aber nahm auch Ideen aus der Anthropologie auf. Zunächst beschäftigte er sich mit Innovationen in der Landwirtschaft, aber dehnte dann sein Interessengebiet auf die Industrie, die Medizin und auf Bildungsfragen aus. Die Untersuchung konzentrierte sich auf folgende Hauptfragen: Was kennzeichnet die Menschen, die eine neue Entwicklung in Gang bringen? Unterscheiden sie sich von denen, die ihnen folgen? Was kennzeichnet die Organisationen, die neue Praktiken als erste erproben? Welche Bedeutung haben Kollegen an einem Arbeitsplatz? Welche Belohnungen fördern die schnelle Verbreitung von Ideen am besten? Mit welchen Fristen muß man bei der Verbreitung einer neuen Idee in einem System rechnen?

Rogers meinte nachweisen zu können, daß die Innovatoren (innovators), die Pioniere einer Entwicklung, andere Persönlichkeitsmerkmale haben als die Nachfolger (late adopters), und diese wiederum unterscheiden sich von den Nachzüglern (laggers). Nach Rogers sind die ersten »Kosmopoliten«, haben ein starkes Selbstbewußtsein und gehören einem »Netz« an, in dem die Erprobung von etwas Neuem hohes soziales Prestige hat.

Mehrfach hat man versucht zu ermitteln, was entwicklungsorientierte Führungspersönlichkeiten auszeichnet, solche, die gleich mit neuen Ideen zu experimentieren bereit waren. Begriffe wie »informelle Führer« (WILKENING und JOHNSEN 1952), »Modeschöpfer« (KATZ und LAZARSFELD 1952), »Informationsführer« (SHEPPARD 1960) und »Meinungsführer« (LEWIN 1952) sind Beispiele für Versuche, solche Schlüsselfiguren treffend zu bezeichnen.

Diese Forschung wurde sehr wichtig für die Organisation von Entwicklungsarbeit in den westlichen Gesellschaften. In den USA wurden die »Land Grant Colleges« gegründet, ein Netz neuer Fachhochschulen. Sie waren ein Versuch, Universitäten und Hochschulen in ein System einzubringen, in dem die Landwirtschaft durch »Veränderungsagenten« beeinflußt wurde, die in den Universitätslaboratorien entwickelte neue Ideen vertraten. Aufgabe dieser Agenten war es, die Bauern vom Wert neuer landwirtschaftlicher Methoden zu überzeugen. Dabei war es wichtig, diejenigen herauszufinden, die zur Erprobung des Neuen bereit waren und zugleich Einfluß auf ihre Berufskollegen hatten (ROGERS 1962).

Einige andere Arbeiten, z. B. auf dem Gebiet der Organisationsentwicklung (siehe das nächste Kapitel), Gruppendynamik und humanistischen Psychologie, machten ebenfalls das Bedürfnis nach einem Zwischenglied zwischen Forschung und Praxis deutlich. Lippit, Watson und Westley zeigten aufgrund solcher Forschungen, wie ein Berater den Interessierten helfen konnte, mit Innovationen zu beginnen (LIPPIT, WATSON und WESTLEY 1958). Ein Soziologe, der sich viel mit Schulentwicklung beschäftigte, Ron Havelock, suchte die Gedankengänge beider Disziplinen zu verbinden und schlug einen Veränderungsagenten vor, der sowohl »Verfahrenshelfer« als auch Wissensvermittler sein könnte (HAVELOCK 1969). Die Botschaft lautete: Damit die Entwicklung in Gang kommt, ist nicht nur der Einsatz des einzelnen von wesentlicher Bedeutung, sondern die *Vermittlung* von Ideen ist ein *persönlicher* Prozeß, der Kontakt und Hilfe voraussetzt.

Damit war die Grundlage der »sozialen Interaktionstheorie« geschaffen. Die ihr verpflichtete Forschung scheint fünf verallgemeinernde Aussagen zum Entwicklungsprozeß zu untermauern:

1. Der einzelne Nutzer (»adopter«) gehört einem sozialen Netz an, das seine Haltung zu neuen Ideen stark beeinflußt.
2. Seine Placierung in diesem Netz ist ein guter Indikator dafür, ob er sich neue Gedanken aneignen wird. Je zentraler die Position, desto wahrscheinlicher ist die Aneignung.
3. Informelle Kontakte sind ein entscheidender Teil der für die Aneignung erforderlichen Kommunikation.
4. Die Gruppenzugehörigkeit einer Person und ihre Identifikation mit der Gruppe sind wichtig für ihre Bereitschaft, neue Ideen zu übernehmen.
5. Das Tempo der Ausbreitung gleicht einer ungefähren S-Kurve, d. h. die Annahme der Innovation erfolgt am Anfang langsam, in der mittleren Phase sehr schnell und zum Schluß, wenn die Nachzügler sich anschließen, wiederum langsam.

Die Theorie beruht auf ein paar Grundüberzeugungen: *Information an sich* setzt Kraft zur Innovation frei. Das Individuum ist die eigentliche treibende Kraft im Innovationsprozeß; jedoch hat auch das soziale System, dem es angehört, großen Einfluß. Havelock führte die Theorie weiter und entwickelte Innovationsmodelle, die auf den vorliegenden Forschungsergebnissen aufbauen. Dabei setzte er voraus, daß durch persönliche Kontakte vermitteltes Wissen zur Erprobung und kritischen Bewertung von Innovationen führen würde.

Die Studien der kalifornischen RAND Corporation zeigten jedoch, daß im Schulwesen nur sehr selten etwas »erprobt« und »bewertet« wird. Normalerweise reichen die Mittel für systematische Versuche nicht aus. Die RAND-Forscher fanden, daß Lehrer nur selten mit neuen Methoden und Inhalten des Unterrichts experimentieren. Information von außen spielte auch eine geringe Rolle, *sofern nicht schon ein erklärtes lokales Bedürfnis nach Innovation vorhanden war.*

Ein anderes wichtiges Ergebnis der RAND-Studie war, daß Lehrer selten zusammenarbeiten. Damit fehlt eine Voraussetzung sozialer Interaktion in Schulen. Wie schon in Kapitel 3 erwähnt (vgl. oben S. 134 f.), sind Lehrer bei der Ausübung ihres Berufs isolierter als die meisten anderen Berufsgruppen.

Der schwedische Geograph Torsten Hägerstrand hat die Ausbreitung neuer Ideen in der Industrie des Staates Illinois untersucht. Er hatte große Mühe, in dem Verbreitungsmuster irgendein Prinzip zu erkennen, bis er entdeckte, daß es Übereinstimmungen mit dem Bahn- und Straßennetz des Staates aufwies. Wer reist, bringt neue Gedanken mit (HÄGERSTRAND 1952).

Nach House sind persönliche Freundschaften und Kontakte bei der Verbreitung von neuen Ideen im Schulwesen ein ganz entscheidendes Moment. Strukturelle Faktoren, vom Transportsystem bis zur Mitgliedschaft in Komitees, spielen auch eine Rolle; aber den persönlichen Kontakt veranschlagt House am höchsten. In einer seiner pointierten Formulierungen sagt er:

»Zu kontrollieren, wer wen trifft, heißt Innovation kontrollieren« (HOUSE 1974).

Es scheint demnach, als bestehe ein direkter Widerspruch zwischen den Ergebnissen der RAND-Forscher und den Erfahrungen, von denen die »Verbreitungsforscher« berichten. Der Widerspruch löst sich jedoch auf, wenn man die *Stadien* des Entwicklungsprozesses bedenkt, die die Forscher jeweils untersuchten. Rogers und die der »Verbreitungsschule« angehörenden Soziologen beschäftigten sich vornehmlich mit der *Annahme* neuer Ideen, d. h. mit den Entscheidungen, in denen die Einführung neuer Praktiken beschlossen wird. Die RAND-Forscher und einige Organisationspsychologen waren an der *Umsetzung* dieser Praktiken interessiert, d. h. an dem Prozeß, der *nach* dem Beschluß zu ihrer Einführung einsetzt.

Die Verbreitungsforschung und die soziale Interaktionstheorie können uns also eine neue Sicht dessen lehren, was bei der Ausbreitung neuer Ideen in einem System geschieht. Das kann für die Art und Weise, in der wir Schulentwicklung organisieren, bedeutungsvoll sein. Es kann auch Strategien der Schulerneuerung inspirieren (siehe unten). Fraglich erscheint indes, ob die Theorien bei der Durchsetzung von Änderungen im konkreten Schulalltag anwendbar sind. Wir müssen dazu die Arbeitssituation des einzelnen Betroffenen genauer betrachten. Wodurch ist die Haltung von Lehrern und Schulleitern zur Schulerneuerung gekennzeichnet?

## 8.2 Der Lehrer als Veränderungsagent

Weshalb sollten Lehrerinnen oder Lehrer effektive Vorkämpfer von Veränderungen sein, und unter welcher Voraussetzung *können* sie es sein?

Die erste Frage muß lauten, *wer der Lehrer ist*. Sie ist nicht einfach zu beantworten; denn die Anwärter auf den Lehrerberuf waren selten Gegenstand vergleichender Untersuchungen, und so gibt es nur wenige Forschungsergebnisse, die über diese Gruppe etwas Gültiges aussagen. Die Voraussetzungen waren von Land zu Land sehr unterschiedlich. In Norwegen etwa haben in der Nachkriegszeit überwiegend tüchtige Studenten eine Lehrerausbildung gewählt (und in vielen Jahren gab es einen positiven Zustrom aus der »Frauenreserve«). In den USA dagegen ist der Lehrerberuf seit mehreren Jahrzehnten unter allen akademischen Berufen der mit der schwächsten Rekrutierung. Wir können daher keine weltweit gültige Charakteristik »des Lehrers« und des Lehrerberufs liefern.

Brooklyn C. Derr hat eine Berufsmotivationstheorie entwickelt (DERR 1986), und ich habe Gruppen von Lehrern in vielen Ländern informell gefragt, was nach ihrer Meinung bei den Lehrern des Landes das Hauptmotiv der Berufswahl war. Derr benennt die für Lehrer charakteristischen Motive folgendermaßen:

1. »Getting ahead« (nach oben und vorwärts) bezeichnet den durch Karriereaussichten motivierten Typ. Er ist unter den Lehrern aller Länder selten vertreten, in Entwicklungsländern vielleicht etwas häufiger. In der Generation unserer Eltern war der Lehrerberuf ja auch bei uns für viele eine Pforte zu einem besseren Leben; aber heute wählen ehrgeizige Menschen nicht die Schule als Arbeitsplatz.
2. »Getting secure« (sicherheitssuchend) ist ein Typ, der in erster Linie an einem stabilen Arbeitsplatz mit angemessener Entlohnung und einer guten Position interessiert ist. Er leistet gute Arbeit innerhalb gegebener Rahmen, aber tut normalerweise nicht mehr als das, was billigerweise erwartet werden kann. Bei meinen Kontakten mit Lehrern habe ich in allen Ländern sehr viele gefunden, die dies für das wichtigste Motiv der Berufswahl von Lehrern hielten. In den meisten Darstellungen des Lehrerberufs ist immer wieder von der Routine des Schulalltags die Rede, die wenig Zeit zur Reflexion läßt. Die Isolation des Lehrers verstärkt diesen Eindruck (LORTIE 1975, GOODLAD 1984, FULLAN 1991).
3. »Getting high« (fachliche Motivation): Manche Lehrer haben ihren Beruf hauptsächlich aus Interesse an den fachlichen Herausforderun-

gen gewählt. Vor allem für Lehrer der Sekundarstufe II ist das Interesse am *Fach* oder an einer Technologie (z. B. der EDV) ein typisches Motiv. Für Grundschullehrer ist öfter das Interesse am *Schüler* die wichtigste Motivation. Lehrer dieser Kategorie sind auch bereit, einen beträchtlichen Teil ihrer Freizeit der Fortbildung auf den sie interessierenden Gebieten zu widmen. Studien zur Fort- und Weiterbildung zeigen, daß die ohnehin Kompetenten noch mehr wissen wollen, und zwar vor allem in den Bereichen, in denen sie schon besonders stark sind. – Für schätzungsweise 20 % der von mir befragten Lehrer ist die fachliche Motivation die wichtigste, und für mindestens ebenso viele dürfte sie die zweitwichtigste sein. In dieser Gruppe finden wir viele Lehrer, die an Versuchen interessiert sind, seien diese nun eher fachlicher Art (in der Sekundarstufe) oder pädagogisch orientiert (in der Grundschule). Diese Motivation heißt aber nicht unbedingt, daß die gleichen Lehrer auch bereit wären, sich an leitender Stelle für Schulentwicklung zu engagieren. An vielen Schulen gibt es ein ungeschriebenes Gesetz, nach welchem man nicht »zu viel von sich hermachen« soll. Lehrer behaupten selten, ihre Arbeit sei besser als die anderer – vielleicht deshalb, weil die fachlich motivierten eben doch eine Minderheit sind?

4. »Getting free« (Freiheit und Flexibilität sichern): Eine weitere Gruppe bilden die Lehrer, die den Beruf gewählt haben, weil er ein hohes Maß an Freiheit der Zeiteinteilung und Kontrolle der eigenen Arbeit gewährt. Auch in anderen Berufen finden wir diese Motivation; viele finden es attraktiv, Zeit und Aufgaben teilweise selbst wählen zu können. Vermutlich wollen aber nicht viele Lehrer sich klar zu diesem Motiv bekennen. Aus vielen Gründen werden gerade Lehrer in manchen Ländern scheel angesehen, weil sie keine geregelte Arbeitszeit von 8 bis 16 Uhr haben. Brook Derrs Forschungen zeigen, daß die meisten Lehrer dieses Motivationstyps mehr arbeiten, als die offizielle Arbeitszeit vorschreibt; aber wichtig ist, wann und wie die Arbeit getan wird. Es gibt in dieser Gruppe viele sehr engagierte Lehrer, die für ein Projekt gern Mehrarbeit in Kauf nehmen, wenn sie selbständig arbeiten, sich als dessen Eigentümer fühlen können. Aber die wichtigste Motivation ist die *Freiheit*, wählen zu können, *wann* man arbeiten will.

5. »Getting balanced« (das Gleichgewicht suchend) ist ein Lehrertyp, der im Beruf nur einen Teil seines persönlichen Engagements sieht. Wohl verrichtet er seine Arbeit im pflichtgemäßen Rahmen, aber er schirmt auch seine familiären und persönlichen Interessen ab, ja er sieht in solcher Grenzziehung eine wichtige Voraussetzung dafür, daß er vor jungen, suchenden Menschen als jemand agieren kann, der Balance hält und mit sich selbst im reinen ist. Ich kenne viele Leh-

rer dieses Typs, nicht zuletzt in Skandinavien. Viele von ihnen haben etwas gegen »noch mehr Konferenzen«, gegen Entwicklungsarbeit, die »Zeit kostet«, und überhaupt gegen Extraverpflichtungen.

Ich habe bewußt diese Zusammenfassung der Berufsmotivationstheorie an den Anfang der Erörterung der Frage gestellt, inwieweit Lehrer »Veränderungsagenten« der Schulentwicklung sein können. Wir können nicht die Lehrer insgesamt als *Gruppe* sehen; sie sind ebenso verschieden wie Angehörige anderer Berufe. Aber wenn man idealtypisch Lehrer mit verschiedener Motivation zu beschreiben sucht und die Motivation analysiert, ist es vielleicht möglich, Personen zu finden, die in der Schulentwicklung eine führende Rolle übernehmen können (wenn auch nicht in jedem beliebigen Projekt und an jeder beliebigen Schule).

## 8.3 Qualifikationen des Lehrers als Veränderungsagent

Taugen Lehrer als Veränderungsagenten? Sind sie für diese Rolle qualifiziert? Glaubt man einigen Berichten aus den letzten fünfzehn Jahren, so kann man zweifeln. Vor allem in den USA ist die Skepsis groß. Manche meinen, viele Lehrer seien schlechthin unfähig, sinnvolle Innovationen umzusetzen (GOODLAD 1984), und verbreitet ist die Ansicht, auch die Lehrerausbildung trage nicht dazu bei, die Lehrer für innovative Aufgaben zu qualifizieren (GOODLAD 1990, CARNEGIE FORUM 1986, HOLMES GROUP 1986).

Fullan weist auf die schwierigen Arbeitsbedingungen hin, die den Lehrer in eine reaktive Rolle drängen (FULLAN 1991). Er nennt mehrere Berichte, nach denen das Unterrichten ständig mühsamer wird. Der Beruf sei abgewertet, die Arbeit von viel Routine und von Überstunden geprägt. Die »Zellen-Organisation« der Schule erschwere Innovationen. Bei dieser Sachlage müsse der Lehrer abwägen, ob die Schüler von einer bestimmten Veränderung profitieren würden und ob der zu erwartende Nutzen den Aufwand an Zeit und Mühe lohne. Fullan gibt denen, die eine aktive Rolle bei einem Schulentwicklungsprojekt erwägen, einige Ratschläge.

Sarason betont, wer zur Rolle des Lehrers bei der Schulentwicklung Stellung nehme, müsse sich zuvor bemühen, die Denkweise von Lehrern wirklich zu verstehen (SARASON 1982 und 1990). Er äußert sich sehr kritisch zu externen Reformeiferern, die dieses Bemühen vermissen ließen, die wollten, daß die Lehrer das bisher Gelernte vergäßen, und die letztlich nur Theorie vermittelten. Nach Sarason enthält die gegebene Praxis

Theorien dazu, was unter den jeweiligen schuleigenen Voraussetzungen guter Unterricht ist. Diese Theorien bleiben aber in der Regel verborgen, sie werden selten bewußt wahrgenommen und kritisch reflektiert. Oft nehmen die Lehrkräfte sie einfach als Tatsache hin.

Diese Darstellung wird von anderen Forschern bestätigt (LAUVÅS und HANDAL 1993, ALEXANDERSSON und ÖHLUND 1986). Entscheidend ist dann, daß die oder der einzelne begreift, was ihre/seine *Praxistheorie* eigentlich ist.

Sverker Lindblad hat, ähnlich wie wir in unserer Darstellung der Professionalität von Lehrern (vgl. oben S. 118 ff.), darauf hingewiesen, daß Lehrer weniger aus technologischer denn aus »ökologischer« Rationalität handeln, indem sie verschiedene Bedingungsfaktoren des Unterrichts berücksichtigen, vor allem Traditionen und Normen der Schule (LINDBLAD 1993). Hier rühren wir nach meiner Meinung an einen wesentlichen Aspekt der Rolle des Lehrers bei der Schulentwicklung. Der Lehrer arbeitet meist allein. Über längere Zeit führt das leicht zu Isolation. Und hinzu kommt: Der Beruf hat eine unsichere »Technologie«, es gibt keine klaren Indikatoren für Erfolg, nach einer ungeschriebenen Regel soll man nicht zu sehr auf sich aufmerksam machen, über Niederlagen wird nur heimlich geredet. So schottet der Lehrer sich ab; Dialog und Reflexion werden zu seltenen Ausnahmen. Angesichts so problematischer Ausgangsbedingungen wird verständlich, daß Lehrer bei Entwicklungsprojekten ungern führend tätig werden.

Es ist wichtig, den Zusammenhang zwischen strukturellen Bedingungen und kulturellen Normen zu erfassen. Lortie hat nachgewiesen, wie der Lehrer in seiner täglichen Arbeit von anderen Lehrern und sonstigen Erwachsenen isoliert ist (LORTIE 1975). Gleichzeitig hat sich eine Norm herausbildet, der zufolge man sich auf die eigenen Kräfte verlassen muß. Der Lehrerberuf ist danach eine Kunst, die zu begreifen anderen die Voraussetzungen fehlen. Nach Miles führt die Dürftigkeit unseres Wissens über Unterricht beim Lehrer zu einer Furcht vor dem »Reingucken« anderer. Damit verstärken sich die schon in der Struktur angelegten Wirkungen. Der Lehrer ist isoliert und hat wenig Möglichkeiten, mit neuen Erkenntnissen in Berührung zu kommen.

Es ist daher nicht überraschend, wenn wir bei Studien zur Umsetzung von Lehrplänen in Schulen feststellen, daß die Urteile und Präferenzen des einzelnen Lehrers, vor allem seine Einschätzung dessen, was für die jeweilige Klasse zweckmäßig sein wird, über die *wirkliche Befolgung* des Lehrplans entscheiden (LEITHWOOD u. a. 1978). Lehrer treffen die meisten Entscheidungen über ihren Unterricht auf eigene Faust, sie werden etwas von der Diskussion mit Kollegen beeinflußt, weniger von Meinungen des Schulleiters und ganz minimal von fachkundigen Außenstehenden. Sie sind in erster Linie daran interessiert, wie neue Praktiken sich auf ihre eigene Arbeitssituation und auf den Alltag ihrer Schüler auswirken. Die eigenen Schüler sind es auch, von denen die Lehrer ihre am meisten geschätzten Belohnungen erhalten. Die Reaktionen der Schüler sind der Faktor, der für ihre Entscheidungen im täglichen Unterricht die größte Bedeutung hat. Interessant dabei ist aber, daß die Schüler das nicht so sehen. Nur zwei bis drei Prozent von ihnen finden, daß der Lehrer entsprechend ihren Wünschen *seinen Unterricht verändert* HORSFJORD und DALIN 1988).

Nach Doyle und Ponder stellen Lehrer zur Schulentwicklung primär zwei Fragen: »Haben meine Schüler etwas davon?« und »Welche Kosten sind damit verbunden, sich den Stoff anzueignen und den Umgang mit ihm zu lernen?« Die beiden Forscher finden diese Einstellung sehr rationell und sehen in ihr den Kern der praktischen Berufsethik der Lehrer (DOYLE und PONDER 1977–78).

Gerade weil Lehrer die Entscheidungen, die die Unterrichtsvorbereitung von ihnen fordert, allein treffen, läßt sich schwer sagen, inwieweit sie neue Ideen von anderen aufnehmen und wie sie diese im Klassenraum umsetzen. Die Forschungen zur Schulentwicklung sind oftmals auch zu sehr auf die großen, meist von zentralen Behörden initiierten Projekte konzentriert. Die kleinen, aber vielleicht wesentlichen Änderungen, die Lehrer täglich vornehmen, werden so leicht übersehen. Denn Lehrer werden ja täglich mit neuen Ideen konfrontiert – durch Konferenzen, Fortbildung und informelle Gespräche. Nach Hood und Blackwell sind die Quellen, die nach Aussagen von Lehrern den größten Einfluß auf ihre Berufspraxis hatten, 1) das Lehrbuch, 2) persönliche Notizen, 3) Diskussionen mit Kollegen in der Schule und 4) Lehrplanmaterialien (HOOD und BLACKWELL 1979). Einige andere Studien scheinen das zu bestätigen: Lehrer nutzen persönliche Kontakte (vor allem mit anderen Lehrern) und werden oft durch Lehrbücher und Handbücher angeregt.

Clark und Yinger erhärten die Annahme, daß Lehrer viel mehr planen, als bisher bekannt war. Sie sehen diese Planung durch folgende Merkmale gekennzeichnet:

1. Die Planung ist für den täglichen Unterricht wesentlich, aber meist von Außenstehenden nicht erkennbar.
2. Sie geschieht nicht systematisch und Schritt für Schritt.

3. Lehrer »übersetzen« Ideen aus den Lehrplanmaterialien für ihren täglichen Unterricht.
4. Lehrer reflektieren selten ihre Planung, aber finden die Reflexion anregend, wenn sie sich doch einmal Zeit dazu nehmen (CLARK und YINGER 1980).

Nach Fullan machen Lehrer von neuen Ideen und Methoden in ihrem Unterricht dann Gebrauch, wenn folgende Bedingungen gegeben sind:

1. wenn die Information für den Verwendungszweck hinreichend relevant und spezifisch ist;
2. wenn die Übermittlung *persönlich* erfolgt und wenn es bei der Anwendung genügend persönlichen Kontakt und persönliche Hilfen gibt;
3. wenn die Schule und die Gemeinde zur Schulentwicklung positiv eingestellt sind und wenn der Arbeitsplatz durch Unterstützung seitens der Verwaltung, kollegiale Zusammenarbeit und ein Verhalten, das Problemlösungen fördert, gekennzeichnet ist (FULLAN 1991).

Manche Anzeichen deuten auch darauf hin, daß Lehrer in gewissen Situationen als Veränderungsagenten auftreten. Nach dem oben Gesagten ist klar, daß Kollegen die wichtigsten Helfer sind, nicht nur weil man mit Kollegen am meisten Umgang hat, sondern auch, weil sie diejenigen sind, denen man am ehesten vertraut und die einen wenn nötig längere Zeit unterstützen können.

Aus mehreren Studien geht aber auch hervor, daß ein Lehrer sich als Vorkämpfer einer Innovation an der eigenen Schule selten durchsetzt. Das paßt zu der früher erwähnten Tatsache, daß Nachbarschulen selten nachahmen, was eine »Pionierschule« in der Gemeinde eingeführt hat. Eher erfolgt die Ausbreitung einer Innovation über große räumliche Entfernungen. Sandström und Ekholm haben vier schwedische Schulen drei Jahre lang beobachtet und dabei festgestellt, daß einzelne Lehrkräfte öfter die Initiative ergriffen, um die eigene Rolle neu zu definieren. Aber solche Initiativen wirkten auf die Kolleginnen und Kollegen nicht ansteckend, sie blieben Sache des einzelnen (SANDSTRÖM und EKHOLM 1986; vgl. oben S. 126 f., S. 135).

Hier stehen wir, so meine ich, vor einem grundlegenden Phänomen der Schule als Organisation. Es gibt für Lehrer wenig Anreize, voneinander zu lernen. Das hat sicher seine Gründe, die wir in Kapitel 3 mehrfach berührt haben (vgl. z. B. S. 135); aber ich kenne keinen brauchbaren Vorschlag, es zu verändern. Wir wissen, daß einzelne Schulen, die sich ernstlich um eine Verbesserung ihres Klimas bemühen, den Circulus vitiosus durchbrechen; aber das ist nicht leicht, und es gibt keinen Königsweg zu einem solchen Ziel. Daß das Thema sehr ernst zu nehmen ist, zeigt die folgende Überlegung: Das »Meta-Lernen«, das an einer Schule stattfindet, an der die Erwachsenen nicht voneinander lernen, *kann* sich über kurz oder lang negativ auf das Lernen der Schüler auswirken. In den letzten Jahren haben mehrere Forscher darauf hingewiesen, daß für die Schüler das »verborgene Pensum« wichtiger sei als der reguläre tägliche Unterricht. So gesehen ist es dringend erforderlich, Bedingungen zu schaffen, unter denen die Erwachsenen in der Schule voneinander lernen können (DALIN und ROLFF 1991).

Nur wenige Lehrerinnen und Lehrer engagieren sich aktiv für den »Verkauf« neuer Praktiken. Und wenn sie es tun, interessieren sie sich meist für ganz bestimmte Innovationen, vor allem für neue Inhalte und Veränderungen des Lehrplans, weniger für die Veränderung von Rollen, Kooperationsformen, Methoden und Führung (DALIN 1973). Hier scheint sich allerdings jetzt ein Wandel anzubahnen. In dem Maße, wie die einzelne Schule dank der Rahmenstundenzahl (vgl. S. 123) und anderer Dezentralisierungsmaßnahmen selbständiger agieren kann, beginnen die Lehrer auch über diese Seiten der Schulentwicklung nachzudenken.

## 8.4 Die Schule als lernende Organisation

Die Möglichkeiten von Lehrern, auf die Entwicklung der Schule (und nicht nur auf den eigenen Unterricht) einzuwirken, variieren mit der Art der Schule. Schulen sind ja in vielerlei Hinsicht verschieden. In einer Zusammenfassung der seit Mitte der achtziger Jahre bei den sogenannten Restructuring-Projekten in den USA gemachten Erfahrungen sagt Susan Loucks-Horsley, eine radikale Veränderung von Schulen werde begünstigt durch eine Kultur der Fragestellung, in der die Erwachsenen ständig nach neuen Lösungen suchten und sich bemühten, die Realität zu erkennen, also das täten, was auch von den Schülern erwartet werde (Education Week 1993, S. 118).

Durch mehrere Untersuchungen ist heute zur Genüge bewiesen, daß »kollegiale Kulturen«, in denen Offenheit und Zusammenarbeit die Norm sind, Schulentwicklung fördern (LORTIE 1975, ROSENHOLTZ 1989, FULLAN 1990). Für Fullan ist selbstverständlich, daß Fortbildung nur effektiv ist, solange sie sich auf die Schule als Ganzes erstreckt.

Rosenholtz nennt 13 Variablen, von denen in der amerikanischen Schule kollegiale Kulturen abhängen (ROSENHOLTZ 1989). Fullan hat in einer

Zusammenfassung den Zusammenhang dieser Faktoren zu zeigen versucht (FULLAN 1991; siehe die Abb. 33).

Abb. 33: Die lernende Schule (nach Fullan 1991)

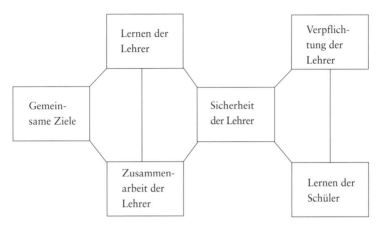

Auch Little hat klar nachgewiesen, wie kollegiale Normen die Einflußmöglichkeiten des Lehrers an der eigenen Schule begrenzen. Sie unterscheidet vier Typen kollegialer Beziehungen: Geschichtenerzählen, oberflächliche Jagd nach Ideen und Unterstützung, Erfahrungsaustausch, gemeinsame Arbeit. Viele Projekte, die Voraussetzungen für Zusammenarbeit schaffen wollen, operieren nach ihrer Ansicht auf »ungefährlichem« und oberflächlichem Niveau. Sie hält nicht Zusammenarbeit für die einzige ideale Beziehung, aber besteht darauf, daß es ohne *Offenheit* keine Zusammenarbeit und keinen Fortschritt gebe (LITTLE 1989a).

Nach einer Durchsicht der Literatur über Normen der Kollegialität kommt Rowan zu dieser Schlußfolgerung:

»Einfache Versuche, ohne großen Zeitaufwand und also durch oberflächliche Kontakte die Kollegialität zu fördern, bewirken so gut wie nichts. Weder fühlen sich die Lehrer einander mehr verpflichtet, noch verändern sie ihre Unterrichtspraxis. Wenn kollegiale Beziehungen zu einer Verbesserung des Unterrichts beitragen und die Motivation der Lehrkräfte stärken sollen, bedarf es einer neuen, alle Mitarbeiter einschließenden Schulkultur, die den Wunsch nach kontinuierlicher Entwicklung verstärkt und nahe Beziehungen über längere Zeit aufrechterhält« (ROWAN 1990).

Von Hargreaves stammt eine Typologie der Schulkulturen, die der von uns in dem Buch *Organisationslernen in der Schule* (DALIN und ROLFF

1991) vorgelegten Analyse ähnelt. Er unterscheidet vier Typen: die fragmentierte und die balkanisierte Kultur sowie die erzwungene und die freiwillige Zusammenarbeitskultur. Es geht ihm vor allem darum, daß Bemühungen um Zusammenarbeit nicht zu mechanischer, sinnloser Routine verkommen, sondern daß sich, gemäß den Herausforderungen, vor denen die Lehrer und die Schule stehen, organische Muster der Zusammenarbeit bilden (HARGREAVES 1991).

Nicht nur des einzelnen Lehrers Motivation, Karrierestreben oder Kompetenz entscheidet also über seinen Erfolg oder Mißerfolg als Veränderungsagent in der eigenen Schule; auch die Kultur der Schule spielt dabei eine maßgebliche Rolle.

Bryk und Driscoll definieren Schulkultur als ein gemeinsames Wertesystem, eine gemeinsame Agenda und kollegiale Beziehungen der Erwachsenen, dies alles in Verbindung mit einer Lehrerrolle, die über den eigenen Klassenraum hinausgreift. Schüler an Sek. II-Schulen, die eine so verstandene Kultur hatten, erreichten besonders gute Leistungen. Sie waren mehr an akademischen Fächern interessiert als Schüler anderer Schulen, sie fehlten seltener im Unterricht, achteten mehr auf Ordnung und bekamen bessere Noten. Es gab auch nur wenige vorzeitige Abbrecher. Die Lehrerinnen und Lehrer waren zufriedener als die anderer Schulen, sie waren seltener krank und für die weitere Schulentwicklung besser motiviert (BRYK und DRISCOLL 1988).

## 8.5 Innovation als Antwort auf innere und äußere Bedürfnisse

In Kapitel 5 erläuterten wir unsere Vorstellung von Innovation als einem »wechselseitigen Anpassungs- und Entwicklungsprozeß« (vgl. oben S. 257 f.) oder, anders gesagt, einer kreativen Antwort sowohl auf interne Bedürfnisse als auch auf Forderungen nach Erneuerung, die die Umgebung stellt. Je mehr Freiheit die einzelne Schule bekommt, je stärker Lehrer für Schulentwicklung motiviert sind, desto öfter und leichter kann die einzelne Lehrerin Neuerungen initiieren, leiten und durchführen. Eben weil sie und ihr männlicher Kollege im Mittelpunkt des täglichen Unterrichts stehen, sollten sie Zeit, Mittel und Kompetenzen erhalten, damit sie auf die vielen täglichen Herausforderungen kreativ reagieren können.

Gleichwohl gibt es nach unserer Auffassung Reformaufgaben, bei denen der einzelne schwerlich eine Hauptrolle wird spielen können. In dem Paradigmawechsel, den wir derzeit erleben, bedarf es der Zusammenarbeit aller Beteiligten, besonders der Lehrer und ihrer Organisationen. Sonst kann die Wende nicht gelingen, die kommen muß, wenn die Schule den Herausforderungen des nächsten Jahrhunderts genügen soll.

## 8.6 Was geschieht mit einem Lehrer bei der Schulentwicklung?

Welche Erfahrungen machen nun Lehrer, die sich entschließen, an der Schulentwicklung mitzuwirken? Loucks und Hall vom Forschungs- und Entwicklungszentrum für Lehrerbildung an der Universität von Texas haben über Jahre hin Lehrerinnen und Lehrer bei pädagogischen Entwicklungsarbeiten begleitet. Dabei haben sie die Theorie von den »Aufmerksamkeitsstadien« (»stages of concern«) entwickelt. Sie beschreibt die Reaktionen, die Lehrer normalerweise in verschiedenen Stadien des Entwicklungsprozesses zeigen (LOUCKS und HALL 1979):

STADIUM 0: UNVERBINDLICHKEIT
Es besteht wenig Interesse an den neuen Gedanken und Projekten.

STADIUM 1: AUFMERKSAMKEIT
Der Lehrer ist auf die Innovation aufmerksam geworden und möchte mehr über sie erfahren. Er hat wegen des Projekts offenbar keine großen Bedenken und will über seine Inhalte und seine Verwendbarkeit möglichst viel wissen.

STADIUM 2: PERSÖNLICH
Der Lehrer hat jetzt Bedenken wegen der Forderungen, die das Projekt an ihn stellt, und zweifelt, ob er es wird durchführen können. Ferner beschäftigt ihn die Frage, wie sich das Projekt auf seine Arbeitssituation, seine Anerkennung, seine Zeiteinteilung und seinen persönlichen Status auswirken wird.

STADIUM 3: DURCHFÜHRUNG
Die Aufmerksamkeit gilt der Durchführung des Projekts. Fragen der Effektivität, Organisation, Leitung und Zeiteinteilung werden wichtig. Der Lehrer ist mit vielen technischen und praktischen Details beschäftigt und ertrinkt in Vervielfältigungen und täglichen Krisen.

STADIUM 4: KONSEQUENZ
Die Aufmerksamkeit richtet sich nun auf die Konsequenzen des Projekts für die Schüler. Im Mittelpunkt stehen dabei in der Regel Fragen der Relevanz, der Evaluation von Ergebnissen sowie Änderungen, die sich aufdrängen, damit die Leistungen der Schüler besser werden.

## STADIUM 5: ZUSAMMENARBEIT
In diesem Stadium ist der Lehrer am meisten daran interessiert, beim Gebrauch der Innovation mit Kollegen zusammenzuarbeiten. Er ist jetzt von den Vorzügen des Projekts überzeugt und will gern andere mitziehen.

## STADIUM 6: KRITISCHER RÜCKBLICK
Jetzt kann der Lehrer das ganze Projekt gelassener betrachten. Er sieht dessen Schwächen, macht Änderungsvorschläge, will die Arbeit gern fortsetzen, aber möchte dann einige wichtige Änderungen vornehmen, die das Projekt verbessern könnten.

Gene Hall, der mehrere Jahre die Bildungsforschung an der Universität von Texas geleitet hat, bestätigte, daß die meisten Lehrer bei Entwicklungsprojekten diese Stadien durchlaufen. Sie lösen einander allerdings nicht unbedingt in der genannten Reihenfolge ab, wenngleich diese die übliche ist. Ferner fand Hall, daß Lehrer neue Ideen auf verschiedenen Ebenen *gebrauchen* (HALL 1979a):

## NIVEAU 0: NICHT-GEBRAUCH
Der Lehrer weiß von einer Innovation so wenig, daß er sie nicht gebraucht.

## NIVEAU 1: ORIENTIERUNG
Der Lehrer ist gerade über die Innovation informiert worden, hat ihre Wertgrundlage und ihre wichtigsten Dimensionen untersucht und sich dabei die Forderungen klargemacht, die sie an ihn stellen würde.

## NIVEAU 2: VORBEREITUNG
Der Lehrer bereitet sich darauf vor, die Innovation erstmals zu verwenden.

## NIVEAU 3: MECHANISCHER GEBRAUCH
Der Lehrer konzentriert sich auf tägliche Probleme beim Gebrauch der Innovation, aber kommt kaum zur Reflexion. Änderungen des Projekts werden in der Regel nicht der Schüler wegen, sondern gemäß den Bedürfnissen des Lehrers vorgenommen.

## NIVEAU 4 A: ROUTINE
Der Gebrauch der Innovation stabilisiert sich. Nur noch wenige Veränderungen werden vorgenommen. An der Verbesserung des Projekts besteht kaum noch Interesse.

NIVEAU 4 B: VERBESSERUNGEN
Der Lehrer nimmt sich Zeit für die Verbesserung gewisser Teile des Projekts, damit die Schüler mehr davon profitieren.

NIVEAU 5: INTEGRATION
Hier versucht der Lehrer, die eigene Arbeit am Projekt mit der von Kollegen zu koordinieren, damit der Nutzen für die Schüler optimiert wird.

NIVEAU 6: ERNEUERUNG
Der Lehrer beurteilt das Projekt und schlägt zur Verbesserung der Ergebnisse Abwandlungen und wichtige Neuerungen vor. Er beschäftigt sich mit neueren Entwicklungen innerhalb des Faches oder Teilgebiets und sucht nach neuen Zielen für sich selbst und die Schule.

Hall und seine Kollegen gehören zu einer Schule der Innovationsforschung, die die Innovation als etwas Gegebenes, und zwar etwas Wertvolles, hinnimmt und die sich bemüht festzustellen, inwieweit Lehrer sie akzeptieren und nutzen. Ich habe in früheren Arbeiten (DALIN 1973, 1986) diese Vorgehensweise in Frage gestellt. Interessant an ihr ist immerhin, daß Hall und die anderen eine Methode entwickelt haben, die zu untersuchen erlaubt, wie das Individuum auf Schulentwicklung reagiert. Das hat zu einigen aufschlußreichen Erkenntnissen geführt. Insgesamt betrachtet, sehen diese Forscher Schulentwicklung folgendermaßen:

1. Schulentwicklung ist ein *Prozeß* und kein Einzelereignis. Veränderung braucht Zeit. Der Weg von einem Beschluß zu seiner Verwirklichung ist lang.
2. *Das Individuum* ist Ziel der Änderung, wenn Änderungen im Klassenraum angestrebt sind. Im Gegensatz zu denen, die in Systemen oder Organisationen denken (siehe die beiden nächsten Kapitel), beschäftigen sich die texanischen Forscher mit dem Verhältnis des einzelnen zur Erneuerung der Schule.
3. Schulentwicklung ist ein höchst *persönliches* Anliegen. Wir sehen oft mehr die vielen technischen Aspekte einer Innovation und vergessen darüber leicht die Gefühle, die mit Bemühungen um Erneuerung der Schule verbunden sind. Da Schulentwicklung durch Individuen geschieht, sind deren persönliche Empfindungen, Erfolgserlebnisse, Enttäuschungen, Sorgen und Motive wichtige Faktoren, die mit darüber befinden, inwieweit eine Innovation Erfolg hat.
4. Schulentwicklung ist kein undefinierbarer Prozeß. Die Akteure durchlaufen verschiedene Stadien, und dabei lernen und wachsen sie.

Huberman und Miles suchten zu ermitteln, welche Faktoren für den Erwerb *praktischer Fertigkeiten* des einzelnen Lehrers maßgeblich sind (HUBERMAN und MILES 1984). Sie stellten fest, daß Lehrer sich in der Anfangsphase von Schulversuchen überarbeitet fühlten. Dem suchten sie durch eine Effektivisierung der Verfahren zu begegnen. Die meisten fragten sich, ob sie der Aufgabe gewachsen waren. Viele sorgten sich, das Projekt könnte in ihrer Klasse nicht funktionieren, aber die meisten arbeiteten sich durch die Probleme hindurch. *Frühere Erfahrungen* waren dabei wichtiger als das projektgebundene Training von Fertigkeiten. Das hängt vermutlich mit der u. a. von Hall vermerkten Tatsache zusammen, daß es *mehrere Jahre dauert, neue Unterrichtspraktiken zu verankern.* Wir haben demnach allen Grund zu der Annahme, daß die Qualität des Unterrichts in einer frühen Versuchsphase schlechter ist als in späteren Phasen.

Huberman und Miles veranschaulichen die Stadien der Aneignung von Fertigkeiten so (siehe Abb. 34 auf der folgenden Seite):

Die beiden Forscher stellten fest, daß die Lehrer zwischen 6 und 18 Monaten benötigten, bis sie sich die in den untersuchten Projekten erforderlichen Fertigkeiten angeeignet hatten. Vorweg mußten sie lernen, wo und wie die jeweilige Innovation verwendbar war; sonst machte der Erwerb der Fertigkeiten keinen Sinn. Erst wenn sie dann das rein Technische beherrschten, begannen sie sich sicher zu fühlen. Die Probleme, die sie hatten, änderten sich im Laufe der Projektperiode: Anfangs standen Fragen der *eigenen Situation* im Vordergrund, später waren es Probleme *der Schüler*, schließlich *die Aufgabe*. Ironischerweise fanden Huberman und Miles, daß die Zukunft einer Innovation noch nicht gesichert war, sobald sie zum festen Besitz der Lehrer gehörte. Wichtiger waren *Organisationsfaktoren* wie Unterstützung durch die Administration, Stabilität der Umgebung und die Anerkennung der Innovation als »normal« in der täglichen Routine.

Die Beherrschung der Fertigkeiten, die ein Projekt fordert, ist das eine. Ein zweites ist, ob die Lehrer durch die Arbeit an einer Innovation ihre Praxis ganz allgemein verändern. Huberman und Miles haben sich auch mit dieser Frage beschäftigt. Sie untersuchten, ob die folgenden Veränderungen eingetreten waren:

1. Veränderungen der täglichen Praxis im Klassenzimmer,
2. Veränderungen technischer Fertigkeiten (z. B. ob die Teilnahme an einem EDV-Projekt Fertigkeiten in der Textbearbeitung vermittelt hatte),
3. Veränderungen der zwischenmenschlichen Beziehungen,

4. besseres Verständnis von Schule, Schulpolitik und Pädagogik,
5. verbessertes Selbstwertgefühl,
6. Veränderungen von Grundhaltungen,
7. Veränderungen des professionellen Selbstverständnisses.

**Abb. 34: Praktische Fertigkeiten als Lernkurve dargestellt (nach Huberman und Miles 1984)**

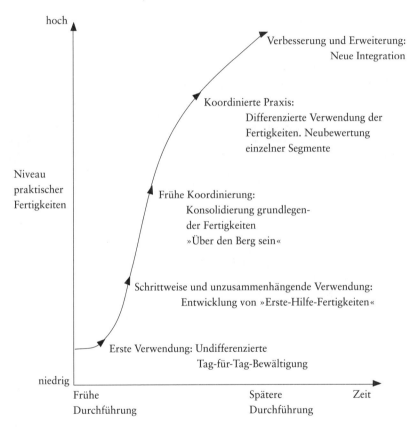

Mehrere Faktoren tragen zu solchen Wandlungen bei, die Huberman und Miles in den von ihnen untersuchten Projekten tatsächlich beobachteten. Meistens ergaben sie sich folgendermaßen: Das Projekt bewirkte spezifische Veränderungen der Unterrichts- und Organisationsroutine. Das führte allmählich zu einer neuen Art des Verstehens, zu anderen Gefühlen und Relationen und so insgesamt zu einer Hebung des professionellen Standards. Projekte, die am Anfang viel von den Lehrkräften verlangten, lösten auch die meisten positiven Veränderungen aus. Die Projekte erforderten, daß die Lehrer »sich ins kalte Wasser stürzten«, und trotz vieler Anfangsschwierigkeiten bewirkten sie – auch dank qualifizierter Unterstützung durch die Schulleitung – eine beträchtliche Anhebung der Kapazität und Kompetenz der Lehrer (HUBERMAN und MILES 1984).

Veränderungen auf der individuellen Ebene sind ein Lernprozeß. Lehrerinnen und Lehrer erfahren, daß ihr Verständnis, ihre Haltungen und ihr Verhalten sich wandeln. Schulentwicklung läßt sie nach dem Sinn ihres Tuns fragen und nach mehr Zufriedenheit bei der Arbeit streben. Solches Lernen dauert seine Zeit und macht Mühe. Die meisten stoßen auf Schwierigkeiten und erfahren Angst und Frustrationen. Gerade deshalb sind fachliche und persönliche Hilfen notwendig. Sie gewähren die Atempausen, die der oder die einzelne braucht, um zu erfassen, was die Neuerung für ihn oder sie persönlich und für die jeweilige Klasse bedeutet. Erst mit solcher Einsicht ist es möglich, die neue Situation zu meistern und so zu nutzen, daß Schüler und Lehrer zufriedener sind als vorher.

## 8.7 Personbezogene Strategien

Mit »personbezogenen Strategien« meine ich Maßnahmen, die auf die Veränderung der Schule durch Einwirkung auf den einzelnen Menschen abzielen. Die Einwirkung kann sich auf Haltungen, Kenntnisse und Fertigkeiten erstrecken, und sie kann in und außerhalb der Schule geschehen. Bisher haben wir nur von den Lehrern gesprochen. Die gleichen Strategien gelten im Prinzip aber auch für Schulleiter, Schulaufsichtsbeamte, Schüler, Eltern oder andere, die an der Schule ein wesentliches Interesse haben (siehe unten).

Ich will im folgenden auf zwei Haupttypen von Veränderungsstrategien eingehen:

1. *Lehrerbildung* – damit sind sowohl die Erstausbildung als auch Fort- und Weiterbildung gemeint;
2. *Netzwerkstrategien*, d. h. Versuche, auf einzelne Personen durch Aufforderung zur Mitgliedschaft oder Mitarbeit in kollegialen, informellen Gruppen einzuwirken.

## 8.8 Grundausbildung von Lehrern

Qualifizierte Lehrer sind wohl die wichtigste Ressource der Schule. In allen westlichen Ländern nimmt daher der Staat auf den Zugang zum Lehrerstudium sowie auf Länge und Inhalte der Ausbildung entscheidenden Einfluß. Oft ist behauptet worden, diese Inhalte und die Aufnahmekriterien hätten mit den Anforderungen, die heute an einen Lehrer gestellt werden, wenig zu tun. Torsten Husén hat auch nachgewiesen, daß wir über die Bedeutung der Lehrerausbildung für die Qualität des Unterrichts sehr wenig wissen. In einer im Auftrage der Weltbank durchgeführten Untersuchung konnte er zeigen, daß es zwischen der Länge des Lehrerstudiums und der Qualität des Schulunterrichts (gemessen an Schülerleistungen bei gewöhnlichen Klassenarbeiten) keinen klaren Zusammenhang gibt (HUSÉN, SAHA und NOONAN 1978).

Wir wissen in der Tat wenig über den Nutzen der Lehrerausbildung. Er ist ganz einfach schwer zu messen, wie z.B. Hall nachgewiesen hat (HALL 1979b). In einer anderen Studie zur Lehrerausbildung zeigen Joyce und Showers, daß die meisten pädagogischen Hochschulen nicht imstande sind, ihren Studenten auf angemessenem Niveau die Fertigkeiten zu vermitteln, die mit einiger Wahrscheinlichkeit im Klassenraum gefragt sind. Die Autoren unterscheiden vier Wissens- und Fertigkeitsebenen (JOYCE und SHOWERS 1980):

1. Kenntnis neuer Begriffe,
2. Verständnis von Begriffen und Prinzipien,
3. Erwerb von Fertigkeiten,
4. Anwendung von Fertigkeiten bei der Lösung von Problemen im Unterricht.

Bolam betont, man müsse drei Formen der Lehrerbildung im Zusammenhang sehen:

1. Grundausbildung (Initial teacher training),
2. Einführungsausbildung (Induction),
3. Fort- und Weiterbildung (In-service) (BOLAM 1981).

Er weist auf die vielen Anfangsschwierigkeiten von Lehrern hin und hält es für geboten, den Neulingen besondere Arbeitsbedingungen zu gewähren und ihnen die organisierte Hilfe von Kollegen und spezielle praktische Kurse an den pädagogischen Hochschulen anzubieten. Besonders in Großbritannien, Australien und Kanada ist diese Form der Unterstützung schon weitgehend eingeführt.

In Nordamerika, am meisten wohl in den USA, ist die Lehrerausbildung in den letzten 15 Jahren viel kritisiert worden. Der Beruf hat in den USA generell einen geringen Status; zu wenige (und darunter zu viele schlecht qualifizierte) Studenten nehmen ein Lehrerstudium auf. Im Laufe von etwa zehn Jahren müssen 50 % der amerikanischen Lehrer, da sie die Altersgrenze erreichen, durch neue ersetzt werden. Das heißt, daß jedes Jahr ungefähr 200 000 Lehrer ausgebildet werden müssen. Es ist kaum zu hoffen, daß die *Qualität* in einer Zeit so starker quantitativer Expansion besser werden kann.

Eine wichtige Studie im Rahmen der Bemühungen um eine Erneuerung der amerikanischen Lehrerbildung hat das »Carnegie Forum on Education and the Economy« 1986 unter dem Titel *A Nation Prepared* vorgelegt. Von anderen Organisationen und Autoren erschienen danach in rascher Folge weitere Untersuchungen zum gleichen Thema.

Infolge der inneramerikanischen Diskussion, die sich an die Veröffentlichung der Ergebnisse eines länderübergreifenden Vergleichs von Schülerleistungen in Mathematik und Naturwissenschaften anschloß, wurde die fachliche Ausbildung der Lehrer verstärkt. Einschlägige Forschungen haben freilich bisher nicht bestätigen können, daß eine Verlängerung der Fachausbildung zu besseren Schülerleistungen führt (SARASON, DAVIDSON und BLATT 1986; WANG, HARTAEL und Walberg 1993; vgl. auch die Vorseite).

Ein anderes Merkmal der jüngsten Entwicklung war die Ausdehnung der Erstausbildung auf fünf Jahre. Sie hat sich allerdings nicht in allen Staaten durchgesetzt. Nach Goodlad sind in der Lehrerausbildung ganz andere Probleme dringlich:

1. *Das fehlende Prestige* des Lehrerberufs, das bestimmte historische Gründe hat. Der Beruf galt früher als ein Übergangsberuf und/oder Frauenberuf – zu einer Zeit, da die Berufsarbeit von Frauen wenig angesehen war. Die Lehrerfakultäten an den Universitäten sind noch immer die mit dem geringsten akademischen Prestige. Das wirkt sich natürlich auf die Rekrutierung von Studenten aus.
2. *Fehlender Zusammenhang.* Die Studenten sind auf mehrere Fachbereiche verteilt (da sie die einzelnen Fächer an verschiedenen Instituten studieren), die Sozialisation zum Lehrerberuf erfolgt spät (wenn überhaupt), und niemand weiß genau, wer für was verantwortlich ist.
3. *Trennung von Theorie und Praxis.* Die Studenten begegnen in der Universität und in der Praxis ganz verschiedenen Wirklichkeiten,

und sie bekommen wenig Hilfen. Goodlad meint, es sei in den USA (wieder) an der Zeit, besondere »Praxis-Schulen« zu etablieren.
4. *Ein Übermaß an Regulierung und Bürokratie.* Wahrscheinlich wegen der verbreiteten Unzufriedenheit mit der amerikanischen Schule sind die Behörden der Bundesstaaten in ihren Anforderungen an die Institutionen der Lehrerbildung strenger geworden. Das hat zu einer solchen Bürokratisierung geführt, daß es nahezu unmöglich ist, etwas Kreatives zu tun, ohne mit der einen oder anderen Vorschrift zu kollidieren. Das Ergebnis ist langweilige Konformität (GOODLAD 1990a).

Goodlad hat einige partnerschaftliche Netzwerke angeregt, in denen Schulen, Gemeinden, Staaten und Universitäten längere Zeit kooperieren, um eine neue, den Erfordernissen der Schulentwicklung entsprechende Form der Lehrerausbildung zu erarbeiten (GOODLAD 1990b).

Lehrerbildung kostet wie jede Berufsausbildung beträchtliche Summen. Ich bin keineswegs überzeugt, daß eine Verlängerung der Grundausbildung (z. B. von drei auf vier Jahre, wie kürzlich in Norwegen durchgeführt) vertretbar ist. In Anbetracht all der Herausforderungen, die auf die Schule in absehbarer Zeit zukommen, müßte der Staat nach meiner Auffassung viel mehr in die Fort- und Weiterbildung von Lehrern und besonders in die Unterstützung von Berufsanfängern investieren. Es gibt mehrere Gründe, dies zu fordern: Die meisten Lehrerstudenten sammeln vor Beendigung des Studiums wenig Erfahrungen mit konkreten Unterrichtssituationen, wenngleich in den letzten Jahren die Praktikumszeiten länger geworden sind und das Durchschnittsalter der Junglehrer gestiegen ist. Die meisten brauchen einige Zeit in der Praxis, ehe sie merken, wo »die Schule drückt«; sie sind auf die Reaktionen von Schülern und Kollegen angewiesen. Die Motivation für ein ernsthaft betriebenes Studium wird in dem Maße wachsen, wie die Anwärterin oder der Anwärter die Aufgaben eines Lehrers in realistischer Weise kennenlernt. Ferner weiß niemand, welche neuen Aufgaben sich der Schule und den Lehrern in fernerer Zukunft noch stellen werden. Es muß Ressourcen zur Bewältigung dieser Probleme geben. Und schließlich: Für die Lehrenden an pädagogischen Hochschulen wäre es gut, erfahrenere Studenten zu haben und selbst in der Schule zu arbeiten. So würde die Ausbildung konkreter und wirklichkeitsnäher und könnte den notwendigen Schulentwicklungsprozeß fördern.

Ein Vergleich der Mittel, die derzeit für die Erstausbildung einerseits und für Fort- und Weiterbildung andererseits jährlich zur Verfügung stehen, macht schnell klar, daß der Staat die Schule als ein relativ stabiles System betrachtet, das keine nennenswerten Entwicklungsressourcen benötigt. Die klassische Organisationsperspektive ist ja die, daß Aufgaben im voraus definiert sind, daß die Akteure angeleitet werden können, ihren Rollen gerecht zu werden, und daß dies ausreicht, solange das System sonst nach den vorgegebenen Regeln funktioniert. Ich nehme an, daß die meisten die Schule heutzutage ganz anders und ungleich dynamischer sehen, aber es fragt sich, ob nicht die Verteilung der Mittel beispielhaft zeigt, daß das System praktisch doch durch eine bürokratische Brille betrachtet wird.

Liegt das vielleicht daran, daß es auf dem Gebiet faktisch gar keine bestimmte Politik gibt? Sind die Mittel durch geltende Gesetze gebunden? Stehen institutionelle Interessen hinter der Mittelverteilung? Liegt es z. B. für die Hochschule nahe, sich der Grundausbildung anzunehmen? Verlängert sich diese sozusagen automatisch infolge der Konkurrenz zwischen den Fächern? Ist, mit anderen Worten, in die Grundausbildung ein Wachstumsmechanismus eingebaut, der dem System Mittel für Fortbildung entzieht?

## 8.9 Fort- und Weiterbildung

Keine Entwicklungsstrategie ist mehr verbreitet als die Lehrerfort- und -weiterbildung. Sie ist schon seit einer ganzen Reihe von Jahren das Hilfsmittel, dessen sich die Behörden bei der Einführung neuer Lehrpläne und bei anderen Veränderungen in der Schule bedienen. Trotzdem wissen wir, recht besehen, ziemlich wenig über den Effekt dieser Strategie. Noch immer wird ein großer Teil der Fortbildungsmittel für *Information* über neue Elemente im Lehrplan ausgegeben. Sandström und Ekholm zeigen, daß es in Schweden eine lange Tradition gibt, nach welcher es genügt zu informieren. Diese Überzeugung wurde allerdings zum Teil erschüttert, als nicht mehr die Lehrerverbände, sondern vom Staat eingesetzte Spezialisten, in denen man reine Behördenvertreter sah, für die Fortbildung verantwortlich waren. Erst in den siebziger Jahren wurde die schwedische Lehrerfortbildung reformiert. Sie findet jetzt zum größten Teil an den einzelnen Schulen statt, und die Lehrer können sie aktiv beeinflussen. Damit sollen sie – das ist ein erklärtes Ziel – ein Eigentümerverhältnis zu ihr entwickeln (SANDSTRÖM und EKHOLM 1986).

Fullan kennzeichnet, indem er Schlußfolgerungen aus früheren Arbeiten zusammenfaßt, das übliche Fortbildungsangebot folgendermaßen:

– Einmalige Seminare ohne Nachbereitung und mit Themen, die nicht die Teilnehmer bestimmt haben.

- Die Angebote entsprechen selten den Bedürfnissen der einzelnen Teilnehmer, und es gibt in der Regel keine Evaluation.
- Die Teilnehmer kommen aus Schulen und Gemeinden mit ganz verschiedenen Problemen und Herausforderungen, und es bleibt ungeprüft, wie das auf dem Seminar Dargebotene in den Gemeinden und Schulen durchgeführt werden könnte (FULLAN 1991).

Pink, der vier große Fortbildungsangebote in den USA untersucht hat, kommt zu ganz ähnlichen Schlußfolgerungen. Ferner betont er den reinen Modecharakter vieler Projekte. Ihnen fehle die Unterstützung durch kompetente Berater. Selbst gute Angebote würden im Alltag leicht zum Opfer unterschiedlicher Forderungen. Besonders kritisch beurteilt Pink die Tatsache, daß Probleme der einzelnen Schulen, wie z. B. Lehrerfluktuation oder das Verhältnis der schuleigenen Forderungen zu denen, die die Fortbildung an die Lehrer stellte, in keinem der untersuchten Projekte eine Rolle spielten. Schließlich war auch nicht klar, wie die Verantwortlichkeiten und Rollen zwischen den Gemeinden, Schulen und Hochschulen (in deren Hand die Fortbildung z. T. lag) verteilt sein sollten (PINK 1989).

Nach Meinung des freimütigen amerikanischen Gewerkschaftsführers und Schulreformators Albert Shanker geht die fehlende Qualität in erster Linie darauf zurück, daß keine der involvierten Institutionen (Gemeinde, Schule, Universität) in der Fortbildung klare Prioritäten setzt. Lehrer haben daher das Gefühl, daß sie nicht nur den fachlichen Verpflichtungen, die mit (guten) Fortbildungsangeboten einhergehen, sondern noch weiteren unkalkulierbaren Forderungen genügen müssen.

Shanker sieht noch weitere Gründe dafür, daß Fortbildung nicht den Erwartungen entspricht. Man gehe von einer »Mangeltheorie« aus, indem man unterstelle, den Lehrerinnen und Lehrern müsse ein außerhalb der Schule existierendes Wissen nahegebracht werden. Ferner seien die meisten Fortbildungsangebote von Leuten geprägt, die anderen etwas erzählten. Am wichtigsten aber sei wohl, daß in dem üblichen Fortbildungsmodell eine veraltete »Nur-Lehrer«-Tradition fortlebe (SHANKER 1990).

Nach einer fünfjährigen Untersuchung der Fort- und Weiterbildung in ihren Mitgliedsländern stellte die OECD schon 1981 folgendes fest:

»...leider beruht das zunehmende Interesse an Fort- und Weiterbildung in besorgniserregender Weise mehr auf Glauben als auf Wissen. Für Forschung auf diesem Gebiet wurden kaum Mittel bereitgestellt. Daher überrascht es nicht, daß wir, was Kosten, Einsatz von Ressourcen und Effektivität betrifft, kaum über gesichertes Wissen verfügen. Das gilt sowohl für die Verfahrensweisen als auch für die totalen Investitionen...« (OECD 1981, S. 67).

Der Begriff »Lehrerfort- und -weiterbildung« ist so allgemein, daß sein Inhalt schwer zu fassen ist. Yarger, Howey und Joyce schlagen die folgende Typologie vor:

1. *Klassenraumtraining* (job-embedded): Das Training erfolgt im Klassenraum und besteht in praktischen Übungen zur Arbeit mit Schülern. Die Analyse von Videoaufnahmen eigenen Unterrichts ist ein Beispiel.
2. *Arbeitsbezogene Fortbildung* (job-related): Das Training bezieht sich direkt auf tägliche Probleme, aber findet nicht in der Unterrichtszeit statt. Eine Gruppe von Lehrern, die zusammenarbeiten, kann z. B. an einem Seminar zum Thema Gruppenunterricht teilnehmen.
3. *Fachliche Kurse* (general professional): Dieses Training hat das Ziel, allgemeine fachliche Kompetenz zu vermitteln, aber ist nicht auf bestimmte Unterrichtsaufgaben gemünzt. Lehrer der naturwissenschaftlichen Fächer können z. B. einen Kurs in Fachmethodik der Naturwissenschaften absolvieren.
4. *Kurse zur Erweiterung der Fakultas* (career/credential): Diese Art Weiterbildung gibt dem Teilnehmer die anerkannte Unterrichtsbefähigung in einem zusätzlichen Fach. In der Regel führt das zur Einstufung in eine höhere Gehaltsgruppe, und es verbessert die Karriereaussichten.
5. *Persönliche Kurse* (personal): Der Nutzen dieser Art Kurse liegt in erster Linie im persönlichen »Zuwachs«. Das Training kann, aber muß nicht auf den Unterricht bezogen sein. Ein Beispiel wäre Kommunikationstraining, ein anderes ein Kurs in Kunstgeschichte. Solche Kurse können für die persönliche Entwicklung, auch die als Lehrer, von Bedeutung sein; aber sie haben nicht unbedingt diesen Zweck (Yarger, Howey und Joyce 1980).

Auch die Verfasser der erwähnten OECD-Studie haben Fort- und Weiterbildung von Lehrern zu definieren versucht. Sie kamen zu einer Definition, die Bedürfnisse *der Schule* gegen *individuelle* Bedürfnisse abwägt (siehe Abb. 35):

Mit den fünf Kategorien in Abb. 35 ist folgendes gemeint:

1. *Stab-Gruppen-Entwicklung:* Sie hat das Ziel, dem ganzen Mitarbeiterstab einer Schule praktische Fertigkeiten zu vermitteln (school focused).

## Personbezogene Strategien

2. *Lehrerentwicklung:* Dem einzelnen Lehrer sollen praktische Fertigkeiten vermittelt werden (z. B. neueingestellten Lehrern Unterrichtsfertigkeiten).
3. *Offizielle Kompetenz* (career development): Dem einzelnen Lehrer sollen Möglichkeiten beruflichen Fortkommens eröffnet werden (z. B. durch Kurse für angehende Schulleiter).
4. *Professionelle Entwicklung:* Sie hat das Ziel, vertiefte fachliche Kenntnisse und Einsichten zu vermitteln (z. B. durch einen überwiegend theoretisch orientierten Universitätskurs).
5. *Persönliche Entwicklung:* Damit sind Angebote gemeint, die die persönliche Entwicklung der Lehrerin oder des Lehrers fördern (vgl. die Vorseite).

Abb. 35: Fort- und Weiterbildungsbedarf der Schule und des Einzelnen

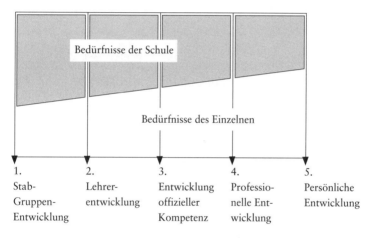

| 1. | 2. | 3. | 4. | 5. |
|---|---|---|---|---|
| Stab-Gruppen-Entwicklung | Lehrerentwicklung | Entwicklung offizieller Kompetenz | Professionelle Entwicklung | Persönliche Entwicklung |

Yarger, Howey und Joyce untersuchten die Fort- und Weiterbildung von Lehrern in den US-Bundesstaaten Kalifornien, Michigan und Georgia. Fast 300 Schulen und ungefähr 7 000 Lehrer wurden erfaßt. Die drei Forscher wollten ermitteln, was die teilnehmenden Lehrer, die Kursleiter, die Dozenten, die Schulverwaltung, Eltern und Schüler zur Lehrerfortbildung meinten. Die Lehrer zeigten sich an der Fortbildung sehr interessiert. Ein durchgehendes Urteil war, daß die Angebote hinter dem Bedarf zurückblieben und daß sie nicht effektiv genug seien. Besonders betonten die Lehrer, daß Neulinge im Beruf (auch solche in leitenden Stellungen) Hilfen benötigten und daß die konkrete Einübung praktischer Fertigkeiten vielen Problemen abhelfen könnte. So gesehen könnten die verschiedensten Kurse nützlich sein, von reinen Motivationskursen (zum Kennenlernen neuer Fragestellungen) über Kurse zur Vermittlung von Kenntnissen und Fertigkeiten bis zu solchen, die auf Schulentwicklung abzielten (YARGER, HOWEY und JOYCE 1980).

Alle befragten Gruppen äußerten übereinstimmend, daß Lehrer derzeit an zu wenigen Fortbildungskursen teilnähmen. Die Fortbildung müsse sich mehr an praktischen Bedürfnissen orientieren. Besonderer Bedarf bestehe bei der Hilfe für behinderte Schüler. Fort- und Weiterbildung müsse, was Zeitpunkte und Organisation betreffe, besser vorbereitet werden, Lehrer müßten an den Planungen aktiver teilnehmen. Die meisten Denkanstöße bekämen sie gerade durch lokale Fortbildungskurse.

Auch der OECD-Bericht unterstreicht die Wichtigkeit aktiven Mitwirkens der Lehrer an der Planung des eigenen Fort- und Weiterbildungsprogramms. Die Kurse müßten mit der Arbeit der Lehrer verknüpft sein, bezogen auf ein Fach, eine Klasse oder die Schule allgemein.

Eigentlich wissen wir viel zu wenig über die Motive der an Fortbildungsveranstaltungen teilnehmenden Lehrer. Der Bericht betont, jeder habe Interesse an der eigenen Entwicklung, an Familie, Freizeit und Beruf. Diese Interessen überlappten einander und könnten sich in ganz verschiedenen Fortbildungswünschen äußern.

Wichtig ist es auch, den Begriff »Training« unkonventionell aufzufassen. In der Regel denken wir dabei an Kurse, Konferenzen oder Seminare, meist an einem Ort außerhalb der Schule. Training kann aber auch etwas ganz anderes sein. Aus Großbritannien kommen die folgenden Ideen:

- Zwei stellvertretende Schulleiter tauschen für zwei Wochen ihre Stellen, um ihren beruflichen Horizont zu erweitern.
- Eine größere Sek. I-Schule plant den Unterricht so, daß der gesamte Mitarbeiterstab eine Woche im Jahr mit dem gesamten Stab eines pädagogischen Zentrums zusammenarbeiten kann, um Materialien für den Unterricht des nächsten Schuljahrs vorzubereiten.
- Zwei Kollegen verabreden, ihren Unterricht ein Halbjahr lang gegenseitig zu beobachten und die dabei gemachten Erfahrungen nach jeder beobachteten Stunde zu besprechen.
- Eine pädagogische Hochschule bietet allen Grundschulen ihrer Umgebung im Laufe eines Monats Kurse in Methodik an. Jedesmal nehmen vier Lehrerinnen oder Lehrer aus jeder Schule teil, so daß die meisten Mitglieder des Kollegiums den gleichen Kurs mitgemacht haben, wenn der »Kursmonat« um ist.

– Zwei Fachberater in einer Gemeinde bieten einen Methodikkurs an. Sie arbeiten eine Schulstunde mit den Lehrern in deren Klassen und halten im Anschluß daran einen zweistündigen Kurs am Nachmittag.
– Eine Sek. I-Schule arrangiert ein »Teach-in« zur Situation der Schule, lädt Gastreferenten ein, engagiert Eltern, Lehrer und Schüler. Das Ganze dauert von Freitag morgen bis Sonntag nachmittag.

Das sind einige Beispiele dafür, daß Fort- und Weiterbildung nicht nur traditionelle Kurse meint. Aus anderen Ländern wissen wir, daß Sabbatregelungen, Stellentausch, Aktionsforschung, Schulentwicklungskurse und Besuche in anderen Schulen selbstverständliche Bestandteile der Fortbildung sind.

## 8.10 Wie effektiv ist Fortbildung?

Können wir etwas darüber aussagen, wie effektiv Fort- und Weiterbildung ist und was sie für die Schulentwicklung bedeutet? Da wäre zunächst zu klären: effektiv wofür? Wenn wir mit Effektivität meinen, daß Lehrer die Fertigkeiten besser beherrschen lernen, die Veränderungen ihrer Rolle ihnen abverlangen, so dürfte klar sein, daß schulbasierte (school-based) Programme die einzigen sind, die mit einiger Berechtigung effektiv genannt werden können. Wir haben schon auf Joyce und Showers hingewiesen (vgl. oben S. 333), denen zufolge die Lehrerausbildung zu wenige Fertigkeiten vermittelt, die dem Lehrer im Klassenraum praktisch nützen. Sie meinen, das lasse sich wahrscheinlich nur dann ändern, wenn ein Training in fünf Stufen stattfinde:

1. Vorstellung der Theorie und Beschreibung der neuen Fertigkeiten;
2. Demonstration der Fertigkeiten, Modell-Unterricht;
3. Praxis in simulierten Situationen und im wirklichen Unterricht;
4. strukturierte und offene »Feedback«-Situationen (in denen sowohl der Kandidat als auch der Trainer das erreichte Fertigkeitsniveau diskutieren können);
5. Hilfe bei der Anwendung, etwa durch ein Zwei-Lehrer-System im Unterricht (Joyce und Showers 1980).

Joyce und seine Mitarbeiter haben in einer späteren Arbeit im Staate Georgia untersucht, ob eine sich über 18 Monate erstreckende systematische Fortbildung des Mitarbeiterstabs zu besseren Schülerleistungen führt. Das konnten sie nicht eindeutig feststellen. Wohl aber konnten sie nachweisen, daß die *Konsequenz* der Anwendung neuer Unterrichtsmethoden deutliche Wirkungen zeigte. Eine konsequente und gute Anwendung wirkte sich sehr positiv auf das Lernverhalten der Schüler aus (JOYCE und MURPHY 1990).

Showers hat sich weiter bemüht, effektivere Fortbildungsstrategien zu finden. Ihre Untersuchung zur Bedeutung *kollegialer Unterstützung* (coaching) zeigt, daß es Lehrern, die solche Unterstützung hatten, viel leichter fiel als anderen, ihren Unterricht zu verändern. Unter »coaching« versteht Showers dreierlei: das Angebot kollegialer Unterstützung, die Rückmeldung und die Analyse der Anwendung neuerworbener Fertigkeiten. Ein anderes Ergebnis war, daß Lehrer mit »coaching« sich im Klassenraum doppelt so lange mit den theoretischen und begrifflichen Aspekten des Unterrichts beschäftigten wie eine Kontrollgruppe aus Lehrern ohne »coaching«. Die letztgenannten fühlten sich in der neuen Unterrichtssituation unsicher und unwohl, und die meisten von ihnen schafften es nicht, die neuen Methoden in ihren Klassen anzuwenden. Die »coaching«-Lehrer dagegen waren in der veränderten Situation sicherer als vorher (SHOWERS 1983).

Joyce und Showers empfehlen eine ganz andere und gündlichere Form der Fort- und Weiterbildung, als sie in Europa üblich ist. Unsere Kurse beschränken sich normalerweise auf die Niveaus 1 und 2 (vgl. S. 328). Die Forschungen von Joyce (in Zusammenarbeit mit Yarger und Howey) zeigen, daß sich das nur wenig oder gar nicht in einer Veränderung der Unterrichtspraxis niederschlägt.

Stallings hat verschiedene Formen der Lehrerfortbildung einer umfassenden Evaluation unterzogen. Es ging dabei um eine Verbesserung des Unterrichts und der Schülerleistungen im Lesen in der Sekundarstufe. Stallings stellte fest, daß Lehrer in großer Zahl bereit sind, ihren Unterricht zu verändern, wenn sie

- sich durch eigene Reflexion und Analyse klarmachen, was erforderlich ist,
- die Vorschläge ihrer Klasse und Schule anpassen können,
- die Wirkungen der Veränderung selbst evaluieren können,
- einander im Unterricht beobachten und die Beobachtungen gemeinsam analysieren können,
- Gelegenheit haben, der Gruppe über ihre Erfahrungen zu berichten,
- über bestimmte Situationen und einzelne Schüler diskutieren können,
- viele verschiedene Methoden kennenlernen,
- lernen, sich neue professionelle Ziele zu setzen, und sich dazu schriftlich verpflichten (STALLINGS 1989, S. 3 f.).

Nach Stallings ist der Kern des Modells *Praxis:* Erprobung, Anpassung, neue Erprobung, Verknüpfung neuerworbener Kenntnisse mit bisheriger Erfahrung, Lernen durch Reflexion, Problemlösung in einem diskussionsfreudigen, hilfreichen Umfeld. In der Evaluation des Lerneffekts bei den Schülern wurde unterschieden zwischen 1) Gruppen an solchen Schulen, wo nur Lehrer mit Lesen als Spezialgebiet an der Fortbildung teilnahmen, 2) Gruppen an Schulen, wo *alle Lehrer* in »language arts« teilnahmen, 3) Gruppen in Gemeinden, wo im Laufe von drei Jahren die »language arts«-Lehrer sämtlicher Schulen teilnahmen. Die Schüler der ersten Gruppe verzeichneten in Leseverständnis und Lesefertigkeit einen Fortschritt von sechs Monaten (gemessen anhand standardisierter Tests), die der zweiten Gruppe sogar von acht Monaten. Die dritte Gruppe machte »erhebliche Fortschritte«.

Andererseits haben weniger systematische Versuche der Fortbildung des ganzen Mitarbeiterstabs kaum eine Wirkung. Little zeigt, daß bei der Einführung des Mentor-Systems (der Anleitung durch einen Kollegen) die *Zeit*, die für die Veränderungen zur Verfügung steht, die Möglichkeiten zu praktizieren und die Kultur der Schule wichtige Faktoren sind (LITTLE 1989a). Sie verweist auf Bird und Alspaugh, die in ihrer Beurteilung eines einjährigen kalifornischen Mentorprogramms sagen, daß »vieles verlorenging und wegen des Zeitdrucks bei der Durchführung wenig oder nichts erreicht wurde«; denn das Programm sei Hals über Kopf »durchgezogen« worden (BIRD und ALSPAUGH 1986, zitiert nach FULLAN 1990).

Sandström und Ekholm suchten zu ermitteln, was Schulleiterfortbildung und Fortbildung allgemein für die Schulentwicklung bedeuteten. Sie meinen »gewisse Spuren« der Kurse feststellen zu können; z. B. gingen einzelne Initiativen direkt auf diese zurück. Aber Maßnahmen, die die Mehrzahl der Erwachsenen in der Schule erfaßten, versandeten bald wieder (SANDSTRÖM und EKHOLM 1984). So schlußfolgern die beiden Autoren: »An keiner einzigen Schule wurden die Pläne, die Schulleiter oder Lehrergruppen während ihrer Kurse entwarfen, zum allgemeinen Besitz« (a. a. O. S. 120). Positive Wirkungen sehen sie dagegen auf der individuellen Ebene. Daher empfehlen sie, Fortbildung in viel stärkerem Maße auf die einzelnen Schulen zu verlagern. Fachleute für Fortbildung sollten den Kollegen helfen, sich selbst kritisch zu betrachten und sich dabei auch Fortbildungsbedürfnisse bewußt zu machen. Damit nähert sich die Fortbildungsstrategie dem, was wir im nächsten Kapitel als »Organisationsentwicklung« behandeln wollen.

Effektive Fort- und Weiterbildung findet also in der Nähe der Schule statt und stellt die täglichen Probleme der Schule in den Mittelpunkt.

Das heißt nicht, daß Theorie in den Kursen nichts zu suchen hätte. Aber sie muß anwendbar sein. Je mehr es um Fertigkeiten geht, die Zusammenarbeit voraussetzen, sei es mit Kollegen, dem Schulleiter, Schülern oder Eltern, um so enger muß das Training an die tägliche Arbeitssituation gebunden werden. Zugleich stehen wir vor einem Dilemma: Viele Lehrer wünschen eine solche konkrete Fortbildung, aber wenige wollen andere in ihrem Unterricht hospitieren lassen! Soweit ich sehe, hängt das mit einigen Merkmalen der Schule als Organisation zusammen, auf die ich in Kapitel 3 eingegangen bin. Solche Haltungen können nur zusammen mit dem ganzen *Klima* für Entwicklungsarbeit verändert werden. Erst dann wird man allmählich akzeptieren, daß Zusammenarbeit mit anderen in »meinem« Klassenzimmer die beste Möglichkeit ist, persönlich weiterzukommen.

Joyce, Hersh und McKibbin haben die Motivation von Lehrern, an Fortbildungen teilzunehmen, analysiert. Sie kommen zu dem Ergebnis, die Unterschiede in der Teilnahme an Fortbildungskursen und im persönlichen Gewinn ließen sich zu einem erheblichen Teil aus Grundeinstellungen zum Lernen erklären. Sie gliedern die Teilnehmer in fünf Gruppen:

1. *Die alles Konsumierenden* nutzen jede offizielle und inoffizielle Gelegenheit zu lernen. Bücher, Reisen, Kurse und Museen machen einen wichtigen Teil ihres Lebens aus. Sie haben Kollegen gefunden, mit denen sie zusammenarbeiten, sie sind um die Verbesserung der Schule aktiv bemüht, und sie klagen selten über fehlende Mittel und über Kollegen. Ihre Energie ist auf *Fortschritt* gerichtet. Zu dieser Kategorie gehören verschiedene Lehrertypen. Da ist einmal der formal orientierte, der stark fachlich interessiert ist, sich in der Schule oft zurückzieht und darum wenig am sozialen Leben im Kollegium teilnimmt. Da ist ferner der informelle Typ, der viel von Kollegen lernt und sich um formale Qualifikationen wenig kümmert, und da ist schließlich der persönlich orientierte, der vor allem am Leben außerhalb der Schule interessiert ist und viel von dem kulturellen Angebot profitiert.
2. *Die aktiven Konsumenten* sind in ihrer Arbeit sehr aktiv und sind fast immer mit einem Projekt oder der Planung eines Projekts beschäftigt. Sie nehmen oft an Fortbildungen teil und hätten nichts dagegen, wenn mehr Kurse zur Pflicht gemacht würden, so daß »die, die es am nötigsten haben, sich daran erfreuen können.« Sie nutzen jede Gelegenheit, über fachliche Dinge und Fragen des Unterrichts zu sprechen.
3. *Die passiven Konsumenten* sind zur Stelle, wenn die Situation es erfordert, aber ergreifen nicht selbst die Initiative. Wenn die Schule

mit einem Projekt beginnt, machen sie mit. Wenn jemand in einer Arbeitsgruppe eine Aktivität vorschlägt, schließen sie sich loyal an, aber sie bleiben von der Anregung durch andere abhängig. Allerdings ist die Abgrenzung gegen aktive Konsumenten nicht immer eindeutig. Manche Menschen sind auf einigen Gebieten (z. B. in einem Hobby) aktive, auf andere passive Konsumenten.
4. *Die Verwurzelten* sind in ihrer Arbeit gut etabliert, haben Erfolgserlebnisse und wünschen keine Veränderung (jedenfalls keine, die ihnen von anderen aufgezwungen wird). Sie sind an Fortbildungskursen nicht interessiert. Nehmen sie doch einmal an einem Kurs teil, dann während der Arbeitszeit, und vorzugsweise wenn einige Annehmlichkeiten damit verbunden sind. Kursen, die die gängige Unterrichtspraxis in Frage stellen, stehen sie skeptisch gegenüber. Teils üben sie aktive Obstruktion, teils nutzen sie das informelle System, um die Entwicklung in ihrem Sinne zu beeinflussen oder sich dem Projekt zu entziehen.
5. *Die Zurückgezogenen* suchen ihre Teilnahme am Leben der Schule so gering wie möglich zu halten, Fortbildungskurse zu meiden und im eigenen Unterricht möglichst ungestört zu bleiben. Einige von denen, die in dieser Weise zum Rückzug neigen, können im Privatleben sehr aktiv sein. Sie lassen normalerweise keinen Zweifel daran, daß sie nur einen »Minimalvertrag« mit der Schule aufrechterhalten wollen, und sie sind sehr schwer zu überzeugen, daß mehr Engagement erforderlich und lohnend ist.

## 8.11 Was ist gute Fort- und Weiterbildung?

Wir halten uns in diesem Kapitel an eine relativ enge, aber, wie wir meinen, wichtige Perspektive: Wir denken an Fort- und Weiterbildung als Instrument einer positiven Schulentwicklung. Dabei haben wir uns bisher hauptsächlich mit den *Lehrern* befaßt. Wir hätten aber unsere Argumentation ohne weiteres auch auf Schulleiter oder Schulaufsichtsbeamte beziehen können.

Damit stellt sich die Frage, ob es eigentlich sinnvoll ist, Fort- und Weiterbildung für die einzelnen professionellen Gruppen getrennt zu organisieren, wohlgemerkt: *sofern Schulentwicklung das Ziel ist*. Natürlich sind manche Themen gruppen- oder professionsbezogen, aber viele sind es eben nicht. Wäre es beispielsweise nicht vorteilhaft, wenn das Thema »Kommunikation« oder »Problemlösung« *kein* Spezialgebiet für besondere Schulleiterseminare bliebe, sondern gemeinsam bearbeitet würde von den Personen und Gruppen, die in der täglichen Praxis ihre Kommunikations- und Problemlösungsfähigkeiten verbessern sollen? Mein *erstes Anliegen* ist daher, daß wir jeweils genau bedenken müssen, wer die *Teilnehmer* an Fort- und Weiterbildungsmaßnahmen sind.

Mein *zweites Anliegen:* Ein Berufstätiger braucht neue, fordernde Aufgaben als Motivation für Fort- und Weiterbildung. Daß die täglichen Anforderungen sich ändern, ist die eigentliche Triebfeder. Wer in seiner Arbeit solche Herausforderungen nicht ganz konkret erlebt, dem fehlt die Basismotivation für berufsbezogenes Lernen.

Betrachtet man insgesamt, wie sich Kompetenz im Arbeitsleben bildet, so zeigt sich generell, daß das Lernen für die Praxis überwiegend am Arbeitsplatz, durch Selbststudium, Zusammenarbeit mit Kollegen sowie durch Anleitung und Supervision erfolgt (Å. DALIN 1993; vgl. auch DALIN und ROLFF 1991). Die Organisation des Arbeitsplatzes entscheidet also in erheblichem Maße über die Effektivität des Praxislernens. Ich habe dabei primär den *strukturellen Aspekt* der Frage im Auge. Außerdem zeigen einige der in diesem Kapitel erwähnten Studien, daß kollegiale Zusammenarbeit oder mehr noch die öfters gerühmte »offene und vertrauensvolle Lernkultur« für die professionelle Entwicklung maßgebend sind.

Mein *drittes Anliegen* ist daher, wie unsere Schulen organisiert sind. Nach Albert Shanker spiegelt die übliche Fortbildung eine veraltete Schulorganisation wider (SHANKER 1990). Die Frage ist nur, ob nicht die meisten Schulen noch immer eine sehr traditionelle Organisation haben, die den einzelnen Lehrer vom Kontakt mit Kollegen weitgehend isoliert.

Mein *viertes Anliegen* ist die Herkunft des Wissens. Sehr lange galt es als selbstverständlich, daß die Universitäten und Hochschulen Wissen produzierten und daß Fort- und Weiterbildung eine Strategie seien, dieses Wissen den Lehrern zu vermitteln. In den letzten 15 Jahren haben demgegenüber mehrere Kenner der Materie behauptet, daß die Lehrer selbst Wissen besäßen; Fortbildung müsse ihnen in erster Linie Gelegenheit und Zeit geben, die eigene Praxis kritisch zu reflektieren. – Heute dürfte wohl klar sein, daß keine dieser Positionen richtig sein kann. Ein Lehrer allein oder mehrere zusammen können sich sicher durch kritische Analyse und Reflexion wichtige neue Aspekte ihrer Arbeit bewußt machen. Es ist meiner Meinung nach nicht Aufgabe der Universitäten und Hochschulen, die Lehrer in dieser Hinsicht auszustechen; vielmehr sollen sie die Herausforderungen aus neuen Perspektiven beleuchten (vgl. auch MADSEN 1993). Es geht darum, eine neue Partnerschaft zu etablieren, eine neue Art des Dialogs zwischen gleichrangigen Partnern (siehe u. a. GOODLAD 1990b).

Mein *fünftes Anliegen* ist, Fort- und Weiterbildung nicht zu instrumentalisieren. Das geschähe z. B. dann, wenn zentrale Behörden diese Strategie dazu nutzten, den Lehrplan durchzusetzen und die Lehrer zu konformem Handeln zu veranlassen. Fort- und Weiterbildung dürfen nicht nur Werkstätten sein, in denen man Probleme zu lösen versucht. Ebensosehr müssen sie für die Teilnehmer Gelegenheit sein, ohne Vorbedingungen aufgrund eigener Erfahrungen Probleme zu definieren. Nur dann werden sie sich mit bestimmten Lösungen im Sinne eines Eigentümerverhältnisses identifizieren können.

Mein *sechstes Anliegen* ist, die Konzentration auf Schulentwicklung nicht derart eng aufzufassen, daß die Fort- und Weiterbildung sozusagen durch die Hintertür doch instrumentalisiert wird. Der persönlichen Entwicklung muß Raum gegeben werden, etwa durch solche Fortbildungsangebote, deren Nutzen nicht unmittelbar einleuchtet und deren Gegenstand in keinem sachlichen Zusammenhang zum Unterricht und seinen Ergebnissen steht. Das scheinbar Unnütze kann, gerade weil es »nur« der persönlichen Entwicklung des Lehrers dient, von fundamentaler Bedeutung sein, auf längere Sicht auch für seine Entwicklung als Lehrer. So gesehen sind traditionelle Universitätskurse, die fachliche Vertiefung und Reflexion ermöglichen, kaum zu überschätzen, auch wenn ihre Wirkungen nicht gleich meßbar sind.

In diesem Zusammenhang sei an Peter Senge erinnert (vgl. oben S. 86 ff.), der die Notwendigkeit lebenslangen Lernens betont. Wer sich einem solchen Lernprozeß persönlich verpflichte, entwickle die Fähigkeit, Probleme zu lösen, eigene verborgene »mentale Modelle« zu verstehen und sich neue Perspektiven zu erschließen (metanoia) (SENGE 1990).

Mein *siebentes Anliegen* ist, das Lernen der Lehrer – die verschiedenen Phasen, in denen sie Kompetenzen erwerben – in einer ganzheitlichen Perspektive zu sehen. Fort- und Weiterbildung müssen mit der Grundausbildung besser verknüpft werden. Zwischen Theorie und Praxis, den Fachdisziplinen und der Pädagogik und nicht zuletzt zwischen den verschiedenen Institutionen und Systemen, die auf dem Markt der Lehrerbildung agieren, gilt es einen fruchtbaren Austausch herzustellen. Noch einmal sei auf Shanker verwiesen (SHANKER 1990, vgl. S. 337): Keine der involvierten Institutionen setzt in der Fortbildung klare Prioritäten. Wie kann ein übergreifendes, der Konkurrenz der Institutionen enthobenes System der Berechtigungsnachweise geschaffen werden?

Mein *achtes Anliegen* ist, die Fortbildung als eigenständige Disziplin ernst zu nehmen. Aus den Arbeiten von Joyce und Stallings wissen wir recht gut, worauf zu setzen sich lohnt, wenn Fort- und Weiterbildung praktische Konsequenzen haben sollen (JOYCE und MURPHY 1990, STALLINGS 1989). Wer das liest, kann sich nicht der Einsicht verschließen, daß Fortbildung in den meisten Ländern ganz anders betrieben werden muß als bisher. Dazu gehört auch eine Reform der Finanzierung. Dabei reichen die Schätzungen von 5,7 % des gesamten Schulhaushalts (FULLAN 1991, S. 329) über 5 % der Personalkosten (Education Week 1993) bis zu 13 vollen Arbeitstagen *zuzüglich* erheblicher Geldmittel (in Schweden, EKHOLM 1989).

Mein *neuntes Anliegen* ist, daß Fort- und Weiterbildung, die auf eine Veränderung der Unterrichtspraxis und andere Veränderungen in der Schule abzielen, nur dann sinnvoll sind, wenn die verantwortlichen Akteure eine realistische Vorstellung davon haben, wie neue Praktiken sich in einer Schule normalerweise entwickeln. Solches »Innovationswissen« ist wichtig für die Professionalisierung der in der Fort- und Weiterbildung Tätigen und für die Lehrer, die die Durchführung verantworten.

## 8.12 Netzwerkstrategien

Bisher haben wir vor allem formale Strategien der Kompetenzentwicklung behandelt. Diese sind wichtig, doch sollte nicht vergessen werden, daß unser Lernen für die Praxis zu einem erheblichen Teil informell geschieht, am Arbeitsplatz, in der Freizeit und in inoffiziellen »Netzwerken«.

Was ist ein Netzwerk? Es ist keine Organisation im gewöhnlichen Sinne, weil ihm formale Regeln und Strukturen fehlen. Ich verstehe unter einem Netzwerk ein vorübergehendes soziales System, in dem der einzelne mit möglichst wenig Aufwand maximalen Informationsgewinn anstrebt (DALIN 1977).

In der Schule existieren mehrere Netzwerke. Im Zusammenhang mit der Schulentwicklung haben sich einige nationale und internationale Netzwerke gebildet. Bewegungen wie »Cooperative Learning« und »Organization Development Network« exemplifizieren zwei verschiedene Arten. Die erste versammelt Lehrer, Schüler und einige Entscheidungsbefugte um eine Reformidee. Die andere ist ein Forum für Personen, die Organisationsentwicklung betreiben. Beide haben gemeinsam, daß sie die Mitglieder nur während einer kurzen Periode verpflichten, daß die Mitglieder selbst sie aufrechterhalten und daß sie von ihnen profitieren (sonst gäbe es die Netze ja nicht).

Netzwerke haben, obwohl sie ganz verschiedenen Zwecken dienen können, einige durchgängige Merkmale:
1. Sie haben eine horizontale Struktur, d. h. sie bestehen normalerweise aus Personen, die in der Schule die gleiche Rolle haben. In der Regel handelt es sich um Kollegen-Netzwerke.
2. Die meisten Netzwerke bestehen nicht permanent, sondern nur einige wenige Jahre, bis die Teilnehmer den erhofften Nutzen erreicht haben.

Netzwerke können eine der vier folgenden Funktionen erfüllen oder mehrere von ihnen kombinieren:

1. *Politische Funktion:* Durch Netzwerke trifft man »die richtigen Leute«. Ich denke an »das Golfsyndrom«: In den USA gehören die meisten Geschäftsleute in leitenden Stellungen einem Golfklub an, aber keinem beliebigen. Es soll möglichst der teuerste sein – mit langen Wartelisten! Die Zusammenkünfte im Klub schaffen Kontakte und die Möglichkeit, potentielle Konflikte auf informelle Weise zu lösen.
2. *Informationsfunktion:* Kenntnisse und Informationen sind oft entscheidend in Situationen, für die es keine einfachen Rezepte gibt. Gewöhnliche Informationskanäle wie Bücher, Zeitschriften und Forschungsberichte hinken der pulsierenden Entwicklungsarbeit hinterher. Direkter persönlicher Kontakt bei einer Tasse Kaffee kann wertvolle Informationen vermitteln.
3. *Psychologische Funktion:* Viele, die in einer Entwicklungsfunktion tätig sind, fühlen sich in ihrer eigenen Institution isoliert. Eine Gemeinschaft mit anderen in der gleichen Rolle gibt die für die tägliche Arbeit nötige Anregung und Unterstützung.
4. *Fertigkeitsfunktion:* Netzwerke ermöglichen das Training von Fertigkeiten, die für die Arbeit, die man tut, wichtig sind. Da Schulentwicklungsarbeit mit manchen Traditionen bricht, haben Schulen und Hochschulen selten gute einschlägige Angebote. So wird es wichtig, von Kollegen in gleicher Rolle durch ein Netzwerk zu lernen.

**Entscheidungsnetzwerke:** Personen, die im Schulwesen Entscheidungen zu treffen haben, sind bereits durch informelle Netzwerke verbunden – auf örtlicher, regionaler, nationaler und internationaler Ebene. Organisationen wie die OECD ermöglichen informelle Kontakte. Schulkonferenzen in Regie der Fachausschüsse und sonstige Treffen geben Schulleitern oft Gelegenheit, Schulprobleme zwanglos zu besprechen. Denn für diese Treffen gilt wohl, daß nicht das offizielle Geschehen zählt, sondern das, was »am Rande« in den Korridoren und Ecken besprochen wird.

Wir sollten uns die Bedeutung solcher informellen Netzwerke wirklich klarmachen. Denn es unterliegt doch wohl keinem zweifel, daß Dauerbesucher solcher Konferenzen nicht kommen, um sich bestimmte Kenntnisse und Fertigkeiten anzueignen. Ich habe in anderem Zusammenhang betont, daß man Entscheidungen im Bildungswesen oft auf unsicherer Grundlage treffen muß, weil man über die Sache zu wenig weiß und weil Entscheidungen oft unerwünschte Folgen haben (siehe auch Kapitel 10). Zusammenkünfte derer, die entscheiden müssen, erfüllen daher eine psychologische Funktion: »Wenn *er* das meint, dann kann es wohl nicht ganz verkehrt sein, wenn ich das tue, was ich mir überlegt habe.« Auch eine politische Funktion ist denkbar. Netzwerke schaffen Normen, die man nicht ungestraft verletzt. Häufige Landestreffen der Entscheidungsbefugten schaffen mehr Einheitlichkeit im Entscheidungsverfahren.

Damit bekommen auch solche Netzwerke Macht. Wer keinem Netz angehört, muß mehr kämpfen, wenn er eine Idee durchsetzen will. Im umgekehrten Falle genügt vielleicht schon ein Telefongespräch, und die Sache ist im gewünschten Sinne geregelt. Wir sahen schon bei der Theorie der sozialen Interaktion, daß es wichtig ist, wer man ist und wo im Netz man placiert ist. Es kommt mit anderen Worten darauf an, Beziehungen zu haben.

Das sind unpopuläre Gedanken in einem Schulsystem, das nach außen Wert auf Chancengleichheit legt. Eine Staatsbürokratie, wie wir sie aus vielen europäischen Ländern kennen, legitimiert ihre Tätigkeit durch möglichst objektives Handeln. In Norwegen zeigte aber z. B. der »Untersuchungsbericht Macht«, der die in der Gesellschaft wirkenden Interessengruppen auf ihre Macht hin analysierte, daß die informellen Prozesse ebenso entscheidend sein können wie die offiziellen, auch in der Staatsverwaltung (siehe z. B. HERNES 1982).

**Lehrernetzwerke:** In den siebziger und achtziger Jahren haben sich Lehrernetzwerke in der ganzen westlichen Welt kräftig entwickelt. Die wichtigste Bewegung waren die »teacher centres« in Großbritannien, von denen einige freilich jetzt aus finanziellen Gründen wieder geschlossen sind. Auch in den USA sind nur noch wenige Zentren übrig. In Italien wächst die Bewegung noch. In Australien hat sich eine Variante gebildet, bei der auch Eltern mitwirken. Die skandinavischen Länder bekamen in den siebziger Jahren pädagogische Zentren und »Entwicklungsblocks« (Schweden). Zwar kann man die norwegischen pädagogischen Zentren mit den britischen »teacher centres« nicht einfach gleichsetzen; es gab und gibt viele verschiedenartige Modelle. Eines aber haben sie alle gemeinsam: Sie geben Lehrern die Möglichkeit, einander über Schul- und Gemeindegrenzen hinweg zwanglos zu treffen (OECD 1973).

In den USA waren »teacher centres« ein Phänomen von relativ kurzer Dauer. Sie entstanden in der zweiten Hälfte der siebziger Jahre als mehr oder minder verzweifelter Versuch, Schulentwicklung zu fördern, nachdem sich gezeigt hatte, daß das traditionelle Fo-E-Modell nicht den Erwartungen entsprach. Nach Yarger, der »teacher centres« in den USA und Europa untersucht hat, signalisiert schon der Begriff Praxisnähe (YARGER 1990). Die war in der amerikanischen Schulentwicklung der siebziger Jahre Mangelware.

Ein typisches amerikanisches »teacher centre« hatte nur zwei bis drei Angestellte und einen Haushalt von umgerechnet 120 000 bis 350 000 Mark. Es veranstaltete jährlich ungefähr 60 Seminare oder Lehrertreffen mit je ca. 25 Teilnehmern. Außerdem organisierte es durch Kollegentreffen und den Einsatz von Beratern individuelle Hilfen für nicht weniger als 2 300 Lehrerinnen und Lehrer im Jahr! Mindestens 75 % der Kurse waren direkt praxisbezogen. Die Zentren konnten auf Veränderungen des Bedarfs rasch reagieren und waren auf den einzelnen Lehrer hin orientiert. In mancher Hinsicht waren sie Vorläufer des heute vielberufenen »Teacher Empowerment« (YARGER 1990).

Bezeichnenderweise entstanden »teacher centres« zuerst in den »dezentralisierten« Ländern. Hier war der Bedarf klar: Die einzelne Schule und der einzelne Lehrer waren für die Ausarbeitung von Lehrplänen und die Entwicklung von Materialien verantwortlich. Man brauchte Zentren, die zu dieser Arbeit Anregungen lieferten. Sie konnten Lehrer zusammenführen, damit sie voneinander lernten, sie konnten vorhandene Materialien und Ausrüstungen zur Herstellung neuer sammeln sowie »maßgeschneiderte« Kurse oder »hands-on-experiences« anbieten, die Universitäten und Hochschulen nicht hatten.

Der Begriff »teacher centre« umfaßt alles mögliche von einem Klassenraum in einer Schule mit einem teilzeitbeschäftigten Lehrer als Leiter bis zu einem gutausgebauten Zentrum mit einem großen Stab von Fachberatern. Das letzte trifft weitgehend auf die niederländischen und norwegischen pädagogischen Zentren zu. Sie wurden mehr als die »teacher centres« zu lokalen Versuchszentren. Sie waren bemüht, Entwicklungsprojekte in Gang zu bringen, Kurse vorzubereiten und überhaupt in die Schulentwicklungsarbeit »einzusteigen«. Norwegen und die Niederlande haben also die Zentren am deutlichsten auf Fachberatung und Versuche hin orientiert. Weniger ausgeprägt ist in ihnen der *soziale* Aspekt, die informelle Zusammenarbeit, die die Bildung fachlicher Gemeinschaft fördert und indirekt Haltungen und Verhaltensweisen derer stützt, die inoffiziell eine Führungsrolle übernehmen.

»Teacher centres« und pädagogische Zentren hatten ihre große Zeit in den siebziger und achtziger Jahren. Sie waren in der Regel als Stabsfunktionen aufgebaut. Sie hatten im System keine formale administrative Macht; sie waren als Servicebetriebe neben den Entscheidungswegen angesiedelt. In einem hierarchischen System kann das ein Vorzug sein; aber es kann auch Nachteile mit sich bringen. So bekommen in finanziell angespannten Zeiten gerade solche Zentren Sparmaßnahmen zuerst zu spüren. Sie gelten dann als »Luxus«, der für die tägliche Arbeit nicht unbedingt erforderlich ist. Vereinzelt sah man in ihnen auch Versuchszentren zur Durchsetzung einer bestimmten Pädagogik oder sogar einer bestimmten Schulpolitik.

Als die finanziellen Zwänge in den achtziger Jahren stärker wurden, waren die Zentren bemüht, ihre Existenzberechtigung nachzuweisen. Am einfachsten war es, Produkte vorzuzeigen: einen vollen Kurskatalog, gute »hausgemachte« Materialien und möglichst viele Konferenzen. Der Netzwerk-Gedanke dagegen war nicht so leicht zu rechtfertigen: Daß die Zentren ein Ort der informellen Begegnung, der gegenseitigen Hilfe und Anregung waren, ließ sich im Jahresbericht nur schwer unterbringen.

Der entscheidende Unterschied zwischen einer Netzwerkstrategie und einer Versuchsstrategie sollte in aller Schärfe betont werden: Netzwerke sind freiwillige Gruppierungen von Lehrern, die in eigener Initiative Methoden entwickeln, einander anzuregen und zu helfen. Niemand kann gezwungen werden. Aber genau darin liegt auch die Begrenzung von Netzwerken: Sie erreichen selten die, die sie am nötigsten hätten. Sie dringen kaum je bis zur »Peripherie« vor. Und eben das lehrt ja die Theorie der sozialen Interaktion: Die Placierung des einzelnen im Netz entscheidet darüber, wieviel er profitiert.

Die Dezentralisierung wird die Diskussion um die Zentren von neuem entfachen. Kann die einzelne Schule wirklich »entwicklungsautonom« werden, und können die Zentren immer dann helfen, wenn die Schulen es wünschen? Oder brauchen diese ein von ihnen unabhängiges »Initiativzentrum«? Sicher kann die Antwort nicht einfach ja oder nein lauten. Die Netzwerkstrategie ermöglicht Initiative und Führung an mehreren Orten (einschließlich der pädagogischen Zentren). Pionier der Entwicklung wird sein, wer tragende Ideen hat und die Kraft, sie durchzusetzen. Aber die Kraft hängt von Ressourcen ab. Deren Verwendung und Verteilung vor Ort wird damit zu einer ganz zentralen Frage.

Aus anderen Ländern wissen wir, daß landesweite Lehrernetzwerke das Übliche sind. In Europa gibt es einige, die sich um pädagogische Ideen gebildet haben, z. B. das von Frankreich ausgehende »Freinet-Netzwerk« oder die Kooperative »Pädagogik der Arbeit« (Arbetets Pedagogikk) in Schweden. In Nordamerika existieren einige Organisationen und informelle Netzwerke, die sich der fachlichen Entwicklung verschrieben haben. Wie in Skandinavien sind es meistens solche, die sich auf ein Fach oder Fachgebiet konzentrieren. Abgesehen von den Fällen, wo die Mitgliedschaft bestimmte Vorteile bringt (z. B. fachliche Qualifikation), hat sich gezeigt, daß freiwillige Netzwerke von kurzer Dauer sind. Sie sind schwer zu finanzieren, und sie dienen ihrem Zweck nur kurze Zeit.

**Schulnetzwerke:** Einer der am häufigsten beschriebenen Versuche, ein Netzwerk von Schulen ohne Rücksicht auf traditionelle Entscheidungswege zu bilden, war das »IDEA-Projekt« in Kalifornien. IDEA war eine der Kettering Foundation unterstellte Forschungsorganisation, geleitet von Professor John Goodlad. Dem IDEA-Netzwerk gehörten 18 Schulen in Kalifornien an, die mehrere Jahre hindurch voneinander zu lernen versuchten. Praktisch handelte es sich primär um ein Schulleiternetzwerk, aber es war auch für die Lehrkräfte der beteiligten Schulen von Bedeutung (GOODLAD 1975b). Die Zusammenarbeit brachte einige interessante Erkenntnisse, vor allem zur Art und Weise schulischer Veränderungen.

Bei Versuchen, den Gedanken eines Schulnetzwerkes zu kopieren, wird oft übersehen, daß dem IDEA-Forschungsprojekt relativ große Mittel zur Verfügung standen. Wahrscheinlich hätte es andernfalls nicht die gleichen langfristig wirksamen Ergebnisse gehabt.

Die meisten Erfahrungen besagen, daß lokale Netzwerke anscheinend schwerer aufrechtzuerhalten sind als nationale und internationale. Das hängt wahrscheinlich mit Konkurrenz und psychologischen Faktoren zusammen. Es ist bekannt, daß benachbarte Schulen selten voneinander lernen. Netzwerke sollten daher interkommunal, besser noch landesweit organisiert werden.

Wahrscheinlich erleichtern in Zukunft die preisgünstigen elektronischen Netzwerke den informellen Netzwerken das Überleben. 1994 waren schon 50 Millionen Menschen, darunter viele Schüler, internationalen elektronischen Netzwerken angeschlossen, ebenso mehrere tausend Schulen verschiedenen Schulnetzwerken. Nach meiner Überzeugung liegen hier unabsehbare Lernmöglichkeiten, vor allem weil dieses einzigartige Kommunikationsmedium keine politischen, religiösen oder ideologischen Grenzen kennt.

In anderem Zusammenhang habe ich darauf hingewiesen, daß Netzwerke von Organisationen erfahrungsgemäß selten von Dauer sind. Entweder lösen sie sich selbst auf, oder sie münden in dauerhaftere Organisationsformen ein. Normalerweise sind es auch in solchen Netzwerken einzelne Personen, die letzten Endes profitieren (DALIN 1977).

Öfters hat man versucht, Lehrern mit Hilfe von Netzwerken das Lernen voneinander zu ermöglichen. Die am besten gelungenen Versuche sind wohl »Lehrermärkte«, auf denen versuchsinteressierte Lehrer sich treffen konnten, um Erfahrungen auszutauschen. Es ist wirklich erstaunlich, was alles bei solchen Gelegenheiten von Lehrern freiwillig geleistet wird. Obwohl diese Treffen nur kurze Zeit dauern, bieten sie viele Möglichkeiten, Kontakte zu knüpfen und Anregungen zu erhalten.

Es läge nahe, in diesem Zusammenhang auch auf Schüler- und Elternnetzwerke einzugehen. Es ist eine allgemeine Erfahrung, daß solche Netzwerke noch schwerer zu bilden und aufrechtzuerhalten sind. Hier kommt ja der besondere Umstand hinzu, daß die Beteiligten an der Schule nur relativ kurze Zeit Interesse haben. Aber bezeichnend ist auch, daß es sehr schwierig ist, öffentliche Mittel für die Eltern- und Schülerarbeit zu mobilisieren. Ich wage zu behaupten, daß die Bewilligung von Mitteln für Netzwerke zur Zahl der Teilnehmer umgekehrt proportional ist:

**Abb. 36: Ressourcen und Netzwerke**

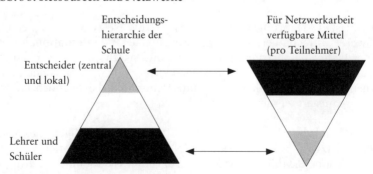

Die Abbildung 36 zeigt, wie schwierig, relativ gesehen, es ist, Geld für Reisen und Konferenzen zu bekommen. Am meisten gibt es für die, die am höchsten in der Hierarchie sitzen. Weiter abwärts auf der Rangleiter gibt es immer weniger Geld pro Interessent. Je mehr Beurteilungsinstanzen ein Wort mitreden, desto schwieriger wird die Mobilisierung von Mitteln, wenn es um »exotische« Reiseziele geht.

Netzwerke als Entwicklungsstrategie haben eine Zukunft. Persönlicher Kontakt quer zu den Hierarchien und am besten in einiger Entfernung von der täglichen Turbulenz kann für die Entwicklungsarbeit in allen Phasen große Bedeutung haben. Aber diese Bedeutung ist vermutlich für die verschiedenen Teilnehmer unterschiedlich, und sie variiert auch in den einzelnen Phasen. Wir wissen, daß Netzwerke für die, die Entscheidungen zu treffen haben, in einer Motivierungsphase (bevor eine Arbeit beginnt) eine politische Funktion haben können. In einer Durchführungsphase können Netzwerke Lehrern helfen, sich praktische Fertigkeiten anzueignen, und wahrscheinlich haben sie für die meisten Teilnehmer in allen Phasen eine informatorische und psychologische Funktion. Aber wir wissen noch zu wenig Konkretes über Netzwerke: warum sie sich bilden, was sie am Leben hält und warum sie absterben. Wir wissen immerhin, daß sie wenig kosten. Relativ bescheidene Ressourcen können zu ihrer Unterhaltung ausreichen. In Zeiten, da die Mittel knapp sind, können also gerade Netzwerke zu einer wichtigen Entwicklungsstrategie werden. Andererseits sind sie manchmal schwer »sichtbar« und ihre Wirkungen schwer zu messen, ein Umstand, der in wirtschaftlich schwierigen Zeiten wiederum *gegen* Netzwerke sprechen kann.

## 8.13 Schüler und Eltern in der Schulentwicklung

Das wichtigste Individuum in der Schule ist *die Schülerin oder der Schüler*. Was wäre also natürlicher, als daß Schüler an der Entwicklung der Schule, ihres eigenen Arbeitsplatzes, aktiv mitwirken? In anderem Zusammenhang haben wir betont, daß neben der Beschäftigung mit dem Unbekannten die Mitbestimmung über den Arbeitsplatz und die Institution, der man angehört, zu den wichtigsten erdenklichen Vorbereitungen auf die Zukunft zählen kann (DALIN und ROLFF 1991). So müssen wir, wenn wir von personbezogenen Strategien sprechen, selbstverständlich darauf eingehen, wie der einzelne Schüler und der einzelne Elternteil an der Erneuerung der Schule mitarbeiten kann.

In Kapitel 3 erwähnten wir, daß in den skandinavischen Ländern, allgemein gesehen, weder Schüler noch Eltern an der Schulentwicklung aktiv beteiligt sind (vgl. oben S. 127 ff.). Die Situation im einzelnen variiert natürlich mit dem jeweiligen Land, mit der Ebene des Bildungssystems und mit dem Sachgebiet (z. B. beteiligen sich Schüler etwas mehr, wenn es primär um ihre Rolle geht).

In dem Buch *Lernen durch Teilnahme* haben Dalin und Skrindo auf die Bedeutung der aktiven Mitwirkung von Schülern bei der Schulentwicklung hingewiesen (DALIN und SKRINDO 1983). Auch die amerikanische Stiftung »National Center for Resources of Youth« (NCRY) hat in Studien, die sich über mehrere Jahre erstreckten, den Wert des Lernens durch Teilnahme unterstrichen (DOLLAR 1981). Conrad und Hedin von der Universität von Minnesota wiesen nach, daß Schüler, die an der Planung eigenen Lernens teilnehmen, mehr als andere Schüler lernen (CONRAD und HEDIN 1981). Zu dem gleichen Ergebnis kamen Goodlad in der das ganze Land umfassenden Studie *A Place Called School* (GOODLAD 1984) und IMTEC bei der Beurteilung von Reformen der norwegischen Krankenpflegerausbildung (DALIN 1979, DALIN und SKARD 1986).

In Kapitel 3 erwähnte ich, daß Schüler selten an Entscheidungen mitwirken, die ihr eigenes Lernen betreffen. Sie werden vielmehr als unreif und unmotiviert behandelt, wie ungelernte Arbeitskräfte, die nicht fähig sind, Verantwortung für ihr Lernen zu übernehmen (vgl. oben S. 128). Arends, Schmuck und Arends haben gezeigt, wie systematisches Fernhalten der Schüler von allen Entscheidungen die Schule in einen Teufelskreis führt. Zugleich zeigten sie, wie Schüler konstruktiv in die Schulentwicklung einbezogen werden können (ARENDS, SCHMUCK und ARENDS 1980).

Gewöhnlich betrachten wir die Schüler als Menschen, die *behandelt* werden und schließlich Freude an unseren Projekten haben sollen. Sie sind sozusagen *Produkte* des Schulsystems. Ihnen sollen Dienstleistungen angeboten werden, sie sollen beschützt, kontrolliert, bestraft oder auf andere weise von Erwachsenen erzogen werden. Selten werden sie als vollwertige Mitglieder der Schulgemeinschaft angesehen, die an Planungen, der Lösung von Problemen oder der Durchführung von Änderungen teilnehmen können.

Nach Sarason werden die Regeln der Kommunikation in der Klasse gewöhnlich vom Lehrer bestimmt. Das beruht auf der Annahme, daß er es am besten weiß und daß die Schüler an der Entwicklung von Regeln nicht konstruktiv mitarbeiten können, ja daran auch nicht interessiert sind – und daß die Regeln für sie, nicht für den Lehrer da sind (SARASON 1982). Ich hoffe und glaube, daß dies ein Zerrbild ist, ein Zerrbild auch amerikanischer Klassenräume. Des weiteren behauptet Sarason, die Schüler wüßten kaum, wie der Lehrer denkt. Seine Selbstreflexion, die nicht an die Öffentlichkeit komme, sei aber gerade das, was die Schüler am meisten interessiere. – Mit alledem will Sarason sagen, daß der Mangel an Offenheit und Gegenseitigkeit die Mitwirkung der Schüler nachweislich behindert.

Schüler als Objekte zu betrachten ist sehr gefährlich. Erstens kennen sie die Schule aus erster Hand. Wenn jemand weiß, wo der Schuh drückt, so sind das doch wohl zu allererst die Schüler? Auf jeden Fall können sie wertvolle Informationen liefern. Zweitens neigen die Mitglieder einer Organisation, die wenig Macht haben, in einem Entwicklungsprozeß zu unproduktiven Reaktionen. Sie sind nicht vorher angehört worden; oft fürchten sie, Änderungen könnten ihre Situation verschlechtern, und manchmal reagieren sie mit Protesten. Ist es so abwegig zu glauben, daß Schüler in gleicher Weise wie Lehrer »Aufmerksamkeitsstadien« durchlaufen?

Arends, Schmuck und Arends nennen mehrere Gebiete, auf denen Schüler großes Interesse zeigen, an Entscheidungsprozessen teilzunehmen, und auf denen ihre Belange durch Entwicklungsprojekte direkt berührt sind. Schüler wollen wissen, was gerecht ist, wie sie Gefühle (einschließlich Wut) ausdrücken können und was konkret von ihnen erwartet wird. Wann dürfen sie mit der Lehrerin oder dem Lehrer uneins sein, und welche Folgen hat das? Wie werden Klassenarbeiten korrigiert, und wie können sie an der Diskussion der Kriterien beteiligt werden?

Schüler interessieren sich auch für allgemeinere Schulfragen. Sie wollen auf das Wahlfachangebot Einfluß nehmen. Sie wollen das Profil der Schule mitgestalten. Sie wollen bessere Formen des Zusammenlebens schaffen und ganz allgemein ein besseres Schulklima.

Nach Fullan gilt es zu begreifen, daß nicht nur Lehrer, sondern auch Schüler sich ändern müssen, wenn Schulentwicklung eine Realität werden soll (FULLAN 1991). Und Schüler seien ebensowenig wie Lehrer bereit, nur Anweisungen entgegenzunehmen. Sie müßten mitwirken, soweit das realistischerweise möglich sei. In Wirklichkeit würden sie kaum je gefragt! Daher reagieren sie oft mit Verwirrung; sie ignorierten das Geschehen (»Es bleibt ja doch alles beim alten«), oder sie betrachten es als Unterbrechung der Langeweile. – Fullan verweist auf mehrere Studien, die den gleichen Befund zeigen: Von vielen Versuchen der Erneuerung merken die Schüler nichts, weil sie ihre Arbeitssituation oder ihr Lernen nicht verändern. Und wenn in seltenen Fällen wirklich Veränderungen eintreten, werden die Schüler von ihnen überrascht. Ein Schüler, auf den Fullan sich bezieht, drückt das so aus: »... Plötzlich sagen sie (die Lehrer), daß sie nun anfangen wollen, uns so zu unterrichten, als seien wir erwachsen, ... nachdem sie uns jahrelang wie Babies unterrichtet haben« (FULLAN 1991, S. 183).

Das Ziehen von Grenzen ist ein Problem, das die meisten Schüler beschäftigt. Dabei lautet die Frage nicht unbedingt »Wie weit können wir die geltenden Regeln dehnen?«, sondern »Welche Regeln sind gerecht?« und »Welche geben uns die besten Lernchancen und die besten Möglichkeiten zur Gemeinschaft?« – Schüler sind auch stark daran interessiert, welche Lehrer sie bekommen. Dürfen sie dabei irgendwie mitreden? Wie können sie mit Lehrern, die schlecht unterrichten, in einen Dialog eintreten, damit die Situation sich bessert? Warum werden die Erfahrungen der Schüler nicht ausgewertet, wenn die Schule erneuert werden soll?

Eine Frage ist besonders schwierig, wenn wir die Mitwirkung der Schüler bei der Schulentwicklung beurteilen wollen, nämlich welchen Einfluß sie auf den Schulbesuch des *nachrückenden* Jahrgangs haben sollen. In einer dreijährigen Schule werden jedes Jahr 33 % der Schüler ausgewechselt. Erfahrungen aus Schulen, die Veränderungen ihres Unterrichts aufgrund von Schülerurteilen vornehmen, lassen erkennen, daß manche Klassen recht ausgefallene Meinungen zum Unterricht und zum Schulmilieu haben. Inwieweit sollen die Lehrkräfte auf Urteile einer einzelnen Klasse Rücksicht nehmen (DALIN und SKARD 1986)?

Während die Lehrer »den stabilen Kern« einer Schule ausmachen, wechseln die Schüler in regelmäßigen Abständen. Wir wissen auch, daß die einzelnen Klassen in ihrem Arbeitsverhalten äußerst verschieden sein können. Wie »haltbar« sind da Schülerurteile? (Wir sehen hier ab von der Frage der Reife). Wenn die Schüler längere Zeit aktiv mitarbeiten und wenn einem Dialog zwischen Lehrern und Schülern der Boden bereitet wird, gibt es nach meiner Auffassung keinen Grund, die Meinungen der Schüler für belanglos zu halten. Daß diese Meinungen von Klasse zu Klasse teilweise stark differieren, ist *gerade* eine wichtige Information. Wir wissen, daß das Klassenklima für das Lernen und Wohlbefinden große Bedeutung hat. Daher müssen wir damit rechnen, daß das, was von außen wie ein gleichwertiges Unterrichtsangebot aussieht, nicht unbedingt gleichartig ist.

Wir wissen wenig über aktive Teilnahme von Schülern an Schulentwicklung. Die Tendenz in Skandinavien ging dahin, auf eine repräsentative

Schülerdemokratie zu setzen und oft einen oder zwei Schüler in Komitees zu wählen, die Fragen der Schulentwicklung behandelten. Es ist zweifelhaft, ob diese Art der Beteiligung von dem einzelnen Schüler als wichtig erfahren wird und ob der Schülerbeitrag für das Ergebnis nennenswerte Bedeutung hat.

In dem Buch *Lernen durch Teilnahme* (DALIN und SKRINDO 1983) haben wir an etwa 70 Beispielen aus Skandinavien, den Niederlanden, Großbritannien und Nordamerika gezeigt, daß Schüler eine ganz andere Rolle als die übliche spielen können. Sie können für das eigene Lernen, das Lernen anderer und für Aufgaben in und außerhalb der Schule Verantwortung übernehmen. Und wir fanden, daß sie durch solche *Teilnahme* mehr lernten und sich in ihrer Rolle wohler fühlten.

Andere, über mehrere Jahre sich erstreckende Untersuchungen haben eindeutig positive Ergebnisse des kooperativen Lernens (Cooperative Learning) erwiesen. Das gilt für das Lernen des einzelnen ebenso wie für seine Entwicklung als Person, seine soziale Entwicklung und das Arbeits- und Lernklima. Vor allem Robert E. Slavin von der John Hopkins-Universität hat sich damit systematisch befaßt und kann nachweisen, daß es erhebliche positive Lerneffekte hat, wenn man Schüler im Klassenraum und in der Schule *aktiv als Ressource einsetzt* (SLAVIN 1990).

Alle Formen des kooperativen Lernens verbindet der Grundgedanke, daß der einzelne sowohl für das eigene Leben als auch für das der anderen in der Gruppe verantwortlich ist. Im Unterschied zu gewöhnlicher Gruppenarbeit ist *kooperatives Lernen die primäre Organisationsform des Unterrichts*. Dabei ist vorausgesetzt, daß

– jede Lerngruppe (meist in Absprache mit dem Lehrer) sich klare und realistische Ziele setzt, an denen sie gemessen wird und für deren Erreichung sie belohnt wird;
– bei der Beurteilung der Produktivität der Gruppe *die Lernfortschritte jedes einzelnen Schülers* zählen. Damit wird es für die Schüler wichtig, einander zu helfen, so daß jeder die Aufgaben bewältigt, die *der einzelne Schüler* haben muß;
– alle Schüler *die gleichen Chancen haben, zur Produktivität der Gruppe beizutragen*, da der Einsatz des einzelnen systematisch *in Relation zu seinen Voraussetzungen* beurteilt wird.

Die meisten Formen kooperativen Lernens gehen von Vierergruppen aus. Es gibt inzwischen eine ganze Reihe Methoden, Techniken und

Materialien, die den einzelnen Schülern und Gruppen beim Erreichen ihrer Ziele helfen – und die den Lehrer in die Lage versetzen, den Schülern und Gruppen, die es am meisten brauchen, mit kritischem Rat beizustehen. Kooperatives Lernen ist also nicht das gleiche wie Gruppenarbeit, die oft eine ziemlich unsystematische Ergänzung des gewöhnlichen Frontalunterrichts ist. Beim kooperativen Lernen ist die Arbeit sehr genau und systematisch organisiert.

Es liegen heute schon über 60 umfassende Studien zu den Wirkungen kooperativen Lernens vor. Es ist nie ernstlich bezweifelt worden, daß die Schüler sich sozial entwickeln, daß sie Zusammenarbeit und das gemeinsame Lösen von Problemen lernen und in ihrer Persönlichkeitsentwicklung gefördert werden. Es gibt ferner deutliche Parallelen zwischen kooperativem Lernen und dem Lernen außerhalb der Schule. Dort ist ja auch das Lernen zusammen mit anderen erwünscht. Viele Betriebe wollen ihr System der Wissensverarbeitung fortentwickeln. Dabei sind oft situationsbedingte, konkrete, zielorientierte Aufgaben zu lösen.

Als Gegenargument hat man vorgebracht, kooperatives Lernen schwäche das fachliche Niveau. Das Gegenteil ist richtig. Kooperatives Lernen ist in Tausenden von Klassenzimmern über Jahre hin systematisch geprüft worden. Und nimmt man die Ergebnisse traditioneller Tests als Maßstab, so zeigt sich ganz klar, daß Schüler, die sich den Stoff in der einen oder anderen Form kooperativ erarbeiten, mehr lernen – zum Teil erheblich mehr – als die traditionell unterrichteten.

Diese Ergebnisse werden nach und nach auch von Ökonomen und anderen beachtet, die sich sonst nicht besonders für pädagogische Methoden interessieren. Wissenschaftler der Stanford-Universität, der Universität von Arizona und der Entwicklungsorganisation »Research for Better Schools« in Philadelphia haben in einer gemeinsamen Arbeit vier Strategien zur Qualitätsverbesserung von Schulen (gemessen an den Leistungen in Mathematik und der Muttersprache) verglichen:

*Erhöhung der Stundenzahl*: Diese Strategie ist offenbar die naheliegendste, wenn man erreichen will, daß Schüler mehr lernen. Je mehr Stunden, desto mehr Kenntnisse? Ein Schuljahr hindurch wurde in der Grundschule die Zahl der Stunden im Lesen um 40 % und die der Mathematikstunden um 74 % erhöht. Die Ergebnisse waren sehr enttäuschend: Von allen Maßnahmen hatte diese Strategie den geringsten Effekt. Trotz der stark erhöhten Stundenzahl lernten die Schüler nur wenig mehr als die Kontrollgruppen, die den herkömmlichen Stundenplan hatten. Die sollten alle die zur Kenntnis nehmen, die energisch für mehr Stunden in einem bestimmten Fach plädieren.

*Verminderung der Schülerzahl pro Klasse:* Die Wirkungen dieser Strategie wurden aufgrund von 77 verschiedenen Studien ermittelt. Eine Verminderung der Schülerzahl von 35 auf 20 zeigt positive Ergebnisse (besonders in Mathematik). Eine weitergehende Reduktion auf unter 20 Schüler bringt dagegen nur noch unbedeutenden Gewinn. Horsfjord und Dalin haben in einer 8 000 Schüler umfassenden Untersuchung des naturwissenschaftlichen Unterrichts in norwegischen Schulen gezeigt, daß die Schüler erst dann fachlich profitieren, wenn die Zahl 8 pro Klasse unterschritten wird (HORSFJORD und DALIN 1988). Das widerspricht dem gesunden Menschenverstand. Die Lehrer können doch dem einzelnen um so mehr Zeit widmen, je weniger Schüler in der Klasse sind! Die Sache ist nur die, daß dies nicht automatisch geschieht. Es ist eine Tatsache, daß in Norwegen die Zahl der Schüler pro Lehrer in den letzten Jahren deutlich zurückgegangen ist. Es gibt nur wenige Anzeichen dafür, daß die Qualität des Unterrichts entsprechend gestiegen ist.

*Systematischer Einsatz EDV-gestützten Unterrichts:* Zur Beurteilung dieser Strategie wurden vier Jahre lang die Wirkungen von »Drill«-Programmen untersucht, die in drei Fächern – Mathematik, Lesen und Fremdsprachen – je zehn Minuten täglicher Arbeit am Computer vorsahen. Es zeigt sich, daß die Schüler dabei *erheblich mehr* lernen als im herkömmlichen Unterricht. Das gilt vor allem für die technischen Fertigkeiten. Dagegen wurde das Verständnis von Begriffen durch den EDV-Einsatz nicht gefördert. Vergleichen wir die Wirkung EDV-gestützten Unterrichts und der Verminderung der Schülerzahl *in Relation zu den Kosten,* so zeigt sich in Mathematik ungefähr das gleiche Ergebnis. Das Lesen wird durch den Computer ungleich deutlicher verbessert.

*Schüler als Ressource:* Diese Strategie besagt im Kern, daß Schüler als Hilfslehrer anderer Schüler eingesetzt werden. Um die Wirkung der Maßnahme beurteilen zu können, zogen die Forscher zum Vergleich eine Kontrollgruppe heran, die von *erwachsenen Privatlehrern* unterrichtet wurde. Die Ergebnisse der Untersuchung sind verblüffend: Beim Vergleich der Strategie *Schüler als Ressource* mit den drei anderen zeigt sich, daß sie in Mathematik neunmal so effektiv ist wie die Erhöhung der Stundenzahl und viermal so effektiv wie die Verkleinerung der Klasse oder der Einsatz von Computern. Sie erreicht nicht ganz das gleiche wie ein erwachsener Privatlehrer, doch sind ja die Ausgaben vergleichsweise minimal. Im Leseunterricht sind die Ergebnisse weniger aufsehenerregend; aber wiederum ist die Strategie *Schüler als Ressource* am effektivsten, gefolgt vom EDV-gestützten Unterricht.

Ich habe bewußt Untersuchungen referiert, die *fachliche Leistungen der Schüler* als Kriterium verwenden. Denn das zentrale Argument gegen eine Veränderung der Rolle der Schüler war ja gerade, damit sinke das fachliche Niveau. Das ist ganz einfach falsch. Werden Schüler systematisch als Ressource genutzt, lernen alle mehr als im üblichen Frontalunterricht: die »lehrenden« und die nehmenden, die guten wie die schwachen Schüler.

In norwegischen Schulen wirken Schüler seit langem in beratenden Organen und in Entscheidungsgremien mit. Dagegen werden sie kaum als Ressource *im Unterricht* eingesetzt. Das war früher anders: In den ländlichen »Zwergschulen«, wie sie bis vor einigen Jahrzehnten bestanden, war es unumgänglich, Schüler als Hilfslehrer heranzuziehen. Das kooperative Lernen ist nichts anderes als eine Weiterentwicklung dieser alten Strategie – jetzt haben Lehrer und Schüler Hilfsmittel zur Verfügung. – Wenn demnach etwas offensichtlich möglich ist, wenn die Ressourcen vorhanden sind, wenn es zu *deutlich* besseren Ergebnissen führt – worauf warten wir dann noch?

*Die Eltern* haben in der Schulentwicklung bisher eine eher bescheidene Rolle gespielt. Das gilt auch für die Grundschule. Bei einigen größeren Projekten haben die Zentralbehörden einen Elternvertreter in Komitees und leitende Organe entsandt. In der Regel hatten diese Eltern wenig Möglichkeiten zu effektiver Arbeit. Im Unterschied zu Vertretern der Lehrerschaft, die ihre Arbeitszeit für solche Engagements nutzen, müssen die Elternvertreter meist einen Teil ihrer Freizeit opfern. Anders als die im System Arbeitenden, die mit den Kollegen aus anderen Schulen jederzeit Kontakt aufnehmen können, haben die Eltern gewöhnlich nicht die Möglichkeit, mit den Eltern anderer Schulen in Schulfragen planvoll zusammenzuarbeiten.

In Skandinavien nehmen die Eltern an Schulangelegenheiten nicht so aktiv teil wie in den meisten anderen westlichen Ländern. In Nordamerika ist es, wie wir schon erwähnten, durchaus üblich, Eltern als freiwillige Helfer im Unterricht einzusetzen. An jeder Schule ist die Zusammenarbeit mit den Eltern organisiert. Inzwischen gibt es auch Forschungs- und Aktivitätszentren, die die Situation der Eltern thematisieren. Beispiele sind die Institute Citizen in Education in Maryland und Institute for Responsive Education in Boston. Beide haben in den letzten Jahren einige in der amerikanischen Schule kontroverse Themen aufgegriffen und die Interessen von Eltern und Schülern gegeneinander abzuwägen versucht.

Es ist zur Genüge dokumentiert, daß die Bedingungen, unter denen Schüler lernen, sich um so besser entwickeln, je enger die Eltern und die Schule zusammenarbeiten. Das ist u. a. am Wohlbefinden der Schüler und an ihren fachlichen Leistungen ablesbar (FULLAN 1991). Epstein, der systematisch empirische Daten zur Zusammenarbeit von Eltern und

Schule gesammelt hat, bestätigt diesen Befund (EPSTEIN 1986, 1988). Das berühmte Fernsehprogramm »Head Start« für Vorschulkinder hat keine länger andauernden Wirkungen gehabt, außer bei den Kindern, deren Eltern direkt damit befaßt waren (FANTINI 1980, S. 14).

Die meisten Lehrer werden darin übereinstimmen, daß gute Arbeit in der Schule einen konstruktiven Dialog mit den Elternhäusern voraussetzt. So haben etwa Rutter und seine Mitarbeiter nachgewiesen, daß Normen für Hausaufgaben, die von Beteiligten anerkannt werden, eine wichtige Bedingung des Lernens sind (RUTTER u. a. 1979). Viele Schulen haben versucht, die Eltern zu aktiver Mitarbeit zu bewegen, aber diese Versuche hatten selten Erfolg. Wir stehen hier vor mehreren Fragen, die erst noch geklärt werden müssen:

- Welche Rolle und welche Verantwortung sollen die Eltern nach unserer Auffassung in der Schule haben?
- Welches sind die strukturellen und finanziellen Voraussetzungen aktiver Elternarbeit?
- Wie können wir sicherstellen, daß auch sozial benachteiligte Eltern sich beteiligen?
- Wann beginnt und mit welcher Jahrgangsstufe endet die Verantwortung der Eltern für den Schulbesuch der Kinder?
- Welche praktischen Voraussetzungen müssen erfüllt sein, damit die Lehrer mit den Eltern konstruktiv zusammenarbeiten können?

Es hat verschiedene Versuche gegeben, Eltern *auf der Ebene der Klasse* für Schulentwicklung zu interessieren. Eltern nehmen offenbar aktiv Anteil an der Klasse des eigenen Kindes, an den Bemühungen zur Verbesserung des Klassenmilieus und der Schaffung von Normen des Zusammenseins und Lernens. Fühlen sie sich vielleicht machtlos gegenüber dem System, aber sehen einen Sinn darin, auf das Umfeld einzuwirken, das sie direkt angeht? Jedenfalls ist dies ein Gebiet, auf dem weiterzuarbeiten sich lohnt, wenn wir wollen, daß Eltern, Schüler und Lehrer die Schule gemeinsam entwickeln. Wie wir im letzten Kapitel sehen werden, sind in einigen Ländern Eltern (manchmal sogar mehrere) in der Leitung der Schule vertreten und tragen Verantwortung für den ganzen Schulbetrieb. Das heißt aber *nicht*, daß Eltern generell in der Schule mitarbeiten.

Was muß geschehen, damit Eltern als Einzelpersonen einen Beitrag zur Schulentwicklung leisten können? (Was sie als *Gruppe* tun können, soll im nächsten Kapitel behandelt werden). Soweit ich sehe, haben sie die Wahl zwischen zwei Strategien:

1. Abwahl eines Schulangebots zugunsten einer anderen Schule. Die freie Schulwahl setzt sich jetzt in mehreren Städten Europas und Nordamerikas allmählich durch. Indirekt kann das zur Erneuerung führen, aber es ist ja eine reaktive und keine aktive Strategie.
2. Engagement für Zusammenarbeit mit einzelnen Lehrkräften in einer bestimmten Klasse. Das ist in den meisten Ländern möglich, allerdings schwierig in solchen, die keine Tradition der aktiven Elternbeteiligung kennen. Sie zu etablieren ist dann die erste kulturelle Veränderung, die stattfinden muß.

# 9. Organisationsstrategien

Organisationsbezogene Strategien berühren Schulen *allseitig*. Sie können *politisch* sein, weil sie die Interessen von Individuen und Gruppen angehen. Sie können in *humanistischer* Perspektive gesehen werden, weil sie in hohem Maße zwischenmenschliche Beziehungen sowie die Motivation und die Bedürfnisse des einzelnen berühren. Sie setzen normalerweise voraus, daß Personen und Organisationen sich rational verhalten; insofern basieren sie auch auf einer *strukturellen* Perspektive. Und schließlich sehen wir jetzt, da diese Strategien sich immer mehr durchsetzen, Beispiele dafür, daß die *symbolische* Perspektive fruchtbar sein kann. Es handelt sich also um Strategien, die sich nicht einfach *einer* Perspektive zuordnen lassen. Erst im Blick auf die konkrete Strategie können wir analysieren, auf welcher Organisations- und welcher Veränderungsperspektive sie beruht.

*Leitungsgesteuerte Entwicklungsprogramme* nenne ich solche Organisationsentwicklungsprogramme, die von der Schulleitung initiiert und betrieben werden. Sie entstehen in der Hierarchie der Entscheidungswege, sind ein Ergebnis der von der Leitung gesetzten Prioritäten, aber beziehen oft auch Lehrer, Eltern und Schüler in die Projekte ein. Diese bleiben *intern*, und nur zeitweilig werden externe Kräfte herangezogen (HORSTER 1994).

*Organisationsentwicklung*, von der dieses Kapitel vor allem handeln soll, beruhte ursprünglich auf einer *humanistischen* Perspektive. Als sie sich nach und nach weiter ausbreitete, wurde sie stärker vom Rationalismus beeinflußt und ist daher heute auch Ausdruck einer *strukturellen* Perspektive (siehe unten). Die Praxis der letzten 15 Jahre hat freilich gezeigt, daß Organisationsentwicklung als Prozeß auch politische und symbolische Problemstellungen aufgreifen kann – immer jedoch auf der Basis der Auffassung, daß Menschen und Organisationen sich letzten Endes *rational* verhalten. Oft scheint es zwar nicht so zu sein; aber das liegt daran, daß wir ein zu enges Verständnis von Rationalität haben (siehe unten).

System- und personenbezogene Strategien haben in der Schule eine lange Tradition, Organisationsstrategien nur eine sehr kurze. Die ersten vorsichtigen Versuche wurden vor ungefähr 25 Jahren unternommen, und noch immer sind diese Strategien wenig verbreitet. Im Unterschied dazu sind sie in anderen Organisationen, z. B. Betrieben, schon etwas ganz Normales. Relativ am meisten verwendet werden sie in dezentralisierten Schulsystemen, wie etwa dem amerikanischen und britischen. In den letzten Jahren hat es aber auch in Skandinavien Beispiele für Veränderungen gegeben, die von der einzelnen Schule ausgingen.

Wie wird nun begründet, daß die einzelne Schule die Einheit der Veränderung sein sollte? Ehe ich darauf antworte, will ich ein Beispiel anführen, das den meisten Lehrern und Schülern vertraut sein wird. Wir wissen, daß es große Unterschiede zwischen Klassen gibt. Eine Lehrerin oder ein Lehrer kann sich vor einer Stunde in einer bestimmten Klasse geradezu fürchten und dann wieder voller Elan in eine andere Klasse gehen. Dabei kann es sich um das gleiche Fach und die gleiche Jahrgangsstufe handeln. Schüler wissen, daß es so etwas wie »Klassengeist« gibt. Die meisten von uns haben mehrere Klassen erlebt und wissen, daß wir in ihnen vom Unterricht unterschiedlich viel »gehabt« haben. Woran das liegt, läßt sich kaum beschreiben; es ist das »Klima«, es sind ungeschriebene Gesetze und Regeln, die für den Unterricht und das Lernen große Bedeutung haben.

Das gleiche gilt für Schulen. Während wir früher über Unterschiede zwischen Schulen relativ wenig empirisches Material hatten, verfügen wir heute über genug sicheres Wissen zu den Faktoren, die diese Unterschiede bedingen (z. B. RUTTER u. a. 1979, ARFWEDSON und LUNDMAN 1983, FULLAN 1991, MORTIMORE u. a. 1988, REYNOLD und CUTTANCE 1992). Eine Schule ist ein soziales System (vgl. Kapitel 3). Die Kultur der einzelnen Schule ist Ausgangspunkt der Strategien, die wir im folgenden behandeln wollen.

## 9.1 Die Schule als Einheit der Veränderung

Organisationsstrategien gehen von der *Schule* als Einheit der Veränderung aus. Das heißt also, daß alle Schulen von innen entwickelt werden müssen und daß es nichts nützt, wenn eine Schule etwas erfindet und ihre Lösungen dann auf andere Schulen zu übertragen sucht. Jede Schule muß den eigenen Entwicklungsprozeß »institutionalisieren«. Erst dann können wir sicher sein, gute pädagogische und organisatorische Lösungen zu finden.

Die Gegenargumente sind zahlreich. Wenn wir wüßten, was guter Unterricht ist, genügte es dann nicht zu *informieren* oder die Lehrer *fort-*

*zubilden*, die dessen bedürfen, um sich zu erneuern? Unsere Wissensbasis in Pädagogik ist noch immer sehr schwach, und selbst wenn wir wüßten, was richtig ist, würde immer die aktuelle Situation darüber entscheiden, was guter Unterricht ist.

Es ist mehrfach versucht worden zusammenzufassen, was die Forschung über guten Unterricht und effektive Schulen aussagen kann. Wang, Haertel und Walberg konsultierten 61 führende Experten, sahen 179 der umfassendsten pädagogischen Forschungsberichte durch, nahmen 91 sogenannte Meta-Analysten vor und fanden nicht weniger als 11 000 mögliche Variablen, die das Lernen der Schüler beeinflussen könnten (!). 228 spezifische Variablen verdienten nach ihrer Meinung eine genauere Untersuchung (WANG, HAERTEL und WALBERG 1993). Das Ergebnis dieser gigantischen Analyse ist ebenso bezeichnend wie enttäuschend.

Die mit der Unterrichtssituation am engsten verbundenen Faktoren, die psychologischen (metakognitive, kognitive, emotionale und Motivationsvariablen) hatten zusammen mit den *Unterrichtsvariablen* (instructional) den größten Einfluß auf die Ergebnisse. Es zählen also Faktoren wie die Qualität der Kommunikation zwischen Lehrer und Schüler, die Art der Fragestellung, die Qualität der sozialen Interaktion, die »Kultur« und die Zusammenarbeit der Klasse. Die von den Forschern als »distal«-Variablen bezeichneten Faktoren, z. B. der Lehrplan, Richtlinien und Absprachen (etwa mit den Lehrerverbänden), sind für das Lernen der Schüler kaum von Bedeutung.

Man kann solche Forschungen mit Skepsis betrachten, z. B. fragen, inwieweit die Ergebnisse haltbar sind etc.; aber wir wollen dem hier nicht weiter nachgehen (vgl. im übrigen *Review of Educational Research* 1993). Wenn wir uns einen Augenblick auf den Standpunkt stellen, *daß* sie haltbar sind, was sagen sie uns dann? Vermutlich nicht mehr als das, was wir längst wußten, und vielleicht noch weniger. Und wenn das unsere Wissensbasis ist, so ist es schlecht um sie bestellt.

Diese Forschungsrichtung beruht auf dem sogenannten Produktionsparadigma. Sie versucht Relationen zu finden, entweder zwischen Input und Output (siehe z. B. HANUSHEK 1989) oder zwischen Prozeß und Ergebnis. Wenn wir aus ihr entnehmen könnten, daß es zwischen einer bestimmten Unterrichtsform und dem Ergebnis (wie wir es definieren möchten) einen deutlichen Zusammenhang gibt, so wäre uns ein Stück weit geholfen; aber wirklich zählt nur, wie die Lehrerin oder der Lehrer in der konkreten Unterrichtssituation mit solchen Erkenntnissen umgeht.

Qualitative Untersuchungen des Geschehens im Klassenraum zeigen, daß der Lehrer sich gewöhnlich mit dem einen oder anderen Dilemma auseinandersetzen muß; er muß unter vielen Möglichkeiten wählen, von denen keine ideal ist. Gerade weil seine Entscheidung in hohem Maße *situationsbedingt* ist, muß man sich kritisch zu allen Forschungen stellen, die nach allgemeingültigen Antworten auf situationstypische Fragestellungen suchen.

In den letzten 20 Jahren hat es auch eine umfassende Forschung zum Thema Effektive Schulen gegeben. In dem Buch *Schule auf dem Weg ins 21. Jahrhundert* haben wir sie vorgestellt. Hier sei nur erwähnt, daß die besten Arbeiten dieser Richtung ebenfalls Variablen benennen, von denen wir wissen, daß sie wichtig sind (z. B. gute Führung); dennoch bleibt festzuhalten, daß solche Listen von Variablen in der jeweiligen konkreten Situation nahezu sinnlos sind. Ist z. B. gute Führung in einer kanadischen Schule, in der die Schulleitung von den Lehrkräften traditionell deutlich abgehoben ist, das gleiche wie in Norwegen, das in dieser Hinsicht eine sehr egalitäre Tradition hat? Und ist gute Führung in *einer* norwegischen Schule das gleiche wie in einer anderen? Ganz sicher *nicht*.

Ein allgemeines Problem ist im übrigen die Frage nach den Zusammenhängen zwischen *Organisationsvariablen* (z. B. dem Verfahren der Entscheidungsfindung) und *gutem Unterricht*. Gibt es eine Abhängigkeit, oder gilt meine Argumentation in Kapitel 3, daß das pädagogische System vom administrativen deutlich getrennt ist? (Vgl. S. 125, siehe ferner ELMORE 1992 und ROWAN 1990).

Das erste Argument für die einzelne Schule als Einheit der Veränderung ist also, daß wir keine externe Kenntnisgrundlage haben, die *für die einzelne Stufe* gilt. Jede Schule muß sich – unter Einbeziehung dessen, was allgemein bekannt ist – *ihre eigene Wissensbasis schaffen*. Das zweite Argument lautet so: Strategien, die letzten Endes nicht die Kultur der Schule verändern, erreichen nicht den eigentlichen Kern aller schulischen Arbeit, den Lernprozeß. Es kommt im wesentlichen stets auf die einzelne Lehrerin und den einzelnen Lehrer an; es gilt zu verstehen, wie er oder sie denkt (siehe z. B. ONOSKO 1992), und daher sind personbezogene Strategien, die wir im vorigen Kapitel behandelten, wichtig. Aber wenn die Entwicklung beim einzelnen Lehrer endet, wird die Schule an den umfassenden Gemeinschaftsaufgaben scheitern, vor die sie beim Übergang in ein neues Jahrhundert gestellt ist.

Die erste Entwicklungsstrategie, die wir in diesem Kapitel behandeln wollen, betrifft *die Leitung der Schule*. Gemeint sind Maßnahmen, die den Schulleiter (oder das Leitungsteam) in die Lage versetzen, die Schule durch einen Erneuerungsprozeß zu führen. Das impliziert, daß viele Aufgaben an die Schulen delegiert werden, gewöhnlich in Form des »site-based management« (vgl. S. 301), das ein wichtiger Teil der Entwicklungsstrategie ist, die in den USA als Restrukturierung bezeichnet wird, oder der »collaborative decision-making« (dezentralisierten Zusammenarbeit) bei Entscheidungen. Wir behandeln Beispiele dieser Strategie unter *Organisationsstrategien*, weil *die Schule als Ganzes Ziel der Veränderung ist*, wenngleich diese oft mit dem *Schulleiter* beginnt (SNYDER 1988). Wir wollen zunächst allgemeine Züge der Strategie beschreiben und dann drei praktische Beispiele anführen: die deutsche Schulleiterfortbildung in Nordrhein-Westfalen, Snyders und Andersons Programm *Managing Schools* in Florida und das schwedische Schulleiterfortbildungsprogramm.

Die Hauptstrategie, um die es in diesem Kapitel geht, heißt *Organisationsentwicklung* (OE). Es ist eine Strategie, die erreichen will, daß der einzelne und die Organisation möglichst hoch belohnt werden. Auf OE beruhen einige andere in den letzten 25 Jahren entstandene »Schulen«, wie etwa Zielsteuerung, Total Quality Management und Human Resource Management. Auch mehr personbezogene Strategien wie »persönliches Wachstum«, Beratung, Coaching und Gruppendynamik sowie einige Techniken, z. B. Problemlösung, Konfliktlösung, interne Evaluation und »survey feedback«, sind aus der OE-Philosophie hervorgegangen (GRAY 1993).

Louis und Miles haben in ihrer qualitativen Studie von fünf Sek. II-Schulen in amerikanischen Großstädten und einer anschließenden Untersuchung mit Telefoninterviews von 178 Leitern großer Sek. II-Schulen zu ermitteln versucht, wie Veränderungsprozesse unter sehr schwierigen Bedingungen ablaufen (LOUIS und MILES 1990). Was gute Schulen ausmacht, ist oft beschrieben worden; viel seltener hat man gefragt, *wie eine gute Schule entsteht*.

Die Erkenntnisse, zu denen Louis und Miles kommen, erinnern stark an OE-Strategien. Wenn eine Schule den Schritt von der Theorie zur Praxis tun will, müssen den Autoren zufolge fünf Bedingungen erfüllt sein:

- Klarheit: Das neuerworbene Wissen darf nicht vage oder verwirrend, sondern muß klar verstanden sein.
- Relevanz: Es darf nicht als belanglos, unpraktisch oder nicht anwendbar, sondern muß für das gewöhnliche Leben der Schule sinnvoll erscheinen.

- Praktikabilität: Es muß in spezifische Handlungen umsetzbar sein, so daß es mit Anschauung erfüllt wird. Die Lehrer müssen wissen, was sie zu tun haben.
- Wille: Es müssen Motivation, Interesse und ein Wille vorhanden sein, die neuen Kenntnisse anzuwenden.
- Fertigkeiten: Jeder Lehrer (und Schulleiter) muß sich die zur Anwendung der neuen Praxis erforderlichen Fertigkeiten angeeignet haben.

An die Erörterung dieser fünf Hauptbedingungen, die dem nahekommen, was wir in Kapitel 5 als das »reale Bedarfsmodell« bezeichnet haben, schließen die Autoren die folgenden Ratschläge an:

- Die Probleme sollten mit Hilfe von OE, in der Schule gewonnenen Bewertungen oder effektiven Schulprogrammen ausgewählt werden.
- Verhandlungstechniken und Konfliktlösung sollten geübt werden.
- Die Teilnehmer sollten »auf die Zukunft zurückblicken«, als ob sie gerade passiert sei. (Das ist eine bekannte Planungstechnik in der OE).
- Man sollte sich genügend Zeit nehmen, die Voraussetzungen für Teamarbeit zu schaffen, damit in Gruppen Probleme gelöst und Entscheidungen vorbereitet werden können.
- Es gibt kein Training ohne »Training der Trainer«. (Das ist eine bekannte OE-Strategie zur Stärkung der Selbstverantwortung).
- Die Arbeitsprozesse sollten nach und nach einer festen Routine unterworfen werden. Kreative Techniken wie Brainstorming sollten angewandt, Beschlüsse umgesetzt werden.

Interessant an dieser Liste, die aus sehr umfassenden Studien komplexer Probleme in großen Sekundarschulen hervorging, ist, daß als Lösungen fast ausnahmslos etablierte OE-Techniken vorgeschlagen werden (LOUIS und MILES 1990).

Wir halten das Verständnis der Grundlagen der OE-Strategie für wichtig und wollen sie daher unter *historischem* Blickwinkel analysieren. Wir wollen die Hauptzüge der Entwicklung skizzieren und dabei auch die Kritik an der OE berücksichtigen. Danach wollen wir die Strategie an zwei großen Projekten veranschaulichen, die auf mehrjährige Erfahrungen mit mehreren hundert Schulen verweisen können. Das sind Hank Levins »Accelerated Schools Project« (Stanford) und IMTECs seit 1976 laufendes Projekt »Schulbeurteilung und Schulentwicklung« (siehe unten).

## 9.2 Leitungsgesteuerte Entwicklungsprogramme

**Schulleiterfortbildung in Nordrhein-Westfalen**[*]: Unser erstes Beispiel führt uns in das nach der Einwohnerzahl größte deutsche Bundesland Nordrhein-Westfalen (NRW) und in das Landesinstitut für Schule und Weiterbildung (LSW) in Soest, eine große moderne Forschungs-, Entwicklungs- und Fortbildungsinstitution. Hier hat die Fortbildung von Leiterinnen und Leitern von Schulen und Studienseminaren eine für deutsche Verhältnisse relativ lange und gute Tradition. Die Anfänge reichen bis in die Mitte der siebziger Jahre zurück. Sie ist niemals eine Schulverwaltungsfortbildung im klassischen Sinne gewesen; vielmehr hat sie sich von Anfang an auf Ansätze der OE gestützt, hat sich mit modernen Theorien und mit der Praxis von Führung und Kommunikation ebenso auseinandergesetzt wie mit neueren Vorstellungen der Managementwissenschaften. Insofern war sie als Teil der öffentlichen Verwaltung, der Schule in Deutschland nach wie vor ist, den heute allenthalben prosperierenden Ansätzen des New Public Management (NPM) um eineinhalb Jahrzehnte voraus.

Allerdings hat diese Fortbildung seinerzeit nur eine relativ kleine Zahl von Schulleitungen und Schulaufsichtsbeamten erreichen können. Dies hatte unter anderem zu tun mit der Größe des Landes NRW, mit der Zahl der insgesamt fortzubildenden Personen, aber auch mit dem Umstand, daß die in den Schulen überwiegend praktizierte Vorstellung von Leitung und Führung von den Leitungspersonen und auch von der Bildungsverwaltung nicht in Frage gestellt wurde. Es gab noch kein Bewußtsein dafür, daß etwas veränderungsbedürftig sei.

1. NRW hat ca. 7 000 Schulen, 2,8 Millionen Schülerinnen und Schüler, 165 000 Lehrerinnen und Lehrer und fast 15 000 sogenannte Funktionsträger, d. h. Schulleiter und -leiterinnen, deren Stellvertreter und in bestimmten Schulformen, z. B. der Gesamtschule, noch weitere Mitglieder der Schulleitung.
   In den Schulen insbesondere der Sekundarstufe II (Gymnasien, berufsbildende Schulen), aber teilweise auch schon in größeren Systemen der Sek. I differenziert sich die Leitungsstruktur immer stärker durch Mitglieder der sogenannten erweiterten Schulleitung (Stufenleiter, Abteilungsleiter – etwa in den beruflichen Schulen –, zweite Konrektoren), aber auch durch Lehrerinnen und Lehrer mit zeitlich begrenzten Sonderfunktionen.

---

[*] Die nachstehenden aktualisierten Informationen verdankt der Autor Herrn Herbert Buchen im Landesinstitut für Schule und Weiterbildung in Soest.

2. Leiterinnen und Leiter und ihre Stellvertreter wurden und werden nicht durch eine Ausbildung auf die Übernahme ihres neuen Amtes vorbereitet. Das hat verschiedene Gründe, die hier nicht alle dargelegt werden sollen. Nur zwei seien genannt: Zum einen hat sich in Deutschland in der Bildungsverwaltung und in der Politik bis in die jüngere Vergangenheit die Überzeugung gehalten, für die Leitung von Schule sei die wichtigste Voraussetzung, ein sehr guter Lehrer gewesen zu sein. Die wenigen darüber hinaus notwendigen Kompetenzen ließen sich unschwer »on the job« erwerben. Ein zweiter Grund ist der außerordentlich hohe finanzielle und personelle Aufwand, der betrieben werden müßte, wollte man alle an der Übernahme einer Funktion in der Schulleitung *interessierten Personen vor Antritt dieses Amtes* qualifizieren.

In NRW werden jährlich zwischen 800 und 900 neue Leitungsstellen besetzt. Man müßte mit der ca. vier- bis fünffachen Zahl von Bewerbern rechnen, die in einem aufwendigen rechtlich vorgeschriebenen Verfahren auszuwählen, für die Fortbildung zuzulassen und nach der Ausbildung und in einer konkreten Bewerbung ausführlich, förmlich und gerichtsfest zu beurteilen wären. Aus der Erfahrung anderer Bundesländer ist bekannt, daß ein großer Teil der umfangreich für die Leitung qualifizierten Lehrer(innen) nicht wirklich an einem Leitungsamt interessiert ist, sondern die Gelegenheit nutzt, sich mit dieser zusätzlichen Qualifikation finanziell aussichtsreiche Aufstiegsämter außerhalb der Leitung zu sichern.
3. Nicht zuletzt aus diesen Gründen betrieb NRW seit Mitte der siebziger Jahre eine Schulleitungsfortbildung, die sich an neue Leitungspersonen richtet, möglichst zeitnah an der Übernahme des neuen Amtes.
4. Diese Fortbildung bestand aus vier drei- bis fünftägigen Veranstaltungen zu insgesamt vier obligatorischen Themenbereichen: Organisationsentwicklung, Schule und Recht, Führungsstile, Leitungsverhalten und Schulklima, Beratung und Leistungsbericht (als Bestandteil der dienstlichen Beurteilung der Lehrerleistung durch die Schulaufsicht). Darüber hinaus konnten die Fortbildungsteilnehmer aus einem Additum weitere zwei- bis dreitägige Angebote auswählen, je nach ihrer Bedürfnislage, ihrer Vorerfahrung in bestimmten Themenfeldern, nach den Erfordernissen ihrer Funktion, der Schulform, Schulgröße etc. Die Themen reichten von Unterrichtsverteilung und Stundenplanung über EDV in der schulinternen Verwaltung bis zu Trainings in Gesprächsführung und Supervision. Im Durchschnitt nahmen die Teilnehmer über einen Zeitraum von zwei Jahren insgesamt ca. 28 Tage in Anspruch.
5. Die Fortbildung war national und im deutschsprachigen Ausland hoch geschätzt, wurde seither regelmäßig weiterentwickelt und galt

insbesondere wegen ihres systematischen Entwicklungsansatzes lange als wegweisend.
6. 1995 erteilte das nordrhein-westfälische Ministerium für Schule und Weiterbildung dem LSW in Soest als seinem nachgeordneten Fachinstitut den Auftrag, eine neue Fortbildung für Leitungsmitglieder in Schulen und Studienseminaren zu entwickeln. Dabei sollten vor allem zwei Ziele erreicht werden:
Zum einen sollten alle 800 bis 900 jährlich in ihre Ämter kommenden Leitungsmitglieder unmittelbar nach Übernahme ihrer neuen Funktion an der Fortbildung teilnehmen. Zum anderen sollte diese den neuen bildungspolitischen Leitvorstellungen des Landes zur Weiterentwicklung der Schulen Nachdruck verleihen. Das hieß konkret, daß sie den angehenden Leitern das Konzept »Stärkung der Schule« als Grundlage ihrer Leitungs- und Führungsaufgabe nahelegen sollte mit der Intention, durch innere Schulreform die Gestaltungsspielräume und die Selbstverantwortung der einzelnen Schule zu erweitern und so die Qualität der Arbeit zu sichern und zu verbessern. Mit einem im Sinne dieser Vorgaben größeren Spielraum zur Selbstgestaltung sind unmittelbar gekoppelt die Erwartung und die Bereitschaft, entsprechend mehr an Verantwortung zu übernehmen, die Eigenständigkeit von Schule auszubauen und Rechenschaft abzulegen über die Qualität der Arbeit, und zwar sowohl nach innen, in die Schule hinein, als auch nach außen gegenüber der Schulaufsicht und gegebenenfalls auch gegenüber einer bestimmten Öffentlichkeit (mindestens den Eltern).
Darüber hinaus ist die Relation von Beratung und Kontrolle innerhalb der Schule und im Verhältnis zur Schulaufsicht zu klären.
In diesem Zusammenhang wird den Schulen auch aufgegeben, sich ein Schulprogramm zu geben und dieses in regelmäßigen Abständen zu evaluieren.
7. Die Neuentwicklung einer Konzeption erfolgte auf der Grundlage der regelmäßig durchgeführten Evaluation der ersten Fortbildungsmaßnahme. Von daher waren trotz der positiven individuellen Einschätzung der Teilnehmer einige wenige, für das LSW aber zentrale Defizite seit längerem bekannt.
8. Der gravierendste Mangel besteht darin, daß der individuelle Zugewinn an Wissen in fachwissenschaftlich-theoretischer wie in instrumentell-methodischer Hinsicht in den thematischen Schwerpunkten sehr hoch, die Verwendungspotentiale für die eigene schulische Praxis dagegen relativ gering waren. Anders gesagt gelang es vielen Teilnehmern nicht oder nicht in dem erhofften und erforderlichen Maß, den Transfer aus der Seminarerfahrung in die schulische Realität zu leisten. (Aus diesem Grunde wurden in NRW die ersten externen ISP-

Schulentwicklungsberater ausgebildet, die den Schulen zur Unterstützung ihrer internen Entwicklungsprozesse zur Verfügung standen, eine zweifellos bahnbrechende Entscheidung insofern, als damit eine Unterstützungseinrichtung außerhalb der Hierarchieberatung geschaffen wurde. Als regelmäßig einzusetzendes Reparaturmittel für die Fortbildung der Schulleitungen durfte es aber auf Dauer nicht dienen). Die Gründe für die fehlende oder nicht hinreichende Transferkompetenz waren vielfältig und je nach Teilnehmer unterschiedlich. Sie reichten von der Konzentration der Teilnehmer auf die Bearbeitung der Themen gemäß der fachlich-logischen Struktur bis hin zu ungenügender Berücksichtigung von Instrumenten und Methoden, von der Orientierung an »fremden Fällen« bis zur Bearbeitung im isolierten und daher Realität nicht voll erfassenden thematischen Schonraum. Der Zusammenhang mit anderen Themen, mit Fragen der Kommunikation, der Leitung und Führung, z. B. des Konfliktmanagements, wurde, wenn überhaupt, ungenügend berücksichtigt.

9. Ein weiterer Grund bestand in der Vernachlässigung der die neuen Schulleitungspersonen unmittelbar in ihrer neuen Aufgabe bedrängenden und belastenden, ad hoc zu lösenden Probleme. Die Teilnehmer wurden bei der Sichtung der Arbeits- und Entwicklungsstände in ihren konkreten Schulen und bei der Klärung und Planung der näheren und mittleren Zukunft zu wenig unterstützt. Dieses Motivations-, zugleich aber auch Blockierungspotential für die konkrete Fortbildung wurde nicht konstruktiv genug aufgegriffen.

So spielte eher ein von außen gesetztes logisch-rationales Curriculum die zentrale Rolle bei der Fortbildungsarbeit. Die Interessen der Teilnehmer und die von ihnen mitgebrachte Realität traten zurück. Die Komplexität der auf sie zukommenden Aufgaben und Probleme war in der Reihenfolge der thematischen Schwerpunkte nicht abgebildet.

10. Eine Fortbildung, die ihr wesentliches Ziel, nämlich bei der Bewältigung der Aufgaben der neuen Leitungen behilflich zu sein, nicht in dem erwarteten Maße erreicht, war zu revidieren.

11. Die Ziele der neuen Schul- und Seminarleitungsfortbildung orientieren sich an zwei Perspektiven: einerseits an dem vom Land NRW in der Verantwortung des Schulministeriums definierten Fortbildungsbedarf (entsprechend den bildungspolitischen Grundentscheidungen und Leitvorstellungen), andererseits an den Fortbildungsbedürfnissen der zu qualifizierenden Leitungspersonen in den konkreten Fortbildungen. Der die neue Maßnahme in Kraft setzende Erlaß des Ministeriums beschreibt die Ziele und Inhalte wie folgt: »Am Ende sollen die Teilnehmerinnen und Teilnehmer grund-

legende Kompetenzen in den Handlungsfeldern *Schul- und Seminarentwicklung, Personalführung und Personalentwicklung, Organisation und Verwaltung* sowie *Kooperation mit Schulaufsicht und Schulträgern sowie außerschulischen Partnern der Schule bzw. des Seminars* entwickelt haben, die sie in die Lage versetzen, ihren Führungs- und Managementaufgaben gerecht zu werden. Die Arbeit in allen diesen Handlungsfeldern dient der Qualitätsentwicklung und Qualitätssicherung von Schule.«

Die Schwerpunktthemen umfassen

- Schul- bzw. Seminarentwicklung,
- Personalführung und Personalentwicklung,
- Qualitätsentwicklung und Qualitätssicherung.

Diese Schwerpunkte schließen eine Anzahl weiterer Inhalte ein, wie z. B.

- Schulleitung auf dem Weg zu einem Leitbild,
- Zielklärung und Zielformulierung,
- Organisationsentwicklung als ein Ansatz von Schul- und Seminarentwicklung,
- das Schulprogramm als ein zentrales Element von Schulentwicklung,
- Schulentwicklung als Unterrichtsentwicklung,
- Evaluation von Schulentwicklung,
- Projektmanagement,
- Führung,
- Schulentwicklung und Personalentwicklung,
- Fortbildungsplanung,
- Personalbeurteilung,
- Funktionen des Qualitätsmanagements,
- Verwaltungs- und Ablauforganisation,
- Budgetierung,
- Gruppenleitung,
- Gesprächsführung (wesentliche Gesprächstypen, Beratung, Konfliktbewältigung),
- Konferenzleitung,
- Umgang mit Widerständen,
- Schule im rechtlichen Rahmen,
- ........

Die thematischen Schwerpunkte und die weiteren Inhalte ergeben sich aus den vom Land NRW vorgegebenen Normen und dem daraus sich ableitenden Anforderungsprofil für Schulleitung. Entsprechend sind die thematischen Schwerpunkte für die Fortbildung konstitutiv, während die übrigen Inhalte in dem Maße eine Rolle spielen, wie die vn den Teilnehmern eingebrachten Praxisfälle in ihrer Realitätsnähe und Komplexität dies erfordern. Die interaktionalen Kompetenzen wie Umgang mit Widerständen, Kommunikation, Konflikte, Leitung von Gruppen etc. beziehen sich auf alle Fälle und Themen und sind so – nachdem sie bei geeigneter Gelegenheit eingeführt sind – ständiger Gegenstand von Anwendung und Reflexion.

Die Folgerungen aus den eingangs beschriebenen Erfahrungen der vorlaufenden Fortbildung haben zu einem grundsätzlich anderen *fortbildungsdidaktischen Ansatz* geführt. Die Fortbildung verlangt

- Praxisorientierung: Die praktischen Probleme bzw. die konkreten vor den Teilnehmern liegenden Aufgaben ihrer beruflichen und schulischen Praxis bilden den Einstieg in die Fortbildungsarbeit. Die während der Fortbildung auftauchenden Fragen sowie die Zwischenergebnisse oder Ergebnisse führen in die Praxis zurück, die somit den ständigen Beobachtungs- und Reflexionshintergrund bildet.
- Teilnehmerorientierung: Vorerfahrungen, professionelles Erfahrungswissen, Werthaltungen, Kompetenzen und insbesondere Lernwünsche und -interessen der Teilnehmer(innen), erwachsen aus der neuen Praxis ihrer Schulen bzw. Seminare oder auch aus ganz anderen Bereichen, werden in die Fortbildung eingebracht und genutzt. Damit werden die Teilnehmer als aktive Mitgestalter ihrer Fortbildung ernst genommen. Daraus folgt zwangsläufig auch eine andere Rolle der die Veranstaltungen moderierenden Kursleitungen.
- Handlungsorientierung: Notwendige Theorie wird handelnd angeeignet. Die Aneignung und Vermittlung mißt sich an schulischen bzw. berufsrollenbezogenen Handlungssituationen.
- Systemorientierung: Die Arbeit in der Fortbildung und die Vermittlung von Lernerfahrungen – an den Lernorten Seminar, Fallberatungsgruppe, einzelne Schule – bezieht sich auf die konkrete Schule der Teilnehmer als System und auf das Gesamtsystem Schule im Lande.
- Wissenschaftsorientierung: Die Fortbildung berücksichtigt die Theoriekonzepte aus den verschiedenen Bezugswissenschaften und die aktuelle Forschung.

Führt man den Gedanken weiter, eine enge Verknüpfung von Theorie und Praxis, Fortbildung und Schule bzw. Studienseminar herzustellen, so gelangt man zu der Forderung, auch die einzelne Schule (Kollegium, eventuell Eltern, Schüler, Schulaufsicht) einzubeziehen. Dies kann, je nach Konstellation, auf der Informationsebene verbleiben, es kann aber auch zur mindestens partiell aktiven Beteiligung führen. Die Teilnehmerinnen und Teilnehmer als Co-Akteure ihrer eigenen Fortbildung übernehmen durchaus Moderations-, Experten- oder Beratungsaufgaben und erproben dabei in einem didaktisch geschützten Feld mögliche Realsituationen der eigenen Schule. Darüber hinaus wird während der 18monatigen Fortbildung die Fortbildungsgruppe selbst einschließlich der Kursleitung zur Realsituation, indem die dort sich ereignenden Gruppenprozesse für Fragen von Leitung, für bilaterale oder gruppenbezogene Konflikte zu einem weiteren Lernfeld werden.

Mit dieser Anlage der Kursarbeit verändern sich zwangsläufig die Aufgaben und Rollen der Moderatoren und Kursleiter.

Die zweifache Bezeichnung der Funktion weist darauf hin, daß die beiden Kursleiter ähnlich wie in der Schule ausdrücklich Leitungsaufgaben gegenüber dem Kurs wahrnehmen. Damit sind sie in ihrer Zusammenarbeit und in der Interaktion mit dem Kurs auch ein Modell von Leitung, das Gegenstand von Erfahrung, Diskussion, Reflexion im Kurs ist. Sie agieren aber auch in bestimmten Rollen, z. B. Moderationsrollen in verschiedenen Ausprägungen. Eine ganz wesentliche ist angesichts der zuvor beschriebenen Teilnehmerrolle die des Lerngestalters für die Teilnehmer, der Person, die geeignete Arrangements bereitstellt, um aktives Lernen zu ermöglichen und die Prozesse und Ergebnisse beratend zu begleiten.

Den Einstieg in die Fortbildung bildet die Bestandsaufnahme der Fragen und Probleme, die die Teilnehmer in ihren Schulen vorfinden und die sie zu bearbeiten haben. Diese stellen auch die Grundlage der konkreten gemeinsamen Planung der Fortbildung und der daraus erwachsenden Wünsche nach Qualifizierung dar. Insofern gibt es zwar ein verbindliches Kerncurriculum von Inhalten; die Reihenfolge, Ausführlichkeit und Intensität der Bearbeitung bestimmen sich jedoch nach der Relevanz der schulischen und berufsbezogenen Realfälle, die von der Fortbildung in ihrer Entwicklung kürzer oder länger begleitet werden können.

*Organisation, Ablauf und Umfang der Maßnahme:* Jeder Fortbildungskurs dauert 18 Monate und umfaßt insgesamt 26 Tage und zusätzlich etwa acht Fallberatungen. In drei- bis vierwöchigem Rhythmus finden ein- bis maximal dreitägige Veranstaltungen statt. Diese Sequenzialität der Fortbildung soll prozeßorientierte Arbeit ermöglichen, entsprechend den Interessen des Landes, das von den Teilnehmern eine intensive Auseinandersetzung mit den Themenbereichen des Kerncurriculums erwartet.

Darüber hinaus findet etwa einmal pro Monat für jeweils ca. sechs Teilnehmer einer Fortbildungsgruppe eine dreistündige kollegiale Fachberatung statt. Ziel dieser Arbeitsgruppen ist es, einen weiteren Lernort zu schaffen, an dem die Gruppenmitglieder berufsrelevante Erfahrungen machen können. Zugleich sollen die Gruppen Entwicklungsschritte fördern, auf die die Konzeption des Kursplenums angewiesen ist. Ferner bietet die Gruppe als *Lernort* die folgenden Vorteile:

– Die Gruppe kann dazu beitragen, angemessene Rollenvorstellungen zu entwickeln.
– Sie kann in beruflichen Problemlagen weiterhelfen.
– Die Fallbearbeitung schult die Fähigkeit zum Konfliktmanagement.
– Die Gruppe kann die Entwicklung eines expliziten eigenen Beratungskonzeptes fördern, das über alltagsweltliche Ratschläge hinausgeht.
– Die Gruppe kann gegebenenfalls als Modell für Arbeitsformen in der eigenen Schulleitungsgruppe dienen.

Als *Lerninstrument*

– bietet die Gruppe die Möglichkeit, im kleineren, noch geschützten Rahmen eine realistische berufliche Offenheit zu entwickeln;
– ist die Gruppe geeignet, bestimmte aus dem Plenum delegierte Qualifizierungskomponenten intensiv zu trainieren, z. B. den Umgang mit Konflikten;
– kann die Gruppe Fälle, die von den Teilnehmern aus dem Kursplenum eingebracht werden, weiter konkretisieren.

Mit der Einrichtung dieser Fallberatungsgruppen, deren Zusammensetzung u. a. nach der Lage der Wohn- und Dienstorte der Fortbildungsteilnehmer erfolgt, verbindet sich die Absicht, daß sich die Arbeit nach Abschluß der Fortbildung selbstorganisiert fortsetzt.

Damit stehen im ganzen drei Lernorte zur Verfügung, die, wenn sie den Intentionen gerecht werden, in ihrer Verknüpfung eine fruchtbare Arbeit gewährleisten können:

– die konkrete einzelne Schule mit ihren Aufgaben und Problemen,
– die Fortbildungsgruppe, die selber ständige Lernquelle sein soll,
– die Fallberatung, die insbesondere die individuellen berufsrollenrelevanten Bedürfnisse aufnehmen soll.

*Adressaten der Maßnahme* sind Leitungsmitglieder aller Schulformen, Schulstufen und Studienseminare, unmittelbar nachdem sie ihr Amt übernommen haben. Die Zusammensetzung berücksichtigt außerdem, daß alle Schulformen, Funktionen und insbesondere auch Frauen vertreten sein sollen.

*Moderatoren bzw. Kursleitungen:* Die Fortbildungen werden geleitet von einem aus zwei Personen bestehenden Team, möglichst einer Frau und einem Mann, aus unterschiedlichen Schulformen und/oder -stufen und möglichst auch aus unterschiedlichen Funktionen. Die Leiter wurden in einer etwa 18monatigen Ausbildung qualifiziert. Ihnen stehen zu ihrer Vorbereitung speziell ausgebildete Trainer(innen) beratend, unterstützend und weiterhin qualifizierend zur Verfügung. Die Evaluation der Fortbildungsmaßnahme verfolgt die gleichen Ziele:

- Sie bilanziert die Lernprozesse und -ergebnisse der Teilnehmenden.
- Sie analysiert und bewertet die Arbeitsprozesse innerhalb der Maßnahme.
- Sie sichert die Qualität der Fortbildung.
- Sie ist die Grundlage für eine Weiterentwicklung der Fortbildungsmaßnahme.
- Sie erfüllt die Legitimitätsansprüche des Auftraggebers und gibt Rechenschaft.

Es ist beabsichtigt, die Evaluation in drei Phasen durchzuführen.

Die dezentral in den einzelnen Regierungsbezirken, aber nach einem einheitlichen Konzept durchgeführten Veranstaltungen werden in etwa halbjährlich stattfindenden Konferenzen analysiert und bewertet. An diesen sind beteiligt die in der Bezirksregierung für Fortbildung und schulfachliche Aufsicht zuständigen Dezernate, die Leiter der Kurse, die für die Unterstützung und die Qualitätssicherung der Kursleitungen eigens qualifizierten regionalen Trainerinnen und Trainer sowie das für das Gesamtkonzept der Fortbildung verantwortliche LSW. Die Evaluation erfolgt auf der Grundlage der in den Veranstaltungsgruppen selbst erhobenen, besprochenen und beurteilten Daten und des schriftlich vorliegenden Fortbildungskonzepts. Damit ist Evaluation nicht nur ein von außen aufgegebenes Ritual, sondern zugleich Thema der Fortbildung mit theoretischen Ansätzen, Instrumenten, Methoden, Auswertungs- und insbesondere Anwendungsmöglichkeiten, z. B. in der eigenen Schule.

Im Rahmen einer nach der Hälfte der Fortbildungszeit und am Ende stattfindenden Zwischen- bzw. Schlußevaluation werden die erreichten Ergebnisse und Lernprozesse bilanziert. Dabei beziehen sich die Erhebungen der Schlußevaluation auf die gesamte Fortbildungsdauer von 18 Monaten.

In einigen Fallstudien soll etwa drei Jahre nach Abschluß der Fortbildung exemplarisch untersucht werden, ob die Teilnahme in einer konkreten Schule Impulse ausgelöst und Lernergebnisse gezeitigt hat und, falls ja, welche das sind.

Schließlich werden die Ergebnisse der ersten beiden Phasen in Diskussionen zwischen dem zuständigen Ministerium, dem Landesinstitut und den für die Qualifizierung, Beratung und Qualitätskontrolle der Kursleiter zuständigen Trainer zusammenfassend bewertet.

**Site Based Management:** Hier sei zunächst daran erinnert, daß wir das gesteigerte Interesse an Schulleiterqualifikation und -fortbildung vor dem Hintergrund der Dezentralisierung sehen müssen (siehe Kapitel 7). Besonders die Kenntnis der amerikanischen Restrukturierungsbewegung mit ihrer Betonung des »site-based management«, das dem Schulleiter ein erneuertes und erweitertes Mandat zur Leitung von Entwicklungsprojekten gibt, ist wichtig zum Verständnis des umfassenden Projekts, das wir anschließend vorstellen wollen: »Managing Productive Schools«, entwickelt von Robert H. Anderson und Karolyn J. Snyder von der Universität von South Florida (SNYDER 1988).

In Nordamerika gilt – im Unterschied etwa zu Skandinavien – ein großer Abstand zwischen Schulleiter und Kollegium als normal. Verbreitet ist die Auffassung, daß ein starker Leiter die Schulentwicklung fördert.

In einer frühen Phase der Restrukturierung glaubte man, entscheidend sei eine Veränderung der *Strukturen*, vor allem der Rollen und Verantwortlichkeiten. Dann ergebe sich Schulentwicklung nahezu von selbst; auf jeden Fall beseitige man damit wesentliche bürokratische Hindernisse. Sehr bald wurde aber klar, da sich, wenn der Rektor mehr Verantwortung übernahm, nicht viel veränderte. Wesentliche Änderungen setzten nicht nur eine formale Restrukturierung, sondern *Wandlungen der Kultur der Schule,* ihrer Funktionsweise als Organisation, voraus (vgl. DALIN und ROLFF 1991). Ein bekannter amerikanischer Trainer von Leitungspersonen, Phil Schlechty, definiert in einem Interview mit dem Redakteur Ron Brandt Restrukturierung folgendermaßen:

> »Restrukturierung meint Veränderungen des Normensystems: der üblichen und sozusagen patentierten Art, in der die Dinge erledigt werden, der Macht-

verteilung, der Entscheidungsfindung, der ganzen Art und Weise, in der wir Bildung und Ausbildung betreiben« (BRANDT 1992).

Restrukturierung in den USA in den neunziger Jahren zielt also auf eine kritische Revision der Regeln, Rollen und Relationen ab, die darüber bestimmen, wie Zeit, Personen, Räumlichkeiten, Kenntnisse und Technologien eingesetzt werden. Die Arbeit reicht vom Klassenraum und dem Lernprozeß über Lehrplan, Organisation und Führung bis zu der neuen Rolle, die der Bezirk und die Zentralbehörden in einer restrukturierten Schule spielen können. Das kommt dem nahe, was Peter Senge eine systemische Perspektive und eine »lernende Organisation« nennt (SENGE 1990). Einige neuere Projekte gehen von der Welt der Schüler aus und suchen Lerninhalte und Lernverfahren neu zu definieren. Wer sich mit der Lebenssituation vieler junger Menschen ernsthaft beschäftigt, stellt fest, daß die heutige Schule für den Lernprozeß, den sie brauchen, weitgehend ungeeignet ist (GARDNER 1991). Mehrere neuere Projekte, wie z. B. Hank Levins »Accelerated School Project« (siehe unten) oder Ted Sizers »Coalition of Essential Schools«, sind in diesem Sinne grundlegende Restrukturierungsprojekte.

Aber selbst in einigen dieser großangelegten Projekte hat sich die Hoffnung der Initiatoren, neue Schulorganisationen schaffen zu können, nicht erfüllt. Fullan führt ein bekanntes Beispiel an, »New Futures Initiative«, ein von der Anne E. Casey-Stiftung finanziertes Projekt, dessen Ziel die Restrukturierung amerikanischer Stadtschulen war (FULLAN 1993). Im Laufe von fünf Jahren wurden 40 Millionen Dollar ausgegeben, um Kindern in den Slums von vier mittelgroßen Städten eine neue Zukunft zu ermöglichen. Die Schulen wurden gebeten, Arbeitsgruppen einzurichten, in denen Familien, Schulen, Betriebe, Vertreter des Sozialamts und der Stadtregierung kooperieren sollten. Jede Schule führte eine Bedarfsanalyse durch, und alle Schulen bekamen erhebliche technische Unterstützung und großzügige Angebote der Fort- und Weiterbildung (WEHLAGE, SMITH und LIPMAN 1992).

Das Projekt sollte den Schulen mehr Unabhängigkeit von der Gemeinde geben, den Lehrern mehr Flexibilität, den Schülern mehr individuelle Angebote und mehr Nachbereitung, endlich jeder Schule mehr Möglichkeiten, sich mit anderen Schulen und mit pädagogischen Zentren in einem Netzwerk zusammenzuschließen. Doch trotz dieser großzügigen Förderung verändern sich die Schulen nach Auffassung der Autoren nicht von Grund auf; sie reichern nur die bisherige Praxis mit neuen Elementen an, aber die Basisorganisation bleibt die gleiche. Die Veränderungen bewirkten auch keinen qualitativen Unterschied im Umgang der

Lehrer miteinander. Die meisten waren gewohnt, allein zu arbeiten, und waren verunsichert angesichts der Zumutung, mit Kollegen zu kooperieren.

Auch dieses Beispiel einer umfassenden Restrukturierung zeigt also, daß fundamentale Veränderungen in der *Organisation der Schule* schwer zu erreichen sind, selbst bei reichlich bemessenen Ressourcen. Die übliche Unterrichtspraxis an den vier Schulen ließ sich nicht verändern. Die *Lernkultur* blieb die gleiche. Andere Untersuchungen von Restrukturierungsprojekten bestätigen diese Ergebnisse (siehe z. B. TAYLOR und TEDDIE 1992, FULLAN und MILES 1992, FULLAN 1993).

Auch in mehreren europäischen Ländern wird heute gefordert, Jahrespläne oder Entwicklungspläne zu erarbeiten. Wallace zeigt am Beispiel der Einführung von Entwicklungsplänen an britischen Schulen, was oft das Ergebnis solcher Maßnahmen ist (WALLACE 1991). Ihr Zweck war relativ klar: den Schulen zu helfen, Pläne zu entwickeln, die im Einklang mit den neuen Lehrplänen und Richtlinien standen, und damit zugleich den Fortbildungsbedarf und das erforderliche Maß an externer Hilfe zu klären. Wallace stellte indes fest, daß die Entwicklungspläne als Extraarbeit aufgefaßt wurden und als Instrument der Schulleitung von minimalem Wert waren. Die Schulleitungen hielten an ihrer bisherigen Führungsroutine fest, die es ihnen ermöglichte, auf das an Schulen ständig auftauchende Unbekannte kurzfristig zu reagieren. Die Versuche, etwas so Einfaches wie ein *Verfahren*, die Art der Planung, zu verändern, blieben also für die Schulentwicklung nahezu bedeutungslos.

Indessen gibt es auch einige Restrukturierungsversuche, die teilweise Erfolg haben. Cox und deFrees berichten über einen solchen Versuch aus dem US-Staat Maine (COX und deFREES 1991). Zehn dortige Schulen verzeichnen in puncto Lernerfahrungen der Schüler, Unterrichtsverfahren, »Redesign« der Schule und Verbindungen mit Institutionen des Umfeldes beträchtliche Veränderungen. Diese sind, so folgern die Autoren, an einige Bedingungen geknüpft: Erstens muß man klar benennen, was von jedem einzelnen (von den Schülern bis zum Schulleiter) erwartet wird. Zweitens sollte man sich bewußt machen, daß die Veränderungen mit Relation und Macht zu tun haben. Drittens muß klar sein, daß *allen Beteiligten ein Lernprozeß abverlangt wird,* und schließlich sind genügend zusätzliche Mittel bereitzustellen.

Zu den wichtigsten Erfahrungen aus den Restrukturierungsprojekten gehört die Erkenntnis, daß sie *den Schulleiter* vor neue Herausforderungen stellen. Damit sind wir beim Kern der Strategie, die wir gleich beschreiben wollen. Vom Schüler bis zum Leiter soll eine neue Organisation aufgebaut werden, neue Rollen und neue Relationen sind zu erarbeiten und einzuüben. Erfahrungen aus der skandinavischen Industrie (Å. DALIN 1993) und aus IMTECs Projekt »Schulbeurteilung und Schulentwicklung« (siehe unten) zeigen, daß wir am meisten lernen, wenn wir Aufgaben bekommen, die uns fordern. Das geschieht als Praxislernen, und Veränderungen der *Kultur* ergeben sich meist, bevor auch die *Struktur* sich verändert.

Der Schulleiter hat die Aufgabe, den gesamten Entwicklungsprozeß zu koordinieren im Hinblick auf das Ziel, die Schule zu einer *lernenden Organisation* zu machen (DALIN und ROLFF 1991, SENGE 1990, FULLAN 1993). Was eine solche Organisation ausmacht, haben wir in den Kapiteln 2 und 3 behandelt (vgl. oben S. 86 ff., S. 144 f.). Senge betont, der Leiter müsse ein *Designer* und *Arrangeur* sein.

Christensen, der an dem »Accelerated School Project« (siehe unten) beteiligte Schulleiter beobachtete, kam zu dem Schluß, sie müßten lernen, sich auf die Situation der Schüler zu konzentrieren, Macht zu teilen, Risiken einzugehen, ein Milieu des kritischen Fragens zu schaffen, sich Zeit zu nehmen zur Zusammenarbeit mit Schülern, Lehrern und Eltern sowie bei Debatten, Aktionen und Urteilen stets die übergeordnete Vision im Blick zu behalten.

**Das Projekt »Managing Productive Schools«:** Zur genaueren Darstellung haben wir ein leitungsgesteuertes Entwicklungsprojekt ausgewählt, das seit über zehn Jahren läuft. Es wurde initiiert von Snyder und Anderson und begann zur Zeit des Höhepunkts der »Effective Schools«-Bewegung (SNYDER und ANDERSON 1986). Interessant ist es vor allem, weil es einen sehr systematischen Versuch darstellt, die Schule durch Führung zu verändern.

*Organisations-, Veränderungs- und Führungstheorie:* Dem Projekt liegt eine durchdachte Philosophie und Theorie zugrunde. Wir wollen zunächst in Kürze die Vision beschreiben, die Anderson und Snyder von »Qualitätskulturen« haben. Diese sind gekennzeichnet durch zufriedene »Kunden«, starke Führung, systemisches Denken (vgl. Senge, S. 87 ff.), strategisches Planen, kontinuierliches Lernen und kontinuierliche Schulentwicklung (SNYDER, ACKER-HOCEVAR und SNYDER 1994).

Die *Veränderungstheorie* des Projekts ist in Abb. 37 dargestellt.

## Abb. 37: Quality Change Process Model

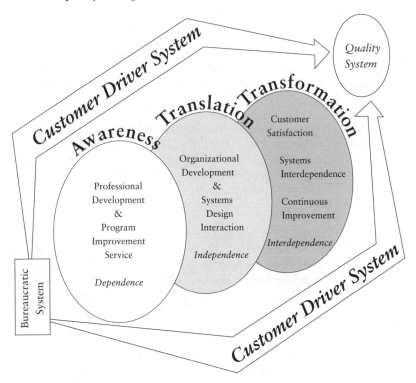

Die Theorie unterscheidet drei Phasen:

1. *Die Aufmerksamkeitsphase* ist eine *Abhängigkeitsphase*. In sie fallen Personalentwicklung (Entwicklung des Mitarbeiterstabs) und Hilfe bei der Programmentwicklung.
2. *Die Übergangsphase* ist durch *Unabhängigkeit* gekennzeichnet. In sie fallen Organisationsentwicklung, Systemdesign und Interaktion.
3. *Die Transformationsphase* ist eine Phase *wechselseitiger Abhängigkeit,* geprägt durch Zufriedenheit der Kunden und kontinuierliche Entwicklung.

Soll der Leiter seine Schule aus einem bürokratischen Stadium in ein Qualitätssystem überführen können, braucht er neue Kompetenzen. Diese werden als kontinuierlicher Prozeß aufgefaßt und gliedern sich in vier Fertigkeitsgebiete mit zehn verschiedenen Kompetenzen:

1. *Organisationsplanung:* Dieses Gebiet meint die Fähigkeit, gemeinsam mit allen Beteiligten Ziele für die Schule zu formulieren, Gruppen zu leiten und effektiv mit ihnen zu arbeiten sowie die Arbeit des ganzen Mitarbeiterstabs zu beurteilen.
2. *Personalentwicklung (Entwicklung des Mitarbeiterstabs):* Gemeint ist die Fähigkeit, effektive Fort- und Weiterbildungsangebote zu planen und auszuarbeiten, Supervision durchzuführen, Teams aufzubauen und Qualitätskontrolle zu üben.
3. *Programmentwicklung:* Hierbei ist die Aufgabe, neue Unterrichtsangebote zu entwickeln (in puncto Inhalte, Methoden, Organisation, Zusammenarbeit der Lehrkräfte etc.) und die Ressourcen der Schule insgesamt besser zu nutzen.
4. *Beurteilung der Produktivität der Schule:* Planung und Durchführung von Schülerbeurteilungen, Beurteilung der Arbeit der Lehrer, der Effektivität der Gruppen und der Produktivität der Schule insgesamt.

Das Schulleiterförderungsprogramm bietet, über ein Jahr verteilt, einer Gruppe von Rektoren 25 Fortbildungstage. Es ist intensiv und fertigkeitsorientiert; es sieht viel theoretisches Studium, aber auch viele praktische Versuche in der eigenen Schule vor. Es ist sehr weit gespannt und berechtigt zu der Annahme, daß die Teilnehmer theoretisch und praktisch viel profitieren. Hier sind Fortbildungstheorie, Theorie der Schule als Organisation und Theorie der Schulentwicklung und Führung in überzeugender Weise genutzt.

Zweck des Programms ist es, die Teilnehmer zu befähigen, Veränderungen an der eigenen Schule durchzuführen. Es ist also eigentlich eine *personbezogene Strategie*, aber Anderson und Snyder lassen keinen Zweifel daran, daß *Schulentwicklung* das Ziel ist. Statt einen externen Veränderungsagenten zu engagieren, erhält die offizielle Führung die Kenntnisse und Fähigkeiten, die sie zur Veränderung der Schule braucht.

Snyder und seine Mitarbeiter haben einige der an dem Programm Beteiligten längere Zeit danach beobachtet und befragt. 28 Schulleiter wurden interviewt, und 1235 Lehrerinnen und Lehrer äußerten sich zur Kultur der Schule und zum Veränderungsprozeß (SNYDER, ACKER-HOCEVAR und SNYDER 1994). Die Reaktionen der Lehrer zerfallen in drei Gruppen. Die eine Gruppe meint, daß wirklich positive Veränderungen stattgefunden haben. Diese Lehrkräfte verweisen auf fächerübergreifenden und auf Team-Unterricht, auf kooperatives Lernen, Beteiligung an den Entscheidungsverfahren, besser definierte Ziele und Unterstützung durch die Verwaltung. Sie haben den Eindruck, ihre

Wünsche würden mehr als früher beachtet. Die Forscher deuten diese Einschätzung als Anzeichen einer sich entwickelnden Kultur der Zusammenarbeit.

Andererseits finden viele Lehrer, die Unterrichtsbedingungen an ihrer Schule hätten sich *verschlechtert*. Sie begründen das mit sozialen Bedingungen, mit der Disziplin der Schüler, mit vielfältigen unterrichtsfremden Tätigkeiten und mit Verwaltungsmaßnahmen, die den Bedürfnissen aller Schüler nicht ausreichend gerecht würden. Sie sehen sich von den Schülern nicht mehr respektiert und werfen den Eltern vor, sie trügen zur Schaffung eines besseren Klimas nichts bei. Sie fühlen sich überarbeitet, klagen über eine Unzahl neuer Aufgaben und mangelnde Hilfen bei deren Bewältigung. Sie äußern sich auch skeptisch zur Schulleitung, die zwar manchmal auf die Lehrer höre, oft aber auch nicht.

Eine kleine Gruppe schließlich findet, die Schule habe sich überhaupt nicht verändert. Diese Lehrer sehen nur einen Pendelausschlag; aber das Pendel bleibe ja nicht stehen, sondern schwinge wieder zurück. Nur die »Philosophie« habe sich geändert, nicht die Praxis. Die Methoden seien noch immer die gleichen, und der Schule fehlten die zur Umsetzung wirklicher Veränderungen nötigen Ressourcen. Also »Business as usual!«

Nach Einschätzung der Forscher korrelieren diese Haltungen mit der *Art und Weise der Durchführung der Veränderungen*. Ein Beispiel ist das Verfahren der Zieldefinition. Wenn alle (einschließlich der Eltern) beteiligt sind, wenn die Mitglieder der Schulleitung »am Ball bleiben«, geben die Ziele der Arbeit der Schule ihr Gepräge. In weniger »reifen« Schulen werden zwar die Ziele auch in Gemeinschaftsarbeit formuliert, aber nicht alle sind beteiligt. Einige haben daher das Gefühl, die Ziele würden ihnen übergestülpt.

So lehrt die Untersuchung, daß eine neue Arbeitskultur gründliche und gewissenhafte Arbeit erfordert und daß sie nicht von heute auf morgen zu erreichen ist. Der zeitliche Aspekt variiert indes sehr stark. In zwei Schulen, die erst seit knapp einem Jahr bestanden und in denen der Rektor alle Lehrkräfte eingestellt hatte, fanden Snyder und seine Kollegen eine »Qualitätskultur« vor (!).

*Die Schulleiter selbst* meinten, daß sie viel gelernt hätten, aber daß die Anwendung des Gelernten von den jeweiligen örtlichen Gegebenheiten und Herausforderungen abhänge und daher unterschiedlich sei. Auf den einzelnen Gebieten, die das Förderungsprogramm umfaßt, stellten die

Forscher nach einem Jahr bei den Schulleitern folgende Zielvorstellungen fest:

1. *Visionäre Führung:* Fast alle stimmten darin überein, daß es wünschenswert sei, Bedingungen zu schaffen, unter denen alle Schüler erfolgreich lernen könnten, die Arbeitskultur der Schule sich entwikkeln könne, die Lehrer in einen kreativen Prozeß einbezogen würden und alle die Einstellung verinnerlichten, daß »Qualität unsere gemeinsame Verantwortung ist.«
2. *Strategische Planung:* Dabei ist vorausgesetzt, daß die Lehrer in einem längerdauernden Prozeß (z. B. unter Verwendung der Delphi-Dialogtechnik (Snyder und Anderson 1986) zu einem Konsens über Zielvorstellungen (»Visionen«) gefunden und sich diese zu eigen gemacht haben. Sie arbeiten in Studiengruppen, in denen viel an Vorbereitung geleistet wird, ehe neue Pläne gemacht werden. Die Schulen, die am weitesten gekommen sind, haben eine ausgedehnte Personalentwicklung.
3. *Systemisches Denken und Handeln:* Daß niemand allein arbeitet, sondern zusammen mit anderen, ist die Norm. Oft werden Schüler integriert, die besonderer Förderung bedürfen. Es werden fächerübergreifende Projekte entwickelt. Innerhalb der Schule und zwischen Schule und Umfeld herrschen partnerschaftliche Verhältnisse.
4. *Informationssystem:* Aus der Frage, wie die Entwicklung verläuft, ergibt sich der Wunsch, mehr und Genaueres über die zu erwartenden Ergebnisse zu wissen. Von zentraler Bedeutung in dem Zusammenhang sind verbesserte und verläßlichere Schülerdaten.
5. *Kontinuierliche Entwicklung:* Die Schulleiter bemühen sich (nach eigener Einschätzung) intensiv darum, den Lehrern mehr Verantwortung zu übertragen (»empowerment«). Etwa ein Drittel der Lehrer empfindet das auch so. In den meisten Schulen laufen Pilotprojekte, aber nur wenige davon betreffen die ganze Schule.
6. *Personalentwicklung:* Hierin sehen die Schulleiter die wichtigste Strategie. Es werden »Werkstätten« organisiert, Seminare zum »Training der Trainer«, Schulbesuche und »Kooperationstraining«. Seminare zu Fragen des Lehrplans und des Unterrichts waren relativ selten.

Wie weit sind diese Schulen nun im Bemühen um »Qualitätskulturen« gekommen? Snyder sieht Veränderungen vor allem auf drei Gebieten:

– *Unterrichtsorganisation:* Integrierter Unterricht, fächerübergreifende Projekte und authentisches Lernen, bei dem das Umfeld der Schule einbezogen wird, spielen eine größere Rolle als früher. Die meisten Schulleiter meinen, die Schulen kämen in Zukunft von den Jahrgangs-

klassen allmählich ab und hin zu einem mehr individualisierten Unterricht und kontinuierlicher Beurteilung und Bewertung.
- *Kultur:* Nach Auffassung der Schulleiter haben sich die Schulen von einer »Ich-Kultur« schon weit entfernt und einer »Wir-Kultur« angenähert. Das Umfeld ist auch besser integriert, und ein Klima positiven Denkens, in dem man Erfolge betont, hat die Krisenstimmung abgelöst, die die Schulen früher prägte. An den meisten nehmen die Eltern mehr am Leben der Schule teil. Viele altgediente Lehrer haben neuen Mut bekommen. Das Gefühl, in einer lernenden Organisation zu leben, breitet sich aus.
- *Zufriedenheit der Schüler:* Hier nennen die Schulleiter besonders die Arbeit mit denjenigen, die früher mit den Angeboten der Schule wenig anfangen konnten. Durch aktive Arbeit im Umfeld, authentische Aufgaben und praxisorientierte Vorbereitungen wird die Schule diesen Schülern besser gerecht.

Dies sind also Einschätzungen der *Schulleiter.* Man muß sich freilich klarmachen, daß Snyders Bericht vorläufig ist und daß die Bearbeitung der ermittelten Daten zu einem erheblichen Teil noch aussteht. Dennoch ist offenkundig, daß die Schulleiter ein anderes Bild von der Wirklichkeit haben als manche der an den gleichen Schulen unterrichtenden Lehrer. Dies erinnert an einige Ergebnisse des großangelegten schwedischen Schulleiterförderungsprogramms, das es seit 20 Jahren gibt und das vor einigen Jahren im Rahmen der Umorganisation des schwedischen Schulwesens neu geregelt wurde (EKHOLM 1992).

**Das schwedische Schulleiterprogramm:** Schweden war unter den nordeuropäischen Ländern das erste, das mit Schulleiterfortbildung anfing. Der erste Entwurf geht auf ein IMTEC-Seminar auf Hankø im Jahre 1972 zurück. Es war zentral initiiert und blieb fast 20 Jahre zentral gelenkt, bis es 1991 umorganisiert wurde, so daß es jetzt in Regie der einzelnen Regionen stattfindet. Es ist mehrfach beschrieben worden (siehe z. B. EKHOLM 1981, EKHOLM, STEGØ und OLSSON 1982 und EXHOLM, FRANSSON und LANDER 1986).

Das besondere Charakteristikum des schwedischen Schulleiterprogramms ist der Versuch, den Teilnehmern bewußt zu machen, daß der Prozeß der Veränderung an der einzelnen Schule beginnen muß, und sie für diesen Prozeß zu qualifizieren. In die Vermittlung der dafür nötigen Kenntnisse hat man viel theoretische und praktische Arbeit investiert. Die Projektleiter wissen, daß die Entwicklungsarbeit an verschiedenen Schulen in ganz unterschiedlicher Weise betrieben werden kann, daß sie vor allem aber Zeit erfordert. Das erste Fortbildungsprogramm war für die Schulleiter obligatorisch und dauerte zwei Jahre. In größeren Gemeinden kam es vor, daß einige Leiter der Schulaufsicht und Rektoren vier bis fünf Jahre lang an dem Programm teilnahmen. Da mehrere Schulleiter aus einer Gemeinde im Laufe der Zeit an die Reihe kamen, wurde es möglich, auch aktuelle Probleme aufzugreifen und zu bearbeiten.

Die schwedische Schulleiterfortbildung ist hierarchisch aufgebaut. Der Schulleiter soll die landesweit geltenden allgemeinen Ziele der Schule umsetzen. Er soll aufgrund seiner Vorstellungen von Schulentwicklung diese anstoßen; von seinen Ideen soll ein Entwicklungsplan ausgehen. Das schwedische Programm will also im Grunde den Schulleiter sozusagen zum Veränderungsagenten ausbilden. Er soll zugleich Leiter und Berater der Entwicklung an seiner eigenen Schule sein.

Die Fortbildung umfaßte insgesamt 25 Kurstage, verteilt auf Einheiten von je vier oder fünf Tagen. Inhaltlich ging es überwiegend um Schulentwicklung, und »Führung der Veränderung« war ein zentrales Thema. Die Seminare ließen Zeit zur Reflexion, bestanden aus verschiedenen Aktivitäten und waren auf dem neuesten Stand der Methodik des Management-Trainings.

Alle Teilnehmer wurden im Laufe der beiden Jahre drei- bis fünfmal von einem oder mehreren Leitern der Fortbildung besucht. Diese sollten mit ihnen theoretische und praktische Fragen besprechen und weitere Denkanstöße geben. Die Schulleiter sollten durch gründliches Training befähigt werden, die eigene Schule zu beurteilen und Beobachtungen in anderen Schulen zu machen (z. B. wie die dortigen Leiter ihre Zeit einteilten, wie die Schule organisiert war etc.). Sie bekamen auch bestimmte Aufgaben, z. B. den Unterricht einer Klasse in einem ausgewählten Fach zu beschreiben und zu beurteilen. Lehrer und Schüler sollten über die Ergebnisse Rückmeldungen bekommen. – Durch all diese Maßnahmen, die insgesamt 30 bis 40 Tage beanspruchten, sollten die Teilnehmer für Schulentwicklung qualifiziert werden.

Eine bemerkenswerte Komponente des schwedischen Programms waren zwei vierzehntägige Praxisphasen in einer außerschulischen Organisation. Das eine Mal sollte der Schulleiter oder die Schulleiterin in der kommunalen Kinder- und Jugendhilfe arbeiten, um die Lebenssituation der Schüler besser kennenzulernen, das andere Mal in einem in der Gemeinde gelegenen Betrieb.

1987 wurde dieses Modell der Schulleiterfortbildung teilweise geändert. Mehrmals wurde es einer Evaluation unterzogen. Die erste führte Hultman schon sehr früh durch. Die Schulleiter hatten die Grundausbildung durchlaufen und waren seit etwa einem halben Jahr wieder an ihrer Schule. Hultman stellte fest, daß sie im ganzen positiv auf die Kurse reagierten. Sie lobten die Durchführung und fanden es gut, daß man sie gezwungen hatte, Stellung zu beziehen. Sie betonten, daß sie von den prozeßorientierten Teilen profitiert hätten. Damit gaben sie, anders gesagt, kund, daß die Kurse *für sie als Individuen wichtig* gewesen waren (HULTMAN 1981). Andererseits wirkten sie sich nach Hultman auf die professionelle Rolle des Schulleiters in viel geringerem Maße aus. Er führt das zum Teil auf die Verteilung der Ressourcen zurück, die ganz überwiegend für *Schulleiterkurse* verwendet wurden. Diese Einschätzung wird von Olsson bestätigt, der darauf hinweist, daß die Leiter der Fortbildung ihre Zeit hauptsächlich den Kursen widmen und nur 20 % den Besuchen in der Schule (OLSSON 1980). Er stimmt mit Hultman darin überein, daß das schwedische Projekt über zu geringe Mittel verfügt, als daß die ehrgeizigen Ziele erreicht werden könnten.

Einige wenige Schulleiter (8 %) meinen Verbesserungen der Unterrichtssituation an ihren Schulen beobachten zu können. Zugleich berichten 24 % von einer gewissen Irritation im Lehrerkollegium. Sie erklären das damit, die Lehrer seien über die häufige Abwesenheit des Schulleiters (während der Kurstage) verärgert gewesen.

Hultman hebt hervor, mit dem schwedischen Projekt habe man sich um eine Alternative zur »Expertenstrategie« bemüht: Niemand von außen habe daherkommen sollen, »um uns zu verändern«. Doch habe in den Augen der Lehrer in Wahrheit der Schulleiter die Stelle des Experten eingenommen.

Viele dieser Probleme hätte man nach Hultman mit einer konsequenter auf Organisationsentwicklung setzenden Strategie vermeiden können, d. h. die Entwicklung hätte von innen kommen und die Schulleiterfortbildung integrieren müssen. Wenn dies nicht geschehe, müsse die Zielsetzung revidiert werden, weil in den kommenden Jahren eher mit gekürzten als mit erhöhten Mitteln zu rechnen sei.

Bei der Bewertung von Hultmans Urteilen sollte stets bedacht werden, daß er seine Untersuchung zu einem frühen Zeitpunkt vornahm. Aus der Literatur zur Organisationsentwicklung wissen wir, daß sich Verhaltensänderungen in der Schule nie von heute auf morgen herbeiführen lassen. Sie erfordern viel Zeit, mindestens drei bis fünf Jahre.

Die frühen Berichte (PETTIGREW 1982, SCHMUCK 1982, VORMELAND 1982) zeichnen ein recht vielgestaltiges, differenziertes Bild des Projekts. Doch bestätigen sie alle Hultmans wichtigste Schlußfolgerung, nämlich daß das Programm keine fühlbaren Veränderungen in den Schulen bewirkt habe. Die Beobachter nennen dafür einige Gründe. Pettigrew beschäftigt sich vor allem mit dem Erneuerungsprozeß, den das Projekt anstoßen will, und stellt dazu fest:

»Wenn das Schulleiterprogramm eine Achillesferse hat, so ist es der Moment, da der Schulleiter am Ende der zwei Fortbildungsjahre Veränderungen an seiner Schule durchzuführen versucht. Dahinter steht die Frage, ob es eine erfolgversprechende Veränderungsstrategie ist, den Schulleiter so sehr zum Angelpunkt der Veränderungsarbeit zu machen« (PETTIGREW 1982).

Richard Schmuck sieht in dem schwedischen Projekt eine Parallele zu Entwicklungen in anderen Ländern, die auf eine »sich selbst entwickelnde Schule« abzielen. Er hält es für ganz wesentlich, daß die Projektleitung das Ziel der Veränderungen klarmacht und beschreibt, was eine solche Schule von der traditionellen unterscheidet. Notwendig seien ferner die Schaffung klarerer Programmstrukturen und klarerer Erwartungen sowie eine verbesserte Nachbereitung. Er nennt auch Maßnahmen, die die ganze Schule für die Erneuerungsarbeit mobilisieren könnten (SCHMUCK 1982).

Oddvar Vormeland betont, die »Heimperioden«, in denen die Teilnehmer wieder an ihren Schulen waren, seien anscheinend wenig effektiv gewesen. Viele Lehrer fanden, die Fortbildung habe auf die Schulen überhaupt nicht eingewirkt. Am meisten haben nach Vormeland die Schulen von dem Programm profitiert, die ohnehin schon an Schulentwicklung arbeiteten. Es gebe kaum Anzeichen dafür, daß ein Kollegium sich *infolge des Programms* für Schulentwicklung engagiert habe. Vormeland urteilt abschließend folgendermaßen:

»Die Fortbildung von Schulleitern als Menschen und Administratoren wird die Schule an und für sich nicht nennenswert vorwärtsbringen. Der Schulleiter kann Organisator und Vorbereiter sein, aber er allein kann die Schule nicht entwickeln (VORMELAND 1982).

Eine umfassender angelegte Langzeitstudie nahmen Ekholm, Fransson und Lander vor, die 35 Schulleiterinnen und Schulleiter bei ihrer Arbeit beobachteten (in Schweden sind die meisten Rektoren für mehr als eine Schule verantwortlich) (EXHOLM, FRANSSON und LANDER 1986). Zweck der Evaluation war es zu ermitteln, ob die Schulleiterfortbildung für das Führungsverhalten der Teilnehmer selbst und für den Unterricht an ihren Schulen von Bedeutung war.

Die Evaluation umfaßte 35 »Rektorengebiete«. Dreimal im Laufe von fünf Jahren wurden die Schulen von den Wissenschaftlern besucht. Dabei wurden Informationen eingeholt durch Interviews, Beobachtungen und Diskussionen mit Lehrern, Schülern, Eltern und anderen Personen in Schule und Umfeld. Erfragt und beobachtet wurden die Ziele der Schule, ihre Organisation, Zusammenarbeit und Kommunikation, Entscheidungsverfahren, zwischenmenschliche Verhältnisse, Veränderungsprozesse, etwaige Evaluationsverfahren und die Beziehungen zum Umfeld: lauter Gebiete somit, die bei der Schulleiterfortbildung eine zentrale Rolle gespielt hatten. – Was stellten die Forscher fest?

1. *Führungsstil:* 11 von 35 Schulleiterinnen und -leitern hatten ihren Führungsstil insofern verändert, als sie jetzt mehr Wert auf Zusammenarbeit legten. Das läßt sich zum Teil auf das Fortbildungsprogramm zurückführen; jedoch ist zu berücksichtigen, daß zur gleichen Zeit Staat und Gesellschaft viel Druck ausübten, der in die gleiche Richtung zielte.
2. *Zusammenarbeit der Lehrer:* 1980 arbeiteten die Lehrer nur an 6 Schulen im Unterricht und bei dessen Vorbereitung zusammen. 1985 war das an 19 von 35 Schulen der Fall. An 12 der 13 Schulen, die einen solchen Arbeitsstil neu entwickelt hatten, hatte auch der Leiter seinen Führungsstil schon im Sinne von mehr Kooperation verändert. Mehrere Beobachtungen deuten darauf hin, daß ein aktiver, initiativreicher Leiter Voraussetzungen für Veränderungen schafft.
3. *Lehrer-Schüler-Kooperation:* Die Schulen wurden nach einer im voraus aufgestellten Passiv-/Aktiv-Dimension der Schülerbeteiligung klassifiziert. In 28 von 35 Rektorgebieten dominierte nach fünf Jahren noch immer ein lehrerzentrierter, oft Passivität der Schüler bewirkender Unterricht, und die Schulleiter zögerten, in ihrem Gebiet eine Veränderung zu initiieren. Die wenigen Veränderungen, die die Forscher notierten, fanden in der Grundschule statt.
4. *Schuldemokratie:* Auch auf diesem Gebiet waren nur sehr bescheidene Veränderungen zu verzeichnen. Abgesehen von der Einrichtung von Schülerräten und der Teilnahme der Schüler an Konferenzen, gab es kaum Anzeichen eines gewachsenen Einflusses der Schüler.
5. *Örtliche Zieldebatten:* Auf diese wurde in der Schulleiterfortbildung besonderer Wert gelegt. Tatsächlich kamen sie an einer ganzen Reihe Schulen in Gang. Nach fünf Jahren wurden in 16 der 35 Gebiete noch immer Zieldiskussionen geführt. Allerdings können sie wohl nur zum Teil auf das Schulleiterprogramm zurückgeführt werden, denn

auch der Staat machte zur gleichen Zeit seinen Einfluß in dieser Richtung geltend.

6. *Planung und Evaluation auf der Basis der einzelnen Schule:* Auch dies war ein wichtiger Teil der Schulleiterfortbildung. Hier fanden die Forscher eine große Kluft zwischen den Plänen und der Praxis. Nur 3 Schulen nutzten aktiv und systematisch Planungs- und Evaluationsdaten, 9 nutzten die Daten teilweise und 22 gar nicht. Die Planungen und Evaluationen wurden so zu einer reinen Arbeit auf dem Papier, obwohl die Schulleiter, nachdem sie an der einschlägigen Fortbildung teilgenommen hatten, für ein Planungs- und Evaluationsverfahren bestens qualifiziert sein müßten.

Die Forscher fügen eine Bewertung dieser Ergebnisse an. Sie betonen vor allem, daß in Schweden örtliche Initiative und Führung wenig respektiert werden. Das hat die Schulleiter gehindert, das Gelernte effektiver anzuwenden. Nur selten stellen schwedische Schulleiter *Forderungen* an die Lehrer. Viele sind zu den Lehrern loyaler als zu den Politikern.

Wir haben diese Evaluation relativ gründlich besprochen, weil es erstens nur wenige Programme gibt, die mehrere Jahre lang evaluiert worden sind, und weil zweitens die Befunde gut mit anderen Evaluationen, auf die wir hingewiesen haben, übereinstimmen.

## 9.3 Schulleiterfortbildung und Schulentwicklung

Die Evaluation von Schulleiterfortbildungen zeigt ziemlich klar, daß gute Programme für *die persönliche und fachliche Entwicklung des Leiters* wichtig sind, daß sie sich aber auf die Organisation nur wenig auswirken. Effektive Schulleiterfortbildung sollte nach meiner Ansicht als notwendige, aber nicht ausreichende Voraussetzung für Schulentwicklung verstanden werden. Mehrere Faktoren bedürfen der Klärung:

*Grundgedanke:* Der Grundgedanke der Fortbildung sollte sein, die Schulleiter zu befähigen, *in ihrer eigenen Organisation die Ressourcen freizusetzen*. Problemlösungen kommen nicht von oben (z. B. in Gestalt eines neuen Lehrplans); der Schulleiter hat *nicht* die Aufgabe, Weisungen der Zentrale weiterzugeben. Wohl aber soll er *in zentralen Dingen* (was Ziele und Normen betrifft) loyal sein. Mit Lösungen soll er *experimentieren.* Er definiert Probleme und findet Lösungen, indem er *Kräfte in der Schule* mobilisiert, nicht indem er selbst wie ein externer Experte auftritt.

*Theoriegrundlage:* Nach Eric Hoyle sollte Schulleiterfortbildung von sechs einschlägigen Theorien ausgehen. Er nennt pädagogische Theorie, Policy-Theorie, Organisations-, Lehrplan-, Führungs- und Veränderungstheorie. Ihre Gewichtung hängt weitgehend von den Zielen des jeweiligen Programms ab (HOYLE 1986). Das theoretische Fundament ist wichtig, ein Bezugsrahmen ist notwendig, aber am wichtigsten ist die *Anwendbarkeit* der Theorie in konkreten Entscheidungssituationen.

*Struktur und Sequenzbildung:* Das traditionelle Modell – frühe externe Fortbildung der Leiter, danach Bildung eines Teams und dann Organisationsentwicklung – ist nur *eine* mögliche Struktur. Wir wissen, daß nicht alle Schulleiter die gleichen Interessen und Bedürfnisse haben und daß sich die Schulen, für die sie verantwortlich sind, in verschiedenen Entwicklungsstadien befinden. Dies gilt es in den Inhalten und im Aufbau der Fortbildungsprogramme zu berücksichtigen. Wollen wir die Fortbildung entsprechend differenzieren, muß vermutlich die Verantwortung an *den Schulträger* übergehen, der dann in Zusammenarbeit mit den Schulleitern und mit Fachleuten einen Plan für Fortbildungsprogramme und für Organisationsentwicklung auszuarbeiten hätte. Die Ausgangssituation der Schulen und ihre Kapazität sind höchst unterschiedlich, und die richtige Abfolge der Maßnahmen ist daher sehr wichtig. Ausgangspunkt muß in jedem Falle *die Situation der Schule* sein, und das Schulleiterfortbildungsprogramm ist nur eine von mehreren Strategien der Schulentwicklung.

*Verantwortung für die Fortbildung:* Effektive Schulleiterfortbildung kann sehr vielgestaltig sein. Ich stimme March darin zu, daß die Universitäten eine wichtige Rolle spielen *können*, weil grundlegende, von der einschlägigen Forschung entwickelte Theorien der Führung und der Gesellschaft möglicherweise von großer Bedeutung sind (MARCH 1979). Doch sollten die Universitäten nicht versuchen, möglichst praxisrelevant zu sein; das können andere besser. Sie sollten ihre Aufgabe darin sehen, alternative Sichtweisen zu vermitteln, die Anlaß geben, die Praxis kritisch zu reflektieren. Andererseits steht außer Frage, daß angehende Schulleiter sich auch bestimmte Praktiken der Führung aneignen müssen, und diese wird eine Fo-E-Organisation oder ein pädagogisches Zentrum wenigstens ebenso gut vermitteln können. Wieder ist der Schulträger gefragt; er muß die verschiedenen Angebote sorgfältig prüfen.

*Lernprozeß:* Haltungen und Fertigkeiten in vorgerücktem Alter zu verändern ist nicht einfach. Manche Fortbildungsinstitutionen suchen Teilnehmer mit relativ einfachen Übungen darüber hinwegzutäuschen und ihnen vorzuspiegeln, sie könnten sich gewisse Fertigkeiten rasch und effektiv aneignen. Es gibt heute eine Vielzahl von Angeboten, die eher nach ihrem kosmetischen Wert als nach ihrem fachlichen Gehalt zu beurteilen wären. Schulleiterfortbildung muß die Teilnehmer über einen längeren Zeitraum verpflichten, neue Verhaltensweisen zu erproben. Hier gilt, wie für Fortbildung überhaupt, daß Demonstration, Erprobung, Feedback und »Coaching« unverzichtbar sind (vgl. Kapitel 8). Isolierte Kurse reichen *nicht* aus. Es wird nie genügend Ressourcen für den längerfristigen nahen Kontakt geben, den Personen in Führungspositionen brauchen, sollen sie wirklich Hilfe in ihrer Praxis erfahren. Daher muß unter den Schulleitern eine »Coaching«-Kultur entwickelt werden, die auf hinreichendem Vertrauen zwischen dem einzelnen Leiter und den Lehrern beruht.

*Sicherheitsnetz:* Ein fundiertes, durchdachtes Schulleiterfortbildungsprogramm muß über so viel Ressourcen verfügen, daß der einzelne Teilnehmer an seinem Arbeitsplatz eine begleitende Nachbereitung erfährt. Die meisten würden, gäbe es ein solches Programm, viel an sich selbst arbeiten. Es ist wichtig, Gesprächspartner zu haben, besonders solche, die offen und konkret Rückmeldungen geben können. Dazu bedarf es einer fachlichen Qualifikation.

Wie wir sahen, verändert Schulleiterfortbildung das Verhalten ihrer Teilnehmer nur wenig, und erst recht löst sie keine Schulentwicklung aus. Was wir heute hierbei brauchen, ist eine Haltung des Experimentierens. Wir stehen erst am Anfang. Die für diese Fortbildung Verantwortlichen müssen die bisherige Praxis kritisch durchdenken, neue Wege riskieren und nach besseren Alternativen suchen.

## 9.4 Organisationsentwicklung – Definitionen

Es gibt mehrere Definitionen des Begriffs »Organisationsentwicklung«. Um die Unterschiede und Nuancen zu verstehen, müssen wir zunächst auf die Geschichte der OE in der Schule in den letzten 30 Jahren zurückblicken.

OE entstand aus der »Human relations«-Schule und war anfangs stark geprägt von Projekten, die auf Individuen und Kleingruppen gemünzt waren. In der Industrie gibt es OE-Projekte seit den fünfziger Jahren; z. B. war der Esso-Konzern auf diesem Gebiet führend. In der Schule kam das erste Projekt unter der Leitung von Matthew Miles 1963 an der

Columbia-Universität in Gang (MILES 1967). Bald darauf folgte das bekannte COPED-Projekt, finanziert von den föderalen Behörden und ebenfalls geleitet von Miles. Ferner wurden (seit 1968) einige OE-Projekte am »Center for Advanced Study in Educational Administration« der Universität von Oregon entwickelt. Ebenfalls in den sechziger Jahren begannen Projekte an der Universität von Michigan (Institute for Social Research); von ihnen wurde besonders das »Educational Change Team« (1967–70) wichtig.

Geprägt wurde die Entwicklung von Sozialpsychologen, anfangs von solchen, die vornehmlich an Gruppendynamik und Organisationspsychologie interessiert waren. Die Projekte wurden extern (von Bundesbehörden) finanziert und an Universitäts- oder unabhängige Institute vergeben. Diese hatten dann die Verantwortung für Verträge mit Schulen.

In Norwegen begann 1968 das »SAMS-Projekt«, entwickelt von Arne Ebeltoft und vermarktet vom Institut für Organisationsentwicklung. Es handelte sich dabei um einen 50stündigen Kurs zur Förderung der Kooperationsfähigkeit, der sich an Lehrerkollegien wandte und dessen Hauptgewicht auf Kommunikation und Gruppendynamik lag. Er hatte viel Ähnlichkeit mit COPEDs Gruppenkursen und wies auch zu mehreren anderen amerikanischen Kursen deutliche Parallelen auf.

Die ersten Definitionen von OE waren natürlich von den ersten Projekten geprägt. Man kann sagen, daß sie prozeßorientiert waren:

> »OE bezweckt die Verbesserung der Lebensqualitäten der Angehörigen eines sozialen Systems und zugleich die Erhöhung der Produktivität dieses Systems« (ALDERER 1979).

> »OE ist eine Theorie, eine Methode und ein (oft verborgenes) Wertesystem zur Verbesserung der menschlichen Seiten des Lebens einer Organisation und damit auch der Produktivität (task-goal-accomplishment) eben dieser Organisation« (DERR 1974a).

> »OE ist ein systematischer Versuch, die ganze Organisation zu verändern in Richtung auf eine effektivere Entwicklung der menschlichen Ressourcen, und zwar durch Anwendung verhaltenswissenschaftlicher Methoden« (GORPE 1974).

Allmählich wurden die Definitionen dann ganzheitlicher, indem sie die menschlichen und die strukturellen Faktoren ausgewogen berücksichtigten:

»OE nennt man ... Aktivitäten, die allen Mitgliedern einer Organisation zufriedenstellende Bedingungen einer richtigen und allseitigen Teilnahme bieten. Diese Optimierung soll gleichzeitig in den sozialen und technischen Systemen erfolgen, d. h. als eine ganzheitliche (wenn auch allmähliche) Verbesserung der verschiedenen (auf Arbeit, Struktur, Ideologie und Zusammenarbeit bezogenen) Seiten der Tätigkeit, und natürlich dergestalt, daß das notwendige Zusammenspiel mit der Umgebung aufrechterhalten wird« (EBELTOFT 1974).

Einige Definitionen waren allgemeiner formuliert und betonten die Fähigkeit der Organisation zur Selbsterneuerung:

»OE kann definiert werden als eine geplante und ständige, mit wissenschaftlichen Methoden betriebene Bemühung zur Verbesserung eines Systems, besonders durch Reflexion und Selbstanalyse« (MILES 1971).

»OE ist ein langfristig angelegter Versuch, die Problemlösungskapazität einer Organisation zu stärken« (FRENCH und BELL 1973).

»Die Schule institutionalisiert einen auf Problemlösungen zielenden Entwicklungsprozeß als eine reguläre, ständige Funktion mit maximaler Beteiligung« (BASSIN und GROSS 1978).

Nach Prüfung von mehreren Hundert OE-Projekten, einer kritischen Durchsicht einschlägiger Forschung sowie aufgrund eigener Erfahrung kamen Miles, Fullan und Taylor zu der folgenden revidierten Definition:

»OE in Schulen ist eine zusammenhängende, systemartig geplante Anstrengung zum Zwecke der Selbstanalyse und Erneuerung. Die Maßnahmen sind vor allem auf Änderungen formaler und informeller Verfahren, Prozesse, Normen und Strukturen gerichtet und bedienen sich haltungsbildender Begriffe und Methoden. OE soll sowohl den Bedürfnissen des einzelnen dienen (»quality of life«) als auch die Funktionsfähigkeit und die Resultate der Organisation verbessern« (FULLAN, MILES und TAYLOR 1980).

Einige OE-Theoretiker haben zur Anwendung von OE in Schulen kritische Fragen gestellt. Einer von ihnen, Brooke Derr, sucht in einem kritischen Artikel die Voraussetzungen von OE mit den Charakteristika der Schule als Organisation, wie er sie sieht, zu vergleichen (DERR 1976):

## Organisationsstrategien

| *Organisation der Schule* | *Organisationsentwicklung* |
|---|---|
| A. Die Schule hat keine allgemein anerkannten Standards für ihre Arbeit. | A. Bereitschaft: Der Wunsch nach Erneuerung ist Bedingung. Der Klient muß zumindest ahnen, daß er Probleme hat; nur dann kann er Energien zu ihrer Bewältigung mobilisieren. |
| B. Verhältnis der Schule zur Umgebung: Überleben ist garantiert. Krisenorientiert. | B. Innovationsorientierung: Sich zu erneuern ist Zeit, Geld und Anstrengung wert. Aus Erfahrungen lernen ist entscheidend wichtig (Selbstentwicklung). Entwicklung fordert Zeit. |
| C. Geringe wechselseitige Abhängigkeit: Schulen müssen nicht zusammenarbeiten. Vorteile der Zusammenarbeit nicht größer als die Nachteile. | C. Systemische Orientierung. Wirkliche Vorteile (in Form von Belohnungen) bei Zusammenarbeit (und Unkosten bei Nicht-Zusammenarbeit). |
| D. Funktionärsmentalität: Zielverschiebungen. Sicherheit ist wichtig. Inzucht. Anstellungsbedingungen im Konflikt mit Ausbildungszielen. | D. Externe und interne Kapazität: Der am besten qualifizierte OE-Berater wird intern angestellt (unabhängig von formaler Rangordnung). Interne *und* externe OE-Beratung findet statt. Flexible und dynamische Rollen und Strukturen. Der oder die für eine Stelle am besten Geeignete wird ausgesucht. Etwas zu riskieren und neue Methoden zu erproben wird belohnt. |
| E. Wenig Ressourcen | E. Angemessene Ressourcen |

Matthew B. Miles nahm an dem Seminar teil, auf dem Brooke seine Kritik zum ersten Male vorbrachte. Er gab die folgende Antwort:

- OE erfordert nicht unbedingt die Zusammenarbeit und Teilnahme aller, sondern basiert auf ständigem und reflektiertem Gebrauch verhaltenswissenschaftlicher Methoden zur Verbesserung der Funktionsfähigkeit einer Organisation.

- Personvariablen, wie z. B. »Funktionärsmentalität«, sind weniger wichtig als Strukturvariablen.
- OE geht oft auf empfundene Mängel, auf Streß und Schwierigkeiten zurück, nicht unbedingt auf Defizite bei der Verwirklichung von Zielen.
- Bestimmte persönliche Eigenschaften stehen OE nicht zwangsläufig im Wege (DERR 1976).

Die Diskussion um OE bekam nach und nach ein deutlicheres politisches Profil. In der Industrie wurde OE bald bekannt als eine Strategie, die die Führung finanzierte und für ihre Zwecke nutzte. Einige Arbeitnehmerorganisationen gingen allmählich auf Distanz (BERG 1986). Diese Haltung war Teil einer verbreiteten Kritik der OE als konsensorientiert, unpolitisch und relativistisch.

Nach Friedlander und Brown dient OE in der Regel den Zielen der Organisation auf Kosten der Ziele der Individuen (FRIEDLANDER und BROWN 1974). Nach Forbes streben viele OE-Berater nicht Erneuerung, sondern »Restabilisierung« an, d. h. sie bemühen sich, die Organisation aus Krisen und Konflikten herauszuführen, um ein neues Gleichgewicht herzustellen (FORBES 1977). Nach Crockett versucht OE oft, die Teilnehmer in eine Art Glückszustand hineinzumanipulieren, aber das wahre Ziel sei das Festhalten am Status quo (CROCKETT 1978). Nach Lundberg, dessen Argumentation an marxistischen Begriffen orientiert ist, hat OE kapitalistische Werte unkritisch übernommen, wirtschaftliches Wachstum und technischen Fortschritt unkritisch befürwortet und die soziale Rangordnung der Teilnehmer ohne weiteres akzeptiert (LUNDBERG 1976). Gunnar Berg greift in seiner Kritik großenteils die gleichen Gesichtspunkte auf (BERG 1986). Er bemängelt

- die Tendenz, eine organisationsgeschichtliche Sicht immer wieder auszublenden;
- daß man an Veränderungen arbeitet, ohne die vom Auftraggeber oder dem Hauptverantwortlichen vorgegebenen Rahmen kritisch zu prüfen;
- daß nicht der Widerspruch diskutiert wird, der zwischen dem Menschenbild einerseits und einer der jeweiligen Situation angepaßten Arbeitsideologie andererseits besteht;
- daß man nicht die Macht des Veränderungsagenten diskutiert. Wo verläuft die Grenze zwischen Unterstützung des Prozesses und systematischer Beeinflussung im Hinblick auf bestimmte Ziele?

Diese Kritik ist nach meiner Meinung durchaus berechtigt. Die ersten OE-Projekte in der Industrie wurden ganz eindeutig von der Betriebsleitung finanziert und zu ihren Bedingungen geplant und durchgeführt. Besonders deutlich war das in den sechziger Jahren. In den letzten 20 Jahren hat es aber auch ganz andere, zum Teil von der Basis organisierte OE-Projekte gegeben. Weiter unten in diesem Kapitel werde ich auf diese Fragen im Hinblick auf die Situation der Schule genauer zurückkommen.

Eine andere Stoßrichtung der Kritik wendet sich gegen OE als Theorie:

»OE ist kein Begriff im streng wissenschaftlichen Sinne. Er ist nicht genau definiert. Er läßt sich nicht auf spezifische, gleichartige, beobachtbare Verhaltensweisen beschränken. Er hat keinen vorgeschriebenen und wohlbegründeten Platz in einem Netz logisch aufeinander bezogener Begriffe, d. h. in einer Theorie« (KAHN 1974).

Friedlander hat die mit der OE-Tradition gegebenen möglichen Konflikte untersucht. Er erkennt in der Praxis der OE drei verschiedene philosophische Traditionen: Rationalismus, Pragmatismus und Existentialismus (FRIEDLANDER 1978). Er führt die divergierenden Definitionen und die uneinheitliche Praxis auf die Konkurrenz dieser drei Traditionen zurück:

*Der Rationalismus* ist bemüht, die OE wissenschaftlicher und theoretischer zu machen, sie an Begriffen, an Logik und Mathematik zu orientieren. Die Aktivitäten zielen oft darauf ab, Modelle zu schaffen und die der Organisation zugrundeliegenden Kräfte zu verstehen. *Der Pragmatismus* ist auf die Nützlichkeit von OE bedacht und möchte daher die Organisation effektiver, produktiver und wirtschaftlicher machen. *Der Existenzialismus* will die OE an humanistischem Denken orientieren und zielt auf Selbstverständnis, Erlebnisfähigkeit und persönliches Wachstum der Individuen ab.

**Abb. 38: Friedlanders OE-Analyse**

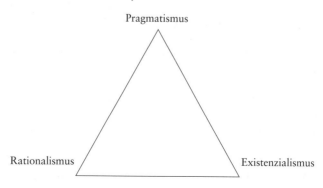

Oft mag der Rationalist den Pragmatiker verdächtigen, er werde Aktivitäten nur danach auswählen, ob sie »funktionieren«. Zugleich befürchtet der Existentialist, der Pragmatiker neige zu sehr zu solchen Aktivitäten, die den einzelnen manipulieren könnten. Das Handeln des Rationalisten wird oft als abstrakt und belanglos angesehen; man unterstellt ihm, er habe die Organisation und die einzelnen Teilnehmer zu wenig im Blick. Der Existentialist wird oft mit Skepsis betrachtet, weil seine »Arbeit mit Menschen« als für die Organisation irrelevant gilt, als leeres, unproduktives, »mystisches« Gerede.

Friedlander hat wohl besser als irgend jemand sonst auf die der OE-Praxis innewohnenden Spannungen aufmerksam gemacht. Im folgenden wollen wir diese Praxis am Beispiel verschiedener Projekte näher betrachten.

## 9.5 Praxis der Organisationsentwicklung

Nach 30 Jahren Praxis gibt es immer noch viele, die erstaunt fragen, was OE ist und worin die so benannte Arbeit eigentlich besteht. Das liegt zum Teil daran, daß OE für verschiedene Menschen zu verschiedenen Zeiten Verschiedenes bedeutet hat, aber auch daran, daß man es bisher nicht geschafft hat, sich auf ein festes, in einzelne Schritte gegliedertes Entwicklungsmodell nach Art des Fo-E-Modells zu einigen.

Daß dies so ist, geht indessen auf die Grundprinzipien der OE zurück. Ein Entwicklungsmodell, das von den Charakteristika einer bestimmten Organisation ausgeht, kann zwangsläufig nicht so leicht eine einheitliche Praxis etablieren wie ein Modell, das auf gegebenen, vom »Entwickler« festgelegten Größen beruht. OE hat es in vielfacher Hinsicht mit dem Unbekannten zu tun.

Damit sind wir bei einem der fundamentalsten Unterschiede im Verständnis von Entwicklungsarbeit überhaupt. Während das Fo-E-Modell und ähnliche Planungs- und Entwicklungsmodelle auf einem Plan beruhen, dessen Ziele gegeben sind und dessen Methoden wie eine logisch aufgebaute Sequenz erscheinen, hat OE selten einen festen Plan als Grundlage. Die Arbeit wird statt dessen Schritt für Schritt »geplant« nach einem Problemlösungsmodell, das es ermöglicht, Ziele, Methoden und damit Ergebnisse in regelmäßigen Abständen zu überprüfen. Der Weg entsteht, indem wir ihn begehen. Ein OE-Prozeß heißt, *mit dem Unfertigen zu leben*, des Ziels oder des Plans nie ganz sicher zu sein und auch niemals Gewißheit darüber zu haben, ob das Ziel erreicht ist.

Allerdings gilt das hier Gesagte auch nicht immer. OE-Programme, die sich irgendwie an zwischenmenschlichen Prozessen orientieren, sind von solchen mit einer Struktur-Technologie-Orientierung zu unterscheiden. Bei den erstgenannten ist das suchende Problemlösungsmodell ausgeprägter.

Eine Beschreibung des OE-Prozesses ist also nicht ganz einfach. Ich habe mich dennoch entschieden, ihn in folgenden Hauptschritten vorzustellen:

1. MOTIVATION FÜR OE
   Was kennzeichnet die Situation und Organisation, in denen der OE-Prozeß als Entwicklungsmodell dient?

2. DIE STARTPHASE
   Vor welchen Problemen steht man gewöhnlich am Anfang eines OE-Prozesses?

3. DIE DURCHFÜHRUNG
   Welche Aktivitäten kennzeichnen ein OE-Programm?

Die folgende Darstellung ist im ersten Teil deskriptiv. Sie stützt sich auf mehrere Studien zur Organisationsentwicklung, vor allem auf Fullans, Miles' und Taylors Bericht über Ergebnisse und Auswirkungen von OE; denn dieser ist nach wie vor die gründlichste Untersuchung zur OE in der Schule (FULLAN, MILES und TAYLOR 1980).

## 9.6 Motivation

Die meisten OE-Programme kommen in Gang, weil der Schulleiter oder der zuständige Beamte in der Schulaufsicht meinen, sie seien ein Verfahren, das gute Ergebnisse verspreche. Hier liegt übrigens eine Parallele zur freien Wirtschaft, wo man weiß, daß »Unterstützung von oben« über den Erfolg von OE maßgeblich entscheidet. Welcher Art sind nun die Probleme, deren Lösung die Leitung für wichtig hält? In Fullans, Miles' und Taylors Untersuchung werden »Kommunikationsschwierigkeiten« am häufigsten angeführt (25 %), gefolgt von Aufgaben wie »Reorganisation« (11 %), »Klärung von Wertfragen« (10 %) und »Verbesserung der Entscheidungsprozesse« (8 %). Nur in 5 % der Fälle wurden »Schülerprobleme« als Begründung eines OE-Verfahrens genannt.

Folgerichtig zeigt sich auch, daß die meisten begonnenen Projekte Unterstützung von oben hatten. Diese war nach Aussage der meisten sogar der wichtigste Grund dafür, daß die Projekte in Gang kamen (41 %). Andere wichtige Gründe waren spezielle Ressourcen (21 %) und tüchtige Berater (18 %).

Nun kann man natürlich fragen, ob Unterstützung von oben speziell bei OE-Projekten unerläßlich ist. Ist nicht die Schule so weit hierarchisch organisiert, daß *alle* bedeutenden Entwicklungsprojekte diese Unterstützung brauchen, sei es vom Staat, von der Gemeinde oder von der Schulleitung?

Es gibt wohl doch einen besonderen Umstand, der die Hilfe von oben gerade bei OE-Projekten erforderlich macht. Normalerweise beginnen diese mit Problemen, die nahe an der administrativen Entscheidungsebene lokalisiert sind und weiter entfernt von der pädagogischen (vgl. oben S. 125). Dieser Problemtyp berührt direkt das Funktionieren der Schule als Organisation und geht daher die Schulleitung unmittelbar an.

Das Projekt »Accelerated Schools«, das wir später in diesem Kapitel behandeln werden, hat sich gezielt bemüht, ein Verfahren zu entwickeln, bei dem *alle Beteiligten* über den Beginn des Projekts mitentscheiden. Organisationsentwicklung kann für den einzelnen Schüler und Lehrer in höchstem Maße bedeutsam werden. So ist es nicht ungefährlich, wenn *OE* nur deswegen in Gang kommt, weil die Schulleitung ihren Segen dazu gegeben hat. Für die Demokratisierung der Schule ist es ganz wesentlich, daß alle Beteiligten von Anfang an dabei sind.

## 9.7 Die Startphase

Der Begriff »entry« oder »Startphase« ist zu einem Fachausdruck der OE geworden. Er weist auf Schlüsselfragen der OE als Strategie hin. Mehrere Untersuchungen betonen die Wichtigkeit eines richtigen Starts.

**Wertfragen:** Nach Weisbord ist es hauptsächlich eine *Wertfrage*, ob man sich überhaupt auf OE einläßt (WEISBORD 1978). Außerdem erfordert OE eine Denkweise, die dem herkömmlichen Nachdenken über Entwicklungsarbeit ziemlich unähnlich ist. Auch bedarf sie einer selten anzutreffenden Art des Nachdenkens über Schule und Organisation allgemein. Ich bin überzeugt, daß die Werte der OE, das ihr eigentümliche

Basisverständnis des Veränderungsprozesses und die implizite Art, Schule zu »denken«, viel wichtiger sind als ihre Techniken und Arbeitsweisen. Mehrere Berichte über Anfangsschwierigkeiten mit OE deuten darauf hin, daß sie auf eine diffuse Art vorgestellt worden war, daß ihr eigentlicher Zweck unklar blieb und daß die möglichen Folgen des Projekts Unsicherheit auslösten. Es ist gerade am Anfang von wesentlicher Bedeutung, die dem Projekt zugrundeliegenden Wertvorgaben klarzumachen (siehe unten). Das Problem hierbei liegt darin, daß OE als Arbeitsweise den meisten nicht vertraut ist. OE muß man *erfahren*, will man sie verstehen. Viele bedienen sich daher bei der Einführung von OE der Simulation, oder sie stellen andere gute OE-Arbeitsweisen vor (siehe unten).

IMTEC hat in den Niederlanden und Deutschland ein und dasselbe Projekt nach einem fast identischen Konzept durchgeführt und dabei die Erfahrung gemacht, daß die Anforderungen an Plan und Struktur höchst verschieden und wahrscheinlich kulturell bedingt sind (vgl. Hofstede 1991). In den Niederlanden stellten wir fest, daß die Teilnehmer (Lehrer, Schulleiter und Berater) mit einer offenen Agenda zu arbeiten gewohnt waren, Veränderungen der Pläne ohne weiteres tolerierten, das Unfertige hinnahmen und sich dabei *wohlfühlten*. Unsere Erfahrungen in Deutschland sind nicht eindeutig. Deutsche sind natürlich ebenso verschiedenartig wie Norweger; dennoch fanden wir, daß unsere Partner feste Pläne und Absprachen sowie klare Erwartungen bevorzugten. Induktive Methoden sind relativ unbekannt, während »didaktische« Konzepte, deren einzelne Schritte vorweg erklärt werden, den meisten vertraut sind. Leicht kommt es zu Frustrationen, wenn die Teilnehmer mit mehreren unbekannten Faktoren zugleich arbeiten sollen.

Mehrere Beobachter betonen, die Werte des OE-Projekts und die der Organisation müßten einigermaßen übereinstimmen. Runkel und Bell sagen das so:

> »Nach unserer Erfahrung ist Organisationsentwicklung, die auf strukturelle Veränderungen abzielt, stark beeinflußt von der psychischen Bereitschaft der von der Veränderung Betroffenen. Diese Bereitschaft ist in der Regel dort am größten, wo Offenheit und Kommunikation geschätzt werden, kooperative Fähigkeiten entwickelt sind, der Wunsch nach Zusammenarbeit eine breite Basis hat, die Administration die Veränderungen unterstützt oder zumindest nicht behindert, wo von Anbeginn Einigkeit über die Ausbildungsziele besteht, die durch die Strukturveränderungen erreicht werden sollen, und wo der Mitarbeiterstab keine Serie von ›Versuchen‹ hinter sich hat, die die erhofften guten Ergebnisse nicht erbracht haben« (Runkel und Bell 1976).

Auch aus den USA ist bekannt, daß ein Projekt um so schwerer durchzuführen war, je mehr seine Werte von denen der Organisation abwichen.

Runkel und Schmuck unterstreichen, die Organisation müsse Offenheit der Kommunikation, Zusammenarbeit und Zielklarheit schätzen, und sie solle am besten keine »negative Versuchsgeschichte« haben (RUNKEL und SCHMUCK 1976). Sehr gut. Aber diese Bedingungen werden wohl nur von solchen Organisationen erfüllt, die ohnedies keines Entwicklungsprojektes bedürfen.

Eine wichtige Frage ist, ob Schulen ohne hinreichende »Bereitschaft« mit OE anfangen können und sollen. Für mich ist dabei ganz entscheidend, was mit »der Organisation« gemeint ist. Ist das nur die Schulleitung, vielleicht einschließlich einiger Führungspersönlichkeiten im Kollegium, so sehe ich keine ausreichende Grundlage für OE. Es ist sehr wohl denkbar, daß andere Lehrer sowie Schüler und Eltern einer OE-Arbeit offener gegenüberstehen, wenn auch vielleicht zu anderen Bedingungen. Damit stellt sich die Frage, wem der OE-Berater dient (und wer von ihm profitiert). Nimmt er ein »Nein danke, jetzt nicht« der Leitung als Ausdruck fehlender Bereitschaft und gibt sich damit zufrieden, so trägt er vielleicht dazu bei, eine unhaltbare Situation vollends zu blockieren.

Das Anfangen hängt auch davon ab, ob die Schule genug inneren oder äußeren Druck verspürt. In unserer Theorie der Veränderung (siehe Kapitel 5) gingen wir davon aus, daß innere *und* äußere Bedürfnisse zusammentreffen müssen, wenn ein Projekt in Gang kommen soll. Die meisten IMTEC-Projekte arbeiten zwar fast ausschließlich mit der Schulleitung und den Lehrern. Doch werden die Projekte, an denen auch Schüler und Eltern (oder Institutionen des Umfeldes) teilnehmen, allmählich zahlreicher, und in ihnen zeigen sich die von außen kommenden Forderungen deutlicher.

Diese können auch in Gestalt eines neuen Lehrplans und neuer Richtlinien oder Bestimmungen auftreten. Solche Veränderungen werden meistens als ein *technisches* Problem aufgefaßt: Man mustert Teile eines Pensums aus und ersetzt sie durch neue oder läßt eine neue Methode an die Stelle einer alten treten. Nur selten begreifen Schulen, daß viele neue Lehrpläne kulturelle und organisatorische Veränderungen bedingen, wenn ihre Umsetzung die erwarteten Ergebnisse bringen soll (DALIN und ROLFF 1991).

**Problemdefinition:** Manche OE-Projekte bekommen schon vom Ansatz her Schwierigkeiten, weil sie nicht spezifisch genug sind und bei der Auswahl der Problemfelder an den Bedürfnissen der Teilnehmer vorbeigehen (FRANKLIN 1976). Man mag es für eine der OE-Strategie eigentümliche Schwäche halten, daß der Prozeß meistens erst »unterwegs« von den Teilnehmern selbst definiert wird. Das verändert auch die Ziele; oft sind es mehr Verhaltensziele als Sachziele. Gerade weil die Verantwortlichen wissen, daß man zu Beginn schwerlich etwas Konkretes versprechen kann, versprechen sie manchmal zu wenig. Aber die Erfahrungen lehren, daß die Teilnehmer in der Startphase ein konkretes Ziel vor Augen haben müssen und daß es wichtig ist, nach nicht allzu langer Zeit etwas Konkretes zu *erreichen*, sei es daß bestimmte Beschlüsse gefaßt werden, daß die Zusammenarbeit besser funktioniert, daß angestrebte Veränderungen (z. B. des Stundenplans) verwirklicht werden, daß die Arbeit an einem Projekt in Gang kommt oder daß die Schüler anfangen, sich für die Entwicklung der Schule zu engagieren (BASSIN und GROSS 1978).

Recht früh konkrete Resultate zu sehen kann ein wichtiger Motivationsfaktor sein, wenn es gilt, die langfristig angelegte Arbeit fortzusetzen. Im übrigen sollte man in der Startphase auf keinen Fall zu konkrete Ziele formulieren. Es gehört zu den wichtigsten bisherigen Erfahrungen, daß die Teilnehmer erst durch den OE-Prozeß ihren Standort bewußter wahrnehmen und Zielvorstellungen entwickeln. Visionen sind etwas, das man nach und nach entdeckt.

Im übrigen beginnt eine Schule nicht unbedingt deswegen einen OE-Prozeß, weil sie »ein Problem« lösen will. Es kann sich ebensogut um eine *Herausforderung* handeln. IMTEC hat die Erfahrung gemacht, daß sich oft gerade starke Schulen mit langjähriger Erfahrung in der Entwicklungsarbeit für einen OE-Prozeß engagieren. Den Anstoß geben oft ein neuer Lehrplan oder andere neue Aufgaben. Manche Schulen beginnen mit OE auch einfach deswegen, weil sie alles, was sie tun, einmal gründlich sichten und kritisch einschätzen wollen, um sich dann im Laufe des OE-Prozesses (wieder) auf wichtige Ziele zu einigen.

**Der praxisorientierte Kontrakt:** OE unterscheidet sich von vielen anderen Aktivitäten, in die Mitglieder der Schulleitung, Lehrerinnen und Lehrer täglich verwickelt sind. Eine Erfahrung scheint sich in fast allen Projekten zu wiederholen, nämlich daß das Verfahren mehr *Zeit* erfordert, als die Teilnehmer anfänglich glaubten (siehe unten). So hat z. B. nach Derr und Demb ein normales OE-Projekt in größeren Stadtschulen mit hoher Wahrscheinlichkeit keine Chance (DERR und DEMB 1974). Dringliche aktuelle Aufgaben, ständige Krisen, wirtschaftlicher Druck, die fehlende gegenseitige Abhängigkeit (vgl. oben S. 108 ff.) und eine von Skepsis und Mißtrauen bestimmte Grundhaltung ließen OE wenig geeignet erscheinen. Conway und Milestein pflichten dem bei und betonen die Notwendigkeit alternativer Modelle, falls OE in größeren Stadtschulen überhaupt in Gang kommen solle (Conway 1978, Milestein 1977). Einige solche Entwürfe gibt es schon; eines der ersten war ein New Yorker Projekt, das von Bassin und Gross geleitet wurde. Sie sehen einen Schlüssel zu einem »Kontrakt« darin, daß die Teilnehmer den praktischen Nutzen des Projekts erkennen:

»Wenn Organisationsentwicklung in einer komplizierten Stadtschule gelingen soll, muß sie vor allem praktisch orientiert sein. Die an solchen Schulen Arbeitenden haben ganz einfach keinen Sinn für eine Schulentwicklung, die nicht innerhalb kurzer Zeit (sechs Monate) und mit minimalen finanziellen Mitteln handgreifliche praktische Ergebnisse vorzeigen kann« (Bassin und Gross 1978).

Hier sehen wir also eine fast rein *pragmatische* Orientierung der OE (vgl. Friedlanders Analyse S. 400 f.). Und die beiden Autoren nennen einen zweiten Aspekt, der in vielen Auseinandersetzungen um die Startphase eine Rolle spielt, nämlich das Geld. Das Projekt darf nicht viel kosten. Vielleicht erklärt sich diese Einstellung aus der allgemein schlechten wirtschaftlichen Situation von Schulen, aber wohl auch daraus, daß OE auf so wenig Konkretes verweisen kann. Es ist nicht leicht, jemanden zu überzeugen, daß ein OE-Projekt nützlich ist.

Jedes Entwicklungsprojekt muß »verkauft« werden – an die Schulaufsicht, die Schulleitung, die Lehrer, die Schüler oder an die, die das Geld bewilligen sollen. »Politische Verhandlungen« sind also notwendig. In solchen Verhandlungen werden oft bestimmte Erwartungen an das Projekt geknüpft, und hier werden ihm auch Grenzen gezogen, die man später nur schwer überschreiten kann.

Nach Meinung vieler Kenner kann eine Art »Mini-Start« der OE sehr wirkungsvoll sein. Gerade weil OE so schwer greifbar ist, kann eine Präsentation darin bestehen, daß die Gruppe, die zur OE Stellung nehmen soll, in ein Erfahrungshandeln verwickelt wird, das ihr einen Blick für die Möglichkeiten der OE vermittelt. Das kann z. B. eine systematische Problemlösungssequenz sein, eine Klärung von Werten (um zu sehen, was jeder einzelne und die Gruppe eigentlich wünscht), eine Kommunikationsübung, die »Prozeßerfahrung« vermittelt, oder eine kleine »Survey-feedback«-Übung, die konkrete Daten liefert.

**Projektaufgaben:** Oft zeigt sich, daß die in der Startphase wesentlich erscheinenden Aufgaben andere sind als die, die nach einer gewissen

Zeit in den Mittelpunkt rücken. Wie erwähnt fanden Fullan, Miles und Taylor, daß »Kommunikationsschwierigkeiten«, »Reorganisation« und »Klärung von Wertfragen« die Probleme waren, die am Anfang häufig im Zentrum standen. Nach einiger Zeit erwies sich, daß die Verfahrensfragen (z. B. Kommunikation) zugunsten der konkreten Aufgaben (Unterricht oder Organisation) zurücktraten. Das stimmt gut überein mit den Erfahrungen, die wir in mehreren Ländern mit dem Projekt »Schulbeurteilung und Schulentwicklung« gemacht haben (siehe unten).

Es besteht weitgehend Übereinstimmung darin, daß die *Einheit*, mit der man anfängt, für die weitere Arbeit entscheidend ist. Wo eine Person, z. B. der Leiter allein, oder nur eine kleine Gruppe, z. B. eine Fachschaft, zur Zielgruppe eines Projekts wird, hat dieses nur geringe oder in einzelnen Fällen sogar negative Wirkungen (siehe unten). Sowohl Bassin und Gross als auch Runkel und Schmuck meinen, daß »die Schule die zu verändernde Einheit ist« (RUNKEL und SCHMUCK 1976). Das ist in der Tat von ganz zentraler Bedeutung. Nicht der einzelne oder das System, sondern *die einzelne Schule* ist in der OE der Ausgangspunkt der Erneuerung. »Schulbasierte Veränderung« ist allmählich zu einem Begriff geworden, der genau dies besagt: daß *die Schule* die Veränderungseinheit ist – auch bei rein pädagogischen Projekten.

**Vorgehensweisen:** Die Grundwerte, auf die hinzuarbeiten man sich geeinigt hat, die Aufgaben, die der »Klient« für die wichtigsten hält, und die vereinbarten »Kontraktsverhältnisse« entscheiden in erheblichem Maße über den Beginn des OE-Projekts. Dennoch sind in puncto Vorgehensweise einige weitere Entscheidungen zu treffen.

Es gibt keine eindeutigen Antworten auf die Frage, wie ein Projekt in Gang gesetzt werden soll. Recht verbreitet ist die Auffassung, »Surveyfeedback« habe sich als eine gute Startmethode erwiesen. Wir wollen sie unten genauer behandeln. Andere meinen, über die Zweckmäßigkeit oder Unzweckmäßigkeit solcher »Datenrückführung« entscheide die Bereitschaft der Schule, die durch gute Fragebögen ermittelten Befunde anzupacken und zu verändern.

Die Wahl der Vorgehensweise hängt nicht zuletzt vom Klienten und den menschlichen und materiellen Ressourcen des Projekts ab. Am wichtigsten ist, eine »gute Mischung« herauszufinden, sich nicht an *eine* Methode als die allein richtige zu klammern, sondern nach und nach diejenigen zu erkunden, die den Bedürfnissen der Schule am besten entsprechen. So *kann* ein reines Trainingsprogramm – bei dem z. B. die leitende

Gruppe Kommunikation übt – das Richtige sein. Es *kann* auch sein, daß die Schulleitung im Lösen von Problemen unterwiesen werden muß. Oder es ist denkbar, daß der OE-Berater in eine Konfliktsituation eingreifen muß mit dem Ziel, zusammen mit den streitenden Parteien eine Lösung zu finden.

Obwohl Flexibilität grundsätzlich richtig ist, halte ich doch die Beachtung gewisser Hauptrichtlinien für wesentlich:

– OE arbeitet mit der *Schule* als der zu verändernden Einheit.
– OE setzt eine möglichst breite *Basis der Teilnahme* voraus.
– OE bedingt den Gebrauch neuer Arbeitsweisen.
– OE verwendet Problemlösungsprozesse als Modell der Planung.
– OE arbeitet mit Individuen, Gruppen und der ganzen Schule.
– OE beruht auf einem sich selbst korrigierenden und regulierenden Prozeß.

## 9.8 Die Durchführung

Wie umfassend ist OE, welche Methoden verwendet sie, und was kostet die Durchführung?

**Zeit:** Das typische OE-Projekt an einer Schule dauert drei bis fünf Jahre. Es gibt aber auch Beispiele für eine viel längere Dauer – einzelne Projekte haben sich über volle zehn Jahre erstreckt! Die meisten Forscher würden sagen, daß man mindestens drei Jahre braucht, ehe man von einem OE-Projekt Wirkungen in Gestalt eines neuen »Organisationsverhaltens« erwarten kann. Bassin und Gross halten zwei bis drei Jahre für die Mindestzeit (BASSIN und GROSS 1978), während Porras und Berg nach einem Vergleich von 35 OE-Projekten zwei Jahre als absolutes Minimum ansehen (PORRAS und BERG 1978). Fullan, Miles und Taylor halten drei bis fünf Jahre für eine angemessene Dauer.

Was die bei einem OE-Projekt tatsächlich aufgewendete Zeit angeht, schwanken die Erfahrungen. Fullan, Miles und Taylor ermitteln, daß die »externen Sachverständigen« im Laufe von drei Jahren zwischen 2 und 990 Tagen aufwandten; der typische Zeitverbrauch lag bei 15 Tagen. Die »internen Sachverständigen« (Personen, die selbst der Organisation angehörten, in der das Projekt lief) wandten sehr viel mehr Zeit auf. Die Extreme waren 5 und 1 000 Tage, verteilt auf drei Jahre; der typische Zeitverbrauch war 200 Tage (vgl. unten den Abschnitt über OE-Sachverständige). Der Zeitaufwand des Personals der Schule hing stark von den Aktivitäten des Projekts ab; doch nehmen Bassin und Gross an, daß die Planungsgruppe insgesamt 60 bis 90 Stunden im Jahr braucht, d. h. etwa eine Zusammenkunft pro Woche. In Norwegen haben wir die Erfahrung gemacht, daß die Lehrer 5 bis 10 Arbeitstage pro Jahr für gemeinsame Aktivitäten benötigen, die direkt mit dem OE-Projekt zu tun haben. Im übrigen warnen Runkel und Schmuck vor Oberflächlichkeiten. OE-Aktivitäten des Mitarbeiterstabs, die nicht mindestens vier Tage pro Jahr umfassen, sind nach ihrer (auf Evaluation beruhenden) Erfahrung ziemlich nutzlos. Eine noch kürzere Trainingszeit bewirkt sogar oft eine Einbuße an kommunikativen Fertigkeiten, und kurze zweitägige Seminare wirken vermutlich zum Teil destruktiv (RUNKEL und BELL 1976). Diese Aussage ist im Zusammenhang mit der Tendenz zu sehen, langfristig angelegte OE-Arbeit durch isolierte kurze »OE-Kurse« zu ersetzen. Solche nicht in einen Zusammenhang eingebundenen Kurse können viele Probleme ins Blickfeld rücken, aber nicht ein Gemeinschaftsgefühl der Teilnehmer schaffen und ein längerdauerndes Verfahren zur Lösung der Probleme in Gang setzen.

Die Angaben zum Zeitaufwand der Leiter von OE-Projekten auf kommunaler Ebene schwanken stark. Grob gerechnet muß für Koordinierungsaufgaben in einer Gemeinde eine Drittel- bis eine volle Stelle veranschlagt werden.

**Größenordnung:** Eine Gemeinde läßt gewöhnlich mehrere Schulen gleichzeitig an einem Projekt teilnehmen. Daß nur eine Schule teilnimmt, kommt selten vor. Das liegt teilweise daran, daß ein Projekt einige Basisausgaben erfordert, die unabhängig von der Zahl der teilnehmenden Schulen anfallen. Außerdem versprechen sich die meisten Gemeinden von dem Projekt eine Stärkung ihrer schulischen Ressourcen. Das setzt eine gewisse Größenordnung voraus. Fullan, Miles und Taylor stellten fest, daß in 22 % der Gemeinden mehrere Schulen und in 18 % sogar alle beteiligt waren. Die Zahl der Sachverständigen (interne und externe zusammengenommen) schwankte um den Durchschnittswert 8. Die Zahl der Teilnehmer an den Projekten lag zwischen 9 und 3 000. Zahlen zwischen 300 und 700 (auf Gemeindeebene) kamen am häufigsten vor.

In dem Maße, wie *Zielsteuerung* als Lenkungsprinzip sich durchsetzt, werden die Schulträger für die Durchführung von Schulreformen verantwortlich sein, jedenfalls für die von Zentralbehörden beschlossenen. Das bedeutet, daß sie in der Lage sein müssen, fachliche Anleitungen und Orientierungshilfen zu geben. Zur Sicherung von Qualität und Quantität der entsprechenden Ressourcen kann in kleinen Gemeinden interkommunale Zusammenarbeit mehr als bisher erforderlich werden.

**Arbeitsmethoden:** Die meisten Projekte bedienen sich im Laufe der Projektperiode mehrerer Methoden. Nach Porras und Berg hat es einen Trend zu einheitlicheren (»comprehensive«) Projekttypen gegeben, bei denen viele Techniken eingesetzt werden. In den siebziger Jahren waren folgende Entwicklungen festzustellen:

– Es wurde üblich, bei ein und demselben Projekt mehrere Methoden anzuwenden.
– Der Einsatz der »Survey-feedback«-Methode nahm drastisch zu. Wurde sie vor 1970 nur in 20 % der Projekte angewandt, so stieg dieser Anteil in den späteren Projekten auf 48 %.
– Es wuchs der Anteil der Projekte, die sich auf größere Einheiten (z. B. die ganze Schule) bezogen (PORRAS und BERG 1978).

Das stimmt gut überein mit Alderers Feststellung, daß OE weitgehend mit der *ganzen* Organisation arbeitet (ALDERER 1977). Derr unterscheidet klar zwischen Organisations*training* und Organisations*entwicklung*. Er verkennt nicht den Wert der Einübung von Kommunikationstechniken bei Einzelpersonen. Aber erst wenn *alle* Mitglieder einer Organisation sich verpflichten, auf *gemeinsame* Ziele hinzuarbeiten, kann Training als OE betrachtet werden (DERR 1976).

Die Entwicklung der letzten Jahre zeigt, daß viele Organisationen (auch Schulen) sich für die Erarbeitung bestimmter *Techniken* einsetzen. Das können – um einige verbreitete (und oft nützliche) Techniken zu nennen – Übungen in situationsbedingter Führung, Bearbeitung von Konflikten, Kooperationstraining, Einführung der Zielsteuerung oder »Total Quality Management« sein. Als Teile einer übergeordneten Strategie mögen solche Techniken und Fertigkeiten ihren Sinn haben. Isoliert eingesetzt, führen sie auf die Dauer meist zu Frustrationen, weil die Verwendung neuer Techniken meistens eine *Restrukturierung* und *die Entwicklung einer neuen Kultur* voraussetzt.

Fullan, Miles und Taylor fragten Sachverständige und die Projektleiter in den Gemeinden nach den Arbeitsmethoden, die bei den OE-Projekten verwendet worden waren. Das Ergebnis der Befragung zeigt die folgende Tabelle:

Organisationsstrategien

|  | nicht verwendet | einmal oder mehrmals verwendet |
|---|---|---|
| 1. Training (direkte Unterweisung) | 26 % | 74 % |
| 2. Prozeßberatung | 38 % | 62 % |
| 3. Konfrontation | 46 % | 54 % |
| 4. »Survey-feedback« | 30 % | 70 % |
| 5. Problemlösung | 25 % | 75 % |
| 6. Planung | 16 % | 84 % |
| 7. OE-Planungsgruppe | 49 % | 51 % |
| 8. Technisch-strukturelle Aktivität | 62 % | 38 % |

Der Begriff *Training* umfaßt alles mögliche von Vorlesungen bis zu Übungen, Gruppenarbeiten, Simulationen und Rollenspielen. *Prozeßberatung* meint hier lediglich die Beobachtung von Gruppenverhalten mit Rückmeldung an die Gruppe. *Konfrontation* bedeutet das Bemühen, Gruppen zusammenzubringen, die eine »negative Kommunikationsgeschichte« und vermutlich auch ungelöste Konflikte haben. »Survey-feedback« umfaßt die Entwicklung von Fragebögen (oder anderen Methoden), die Sammlung von Daten und deren Rückmeldung an die Gruppe. *Problemlösung* ist das Bemühen, in der Schule ein systematisches Planungsverfahren aufzubauen, das auf offener Kommunikation und dem Gebrauch von Daten beruht; dabei ist Selbstkorrektur eingeschlossen. Die *OE-Planungsgruppe* ist für die Schulentwicklungsarbeit an der Schule verantwortlich. *Technisch-strukturelle Aktivität* ist Analyse von Problemen der Aufgabenverteilung, des Stundenplans, der Entscheidungsfindung etc.

Mehr als die Hälfte aller Projekte hatte interne Planungsgruppen, und fast alle wurden von internen und externen Sachverständigen unterstützt.

**OE-Sachverständige:** Sachverständige oder Berater für OE haben von Anfang an bei den Projekten an zentraler Stelle mitgewirkt. Ihr Einsatz hat vor allem in den USA und Kanada eine gewisse Tradition. Das ist zu einem guten Teil auf das »National Training Laboratory« zurückzuführen, das schon 1965 mit dem systematischen Training von OE-Sachverständigen begann. Allein diese Organisation bietet seit 30 Jahren alljährlich mehrere hundert einschlägige Kurse an. Daneben gibt es eine Reihe Universitäten und Hochschulen mit ähnlichen, d. h. Kenntnisse und Fertigkeiten auf dem Gebiet der OE vermittelnden Kursen. Mehrere Studiengänge führen zum Doktorgrad in Organisationsentwicklung.

Auf dem europäischen Kontinent oder in skandinavischen Schulen wurden OE-Berater bisher nur selten herangezogen. Ins Arbeits- und Wirtschaftsleben hat OE dagegen Eingang gefunden. An den Schulen hat es teilweise Widerstand gegen OE-Arbeit gegeben. In Norwegen hat das meiner Ansicht nach seinen Grund in einer verbreiteten egalitären Ideologie; die norwegische Schule ist weniger spezialisiert als die meisten amerikanischen Schulen. Ein anderer Grund ist die – nach meiner Meinung oft berechtigte – Befürchtung, dem Lehrer könne die Verantwortung für seine Aufgabe genommen werden. Einige der in Kapitel 3 dargelegten Schulcharakteristika mögen zum Teil diese Befürchtung erklären: Isolation der Lehrer, kaum ein Bedürfnis nach Zusammenarbeit, schwache Kenntnisgrundlage, unklare Ziele, Garantie durch die Umgebung und wenig Evaluation der Arbeit der Schule.

Zur ideologischen Grundlage der OE gehört auch die Annahme, daß die Schule lernen kann, »sich selbst zu entwickeln«. Steht dann nicht die Heranziehung eines externen Sachverständigen geradezu im Widerspruch zu den in der OE geltenden Werten? Ich will versuchen, auf diese Frage eine Antwort zu geben, aber zunächst erklären, was unter einem OE-Sachverständigen zu verstehen ist:

1. Interner Sachverständiger
   Dieser Begriff bezeichnet in der Regel eine Person, die der Organisation angehört, oft in ihr die Verantwortung für den OE-Prozeß trägt und zur OE-Arbeit angeleitet worden ist. Wir sahen schon, daß diese Sachverständigen eine große Rolle spielen (vgl. die Angaben zum Zeitaufwand auf S. 409 ff.). Fullan, Miles und Taylor stellten fest, daß der typische interne Berater aus der Verwaltung kam. Etwa 80 % der Gemeinden nannten Verwaltungsfachleute als OE-Sachverständige, 56 % nannten pädagogische »Experten«, 33 % Eltern und 15 % Schüler. Ungefähr die Hälfte der internen Sachverständigen hatte eine verbriefte OE-Kompetenz, erworben in Kursen oder Lehrgängen (an einer Universität oder vergleichbaren Institution); aber diese Ausbildung war von kurzer Dauer, und im übrigen erfuhren die Berater nur wenig fachliche Unterstützung.
2. Externer Sachverständiger
   Darunter versteht man eine Person, die der Organisation nicht angehört, aber von ihr zur Förderung des OE-Prozesses engagiert wird. Ihre Rolle kann von Projekt zu Projekt sehr verschieden sein. Wie erwähnt schwankte die im Laufe von drei Jahren aufgewendete Zeit zwischen 2 und 990 Tagen bei einem Durchschnitt von 15 Tagen. Das heißt, daß die meisten externen Berater ihre Arbeit auf Seminare, Planungskonferenzen etc. beschränken. Viele arbeiten aber auch

direkt in der Organisation. Der oder die externe Sachverständige hat normalerweise eine formale Ausbildung und gehört einem Netzwerk von Fachkollegen an.

Welche Rolle können interne oder externe Sachverständige spielen? Das hängt natürlich vom jeweiligen Projekt ab und von den Voraussetzungen, die der Sachverständige mitbringt. Ein vom North West Educational Laboratory entwickeltes Trainingsprogramm nennt 12 verschiedene Berater-Rollen:

1. *Experte:* Jemand, der über Forschungsergebnisse berichtet und Ratschläge erteilt
2. *Lehrer:* Jemand, der unterrichtet und Begriffe erläutert
3. *Trainer:* Jemand, der Lernerfordernisse feststellt, Lernfelder auswählt, auf denen Fertigkeiten vermittelt werden sollen, und das Lernen organisiert
4. *Datensammler:* Jemand, der Verfahren der Datensammlung ausarbeitet, Daten sammelt und so die Kenntnisgrundlage zu verbessern sucht
5. *Vermittler:* Jemand, der auf Ressourcen aufmerksam macht, Hilfsmittel und Helfer empfiehlt sowie Personen und Gruppen zusammenführt
6. *Modell:* Jemand, der Begriffe durch experimentelles Handeln vermittelt und ein persönliches Beispiel ist
7. *Anwalt:* Jemand, der für bestimmte Werte einsteht, Meinungen vertritt und der Schule bestimmte Lösungen empfiehlt
8. *»Konfrontierer«:* Jemand, der in Konfliktsituationen einen Anstoß zu Veränderungen sieht und mit nicht-dirigistischen Methoden den Klienten zum Durchdenken der Probleme zu veranlassen sucht
9. *Beobachter:* Jemand, der Verhaltensmuster notiert und Feedback liefert
10. *Analytiker:* Jemand, der Daten untersucht, mögliche Deutungen prüft und Alternativen erläutert
11. *Planer:* Jemand, der das Projekt als Ganzes plant, einzelne Aktivitäten organisiert, Ressourcen findet, geeignete Personen in die Arbeit einbindet, Berichte vorbereitet etc.
12. *Beurteiler:* Jemand, der eine Verfahrens- oder Ergebnisevaluation durchführt

Eine oder mehrere dieser Rollen – und oft mehrere in Kombination – werden in jedem OE-Projekt ausgefüllt werden müssen. *Wer* in einer bestimmten Phase eine Rolle übernehmen soll, ist dann teils eine Frage der Ziele (z. B. »Ab wann sollen wir selbst zurechtkommen?«), teils der Ressourcen (»Können wir einen guten externen Sachverständigen bezahlen?«), teils der Qualifikationen. Die meisten Projekte finden allmählich zu einer Rollenkombination von vier verschiedenen Personen und Gruppen:

1. den Teilnehmern,
2. der internen Projektleitungsgruppe,
3. dem internen Sachverständigen (der oft Vorsitzender oder Sekretär der Leitungsgruppe ist),
4. dem externen Sachverständigen (der meist entweder aus der Gemeinde oder aus einer Universität oder Hochschule kommt).

Die meisten Wissenschaftler, die sich mit OE beschäftigt haben, stimmen darin überein, daß ein solches Zusammenspiel notwendig ist. Von ganz wesentlicher Bedeutung ist der richtige Einsatz des externen Beraters. Das Entscheidende dabei ist, ihn so einzusetzen, daß er *die interne Problemlösungskapazität stärkt,* und nicht so, daß die Schule sich von ihm abhängig macht. Am effektivsten wird die Zusammenarbeit wohl dann, wenn er den internen Sachverständigen primär als seinen Klienten sieht und ihm beim Aufbau seiner Ressourcen hilft.

»**Survey-feedback**« (**SF**): Diese Methode hat in vielen OE-Projekten eine zentrale Rolle gespielt. Wie wir schon sahen (vgl. S. 411), ist sie mit der Zeit immer öfter angewandt worden. Bowers hat als einer der ersten auf den Nutzen von SF hingewiesen (BOWERS 1973). Er verglich die Wirkung von vier OE-Techniken: Survey-feedback, personbezogene Beratung, aufgabenbezogene Beratung und externes Training. Er hatte auch zwei Kontrollgruppen; die eine führte SF ohne Erklärung durch, die andere erhielt überhaupt keine Hilfen. Seine Studie umfaßt 23 Organisationen mit über 14 000 OE-Teilnehmern.

Bowers untersuchte die längerfristige Wirkung der Programme auf Gebieten wie Kommunikation, Entscheidungsverfahren, Führung, Zielorientierung, Kollegialität und Zufriedenheit bei der Arbeit. Er fand, daß SF am wirksamsten war, gefolgt von personbezogener Beratung. Die aufgabenbezogene Beratung war in ihrer Wirkung neutral, während externes Training und SF ohne Erklärungen negativ wirkten.

Bowers' Arbeit ist eine umfassende Studie; aber wir sollten uns bei der Einschätzung ihrer Ergebnisse an das oben Gesagte erinnern: SF ist eine wichtige und effektive Strategie, aber wir wissen auch, daß nur erfahrene Sachverständige sie sinnvoll einsetzen können. Fullan, Miles und Taylor äußern sich skeptisch zu Bewers' Beurteilung der aufgabenbezogenen Beratung in Schulen. Einige der Projektergebnisse, über die sie berichten, zeigen gerade, daß eine solche Beratung gewünscht wird und wirksam ist (FULLAN, MILES und TAYLOR 1980). Die drei Autoren weisen besonders darauf hin, daß Schulen gern schnelle Ergebnisse sehen wollen, und diese sind oft nur bei der Arbeit an bestimmten Aufgaben zu erreichen.

Ich sehe den Wert der SF-Methode vor allem darin, daß sie den Teilnehmern einen guten Ausgangspunkt für Gespräche liefert. Sie gibt *allen* Gelegenheit, ihre Meinung zu sagen, mögen sie nun wortgewandt sein oder nicht. Die Erörterung von Problemen wird einfacher, weil sie schon »auf dem Tisch liegen«, und gute Fragebögen liefern eine Übersicht, die mit anderen Methoden nicht zu gewinnen ist. Aber die SF-Technik hat auch weniger gute Seiten: Bei Fragebögen droht die Gefahr der Verfremdung, Vereinfachung, ja sogar Verwirrung einer komplizierten Wirklichkeit. Das unterstreicht nur die Wichtigkeit *erfahrener* Sachverständiger und durchdachter, fachlich solider Fragebögen.

Am Ende dieses Kapitels wollen wir *Schulbeurteilung* als Strategie der Schulentwicklung erörtern. In dem Zusammenhang sei daran erinnert, was Bowers als *Voraussetzung* eines positiven Effekts der Evaluation mit Daten-Feedback nannte. Schulbeurteilung an sich garantiert noch keine *Schulentwicklung*.

**Kosten:** Neben den Kosten für Sachverständige, Planungsgruppen und andere beteiligte Personen entstanden den Gemeinden, auf die sich Fullans, Miles' und Taylors Studie erstreckte, Ausgaben für Schulung und Materialien (besonders für Geräte und Handbücher). Die Gesamtkosten schwankten von Gemeinde zu Gemeinde stark, von 600 bis 1 550 000 Dollar! Der durchschnittliche Betrag lag indes nur bei 5 000 bis 10 000 Dollar; davon entfiel etwa die Hälfte auf die Vertretungsstunden, die wegen der Stundenermäßigung der Teilnehmer erforderlich wurden (Angaben aus dem Jahr 1977).

Diese Stundenermäßigung oder andere Kompensationen für die Teilnahme an OE-Arbeit sind allmählich üblich geworden. Fullan, Miles und Taylor stellten fest, daß 55 % der Gemeinden Stundenermäßigung gewährten und einen Administrator der OE-Arbeit bezahlten. 51 % hatten Planungsgruppen eingerichtet, aber nur 19 % hatten einen internen Projektleiter. Nach Meinung der drei Autoren braucht für OE, falls alle Schulen teilnehmen, nicht mehr als höchstens 1 % des laufenden Schulhaushalts ausgegeben zu werden (FULLAN, MILES und TAYLOR 1980).

Diese Angaben zeigen, daß Organisationsentwicklung eine *sehr kostengünstige Entwicklungsstrategie* ist. Das wiegt besonders schwer in einer Zeit, da die Haushaltsmittel knapp werden und zugleich mit immer weniger Fluktuation an den Schulen und weniger neuen Stellen zu rechnen ist. In einer solchen Situation gewinnt die Frage nach den Möglichkeiten einer Schulentwicklung »von innen« an Bedeutung.

Milestein hat gezeigt, daß ein größeres Projekt, das ganz von *externen* Mitteln abhängig war, in besondere Schwierigkeiten geriet, die mit dem Fortschreiten des OE-Prozesses immer größer wurden (MILESTEIN 1977). Mehrere andere Beispiele bestätigen, daß ein OE-Projekt seine finanzielle Basis in der Gemeinde, am besten in der Schule selbst, haben sollte. Externe Mittel in begrenztem Maße sind nicht unbedingt schädlich, aber sie können leicht »korrumpieren«. Es gehört zu den wesentlichen Grundsätzen der OE, daß die Teilnehmer die Kosten allgemein und die finanziellen Seiten des Projekts im besonderen mitbedenken sollen.

### 9.9 Was wissen wir über die Ergebnisse von Organisationsentwicklung?

Neben der mehrfach erwähnten großen Studie von Fullan, Miles und Taylor gibt es nur vereinzelte Evaluationen der Wirkungen von OE in der Schule. In einem früheren Buch haben wir einen Gesamtüberblick über diese Wirkungen zu geben versucht (DALIN 1986) und wollen hier die wichtigsten Ergebnisse zusammenfassen:

Alle Forscher stimmen darin überein, daß OE positive Wirkungen hat:

- Sie führt zu konkreten Ergebnissen, wie z. B. einer verbesserten Unterrichtspraxis. 70 % der Projekte wirkten sich positiv auf die Schüler aus.
- Sie verändert Haltungen. Die Gemeinden waren im großen und ganzen mit den Projekten zufrieden, 60 % teilten ihre Erfahrungen anderen mit.
- Die Praxis der OE wurde institutionalisiert. 88 % der Gemeinden setzten die OE-Arbeit auch nach Beendigung des Projekts in irgendeiner Form fort.

**Wie lassen sich diese Ergebnisse erklären?** Nach Fullan, Miles und Taylor stellen sich positive Wirkungen am ehesten ein, wenn folgende Bedingungen gegeben sind:

- Verhältnismäßig große und einheitliche Projekte
- Starke fachliche und technische Hilfen während der ganzen Dauer des Projekts (durch einen internen und einen externen Sachverständigen; Materialien etc.)
- Ständige Orientierung an bestimmten Aufgaben, Klarheit des Ziels und Konsequenz bei dessen Verfolgung.

Positive Wirkungen sind weniger wahrscheinlich in Gemeinden mit einer unerfreulichen »Versuchsgeschichte«, wo die Veränderungen erzwungen werden und wo man einen beträchtlichen Teil der Mittel außerhalb der Schule für Reisen und Konferenzen verbraucht. Auch isolierte Fort- und Weiterbildung oder Übungen mit einzelnen Teilnehmern (z. B. dem Schulleiter) behindern Schulentwicklung eher, als daß sie sie fördern.

Positive *Haltungen* lassen sich auf folgende Faktoren zurückführen:

- Technische und fachliche Hilfen. Dabei sind der oder die interne Sachverständige und die Planungsgruppe wichtiger als externe Hilfe.
- Orientierung an Aufgaben, vor allem an *pädagogischen* Aufgaben, die die Schule selbst für wichtig hält
- Ein für Veränderungen günstiges Klima, d. h. daß die Gemeinde im Begriff ist, wesentliche Veränderungen in der Schule vorzunehmen

Die *Institutionalisierung*, d. h. die Fortsetzung von OE in der Schule nach der Projektphase, wird von vielen Faktoren positiv oder negativ beeinflußt:

- Große und teure Projekte hatten *wenig* Aussicht, fortgesetzt zu werden, z. T. deswegen, weil die Finanzierung in der Projektphase von außen erfolgte und die Gemeinde keine Mittel zum Weitermachen hatte.
- Arme Gemeinden zeigten eine größere Neigung zum Weitermachen als reiche, wahrscheinlich weil sie sich von vornherein nicht auf teure Projekte einlassen (!).
- Eher »klassische« OE-Projekte, die *sowohl* zwischenmenschliche Beziehungen *als auch* Werte und Normen, Struktur- und Führungsfragen betreffen, haben die größten Aussichten, fortgesetzt zu werden. Wieder stellen isolierte Übungen mit einzelnen das andere Extrem dar.
- Externe Hilfe muß im Laufe der Projektperiode vermindert werden, wenn OE danach weitergehen soll. Nur dann »besitzt« die Gemeinde das Projekt, das zugleich womöglich billiger wird.

- Technische Hilfen, vor allem gute Handbücher und Materialien, sind für die Fortsetzung wichtig.
- Erheblichen Anteil an der Entscheidung, weiterzumachen oder nicht, hat die Motivation des Schulleiters oder anderer, die über kommunale Ressourcen verfügen.

Betrachten wir abschließend, welche OE-Programme allem Anschein nach am meisten bewirken, zu den positivsten Haltungen führen und Institutionalisierung garantieren, so ergibt sich folgendes Bild:

- Die positivsten Ergebnisse zeigt ganz eindeutig die »klassische« OE, die sich auf die Schule als Ganzes bezieht, die SF oder zumindest Methoden der Selbstanalyse anwendet, durch interne und externe Ressourcen strukturiert wird und wenigstens drei Jahre dauert.
- Persönliche Entwicklung, d. h. Fort- und Weiterbildung von Mitgliedern der Schulleitung oder anderen Einzelpersonen *ohne gleichzeitige Beteiligung der Kollegen*, brachte am wenigsten ein.

Diese Erkenntnisse bestätigen vollauf einige andere Untersuchungen, in denen nachgewiesen wird, daß »ein bißchen OE« oder nur teilweise praktizierte OE wenig bewirken, ja sogar einer Schule schaden können. Runkel und Schmuck zeigen, daß der Aufbau eines guten OE-Projekts Zeit, Ressourcen und erfahrene Sachverständige erfordert (RUNKEL und SCHMUCK 1976). Am ehesten gelingen solche Projekte, die eine starke interne Problemlösungskapazität schaffen und von verschiedenen externen Hilfen profitieren (ein Sachverständiger, Training des internen Beraters, Materialien, Evaluation etc.).

## 9.10 Neuere Kritik der Organisationsentwicklung

Einige Einwände, die in den letzten Jahren gegen OE vorgebracht wurden, besagen im Kern, die Schule befinde sich in einem grundsätzlichen Konflikt. Es heißt, sie solle ihr Problem selbst definieren können, während in Wahrheit die Schulbehörden ihre Ziele festlegten. Der Schwede Gunnar Berg sagte z. B., die »Entwicklung der Organisation« diene dem Zweck, die Schule den offiziellen Zielen näherzubringen. Das Problem sei der Abstand zwischen der Praxis der Schule und den Zielen, die die Gesellschaft ihr setze. Daher werde ein Sachverständiger zum *Befürworter* bestimmter im Lehrplan vorgeschlagener Lösungen. Zugleich sucht Berg unter Hinweis auf amerikanische OE-Praxis die Behauptung zu untermauern, OE sei in Europa eine unrealistische Strategie (BERG 1966).

## Organisationsstrategien

Für Berg ist der Begriff »environment« problematisch, weil er an ein Marktmodell erinnere. Problematisch sei auch, daß die einzelne Schule die Freiheit haben solle, die Forderungen der Umgebung so zu adaptieren, wie sie sie verstehe. – Dazu ist zu sagen: Jede Strategie der Schulentwicklung wird in verschiedenen Kulturen unterschiedlich gehandhabt. Es gibt einige europäische OE-Projekte, die z. T. ganz anders sind als die von Schmuck und seinen Mitarbeitern entwickelten Modelle, auf die Berg sich bezieht.

In relativ zentralistischen Ländern, wie etwa den skandinavischen, sind die wichtigsten Kräfte der Umgebung der *Schulträger* und der *Staat*, der durch Gesetze, Verordnungen, Regeln und den Lehrplan seinen Einfluß auf die Schule geltend macht. Aber selbst in diesen Ländern ist das nur *einer* von mehreren wichtigen Einflußfaktoren, die jeder Schulleiter und Lehrer zu berücksichtigen hat. Andere starke Faktoren sind die Berufsorganisation der Lehrer, die Eltern, das Milieu der Jugendlichen, die Medien, die Kollegen. Der Lehrplan gleicht einer Karte. Wie diese ist er nützlich. Aber wenn die Karte manchmal nicht mit dem Gelände übereinstimmt, ist es im allgemeinen vernünftig zu unterstellen, daß das Gelände stimmt und nicht die Karte!

Weiter oben in diesem Kapitel haben wir dargelegt, weshalb es für die Entwicklung guten Unterrichts wichtig ist, daß man die einzelne Schule als die Einheit sieht, an der Veränderungen anzusetzen haben. Erst wenn die Probleme der Umsetzung von Veränderungen als wesentliche *fachliche* Probleme aufgefaßt werden und nicht nur als technische Anpassungen an eine »Order von oben«, kann die Qualität des Unterrichts gesichert werden. Erst wenn man begreift, daß *die Antworten nicht außerhalb der Schule liegen, sondern in der Schule* in einem Klima der Offenheit und des Vertrauens zwischen Schülern, Eltern, Lehrern und der Schulleitung gefunden werden müssen, wächst die Einsicht, wie wichtig gerade Organisationsentwicklung ist.

An einem Beispiel aus Oregon sucht Berg zu zeigen, daß OE unmöglich wurde, als die Zentralbehörden eine bestimmte Lehrplanreform durchsetzen wollten. Als Grund nennt er, OE setze voraus, daß die Schule selbst bestimme, was sie tun wolle. Es mag sein, daß einzelne OE-Sachverständige in Oregon hierin wirklich ein Problem sehen. Für Amerika generell und für die europäische OE-Tradition gilt das sicher nicht. Die Sachverständigen haben die Aufgabe, der Schule bei der Definition und Lösung ihrer jeweiligen kritischen Probleme beizustehen. In der von Berg beschriebenen Situation könnte z. B. ein Wertkonflikt zwischen der Schule und den Schulbehörden vorliegen. Sollte das der Fall sein, so muß dieser geklärt und gelöst werden. Gibt es auch einen Wertkonflikt zwischen Lehrern und Eltern? Oder zwischen Lehrern und Schülern? Die Beschäftigung mit Wertkonflikten gehört zu den wichtigsten Aufgaben eines OE-Sachverständigen. – Doch könnte das Problem natürlich auch an anderer Stelle liegen. »Das Problem« definiert *immer* der Akteur in Relation zu den Forderungen und Einflüssen, denen er bei seiner Arbeit begegnet. Die Tätigkeit des OE-Beraters ändert sich ihrem Wesen nach nicht, wenn die Schulbehörden die Handlungsfreiheit der Schule einengen.

Berg geht in seiner Kritik an der OE offenbar auch davon aus, daß die Ziele, die die Gesellschaft der Schule setzt, klar und festgelegt sind. Die Aufgabe bestehe dann »nur« darin, die Kluft zwischen der Praxis der Schule und den Zielen zu vermindern. In Wirklichkeit sind die Ziele aber höchst unklar. Jede Schule muß sie aus ihrer, der einzelne Akteur aus seiner Situation heraus interpretieren. Schulen sind Marktplätze, auf denen Verhandlungen stattfinden und Absprachen getroffen werden. Zu den wichtigsten Aufgaben der Gesellschaft gehört es, den »Handel« zu regeln, so daß die Schwächsten besser abschneiden, als es ohne solche Steuerung der Fall wäre. Nach meiner Erfahrung muß die Schule, wenn sie diese Zielsetzung (die nur eine von vielen ist) ernst nimmt, *sich selbst kennen*. Vor allem muß sie wissen, wie es den Schwachen geht; nur dann wird sie ihre Praxis erneuern können. Und diese Erneuerung ist ja Kern der Organisationsentwicklung.

Das *»Accelerated Schools Project«*: Dieses Projekt, an dem 1994 ungefähr 600 Schulen teilnahmen, die über alle US-Staaten verteilt waren, wurde von Professor Hank Levin von der kalifornischen Stanford-Universität entwickelt. Am Anfang seiner Überlegungen stand die Sorge um »Risikoschüler«, die – aus welchem Grund auch immer – von den Angeboten der Schule nicht mehr erreicht wurden. Viele von ihnen wachsen in großstädtischen Slums auf und besuchen Schulen, deren Angebot in vielfacher Hinsicht unzureichend ist.

Levin und seine Kollegen analysierten die Situation dieser Schulen und fanden, daß viele Schüler, die Hilfs- und Förderunterricht hatten, auch von den Angeboten profitieren könnten, die für die besten Schüler gedacht waren. Daraus entsprang Levins Vision: Alle Schüler können lernen und sind auch akademischen Fächern gewachsen, wenn sie herausgefordert werden und den richtigen Unterricht erhalten – in einer neuen »Lernkultur«. Levin beobachtete, daß die Lehrerinnen und Lehrer die Schüler unbewußt und intuitiv vorweg »placierten« und sie im Unterricht danach behandelten.

Es galt also, auf *die starken Seiten der Schüler* zu setzen. Die waren nicht leicht auszumachen. Viele Lehrer sahen diese Schüler nur als Problemfälle und fanden schnell heraus, was alles sie *nicht* konnten. Levin bemerkte ferner, daß er, wollte er die Lehrer für eine neue Lernkultur motivieren, auch *ihre* starken Seiten weiter stärken mußte. Er fand, daß die Ressourcen der Lehrkräfte nicht kreativ genutzt wurden. Sollte die Schule ein guter Aufenthalts- und Lernort für die Schüler werden, so mußte sie es auch für die Lehrer sein.

Weiter stellte Levin fest, daß auch *die Ressourcen der Eltern* nicht eingesetzt wurden. Manchmal kamen nur 5 bis 10 % zu den Elternversammlungen. Nach einigen Jahren Projektarbeit ist dieser Anteil jetzt auf 95 % gestiegen!

Das Projekt läuft folgendermaßen ab:

1. Interessierten Schulen werden Broschüren und ein 20minütiges Video zugesandt, die über die Ideengrundlage und die Praxis des Projekts informieren. Falls eine Schule weitere Informationen wünscht, stattet ihr ein Mitarbeiter des Projekts, oft ein Lehrer oder der Leiter einer Projektschule, einen Besuch ab.
2. Das Projekt fordert die Beteiligung aller. Es genügt nicht, daß die Schulleitung interessiert ist. Alle Lehrer, Eltern und Schüler müssen an den einleitenden Diskussionen, in denen über die Teilnahme entschieden wird, teilnehmen, und mindestens 80 % müssen sich verpflichten, ihre Kräfte für ihre »Traumschule« einzusetzen.
3. Die Verwaltung des Projekts und die Schule schließen einen Vertrag, den alle Beteiligten unterzeichnen.
4. Die Schule wählt eine Leitungsgruppe, in der alle Interessen der Lehrer, Eltern und Schüler vertreten sind.
5. Alle Lehrerinnen und Lehrer nehmen zunächst an einem fünftägigen Intensivkurs teil, danach an fünf halbtägigen Kursen im Laufe eines Jahres, später an Seminaren und Kursen nach Bedarf. Man nimmt an, daß es fünf bis sechs Jahre dauert, »die Kultur der Schule zu transformieren«.
6. Der Prozeß beginnt mit einer internen Evaluation der Stärken und Schwächen der Schule. Das geschieht in der Regel in kleinen Gruppen und mit verschiedenen Methoden.
7. Ein Sachverständiger für Schulentwicklung (Prozeßberater) wird eingeschaltet und besucht die Schule zunächst jede, später jede zweite Woche, um bei Problemlösungen, Coaching etc. zu helfen. Es ist im Vertrag festgeschrieben, daß er nur als Berater fungiert und daß die Schule die Verantwortung behält und Motor der Entwicklungsarbeit bleibt.

8. Auf der Basis der Evaluation beginnt nun eine sehr kreative, Wochen oder Monate dauernde Phase, in der eine neue Vision der Schule entworfen wird. Hier gelten keine Kompromisse! Es geht um die Gestaltung einer »Traumschule, wie ich sie mir für mein eigenes Kind wünschen würde«. Diese Vision – als Ergebnis eines langen Lernprozesses und harter Arbeit – wird Eigentum der Teilnehmer.
9. Nicht alles kann gleichzeitig geleistet werden. Es gilt einen Prioritätenplan auszuarbeiten, nach welchem man höchstens drei bis vier wichtige Aufgaben auf einmal zu lösen versucht. Für jede Aufgabe werden Arbeitsgruppen gebildet. Diese erstatten der Leitungsgruppe Bericht, die durchschnittlich einmal pro Woche zusammentritt.
10. Mindestens einmal im Quartal findet eine Versammlung aller Schulangehörigen statt, auf der der Stand des Entwicklungsprozesses besprochen und beurteilt wird. Denn die Schule als Ganzes trägt die Verantwortung und muß über eventuelle Änderungen entscheiden.

Es zeigt sich schnell, daß die Schule externe Unterstützung braucht: Sie ist selbst verantwortlich, aber bedarf der Hilfe.

Der wohl wichtigste Aspekte dieses Projekts als eines Beispiels für Organisationsentwicklung ist, daß es der *Schaffung positiver Erwartungen* so große Bedeutung beimißt. Diese Erwartungen werden dadurch verstärkt, daß viele sie teilen. Levin setzt nicht bei der Veränderung von Haltungen an, sondern bei der Änderung des *Verhaltens*. Er bittet die Lehrer (nach entsprechender Anleitung), *etwas Neues zu erproben*. Danach müssen sie das Begonnene selbst *weiterentwickeln*. Der Berater sagt ihnen nicht, was sie tun sollen, sondern macht nur die allgemeinen Grundsätze klar. Wenn die Lehrer und die Schule erste Erfolge sehen, verstärken diese den Lernprozeß (BRANDT 1992).

Das Projekt ist aus einer *außerhalb der Schule* geschaffenen Vision hervorgegangen. OE als Veränderungsstrategie wird mit Hilfe externer Berater eingesetzt. Das Projekt wendet sich an einige der schwierigsten Schulen in den USA und setzt direkt bei der Situation des Schülers an. Jede teilnehmende Schule muß sich der übergeordneten Vision verpflichten, aber entwickelt diese im Laufe des Prozesses weiter und wandelt sie zu ihrer spezifischen Vision ab. Dem Projekt liegen einige klare Prinzipien zugrunde: Einigkeit über die Ziele, gegenseitiges Vertrauen, Stärkung der Position der Lehrer (»empowerment«). Es wurden relativ feste Strategien und Methoden entwickelt. Das Ziel ist, neue Organisationsformen zu schaffen, die »Risikoschülern« eine wirkliche Chance geben.

Eine solche radikale Strategie erfordert ein neues Führungsverhalten. Nach Christensen muß der Schulleiter akzeptieren, daß die Schüler im Mittelpunkt der Schule stehen; er muß Macht mit anderen teilen, Risiken eingehen lernen, ein Klima der Offenheit schaffen, sich für Schüler, Lehrer, Eltern und andere Personen aus dem Umfeld genügend Zeit nehmen und bei alledem stets die Vision im Auge behalten (CHRISTENSEN 1992).

*Das Projekt »Schulbeurteilung und Schulentwicklung« (SuS):* Die ideologische Grundlage dieses Projekts ist in IMTECs Information an potentielle Teilnehmer formuliert:

> »Das Projekt ›Schulbeurteilung und Schulentwicklung‹ möchte der einzelnen Schule helfen, eine Selbstbeurteilung vorzunehmen und einen Prozeß der Selbsterneuerung einzuleiten. Wir sehen die einzelne Schule – nicht das Schulsystem, auch nicht das Individuum – als die Einheit, von der die Veränderung ausgehen muß. Das heißt natürlich nicht, daß wir die Bedeutung des Systems übersehen oder verkennen, welche Rolle die Haltung, das Verhalten und die Fähigkeiten des einzelnen spielen. Nach unserer Erfahrung müssen Veränderungen in der Schule ein Teil der »Schulkultur« sein, die die einzelne Schule und ihr Umfeld vertreten. Die Veränderungen müssen in den Bedürfnissen von Schülern, Lehrern, Schulleitung und Umfeld ihren Nährboden finden, und die gefundenen Lösungen müssen von denen, die die Innovationen umsetzen sollen, als ihre eigenen erlebt werden.

In dem Buch *Organisationslernen in der Schule* (DALIN und ROLFF 1991) sind die Voraussetzungen des Projekts im einzelnen genannt:

1. Die Schule ist die Einheit der Veränderung.
2. Die Schule ist der *Motor* und muß selbst die Veränderungsprozesse leiten.
3. Sowohl die Realitätswahrnehmung des einzelnen (»subjektive Wirklichkeit«) als auch die objektive Wirklichkeit sind Grundlagen des Projekts.
4. Zusammenarbeit ist eine Voraussetzung jeder Entwicklung.
5. In Konflikten stecken Chancen.
6. Das Projekt beruht auf *Verfahrenswerten*, die das Zusammenspiel der Akteure regeln; aber die Schule selbst muß *die Ziele* des Projekts finden. Ziele und Visionen werden »unterwegs«, in einem ergebnisoffenen Lernprozeß, entwickelt.
7. »Effektivität« läßt sich nicht abstrakt definieren, sondern nur in Relation zu dem konkreten Zusammenhang, in dem eine bestimmte Lösung angewandt werden soll (Abhängigkeitstheorie).
8. Das Projekt setzt voraus, daß die Schule einen Freiraum zum selbständigen Handeln hat.

9. Planung und Durchführung sind *ein Prozeß*.
10. Schulen können lernen.

Ist SuS Organisationsentwicklung oder etwas anderes? Ist es vielleicht Aktionslernen oder Aktionsforschung? Ist es systematische Problemlösung? Ist es systemisches Lernen (SENGE 1990)? SuS bedient sich der Theorie und Praxis mehrerer Entwicklungstraditionen, aber das Projekt hat ein spezifisches Spektrum von Prinzipien und Praktiken entwickelt, bei dem *Schulentwicklung im Mittelpunkt* steht.

Potentiellen Teilnehmern gibt IMTEC eine gründliche Einführung in die anzuwendenden Methoden:

»Soll eine Schule sich von innen entwickeln, müssen alle, die in ihr arbeiten, sich selbst und ihre Organisation kennen. Wir stellen fest, daß die Unterrichtenden oft wenig voneinander wissen. Schulleitung und Lehrer sprechen selten offen über das, was sie wirklich denken und wofür sie eintreten; Lehrer und Schüler haben selten ein so gutes dialogisches Verhältnis, daß sie das Schulmilieu und den Unterricht konstruktiv verbessern können. Natürlich gibt es Unterschiede von Schule zu Schule. An einigen hat schon ein offener und bewußt initiierter Prozeß zur Klärung von Praxis und Zielen der Schule begonnen. In manchen Schulen reden die Kollegen offen und konstruktiv miteinander, aber nicht mit den Schülern. In anderen finden Gespräche nur heimlich statt. Wir unterstellen, daß die Schulen bei dem Projekt von verschiedenen Voraussetzungen ausgehen und daß dies ein wichtiger Umstand ist, wenn ein Prozeß der Selbstbeurteilung in Gang gesetzt werden soll...

Da die Schule die zu verändernde Einheit ist, spielt ihre Kultur bei der Wahl der Arbeitsstrategie und der Methoden eine kritische Rolle. In anderem Zusammenhang haben wir zwischen *fragmentierten Schulen*, *Projektschulen* und *kooperativen* Schulen unterschieden. Im ersten Falle muß sich der SuS-Berater am ehesten *einzelnen Personen* widmen, im zweiten Falle einer *Gruppe oder Abteilung*, im dritten Falle schon von Anfang an *der ganzen Schule*.

*Initiative und Anfang:* Manche Schulen nehmen mit einem Sachverständigen Kontakt auf, weil sie ein dringliches Problem lösen wollen. Andere stehen vor einer bestimmten neuen Herausforderung und wünschen sich eine »Starthilfe«. Wieder andere wollen ihre ganze Organisation kritisch mustern, um sie zu einer guten Schule zu entwickeln. – In dieser Phase der Kontaktaufnahme hat es der Sachverständige mit drei verschiedenen Aufgaben zu tun:

- *zu verstehen, was veränderungsbedürftig ist,* und mit der Schule einen Dialog über diese Erfordernisse zu führen;
- *Beziehungen zum Partner aufzubauen* (oft zu einer Leitungsgruppe), mögliche Rollen und zu erwartende Aufgaben zu prüfen und zu klären, wie weit die schulinterne Bereitschaft reicht, sich auf einen Entwicklungsprozeß einzulassen;
- *einen Vertrag mit der Schule einzugehen,* der beschreibt, wer die Partner sind, welche Rollen die Schule und der Sachverständige haben, welche Ressourcen und wieviel Zeit zur Verfügung stehen und wozu die verschiedenen Beteiligten im Laufe des Verfahrens verpflichtet sind.

*Gemeinsame Analyse und Diagnose:* SuS beruht auf Zusammenarbeit und Gemeinschaft. Gute und verläßliche Informationen, erst recht eine gemeinsame Diagnose setzen ein Klima des Vertrauens in der Schule voraus. Darum sind Datensammlung, -analyse und -diagnose nicht nur ein technisches Problem. Vor allem muß zunächst ein echter, von gegenseitigem Vertrauen getragener Dialog hergestellt sein. In dieser Phase kreisen sozusagen die Prozesse; man entdeckt ständig neue Aspekte einer Fragestellung – und man erkennt den Wert von Zielsetzungen. Der Sachverständige beschäftigt sich jetzt mit folgenden Aufgaben:

- *Setzung von Prioritäten:* Durch Brainstorming, in gründlichen Diskussionen und durch »Konfrontationen« bemüht sich die Schule (in dieser Phase oft die Leitungsgruppe), Aufgaben zu formulieren, die bei der weiteren Arbeit vorrangig behandelt werden sollten.
- *Datensammlung:* Zusätzlich zu den Informationen, die die Schule bereits hat, will die Leitungsgruppe gewöhnlich weitere Informationen sammeln. Dies kann ganz informell geschehen oder in strukturierter Form, z. B. mit Hilfe standardisierter Fragebögen.
- *Datenanalyse:* Für sie ist immer die Leitungsgruppe (oder wer sonst als Partner festgelegt ist) verantwortlich. Der Sachverständige steht dabei als Helfer und Berater zur Verfügung.
- *Daten-Feedback und Dialog:* Alle Beteiligten, z. B. alle Lehrer, helfen einander, das vorliegende Datenmaterial zu verstehen und zu analysieren, was es für sie bedeutet. Daten an sich sagen wenig aus. Sie machen erst Sinn, wenn die Beteiligten sie deuten.

*Zielsetzung:* Am wichtigsten in dieser Phase des Verfahrens ist die Fähigkeit der Schule, eigene Intentionen und Visionen zu formulieren und Alternativen zu etablieren. Die Datenanalyse verdeutlicht in der Regel eine Reihe Problemstellungen und Möglichkeiten. Es ist daher wichtig, alles zu tun, damit ein kreativer Prozeß in Gang kommt, in dem die Schule ihre Ziele und Visionen formuliert. Hierbei sind mehrere Aktivitäten relevant:

*Formulierung von Prioritäten:* Welche Ziele sollen unter vielen Alternativen vorrangig angestrebt werden? Das zu entscheiden ist schwer. Der Sachverständige hilft der Schule bei sogenannten *Problemformulierungen.* Diese dienen dazu, das Datenmaterial zu ordnen, damit die Teilnehmer die Bedeutung der einzelnen Daten leichter erkennen können.

*Klärung von Werten* ist ein Prozeß, der während des ganzen Schulentwicklungsverfahrens stattfindet. In diesem Stadium ist er aber besonders wichtig, weil die Schule sich nun entscheiden muß, *was sie tun will.* SuS ist nicht um Konsens bemüht. Um Werte muß verhandelt werden. Manchmal erzielt man Einigkeit, und in anderen Situationen muß die Schule sich damit abfinden, daß es viele verschiedene Werte und vielleicht auch unterschiedliche Handlungsprogramme gibt.

*Aktionsplanung:* Das ist die Umsetzung von Intentionen in konkrete Pläne, die in der Schule realisiert werden können. Techniken der Projektplanung und die Delegierung bestimmter Arbeiten an Gruppen fallen normalerweise in diese Phase.

*Erprobung und Evaluation:* Damit die Schule ihre Pläne verwirklichen kann, muß sie normalerweise ein paar Projektideen in kleinerem Maßstab erproben und einigen Lehrern und Schülern Gelegenheit geben, mit einer neuen Praxis zu experimentieren. In anderen Fällen ist der Grundgedanke der Veränderung so einschneidend, daß sich alle gleichzeitig mehr oder weniger umstellen müssen (z. B. wenn die ganze Organisation des Unterrichts geändert werden soll). In dieser Phase ändert sich eventuell die Rolle des Sachverständigen, und folgende Aktivitäten treten in den Mittelpunkt.

*Training und Beratung:* Gebiete wie Projektleitung, Entwicklung von Projektmodellen, Evaluation und Leitung von Gruppen (z. B. Teambildung) sind wichtige Aktivitäten. Es kann auch angebracht sein, ein Training zur Aneignung bestimmter Inhalte anzubieten (z. B. beim Gebrauch von Computern bei Simulationen in Mathematik). Ein solches Training wird normalerweise von anderen SuS-Beratern geleitet, die es dann als ihre Aufgabe sehen, die Schule mit notwendigen externen Ressourcen in Kontakt zu bringen.

*Nachbereitung und Evaluation* der Durchführung neuer Projekte sind ganz wesentlich (»formative« Evaluation), nicht nur weil sonst vielleicht die Auswirkungen eines Projekts unklar wären, sondern auch weil in der ersten Phase meist nur wenige Lehrerinnen und Lehrer teilnehmen. Daher ist die Weitergabe von Information an andere ebenso wichtig wie Rückmeldungen an die

Teilnehmer. Der Sachverständige beteiligt sich gewöhnlich an der Ausarbeitung des Evaluationsmodus und in der ganzen Projektperiode an der Sammlung der Daten und ihrer Rückmeldung an die Teilnehmer.

*Generalisierung und Institutionalisierung:* Pilotprogramme durchlaufen normalerweise mehrere Phasen; währenddessen schließen sich allmählich immer mehr Lehrer und Schüler dem Projekt an. Damit erfordert es mehr Ressourcen und Hilfen, z. B. mehr Training der Lehrkräfte, Entwicklung von Materialien u. a. m. Irgendwann wird die Veränderungsarbeit in das normale Leben der Schule einmünden müssen. In dieser Phase sind die folgenden Aktivitäten wichtig:

*Eine Gesamtevaluation* (»summative Evaluation«) der neuen Praxis muß jetzt in irgendeiner Form stattfinden. Sie muß in jedem Falle gründlich erfolgen, besonders wenn ein Projekt zunächst umstritten war. Die Diskussion der Evaluationsdaten kann zu einem vertieften Verständnis dessen führen, was die Schule braucht, und zur Grundlage abgewandelter oder neuer Pilotprogramme werden.

*Strukturelle Modifikationen* werden in diesem Stadium auch wichtig. Das sind Veränderungen von Organisation, Verfahrensweisen, Normen und Regeln.

*Zufuhr neuer Ressourcen* – oder zumindest eine Umverteilung der vorhandenen – ist oft ein Schlüssel zur Überführung einer neuen Praxis in normale Routine. Da Schulen selten über ungenutzte Ressourcen verfügen, wird es sich oft nur darum handeln, die *Zeit* als Ressource anders einzusetzen.

*Lehrertraining* meint die besondere Unterstützung derjenigen, die das Neue zunächst nicht adaptiert haben, damit auch sie sich die erforderlichen Kenntnisse und Fertigkeiten aneignen und die neue Praxis so an der ganzen Schule etabliert wird. Dieses Training der »Nachzügler« ist oft ein Schlüssel zur Schulentwicklung. Normalerweise kann die Schule dazu auf eigene Kräfte zurückgreifen, da einige Lehrer im Laufe der Projektzeit viele neue Erfahrungen gemacht und neue Kompetenzen erworben haben.

*Der Rückzug des Sachverständigen* kann schon früher erfolgen; aber spätestens in diesem Stadium ist es an der Zeit, die Zusammenarbeit zu beenden. Dann stellt sich die Frage: Hat die Schule erreicht, was sie erreichen wollte? Hat sie die nötigen Erfahrungen gesammelt, und wird sie künftigen Herausforderungen gewachsen sein? Falls nicht, auf welchen Gebieten wird sie eventuell auch künftig noch Unterstützung wünschen?

Es ist wichtig, sich klarzumachen, daß die genannten Aktivitäten nicht unbedingt linear aufeinanderfolgen. Sie können in verschiedenen

Phasen des Prozesses erforderlich werden, eventuell mehrere Male und auf verschiedenen Ebenen. Das Verfahren ist seinem Wesen nach zyklisch. Während der Datensammlung und -analyse bieten sich z. B. gute Möglichkeiten der Teambildung. In verschiedenen Phasen eines Projekts sollte das Lehrertraining Vorrang haben. Eine Evaluation kann zu neuen Fragen führen. Schulentwicklung ist ein komplexer Lernprozeß, in dessen Mittelpunkt Veränderungen der Kultur der Schule stehen.

*Die kooperative Schule – die »lernende« Schule:* SuS hat das Ziel, Schulen zu »lernenden Organisationen« zu machen. Das ist wichtig für die Schule selbst (ihre Fähigkeit, neue Herausforderungen zu meistern), aber ebenso wichtig für die Schüler, die durch eigene Erfahrungen mit einer in Veränderung begriffenen Schule exemplarisch den Wandel einer Institution kennenlernen. Das gilt natürlich nur, sofern sie im Schulentwicklungsprozeß eine eigenständige Rolle spielen.

Bei unserer Arbeit in Deutschland stellte sich heraus, daß viele Schulen die bisherige Organisationsform, in der der Lehrer autonom ist, zugunsten einer autonomen *Schule* – oder besser: einer Schule, die freier über ihre eigenen Ressourcen verfügt – aufgeben möchten. Aufgrund eines SuS-Projekts in Deutschland wurden Modelle entwickelt, nach denen eine Schule sich selbst zu einer lernenden Organisation entwickeln kann (HORSTER 1994, ROLFF 1993, 1994b).

Bei alledem sollte die Bedeutung des Individuums nicht übersehen werden. Organisationsentwicklung, wie wir sie in diesem Kapitel verstanden haben, möchte erreichen, daß die Organisation *und* der einzelne möglichst viel profitieren. Peter Senge betont nachdrücklich, daß Entwicklung beim Individuum anfängt, daß es ohne persönliches Wachstum keine Veränderung gibt, ja daß persönliche Visionen notwendig sind (SENGE 1990). Vielleicht ist dies wichtiger als alles andere in der pädagogischen Profession. Wird dieser Aspekt vergessen, kann auch SuS leicht zu einem *nur* an der Organisation arbeitenden Programm verkommen (MIETZ 1994). Um es mit Senges Worten zu sagen: Wenn wir »uns umdrehen«, entdecken wir neue Perspektiven. SuS erfordert wie alle Entwicklungsarbeit Zeit zur Reflexion.

Strategien der Schulentwicklung, die von der einzelnen Schule ausgehen, haben große Chancen, aber auch ihre spezifischen Grenzen. Wir wollen unsere Beschreibung des SuS-Projekts abschließen, indem wir einige Dilemmata nennen, mit denen Schulen zu tun bekommen, die sich auf Organisationsentwicklung einlassen.

## Organisationsstrategien

*Konsens-Konflikt:* OE ist nicht unbedingt konsensorientgiert; sie ist aber auch nicht wertneutral. Sie beruht auf bestimmten Verfahrenswerten, strebt Einigkeit an, wo diese möglich ist, aber geht auch Konflikten nicht aus dem Wege, damit diese geklärt und womöglich gelöst werden können.

*Restabilisierung – Erneuerung:* OE zielt auf Organisation, die sich ständig erneuert, d. h. sie will die Schule befähigen, sich selbst zu verstehen und zu erneuern. Sie will *nicht* die Schule in einer neuen Stabilität »ruhigstellen«. Ruhe kann bei selbstgewähltem Wachstum einkehren; unsere Erwartungen an die Zukunft können in gemeinsamer Arbeit für eine bessere Schule erfüllt werden.

*Strukturveränderung – Methodenveränderung:* Mit der Schule als Entwicklungseinheit der OE-Arbeit sind natürliche Grenzen des Erreichbaren vorgegeben. (OE kann sich auch auf größere Einheiten erstrecken, aber darum geht es hier nicht). Die Rahmenbedingungen und die Strukturen, an die jede Schule sich bei ihrer Arbeit halten muß, können nicht Objekt der OE-Arbeit sein. Das heißt *nicht,* daß die Schule nicht an ihren Werten und Zielen arbeiten könnte; schließlich erreicht sie derzeit ihre Ziele nur zum Teil. Es heißt auch nicht, daß die Schule nicht Veränderungen ihrer Struktur anstreben könnte. *Wenn viele Schulen ernsthaft an ihrer eigenen Entwicklung arbeiten, bekommt die »Basis« die Chance, auf die größeren Perspektiven Einfluß zu nehmen.*

*OE zu den Bedingungen der Schulleitung oder der Schule?* OE wurde lange verdächtigt, den Interessen der Schulleitung zu dienen. Ist dieser Argwohn berechtigt? Wir stellten fest, daß Unterstützung durch die Schulleitung bei einem OE-Projekt wichtig ist. Das bedeutet aber nicht, daß OE zu den Bedingungen der Leitung stattfinden muß. Besonders in Skandinavien, wo der Schulleiter trotz allem relativ wenig Einfluß hat und Lehrer und Schüler allmählich immer mehr Einfluß gewinnen, kann gerade OE – richtig eingesetzt – ein Entwicklungsinstrument werden, das von den Interessen der ganzen Schulgemeinschaft ausgeht (und damit oft an Konflikte rührt).

*Individuum – Organisation:* Richtig praktizierte OE wendet sich an die ganze Schule als Organisation, aber so, daß auch die Individuen für ihre persönliche Entwicklung von dem Programm profitieren. Diese Entwicklung soll aber immer auf die tägliche Arbeitssituation der oder des einzelnen bezogen sein. Individuelles Training des Schulleiters, aus dem Zusammenhang der täglichen Arbeit herausgelöst, kann für den einzelnen nützlich sein, aber es ist keine Organisationsentwicklung. Gerade weil der Leiter eine so zentrale Rolle hat, müssen indessen alle guten OE-Programme dafür sorgen, daß sie während der ganzen Projektperiode von der Schulleitung gefördert werden.

*Prozeßinhalt – konkrete Ziele:* Ein OE-Programm ist prozeßorientiert, seine Werte sind Verfahrenswerte. Es will der Schule zu mehr Selbstverständnis verhelfen und sie befähigen, sich selbst zu entwickeln. *Zugleich* aber muß es konkret sein und praktisch ausgerichtet auf Ziele, die erreichbar und von den Teilnehmern gewollt sind. Soll beides gleichzeitig möglich sein, muß externe Unterstützung sich auf Hilfen beim Verfahren beschränken. Der externe Sachverständige könnte z. B. der Schule (vertreten durch die Planungsgruppe) helfen, ein Verfahren so zu organisieren, daß konkrete Vorhaben gefördert werden.

*Selbstentwicklung – Gleichheit der Bildungschancen:* Da die einzelne Schule Basis der Veränderung ist, können Schulen mit guten menschlichen Ressourcen sich viel weiter entwickeln als andere. Das ist im übrigen schon jetzt so. Es ist eine große Illusion zu glauben, wir hätten eine Gleichheit der Bildungschancen, weil die materiellen Ressourcen und der Zugang zur Bildung einigermaßen gleichmäßig verteilt sind. Rutter hat auf die Unterschiede hingewiesen, die *ohne OE* existieren (RUTTER u. a. 1979). Die Behörden sollten eine wesentliche Aufgabe darin sehen, den Schulen OE zu ermöglichen, die sie am nötigsten haben.

*Eigeninteresse – Eigentümerverhältnis:* Es gehört zum ideologischen Fundament der OE, daß die einzelne Schule, d. h. alle an der Entwicklungsarbeit Beteiligten, diese als ihr Eigentum erfahren. Hierin liegen große Möglichkeiten, aber auch die wesentlichste Grenze der OE. Es gibt wichtige Entwicklungsziele, die mit Wünschen oder starken Interessen der einzelnen Schule in Konflikt geraten können. In solchen Fällen muß man auf eine andere Strategie der Veränderung setzen.

Organisationsentwicklung wirkt, wenn sie freiwillig ist und wenn qualifizierte Personen wohlerwogene Methoden anwenden. Damit sind auch wichtige Grenzen der OE-Strategie genannt. Was geschieht, wenn das Verfahren *nicht* in fachlich vertretbarer Weise durchgeführt wird? Und was geschieht mit den Schulen, die sich auf keinen Entwicklungsprozeß einlassen wollen, weder auf OE noch auf andere Methoden? Wir wollen zunächst *Evaluation* als mögliche Entwicklungsstrategie betrachten und im nächsten Kapitel Systemstrategien erörtern.

## 9.11 Evaluation als Veränderungsstrategie

Dieser Abschnitt will keine methodische Einführung in die Schulbeurteilung oder externe Qualitätssicherung sein, sondern nur Evaluation als mögliche Strategie der Schulentwicklung untersuchen. Wir konzentrieren uns hier auf *interne Schulbeurteilung* (zur externen Qualitätssicherung vgl. Kapitel 10).

Aus dem, was wir über Veränderungsprozesse in Schulen, besonders über OE-Verfahren, wissen, geht hervor, daß das Sammeln, Systematisieren und Feedback von Daten ein wichtiger Beitrag zur Schulentwicklung sein kann (vgl. oben S. 415 f., S. 426). Unter welchen Bedingungen führt ein Beurteilungsverfahren zur *Erneuerung* und nicht zur Stagnation?

Zunächst sei ein Beispiel genannt, das deutlich zeigt, wie schwer es sein kann, interne Schulbeurteilung einzuführen. Aus Schweden berichtet Ekholm, daß Schulleiter, die zwei Jahre lang in Theorie und Praxis der Schulbeurteilung unterwiesen worden waren, große Schwierigkeiten hatten, sie an ihren Schulen durchzusetzen. Fünf Jahre später wandten nur 3 von 35 Schulen Schulbeurteilung gemäß den Intentionen an. Ekholm sieht dafür zwei Gründe: Einmal gehöre Evaluation (von der Beurteilung der Schüler einmal abgesehen) nicht zur Arbeitskultur der schwedischen Schule, und zweitens habe der Schulleiter keine solche Position, daß er gegen sein Kollegium vorzugehen wage (EKHOLM 1992). –

Ich glaube nicht, daß das nur für Schweden gilt. In Deutschland habe ich ähnliche Erfahrungen gemacht. In Kapitel 3 nannte ich einige charakteristische Merkmale der Schulkultur, die vielleicht die Schwierigkeiten zum Teil erklären:

- Zweigeteilte Entscheidungsbefugnis, bei der die administrative Leitung sich nicht in pädagogische Entscheidungen einmischt;
- geringer Einfluß der Schüler und Eltern, daher wenig Kontrolle durch die Nutzer;
- Isolation der Lehrkräfte, die am liebsten mit ihrem Fach und ihrer Klasse beschäftigt sind und nur selten mit Kollegen über ihren Unterricht sprechen;
- lose verknüpfte Einheiten, bei denen das Geschehen in einer Mathematikstunde zum Inhalt der folgenden Sportstunde in keinerlei Beziehung steht;
- fehlende Traditionen der Qualitätskontrolle (abgesehen von starker Kontrolle der Schüler);
- informelle, für die Schule zunächst folgenlose Beurteilung durch die Umgebung;

– grundsätzliche Schwierigkeit der Beurteilung einer so komplexen Institution wie der Schule.

Wir können diese Liste sicher noch ergänzen. Was geschieht in dem Schulbeurteilungsverfahren, das durch eine *von außen kommende Forderung* angestoßen wird? Wir haben dargestellt, was wir über Schulentwicklungsprozesse wissen, und wollen uns hier darauf beschränken, an einige zentrale Aspekte zu erinnern (vgl. im übrigen S. 238–263).

1. Liegen wirkliche Bedürfnisse vor? Wieso soll ein erfahrener Lehrer ein Interesse daran haben, viel Zeit und Energie einem Schulentwicklungsprozeß zu widmen und die damit verbundenen Belastungen auf sich zu nehmen? Eher zu verstehen sind der Bedarf eines unerfahrenen Lehrers an »Coaching«, der Wunsch eines Schülers, mehr Einfluß auf den täglichen Unterricht zu gewinnen, oder der Wunsch eines Schulleiters, die Komplexität des Ganzen zu verstehen. Was macht man aber mit den vielen (?), die für sich keinen Bedarf sehen?
2. Komplexität und Kompatibilität: Die Tätigkeit einer Schule an einer Vielfalt komplexer und unklarer Ziele zu messen ist ein kompliziertes Unterfangen! Wenn es außerdem – und sei es auch nur von wenigen – als Angriff auf geltende Werte und Normen empfunden wird, kann es schon von Anfang an scheitern.
3. Kompetenz: Wie andere Professionen wollen Lehrer sich an neuen Aufgaben bewähren. In der ersten Phase ist immer der Einsatz (an Zeit, Energie und seelischen Kräften) hoch und der Gewinn (an Fortschritten und sichtbaren Wirkungen) gering. Das gilt besonders für schulinterne Evaluation, die oft nicht handgreiflich genug ist. Hier kommt es mehr als bei andere Reformen auf langfristig angelegte Nachbereitung und Unterstützung an.
4. Ressourcen: Lehrer sind gebunden durch ihre täglichen Pflichten und durch Kräfte, die den gegebenen Zustand bewahren wollen. Man braucht daher, soll etwas so Kompliziertes wie Schulentwicklung gelingen, viel guten Willen, Energie und genügend Zeit. Die Tendenz geht dahin, *etwas* zu verändern, am liebsten so wenig wie möglich, nur das unbedingt Notwendige (vgl. EKHOLM 1992).
5. Führung: Schulbeurteilung hängt ab von einer Leiterin oder einem Leiter, die das Schulganze vertreten und sich für die zugrundeliegende Idee – eine offene und lernende Organisation – mit starken Argumenten einsetzen. Zugleich müssen sie das Projekt in vielfacher Weise fördern: räumliche und zeitliche Ressourcen bereitstellen, konkrete Fortbildungsmöglichkeiten schaffen, der Schule die nötigen Mittel zuführen und nicht zuletzt dafür sorgen, daß der/die einzelne längere Zeit individuelle Hilfe erhält.

An dieser Stelle sei auch an die skeptischen Ratschläge erinnert, die Michael Fullan allen erteilt, die im Begriff sind, eine Reform einzuleiten (siehe oben S. 246 ff.).

Die Schule, nicht das System, ist die zu verändernde Einheit. Jede Schule hat ihre eigene Kultur. Wir kennen Schulen, die seit den sechziger Jahren Schulbeurteilung praktiziert haben, und solche, in denen die Schüler täglich an einer offenen Unterrichtsbeurteilung teilnehmen. An mehreren hundert Beispielen läßt sich zeigen, daß Schulbeurteilung in dieser oder jener Form zur Schulentwicklung beitragen kann. Seit Mitte der achtziger Jahre haben viele Länder versucht, bestimmte Teile interner Schulbeurteilung zur festen Einrichtung zu machen. Beispiele dafür sind die Beurteilung der Arbeit der Lehrer (Teacher Appraisal) in Großbritannien, Mitarbeitergespräche (in den Niederlanden), Kollegen-Beurteilung (in mehreren US-Bundesstaaten) und ganzheitlichere interne Schulbeurteilungen (oft als Teil eines internen oder externen Qualitätssicherungssystems wie in den Niederlanden, Neuseeland etc.). Am meisten verbreitet ist Schulbeurteilung zweifellos in den anglo-amerikanischen Ländern.

Die Erfahrungen sind unterschiedlich. Manchmal verkommt Schulbeurteilung zu nutzlosem Papierkrieg. Die oft mit ihr verbundene Jahresplanung gerät leicht zu einer Pflichtübung, die nur wenige wirklich interessiert. Vielleicht hat die Arbeit symbolischen Wert, aber sie hat nur geringe oder gar keine Bedeutung für den täglichen Unterricht. Oft werden Entscheidungsträger an zentraler Stelle ungeduldig und geben sich dann mit oberflächlichen Lösungen (z. B. einem schriftlich vorliegenden Jahresplan) zufrieden.

Der Schlüssel zum Erfolg liegt in der Erkenntnis, daß eine Reform wie die Schulbeurteilung an den einzelnen Schulen und in verschiedenen Phasen *unterschiedlich praktiziert* werden muß. Veränderungsprozesse sind Lernprozesse, und Veränderung ist eine Reise und nicht etwas, das man einfach beschließt. Auf dieser Reise muß man Widerstand ernst nehmen (vgl. Kapitel 5) und begreifen, daß man bei dem Versuch, wichtige Züge einer Kultur zu verändern, *die ganze Kultur* verändert.

Damit wird Schulbeurteilung zu einem Glied in der *Veränderung der Arbeitskultur*, und die kann es in den meisten Fällen nicht geben ohne langfristig angelegte Organisationsentwicklung. Schulbeurteilung als isolierte Maßnahme – sozusagen als neue »Komponente«, die der gängigen Praxis hinzugefügt werden soll –, ist meist ziemlich nutzlos – jedenfalls dann, wenn Schulentwicklung das Ziel ist.

# 10. Systemstrategien

## 10.1 Von der Verwaltung zur Entwicklung

Gegenstand dieses Kapitels sind die grundsätzlichen Aspekte der Rolle *des Systems* als Einheit der Veränderung bei Reformen. Wir behandeln dieses Thema am Beispiel einiger Länder, in denen der *Staat zum Entwickler* geworden ist. Vor allem interessieren uns die Konsequenzen der *Zielsteuerung* und der externen Evaluation für die Schulentwicklung.

In Kapitel 7 behandelten wir die durch Dezentralisierung von Entscheidungen entstehende neue Balance zwischen Zentrum und Peripherie. Teils äußerte sie sich in einer Verlagerung von Aufgaben aus dem Zentrum in die Peripherie, teils in Aufgaben, die im Zentrum neu entstehen, und teils in einem neuen Paradigma der Bearbeitung und Lösung von Aufgaben.

Dieses neue Paradigma hat etwas zu tun mit der Zukunftsvision, die wir in dem Buch *Schule auf dem Weg ins 21. Jahrhundert* beschrieben haben. Unser Bildungssystem soll die Schüler auf eine komplizierte und nicht vorhersagbare Zukunft vorbereiten. Es hat ferner zu tun mit dem allgemeinen Dilemma von Politikern, die angesichts einer so ungewissen Zukunft Entscheidungen treffen müssen. Statt einschneidende und langfristig wirksame, aber unsichere Beschlüsse zu fassen, greifen sie oft zu kurzfristigen, dafür aber sicheren Entscheidungen.

Bisher war dem Staat eine nahezu patriarchalische Rolle zugedacht: Man glaubte, der Staat könne als einziger *eine Gesellschaft der Gleichberechtigten* schaffen und kenne außerdem *die Dinge am besten*. Die Rolle des Staates beruht also zu einem guten Teil auf der Vorstellung, daß die Leute eigentlich nicht wissen, was für sie gut ist. Sehen wir uns in den meisten OECD-Ländern um, müssen wir wohl auch zugeben, daß die Politik, in der der Staat eine starke Rolle hatte, gute Ergebnisse erbracht hat, z.B. ein einigermaßen hohes Bildungsniveau der breiten Masse und damit eine Voraussetzung dafür, daß viele Menschen sich aus herkömmlichen Bindungen lösen konnten.

Diese »landesväterliche« Rolle kann der Staat nicht mehr aufrechterhalten. Denn erstens ändern sich die Dinge so schnell, vor allem im Arbeits-

## Systemstrategien

leben, daß ein Festhalten an dem alten zentralistischen Planungsprozeß kontraproduktiv wäre. Es bedarf neuer Veränderungsstrategien. Zweitens muß die Schule als Organisation effektiver werden, und das können externe Eingriffe nicht bewirken. Drittens sind die Ressourcen knapp, und auch das verändert die Rolle des Staates.

Unter grundsätzlichem Aspekt könnte man sagen, daß heute jede politische Instanz, die Ziele und Richtlinien formulieren soll, immer mehr in Schwierigkeiten gerät. Abb. 39 sucht das zu veranschaulichen. Die politischen Entscheidungsträger hatten es bisher überwiegend mit Entwicklungen zu tun, die *vorhersehbar und erwünscht* waren. Heute muß sich die Politik mit immer komplizierteren Aufgaben und *nicht vorhersehbaren* Entwicklungen befassen, und die Konsequenzen der Entscheidungen sind immer öfter *nicht erwünscht*.

**Abb. 39: Die Policy-Arena**

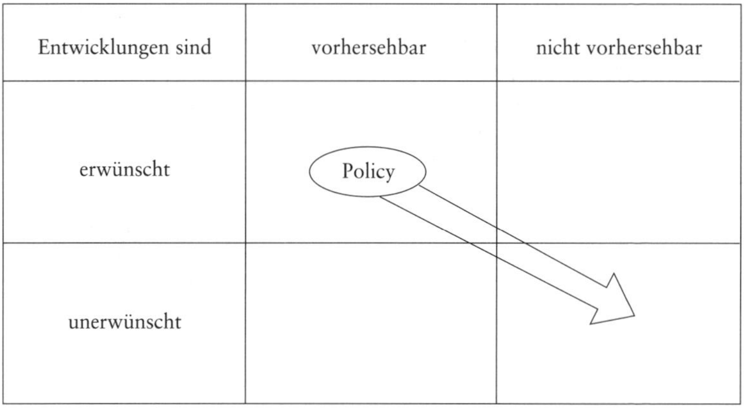

| Entwicklungen sind | vorhersehbar | nicht vorhersehbar |
|---|---|---|
| erwünscht | Policy | |
| unerwünscht | | |

Die typische Reaktion zentraler Instanzen, wenn Pläne sich nicht den Intentionen gemäß durchführen lassen, ist ein »Noch mehr« an detaillierten Normen, Regelungen und intensiver Kontrolle. Damit verstärken sich aber nur die Durchführungsprobleme. Die Zentralbehörden vermuten dann oft Sabotage, ein Sichdrücken und Widerstand gegen Veränderung. Wenn sich das alles einige Male wiederholt, funktioniert am Ende das ganze Entscheidungsverfahren nicht mehr, weil das Vertrauen, ohne das es keine Autorität gibt, nicht mehr existiert.

In jedem politischen System stehen daher die Behörden in der Frage, welche Rolle die Zentrale spielen soll, vor einer komplexen Entscheidung.

Die Schulbehörden müssen stets vor allem von der *Eigenart des Unterrichts* ausgehen. Wie wir schon erwähnten, treten Organisationen nach Rowan in zwei grundverschiedenen Ausprägungen auf, nämlich als »Kontrollorganisation« und als »Organisation wechselseitiger Verpflichtung« (ROWAN 1990).

Arbeitsplatzuntersuchungen in Organisationen, in denen hauptsächlich Routinearbeiten anfallen, haben ergeben, daß eine mechanistische Kontrollstrategie effektiv sein kann (siehe Kapitel 3). Die Problemlösungen erfordern auf der operationellen Ebene nur wenig Anpassung und Kreativität. Sie können daher an anderer Stelle erdacht und auf die örtliche Ebene übertragen werden. Die Evaluation hat dann nur die Aufgabe zu kontrollieren, daß das System funktioniert.

In Organisationen, die es mit komplexen Aufgaben und nicht absehbaren Konsequenzen zu tun haben, ist *Professionalität* gefragt. Sie entwikkelt sich am besten in einem Klima der gegenseitigen Verpflichtung. Solche Organisationen gehen davon aus, daß die Herausforderungen vor Ort die wesentlichen sind und daß Probleme auch vor Ort gelöst werden müssen. Die Zentrale muß lediglich sicherstellen, daß kreative lokale Prozesse möglich sind.

Die meisten OECD-Länder entfernen sich derzeit allmählich von einem *Bürokratiemodell*, in dem alle Entscheidungen *von strategischer Bedeutung* an der Spitze der Pyramide getroffen wurden und die Basis nur die Routine verwaltete, und nähern sich einem *organischen Modell*, in dem alle wichtigen professionellen Entscheidungen auf möglichst niedriger Ebene getroffen werden und die Zentrale diesen Prozeß bloß *unterstützt*.

Die Mittel, die den Entscheidungsbefugten zur Verfügung stehen, sind die folgenden: *Regeln* (neue Lehrpläne, Gesetze und Richtlinien), *Ressourcen* (meist in Form von Geld, Stellungen und Material) und *Überzeugung* (z. B. mit Hilfe von Fort- und Weiterbildung, Forschung *und Evaluation*). Abb. 40 zeigt die Dimension der Mittel und zwei andere für die Wahl der jeweiligen Strategie wichtige Dimensionen, nämlich die *Ebenen* und die verschiedenen *Phasen* einer möglichen Intervention (siehe nächste Seite).

Bei den *Mitteln* ist die Frage, ob »Überzeugung« Kontrolle ausschließt. Das ist grundsätzlich nicht der Fall, aber es kommt auf den *Zweck* der Kontrolle und die Art und Weise ihrer Durchführung an (siehe unten). Wir wollen uns im besonderen mit Evaluation als Kontrolle und mit der

**Abb. 40: Der »Entscheidungskubus«** *

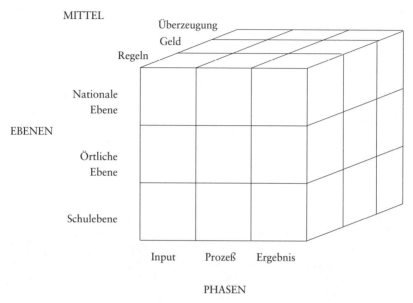

neuen Rolle des Inspektorats (in den Ländern, die diese Einrichtung noch kennen) beschäftigen.

Bisher war nur von der einen Achse des Entscheidungskubus die Rede. Der Staat oder, allgemeiner gesagt, die externe Instanz muß auch bedenken, in welcher *Phase* des Prozesses ein bestimmtes Mittel eingesetzt werden soll. Die traditionellen Bürokratien haben sich hauptsächlich um den *Input* gekümmert oder, anders gesagt, um die äußeren Voraussetzungen des Schulbetriebs. Beispiele dafür sind etwa die Genehmigung von Lehrbüchern, Vorschriften für Schulbauten und Anforderungen an die Qualifikation von Lehrkräften. Regeln und Geld wurden als Mittel benutzt. Heute ist es weitgehend den Nutzern überlassen, die Input-Faktoren zu bestimmen, und der Staat spielt hauptsächlich, indem er Geldmittel bewilligt, als regulierende Instanz eine Rolle.

*Prozeßfaktoren* (das, was im Unterrichts- und Lernprozeß geschieht) lassen sich nur schwer von außen verändern. Auf jeden Fall ist die Rolle der zentralen Instanz hierbei sehr kompliziert. Sie hat verschiedene Mit-

---

\* Diese Darstellung verdanke ich einem Vortrag von und einer Diskussion mit Roel Int'd Veldt in den Niederlanden.

tel eingesetzt, hauptsächlich rational-empirische, aber auch die Lenkung durch Regeln (Regelsteuerung). Wir wollen das am Beispiel der Lehrplanentwicklung, der Forschungs-, Entwicklungs- und Versuchsarbeit genauer betrachten. Derzeit gehen Zentralbehörden immer mehr zur *Zielsteuerung* über, einem Prinzip, das wir kritisch untersuchen wollen.

*Das Ergebnis* der Arbeit der Schule wurde bisher hauptsächlich an den Lernerfolgen der Schüler gemessen. Im Zuge der Zielsteuerung und Dezentralisierung werden jetzt wieder umfassendere Kontrollen gefordert. Im Prinzip geht es darum, als Hilfe für die Leitung des Systems Informations- und Kontrollverfahren aufzubauen, wie wir sie anhand der Arbeit Maliks dargestellt haben (MALIK 1982; siehe oben S. 196 ff.). Sie erstrecken sich auf alle Teile des Systems, nicht nur auf die Leistungen der Schüler.

Die dritte Achse des Kubus umfaßt die verschiedenen Entscheidungs*ebenen*, von der Schülerin oder dem Schüler bis zur zentralen politischen Instanz, und wieder geht es darum, welche Mittel und Spielregeln für das Systemganze und für die einzelnen Ebenen gelten sollen.

Die derzeitige Entwicklung läuft möglicherweise auf eine Schwächung der *Autorität* des Staates hinaus. Sollte das wirklich der Fall sein, so wäre es eine Gefahr für die Demokratie und ein Unglück für die Schule. Ich hoffe und glaube allerdings nicht, daß es so kommt. Eher besteht wohl die Gefahr, daß Autorität sich in *Zwang* ausdrückt und damit sich selbst untergräbt. Ich sehe den Staat in manchen Ländern in einen Circulus vitiosus geraten, weil er statt organisierender Strategien (»gegenseitig verpflichtendes Paradigma«) Zwangsmittel benutzt (»Kontrollparadigma«).

## 10.2 Zentrale Steuerung in »dezentralisierten« Systemen

Wir wollen die *Rolle der zentralen Instanz* in einigen der Länder betrachten, auf die wir in Kapitel 7 näher eingegangen sind, und beginnen mit Neuseeland als einem extremen Beispiel. Die dortige Entwicklung wollen wir danach mit der in einigen europäischen Staaten vergleichen.

*Neuseeland* war schon sehr früh bemüht, allen Bürgern, auch den Maoris und anderen Minoritäten, gleiche Bildungschancen zu sichern. Als das Land 1989 von der Regelsteuerung zur Zielsetzung überging, war die Frage, ob diese Systemveränderung, die Qualität freisetzen sollte, auch das *Gleichheitsideal* wahrte. In Kapitel 7 haben wir dargelegt, wie sich die Reform vier Jahre nach ihrer Einführung auf die Schulen ausgewirkt hatte (vgl. oben S. 303 ff.). Im folgenden wollen wir die ideologische Basis der Reform und ihre systemischen Seiten näher betrachten.

Die Reform impliziert nicht nur eine veränderte Leitungsstruktur der einzelnen Schule, sondern auch eine neue Definition der Rolle des Staates. Dieser hat drei Rollen: Er ist *Besitzer, Besteller* und *Regulator*. Diese Rollen sind deutlich getrennt und haben unterschiedliche strukturelle und organisatorische Konsequenzen.

Die Reform bezieht einige ihrer ideologischen Argumente aus der »Public Choice«-Theorie (BOSTON u. a. 1991), die auf einem rationalen Menschenbild beruht. Sie hat das Ziel, dem einzelnen möglichst viel Wahlfreiheit zu geben. In Neuseeland wurden 1989 die vielen Ebenen der Verwaltung im »Linienverhältnis« zwischen dem Ministerium und der einzelnen Schule einfach abgeschafft. Seither wird das Verhältnis zwischen beiden durch das »Charter« geregelt (vgl. oben S. 303 f.). Zugleich wurden Verhandlungen über die Besoldung der Lehrer dem Verwaltungsministerium (State Services Commission) übertragen; das bedeutete eine Zentralisierung.

Teilweise fußt die Reform ideologisch auch auf der Management-Theorie. Begriffe wie Dezentralisierung, Deregulierung und Delegierung drücken aus, daß der Leiter *führen* soll und daß die am besten wissen, wo der Schuh drückt, die ihn anhaben. Aber wenngleich eine weitgehende Dezentralisierung stattgefunden hat, verbleibt die Kontrolle bei der zentralen Instanz (RAE 1994).

Auf *zentraler Ebene* hat sich Verschiedenes geändert:

1. Das Ministerium in seiner traditionellen Form – mit mehreren nachgeordneten Oberbehörden, drei regionalen Filialen und 13 Inspektoraten – ist abgeschafft. Diese Organisationsform wurde von Picot, dem Leiter des Reformausschusses, als zu komplex und überorganisiert beschrieben. Es fehlte an Informationen und Wahlmöglichkeiten. Das Ministerium hatte veraltete Führungsprinzipien und vermittelte den meisten ein Gefühl der Hilflosigkeit (PICOT 1988).
2. Das Ministerium wurde deutlich verkleinert. Es konzentriert sich jetzt auf drei Hauptaufgaben: »Policy«-Entwicklung, Finanzierung und Verwaltung des staatlichen Besitzes.
3. Es wurde eine unabhängige, für die Qualitätssicherung zuständige staatliche Zentralorganisation geschaffen, das »Education Review Office«. Seine Hauptaufgabe ist die regelmäßige, jedes zweite Jahr

## Systemstrategien

stattfindende Beurteilung jeder einzelnen Schule. Wir werden unten die Strategie dieser Organisation behandeln.
4. Neu ist außerdem die »New Zealand Qualification Authority« (NZQA), die auf der Grundlage von Lehrplänen festlegt (in operationellen Begriffen), was man von jeder Schule als »Produktion« erwartet. Eine Reihe von »unit standards« soll für die Schulen bindend sein. Alle Schulen haben Handreichungen erhalten, die die Kriterien vorstellen und die erläutern, was Qualitätsführung bedeutet und was es heißt, Standards zu setzen und sich an ihnen zu orientieren. Dazu gibt es auch Fortbildung von Schulleitern. Das Ministerium und NZQA wollen in sieben wichtigen Fachgebieten 26 landesweit gültige Lehrplanstandards erarbeiten. Dieses Vorhaben ist umstritten; es läuft auf eine starke zentrale Kontrolle des Schulunterrichts hinaus.
5. Es gibt noch ein weiteres selbständiges Organ, das ausschließlich für die finanzielle Kontrolle der Schulen bzw. die Prüfung ihrer Haushalte zuständig ist. Diese findet alljährlich statt.
6. Alle zentralen Aufgaben, die als Angebot an die Schulen existierten (z. B. Erarbeitung von Lehrplänen, Orientierungshilfen und Anleitungen), wurden aus dem Ministerium ausgegliedert und in eigenen Instituten organisiert, deren Arbeit in Verträgen mit dem Ministerium geregelt ist.

Was bedeutet nun diese neue zentrale Struktur für die Fähigkeit des Staates, Qualität zu schaffen und eine Gleichwertigkeit der Angebote zu sichern? Wir haben schon in Kapitel 7 einige der vorläufigen Auswirkungen auf die Schulen beschrieben (vgl. oben S. 305 f.). Hier sollen uns die *Interventionsstrategien* interessieren, für die der Staat sich entschieden hat.

*Policy-Entwicklung* geschieht hauptsächlich durch langfristig angelegte Projekte, die künftige Bedürfnisse zu ermitteln und ihnen Rechnung zu tragen suchen. Ein wichtiges Beispiel ist das 1993 vom Ministry of Education vorgelegte Grundlagendokument *Education for the 21st Century*. Es ist als Diskussionsdokument formuliert, zu dem beizutragen alle Interessierten aufgefordert sind. Als Ergebnis eines Dialog- und Diskussionsprozesses liegt ein anderes Prinzipiendokument vor, dem alle verpflichtet sind, »The New Zealand Curriculum Framework«. Es enthält Richtlinien für den Lehrplan aller Schularten.

Obwohl das Dokument jeder Schule erlaubt, einen spezifischen Anstaltslehrplan zu erarbeiten, sagt der zentrale Lehrplan sehr klar, in welchen Fächern von den Schülern Anstrengungen erwartet werden und welche Kenntnisse, Fertigkeiten und Haltungen sie nach Möglichkeit erwerben sollen. Es wird betont, der Anstaltslehrplan müsse so präzise sein, daß das unabhängige Education Review Office ihn *evaluieren* könne.

Noch sind keine genauen Formulierungen und Indikatoren erarbeitet, an denen Schulleiter sich orientieren können. So sind die Schulen derzeit auf einem Weg, der von relativ allgemein gefaßten fachlichen Zielen zu genau festgelegten Aufgaben und Lernprozessen führt, deren Ergebnisse meßbar sein sollen. So muß in den nächsten Jahren noch ein hohes Maß an Flexibilität toleriert werden, was die Evaluationsarbeit vermutlich erschweren wird (RAE 1994).

Zur präziseren Fassung des Lehrplans wurden »National Educational Guidelines« formuliert, die zehn überall verbindliche pädagogische Ziele und sechs administrative Richtlinien enthalten. Diese regeln Gebiete wie Lehrplan, Personalpolitik, Finanz- und Eigentumsfragen, Gesundheit und Sicherheit, juristische Forderungen (z. B. Anwesenheit der Schüler) sowie die Länge eines Schultages und Schuljahres. Innerhalb dieser Rahmen hat die Leitung der einzelnen Schule erhebliche Freiheiten.

Den nächsten Schritt der nationalen Leitungsstrategie bezeichnet die Schaffung der NZQA (vgl. Ziffer 4, S. 440 f.). Sie ist das ehrgeizigste nationale Projekt zur Qualitätssicherung eines Bildungssystems, das es derzeit gibt. Es fällt schwer, diese Arbeit in Kürze zu beschreiben (sie ist im übrigen in mehreren Veröffentlichungen gut dokumentiert). Hier wollen wir einige der zentralen Aspekte unter einer *Systemperspektive* betrachten.

NZQA hat sich vorgenommen, ein »National Qualification Framework« zu schaffen, eine für alle verbindliche operationelle Beschreibung *sämtlicher Kenntnisse und Fertigkeiten,* die in bestimmten klar umrissenen Bildungsgängen gefordert werden. NZQA hat folgende Aufgaben:

1. Schaffung und Fortentwicklung eines umfassenden, flexiblen und leicht zugänglichen Registers aller beschreibbaren Kenntnisse und Fertigkeiten, die bestimmten Bildungswegen zuzuordnen sind, sei es in Sekundarschulen, Hochschulen und Universitäten oder in einem Industriebetrieb, in Fort- und Weiterbildung oder »on the job«-Training;
2. Qualitätskontrolle aller, die dem System Dienste liefern, Standards festlegen, Studieneinheiten entwickeln und Bildung und Ausbildung anbieten (öffentliche und private Schulen und Hochschulen, Institutionen, Medien, Betriebe);
3. Sicherung der wechselseitigen Anerkennung neuseeländischer und ausländischer Examina und Qualifikationen;
4. Organisation und Verwaltung sekundärer und tertiärer Examina.

## Systemstrategien

Das großangelegte Projekt will den Studierenden *Wahlmöglichkeiten* lassen, die *Qualität* eines jeden Kursangebots sichern, einen *flexiblen Übergang* zwischen verschiedenen Studieneinheiten offenhalten und die *Konkurrenz* all derer regeln, die auf dem Bildungs- und Ausbildungsmarkt als Anbieter auftreten. Damit verbunden ist die Hoffnung, daß mehr Menschen als bisher Fort- und Weiterbildungsangebote nutzen. Deshalb soll es mehrere gleichwertige Wege zu einem Ziel geben, die Lernangebote sollen stärker auf die Lebenssituation der Individuen bezogen sein, die Examens- und Qualifikationsstruktur soll vereinfacht und ein insgesamt gerechteres System geschaffen werden.

Die Hauptstrategie dabei ist, daß die Anbieter aller Kurseinheiten in der Lage sein sollen, die jeweils vermittelten *Kenntnisse und Fertigkeiten zu dokumentieren* (Competency-based learning). Dazu muß jede Studieneinheit im Detail beschrieben, zumindest aber das Endprodukt so definiert werden, daß es meßbar wird.

Ferner gilt es die Qualität einer jeden Bildungseinrichtung zu sichern. Daher muß jede Schule oder Institution, sei sie öffentlich oder privat, *akkreditiert* werden, will sie einen bestimmten Studiengang anbieten (die Qualität jeder Studieneinheit muß gesichert sein). Dabei muß die Institution sowohl fachlichen Anforderungen an die Qualifikation ihrer Beschäftigten genügen als auch nachweisen, daß sie durch ihre Organisation und Führung Qualität sichert (Total Quality Management).

Um die Komplexität und den Umfang der Reform zu illustrieren, betrachten wir kurz den Prozeß, für den die zentrale NZQA zuständig ist. Bisher sind in verschiedenen Studienrichtungen und Professionen mehr als 1 500 »standards« definiert worden. Ohne ausgedehnte Zusammenarbeit der jeweils Beteiligten wäre das nicht möglich gewesen. Während der Vorbereitung gingen über 1 600 Stellungnahmen verschiedener Gruppen und Institutionen ein, und das Ministerium arrangierte über 300 Konferenzen *(Learning to learn,* NZQA 1992).

Die Ausarbeitung eines *standards* wird einem gesamtstaatlichen Ausschuß übertragen, in dem alle Interessengruppen (Bildungsinstitutionen, Arbeitswelt, gewerbliche Wirtschaft, Schüler etc.) vertreten sind. Das Verfahren hat die folgenden Ziele:

1. Ausgangspunkt der Erarbeitung eines jeden Standards ist eine *Bedarfsanalyse* innerhalb eines bestimmten Sachgebiets. Aufgrund dieser Analyse wird ein »unit« entwickelt.

2. In operationellen Begriffen wird definiert, was von einem Absolventen der Studieneinheit erwartet werden kann oder welcher Standard zum Bestehen der Abschlußprüfung erforderlich ist.
3. Nach gewissen technischen Analysen wird die Einheit registriert, und es wird geprüft, wie sie in Relation zu anderen, früher entwickelten Einheiten einzuschätzen ist. Damit wird sie ein Teil des obengenannten »National Qualifications Framework« und in eine Hierarchie von acht Niveaus eingeordnet, die wiederum drei Examensstufen angehören: Das »National Certificate« umfaßt die vier ersten, »National Diploma« die drei nächsten und »Degrees and Higher Certificates and Diplomas« das oberste Niveau.
4. Alle Organisatoren (»Providers«) von Studienangeboten müssen akkreditiert werden, um in einem bestimmten »unit« lehren zu dürfen. Die Institutionen werden wie gesagt nach ihrer fachlichen und ihrer Organisations- und Führungsqualität akkreditiert. Sollte eine Institution über die für ein Studienangebot erforderliche fachliche Kompetenz nicht voll verfügen, regt NZQA die Zusammenarbeit mit einem anderen »Provider« an. Die Institutionen werden in gewissen Abständen immer wieder neu akkreditiert.
5. Hat eine Institution erst einmal ihre Akkreditierung erlangt, so hat sie bei der Zusammenstellung des Studienangebots, der Wahl von Stoff, Lehrbüchern und Methoden und beim Einsatz der festgelegten Ressourcen große Freiheit. Es wird z. B. nicht gefordert, daß ein Schüler den jeweiligen Kurs oder Bildungsgang in einer bestimmten Zeit absolvieren muß. Abweichungen nach oben wie nach unten gelten als normal.
6. Die Evaluation der Schülerleistungen erfolgt sowohl durch interne Beurteilung als auch durch externe Examinatoren. Diese müssen öffentlich anerkannt sein. Es wird strikt darauf geachtet, daß die Evaluation auf Kriterien basiert, die Lehrer und Schüler kennen, daß sie fair, valide und in sich stimmig ist. Der Schüler konkurriert nicht mit anderen Schülern, sondern wird am Standard gemessen.
7. Das System als Ganzes wird einer »moderation« unterworfen, d. h. man strebt eine Vergleichbarkeit an, eine die verschiedenen Studiengänge übergreifende Anwendung der Standards. Hier ist NZQA initiativ, aber alle akkreditierten Institutionen haben eine kontinuierliche Verantwortung.

Dieses System intendiert nicnts weniger als eine *Revolution* des Bildungswesens. Ob sie gelingt, wird man erst sagen können, wenn sie eine gewisse Zeit an Tausenden von etablierten Schulen und Hochschulen erprobt worden ist. Zu oberflächlich wäre es jedenfalls, das Ganze als ein traditionelles »behavioristisches Modell« abzuqualifizieren; denn den *Verfahren* wird ebensoviel Gewicht beigemessen wie dem *Produkt*. Über Qualität wird z. B. dies gesagt:

»... the product is the new skills and knowledge acquired by the educated or trained person ... The process of learning is also very significant. Therefore the quality is also sought in the service that is the provision of an environment that enables the new skills and knowledge to be acquired...« (NZQA 1993a, S. 6).

Und an anderer Stelle im gleichen Heft heißt es:

»... Quality is likely to occur where overall there is interactive participation in quality management by all partners. Quality is unlikely to occur where one partner acts unilaterally...« (NZQA 1993b, S. 11).

In unserem Zusammenhang betrachtet, ist NSQA wohl die stärkste zentral eingesetzte Strategie zur Beeinflussung des Unterrichtsgeschehens, die bisher praktisch wirksam wurde. Während in Neuseeland die einzelne Institution erhebliche Freiheit erhält, sich vor Ort selbst zu verwalten, zieht man zugleich die Zügel an, indem man »das Produkt« so eindeutig wie möglich definiert. Das geschieht in erster Linie in der Absicht, dem einzelnen Schüler *Wahlfreiheit* und allen die gleichen Chancen zu geben sowie (vielleicht) das Bildungsmonopol zu schwächen, das die öffentlichen Schulen bisher hatten.

Als letztes zentrales strategisches Instrument der neuseeländischen Reform wollen wir kurz das *Education Review Office* (ERO) behandeln. Es entspricht etwa dem, was in manchen europäischen Ländern »Inspektorat« genannt wird. ERO ist ein völlig unabhängiges Organ, das die Aufgabe hat, die Arbeit der Schulen zu überwachen. In einem Zusatz zum Schulgesetz von 1989 wurden 1993 die Rolle des Ministeriums und die des ERO gegeneinander abgegrenzt. ERO führt »reviews« von Schulen in eigener Initiative oder auf Wunsch des Ministeriums durch.

Dabei geht es vor allem um die Fähigkeit der Leitungsausschüsse (vgl. S. 303 f.), die Schule nach den zentralen Richtlinien und den örtlichen Bedürfnissen, wie sie im »Charter« der Schule formuliert sind, zu leiten. Mitarbeiter des ERO besuchen die Schulen regelmäßig, mindestens jedes zweite Jahr, und ihre Berichte sind öffentlich. Es gibt drei Formen der Beurteilung:

1. »Assurance audits« ist eine Art Revision, bei der ERO untersucht, ob der Leitungsausschuß und die Schulleitung die Intentionen des Char-

ters befolgen und den definierten Qualitätsstandards zu genügen suchen. Der Revisionsbericht beruht auf schulinternen Dokumenten, eigenen Untersuchungen der Inspektoren bei den Schulbesuchen und den Reaktionen der Schulen auf den ersten Entwurf des Berichts. Wenn es besondere Probleme gibt, folgen der ersten Revision später genauere Untersuchungen.
2. Die »Effectiveness review« wird ebenfalls an jeder Schule durchgeführt. Bei ihr liegt das Hauptgewicht auf der Analyse der Unterrichtsbedingungen, die die Schüler vorfinden, und der Leistungen, die sie erbringen. Adressaten der Untersuchungsergebnisse sind die Öffentlichkeit und natürlich das Ministerium und die jeweilige Suche selbst. Ihre spezifische Kultur wird bei der Prüfung ebenso berücksichtigt wie die Vorgaben des zentralen Lehrplans und die des Leitungsausschusses. Auch bei dieser Inspektionsform wird auf schulintern eingeholte Information Wert gelegt. Die Schule wird gefragt: »Worin seht ihr die *Ergebnisse* eurer Arbeit?« Damit wird ein interner Schulbeurteilungsprozeß in Gang gesetzt, der die Grundlage der externen Inspektion bildet. Zensuren sind wichtig; aber es zählt auch das – wie es in einer undatierten ERO-Publikation heißt –, was »den Schülern dieser Schule beim Lernen hilft.« Im übrigen ist das Verfahren das bei einer internen/externen Evaluation übliche. Bisher wurden über 1 000 solche externen Schulbeurteilungen durchgeführt; sie sind umfassend dokumentiert.
3. Die dritte Form der Evaluation, »Evaluation services«, ist das, was wir in anderen Zusammenhängen als »Meta-Evaluation« bezeichnet haben. Dabei wird aufgrund von Schulbeurteilungen und anderen Daten ein bestimmtes Thema untersucht, z. B. »Wie gut ist der Englischunterricht für Maori-Schüler?« ERO führt auch spezielle institutionelle Studien durch, die nicht unter die regelmäßigen Beurteilungen fallen, und nimmt Evaluationen vor, die ausdrücklich erbeten sind.

Als wäre dies alles nicht schon genug, müssen sich die Schulen alljährlich auch noch einer Prüfung ihrer Finanzen unterziehen, die vom staatlichen Rechnungshof vorgenommen wird. Damit können auch ein Schulbesuch und die Bereitstellung umfangreicher Dokumente verbunden sein. Nach alledem ist es nicht erstaunlich, daß die Schulleiter sich überarbeitet fühlen und daß viele vorzeitig pensioniert werden (vgl. oben S. 304). Der Druck des Zentrums auf die Peripherie ist insgesamt sehr stark; das ist das übereinstimmende Urteil aller, die führen oder unterrichten sollen.

Wir haben die systemischen Aspekte einer Reform betrachtet, die *das Verhältnis von Zentrum und Peripherie neu definiert.* Sie gibt sowohl der örtlichen Ebene (Eltern und Schulleitung) erhebliche Macht als auch dem einzelnen Schüler (Wahlfreiheit und Flexibilität) und dem Zentrum (durch Strategien, die stärkere Lenkung ermöglichen). Ein »lose geknüpftes System« wandelt sich zu einem sehr dicht geknüpften System. Ein abschließendes Urteil ist derzeit noch nicht möglich. Obwohl die Entwicklung in Neuseeland schon heute gut dokumentiert ist, wird es noch mehrere Jahre dauern, ehe wir uns ein Gesamtbild der Konsequenzen dieser ehrgeizigen Reform machen können. – Wir wollen sie im folgenden mit Maßnahmen ähnlicher Intention in den Ländern vergleichen, die wir in Kapitel 7 erwähnten.

*Die Niederlande:* In Kapitel 7 stellten wir die radikale Dezentralisierung dar, die in den Niederlanden in den letzten Jahren stattgefunden hat (vgl. oben S. 306 f.). So viele Entscheidungen wie irgend möglich wurden der einzelnen Schule überlassen. Wie in Neuseeland hat jede Schule einen Leitungsausschuß; heute gibt es im ganzen 6 300 solche Ausschüsse. In einzelnen Fällen ist der Ausschuß für eine oder mehrere Schulen auf der kommunalen Ebene angesiedelt. Alle Schulen (auch die öffentlichen, die in den Niederlanden nur 30 % ausmachen) sind als Stiftungen organisiert. Private und öffentliche Schulen werden gleich behandelt und zu 100 % aus öffentlichen Mitteln finanziert (FUCHS 1992).

Uns sollen im folgenden einige der Veränderungen auf zentraler Ebene interessieren. Am auffälligsten sind eine weitgehende Deregulierung und eine Veränderung der Lenkungsinstrumente. Die Reform ist stark von der »Public choice«-Theorie geprägt. Das örtliche Umfeld und die Eltern haben mehr Rechte erhalten, z. B. das Recht der freien Schulwahl, während die Schulen sich ähnlich wie Betriebe in freier Konkurrenz miteinander entwickeln sollen. Schrittweise bekommt die einzelne Schule das Verfügungsrecht über ihren gesamten Haushalt. Die Mittel werden ihr pauschal zugeteilt, und sie hat große Freiheit bei ihrer Verwendung. Das wirkt auf die zentrale Ebene zurück.

Zunächst einmal müssen die Spielregeln zentral festgelegt werden. In den letzten Jahren wurden die Bedingungen des Übergangs zur Selbstverwaltung intensiv diskutiert. Es war wichtig, die Rechte der Schüler und des Personals zu sichern und für die Zuweisung des Haushaltsmittel insgesamt eine Garantie zu bekommen. Das ist weitgehend gelungen, wenngleich die Auswirkungen auf die Schulen noch nicht umfassend ermittelt sind.

Wie das Beispiel Neuseelands zeigt, ist Evaluation ein wichtiges Instrument staatlicher Lenkung des Bildungswesens. In den Niederlanden werden seit langem zentrale Tests zur Messung der Kenntnisse und Fer-

447

tigkeiten der Schüler eingesetzt. Diese Tests werden an einem zentralen Testinstitut (CITO) ausgearbeitet. Ungefähr 60 % aller Grundschüler werden getestet, und alle, die die Sekundarstufe II beenden, unterziehen sich zentralen Prüfungen. CITO führt eine Schulstatistik, die in der Hauptsache aus aufsummierten Testergebnissen besteht und den Grundschulen als Orientierungshilfe dient, wenn sie Eltern bei der Entscheidung über die weitere Schullaufbahn der Kinder beraten sollen. Die Ergebnisse werden – im Unterschied etwa zu Großbritannien – nicht veröffentlicht, sind aber intern zugänglich (WEEREN, DAM und WIJNSTRA 1992). Wie in Schweden werden auch regelmäßig in landesweiten Stichproben, die 200 bis 300 Schulen umfassen, das Wissen und die Fertigkeiten in verschiedenen Fächern getestet.

Wie in mehreren anderen europäischen Ländern muß jede Schule seit Mitte der achtziger Jahre einen verpflichtenden Tätigkeitsplan ausarbeiten. Dieser Plan, der alle zwei Jahre dem Inspektorat vorzulegen ist, enthält die »Philosophie« der Schule, ihre Ziele, eine Auswahl des Lehrstoffs (in Relation zum Schulprofil), Informationen zur Unterrichtsorganisation, Bewertungskriterien und einen Personalplan. Auf dem Tätigkeitsplan basieren Gespräche, Diskussionen und Beratungen. Ihn zu ändern kann nur in seltenen Ausnahmefällen gefordert werden (z. B. wegen rechtlicher Fragen).

Ferner haben die Niederlande ein neues, unabhängiges Schulinspektorat bekommen, das ungefähr 500 Mitarbeiter hat (BIK u. a. 1991). Es hat vier Hauptaufgaben:

- die Befolgung von Gesetzen und Vorschriften sicherzustellen,
- durch regelmäßige Inspektionen den jeweiligen Stand des Schulwesens zu ermitteln,
- die Schulen durch Dialoge mit der Leitung und den Leitungsausschüssen zu entwickeln,
- Berichte und Empfehlungen für den Minister zu verfassen.

Diese Aufgaben werden – wie in Neuseeland und mehreren anderen Ländern – in der Hauptsache durch Besuche externer Teams in den Schulen wahrgenommen (vgl. oben). Dabei legt man in steigendem Maße Wert darauf, daß die externe Evaluation auf der Selbstbeurteilung der Schulen basiert. Hinweisen und Ratschlägen soll stets ein Dialog vorausgehen. In jedem Falle ist es der Leitungsausschuß der Schule, der nach einer Inspektion eventuelle Veränderungen beschließt.

Theo Liket, der bei der Erarbeitung eines Evaluationssystems für Hochschulen und Universitäten in den Niederlanden eine führende Rolle spielte, spricht von »Qualitätssorge« und beschreibt diese als einen Prozeß in fünf Phasen (LIKET 1992a):

- Selbstevaluation der Schule;
- Dialog mit dem externen Berater oder dem externen Team zur Festlegung der Indikatoren, nach denen Ergebnisse beurteilt werden sollen;
- Besuch des externen Evaluationsteams mit Besprechung und Untersuchung relevanter Themen;
- Präsentation der Ergebnisse für eine repräsentative Gruppe in der Schule;
- öffentlicher Bericht über die starken und schwachen Seiten der Schule.

Dieser Prozeß ist vor einigen Jahren angelaufen. Auch in den Niederlanden neigt man also zu einer Veröffentlichung der externen Berichte. Im Unterschied zu Neuseeland gibt es aber keine verpflichtende zentrale Festlegung spezifischer Ergebnisindikatoren. Das System ist im ganzen liberaler; man ist weniger besorgt wegen möglicher Ungleichheiten, die es schaffen könnte. Wir werden abschließend eine vergleichende Analyse vornehmen.

*Dänemark* hat, wie wir in Kapitel 7 darlegten (vgl. S. 290 ff.), eine lange Tradition der örtlichen Verwaltung und ist zugleich unter den skandinavischen Ländern dasjenige, das in der Entwicklung selbstverwalteter Schulen – im Sinne eines starken Mitspracherechts der Nutzer – am weitesten gegangen ist. Wie wirkt sich das auf die zentrale Ebene aus?

Dänische Inspektoren haben den Status nationaler Berater in Unterrichtsfragen; sie haben in der dänischen Schule eine starke Position. Sie sind erfahrene Lehrer, die gewöhnlich nur drei Jahre als Inspektoren tätig sind. So urteilen sie aus profunder Sachkenntnis und haben das Vertrauen der Lehrer. Ihre Hauptaufgabe besteht darin, das System zusammenzuhalten, so daß die Kommunikation zwischen Basis und Spitze nicht abreißt.

Die Inspektoren wirken bei der Formulierung von Zielen und Inhalten der Lehrpläne mit und beraten sowohl den Minister als auch die Schulen. Sie besuchen die Schulen nur einmal im Jahr, aber stehen in vielfacher Weise mit ihnen in Kontakt. Sie erhalten z. B. alljährlich im März (vor den Abschlußprüfungen) von jeder Lehrkraft einen Bericht, der sie über den durchgenommenen Stoff informiert. Sie prüfen diesen Bericht, weisen auf etwaige Mängel hin und machen Verbesserungsvorschläge.

Später beurteilen sie die mündliche wie die schriftliche Prüfung. Überhaupt ist es dem dänischen Inspektorat vor allem um den Zusammenhang von Lehrplan, Unterricht und Examen zu tun. Für Kommunikation aller Beteiligten zu sorgen wird so zu einer wichtigen Aufgabe.

Ferner nehmen die Inspektoren Klagen von Schülern und Eltern gegen Lehrer entgegen; sie sitzen in mehreren Ausschüssen, die sich um eine Verbesserung des Unterrichts bemühen, und sie beraten die Schulleitung wie die Lehrer. Im ganzen sind sie vermutlich in dem Maße, wie die Schulen mehr Selbständigkeit erlangten, noch wichtiger geworden, und im großen und ganzen genießen sie im Ministerium wie in den Schulen Vertrauen.

1988 begann man mit einem Qualitätssicherungsprojekt in der Absicht, eine neue Evaluationspraxis zu entwickeln, die besser geeignet sein sollte, die Qualität dänischer Schulen zu dokumentieren. Das Projekt wird zentral vom Ministerium geleitet und umfaßt verschiedene Formen interner und externer Evaluation. Es bietet Schulen Hilfe, die eine interne Schulbeurteilung durchführen möchten; außerdem werden vereinzelt externe Beurteilungen vorgenommen. Diese sind dann sehr umfassend und gründlich: Sie basieren auf einer freiwilligen internen Beurteilung, schließen einen viertägigen intensiven Besuch von sechs bis acht Inspektoren (und Mitarbeitern des Ministeriums) ein und münden in einen öffentlichen Bericht. Ein Jahr später findet ein weiterer Besuch statt, bei dem besprochen wird, welche Maßnahmen die Schule eingeleitet hat, um ihre Arbeit zu verbessern (dieses Verfahren gilt einstweilen nur für die gymnasiale Sekundarstufe II).

Das Projekt hat einige Hilfsmittel für Schulen hervorgebracht, die eine Schulbeurteilung vornehmen wollen. Ein sehr wichtiges, aber zugleich ein *Standard*, den das Ministerium bei Schulbeurteilungen angewandt wissen möchte, ist das von der Gymnasialabteilung des Ministeriums 1993 veröffentlichte Dokument *Zeichen der Qualität*. Das ist eine wichtige Leitlinie der externen Schulbeurteilung. Die Frage, was eine gute Schule sei, wird darin viel gründlicher erörtert als das, was in der internationalen Literatur unter dem Begriff »effektive Schulen« behandelt wird (vgl. das vorige Kapitel). Außerdem enthält das Dokument einen überzeugenden Versuch, die Qualitäten einer Schule in meßbaren Größen (»Zeichen«) zu beschreiben. Dazu zählen u. a. die folgenden:

- die Atmosphäre der Schule: was als »offenes Klima« bezeichnet wird, die Bedeutung sozialer Aktivitäten, die Intensität des Zusammenhalts und nicht zuletzt das »pädagogische Klima«;
- das Selbstverständnis und das »Profil« der Schule: was sie »von sich

selbst hält« und was sie tut, um eine dynamische Entwicklung zu ermöglichen;
- die »gute Lehrerin« oder der »gute Lehrer«: was man sich an der Schule darunter und unter einem »guten Lehrerkollegium« vorstellt und welchen Fortbildungsbedarf der Lehrer man sieht;
- die an der Schule geltenden Vorstellungen von einer »guten Klasse«, einem »guten Schüler« und einer »guten Stunde«;
- die geltenden Prämissen und die Praxis der Schülerbeurteilung, der Differenzierung und der individuell zugeschnittenen Angebote;
- die Anforderungen an Zusammenarbeit, Koordination, Führung und physische Rahmenbedingungen.

Diese »Zeichen« implizieren die klarste uns bekannte Definition einer »guten Schule«. Daher sind sie als Werkzeug der Schulbeurteilung gut geeignet. Daß sie auf eine Initiative des Ministeriums zurückgehen, erhöht zusätzlich ihre Wirksamkeit als Lenkungsinstrument.

Das Ministerium unterstützt die Schulen bei ihrer Beurteilungsarbeit ferner durch eine »Themaserie« (siehe z. B. *Ideenkatalog zur Qualitätsentwicklung und Selbstevaluation*, erschienen 1992), und es hat auch mit der Veröffentlichung seiner Schulbeurteilungsberichte begonnen (siehe z. B. *Bericht über einen Besuch bei N. Zahles Gymnasieskole*, 1993).

In Dänemark ist im Unterschied zu Neuseeland die zentrale Ebene nicht von Grund auf umorganisiert worden. Man hat das wohl nicht für notwendig erachtet, weil der Dezentralisierungsprozeß mehr eine stille Evolution als ein krasser Eingriff war. Ebensowenig hat man versucht, Resultatindikatoren oder Standards zu definieren. Das wäre ein krasser Bruch mit der Tradition dänischer Pädagogik gewesen.

*Schweden:* Wir haben die schwedische Dezentralisierung bereits als eine Kommunalisierung beschrieben und ihre Auswirkungen auf lokaler Ebene, besonders auf die einzelnen Schulen, dargestellt (vgl. oben S. 294 ff.). Hier soll kurz dargelegt werden, welche Konsequenzen die Reform für die zentrale Ebene gehabt hat.

Sehr wichtig ist zunächst, daß die *Skolöverstyrelsen* genannte Behörde abgewickelt wurde. Sie hatte im zentralistischen Schweden erhebliche Macht. Die Regierungsvorlage *Verantwortung für die Schule* leitete 1990/91 eine neue Zeit ein. Ein neues staatliches Leitungsorgan, *Skolverket*, wurde gegründet. Es hat einen viel kleineren bürokratischen Apparat und ein deutlicher an Zielsteuerung orientiertes Profil. In der erwähnten Vorlage heißt es (S. 20):

»...Der Reichstag und die Regierung sollen die Tätigkeit der Schule durch Setzung nationaler Ziele lenken. Grundlegende Ziele sollen gesetzlich festgelegt werden. Sonstige Ziele und Richtlinien für den Unterricht, die allgemeine Bedeutung haben, sind in den Lehrplänen anzugeben. Andere staatliche Mittel zur Lenkung des Schulwesens sind die Lehrerausbildung sowie die Fort- und Weiterbildung von Lehrern und Schulleitern.
Der Staat soll zur Arbeit der Schulen durch finanzielle Zuwendungen beitragen. Diese sollen keine regulierenden Eingriffe sein.
Die Gemeinden oder andere Instanzen, die für die Schulen Verantwortung tragen, sollen gewährleisten, daß die Schulen bei ihrer Arbeit die Vorgaben von Reichstag und Regierung beachten.
Die Arbeit der Schulen soll beobachtet und beurteilt werden. Aufgrund der Beurteilung soll geprüft werden, ob bestimmte Maßnahmen oder Korrekturen einzuleiten sind, damit die nationalen Ziele und Richtlinien aufrechterhalten und die Ergebnisse verbessert werden können...«

Die Umsetzung dieser Prinzipien bedingt, daß untere Ebenen Aufgaben übernehmen, die bisher in die Verantwortung des Staates fielen. Die wichtigsten Veränderungen in der kommunalen Leitung der Schulen sind die folgenden:

1. Schweden hat ein neues System der staatlichen Beiträge zum Schulwesen eingeführt. Es beruht auf dem Prinzip der *pauschalen* Zuweisung. Der staatliche Beitrag geht zunächst von der Zahl der Schüler aus und wird genauer bemessen aufgrund einer Gewichtung verschiedener für den Unterricht bedeutsamer Faktoren. Die Mittel werden *den Gemeinden* überwiesen, nicht den einzelnen Schulen. Das ermöglicht es den Gemeinden, die Arbeit der Schulen im Zusammenhang mit dem Bibliothekswesen, der Jugendarbeit u. a. zu sehen.
2. Lehrer sind heute *Angestellte der Gemeinden*, und diese haben das Recht, mit den Lehrerverbänden zu verhandeln. Die Absprachen sind vertraglich geregelt, so daß die Rechte der Lehrer weitgehend gesichert sind.
3. Das neue System sichert den Schulen nicht mehr automatisch »Aufträge«. Die Gemeinden »bestellen« (in vielen Fällen) Unterricht, und die Schulen reichen »Angebote« ein. Die besten Angebote führen (jedenfalls in der Theorie) zum Vertrag. Zwischen den Gemeinden und den Schulen ist also eine Art *internes Marktsystem* eingeführt.
4. Die Gemeinden sollen einen Schulplan ausarbeiten, den sie regelmäßig evaluieren und der die Grundlage der staatlichen Inspektion der Gemeinden bildet (siehe unten).

Die staatliche Verwaltung wurde erheblichen Änderungen unterworfen. Sie sind eine Folge des Übergangs von der Regelsteuerung zur *Zielsteue-*

*rung.* Der Staat, vertreten durch das Ministerium und *Skolverket,* hat zwei Aufgaben:

1. das schwedische Schulwesen zu beobachten, zu beurteilen und zu kontrollieren. *Skolverket* hat die Verantwortung für eine landesweit koordinierte Beurteilung der öffentlichen Schulen, außerdem eine Aufsichtspflicht (siehe unten);
2. die Schule weiterzuentwickeln. Der Staat legt ja die übergeordneten Richtlinien fest und verfügt über bestimmte Mittel der Steuerung. Diese Policy-Aufgabe hängt mit der in Ziffer 1 genannten Beurteilungs- und Aufsichtsfunktion eng zusammen.

In unserem Zusammenhang interessiert besonders die Frage, wie das Verhältnis von Staat, Gemeinde und Schule geregelt ist. In Schweden wendet sich der Staat nicht direkt an die Schulen. Partner der Behörde *Skolverket* sind die Gemeinden, und eine Menge Informationen zur Entwicklung der Schulen erhält die Behörde aus der kommunalen Statistik und durch routinemäßige Besuche der Gemeinden. Das schwedische Inspektorat endet also auf der kommunalen Ebene.

Im Frühjahr 1992 wurde erstmals ein umfassendes zentralgelenktes Evaluationsprojekt durchgeführt, das an einer strukturierten Auswahl von 101 Grundschulen verschiedene Aspekte der Tätigkeit der Schule (Schülerleistungen, Schulklima etc.) untersuchte (ÖQUIST 1993). Derzeit läuft ein weiteres nationales Projekt, das drei Ziele verfolgt:

1. die Qualität der schwedischen Grundschule zu beurteilen;
2. Regierung und Öffentlichkeit darüber zu informieren, inwieweit und auf welche Weise die zentralen Vorgaben zur Arbeit der Schule praktisch umgesetzt sind;
3. die zentralen Vorgaben zum Bezugsrahmen für die Selbstbeurteilungen der Schulen zu machen (ÖQUIST 1993, S. 24).

Ferner soll in Schweden die Selbstbeurteilung als fester Bestandteil in die Arbeitskultur der Schule integriert werden. Hierüber wissen wir einstweilen nur wenig. Ekholm und Franke-Wikberg haben sich mehrere Jahre lang mit solchen Prozessen beschäftigt und haben auch Erfahrungen mit einer Kopplung der internen Evaluation an die durch externe Kollegen (EKHOLM 1993, FRANKE-WIKBERG 1992). Die Kopplung an das nationale Evaluationsprojekt kommt indes offenbar kaum vor.

Schweden hat eine vorsichtige Dezentralisierung durchgeführt und hat dabei in der zentralen Bürokratie »aufgeräumt«. Die auf einer positivistischen Philosophie beruhenden Verfahren und Mittel sind aber nicht aufgegeben, wie das zentrale Evaluationsprojekt deutlich zeigt. Inwieweit die einzelne Schule mehr Freiheit bei der Schulentwicklung hat als früher, ist noch eine offene Frage.

Die Entwicklung in *Großbritannien* unter der bis 1997 amtierenden konservativen Regierung ist im Prinzip gekennzeichnet durch den Versuch, das Bildungswesen nach einer »Public choice«- und einer »Management«-Philosophie zu organisieren. Die praktischen Konsequenzen waren aber andere als in den bisher besprochenen Ländern.

In Großbritannien hatte die einzelne Schule traditionell ein hohes Maß an Unabhängigkeit, und der Schulleiter hatte eine zentrale Position und viel Macht. Es gab keinen landesweit gültigen Lehrplan, und die Fächer- und Themenwahl war weitgehend der einzelnen Schule überlassen. Zum britischen System gehörten auch starke kommunale Schulbehörden (Local Educational Authorities, LEA), die die Schulen in vielfacher Weise unterstützten, und ein mächtiges zentrales Inspektorat (Her Majesty's Inspectorate, HMI), das die Arbeit der Schulen evaluierte.

Diese Grundbedingungen wurden durch das Ende der achtziger Jahre eingeführte neue System stark verändert. Besonders wichtig waren die folgenden Änderungen:

1. Es wurden ein zentraler Lehrplan und zentrale Prüfungen (der 7-, 11- und 14jährigen) eingeführt (DEARING 1993). Das stieß auf starke Widerstände. Zwar ist der britische Lehrplan, mit ausländischen Augen betrachtet, nur ein allgemeiner Rahmenplan, aber natürlich stellt er, gemessen an der früheren Praxis, eine erhebliche Zentralisierung dar und eine Beschneidung der Verantwortung der einzelnen Schulen, Lehrkräfte und Schulleiter.
2. Seit 1986 gibt es eine obligatorische jährliche, vom Schulleiter zu verantwortende Beurteilung jeder Lehrerin und jedes Lehrers. Auch das stieß auf viel Widerstand und Skepsis.
3. Jede Schule kann sich neuerdings von der LEA abkoppeln und sich vertraglich direkt ans Ministerium binden (Grant Maintained Schools). Darin sieht man allgemein das Bestreben, den Einfluß der lokalen Politiker und der lokalen Verwaltung zu schwächen und die Kontrolle der Schulen durch den Staat zu stärken.
4. Die Prüfungsergebnisse der Schulen werden veröffentlicht; die Zeitungen drucken entsprechende Ranglisten. Damit suchte man die

## Systemstrategien

Wahlmöglichkeiten der Eltern zu verbessern. Die Maßnahme führte bei den Schulen zu einem deutlichen Bemühen um Profilbildung und zu einer starken Konzentration auf prüfungsrelevantes Arbeiten.
5. Eine der wichtigsten Änderungen ist die Auflösung der früheren HMI- und LEA-Inspektorate und ihre Ersetzung durch ein neues, unabhängiges zentrales Organ, Office of Standards in Education (OFSTED). Es führt selbst keine externen Schulbeurteilungen durch, aber legt Kriterien, Standards und Verfahren fest und schreibt Evaluationen aus. Unabhängige Teams (private oder öffentliche) reichen dann Angebote ein und übernehmen externe Evaluationsjobs. Die Leiter solcher Teams müssen qualifiziert und akkreditiert sein. Ihre Berichte werden mit den Schulen besprochen und dann veröffentlicht. (Zur Kritik der neuen Inspektionsform in England siehe OFSTED 1994 und DEAN 1994).

Wir sind auf die Entwicklung in England und Wales eingegangen, weil sie zu einer neuen Balance, in *zentralistischer* Richtung, geführt hat, genauer gesagt zu einer Schwächung der mittleren Ebene (LEA) des Bildungswesens. Das System ist bemüht, die Qualität des Unterrichts zu verbessern und den Eltern mehr Wahlmöglichkeiten zu geben. Das geht aber auch zu Lasten der Autorität des Lehrers, während die Schulleiter noch mehr Macht bekommen haben.

Wir wollen auch die Entwicklung in *Norwegen* kritisch betrachten und sie in einen internationalen Zusammenhang einordnen. Zunächst legen wir kurz die Hauptprinzipien der von der Regierung initiierten Reform der Führungsstruktur dar (nach der Regierungsvorlage Nr. 37, 1990–91), in denen wir unschwer einige der obenerwähnten Prinzipien wiedererkennen:

– Zielsteuerung als übergeordnetes Prinzip (allerdings unter einigen Vorbehalten);
– ein eindeutig hierarchisches Organisationsmuster, in welchem die zentrale staatliche Ebene für die grundsätzlichen Fragen, die regionale für Planungsfragen und die Durchsetzung der staatlichen Interessen zuständig ist, während Aufgaben von (für den Staat) geringerer Bedeutung an die Schulträger (Gemeinden oder *fylker*, d. h. Regierungsbezirke), dezentralisiert sind;
– eine Struktur, die für die sektorenübergreifende *Koordination* von Ausbildung logisch und zweckmäßig erscheint, und ein System, das mit besserer Nutzung der Ressourcen begründet wird.

In der Regierungsvorlage wird erklärt, *warum* Veränderungen erforderlich sind. Es wird behauptet, die Rolle des Ministeriums sei unklar, und vor allem seien seine Aufgaben gegen die der zentralen beratenden Organe (»Rat für Grundschulen«, »Rat für weiterführende Schulen – Sek. II«) nicht klar abgegrenzt. Es gebe »unterschiedliche Führungssignale«, die Grenzen zwischen den »rein schulfachlichen und den politischen Einschätzungen« seien unklar, und diese Unklarheiten untergrüben »den Respekt vor den Anordnungen der zentralen Behörden.«

Weiter heißt es, die Gliederung in Sektoren erschwere eine ganzheitliche Bildungspolitik, das »ganzheitliche fachliche und pädagogische Urteil ist zu schwach fundiert.« Die derzeitige Regelung verbrauche ferner zu viele Ressourcen, und die Nutzer des Bildungssystems hätten Schwierigkeiten, sich in der komplexen administrativen Struktur zurechtzufinden.

Heute sind die beiden zentralen beratenden Organe abgewickelt. Der regionale Arm des Staates auf der Ebene der Fylker, die »Schuldirektorenämter«, wurden ebenfalls abgeschafft und durch ein neues staatliches »Bildungsbüro« ersetzt, das die Interessen des Staates im gesamten Bildungswesen vertreten soll (an insgesamt 19 über das Land verteilten Orten).

Vorher schon hatte man mit einem Projekt begonnen, das eine umfassende Evaluation der norwegischen Schule vorbereiten sollte (GRANHEIM und LUNDGREN 1990). Ein *Vorschlag* zu einem einheitlichen Evaluationssystem wurde vor einigen Jahren veröffentlicht (siehe unten). Auch eine Anleitung zur internen Schulbeurteilung wurde ausgearbeitet.

In den Jahren 1992–94 war das Ministerium mit der Vorbereitung einer Reform der Sekundarstufe II beschäftigt, die nach dem Jahr ihrer Einführung »Reform 94« benannt wurde. Sie beruht auf einem neuen allgemeinen Lehrplan für das gesamte Schulwesen. Ihre Ziele sind ehrgeizig; sie setzten ein gründliches »Aufräumen« voraus – fachlich, organisatorisch und strukturell.

Die Reform 94 fiel mit der erwähnten erheblichen Veränderung der Schulverwaltung zusammen. Das bedeutete rein praktisch, daß das Ministerium in Rekordzeit mehrere hundert Menschen umsetzen, 19 handlungsfähige regionale Verwaltungen etablieren, über 350 neue Lehrpläne verfassen und das umfassende Anhörungsverfahren durchführen mußte, das für die öffentliche Verwaltung in Norwegen kennzeichnend ist.

Den Umfang dieser Arbeit mögen die folgenden Zahlen verdeutlichen: Etwa 30 000 Schülern, die alljährlich in der von ihnen gewünschten

Sek. II-Schule keinen Platz und auch sonst keine formal qualifizierende Ausbildungsstelle bekamen, sollte auf einen Schlag ein Platz bis zum Erwerb eines Qualifikationsnachweises garantiert werden. Zum Zwekke einer belangvolleren Erstausbildung in den berufsbezogenen Fächern wurde die Zahl der wählbaren Grundkurse* von 110 auf nur 13 vermindert. Das implizierte eine einschneidende Neufassung von Fachplänen und eine umfangreiche Fort- und Weiterbildung von Lehrern. Neu ist ferner, daß alle Lehrkräfte einen fachdidaktischen Fortbildungskurs absolvieren müssen und daß es für jedes Fachgebiet der Grundkurse neben dem Lehrplan und den Lehrbüchern auch Lehrerhandbücher gibt.

Im Laufe von zwei Jahren legte das Ministerium die Reformvorschläge vielen hundert Instanzen zur Anhörung vor. Ebenso viele Arbeitsgruppen waren unter der Leitung einer im Ministerium eigens geschaffenen »Reform 94«-Projektorganisation mit Planungen verschiedener Art beschäftigt.

Die Reformstrategie im ganzen läßt sich wie folgt charakterisieren:

1. *Äußerer Druck:* Die Reform war dem Ministerium zufolge überfällig. Man durfte nicht mehr 25–30 000 jungen Menschen ein Bildungsangebot verweigern oder Tausende von Grundkurs zu Grundkurs* wandern lassen, weil die weiterführenden Kurse* nicht genug Plätze boten. Die Reform trug also *wirklichen Bedürfnissen* Rechnung.
2. *Schocktherapie:* Unter Verzicht auf eine langsame und vorsichtige Versuchsstrategie mit wohldefinierten kleinen Schritten, Evaluation und allmählicher Ausweitung (die der Tradition entsprochen hätte) wurde die Reform *ohne* vorausgehende Versuche eingeleitet. Alle Sek. II-Schulen sollten sie gleichzeitig einführen. Man kann mit Fug und Recht behaupten, daß dies eine bewußt gewählte *Machtstrategie* war.
3. *Breitgestreute Beteiligung:* Pläne, nicht zuletzt Lehrpläne, wurden unter breiter Beteiligung von Lehrern, Schulleitern und anderen ausgearbeitet, und die Entwürfe wurden mehr Gremien als üblich zur Anhörung zugeleitet. Damit stellte sich das Ministerium in eine norwegische und skandinavische Tradition der Offenheit und größtmöglichen Beteiligung im Vorfeld wichtiger Entscheidungen.

---

\* Grundkurs: Das erste Jahr der Sekundarstufe II in allgemeinen und berufsorientierten Bildungsgängen, entspricht etwa der Jahrgangsstufe 11. Weiterführende Kurse I und II: das zweite bzw. dritte Jahr (Anm. des Übersetzers)

4. *Klarheit der Ziele und Prämissen:* Die einschlägige Regierungsvorlage (Nr. 33, 1992–93) war ungewöhnlich kurz und prägnant. Das Parlament wußte, wozu es Stellung nahm. Das weiß auch das Ministerium. Diese Klarheit kam der Steuerung des ganzen Verfahrens zugute.
5. *Fort- und Weiterbildung:* Im Laufe von zwei Jahren wurden 180 Millionen Kronen (etwa 42 Millionen DM) für Fortbildung von Lehrkräften und Leitern der Grundkurse ausgegeben. Die Lehrer der weiterführenden Kurse I und II sollen in ähnlichem Umfang fortgebildet werden. Das sind große Summen in einem Land, das diesen Sektor bisher eher stiefmütterlich behandelt hatte. Die Ausgaben pro Lehrkraft entsprechen einem Monatsgehalt.
6. *Aufbau der regionalen »Bildungsbüros«:* Diese neuen Büros, vor allem die Abteilungen für die Sek. II, haben mit der Reform 94 interessante spezifische Aufgaben erhalten, die sowohl der Reform als auch ihrer eigenen Entwicklung nützen.
7. *Kontinuierliche Evaluation:* Obwohl der Reform keine Versuchsphase vorausging, soll sie fortlaufend evaluiert werden, und spätere Korrekturen sind (jedenfalls im Prinzip) möglich.

Wie hat nun diese Strategie gewirkt? Die Planungs- und die Umsetzungsphase sind im wesentlichen abgeschlossen: Lehrpläne und die meisten Lehrbücher liegen vor, Lehrer und Schulleiter wurden den Intentionen der Reform gemäß fortgebildet, und an Information hat es nicht gefehlt. Das Ministerium hat allen Grund zur Zufriedenheit mit seiner »Produktion«.

Doch ist nicht alles ohne Komplikationen abgegangen. Die »Pfuscharbeit« unter unnötigem Zeitdruck wurde heftig kritisiert; viele hätten ein Versuchsmodell vorgezogen. Konfliktreiche Verhandlungen über ein neues Arbeitszeitmodell für Lehrer fielen mitten in die Fortbildungsphase, und einige Kurse wurden daher boykottiert. Am negativsten wirkte sich wohl aus, daß das Ministerium die öffentliche Meinung nicht für sich gewonnen hat. Die Öffentlichkeitsarbeit und die Behandlung der Massenmedien waren jedenfalls eine schwache Seite der Strategie.

Andererseits hat das Ministerium die volle Unterstützung der Wirtschaftsverbände, der Arbeitgeber- und Arbeitnehmerorganisationen gefunden, und auch die Lehrerverbände stellten sich im wesentlichen positiv zur Reform. Hierbei wirkte sich möglicherweise günstig aus, daß die Organisationen der »gymnasialen« Lehrer und der Lehrer an berufsbildenden Schulen gerade zu der Zeit fusionierten, als die Reform eingeführt wurde. So wurde vermutlich die Kritik, die man hätte erwarten können, etwas gedämpft.

## Systemstrategien

Das beschlossene System der Umsetzung impliziert, daß die Arbeit des Ministeriums an der Reform bald beendet ist. Die Reform an den Schulen durchzuführen ist Sache der Fylker. Das Ministerium und die regionalen Bildungsbüros sind prinzipiell keine direkten Partner der Schulen, sollen aber als treibende Kräfte wirken und die Fylker unterstützen.

Mit dem neuen System sollten die Schulen mehr Bewegungsfreiheit erhalten; aber nie war der Druck der Zentrale stärker, und noch nie war der Staat auf der Sek. II-Ebene in 19 Orten des Landes durch eine Institution vertreten. Kann das dazu führen, daß die Schulen sich überrumpelt und stärker kontrolliert fühlen als früher?

Es ist eine Besonderheit der norwegischen Schule, daß sie faktisch kein System der Qualitätssicherung kennt. Es gibt z. b. kein Inspektorat, wie viele andere europäische Länder es haben. Von zentral organisierten Prüfungen abgesehen, gibt es keine systematisch eingeholten Informationen über die einzelnen Schulen oder das System insgesamt. Der neue zentrale Plan einer Schulbeurteilung dürfte, wird er den Intentionen gemäß umgesetzt, diesen Mangel weitgehend beheben. Beispielhaft erläutert wird dieser Plan in dem vom Ministerium (undatiert) herausgegebenen Heft *Nationaler Plan zur Evaluation der Grundschule*. Darin wird betont, in der Schule spielten *alle* bei der Evaluation eine Rolle, und alle seien für sie mitverantwortlich. Die Beurteilung sei wegen der vielfältigen und komplexen Ziele der Schule sehr aufwendig. Daher brauche man Beurteilungsformen, die dieser Breite und Komplexität Rechnung trügen. Ferner müsse die Evaluationsarbeit so gestaltet werden, daß Schüler, Lehrer und Schulleiter sie sinnvoll finden könnten.

Der Plan basiert auf der Grundannahme, daß Evaluation ein *Dialog* zwischen Personen und Gruppen und zwischen den verschiedenen Ebenen des Systems ist. Kommunikation und gute Evaluationsmethoden sind daher wichtig. Zugleich soll die Evaluation zu einer systematischen Gesamtinformation über das System beitragen, die eine Verbesserung der Praxis bezweckt, so daß die Ziele der Schule sich besser verwirklichen lassen. Die folgende Abbildung 41 veranschaulicht den Plan.

Die Abbildung zeigt, daß das Ministerium an einen ganzheitlichen Plan denkt, der ein erhebliches Maß an Koordination erfordert. Die Informationen über die einzelnen Sektoren sollen dem Lernen und der Entwicklung des Systems im ganzen dienen. Die Bezeichnungen der Sektoren haben folgenden Inhalt:

# Systemstrategien

**Abb. 41: Nationaler Plan zur Evaluation der norwegischen Grundschule**

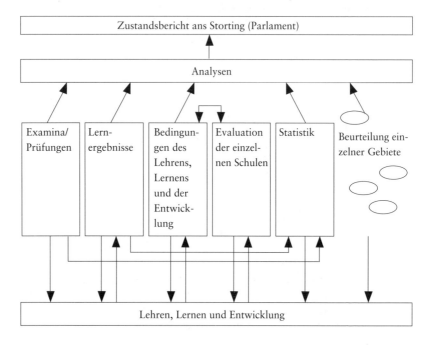

1. Examina und Prüfungen: Damit sind die herkömmlichen zentral organisierten Abschlußprüfungen (»Zentralabitur«) und sonstige diagnostische Tests gemeint.
2. Lernergebnisse: Hier ist hauptsächlich an solche diagnostischen Tests gedacht, die dem einzelnen Lehrer helfen festzustellen, ob ein Schüler besondere Hilfen braucht. Die Erfahrungen, die die Lehrer hierbei sammeln, sagen über die Lernerfolge der Schüler etwas aus.
3. Rahmenbedingungen des Lehrens und Lernens: Das Ministerium unterstellt keinen einfachen Zusammenhang zwischen den Rahmenbedingungen und dem Lernerfolg, aber möchte über die Zusammenhänge mehr erfahren. Zunächst soll die Bedeutung der Schulleitung, der Zusammenarbeit von Schule und Elternhaus und der Organisation der Schule und des Unterrichts analysiert werden.
4. Evaluation der einzelnen Schule: Gemeint ist die Beurteilung des Unterrichts durch den Lehrer selbst oder durch Lehrerteams, aber auch eine Gesamtevaluation der Tätigkeit der Schule unter Beteiligung von Schülern und Eltern.
5. Die Statistik liefert Übersichten über die wichtigsten quantitativen Aspekte der Schule. Erfaßt werden bereits Rahmenstundenzahlen

der einzelnen Schulen (vgl. oben S. 123), Schülerzahlen, Zahlen der Lehrkräfte und des sonstigen Personals sowie Prüfungsergebnisse. Dieses Datenmaterial soll in den nächsten Jahren erweitert werden.
6. Beurteilung einzelner Gebiete: Damit ist das gemeint, was wir früher als »Meta-Evaluation« bezeichnet haben. Es geht um die Untersuchung von Problemen, an denen das Ministerium ein besonderes Interesse hat, wie derzeit z. B. Unterricht für Schüler mit Lernschwierigkeiten oder -behinderungen, Unterricht in einzelnen zentralen Fächern, Gleichberechtigung der Geschlechter in der Schule, Umstrukturierung der staatlichen Sonderschulen.

Der Plan sagt wenig darüber, welche Analysen durchgeführt werden sollen, wer sie durchführen soll und welches Gewicht den einzelnen Sektoren zukommt. Schon die Auswertung der Informationen, die bei der Schulevaluation in einer Gemeinde zusammenkommen, ist kompliziert genug, nicht zuletzt weil unklar ist, wer »Besitzer« der Informationen ist. Die norwegische Schule ist noch weit entfernt von einem System der Qualitätssicherung, und noch ist unklar, welche Rolle Zentrum und Peripherie dabei spielen werden.

Versucht man, die Entwicklung in Norwegen in den neunziger Jahren insgesamt zu bewerten, wird man wohl feststellen müssen, daß die »neue Balance« zwischen Zentrum und Peripherie zu mehr Zentralisierung geführt hat. Die 19 Bildungsbüros markieren die Interessen des Staates in den einzelnen Regionen. Ob dies eine bessere Koordination bewirkt als das alte System, mehr Qualität – von Schulentwicklung zu schweigen –, ist einstweilen eine offene Frage.

Die bei der Planung und Umsetzung der Reform 94 befolgte Strategie ist ein klassisches Beispiel für die Rolle der Zentrale in einem zielgesteuerten System. Die Zentrale gibt deutlich die Richtung vor und gibt der nachgeordneten Instanz Anweisungen. Mit dieser Instanz, den Fylker (Bezirken), wird die Reform stehen oder fallen. Das Ministerium hat die Aufgabe, die fachliche, administrative und finanzielle Leistungsfähigkeit der Fylker bei der Einführung und Durchsetzung der Reform zu beurteilen. Den Fylker obliegt es, die einzelnen Schulen anzuleiten, zu unterstützen und dabei ihren Besonderheiten Rechnung zu tragen. Letztlich kommt es auf die Schule und jede einzelne Lehrerin und jeden Lehrer an.

*Andere Länder:* Es liegen verschiedene Erfahrungen mit Veränderungen zentralgeleiteter Systeme vor, die aber alle das Grundprinzip nicht antasten. Wir denken z. B. an Veränderungen der Schulinspektorate in Frankreich und z. T. der Schulaufsicht in Deutschland (BURKARD und

ROLFF 1994). In Frankreich hat es eine relativ vorsichtige Verlagerung der Aufgaben zwischen den drei Ebenen der Inspektion gegeben, die im ganzen auf eine Dezentralisierung hinausläuft, und ferner eine Tendenz zur Abkehr von der individuellen Lehrerinspektion zugunsten einer Beurteilung der Schule als Ganzheit. Das setzt u. a. Teamarbeit voraus (LAFOND 1993).

Die Entwicklung in Deutschland geht relativ langsam. Die Schulaufsicht in ihrer traditionellen Form hat einige Aufgaben der Qualitätssicherung wahrgenommen, wie etwa Beurteilung einzelner Lehrkräfte (meist bei Bewerbungen um Beförderungsstellen), Organisation wichtiger Prüfungen, Bearbeitung von Klagen und Vorschlägen von Eltern, »Kommunikation« zwischen den Schulen und dem Ministerium. In Deutschland unterscheidet man relativ genau zwischen »Fachaufsicht« durch dazu ernannte Berater, »Dienstaufsicht« (Inspektion der Aufgaben und Pflichten der Lehrkräfte) und »Rechtsaufsicht« (Kontrolle der Rolle des Schulträgers).

Zur Zeit wird in den meisten Bundesländern die Rolle der Schulaufsicht kontrovers diskutiert. Alle drei Teilgebiete sind Änderungen unterworfen. Die Entwicklung läuft anscheinend auf eine Trennung zwischen rechtlichen und fachlich-pädagogischen Aufgaben hinaus. In einzelnen Bundesländern geht man auch von einer Beurteilung einzelner Lehrer zugunsten einer Beurteilung der Schule insgesamt ab (BURKARD und ROLFF 1994).

In anderen Ländern gibt es verschiedene Beispiele einer zentralen Initiative, z. T. sehr radikale Versuche der Schaffung einer neuen Balance zwischen Zentrum und Peripherie. Die Entwicklung in Australien etwa ähnelt stark der neuseeländischen. Mehrere Staaten der USA entwickeln »competency-based« Systeme; die fortgeschrittensten Modelle haben u. a. Oregon (Oregon Dept. of Education 1992) und Kentucky (FOSTER 1991). Beide Staaten sind um eine radikale Umstrukturierung ihrer Bildungssysteme bemüht, wollen erhebliche Macht und Verantwortung auf die örtliche Ebene verlagern, die Wahlmöglichkeiten der Nutzer vermehren und zugleich den von einer zentralgelenkten Qualitätssicherung ausgehenden Steuerungseffekt verbessern.

## 10.3 Von der Regelsteuerung zur Zielsteuerung

Zu dem »neuen Staat«, den v. Reichard in der Reformbewegung der achtziger und neunziger Jahre erkennt (v. REICHARD 1992), gehört als zentrale Komponente auch ein *neues Steuerungssystem*. Wir wollen die

Entwicklung zu diesem hin am Beispiel Norwegens beleuchten und danach die Praxis in einigen der Länder darstellen, die das neue System schon fest etabliert haben.

Im Langzeitprogramm der norwegischen Regierung aus den Jahren 1988–89 wird Zielsteuerung folgendermaßen definiert:

»Zielsteuerung heißt, daß eine übergeordnete Behörde (z. B. ein Ministerium) die ihm nachgeordneten Institutionen lenkt, indem sie für jede einzelne Ziele und Prioritäten festsetzt. Innerhalb der mit den zugeteilten Ressourcen gegebenen Rahmen können die Institutionen selbst entscheiden, wie sie die Ziele konkret erreichen wollen. Sie sollen aber *der übergeordneten Instanz über die Ergebnisse ihrer Bemühungen Bericht erstatten*... Die Ministerien kontrollieren aufgrund der eingegangenen Berichte den Grad der Zielverwirklichung und die Abweichungen von den Zielen und tragen zur Durchführung der notwendigen Korrekturen bei« (so in der Regierungsvorlage Nr. 4, 1988–89).

Das Prinzip der Zielsteuerung beruht also auf einem klar zum Ausdruck gebrachten *hierarchischen* Gedankengang. Die Zentrale legt Richtung und Ziele fest. Die Peripherie ermittelt, wie man am besten dort hingelangt. Die *endgültige Verantwortung* liegt wieder bei der Spitze der Hierarchie (vgl. MALIK 1981, Band 2, S. 201).

Nun ist es schlechthin undenkbar, daß sich ein System nur durch Ziele steuern läßt. Regeln sind ein notwendiges Instrument, und es kann hier wie auch sonst oft nur darum gehen, ein sinnvolles Gleichgewicht zu finden. Doch gilt es stets zu beachten, daß nicht mehr die Befolgung der Regeln das Ziel ist, sondern das Erreichen von Ergebnissen (freilich ohne daß grundlegende Regeln verletzt werden).

Es ist ein zentrales Prinzip der Zielsteuerung, daß Rollen so weit wie irgend möglich geklärt werden. Besonders gilt das für die Trennung politischer von professionellen Rollen und zentraler von lokaler Verantwortung (vgl. MALIK 1981).

Wenn die zentrale Ebene nicht mehr durch Rundschreiben und auf anderen Wegen Direktiven gibt, sondern sich auf die übergeordneten Ziele konzentriert, hängt ihre Fähigkeit zu führen entscheidend von ihrer Kenntnis des Geschehens auf den nachgeordneten Ebenen ab. Eine natürliche Konsequenz der Zielsteuerung ist daher ein systematisches *Verfolgen der Resultate*. Das wiederum ist nur möglich bei einer umfassenden Evaluation der Funktionsweise des Systems.

Wenn eine Beurteilung der Resultate als notwendig erkannt und wenn klar ist, daß diese auf die eine oder andere Form »summativer« Evaluation hinausläuft, müssen die Ziele in *operationelle Termini* zerlegt werden. Hier steht das Schulwesen vor ganz erheblichen Problemen, wie die Ausarbeitung von Indikatoren und Standards in mehreren Ländern deutlich zeigt (vgl. z. B. den OECD-Bericht *Schools and Quality* von 1990, ferner Educational Researcher 1990, Educational Leadership 1993).

In der Praxis gilt es zu klären, was mit den oft vagen Formulierungen in der Zielsetzung der Schule gemeint ist. Granheim und Lundgren suchten zu unterscheiden zwischen

- grundlegenden Prinzipien,
- Erziehungszielen und
- Wissenserwerb (GRANHEIM und LUNDGREN 1990).

Sie leiten daraus eine Aufgabenverteilung zwischen Storting (Parlament), Regierung, Gemeinde und Schule ab (siehe Abb. 42).

**Abb. 42: Aufgabenverteilung im Steuerungssystem (nach Granheim und Lund 1990)**

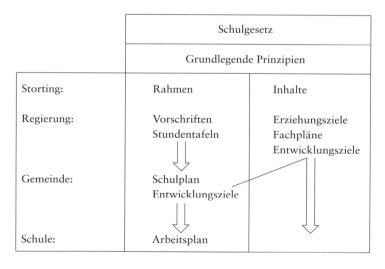

Daß die Pfeile in der Abbildung nur in eine Richtung zeigen, nämlich von oben nach unten, kommentieren die Autoren mit der Bemerkung, in einem »vollentwickelten Steuerungs- und Evaluationsmodell« zeigten sie in beide Richtungen. Die Institutionen hätten die Freiheit, ihre Meinung zu den übergeordneten Zielen und zum Führungsstil der höheren Instanz »nach oben« zu melden. Das ist zumindest eine sehr optimistische Einschätzung von Organisationen! Der ganzen Konstruktion liegt ein sehr rationalistisches Organisationsverständnis zugrunde.

Den »Musterplan« für die norwegische Grundschule (Klassen 1 bis 9) von 1987 finden Granheim und Lundgren als Führungsinstrument oft vage, unpräzise, »eine Mischung von Vorschriften, Empfehlungen und Hoffnungen«.

Zum Grundprinzip der Zielsteuerung sagen die Autoren, die *politische Führung* habe sich der übergeordneten Ziele und der juristischen Grundlagen anzunehmen, ferner der Verteilung der Ressourcen und der Sicherung der professionellen Kompetenz durch Lehrerausbildung. Der *professionellen Führung* obliege die Konkretisierung der nationalen und kommunalen Ziele an der einzelnen Schule durch geeignete Inhalte und Arbeitsmethoden.

**Kritik der Zielsteuerung:** Die Zielsteuerung als Führungsprinzip des Bildungswesens ist in vielen Ländern auf erhebliche und vielgestaltige Kritik gestoßen. Hier sei ein Versuch gemacht, die wichtigsten Einwände zusammenzufassen:

1. *Das rationale Ziel-Mittel-Denken:* Das ist in der pädagogischen Diskussion ein durchgängiges Thema. Alle bisherigen Versuche, zwischen Zielen und Mitteln des Unterrichts und Lernens zu unterscheiden, haben nicht überzeugt (siehe DALIN und ROLFF 1991).
2. *Bedeutung und Ziele:* Die meisten Menschen und die meisten Institutionen haben ihre Ziele nicht definiert, und erst recht nicht dienen sie ihnen als tägliche Orientierungshilfe. Statt dessen sind wir erlebnisorientiert. Wir erfahren unsere Ziele nach und nach in dem Maße, wie wir uns mit einem Thema oder Gebiet beschäftigen. Die Metapher hierfür ist »Chaos« im Sinne von »als Zufälligkeit verkleidete Ordnung« (LARSEN 1990). Nicht *die Ziele* lenken uns, sondern unser tägliches *Praxislernen* gibt uns eine Basis, von der aus wir die Richtung unseres Tuns beurteilen. Vielleicht ginge alles viel besser, wenn wir unsere Ziele gut formuliert und verinnerlicht hätten, aber ginge uns dann nicht das Wesentliche verloren? Wo liegen die Vorzüge, wo die Nachteile einer zu starken Zielorientierung?
3. *Schulziele und Ergebnismessung:* Mehrfach haben Fachleute davor gewarnt, die Ziele der Schule für im engen Sinne »operationalisier-

bar« zu halten. Stets werden viele der wesentlichen Ziele nicht meßbar sein, und es besteht die Gefahr, daß die angestrebten Ziele nicht die wesentlichen, sondern nur die meßbaren sind. Das kann zu einer Verschiebung der Ziele und einer unglücklichen Entwicklung der Praxis führen (siehe Kapitel 3). Wir kommen nicht umhin, im Lehrer einen »Dilemmaverwalter« zu sehen, der mehrere Ziele, Aktivitäten und Prozesse *gleichzeitig* organisieren und in der konkreten Situation *eine Entscheidung treffen* muß.
4. *Schulkultur und Ergebnisevaluation:* Aus der Praxis der Evaluation wissen wir, daß Evaluation wenig Sinn hat, wenn nicht die Kultur der Schule offen und von Vertrauen geprägt ist und zwischen dem, der evaluiert, und dem, der evaluiert wird, ein positives Verhältnis besteht. Bei einem landesweiten Evaluationsprojekt kann es eine solche Nähe zwangsläufig nicht geben. Es wird daher *ineffektiv* bleiben, es sei denn, die Aktivitäten werden so organisiert, daß sie Schulentwicklung fördern.

Aalvik vergleicht den Lehrer mit dem Meteorologen, der eine Wettervorhersage macht. Auch in diesem Beruf zählen sowohl Rationalität als auch Intuition. Wenn alle verfügbaren wissenschaftlichen Daten erfaßt und ausgewertet sind, wird zuletzt in einem Gespräch unter Kollegen, bei dem Urteilsvermögen und Intuition den Ausschlag geben, über die Vorhersage entschieden, die veröffentlicht wird (AALVIK 1991). Wörtlich heißt es:

»Beide (Lehrer und Meteorologe, d. Verf.) arbeiten auf einem Gebiet, das durch ein komplexes und nicht vorhersehbares Zusammenspiel vieler Faktoren gekennzeichnet ist, und beide beschäftigen sich mit Phänomenen, die alltäglich und leicht zugänglich erscheinen. Eine Wolke am Himmel ist – dank ihrer chaotischen Entstehung – niemals einer anderen gleich gewesen; dennoch sehen wir sofort, daß sie eine Wolke ist ...« (a. a. O. S. 60).

Soll Ergebnisevaluation als *Lenkungsmittel* der Zielsteuerung in der Schule nützen, muß sie von der Wirklichkeit des Unterrichts ausgehen, jede Unterrichtssituation und jede Schule ernst nehmen und zu Methoden und Interventionsstrategien finden, die Vertrauen wecken und zur Entwicklung jeder einzelnen Schule beitragen können. Erst dann erhält das System realistische Informationen, die bei der Formung des künftigen Systems hilfreich sind.

## 10.4 Externe Evaluation als Entwicklungsstrategie

Es gibt viele Gründe, die Arbeit der Schule extern zu evaluieren. Hier geht es uns in erster Linie darum, ob externe Evaluation zur *Schulentwicklung* beitragen kann.

Was ist nun die *Ergebnisevaluation*, wie die Zielsteuerung sie voraussetzt? In dem schwedischen internen Untersuchungsbericht zu dem neuen System findet sich die folgende allgemeine Definition:

»Es ist ein allgemein anerkannter Gedanke, daß Ergebnisevaluation eine bestimmte Tätigkeit beschreibt, analysiert und bewertet. Die Evaluation geschieht fortlaufend und soll auf die Tätigkeit (auf allen Ebenen) lenkend einwirken. Sie stellt eine zusammenfassende und ganzheitliche Beurteilung einer komplexen und vielgestaltigen Tätigkeit und ihrer Ergebnisse dar. Sie soll verstehen und erklären helfen, was geschieht und warum es geschieht. Wichtig ist auch, sie so durchzuführen, daß die Beteiligten ein Eigentümerverhältnis zum Verfahren bekommen. So kann Evaluation die Mobilisierung bewirken, die *eine der Voraussetzungen* weiterer Entwicklung ist...«

Sollte dies eine angemessene Definition des Begriffs sein, so ist die Frage, wo in der Praxis der Ergebnisevaluation die Schwierigkeiten liegen und was man tun kann, damit sie zu einer wirksamen Entwicklungsstrategie wird. Wir greifen unter diesem Aspekt einzelne Punkte der schwedischen Definition noch einmal auf:

- »Sie soll eine bestimmte Tätigkeit bewerten.« Die erste Frage hierzu muß sein, auf welche *Einheit* die Ergebnisevaluation sich beziehen soll. Wir empfehlen als diese Einheit *die einzelne Schule*.
- »Sie geschieht fortlaufend.« Wenn wir vermeiden wollen, daß Evaluation einen großen bürokratischen Apparat hervorbringt, muß die externe Aktivität *mit der internen, der Selbstbeurteilung der Schule, verknüpft werden*. Die wichtigste Frage ist dann, was »Verknüpfung« bedeutet (wer zu welchen Daten Zugang hat etc.).
- »Sie soll auf die Tätigkeit lenkend einwirken.« Das setzt, wie wir sahen, voraus, daß das Einholen von Information als legitim betrachtet wird, daß, wer evaluiert, Vertrauen genießt und daß es Hilfen zur Bearbeitung und Umsetzung der Evaluationsergebnisse gibt.
- »Sie stellt eine zusammenfassende und ganzheitliche Beurteilung dar.« Das kann nur heißen, daß eine Vielfalt quantitativer und qualitativer Methoden angewandt wird, daß externe und interne Beurteiler mitwirken und daß alle Interessen vertreten sind.
- »Sie soll verstehen und erklären helfen.« Dies könnte so verstanden

werden, als sei Evaluation ein Expertenjob: Forscher studieren und interpretieren meterlange Ausdrucke der gesammelten Informationen. Das kann notwendig sein, aber wichtiger ist, daß *die Nutzer die Ergebnisse verstehen*, und daher müssen sie und die Experten sich zu gemeinsamem Lernen zusammenfinden.
– »Sie kann Mobilisierung bewirken.« Das kann nach meiner Meinung weitgehend gelingen, falls Evaluation zum Eckstein in einer lernenden Organisation wird.

Aber die Konzentration auf Evaluation kann auch andere Richtungen nehmen, wie die Entwicklung in den USA zeigt. Das Centre for Policy Research and Education (CPRE) führte in sechs Bundesstaaten eine sich über fünf Jahre erstreckende Untersuchung staatlicher Initiativen zur Schaffung einer qualitativ besseren Schule durch, bei denen die Forderung nach »höheren Standards« und verstärkter Ergebniskontrolle im Mittelpunkt standen (FIRESTONE, FUHRMAN und KIRST 1989). Alle Staaten hatten sich durch neue Gesetze zu höheren Standards, einem »akademischeren« Lehrplan, höheren Anforderungen an die Qualifikation der Lehrkräfte und weiteren ähnlichen Maßnahmen verpflichtet. Die Resonanz in den Gemeinden war sehr unterschiedlich; sie reichte von Begeisterung und großer Kooperationsbereitschaft bis zur Sabotage.

In den Staaten, in denen Schülertests ein wichtiger Teil der Reformvorschläge waren, überwogen die negativen Reaktionen. Der Zeitaufwand für die Tests nahm drastisch zu, damit auch die Zeit, die die Lehrer für die Durchführung und vor allem die Korrektur sowie für die Beurteilung und Erörterung der Ergebnisse benötigten. Viele empfanden das als Bürde, aber schlimmer noch war, daß sie in den gewonnenen Informationen keinen Sinn sahen. Es gab auch keine Kopplung der Informationen an einen Schulentwicklungsprozeß. Die Evaluation wurde zu einem Selbstzweck (FIRESTONE, FUHRMAN und KIRST 1989, CORBETT und WILSON 1990).

Die Gefahr, daß Evaluation zu einer Serie folgenloser Übungen verkommt, ist sehr groß. Die Testhysterie in den USA ist wohl das krasseste Beispiel, aber auch andere Evaluationsformen, sogar die Selbstevaluation der Schulen, können zu bürokratischen Auflagen werden, die keinerlei Konsequenzen haben (vgl. Kapitel 9). Gerade weil die Ergebnisse von Schülertests, isoliert gesehen, nicht viel aussagen und weitere Daten erforderlich sind, wenn Schulentwicklung gefördert werden soll, ist es ganz entscheidend, eine Strategie zu finden, bei der interne und externe Evaluationsformen verknüpft sind.

Wir halten die externe Evaluation von Schulen für ein unerläßliches Korrektiv. Die Tätigkeit der Schule aus externen und alternativem Blickwinkel zu betrachten ist in einem nationalen Schulsystem notwendig und nützlich. Wir meinen ferner, daß ein solches System, wenn es effektiv sein soll, sich mehr mit Menschen als mit Papier befassen muß.

Wir meinen nicht, daß mehr Tests die Qualität heben. Doch kann ein Dialog zwischen internen und externen Interessen und Gesichtspunkten für die Schulentwicklung wichtig und nützlich sein. Abbbildung 43 veranschaulicht unsere Prioritäten:

Abb. 43: Der Dialog in der Schulbeurteilung

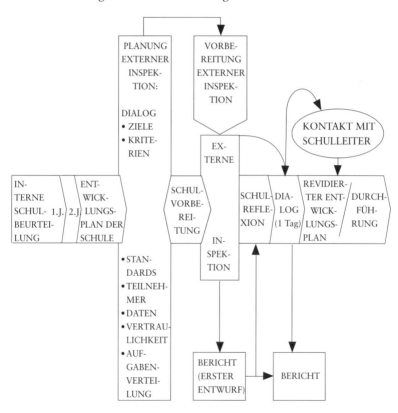

1. Am Anfang steht ein *internes Schulbeurteilungsverfahren*. Es wird routinemäßig durchgeführt und gehört zur Entwicklungsstrategie der Schule (siehe Kapitel 9).

469

2. Jedes dritte oder vierte Jahr wird die Schule einer externen Inspektion unterzogen. Dazu kommen zunächst Vertreter der Schule und des Inspektorats zu einer Planungs- und Verhandlungskonferenz zusammen. Sie diskutieren die Ziele der externen Evaluation, die anzuwendenden Kriterien und Standards, den Teilnehmerkreis (z. B. Kollegen, Eltern, Vertreter der Industrien etc.), den Umfang der auszuwertenden Daten über die Tätigkeit der Schule in den letzten Jahren sowie die notwendigen Vorbereitungen seitens der Schule und des Inspektorats (z. B. Sammeln von Informationen, Ordnen von Daten, Sicherung des Schutzes persönlicher Daten, Lesen von Berichten, Studium interner Materialien etc.).
3. Die externen Personen legen aufgrund der vorausgegangenen Gespräche und übersandter Materialien einen Plan für die Inspektion vor. Die Personen oder Gruppen, zu denen Kontakt aufgenommen werden soll, und die Fragen, die man ihnen stellen will, werden abgesprochen. Es ist sehr wichtig, daß beide Seiten bei diesen vorbereitenden Kontakten offen, klar und mit der Bereitschaft, einander zuzuhören, agieren.
4. Die Schule bereitet den Besuch vor. Das Inspektorat kommt mit mindestens zwei Vertretern, meist aber mit mehreren, je nachdem, welche Fragen besprochen werden sollen, wie groß die Schule ist etc. Der Besuch dauert mindestens zwei, höchstens fünf Tage. Ein gelungener Besuch führt zu einem vertrauensvollen, offenen und kreativen Gedankenaustausch zwischen allen Teilnehmern mit dem Ziel, zu verstehen und eine Grundlage für die weitere Entwicklung zu schaffen.
5. Innerhalb von zwei Wochen nach dem Besuch leitet das Inspektorat der Schule einen vorläufigen Bericht zu mit der Bitte um Stellungnahme. Es ist wichtig zu betonen, daß dieser Bericht *vorläufig* ist; er greift starke und schwache Seiten der Schule auf und benennt Probleme, an denen weiterzuarbeiten sich lohnen würde. Er macht interne und externe Verantwortungsbereiche klar.
6. Die Schule versucht währenddessen, sich Rechenschaft darüber abzulegen, was die Inspektion ihr gebracht hat. Ein *Reflektionsprozeß* findet möglichst bald nach der Inspektion statt; die Eindrücke werden notiert und mit den Ergebnissen der internen Evaluation verglichen. Welche Veränderungen strebt die Schule selbst an?
7. Ein Vertreter des Inspektorats besuchte die Schule einen Tag, um ihre Kommentare zur Kenntnis zu nehmen und Meinungen auszutauschen. Die schriftlichen Kommentare der Schule werden (als eine Art Anhang) auch berücksichtigt, ehe der endgültige Bericht verfaßt wird. Dieser geht dem Ministerium und der Schule zu. Diese revidiert daraufhin (falls nötig) ihren Entwicklungsplan.

8. Das Inspektorat nimmt spätestens sechs Monate danach mit dem Schulleiter Kontakt auf, um festzustellen, wo die Schule jetzt steht und ob extern etwas zur weiteren Schulentwicklung (gemäß dem revidierten Plan) beigetragen werden kann.

Wir haben dies so detailliert ausgeführt, um zu zeigen, daß die externe Evaluation eng an die Arbeit der Schule selbst angebunden werden muß und daß gerade ein offener Dialog Möglichkeiten der Schulentwicklung eröffnet.

## 10.5 Das neue Inspektorat

Viele verbinden das Inspektorat mit dem »alten Staat«, mit einer selbstherrlichen Bürokratie, die ihre festen Regeln hatte und niemanden brauchte, der der Schule in die Karten guckte. Das Inspektorat gehörte zur Spitze der Hierarchie und hatte auch formelle Autorität.

Als die alte Bürokratie sich nach und nach einer neuen Wirklichkeit gegenübersah und die Reformen der öffentlichen Verwaltung zu wirken begannen, veränderte sich die Stellung des Inspektorats. Hopes hat die neue Situation und die Entwicklung in der EU untersucht. Er stellt folgendes fest:

- In einigen Ländern beschäftigt sich das Inspektorat noch immer mit Einzelheiten, einer Reihe Verwaltungs- und Verfahrensfragen. In manchen Staaten (z. B. in mehreren deutschen Bundesländern) kontrolliert die Schulaufsicht weiterhin den Unterricht des einzelnen Lehrers (durch einstündige Besuche in großen Abständen). Die Arbeit des Inspektorats hat nichts mit zentralen Policy-Fragen zu tun.
- Lehrer (und z. T. auch Schulleiter) beggenen dem Inspektorat häufig mit großem Mißtrauen. Sie finden es belanglos, veraltet und überflüssig.
- Die Inspektoren selbst sind eine isolierte Gruppe. Sowohl den Schulen als auch dem Ministerium gegenüber haben sie wenig wirkliche Macht (außer in Fragen des von ihnen verwalteten Regelwerks).
- Sie sind (jedenfalls meistens) für ihre Arbeit nicht speziell fortgebildet. Sie arbeiten unprofessionell; nur in bescheidenem Maße ist eine Professionalisierung im Gange. Sie haben wenig Zeit zu kollegialer Zusammenarbeit.
- Sie erfüllen nicht die Forderung nach »offener öffentlicher Verwaltung«; über ihre Arbeit wissen die Nutzer nur wenig (HOPES 1992).

Diese Situation ist im Wandel begriffen. In mehreren europäischen Ländern gibt es Bestrebungen, die Rolle und die Arbeit des Inspektorats zu verändern (oder aber es abzuschaffen). Dies geschieht unter folgenden allgemeinen Prämissen:

- Die einzelne Schule ist für Qualitätsentwicklung und -sicherung verantwortlich. Das wird in dem niederländischen Modell am deutlichsten (vgl. S. 447 ff.).
- Zentrale Behörden sind für Richtlinien und Rahmenbedingungen der Qualitätssicherung zuständig (Ziele, Normen, Verfahren, Teilnehmerkreis etc.). Sie sichern die Qualität der Qualitätssicherung.
- Die Schulen führen regelmäßig interne Evaluationen verschiedener Art durch.

Unter diesen veränderten Bedingungen, die in einigen Staaten und Bundesstaaten begannen, aber noch längst kein Trend sind, findet das Inspektorat allmählich eine neue Rolle.

- Die traditionelle *legale Rolle* verliert an Bedeutung. In Großbritannien und den Niederlanden ist sie fast ganz verschwunden, und auch in Deutschland ist die Tendenz sehr deutlich.
- Nicht mehr das *Individuum* (z. B. die einzelne Lehrerin) steht im Mittelpunkt der Inspektion, sondern *die Schule als ein Ganzes*, z. B. ihre Jahrespläne, ihre Bemühungen um verschiedene Schülergruppen, ihr Lehrplan, ihre Kultur, ihre Führung und ihre Maßnahmen zur Fortbildung und Förderung des Mitarbeiterstabs.
- In fach-, inhalts- und verfahrensbezogenen *Hilfen* sehen manche Inspektoren wichtige neue Betätigungsfelder; aber oft werden solche Aufgaben auch an »horizontale« Organisationen delegiert, die die Schule selbst aussuchen kann.
- *Meta-Evaluation* gewinnt an Bedeutung. Mehrere Inspektoren untersuchen gemeinsam in ausgewählten Schulen bestimmte Fragen, um mit fundierten einschlägigen Informationen neue Initiativen und die Ausarbeitung neuer Richtlinien zu fördern.
- Die *externe* Evaluation mit oft vielen Akteuren wird immer wichtiger. Es gibt für sie verschiedene Modelle.

## 10.6 Von einer Verwaltungs- zu einer Entwicklungsfunktion

Die Bildungssysteme wurden bisher weitgehend aufgrund von Regeln geführt. Traditionsgemäß hatten ja auch in den europäischen Schul- und Hochschulverwaltungen *Juristen* die wichtigsten Stellen inne. Die

Unterrichtsministerien hatten eine *Verwaltungsfunktion* und nur in geringem Maße eine *Entwicklungsfunktion*. Die Rolle des Staates bei der Schulentwicklung erschöpfte sich hauptsächlich darin, eine Kommission zu ernennen, die einen Lehrplan ausarbeitete, und diesen dann durch ein neues Gesetz und neue Verordnungen und Regeln umzusetzen.

In dem Maße, wie die Entwicklung der Gesellschaft an das Bildungswesen ständig neue Anforderungen stellte, ließ sich die *Verantwortung des Staates für die Entwicklung* nicht mehr von der Hand weisen. In der Wiederaufbauphase nach dem Zweiten Weltkrieg erlebten wir eine zentralgelenkte Reform nach der anderen. In Norwegen war der »Versuchsrat für das Schulwesen« (Forsøksrådet) Exponent der Forschungs- und Entwicklungsarbeit, Schweden hatte *Skolöverstyrelsen* (vgl. S. 295 f.), Großbritannien seinen School Council. Die USA bekamen ihre »Laboratorien« und Forschungszentren. Die meisten OECD-Länder bauten ihre Entwicklungspolitik nach einem Modell auf, das, kurz gesagt, darauf hinauslief, neue und bessere Lösungen in einem übersichtlichen, kontrollierten Versuch zu entwickeln, die Ergebnisse zu analysieren, die Umsetzung im Unterricht aller Schulen vorzubereiten und dann das Neue zu verbreiten.

Das sogenannte Forschungs- und Entwicklungsmodell (Fo-E-Modell), für das erhebliche Mittel zur Verfügung standen und das mehrere tausend Experten beschäftigte, ist mehrfach evaluiert worden. Einer der ersten Kritiker war John Goodlad. Er behauptete, es handle sich gar nicht um ein *Entwicklungsmodell*, sondern um ein auf wenige Fachleute zugeschnittenes *Forschungsmodell* (GOODLAD 1975). Dalin wies auf große Schwächen des Modells in fünf Ländern hin, in denen der Zusammenhang (oder das Fehlen eines Zusammenhangs) zwischen dem zentralen Fo-E-Modell und der örtlichen und institutionellen Praxis dokumentiert wurde (DALIN 1973). In den siebziger Jahren bekam die RAND Corporation den Auftrag, nicht weniger als 193 föderale Projekte im Hinblick auf ihre Auswirkungen in den einzelnen Schulen zu evaluieren. Daraus entstand eine grundlegende Studie, die die Möglichkeiten, aber auch deutliche Grenzen der Fo-E-Strategie aufzeigte (BERMAN und McLAUGHLIN 1977).

In den achtziger Jahren wurde diese Strategie intensiv diskutiert mit dem Ergebnis, daß die meisten staatlichen Träger der Entwicklungsarbeit abgewickelt wurden. Übrig blieben die Einrichtungen, die sich auf einem Markt behaupten konnten. In den USA waren das neun regionale Laboratorien, die alle stark von Verträgen mit den Bundesstaaten abhängig sind, um überleben zu können.

Dale Mann gehörte zu denen, die in den siebziger und achtziger Jahren an zentraler Stelle in Washington saßen. Er erklärte das Scheitern der Fo-E-Strategie als Instrument zentral initiierter Reformen folgendermaßen:

»... Diese Bemühungen wurden von zwei Überzeugungen geleitet, die beide falsch waren. Die eine war, Schulen würden sich verändern, wenn die Zentralregierung etwas durchzusetzen wünschte *und* dafür bezahlte, und die andere, Schulen würden, sobald sie von besseren Ideen erführen, diese sofort übernehmen wollen...« (MANN 1991).

Die RAND-Forscher urteilten abschließend: »Implementation dominates outcomes«, und »Policy makers can't mandate what matters...« (BERMAN und MCLAUGHLIN 1977). Huberman und Miles warnen, die Zentrale dürfe die Kontrolle von ihr geleiteter Projekte nicht schrittweise aus der Hand geben (HUBERMAN und MILES 1984; zu einer detaillierten Auseinandersetzung mit der Fo-E-Strategie siehe DALIN 1986, S. 160–173).

Ein anderes wichtiges Moment der Entwicklung in den siebziger und achtziger Jahren war die Entstehung von »Teacher centres«, zuerst in Großbritannien, danach in mehreren anderen Ländern, dort meist unter der Bezeichnung »Pädagogisches Zentrum«. Sie gingen in der Regel auf eine örtliche Initiative, z. B. des Schulträgers, zurück, doch finden sich auch zentral finanzierte Zentren. Wenngleich es auch hier erhebliche Einschnitte gegeben hat, haben viele überlebt, vor allem solche, die sich, ähnlich wie die verbliebenen staatlichen Fo-E-Zentren, zunehmend an der Nachfrage orientierten. In Kapitel 5 nannten wir einige der Bedingungen, die solche »Werkstätten« erfüllen müssen, wenn wie zur Schulentwicklung beitragen sollen. Können pädagogische Zentren auf Nachfrage *externe Assistenz* anbieten? Dazu sagen Huberman und Miles folgendes:

1. Hinreichend *qualifizierte* Hilfen haben auf kurze wie auf lange Sicht positive Wirkungen.
2. Es ist andererseits *nicht* zu erwarten, daß ausreichende und qualifizierte Hilfe in der frühen Phase eines komplizierten Projekts alle Probleme löst. Die meisten komplizierten Projekte haben einen sehr mühsamen Start, mit oder ohne Hilfen.
3. Wirksame Hilfen sind *nutzerorientiert*, nicht produkt- oder projektorientiert. Unterstützung während der ganzen Projektperiode trägt zur Sicherheit bei, fördert die Entwicklung von Fertigkeiten und stärkt die Fähigkeit zur Anpassung an die weitere Entwicklung.
4. Der sicherste Weg zum Mißlingen ist die Verbindung eines anspruchsvollen Projekts mit fehlender materieller und fachlicher

# Systemstrategien

Unterstützung. Weil Schulentwicklung *Zeit braucht*, ist qualifizierte Hilfe zu einem späteren Zeitpunkt wichtiger als in der Startphase (HUBERMAN und MILES 1984).

Damit sind verschiedene Probleme der externen Einflußnahme benannt. Uns geht es dabei um die externe Rolle allgemein, sei sie nun fachlicher oder administrativer Art, zentral oder regional angesiedelt. Was wissen wir über die Bereitschaft von Schulen, an extern initiierten Reformen teilzunehmen?

Einmal wissen wir, daß Schulen gute Entfaltungsbedingungen haben in Gemeinden (oder anderen Gebietseinheiten), deren Schulabteilungen aktives Interesse an Schulentwicklung zeigen. Oft wird ein Entwicklungsprojekt durch eine Initiative der Schulaufsicht oder eines pädagogischen Zentrums angestoßen. Dabei können die Schulen die verschiedensten Beweggründe haben: das Bedürfnis nach fachlicher Erneuerung, den Wunsch nach einem interessanteren Milieu, manchmal auch Interesse an einem bestimmten Projekt oder Versuch. Normalerweise sind Lehrer und Schulleiter weniger an den rein pädagogischen oder fachlichen Problemstellungen interessiert als daran, wie *Schulentwicklung die Arbeitsplatzbedingungen verbessern kann*.

Opportunistische Motive sind auch recht verbreitet: Projektgelder können der Schule in Zeiten allgemein knapper Ressourcen zu Einrichtungsgegenständen, Materialien, Mitteln für Kurse und extra Lehrerstunden verhelfen. Projekte können auch als Karrieresprungbrett dienen. Solche Beweggründe brauchen der Schulentwicklung nicht zu schaden – falls sie allerdings *dominieren*, so leidet die Entwicklungsarbeit.

Die wenigsten Schulen entwickeln ein Projekt von innen aufgrund eigener Probleme und Lösungsversuche. Die meisten übernehmen eines, das von außen an sie herangetragen wird. Wenn es Schwierigkeiten gibt (und die kommen ganz sicher), machen viele Schulen eine problem- und konfliktreiche Phase durch. Manche weichen dann aus und landen bei einem verwässerten Projekt; die erwarteten Ergebnisse bleiben aus. Wo der Schulträger *Forderungen stellt* und zugleich *genug qualifizierte Hilfe bereitstellt*, bewältigen die Schulen die Probleme und kommen zu guten Ergebnissen.

Die Schulen unterziehen sich einem wechselseitigen Anpassungs- und Entwicklungsprozeß. Die Projekte werden abgewandelt und der Kultur der jeweiligen Schule angepaßt. Bisweilen – wenn die externe und interne Leitung schwach ist – treiben Interessengruppen die Veränderungen voran. Darin liegt die Gefahr, daß die Schwachen zu Verlierern werden. Bei hinreichender fachlicher Hilfe machen die Lehrer die Erfahrung, daß sie mit dem Unterricht besser zurechtkommen und sich Fertigkeiten aneignen, die über die Projektperiode hinaus ihren Wert behalten. Oft zeigt sich daher, daß die Beteiligten während der Durchführung eines Entwicklungsprojekts mit ihrer Arbeit allgemein zufriedener sind als sonst.

Zentrale Instanzen wollen neue Praktiken *verbreiten*. Das kann u. a. dadurch geschehen, daß die Schulträger Interesse zeigen und ein Projekt *während der ganzen Laufzeit* fördern. Das wirkt sich in der Regel positiv auf die Motivation und die Fertigkeiten der Akteure aus. Schüler kommen ihren Lernzielen näher, nicht nur den kognitiven, sondern auch den affektiven und sozialen. Es nützt also, wenn externe Instanzen nicht nur verbale Schützenhilfe leisten. Wo es mit Plänen und Festreden sein Bewenden hat, sind auf längere Sicht Frustration und negative Wirkungen unvermeidlich.

**Strategische Entscheidungen:** Wie kann Schulentwicklung *von außen* am besten angeregt werden? Die Frage nach der *Wahl der besten Strategie* ist nicht nur technischer Natur. Sie hat auch mit Werten zu tun, mit dem Menschenbild und der Perspektive, unter der man Organisationen und Veränderungen sieht. Welche Fragestellungen sind für die Wahl der Strategie von Bedeutung? Nach meiner Meinung sind es vor allem drei:

1. *Verantwortlichkeit:* Wer soll verantworten, ob ein Schulentwicklungsprojekt durchgeführt wird oder nicht? In der internationalen Literatur zur Schulentwicklung sind Strategiefragen oft schwer zu diskutieren, weil die Verantwortung in den einzelnen Ländern bei verschiedenen Stellen liegt. In England z. B. verstand es sich von selbst, daß die einzelne Schule (und in hohem Maße die einzelne Lehrerin und der einzelne Lehrer) Lehrpläne entwickelte. Heute ist das nicht mehr selbstverständlich. In Norwegen hat man die Verantwortung für Schulentwicklung primär im Zusammenhang mit der Verteilungspolitik gesehen, und daher ist die Entwicklung von Lehrplänen zentralisiert (ein weiterer Grund ist die Hoffnung, daß gemeinsamer Lehrstoff die Gleichheit fördert). In früheren Arbeiten stellte ich fest, daß *Charakteristika der Innovation* ein wichtiger Faktor sind: Wenn das Projekt soziale Ziele hat, bei denen Verteilungsfragen eminent wichtig sind, werden die entscheidenden Beschlüsse wahrscheinlich an anderer Stelle gefaßt als bei einem Projekt, das primär die Einführung einer neuen Unterrichtsmethode bezweckt.

## Systemstrategien

Die Verteilung der Ressourcen hängt mit der Verantwortlichkeit eng zusammen. Eine Politik, die die Verantwortung für Schulentwicklung dezentralisieren will und am Einsatz der Ressourcen von zentraler Stelle festhält, widerspricht sich selbst. Wenn die einzelne Schule ihre Entwicklung selbst verantworten soll, muß sie auch über ihre Haushaltsmittel selbst verfügen können. Genau dorthin geht der Trend in mehreren der Länder, auf die wir näher eingegangen sind.

Die meisten Systeme lassen sich als *Verhandlungssysteme* begreifen. Angeblich ist es erwünscht, daß die einzelne Schule die Initiative ergreift; aber in Wirklichkeit haben auch der Schulträger und der Staat ihre je eigenen Interessen. Manchmal sind Verhandlungslösungen erreichbar und sinnvoll – in anderen Fällen muß das ganze System sich ändern.

In *struktureller* Perspektive geht es bei der Frage der Verantwortlichkeit darum, *welcher Akteur das Verhältnis von Umgebung und Technologie am besten in den Griff bekommt*. Spontan möchte man sagen, das sei die einzelne Schule. Aber es gilt sicher nicht bei den vielen Veränderungen, die primär auf Forderungen der Gesamtgesellschaft zurückgehen und bei denen langfristige Ziele wichtiger sind als kurzfristige. Ich meine, hier müßte *der Schulträger* verantwortlich sein, und ferner erfordern wichtige gesellschaftliche Veränderungen ein System, bei dem Regierung und Parlament eingreifen können.

In *humanistischer* Perspektive hat die einzelne Schule hohen Stellenwert; sie sollte also für die eigene Entwicklung verantwortlich sein. Systemforderungen erscheinen als Forderungen der Umgebung, denen zu entsprechen die einzelne Schule am ehesten in der Lage ist. Dabei ist vorausgesetzt, daß obligatorische Veränderungen (z. B. die Herstellung gleicher Bildungschancen für Jungen und Mädchen) sich in Veränderungen der *Rahmenbedingungen* äußern, denen die Schule sich anpassen muß, wenn sie überleben will.

In *politischer* Perspektive ist der Staat – und in gewissen Fällen der Schulträger – für Schulentwicklung zuständig. Verteilungs- und andere Interessenkonflikte in der Gesellschaft können am besten *extern* gelöst werden. Verantwortlichkeiten und die Verteilung der Ressourcen werden in Verhandlungen geklärt.

In *symbolischer* Perspektive findet man auf die Frage nach der Verantwortlichkeit keine konkrete Antwort. Niemand weiß richtig, wer letzten Endes die Verantwortung trägt – immer wird sie teilweise verborgen sein. Ungeachtet der offiziellen Regelung wird das System sich den

Bedürfnissen der Akteure und Gruppen anpassen, und umgekehrt werden diese das System, wie es nun einmal ist, nutzen, um ihre Interessen geltend zu machen.

In den neuen Lenkungssystemen, die wir darstellten, ist die Verantwortung für Schulentwicklung unterschiedlich geregelt. Neuseeland bietet trotz der Rolle, die die neuen Leitungsausschüsse an den einzelnen Schulen spielen (vgl. oben S. 303 f.), das klarste Beispiel einer zentralgesteuerten Reform, die bestimmte Ergebnisse fordert. Das ist Zielsteuerung. In der Theorie sollen die Schulen mehr Freiheit erhalten, aber in Wirklichkeit werden sie sich stärker kontrolliert fühlen. Zwar haben sie einen gewissen Spielraum, doch sind sie vor allem an das streng zentralgelenkte Qualification Framework gebunden.

Auch die Schulen in den Niederlanden sind zielgesteuert, wenn auch nach einem sehr liberalen Modell. Es vertraut weitgehend darauf, daß die einzelne Schule die Initiative ergreift, sich »auf dem Markt« mit einem für Eltern und Schüler attraktiven Schulprofil durchsetzt. Im Gegensatz zu Neuseeland ist der Staat nicht so streng darauf bedacht, daß die Bildungschancen überall und für alle gleich sind.

Wir wollen damit klarmachen, daß Zielsteuerung in der Praxis höchst unterschiedlich aussehen kann und daß die Aufgaben und die Verantwortlichkeiten zwischen Zentrale und Peripherie verschieden aufgeteilt sein können.

2. *Intervention:* Die Entscheidung für diese oder jene Art, Schulen von außen zu beeinflussen, stellt uns vor einige Dilemmata:

– Die Entwicklung kann von einigen wenigen Schulen ausgehen und allmählich immer mehr Schulen erfassen (vgl. das Fo-E-Modell). Wählt man diesen Weg, steht man vor der folgenden Entscheidung: Sollen als Pilot-Schulen die am meisten motivierten (die oft auch die mit den meisten Ressourcen sind) ausgewählt werden, oder sollen die anfangen, die wirklich am meisten Erneuerung brauchen (aber die für Hilfe oft keineswegs motiviert sind)?
– Am Anfang kann – verbunden mit dem Angebot finanzieller und fachlicher Unterstützung – die Aufforderung an mehrere Schulen stehen, selbst ihre Bedürfnisse zu definieren und sodann mit einem Entwicklungsprojekt zu beginnen. Die Alternative ist, daß die Zentrale ihre Erwartungen an die Schulen klar benennt. Dabei könnte sie so weit gehen, fertige Lösungen (z. B. in Form gründlich erprobter Unterrichts-»Pakete«) zu verbreiten, die den von den Schulen formulierten Bedürfnissen angepaßt sind.

## Systemstrategien

- Der Staat oder der Schulträger kann finanzielle Anreize schaffen; aber das impliziert mehrere heikle Fragen: Welche Summen werden wirklich benötigt? Sind reichlich bemessene Mittel eigentlich besser als ein Haushalt, der zum Sparen zwingt? Soll man erwarten, daß die Schule aus ihren eigenen Mitteln etwas beisteuert? Sollen die Gelder pauschal angewiesen werden oder zweckgebunden?
- Der Staat oder der Schulträger kann auch fachliche Mittel einsetzen: Soll der Lehrplan von externen Instanzen festgelegt werden? Wenn ja, wie bindend soll er für die Schule und den einzelnen Lehrer sein? Soll der Schulträger fachliche Hilfen anbieten? Was für Hilfen sollten das gegebenenfalls sein? Sind Generalisten oder Spezialisten gefragt? Soll die Hilfe sich auf die Startphase konzentrieren (und der Schule für die spätere Entwicklung mehr Spielraum lassen), oder soll sie über die ganze Laufzeit des Projekts verteilt werden? Soll der Schulträger fordern, daß die Schule ein Projekt bis ins kleinste Detail durchführt, oder sollen Anpassungen an örtliche Gegebenheiten erlaubt sein? Wo geht in diesem Falle die Grenze, und wer befindet darüber?
- In manchen Ländern, so z. B. in Norwegen, wird früher oder später die übergeordnete Frage auftauchen, ob Schulen verschieden behandelt werden sollten. Wir wissen, daß sie z. T. sehr verschieden *sind*. Gleichbehandlung ungleicher Einheiten läuft auf eine Fortdauer der Ungleichheit hinaus. Sollte also eine externe Intervention der Kultur und Eigenart der einzelnen Schule und ihren speziellen Problemen angepaßt werden? Falls ja, wie können wir definieren, worin die Unterschiede bestehen, und wie sollen wir verfahren, damit die unterschiedliche Behandlung akzeptiert wird?

Die Antworten auf diese Fragen werden von den Perspektiven abhängen, unter denen wir Organisationen und Veränderungen sehen. Betrachten wir Veränderungen aus *technokratischer* Sicht, so werden wir Lösungen wählen, die am Fo-E-Modell orientiert sind; wir werden Spezialisten für die Lehrerausbildung qualifizieren, den Akteuren technische Hilfen anbieten, Pilot-Schulen aussuchen, die mit großer Wahrscheinlichkeit Erfolg haben werden, diese kräftig unterstützen und so dafür sorgen, daß ein Ergebnis zustande kommt, das positive Auswirkungen auf alle Schulen verspricht.

Wer Veränderungen in *politischer* Perspektive sieht, wird sich auf andere Fragen konzentrieren und andere Vorgehensweisen wählen. Die Strategien den Schulen gegenüber werden als ein Problem der *Verteilung* aufgefaßt. Die Wahl von Schulen ist daher keine technische Frage. Die Initiative kommt in der Regel von außen, weil sich so die internen Interessengruppen am besten kontrollieren lassen. Aus radikaler politischer Perspektive wird man Eigenanteile ablehnen, während man aus konservativer Sicht selbständige Initiativen (innerhalb vorgegebener Rahmen) ermutigen wird. Die fachliche Unterstützung soll in der Regel eine zu starke Professionalisierung vermeiden; so werden »Generalisten« sich ihrer annehmen. (Vor allem Anhänger einer radikalen Perspektive werden das so sehen). Was die Bewilligung von Mitteln betrifft, wird man aus politischer Sicht zur Kontrolle und also zur zweckgebundenen Zuweisung neigen.

Aus *kultureller* Perspektive wird man sich wieder anderer Mittel bedienen. Ehrgeizige Projekte, die eine große Anzahl Schulen einbeziehen wollen, gelten als unrealistisch. *Die einzelne Schule* ist Ausgangspunkt der Veränderung. Externe Hilfe ist willkommen, sofern sie die Eigenart der Schule berücksichtigt. Die Strategie soll zur Lösung von Problemen auffordern. Fertige Lösungen werden nur ausnahmsweise übernommen. Fachliche Hilfen werden von der Schule aufgrund ihrer Bedürfnisse angefordert und diesen angepaßt. Pauschale Mittelzuweisungen, keine zweckgebundenen, sind die wirksamste finanzielle Hilfe. Die Schule kann aus ihren eigenen Mitteln etwas dazugeben. Der Entwicklungsprozeß ist unübersichtlich und voller Überraschungen. Daher ist die zeitliche und finanzielle Planung der Projekte schwierig. Sie setzt bei den externen Instanzen ein hohes Maß an Flexibilität voraus.

*3. Kontrolle der Ergebnisse:* Der Staat und der Schulträger können die Entwicklung auch durch diverse Formen der Kontrolle steuern. Zu den denkbaren Modellen gehören Akkreditierung, Validierung, Inspektorat und Schulbeurteilung, ferner die von uns noch nicht genannte *Projektevaluation*, die in den letzten Jahren immer wichtiger geworden ist. Welche Fragestellungen sind für die Wahl des Kontrollmodus relevant?

– Soll die Kontrolle extern oder intern erfolgen? Hierzu sind die Meinungen sehr geteilt zwischen denen, die Kontrolle als Auswahlkriterium einsetzen wollen (Soll das Projekt weitergehen?) und denen, die in ihr ein Entwicklungsstimulans sehen.
– Inwieweit treibt die Ergebniskontrolle das Projekt voran? Entwicklungsprojekte sind in der Regel teurer als der gewöhnliche Betrieb. Sie erfordern Zeit, und die Ausgaben sind schwer vorauszusehen. Andererseits ergeben sich aus dem Probieren und vorläufigen Mißlingen oft interessante Ergebnisse – ja manchmal ist gerade das nicht Beabsichtigte am interessantesten.

Auch die Entscheidung für diese oder jene Kontrollstrategie wird von der Perspektive abhängen, unter der wir Organisationen betrachten. Die Anhänger der *strukturellen* Perspektive halten viel von Experten und von Evaluation und werden sowohl interne als auch externe Evaluation zur Ergebniskontrolle einsetzen. In *humanistischer* Perspektive wird man Kontrollen skeptisch sehen, aber Selbstbeurteilung als nützliche Hilfe akzeptieren, vorausgesetzt, daß das Klima offen genug ist. Die Teilnahme von Schülern gilt als ebenso wichtig wie die von Lehrern und Schulleitern. In *politischer* Perspektive ist externe Kontrolle ein geeignetes Steuerungsinstrument, vor allem die Kontrolle seitens der Nutzer, weil dann keine Gefahren durch ein »Expertenregime« drohen. In *symbolischer* Perspektive erscheinen Kontrolle und Evaluation als Zeremonien und Ausdruck einer zu optimistischen Sicht der Realität. *Jede* Form der Evaluation ist nach dieser Perspektive an die für die Organisationsmitglieder jeweils wichtigen Funktionen gebunden.

## 10.7 Wesentliche Bedingungen des Erfolgs

Abschließend mustern wir noch einmal die Innovationsliteratur unter der Frage, welche Bedingungen erfüllt sein müssen, damit zentrale Reformen gelingen. Was muß der externe Akteur bedenken, der *das System* verändern will?

Wer sich im Gelände anhand einer falschen Karte zu orientieren sucht, wird bald scheitern. Alle Schulreformer gehen von Veränderungstheorien aus, eigenen oder übernommenen, wenn sie Reformen planen. Und oft sind ihre Grundlage Thesen, die eindeutig falsch oder sogar schädlich sind, wie z. B. die folgenden:

- Mit Widerstand gegen Reformen müssen wir immer rechnen.
- Schulen sind konservative Institutionen und schwerer zu verändern als andere Organisationen.
- Man kann es nicht allen recht machen; also gilt es, beharrlich zu sein und die Sache »durchzuziehen«.
- Alles hängt von tüchtigen Leitern ab.

Daß Reformen in der Schule oft scheitern, hat viele Gründe. Diese wichtige Institution der Gesellschaft muß zu komplexen Dilemmata Stellung nehmen, aus denen es keine einfachen Auswege gibt. Eine heute beliebte Sportart im Fach Schulentwicklung ist der Entwurf neuer Visionen und Ziele. Aber Ziele ohne einen gründlich durchdachten Umsetzungsplan sind völlig wertlos.

Weil es so schwierig ist, auf komplexe Bildungsprobleme gute Antworten zu finden, setzen Politiker und andere Verantwortliche statt auf reale oft auf rein symbolische Lösungen, die durch vage Ziele, unrealistische Stundenpläne, viel Ausschußtätigkeit und großen Abstand zwischen Spitze und Basis gekennzeichnet sind.

Manche entscheiden sich für einseitige Lösungen, indem sie z. B. die Ziele selbst formulieren und die Entscheidungen zur Durchführung den im System nachgeordneten Instanzen überlassen – aber ohne zugleich die erforderlichen Mittel zu bewilligen. Ein anderes Beispiel ist die Veränderung der Struktur, ohne daß zugleich die Möglichkeit einer Veränderung auch der Kultur zugestanden wird. Wirkliche Verbesserungen des Unterrichts setzen in der Regel grundlegende kulturelle Veränderungen der Schule voraus.

Wenn dann die Reaktionen nicht ausbleiben, sehen die Politiker im Widerstand gegen die Reform etwas Negatives. Wie kann ein konstruktiv denkender Mensch gegen eine gute Sache sein? Nun, es gibt dafür viele Gründe. Einer davon ist, daß Schulen mit Reformen oft negative Erfahrungen gemacht haben. Zum anderen wissen Lehrer, daß Veränderungen ihnen über längere Zeit viel Lernen abverlangen. Dazu gibt man ihnen selten Gelegenheit. Und schließlich berühren grundlegende Veränderungen der Schule zentrale Werte. Daher brauchen wir natürlich Widerstand. – Wann und wie können nun zentral initiierte Reformen gelingen?

Es gibt kein einfaches Rezept, aber Forschung *und* Praxis in westlichen Ländern (und allmählich auch in Ländern der dritten Welt) bestätigen – wie auch wir in diesem Buch zu zeigen versuchten –, daß gelungene Reformen einige wichtige Merkmale gemeinsam haben:

Erneuerung ist ein mit sehr viel Unsicherheit verbundener Lernprozeß. Oft geht vieles schief, ehe es besser wird. Alles im voraus abzusehen ist unmöglich. Zwar muß es einen guten Plan geben; aber noch wichtiger ist die Schaffung einer lernenden Projektorganisation, die das Eingehen von Risiken belohnt, die es Schulleitern und Lehrern nach und nach ermöglicht, von trivialen zu substantiellen Erneuerungen des Unterrichts fortzuschreiten.

Die Bereitschaft der einzelnen Schulen, einen Reformvorschlag aufzunehmen, zu »veredeln« und umzusetzen, ist höchst verschieden; ja in manchen Schulen sind die täglichen Probleme so bedrängend, daß die Situation mehr einem Chaos als geplanter Rationalität gleicht. Schulen sind selten zielgerichtet, sie sind handlungsorientiert. Die Botschaft muß *nicht* lauten: Plane zuerst, und handle dann entsprechend. Veränderungen kommen zustande, wenn wir sehen, daß etwas funktioniert. Die Botschaft muß also sein: Tu etwas, untersuche, plane, und dann tu noch etwas mehr!

Forderungen und Hilfen sind nötig; sie bedingen einander. Das Ministerium hat natürlich die Aufgabe, die langen (und kühnen) Linien auszuziehen, und mit vollem Recht stellt es Forderungen an Schüler, Lehrer und Schulleiter. Aber Forderungen ohne Hilfen bewirken wenig. Je umfassender die angestrebten Veränderungen sind, desto mehr und desto längere Unterstützung wird gebraucht.

Ohne sie sähen die Lehrer nur Probleme. Die Verantwortung trügen sie allein. Konstruktiver Umgang mit Problemen erfordert ein offenes Klima, Einigkeit darüber, daß unterschiedliche Meinungen erwünscht sind, und die Ermutigung eigener, den örtlichen Verhältnissen angepaßter guter Lösungen.

Wenn es die nötigen Hilfen gibt – vor allem reichlich Gelegenheit zur Fort- und Weiterbildung von Lehrern und Schulleitern, zur Schulentwicklung an der einzelnen Schule, genug Zeit zur Reflexion und zur Projektarbeit –, wird die Stimmung zugunsten der Reformen umschlagen. Und ohne eine positive Grundeinstellung und den guten Willen an der Basis ist jeder Erfolg fraglich. Es ist nämlich nicht ungewöhnlich, daß die mit Reformen verbundenen fachlichen und methodischen Probleme den Lehrern in den ersten zwei Jahren 15–20 % mehr Arbeitszeit abverlangen. Daten aus verschiedenen Ländern zeigen, daß Schulleiter in den ersten Jahren 30–40 % ihrer Zeit für die Reformarbeit aufwenden (vgl. die Angaben zu Neuseeland auf S. 306).

Von erfolgreichen Reformen kann ohne Neuerungen an den einzelnen Schulen keine Rede sein. Die Ersetzung eines Lehrbuchs durch ein neues oder eine strukturelle Veränderung des Lehrplans oder des Zeitbudgets sind noch keine gelungene Reform. Sollen die Änderungen von Dauer sein, bedarf es mehrjähriger systematischer Arbeit an den einzelnen Schulen. Dazu gehören eine sichere Führung, eine fächer- und gruppenübergreifende Zusammenarbeit unter Einschluß von Schülern, Eltern und anderen wichtigen Nutzern.

Reformen setzen eine Veränderung der Kultur der Schule voraus. Diese ergibt sich mit der Zeit, sofern die Reform als Lernprozeß organisiert wird, ja Reformen sind für die Schule eine einzigartige Gelegenheit, sich zu einer lernenden Organisation zu entwickeln.

## Systemstrategien

Reformen erfordern Veränderungen des Systems. Nicht nur die einzelne Schule muß einen Lernprozeß durchmachen, sondern auch das Ministerium und andere leitende Instanzen auf verschiedenen Ebenen. Die *Verbindungen* zwischen diesen Ebenen sind wichtig, wenn Reformen landesweit wirken sollen.

Sollen Reformen gelingen, muß man *an allen Komponenten gleichzeitig ansetzen*. Kleine, isolierte und schrittweise Veränderungen haben selten Erfolg. Aber das heißt auch, daß die Anforderungen an Qualität um so größer werden, je höher die Meßlatte gelegt wird.

Die Ergebnisse hängen von der Durchführung ab. Alle Forschungen zu Schulreformen zeigen, daß nicht die Reformidee an sich oder gute Pläne über den Ausfall entscheiden, sondern die Art und Weise, in der wir das Lernen und die Kooperation im ganzen System organisieren und fördern.

# Literatur

Aalvik (1991): »Målstyring eller kaos?«, Bedre skole.
Abramowitz, S. og Tenenbaum, E. m. fl.: *High School '77: a survey of public secondary school principals*. Washington, DC: National Institute of Education, 1978.
ACOT (1988): *Apple Classroom of Tomorrow Project*. IMTEC Schoolyear 2020 MAP nr. 501.
ACOT (1993): *Classroom of Tomorrow*. IMTEC Schoolyear.
Adams, Bonne Sue, Winifred E. Pardo og Nancy Schneidewind (1992): Changing The Way Things Are Done Around Here. *Educational Leadership* 49, nr. 4 (december), s. 37–42.
Adler, James N. (1994): »Importance of a Real Job.« *Los Angeles Times* 04.01.94, s. B9.
Adizes, J.: *Lederens fallgruber*. København: Børsens Førlag, 1979.
Alderer, Clayton, P.: Organization Development, *I Annual Review of Psychology*, Vol. 28, 1977, s. 197–223.
Alexandersson, M. og U. Öhlund (1986): *Perspectiv på personalutbildning i skolan. Att fortbildas eller att fortbilda sig*. Rapport nr. 186:04. Institutionen för pedagogik, Göteborgs universitet.
Algotsson, K.-G. (1975): *Från katekestvång till religionsfrihet*.
Aliniski, S.: *Rules for Radicals*. New York: Vintage, 1971.
Allison, G. T.: *Essence of Decision: Explaining the Cuban Missile Crisis*. Boston: Little, Brown, 1971.
Allport, F. H.: A Structuronomic Conception of Behaviour: Individual and Collective. *Journal of Abnormal and Social Psychology* 64, 1962.
American Association of Colleges for Teacher Education (1986): *Task Force on Teacher Certification*. Washington, D.C.
Anderson, B., Arnman, G. og Jönsson, J.: *Social segregation i grundskolan*. Lund: Sociologiska institutionen.
Anderson, C. S. (1982): »The search for school climate: A review of the research«. *Review of Educational Research*, 52, s. 268–420.
Anderson, Robert H. (1993): *A Total School District Restructuring Effort*. IMTEC Schoolyear 2020 MAP nr. 443.
Andrews, J. H. M.: International Perspective in the Preparation of Educational Administrators, I Farquhar, R. og Housego, *I Canadian and Comparative Education Administration*, UBC 1980.
Aoki, T. T.: *British Columbia Social Studies Assessment*, Volumes 1–3. Victoria, British Columbia: British Columbia Ministry of Education, 1977.
Arends, J. H., Schmuck, R. A. og Arends, R. I.: Students as Organizational Parti-

cipants i Milestein, M. M. (red.): *Schools, Conflicts and Change.* New York: Teachers' College Press, 1980.

Arfwedson, G., Goldstein, M. og Lundman, L.: *Skolan och lärares arbetsvillkor.* Stockholm: Högskolan för lärarutbildning, 1979.

Arfwedson, G. og Lundman, L.: *Varför er skolar olika? En bok om skolkodor.* Stockholm: Liber Utbildningsförlaget, 1983.

Argyris, C.: *Personality and Organization.* New York: Harper & Row, Publishers, 1957.

Argyris, C.: *Interpersonal Competence and Organizational Effectiveness.* Homewood, Ill.: Irwin, 1962.

Argyris, C.: *Integrating the Individual and the Organization.* New York: John Wiley & Sons, Inc., 1964.

Argyris, C. og Schön, D. A.: *Theory in Practice: Increasing Professional Effectiveness,* San Francisco: Jossey-Bass, 1974.

Baker, K.: The S.I.T.E. Project. I Bolam, R. (red.): *School-Focused In-Service Teacher Education in Action.* London: Heinemann, 1981.

Bacharach, S. B., S. Bauer og J. B. Shedd (1986): »The work environment and school reform«. *Teachers College Record,* 88, s. 241–256.

Bailey, T.: Recent Trends in Management Training for Head Teachers: A European Perspective, i Hoyle, E. (red.): *World Yearbook of Education 1986.* London: Kogan Page, 1986.

Baldridge, J. V.: *Power and Conflict in the University.* New York: John Wiley and Sons, 1971.

Banks, James A. (1988): *Multiethnic Education: Theory and Practice.* Boston: Allyn og Bacon.

Baptiste, H. Prentice Jr. og Karen R. Hughes (1993): *Education in a Multicultural Society.* IMTEC Schoolyear 2020 Map nr. 490.

Barnard, Chester I.: *The Functions of the Executive.* Cambridge, Mass.: Harvard University Press, 1938.

Barrows, L.: *Findings and implications of the thirteen schools study.* Presentert ved årsmøtet til the American Educational Research Association, 1980.

Bartalanffy, L. von: *General Systems Theory: Foundations, Development, Applications.* New York: Goerge Braziller, 1968.

Bass, B. M.: The Leaderless Group Discussion, I *Psychological Bulletin* (51), The Human Group, 1954.

Bassin, M. og Gross, T.: *Organization Development: a viable method of change for urban secondary schools.* Rapport presentert ved American Educational Research Association, Toronto, 1978.

Bauer, K., Burkard, C.: Der Lehrer – Ein pädagogischer Profi? i Rolff, H.-G.: *Jahrbuch der Schulentwicklung,* Band 7, Weinheim, 1992.

Becker, James M. (red.): *Schoolings for a Global Age,* New York: McGraw Hill, 1977.

Beeby, C. E.: *The Quality of Education in Developing Countries.* Cambridge, MA: Harvard University Press, 1966.

Bennis, W. G., Benne, K. D. og Chin, R.: *The Planning of Change,* London: Holt, Rinehart & Winston, 1969.
Bennis, W. og Nanus, B.: *Leaders.* New York, Harper & Row, 1985.
Benson, J. K.: Organizations: A dialectical view. *Administrative Science Quarterly,* 1977, 22.
Berg, G.: *LGT80 i ett organisationsperspektiv.* En rapport från SIAU-prosjektet, nr. 35. Uppsala Universitet Pedagogiska Institutionen, 1981.
Berg, G.: Developing the Teaching Profession: Autonomy, Professional Code, Knowledge Base. *The Australian Journal of Education, Vol.* 27, No. 2, 1983.
Berg, G.: *Control Structure and Strategies for Change in Educational Reserach and Organization Theory II.*, Uppsala Universitet, Pedagogiska institutionen, 1986.
Bergersen, Arne og Arild Tjedvoll: Skole uten rektor?
Bergh, Lennart (1993): *Technique-Industry-Future: What Role Can Our School Play?* IMTEC Schoolyear 2020 MAP nr. 422.
Bergli, T.: *Kompetanseutvikling og handlingsprogrammet.* Oslo: IMTEC, 1986
Berman, P.: Thinking about programmed and adaptive implementation: matching strategies to situations. I InFam, H. og Mann, D., (red.). *Why Policies Succeed or Fail.* Beverly Hills, CA., Sage, 1980 a. – Toward an implementation paradigm. For the Program on Research and Practice; National Institute of Education, 1980 b. – The study of macro- and micro-implementation. *Public Policy 26,* s. 1978 a, s. 157–84. – Designing Implementation to Match Policy Situations: A Contingency Analysis of Programmed and Adaptive Implementation. Santa Monica, CA., Rand Corporation, 1978 b. – Educational Change: an implementation paradigm. I R. Lehming og M. Kane (red.). Improving schools: using what we know. Beverly Hills, CA., Sage, s. 253–286. – og McLaughlin, M. W.: An Exploratory Study of School District Adaptation. Santa Monica, CA., Rand Corporation. R-2010-NIE, 1979. – Rethinking the Federal Role in Education. Santa Monica, CA., Rand Corporation, 1978 a. – Federal Programs Supporting Educational Change, Volume VIII: Implementing and Sustaining Innovations. Santa Monica. CA., Rand Corporation, 1977. – Federal Programs Supporting Education Change, Volume VII: Factors Affecting Implementation and Continuation. Santa Monica, CA., Rand Corporation, 1977. – Federal Programs Supporting Educational Change, Volume IV: The Findings in Review. Santa Monica, CA., Rand Corporation, 1975 a. – Federal Programs Supporting Educational Change, Volume III: The Process of Change, Appendix B: Innovations in Reading, Santa Monica, CA., Rand Corporation, 1975 B. – Federal Programs Supporting Educational Change, Volume I: A Model of Educational Change. Santa Monica, CA., Rand Corporation. R-1589/1-HEW, 1974.
Berman, P. og McLaughlin, M. W.: *Federal Programs Supporting Educational Change. Vol. IV: The Findings in Review.* Santa Monica, CA., Rand Corporation, 1977.
Bernstein, Harry (1994): »It's a Fine Line Between Profit and Greed.« Los Angeles Times 02. 01. 94, s. M5.
Bertheussen, B. (1975): *Fornyelse og veglednig i grunnskolen.* Oslo: Lærerstudentenes forlag.

Bertheussen, B.: Skolene og Pedagogisk Senter. Mål og arbeidsmetoder. *Norsk Pedagogisk Tidsskrift*, nr. 4–5, 1980.
Bidwell, C.: The school as formal organisation. I J. G. March (red.): *The Handbook of Organisations*. Chicago: Rand McNally, 1965, s. 972–1022.
Bik, H., F. Janssens og W. Kleijne (1991): *School Inspectorates in the Member States of the European Community. The Netherlands*, Utgitt av C. Hopes, Frankfurt am Main.
Bird, T. og D. Alspaugh (1986): *1985 survey of district coordinators for the California mentor teacher program*. San Francisco: Far West Laboratory for Educational Research and Development.
Blake, R. R. og Mouton, J. S.: Breakthrough in Organization Development. *Harvard Business Review*, november–december 1964.
Block, P.: *The Empowered Manager*. San Francisco: Jossey-Bass, 1987.
Bolam, R.: *In-Service Education and Training for Teachers and Educational Change*. Paris: OECD, 1981.
Bolam, R.: *Research and Development on School-focused Staff Development, Recent Work at the University of Bristol*. Rapport til Forum for skoleutvikling – IMTEC, 1985.
Bolam, R. og Robin, D.: *School Improvement Context*. I Veltzen, W. G. van m. fl. *Op.cit*. 1985.
Bolman, Lee G. og Deal, Terrence E.: *Modern Approaches to Understanding and Managing Organizations*. San Francisco: Jossey-Bass, 1984.
Bossert, S. m. fl.: *The instructional management role of the principal* Educational Administration Quarterly, 18, 1982, 34–64.
Boston, J. m. fl. (red.) (1991): *Reshaping the State: New Zealand's Bureaucratic Revolution*. Auckland: OUP.
Botvin, G. J. og A. Eng (1982): »The Efficacy of a Multicomponent Approach to the Prevention of Cigarette Smoking«. *Preventive Medicine* 11, s. 199–211.
Bouvier, Leon F. og Lindsey Grant (1994): *How many Americans: Population, Immigration and the Environment*. San Francisco: Sierra Club Books.
Bowers, D.: OD techniques and their results in 23 organizations: the Michigan ICI study. *Journal of Applied Behavioral Science*, Vol. 9, No. 1, 1973, s. 21–43.
Boyd, W. L.: The politics of curriculum change and stability. *Educational Researcher*, 8 (2), 1979 (a), s. 12–18.
Brandenburg Ministry (1993): *Pedagogical Principles of Orientation for the Elementary Schools of Brandenburg*. IMTEC Schoolyear 2020 MAP nr. 455.
Brandt, Ron (1992): »On Building Learning Communities: A Conversation with Hank Levin.« *Educational Leadership*, 50, nr. 1.
Brandt, Ron (1994): »Helping Professional Dreams Come True«. *Educational Leadership* 51, nr. 7 (april), s. 3.
Bridges, Susan J. (1992): *Working in Tomorrow's Schools: Effects on Primary Teachers – A Christchurch Study*. Christchurch Education Department, University of Canterbury.
Broady, D.: *Utbildning och politisk ekonomi*. Rapport I fra Forskningsgruppen

för läroplansteori och kulturproduktion. Högskolan för lärarutbildning i Stockholm, Stockholm 1978.

Broady, D.: Critique of the Political Economy of Education: The Prokla Approach. *Economic and Industrial Democracy,* Vol. 2 nr. 2, mai 1981.

Broady, D.: *Den dolda Låroplanen.* Stockholm: Symposion, 1981.

Brock-Utne, Birgit (1985): *Educating for Peace: A Feminist Perspective.* New York: Pergamon.

Brookover, W. m. fl.: *Schools Can Make a Difference.* Michigan State University: College of Urban Development, 1977.

Brookover, W. B., og Lezotte, L. W.: *Changes in School Characteristics Coincident with Changes in Student Achievement.* East Lancing, Michigan State University, College of Urban Development, 1979.

Brophy, J. E.: *Advances in Teacher Effectiveness Research.* Presentert på årsmøtet til American Association of Colleges of Teacher Education, Chicago, 1979.

Brophy, J. E.: Classroom organization and management. *Elementary School Journal,* 83, 265–285, 1983.

Brown, D., A. Deardorff og R. Stern (1992): »A North American Free Trade Agreement: Analytical Issues and a Computational Assessment.« *The World Economy* 15, 1, s. 11–30.

Brown vs. Board of Education of Topeka (Kansas). 347 U.S. 483, 74 Sup. Ct. 691 (1954).

Bruner, Jerome S.: *The Process of Education,* Cambridge, Mass.: Harvard University Press, 1961.

Brunholz, D. (1988): *Schulleitungsseminar. Evaluation der Fortbildungsmassnahme.* LSW, Soest.

Bryk, A. S. og M. E. Driscoll (1988): *An empricial investigation of the school as community.* Chicago: University of Chicago, Dept. of Education.

Budd, Stanley A. og Alun Jones (1990): *The European Community: A Guide to the Maze,* 3. utg. London: Kogan Page.

Burcham, D. W. og Cohn, C. A.: California educational policy-making by initiative: the specter of unintended outcomes. *Politics of Education Bulletin,* 9 (1), 1979, s. 8–10.

Burkard, C. og H. G. Rolff (1994): »Steuerleute auf neuem Kurs? Funktionen und Perspektiven der Schulaufsicht für die Schulentwicklung«. I H. G. Rolff m. fl. (red.): *Jahrbuch der Schulentwicklung,* bd. 8. Weinheim: Juventa-Verlag.

Burns, T. og Stalker, G. M.: *The Management of Innovation.* London: Tavistock, 1961.

Bushnell, D. S. og Rappaport, D. (red.): *Planned Change in Education: A Systems Approach,* New York: Harcourt, Brace, Jovanovich, 1971.

Böhm, Ingrid og Jens Schneider (1993): »Learning through Being Able: ›Productive Learning‹ in Europe«. IMTEC Schoolyear 2020 Map. nr. 430.

Cadwallader, M. L.: The Cybernetic Analysis of Change in Complex Social Organizations. I *Modern Systems Research for the Behavioral Scientist: A*

*Sourcebook for the Application of General Systems Theory to the Study of Human Behavior,* red. av W. Buckley. Chicago: Aldine, 1968, s. 437–40.

Cameron, W. (1992): *Report on the Accountability of State Schools.* Wellington: Audit Office.

Carlgren, I. (1986): *Lokalt utvecklingsarbete.* Göteborg: Acta Universitatis Gothoburgensis.

Carlson, R.: Barriers to Change in Public Schools. I *Change Processes in the Public Schools,* Carlson R. m. fl. (red.). Eugene, Oregon, Center for the Advanced Study of Educational Administration. University of Oregon, 1965.

Carlyle, T.: *Lectures on Heroes, Hero-Worship, and the Heroic in History.* Oxford: Clarendon Press, 1910.

Carnegie Corporation (1992): *A Matter of Time: Risk and Opportunity in the Nonschool Hours.* Report of the Task Force on Youth Development and Community Programs. New York: Carnegie Council on Adolescent Development.

Carnegie Council on Adolescent Development (1989): *Turning Point Preparing American Youth for the 21st Century.* New York: Carnegie Corporation.

Carnegie Forum on Education and the Economy (1986): *A nation prepared: Teachers for the 21st century.* Report of the Task Force on Teaching as a Profession. New York: Carnegie Forum on Education and the Economy.

Cawelti, Gordon (1993): *The National Study of High School Restructuring,* IMTEC Schoolyear 2020 MAP nr. 446.

Chapman, J.: *The Effectiveness of Schooling and of Educational Resource Management.* Paris: OECD 1991.

Chin, R. og Benne, K. D.: General Strategies for Effecting Changes in Human Systems. I Bennis, W. G., Benne, K. D. og Chin, R. (red.). Op. cit. 1969.

Christensen, G. (1992): »The changing role of the administrator in an accelerated school.« Paper presented at the annual meeting of the American Educational Research Association, San Francisco.

Christie, N.: *Hvis skolen ikke fantes.* Oslo: Universitetsfortaget, 1971.

Clark, D. L.: The function of the United States Office of Education and the State Department of Education in the dissemination and implementation of educational research (kap. IV). *Phi Delta Kappa Symposium on Educational Research Dissemination and Implementation.* Bloomington: Phi Delta Kappa, 1962.

Clark, P. B. og Wilson, J. Q.: Incentive Systems: a Theory of Organizations. *Administrative Science Quarterly* 6 (2), 1961, s. 129–66.

Clark, C. og R. Yinger (1980): *The hidden world of teaching.* AERA., Alexandria: Va.

Clendon, Michelle Maudelle (1993): »Model Environmental Education Summer Camp and Business Planning«. Unpublished masters thesis in Social Ecology at the University of California, Irvine.

Cohen, M. D., March, J. G. og Olsen, J. P.: A garbage can model of organisational choice. *Administrative Science Quarterly,* 1972, 17.

Cohen, P. S.: Theories of Myth. *Man,* 1969, 4.

Cohen, M.: Instructional, management and social condition in effective schools.

I A. Odden og L. D. Webb (red.): *School Finance and School Improvement – Linkages in the 1980's*. Fourth Annual Yearbook of the American Educational Finance Association. Cambridge, MA: Ballinger. 1983.

Coleman, J.: *Equality of Education Opportunity*. USOE, 1966.

Coleman, James S. (1988): *Future Schools: Relations to Family and Student*. IMTEC Schoolyear 2020 MAP nr. 379.

Collis, Betty og Peter De Vries (1994): »New Technologies and Learning in the European Community«. *T.H.E. Journal* 21 nr. 8, s. 83–87.

Comber, L. C. og Keeves, J. P.: *Science Education in Nineteen Countries*. Stockholm: Almqvist & Wiksell, 1973.

Combs, A. W.: *The Professional Education of Teachers: A perceptual View of Teacher Education*. Boston: Allyn & Bacon, 1965.

Conley, S. C., T. Schmidle og J. B. Shedd (1988): Teacher participation in the management of school systems. *Teacher College Record*, 90, s. 259–280.

Conrad, D. og Hedin, D.: *National Assessment of Experimental Education. Summary and Implications*. Center for Youth Development and Research, University of Minnesota, 1981.

*Contersthorpe College*. Leichestershire, IMTEC, 1974.

Conway, J.: Perspectives on evaluating a team intervention unit. Foredrag ved American Education Research Association, Toronto, 1978.

Corbett, H. D. og B. Wilson (1990): *Testing, reform and rebellion*. Norwood, New York: Ablex.

Corwin, R. G.: Professional Persons in Public Organizations, *Educational Administration Quarterly*, 1965, 4.

Costello, Cynthia og Anne J. Stone (red.) (1994): *The American Woman: 1994–95: Where We Stand*. New York: W. W. Norton.

Counts, G. S.: *Dare the School Build a New Social Order?* New York: Day Pub.

Cox, P. og J. deFrees (1991): »Work in progress: Restructuring in ten Maine schools«. Prepared for the Maine Department of Education, US.

Crandall, D. m. fl.: *People, policies and practices: examining the chain of school improvement* (10 vols.) Andover, MA: The Network, 1983.

*Creativity of the School*. CERI/OECD, 1975.

Cremin, L. A.: *The genius of American education*. New York: Vintage, 1965.

Crockett, W.: No system is forever. *OD Practitioner*, Vol. 10, No. 1, 1978 s.

Crowson, R. og Porter-Gehrie, C.: *The schoolprincipalship: an organizational stability role*. Presentert ved årsmøtet-til the American Educational Research Association, 1980.

Curtin, Pat m. fl. (1994): »A Quiet Revolution in Teacher Training«. *Educational Leadership* 51, nr. 7, s. 77–80.

Cyert, R. M. og March, J. G.: *A Behavioral Theory of the Firm*. Englewood Cliffs, N. J.: Prentice-Hall, 1963.

Dalin, P. (red.): *Skolen i 70-årene*. Forsøk og Reform nr. 17, Forsøksrådet 1969.

# Literatur

Dalin, P.: *Case Studies of Educational Innovation, Vol. IV: Strategies for Educational Innovation.* CERI/OECD, 1973.

Dalin, P. (1977): *Networks for Educational Change.* Washington D.C.: National Institute of Education.

Dalin, P.: *Networks for Educational Change.* Washington D.C.: National Institute of Education, 1977a.

Dalin, P. (red.): Fornyelse i skolen? NPT, nr. 5/6, 1977b.

Dalin, P.: *Limits to Educational Change.* London: McMillan, 1978.

Dalin, P. (1979): *Sammellikning mellom sykepleierutdanning og holdninger til yrket.* IMTEC, 1979.

Dalin, P.: *Ny sykepleierutdanning – en sammenliknende studie.* IMTEC, 1979.

Dalin, P. og Rust, V.: *Can Schools Learn?* London: NFER-Nelson, 1983.

Dahn, P. og Skrindo, M. (red.): *Læring ved deltaking,* Oslo: Universitetsforlaget, 1983.

Dalin, Per m. fl. (red.) (1983): *Learning from Work and Community Experience: Six International Models.* London: NFER-Nelson.

Dalin, P.: *Skole som utviklingshjelp – Hjelp til selvhjelp.* Oslo: Universitetsforlaget, 1985.

Dalin, P.: *Organisationsentwicklung als Beitrag zur Schulentwicklung. Innovationsstrategien für die Schule.* München: Ferdinand Schøningh Verlag, 1985.

Dalin, P. og Skard, O.: *Mot en ny sykepleierutdanning.* Oslo: Universitetsforlaget, 1986.

Dalin, P.: From Leadership training to educational development: IMTEC as an international experience, i Hoyle, E. og McMahon, A. (red.): *The Management of Schools,* World Yearbook of Education, 1986, London, New York: Kogan Page 1986.

Dalin, P. (1986): *Skoleutvikling,* Oslo: Universitetsforlaget.

Dalin, P.: *Reconceptualising the School Improvement Process.* Oslo: IMTEC Occasional Papers, Oslo, 1988.

Dalin, P. og Rolff, H.-G.: Organisasjonslæring i skolen. Oslo: Universitetsforlaget, Oslo, 1991.

Dalin, P. m. fl.: *How schools improve.* London: Cassell, 1994.

Dalin, Å.: *Kompetanseutvikling i arbeidsliveet. Veier til den lærende organisasjon.* Cappelen: Oslo, 1993.

Davis, K.: *Human Society.* New York: MacMillan, 1949.

Deal, T. E. m. fl.: *A survey feedback approach to developing self-renewing school organizations.* Research and Development Memorandum No. 131. Stanford, CA.: Stanford Center for Research and Development on Teaching, 1975.

Deal, T. E. og Nutt, S.: *Promoting, guiding – and surviving – change in small school districts.* Cambridge, MA: Abt. Associates, 1979, Rapport nr. AAI 79–73.

Dean, J. (1994): »Second Survey of the Organisation of LEA Inspection and Advisory Services«. EMIE, The Mere, Upton Park, Slough.

Dearing, R. (1993): »The National Curriculum and its Assessment: An Interim Report«. London 1993.

Department of Education and Science: *Ten Good Schools: A Secondary School Enquiry.* London: H.M.S.O., 1977.

Derr, C. B. og Demb, A.: Entry and Urban School Systems: the context and culture of New Markets. I Derr, D. B. (red.): *Organizational Development in Urban School Systems.* New York: Sage, 1974, s. 9–25.

Derr, C. B. (red.): *Organizational Development in Urban School Systems.* Beverly Hills, California: Sage Publications, 1974.

Derr, C. B. (red.): *Education and Urban Society,* Vol. III, No. 2, 1976. Special Issue: »Schools and Organizational Development Applications and Prospects«. New York: Sage, 1976.

Derr, B. (1986): *Managing the New Careerists.* London: Jossey-Bass.

Derr, C. B.: ›O. D.‹ won't work in schools. *Education and Urban Society,* Vol. 8, No. 2, februar 1976, s. 227–241.

Derr, C. B.: *Managing the new Careerists.* London: Jossey-Bass Inc., 1986.

Dewey, John: *Democracy and Education: An Introduction to the Philosophy of Education.* New York: Henry Holt, 1916.

Dewey, John (1899): *School and Society.* Chicago: University of Chicago Press.

Dixon, R. G. (1994): »Future Schools and How to Get There from Here«, *Phi Delta Kappan* 75, nr. 5 (januar).

DLZ (1994): »Ich bestimme, was ich konsumiere!« Deutsche Lehrerzeitung 41, 20/41, s. iv.

Dokka, H.-J. (1967): *Fra allmueskole til folkeskole.* Oslo: Universitetsforlaget.

Dollar, B. (1981): »Læring ved deltaking i USA«. I P. Dalin og M. Skrindo: *Læring ved deltaking.* Olso: Universitetsforlaget.

Doyle, W. og G. Ponder (1977–78): »The Practicality Ethic in Teacher Decisionmaking«. *Interchange* nr. 8 (3).

Doyle, W. og Ponder, G.: The Praticality Ethic in Teacher Decisionmaking. *Interchange,* V-8, 1977–78, s. 1–12.

Durkheim, E.: *Education and Sociology.* Glenoce, IL.: Free Press, 1956.

Drucker, P.: *Innovation and Entrepreneurshp.* New York: Harper & Row, 1985.

Drucker, Peter F. (1993): *Managing for the Future: The 1990s and Beyond.* New York: Truman Talley Books.

Dwyer, David (1994): »Apple Classrooms of Tomorrow: What We've Learned«. *Education Leadership* 51, nr. 7 (april), s. 4–10.

Dyrli, Odvard Egil (1993): The Internet. *Technology & Learning* 14, nr. 2, s. 50–58.

Ebeltoft, A.: En gång til, Vad är organisationsutveckling? I Rohlin, L. (red.): *Organisationsutveckling – organisationsteori för förandring.* Lund: Gleerup, 1974.

Edmonds, R.: *Effective Schools for the Urban Poor. Educational Leadership,* 1979.

Education Review Office (ERO) (udatert): *Accountability in Action – A Guide to Assurance Audit.* Wellington, USA.

## Literatur

Education Review office (udatert): *Evaluation Towards Effective Education.* Wellington, USA.
Education Week: *From Risk to Renewal.* Editorial Projects in Education. Wash. D.C.: 1993.
*Educational Leadership,* 1991, 49, nr. 3, Alexandria, Va.
*Educational Leadership,* 1992, 50, nr. 2, Alexandria, Va.
*Educational Leadership,* 1993: *The Challenge of Higher Standard.* bd. 50, nr. 5, februar 1993. Alexandria, Va.
*Educational Researcher,* 1990: »Educational indicators in the US: The need for analysis«, 19, nr. 5, juni–juli 1990. Washington D.C.
Eide, K.: Impressions from the seminar (en konferanserapport fra OECD seminar for ISIP, Oslo 24–26 april 1985). KUD, Oslo.
Ekholm, M., Fransson, A. og Lander, R.: *Skolreformer och lokalt ansvar. Utvärdering av 35 grundskolar genom upprepade lägsbedömningar 1980–1985. Pedagogisk institut, Göteborg-universitetet, 1986.*
Ekholm, M. (1981): *Deltagarbedömningar av skolledarutbildningens utfall. En jamförelse mellan två enkätundersökningar. (Rapport 1), Linköping.*
Ekholm, M. (1986): *Fjorton nordiska skolor ser på sin egen utveckling. Sammanfattning av skolornas sluttrapporter i samarbetsprojektet Organisationsutveckling i skolan.* København: Nordiska Ministerråd.
Ekholm, M. (1989): *Lärarens fortbildning och skolutveckling. Översikt och funderingar.* NORD 1989:22.
Ekholm, M. (1992): *Lärares fortbildning och skolutveckling.*
Ekholm, M. (1993): »Evaluation in Skandinavien«. I: Landesinstitut für Schule und Weiterbildung (Hrsg.): *Schulentwicklung und Qualitätssicherung, Entwicklungen, Diskussionen, Ansätze und Verfahren aus Schweden.* Soest, s. 115–120.
Ekholm, M., A. Fransson og R. Lander (1986): *Skolreformer och lokalt gensvar. Utvärdering av 35 grundskolor genom upprepade lägesbedömningar 1980–1985.* Göteborg og Stockholm: Göteborg universitet og Skolöverstyrelsen.
Ekholm, M., E. Stegö og K. Olsson (1982): *Skolledarutbildningens kursperioder. Reflektionsdokument från elva besök.* (Rapport 3), Linköping.
Elboim-Dror, R.: Some characteristics of the education policy formation system. *Policy Sciences, I,* 1970, s. 231–53.
Elgin, D.: Limits to the management of large, complex systems, Part IV, Vol. II av *Assessment of future national and internatonal problem areas,* Menlo Park, 1977.
Ellstrøm, P.-E.: The School in the Perspective of Organization Theory: Some Implications for Planned Educational Change. *Educational Research and Organization Theory II,* Uppsala Report on Education 23, 1986.
Ellul, Jacques (1981): *Perspectives on Our Age.* New York: Seabury.
Elmore, R. F. (1988): *Contested terrain: The next generation of educational reform.* Paper laget for Commission on Public School Administration and Leadership, Association of California School Administrators.

Emore, R. F. (1992): »Why Restructuring Alone Won't Improve Teaching«. *Educational Leadership*, 49, nr. 7, april 1992. Alexandria, Va.
Emerson, A. E.: Dynamic Homeostasis; A Unifying Principle in Organic, Social and Ethical Evolution. *Scientific Monthly* 78, 1954, s. 67–85.
Emery, F. E. og Trist, E. L.: The Causal Texture of Organizational Environments, *Human Relations* 18, 1965.
Engeland, Ø.: *Skoler i samarbeid*. Sluttrapport Grunnskolerådet 15. august 1978.
Engen, T. O. (1991): »›Den grimme Ælling‹: Sentralisert utviklingsarbeid i et desentralisert lys«. Grunnskolerådet, des. 1991, Oslo.
Enkenberg, Jorma (1987): *Information Technology as a Medium of Developing the Municipality and Its Educational System*. IMTEC Schoolyear 2020 MAP.
Esp, D.: Selection and training of secondary school senior staff: some European examples. *Education*, 17. 10. 1980.
Etzioni, A.: *Modern Organizations*. Englewood Cliffs, N. J.: Prentice Hall, 1964.
Etzioni, A.: *A Comparative Analysis of complex organizations*. New York: The Free Press, 1977.

Fantini, M. (1980): *Community participation: Alternative patterns and their consequence on educational achievement*. Paper presented at the annual meeting of the American Educational Research Association annual meeting.
Farrer, E.: *Views from Below: Implementation Research in Education*. Cambridge, M.A.: Huron Institute, 1980.
Feinberg, Walter (1993): *Japan and the Pursuit of a New American Identity*. New York: Routledge.
Ferguson, R. F.: Paying for Public education: New evidence on how and why money matters. *Harvard Journal on Legislation*, 28, s. 465–498, 1991.
Fiedler, F.: Personality and Situational Determinants of Leader Behavior. I Fleishman, E. og Hunt, J. (red.): *Current Developments in the Study of Leadership*. Carbondale, Ill.: Southern Illinois University Press, 1973.
Firestone, W. A.: Images of schools and patterns of change. *American Journal of Education*, 88 (4), 459–487, 1980.
Firestone, W., S. Fuhrman og M. Kirst (1989): *The progress of reform: An appraisal of state education initiatives*. New Brunswick, N. J.: Rutgers University, Centre for Policy Research in Education.
Fisher, C. og Berliner, D.: Teaching Behaviors, Academic Learning Time and Student Achievement: An Overview. I Denham, D. og Liebermann, A. (red.): *Time to Learn*, California Commission for Teacher Preparation and Licensing: 7–32, 1980.
Fleischer-Bickman, W. (1993): »Project Autonomie: Schule und Schulverwaltung – Erfahrungen aus Bremen«. *Pädagogik*, 45, hefte 11.
Flesch, Rudolph: *Why Johnny Can't Read – And What You Can Do About It*. New York: Harper & Row, 1955.
Forbes, R. L. Jr. (1977): Organization development: form or substance! *OD Practitioner*, mai.

## Literatur

Foster, J. A. (1991): »The Role of Accountability in Kentucky's Education Reform Act of 1990«. *Educational Leadership*, februar, Alexandria, Va.

Franke-Wikberg, Sigbrit (1992): Umeåmodellen – en motor för lokal utveckling. KRUT, Stockholm.

Franklin, J.: Characteristics of successful and unsuccessful organization development. *Journal of Applied Behavioral Science*, Vol. 12, No. 4, 1976, s. 471–492.

French, W. og C. Bell: *Organization Development*. Toronto: Prentice-Hall, 1973.

Frey, K. og Aregger, K.: Ein Modell zur Integration von Theorie und Praxis in Curriculumprojekten: Das Generative Leistsystem. I H. Haft & U. Hameyer: *Curriculumplanung, Theorie und Praxis*. München: Kösel, 1975.

Friedlander, F. (1978): O. D. Reaches adolescence; an exploration of its underlying values. *Journal of Applied Behavioral Science*, 12, nr. 1, s. 7–21.

Friedlander, F. og L. D. Brown (1974): Organization Development. *Annual Review of Psychology*, 75, s. 313–341.

Fuchs, J. (1992): Das Bildungswesen der Niederlande: I: *Schulmanagement 23*, s. 38–42.

Fullan, M.: *The Meaning of Educational Change*. Toronto: OISE-Press, 1982.

Fullan, M. G.: *What's Worth Fighting for in the Principalship*. Toronto: OPSTF, 1988a.

Fullan, M.: Research into educational innovation. *Understanding School Management*, Glatter R. m. fl. (red.), Milton Keynes, Open University Press, 1988b.

Fullan, M. og Park, P.: *Curriculum Implementation*. Ontario, Ministry of Education, 1976.

Fullan, M. (1990): Staff development, innovation and institutional development, I B. Joyce (red.), *Changing school culture through staff development*, s. 3–25. Alexandria, Va.: Association for Supervision and Curriculum Development.

Fullan, M. (1991b): »Overcoming Barriers to Educational Change«. Notat til US Dept. of Education, University of Toronto.

Fullan, M. (1993): *Change Forces, Probing the Depths of Educational Reform*. London: The Falmer Press.

Fullan, Michael: *External Professional Development Programme*. IMTEC Schoolyear 2020 MAP nr. 3.

Fullan, Michael og M. Miles (1992): »›Getting reform right: What Works and what doesn't‹«. *Phi Delta Kappan* 73, 10, s. 744–52.

Fullan, M., M. Miles og G. Taylor (1980): »Organisational Development in Schools: The State of the Art«. *Review of Educational Rearch*, 50, s. 121–183.

Fullan, M. og S. Stiegelbaum (1991a): *The New Meaning of Educational Change*. New York: Teachers College Press, Columbia University.

Gamson, W. A.: *Power and Discontent*. Homewood, Ill.: Dorsey, 1968.

Gane, V. m. fl. (1993): *Preparing for Inspection*. Stoke-Sub-Hamdon: Quest Associates' Publications.

Gardner, A. Bruce (1984): »*Cultural Pluralism and Other Major Issues in American Education*«. IMTEC Schoolyear 2020 MAP nr. 308.
Gardner, H. (1991): *The Unschooled Mind*. New York: Basic Books.
Gazman, Oleg (1991): Reform of School Organization and Management in Russia. Upublisert fra IMTEC.
Georgiou, P.: The goal paradigm and notes toward a counter paradigm. *Administrative Science Quarterly*, 1973, 18, s. 291–310.
Getzels, J.: Theory and Research on Leadership: Some Comments and Alternatives. I Cunningham, L. og Gephart, W. (red.): *Leadership: The Science and the Art Today*, Itasca, Ill.: F. E. Peacock, 1973.
Getzels, J., Lipham, J. og Campbell, R.: *Educational Administrations as a Social Process*. New York: Harper & Row, 1968, s. 135–36.
Gibb, C. A.: Leadership. Gardner Lindzey (red.) I *Handbook of Social Psychology*. Cambridge, Mass.: Addison-Wesley Publishing Company, Inc., 1954.
Gilbert, V.: Factors influencing the innovations of a comprehensive school. Upublisert Ph. D. 1979, University of Bristol.
Glass, Kimberly Huselid (1982): »Peace – In and Out of Our Homes; A Report on a Workshop«. *Teachers College Record* 84, nr. 1.
Godler, Zlata (1993): *Education in a Multicultural Society*. IMTEC Schoolyear 2020 MAP nr. 415.
Goldhammer, R., Anderson, R. H. og Krajewski, R. J.: *Clinical Supervision*. New York: Holt, Rinehart og Winston, 1980.
Gomez, P., Zimmermann, T.: *Unternehmensorganisation. Profile, Dynamik, Methodik*. Frankfurt/New York: Campus Verlag, 1992.
Good, T. L.: Teacher Effectiveness in the Elementary School: What We Know About it Now. *Journal of Teacher Education*, 1979.
Goodenough, W. H.: Multiculturalism as the normal human experience, I Eddy, E. M. og Partridge, W. L. (red.): *Applied Anthropology in America*. New York: Columbia University Press, 1978.
Goodlad, John I. (1975a): »Transition toward Alternatives«, in John I. Goodlad m. fl.: *The Conventional and the Alternative in Education*. Berkeley, Calif.: McCutchan Publishing.
Goodlad, John I. (1975b): *The Dynamics of Educational Change*. New York: McGraw-Hill.
Goodlad, John I. (1984): *A place called school: prospects for the future*. New York: McGraw-Hill.
Goodlad, John I. (1990a): »Why We Need a Complete Redesign of Teacher Education«, i *Educational Leadership*, 49, nr. 3, Alexandria, Va.
Goodlad, John I. (1990b): *Teachers for Our Nation's Schools*. San Francisco: Jossey-Bass.
Goodlad, J. og Klein, F.: *Behind the classroom door*. Worthington, Ohio: Charles A. Jones Publishing Company, 1970. Revidert og kalt *Looking Behind the Classroom Door*, 1974.
Goodland, J.: *The Dynamics of Educational Change*. New York: McGraw Hill, 1975.

Goodlad, J.: *Facing the Future.* London: McGraw-Hill, 1976.
Goodland, J.: *A Place Called School – Prospects for the future.* New York: McGraw-Hill, 1983.
Gordon, Haim og Jan Demarest (1982): »Buberian Learning Groups: The Quest for Responsibility in Education for Peace«. *Teachers College Record* 84, nr. 1.
Gordon, L. (1993): »A Study of Board of Trustees in Canterbury Schools«. Christchurch: Education Policy Research Unit.
Gordon, L., D. Boyask og D. Pearce (1994): *Governing schools – A comparative analysis – Education Policy Research Unit.* University of Canterbury & Christchurch.
Gore, Al (1993): *Earth in the Balance: Ecology and the Human Spirit.* New York: Plume Book.
Gorpe, L. (1974): »En amerikaner ser på svensk organisationsutveckling«. I J. Rohlin (red.): *Organisationsutveckling – organisationsteori för förändring.* Lund: Glurup.
Gorton, R. og McIntyre, K.: *The Senior High School Principalship,* Volume II: *The Effective Principal.* Reston, VA: National Association of Secondary School principals, 1975.
Gouldner, A. W.: *Patterns of Industrial Bureaucracy.* New York: The Free Press, 1954.
Granheim, M. og Gunnleiksrud, K.: »Et likeverdig nasjonalt skoletilbud. *Schola,* nr. 2, 1993, Årgang 1.
Granheim, M., Lundgren, V. P. og Tiller, T.: *Utdanningskvalitet – styrbar eller ustyrlig?* Oslo: TANO, 1990.
Granheim, M. K. og U. P. Lundgren (1990): »Målstyring og evaluering i norsk skole«. Sluttrapport fra EMIL-prosjektet, NORAS/LOS-i-utdanning.
Gray, H. (1993): »OD Revisited«. *Educational Change and Development,* 14, nr. 1.
Gray, Paul (1993): »Teach Your Children Well«. *Time* (Special Issue) (høst).
Greenberg, Polly (1992): »How to Institute Some Simple Democratic Practices Pertaining to the Respect, Rights, Roots, and Responsibilities in Any Classroom«. *Young Children,* juli.
Greenfield, T. B.: *Research in Educational Administration in the United States and Canada: An Overview and Critique.* Rapport presentert ved et forskningsseminar ved British Education Administration Society, University of Birmingham, 1979.
Greenwood, P. W., Mann, D. og McLaughlin, M. W.: *Federal Programs Supporting Educational Change, Volume III: The Process of Change.* Santa Monica, CA.: Rand Corporation, 1975.
Greiner, L.: Evolution and revolution as organisations grew. *Harvard Business Review* (50) nr. 4, 1972, s. 37–46.
Gross, N., Giaquinta, J. B. & Bernstein, M.: *Implementing organizational innovations: a sociological analysis of planned educational change.* New York: Basic Books, 1971.

Guskey, Thomas R.: Staff Development and the Process of Teacher Change. *Educational* Researcher, Vol. 15, nr. 5, mai 1986.
Gutmann, Amy (1987): *Democratic Education*. Princeton, N. J.: Princeton University Press.
Gymnasieafdelingen (1993): »Tegn på kvalitet i gymnasier på studenterkurser og på hf«. Gymnasieafdelingen, Undervisningsministeriet, København.
Haarder, B. (1983): »Det grundtvigske i skolen og uddannelsen«, I Henrik S. Nissen (red.): *Efter Grundtvig. Hans betydning i dag*. København.
Hagerstrand, T.: *The Propagation of Innovation Waves*. Lund, Lund Studies in Geography, 1952.
Haines, Chris (1993): Flexible Change – Managing Learning. IMTEC Schoolyear 2020 MAP nr. 454.
Hall, G. E. (1979a): »Levels of Use and Extent of Implementation of New Programs in Teacher Education Institutions: What do you do?« AACTE, Chicago.
Hall, G. E. (1979b): *A National Agenda for Research and Development in Teacher Education 1979–84*. The University of Texas at Austin, Research and Development Centre for Teacher Education.
Hall, McClellan (1991): »Gadugi: A Model of Service Learning for Native Amerian Communities«. *Phi Delta Kappan* 72, nr. 10 (juni).
Hall, G. E.: *A National Agenda for Research and Development in Teacher Education 1979–84*. The University of Texas at Austin, Research and development Centre for Teacher Education, 1979a.
Hall, G. E.: *Levels of Use and Extent of Implementation of New Programs in Teacher Education Institutions: What do you do?* Chicago: AACTE, 1979.
Hall, G. E.: The Principal as leader of the Change Facilitating Team. *Journal of Research and Development in Education*, Vol. 22, No. 1, Høst 1988.
Hall, G. E. m. fl.: The Concept of Bureaucracy: An Empirical Assessment. *American Journal of Sociology* 49, 32–40, 1963.
Hall, G. E. m. fl.: Leadership variables associated with successful school improvement. Symposium paper presented at the annual meeting of the American Educational Research Association, Montreal, 1983.
Hall, G. E., Hord, S. og Griffin, T.: Implementation at the School Building Level: The development and analysis of nine mini-case studies. Paper presented at American Educational Research Association annual meeting.
Hamburg, Beatrix A. (1994): Education for Healthy Futures: Health Promotion and Life Skills Training. A paper prepared for the Carnegie Corporation's *Frontiers in the Education of Young Adolescents*, a conference held at Marbach Castle, Germany from Nov. 3–5.
Hameyer og Loucks-Horsley (1984): »Designing School Improvement Strategies«. I W. G. van Velzen, M. B. Wiles, M. Ekholm, U. Hameyer og D. Robin (red.): *Making School Improvement Work, A Conceptual Guide to Practice*. ACCO, Leuven.
Hamilton, Stephen F. (1992): »Contrasting Vocational Education in the United States and West Germany: What a Difference a System Makes«. I V. D. Rust,

H. Silberman og M. Weiner (red.): *Vocational Education: Germany and the United States.* Berkeley, Calif.: National Center for the Study of Vocational Education.

Hamilton, Stephen F. og Mary Agnes Hamilton (1992): A Progress Report on Apprenticeships. *Educational Leadership* 49, nr. 6 (mars), s. 44–47.

Handal, Gunnar og Per Lauås: *På egne vilkår.* Oslo: Cappelen, 1983.

Handbook Kwaliteitszorg. (1993): De Ontwikkeling en Invoering van Systematische Kwaliteitszorg in een VBR-Insteling: Nijmeegs Instituut voor Beroepssonderwijs, Nijmegen.

Hanson, E. Mark: *Educational, Administrative and Organizational Behavior.* Boston: Allyn and Bacon, Inc., 1979.

Hansot, E.: Some Functions of Humor in Organization. Unpublished paper, Kenyon College, 1979.

Hanushek, E. A.: The economics of schooling: Production and Efficiency in public schools. *Journal of Economic Literature,* 24, 1141–1077, 1986.

Hanushek, E. A.: *The Impact of Differential Expenditures on School Performance. Educational Researches,* vol. 18, No. 4, May 1989.

Harbo, Myhre og Solberg: *Kampen om Mønsterplanen. Språk og sak.* Oslo: Universitetsforlaget, 1982.

Hargreaves, A. & Dave, R.: *Coaching as inreflective practice: contrived collegiality or collaborative culture.* AREA Annual Meeting, 1989.

Hargreaves, A. (1991): »Cultures of teaching«. I I. Goodson og S. Ball (red.): *Teachers' lives.* New York: Routledge, Kegan & Paul.

Hartz, L.: *The liberal tradition in America.* New York: Harcourt, Brace & World, 1955.

Harwy, J.: Eight myths O.D. consultants believe in . . . and die by *A. D. Practitioner,* Vol. 7, No. 1, 1975, s. 1–5.

Haugen, R.: »Skolesystemets læring« I *Fornyelse i skolen?,* NPT, nr. 5/6, 1977.

Havelock, R.: *Planning for Innovation.* Center for Research on Utilization of Scientific Knowledge, Institute for Social Research, Ann Arbor, Michigan, 1969.

Havelock, R. G.: *Innovations in Education, Strategies and Tactics.* Working Paper, Center for Research on Utilization of Scientific Knowledge, University of Michigan, Ann Arbor, 1971.

Havelock, R. G. og Havelock, M. C., med Markowitz, E. A.: *Educational innovation in the United States.* Vol. 1: *The National survey: the substance and the process.* Ann Arbor, MI: Center for Research on Utilization of Scientific Knowledge, University of Michigan, 1973.

Hawley, W. D.: Dealing with organizational rigidity in public schools: a theoretical perspective. I Wirt, F. M. (red.): *The policy and the schools political perspectives in education.* Lexington, MA.: D. C. Heath, 1975.

Haycock, K. og Navarro, M. S.: *Unfinished Business: Fulfilling our Children's Promise,* Oakland, CA.: The Achievement Council, 1988.

Hedberg, B., Nyström, P. og Starbuck, W.: Camping on seesaws' Prescriptions

for a self-designing organisation. *Administrative Science Quarterly,* Nr. 21, 1976, s. 41 f.
Heidenheimer, A. J.: The Politics of Educational Reform: Explaining Different Outcomes of School Comprehensivisation Attempts in Sweden and West Germany. *Comparative Education Review,* 18, oktober 1974, s. 388–410.
Heller, H., Mary L. Craig og Kiely (1994): »Hum Bio: Stanford University's Human Biology Curriculum for the Middle Grades«. A paper prepared for the Carnegie Corporation's *Frontiers in the Education of young Adolescents,* a conference held at Marbach Castle, Germany from Nov. 3–5.
Henry, J.: *Culture Against Man.* New York: Random House, 1963.
Hepburn, Mary A. (red.) (1983): *Democratic Education in Schools and Classrooms.* Washington, D.C.: National Council for the Social Studies.
Hernes, G.: *Makt og avmakt.* Oslo: Universitetsforlaget, 1975, og Maktutredningen. Sluttrapport. NOU nr. 3, 1982.
Hernes, G. og Knudsen, K.: *Utdanning og ulikhet. Levekårsundersøkelsen.* NOU, 1976:46.
Hersey, P. og Blanchard, K.: *Management of Organizational Behavior. Utilizing Human Resources.* New Jersey: Prentice Hall, 1977.
Hersey, P. W.: The NASSP Assessment Center Develops Leadership Talent. *Educational Leadership,* Vol. 39, nr. 5, 1982.
Herzberg, F.: *Work and the Nature of Man.* New York: World Publishing Co. 1966.
Herzberg, F., Mausner, B. og Synderman, B.: *The Motivation to Work.* New York, John Wiley & Sons, Inc., 1959.
Herzog, J. D.: *Viewing the issues from the perspective of an R & D center.* American Educational Research Association Symposium on Educational Improvement and the Role of Educational Research. New York, februar 1967.
Heydebrand, W.: Organizational contradictions in public bureaucracies. J. K. Benson (red.): *Organizational analysis: Critique and innovation.* Beverly Hills, Calif.: Sage Publications, 1977.
Hofstede, G.: *Cultures and Organizations. Software of the mind.* London: McGraw-Hill Co., 1991.
Holmes Group (1986): *Tomorrow's Teachers: A Report of the Holmes Group.* East Lansing, Mich.: Holmes Group.
Holmes Group (1990): *Tomorrow's schools: Principle for design of professional development schools.* East Lansing, Mich.: Author.
Hood, P. D. (red.): *New perspectives on planning, management and evaluation in school improvement.* San Francisco: Far West Laboratory, 1979.
Hood, P. og Blackwell, L.: *Indicators of Educational Knowledge Production, Dissemination, and Utilization: An Exploratory Data Analysis.* San Francisco, Far West Laboratory For Education Research and Development, 1979.
Hopes, C. (1992): »Inspectorates in the Member States of the European Community: A perspective on current problems and consequence for central

inspectorates«. Opening Address at the Chief Inspectors' Symposium. Brussels, 4-6 nov. 1992.
Hord, S. og Hall, G. E.: Three images; What principals do in curriculum implementation. *Curriculum Inquiry*, V17, 1987: 55-89.
Horsfjord, V. og Dalin, P.: *Læreren og naturfagsundervisningen*, rapport nr. 2 fra SISS-prosjektet, 1988.
Horster, L. (1994): *Wie Schulen sich entwickeln können*, Lehrerfortbildung in Nordrhein-Westfalen, Hamm-Rhynern.
House, E. R.: *The Politics of Educational Innovation*. Berkeley, CA.: McCutchan, 1974.
House, E.: Three perspectives on Innovation: Technological, Political and Cultural. I Lehming, R. og Kane, M. (red.): *Improving Schools*. London: Sage, 1981.
Hoy, W. K. og Miskel, C. G.: *Educational Administration*, New York: Randon House, 1987.
Hoyle, E.: The Management of Schools. Theory and Practice. I Hoyle (red.): *World Yearbook of Education*. London: Kogan Page, 1986.
Huberman, M.: Recipes for busy kitchens. *Knowledge; Creation, Diffusion, Utilization*, 4, s. 478-570, 1983.
Huberman, M. A. og Crandall, D. P.: *Implications for Action*. Vol. IV: *People, Policies and Practices: Examining the Chain of School Improvement*. Andover, MA: The Network Inc., 1983.
Huberman, M. A. og Miles, M. B.: *Innovation Up Close: How School Improvement Works*, New York: Plenum Press, 1984.
Hultman, G.: *Organisationsutveckling genom ledarutbildning*. En utvärdering av skolledarutbildningens första utbildningsomgangar. Linköping: Linköping Universitet, Department of Education, 1981.
Hungerford, H. R. og T. L. Volk (1990): »Changing Learner Behavior through Environmental Education«. *Journal of Environmental Education* 21, nr. 3.
Husén, T., L.-J. Saha og R. Noonan (1978): »Teacher Training and Student Achievement in Less Developed Countries«. World Bank staff working paper 310.
Hutchins, C. L. (1987): Restructuring as the Third Wave Strategy for School Reform. IMTEC Schoolyear 2020 MAP nr. 350.
Hyseni, Agim (1993): Education in Multinational Kosova. IMTEC Schoolyear 2020 MAP nr. 416.
Hägerstrand, T. (1952): *The Propagation of Innovation Waves*. Lund: Lund Studies in Geography.
Haavelsrud, Magnus (1981): *Approaching Disarmament Education*. Guildford: Westbury House.

*In-Service Education and Training of Teachers and Educational Change*. CERI/OECD/TE/80-08, april 1981, s. 67.
Isar, W.: *Notes on an Evolutionary Theoretic Approach to World Organization*. Department of Peace Science, University of Pennsylvania 1975.
Jennings, E. E.: The Anatomy of Leadership. *Management of Personnel Quarterly*, I, nr. 1 (høsten 1961).

Jennings, M. K. og R. G. Niemi (red.) 1974: *The Political Charactater of Adolescence: The Influence of Families and Schools*. Princeton, N. J.: Princeton University Press.

Johansen, K. og Tjeldvold, A.: *Skoleledelse og skoleutvikling*. Olso: Solum Forlag, 1989.

Johnsen, E.: *Introduktion til ledelseslære*. København; Erhvervsøkonomisk Forlag, 1981.

Johnston, William J. og Arnold E. Packard (1987): *Workforce 2000: Work and Workers for the Twenty-first Century*, s. 85. Indianapolis, Ind.: Hudson Institute.

Jones, Anne (1988): *Schooling and the World of Work*. IMTEC Schoolyear MAP nr. 368.

Jordan, Sigrid (1993): *The Impact of EC Programmes on Educational Transformation in East Germany*. IMTEC Schoolyear 2020 MAP nr. 426.

Joyce, B. R., R. H. Hersh og M. McKibbin (1983): *The Structure of School Improvement*, New York: Longman.

Joyce, B. og C. Murphy (1990): *Changing school culture through staff development*. Alexandria, Va.: Association for Supervision and Curriculum Development.

Joyce, Bruce, Carol Rolheiser-Bennett og Beverly Showers (1987): *Students Growth and Models of Teaching*. IMTEC Schoolyear 2020 MAP nr. 358.

Jocye, B. R. og B. Showers (1980): »Improving in-service training: the messages of research«. *Educational Leadership*, december 1980, s. 379–84.

Joyce, B. og H. Weil (1972): *Models of Teaching*. Englewood Cliffs., N. J.: Prentice Hall.

Joyce, B. & Showers, B.: Improving inservice training; the messages from research. *Educational Leadership*, 37, 379–385, 1980.

Joyce, B. & Showers, B.: *Student Achievement through staff development*, New York: Longman, 1988.

Kahn, R. L. (1974): »Organizational Development: some problems and proposals«. *Journal of Applied Behavioral Science*, 10, nr. 4, s. 485–502.

Karlson, G. E. (1991): *Desentralisert skoleutvikling*. Universitetet i Trondheim.

Katz, E. og P. F. Lazarsfeld (1952): *Personal Influence*, New York: The Free Press of Glencoc.

Katz, D. og Kahn, R.: *The Social Psychology of Organizations*. John Wiley & Sons, Inc.

Kazal-Thresher, D. M.: Educational Expenditures and School Achievement. When and How Money Can Make a Difference, *Educational Researcher*, Vol. 22, No. 2, mars 1993, s. 30–33, 1993.

Kelly, J.: *Organizational Behaviour: An Existential Systems Approach*. Homewood: III, Richard D. Irwin, Inc., 1974.

Kiechel, W.: Sniping at Strategic Planning (Interview with Himself). *Planning Review*, May 1984.

King, E. J.: Universities in Evolution. *International Review of Education,* 8, 1966, s. 399–415.

Kirke-, Utdannings- og Forskningsdepartement (udatert): »Nasjonalt opplegg for vurdering i grunnskolen«. Oslo.

Knight, Brian (1988): *Flexible School Day Patterns for the Future.* IMTEC Schoolyear 2020 MAP nr. 375.

Knight, Tony (1987): *Education for Democratic Future.* IMTEC Schoolyear 2020 MAP nr. 355.

Knight, Tony (1988): *A Democratic Apprenticeship in Primary School.* IMTEC Schoolyear 2020 MAP nr. 222.

Knight, Tony (1993): *The Human Service Society, Renewing the Relationship Between Education, Work and Schooling.* IMTEC Schoolyear 2020 MAP nr. 425.

Kohlberg, Lawrence: The Cognitive Developmental Approach to Moral Education. David Purpel og Kevin Ryan (red.): *Moral Education ... It Comes with the Territory.* Berkeley, California: McCutchan, 1976.

Konttinen, Raimo (1987): *Integrating the Computer as a Tool in the School Work.* IMTEC Schoolyear 2020 MAP nr. 219.

Korczac, J. (1992): *Hur man älskar et barn.* Stockholm: HLS Förlag.

Kotter, J. P.: *The General Managers.* New York: Free Press, 1982.

Kouzes, J. M. og Mico, P. R.: Domain theory: an introduction to organizational behavior in human service organizations. *Journal of Applied Behavioral Science,* 15, 1979.

Kreitzberg, Peeter (1993): *Democratic vs. Scientific and Expert Legitimation.* IMTEC Schoolyear 2020 MAP nr. 482.

Kroes, Rob (1988): *High Brow Meets Low Brow: American Culture as an Intellectual Concern.* Amsterdam: Free University Press.

Krüger, A. og C. G. Buhren (1992): *Community Education in Germany: Development, Concept, Practice.* Essen: COMED, E.v.

Kurtakko, Kyosti (1988): *Environment Centered Education and Instruction in School: The OKO Project and New Approaches to Education.* IMTEC Schoolyear 2020 MAP nr. 223.

Laaksonen, T. (1987): *Nokiaa Information Systems.* IMTEC Schoolyear 2020 MAP nr. 370.

Lafond, A. m. fl. (1993): *School Inspectorates in the Member States of the European Community. France* (rev. utg.). Frankfurt am Main: C. Hopes.

Lake, D. g. og Miles, M. B.: *Communication networks in the designing and starting of new schools.* Symposium on Communication Networks in Education: Their Operation and Influence, at American Educational Research Assocation meeting, 1975.

Lange, D. (1988): *Tomorrow's Schools. The Reform of Education Administration in New Zealand,* Ministry of Education, Wellington.

Larsen, H. (1992): »Selvstyrende kommunale institusjoner«. I *På vei mot en ny institusjonsforståelse.* Birkedal, 3. opplag.

Larsen, S. (1990):»Orden forklædt som tilfældighed«. *Dansk pedagogisk tidsskrift,* nr. 5.
Lauder, H. m. fl. (1994): *The Creation of Market Competition for Education in New Zealand,* The Smithfield Project, Phase One, First report to the Ministry of Education, mars 1994.
Lauglo, J. og M. McLean (red.) (1985): The Control of Education: International Perspectives on the Centralization-Decentralization Debate. London: Heineman Education Books.
LAUSD (1993):»Humanities Approach to Culture: Hands Across the Campus Program«. Utkast. Los Angeles: Los Angeles Unified School District.
Lauvås, P. og G. Handal (1993): *Handledning och praktisk yrkesteori.* Lund: Studentlitteratur.
Lauvås, P. og Handal, G.: *Veiledning og praktisk yrkesteori.* Oslo: Cappelen, 1990.
Lawrence, P. og Lorsch, J.: *Organisation and Environment,* Homewood, III: 1969.
Leithwood, K. J. m. fl. (1978):»An Empirical Investigation of Teacher's Curriculum, Decision-Making Processes and Strategies Used by Curriculum Decision Manager to Influence such Decision-Making«. OISE, Toronto.
Leithwood, K. og Montgomery, D.: The role of the elementary school principal in program improvement. *Review of Educational Research, V52, 1982.*
Leschinsky og Mayer (1991): *The Comprehensive School Revisited.* Frankfurt: Peter Lang.
Levin, D. og E. Eubanks (1989): *Sitebased management: Engine for reform or pipedream? Problems, pitfalls and prerequisites for success in sitebased management.*
Levin, Henry (1976):»Educational Opportunity and Social Inequality in Western Europe«. *Social Problems* 24, nr. 2 (december).
Lewin, K. (1952):»Group Decision and Social Change«. I E. Swanson (red.): *Reading in Social Psychology,* New York: Holt, Rinehart og Winston.
Lewin, K., Lippitt, R. og White, R.: Patterns of Aggressive behavior in Experimentally Created Social Climates. *Journal of Social Psychology* 1939, 10.
Lewin, K.: *Field theory in social science.* New York: Harper 1951.
Lie, S.: *Selected Factors Affecting Speed of Adoptation of a School Reform in Norway.* Diffusion Study. Doktoravhandling, American University, 1972. So også *Acta Sociologica,* 1974, Vol. 16, nr. 4.
Lieberman, A. og Miller, L.: The social realities of teaching. I A. Lieberman og L. Miller (red.): *Staff development: new demands, new realities, new perspectives.* New York: Teachers College Press, 1979.
Lieberman, A., Darling-Hammond, L. og Zuckerman, D.: *Early lessons in restructuring schools.* New York: National Center for Restructuring Education, Schools and Teaching. Teachers College, Columbia University, 1991.
Liegle, Ludwig (1990):»Vorschulerziehung«. I Oskar Anweiler m. fl.: *Vergleich von Bildung und Erziehung in der Bundesrepublik Deutschland und in*

## Literatur

*der Deutschen Demokratischen Republik.* Köln: Verlag Wissenschaft und Politik.
Lievegoed, B.: *Organisationen im Wandel.* Bern og Stuttgart, 1974.
Likert, R., *New Patterns of Management.* New York: McGraw-Hill Book Company, 1961, s. 7.
Likert, R.: *The Human Organization.* New York: McGraw-Hill, 1967.
Liket, Th. M. E. (1992a): *Vrijheid & Rekenschap.* Meulenhoff Educatief, Amsterdam.
Liket, T. (1992b): »Freiere Schule und kontrolliertere Universität in Holland. Die autonome Schule und die Rolle der Staatsaufsicht«. *Pädagogische Führung* 3, 2, s. 81–84.
Lindblad, S. (1993): »Om lärares osynliga erfarenheter och professionella ansvar«. I Cederström og Rasmussen (red.): *Lærerprofessionalisme.* København: Unge Pedagoger.
Lindblom, C. E.: The Science of Muddling Through. *Public Administration Review* 19, 1959.
Lindbom, A. (1993): »Närdemokrati i Norden. Självförvaltning och skolförvaltningsreformer«. Arbetspromemoria för presentation vid den nordiska statsvetarkongressen, 19.–21. august 1993.
Lipham, J.: Leadership and Administration. I *Behavioral Science and Educational Administration.* Chicago: The University of Chicago Press, 1964 s. 130.
Lippit, R., J. Watson og B. Westley (1958): *The Dynamics of Planned Chagne.* New York: Hartcourt, Brace and Company.
Lister, I.: *Deschooling Revisited.* Utkast presentert til Writers and Readers Publishing Cooperative, 1976.
Little, J. (1989a): »The ›mentor‹ phenomenon and the social organization of teaching«. *Review of Research in Education,* V 16, Washington, D.C.: American Educational Research Association.
Little, J. (1989b): »District policy choices and teachers' professional development opportunities«. *Educational Evaluation and Policy Analysis,* 11 (2), s. 165–80.
Little, J. W.: The »mentor« phenomenon and the social organization of Teaching. I C. Cazden (red.): *Review of Research in Education,* Vol. 16, Washington, D.C.: AREA, 1990.
*Lokalt læreplanarbeid.* Oslo: Grunnskolerådet og Universitetsforlaget, 1985.
Loomis, C. P.: *Social Systems.* Princeton, New Jersey. D. van Nostrand, 1960.
Loránd, Ferenc (1993): *Contradictions in the Democratization Process of Public Education in Hungary.* IMTEC Schoolyear 2020 MAP.
Lortie, D. (1975): *School Teacher: A Sociological Study.* Chicago: University of Chicago Press.
Lortie, D. C.: The Balance of Control and Autonomy in Elementary School Teaching. I *The Semi-Professions and their Organisation.* A. Etzioni (red.), New York: Free Press, 1969, s. 1–53.
Lortie, D. C.: *Schoolteacher. A Sociological Study.* Chicago: University of Chicago Press, 1975.

Lortie, D. C.: *An exploration of urban school structure and teacher professionalism*, Chicago: Center for new Schools, 1977.
Lortie, D. C.: Built-in tendencies toward Stabilizing the Principal's role. *Journal of Research and Development in Education*, Vol. 22, No. 1, høst 1988.
Loucks, S. og Hall, G. (1979): *Implementing innovations in schools; a concern-based approach.* AERA.
Louis, K. S.: External Agents and Knowledge Utilization: Dimensions for Analysis and Action. I Lehming, R. & Kane, M.: *Improving Schools; Using What We Know.* Beverly Hills: Sage, 1981.
Louis, K. S. og M. B. Miles (1990): *Improving the Urban High School: What Works and Why.* New York: Teachers College Press.
Lundberg, C. G. (1976): »It's 1986, what's O.D. like now?« *Changing Organization*, 1, nr. 1, november, s. 1, 5–7.
Lundgren, U. P.: *Model Analysis of Pedagogical Processes.* Stockholm, 1977.

Madaris, G., Airasian, P.: Kellaghan, T.: *School Effectiveness, A reassessment of the Evidence.* New York: McGraw-Hill, 1980.
Madsèn, T. (1993): »Skolutveckling och lärares kompetensutveckling i ett helhetsperspektiv«. Manus til Torsten Madsén (red.): *Om lärares eget lärande.* Lund: Studentlitteratur.
Malik, F. (1981): »Management Systeme«. *Die Orientierung*, nr. 78, Bern: Schweizerische Volksbank.
Mann, D. (1991): »School Reform in the United States: A National Policy Review 1965–91«, presentert på IMTEC-kongressen i Sochi, Russland, 6.–14. september 1991.
March, J. G.: Model bias in social action. *Review of Educational Research*, 1972, 42.
March, J. G., Analytical Skills and the University Training of Administrators. *The Journal of Educational Administration* I, 8, 1974, s. 30–54.
March, J. G. og Olsen, J. P.: *Ambiguity and Choice in Organizations.* Oslo: Universitetsforlaget, 1976.
March, J. G.: The Technology of Foolishness. I March, J. G. og Olsen, J.: *Ambiguity and Choice in Organizations.* Oslo: Universitetsforlaget, 1976.
March, J. G. (1979): »Analytic skills and the university training of Educational administrators«. *The Journal of Educational Administration*, 12.1 s. 17–44.
Marris, P.: *Loss and Chance.* New York: Anchor Press/Doubleday, 1975.
Martin, W.: *The Managerial Behavior of High School Principals.* Doktoravhandling, The Pennsylvania State University, 1980.
Maslow, Abraham: *Towards a Psychology of Being.* Princeton: Van Nostrand, 1962.
Maslow, A.: *Motivation and Personality.* New York: Harper & Row, 1954.
Maslow, A. H.: *Motivation and Personality* (2. utgave). New York: Harper & Row, 1967.

McDonald, B. og Walkerm, R. (red.): *Innovation, Evaluation, Research and the Problem of Control*. Norwich, United Kingdom: SAFARI-PROJECT, University of East Anglia, 1974.

McGregor, D.; *The Human Side of Enterprise*. New York: McGraw-Hill, 1960.

McGregor, Douglas: On leadership, *Antioch Notes* (May 1954): 2-3.

McKibbin, S.: Traditional Organisational Theory in Educational Administration. I *Alternative Perspectives for Viewing Educational Organization*. San Francisco: Far West Lab., 1981.

McPherson, Kate (1991): »Project Service Leadership«. *Phi Delta Kappan* 72, nr. 10 (juni).

Mcadows, B. V. (1993): »Through the Eyes of Parents«. *Educational Leadership* 51, nr. 2 (oktober).

Meyer, J. W. og Rowan, B.: Institutionalized organizations: formal structure as myth and ceremony. *American Journal of Sociology*, 83 (2), 1977, s. 340-63.

Meyer, J. W. og Rowan, B.: The structure of educational organizations. I Meyer, M. W. m. fl. (red.): *Environment and organizations*. San Francisco: Jossey-Bass, 1978.

Meyer-Dohm, P. (1988): »Neue Technologien: Herausforderung für die Qualifikation der Mitarbeiter im Betrieb«, s. 169-88: I S. Bachmann, M. Bohnet og K. Lompe (red.): *Industriegesellschaft im Wandel: Chancen und Risiken heutiger Modernisierungsprozesse*. Hildesheim: Olms Weidmann.

Meyer-Dohm, P. og P. Schneider (1991): *Berufliche Bildung im lernenden Unternehmen. Neue Wege zur beruflichen Qualifizierung*. Stuttgart: Klett.

Michaelson, J. R.: Revision, bureaucracy, and school reform: a critique of Katz. *School Review* 85 (2), 1977, s. 229-45.

Mietz, J. (1994): »Das vernachlässigte Subjekt«. *Pädagogik*, nr. 5.

Milber, L. og Lieberman, A.: School Leadership. Between the Cracks. *Educational Leadership*, Vol. 39, nr. 5, 1982.

Miles, M. B.: *Learning to work in groups*. New York: Teachers College Press, 1959.

Miles, M. B.: Mapping the common properties of schools. Lehming, R. & Kane, M. (red.), *Improving schools: using what we know*. Santa Monica, CA.: Sage, 1981.

Miles, M. B., Ekholm, M. og Vandenberghe, R.: *Lasting school improvement: exploring the process of institutionalization*. Leuven, Belgium and Amersfoort, the Netherlands: ACCO, 1987.

Miles, M. B. og Louis, K. S.: Research on institutionalization: a reflective review.

Miles, M. B., Ekholm, M. og Vandenberghe, R. (red.): *Lasting school improvement: exploring the process of institutionalization*, Leuven, Beligum: ACCO, 1987.

Miles, M. B.: *Innovation in Education*. New York: Teachers College, Columbia University, 1964.

Miles, M. B.: The T-group and the classroom. Bradford, L.P., Benne, K. D. og

Gibb, K. D. (red.): *T-group theory and laboratory method: innovation in reeducation.* New York: Wiley, 1964, S. 452–476.

Miles, M. B.: Planned change and organizational health: figure and ground. I Carlson, R. O. m. fl.: *Change processes in the public schools.* Center for the Advanced Study of Educational Administration. University of Oregon, 1965, s. 11–36.

Miles, M. B.: Some properties of schools as social systems. I G. Watson (red.): *Change in school systems.* Washington, D.C.: National Training Laboratories, NEA, 1967.

Miles, M. B.: *The development of innovative climates in educational organizations.* Research Note, Educational Policy Research Center, Stanford Research Institute, 1969.

Miles, M. B.: Improving schools through organizational development: an overview. I Schmuck, R. A. og Miles, M. B. (red.): *Organizational Development in Schools.* Palo Alto: National Press, 1971, s. 1–27.

Miles, M. B.: *40 years of Change in Schools: Some Personal Reflections,* Foredrag for AERA, San Francisco, April 23, 1992.

Miles, M. B. og Kaufman, T.: Directory of Effective Schools Programs. I R. Kyle (red.): *Reaching for excellence: an effective schools sourcebook.* Washington, 1985.

Miles, M. B.: *Common Properties of Schools in Context: The Backdrop for Knowledge Utilization and »School Improvement«,* NIE, 1980.

Miles, M. B.: *Practical guidelines for school and administration: How to get there.* Paper presented at AERA annual meeting, 1987.

Miles, M. B., Saxl, E. R. og Lieberman, A.: What skills do educational »change agents« need? An empirical view. *Curriculum Inquiry* 18 (2), s. 157–193, 1988.

Miles, M. B. (1967): »Some properties of schools and social systems«. I G. Watson (red.): *Change in Schools Systems.* Washington, D.C.: National Training Laboratories.

Miles, M. B. (1971): Improving schools through organizational development; an overview. I R. A. Schmuck og M. B. Miles (red.): *Organization Development in Schools,* s. 1–27, Palo Alto, Calif.: National Press.

Miles, M. B. og K. S. Louis (1990): *Mustering the Will and Skill for Change. Educational Leadership* 47, nr. 8, mai.

Milstein, M. M. (1977): »Adversarial relations and organization development: are they compatible?« Foredrag ved American Educational Research Association, april 1977.

Ministry of Education (1993a): »Education for the 21st Century – A discussion document«. Wellington: Learning Media.

Ministry of Education (1993b): *Three Years On: The New Zealand Education Reforms 1989–1992,* Wellington: Learning Media.

Ministry of Education (1993c): *The New Zealand Curriculum Framework.* Wellington.

Mintzberg, H.: *Mintzberg on management.* New York: The Free Press, 1989.

Mintzberg, H.: The Effective Organisation. Forces and Forms. *Sloan Management Review* No. 54, Winter 1991.
Miskel, C. og R. Ogawa (1988): »Work motivation, job satisfaction, and climate«, I N. Boyan (red.): *Handbook of educational administration*, s. 279–304. New York: Longman.
Mitchell, D. m. fl. (1993): *Hear Our Voices*. Final Report of Monitoring Today's Schools Research Project, University of Waikato, New Zealand.
Monsen, Lars (red.): *Kunnskapssosiologi og skoleutvikling*. Oslo: Universitetsforlaget, 1978.
Morgan, G.: *Organisasjonsbilder*, oversatt av Dag Gjestland, Oslo: Universitetsforlaget, 1988.
Mort, P. R. og Cornell, F. G.: *American Schools in Transition*. New York: Bureau of Publications, Teachers College, 1941.
Mortimore, P. m. fl.: *School matters: The Junior years*. Somerset, UK: Open Books, 1988.
Moxnes, P.: *Dyproller: Helter, hekser, horer og andre mytologiske roller i organisasjonen*. Oslo: Forlaget Paul Moxnes, 1993.
Mulhauser, F.: *Recent research on the principalship – a view from NIE*. Washington, D.C.: National Institute of Education, 1981.
Murphy, J.: *Restructuring schools: capturing and assessing the phenomena*. New York: Teachers College Press, 1991.
Mutzek, W. (1988): *Von der Absicht zum Handeln. Rekonstruktion und Analyse subjektiver Theorien zum Transfer von Fortbildungsinhalten in den Berufsalltag*. Weinheim.
Myhre, R.: *Den norske skoles utvikling*. Oslo: Fabritius, 1976.
*Mønsterplan for grunnskolen*. Revidert og midlertidig utgave 1985. Oslo: Aschehoug, 1986.

Nias, J., Teacher Satisfaction and Dissatisfaction: Herzberg's »two-factor« hypothesis revisited. *British Journal of Sociology of Education*, Vol. 2, nr. 3, 1981.
Naisbitt, John og Patricia Aburdene (1990): *Megatrends 2000: Ten New Directions for the 1990s*. New York: Avon Books.
Nathan, Joe og Jim Kielsmeier (1991): »The Sleeping Giant of School Reform«, *Phi Delta Kappan* 72, nr. 10 (juni).
National Education Association (NEA): *Action Plan for Restructuring Schools: The Learning Laboratories*. IMTEC Schoolyear 2020 MAP nr. 231.
New Zealand Qualifications Authority (NZQA) (1992): *Learning to learn, An introduction to the new National Qualifications Framework*. Wellington.
Newton, Earle (1988): Implementation of a Provincial School Improvement Program; Problems and Possibilities for 2020. IMTEC Schoolyear 2020 MAP nr. 390.
Niedermeyer, F. C.: *A model for the implementation of outcomes-based instructional products*. Rapport presentert for American Educational Research Association årsmøte, 1979.

Niemczynski, Adam m. fl. (1993): How to Develop a Democratic Culture of School in the Changing Polish Society. IMTEC Schoolyear 2020 MAP nr. 401.
Noewle, Thomas (1993): »Growing up Responsible«. *Educational Leadership* 51, nr. 3 (november).
NOU, 1978 II. Evalueringsutvalgets utredning nr. 2. *Vurdering, kompetanse og inntak i skoleverket.*
Novotny, J. M. og Tye, K. A.: *The Dynamics of Educational Leadership*, 2nd ed. Los Angeles: Educational Resource Associates, Inc., 1973.
Nuthall, G. (1993): »*Education reform four years on*«, Christchurch Press, 23. november 1993.
NZQA (1993a): *A Future with Standards*. Wellington.
NZQA (1993b): *Quality Management Systems for the National Qualifications Framework.* Wellington.
NZQA (1994): *Tomorrow's Learners,* Wellington.
Næringslivets Hovedorganisasjon (1991): Kunnskap er makt. Oslo.

Öquist, O. (1993): »Nationales Bewertungsprogramm für die schwedische Pflichtschule (Klasse 9) Frühjahr 1992«. I: Landesinstitut für Schule und Weiterbildung (Hrsg.): *Schulentwicklung und Qualitätssicherung. Entwicklungen, Diskussionen, Ansätze und Verfahren aus Schweden,* Soest, s. 23-27.

Odmark, Torsten (1993): *From Detailed State Regulation to Municipal Wisdom: A Change of Paradigm in Swedish School Politics: The Uppsala Project.* IMTEC Schoolyear 2020 MAP.
OECD (1973): *Case Studies of Educational Innovation. The Regional Level,* bd. 2.
OECD (1981): *In-Service Education and Training of Teachers and Educational Change,* CERI/OECD, TE/80-08.
OECD (1989): *Schools and Quality, An International Report.* Paris.
OECD: *Schools and Quality,* An International Report. Paris, 1989.
Olsen, J. P.: Choice in an organized anarchy. I March, J. G. og Olsen, J. P.: *op. cit.,* 1976, s. 82-139.
Ofsted (1994): *A Focus on Quality.* Office for standards in education, London.
Olsen, Johan P. (1990): *Demokrati på svenska.* Stockholm, Carlssons.
Olson, L. og R. Rothman (1993): »Roadmap to reform«. I: *From Risk to Renewal* s. 187-198. Washington D.C.
Olsson, R. G. (1980): *Ekonomisk uppföljning.* Rapport I från skolledarutbildningens ekonomiska arbetsgrupp, Linköping.
Onosko, J. J. (1992): Exploring the Thinking of Thoughtful Teachers. *Educational Leadership,* 49, nr. 7, april.
Oregon Department of Education (1992): *Oregon 21st Century Schools. Task Force Report.* Salem, Oreg.
Orlich, D., Ruff, T. og Hanson, M.: Stalking curriculum: or where do principals

learn about new programs? *Educational Leadership* 33, s. 614–21.
Osterman, P. (1989): »Training for Real Jobs«. Transatlantic Perspective 19.
Ouchi, W. G.: Markets, bureaucracies and clans. *Administrative Science Quarterly,* 1980, 25, s. 129–41.

Packard, J. S.: *Schools as work organizations.* Rapport presentert for Symposium on Organizational Characteristics of Schools. University of California, Santa Barbara, 10. februar 1977. Eugene, OR: Center for Educational Policy and Management, University of Oregon, 1977.
Papadakis, Elim og Peter Taylor-Goodby (1987): *The Private Provision of Public Welfare.* Brighton: Wheatsheaf.
Patterson, J., Purkey, S. og Parker, J.: *Productive School Systems for a Nonrational World.* Alexandria, Virginia: ASCD, 1986.
Paulston, R. G.: *Folk Schools in Social Change.* Pittsburgh: University Center for International Studies, University of Pittsburgh, 1974.
Paulston, R. G.: *Conflicting Theories of Social and Educational Change: A Typological Review.* University Center for International Studies, University of Pittsburgh, 1976.
Pedro, R. E.: *Social Shalification and Classroom Discourse.* Stockholm, 1981.
Perls, Frederick: *Gestalt Therapy Verbatim.* Lafayette, California: Real People, 1968.
Persons, S. (red.): *Evolutionary Thought in America.* New Haven: Yale University Press, 1950.
Peters, T. og Waterman, R.: *In search of Excellence,* New York: Harper & Row, 1982.
Peters, Tom (1987): *In Search of Excellence.* New York: Harper.
Peterson, K.: The Principal's Task. *Administrator's Notebook* 26, 8, 1988.
Persons, S. (red.): *Evolutionary Thought in America.* New Haven: Yale University Press, 1950.
Pfeffer, J. og Salanick, G.: *The External Control of Organizations: A Resource Dependence Perspective.* New York: Harper & Row, 1978.
Pettigrew, A. M. (1982): »School Leader Education in Sweden: A Review with Some Questions«. Seminarrapport fra Helsingør.
Pharis, W. og Zakariya, S.: *The Elementary School Principalship in 1978: A Research Study.* Arlington, VA: National Association of Elementary School Principals, 1979.
Picot, B. (1988): *Administering for Excellence: Effective Administration in Education.* Report of the Taskforce to Review Education Administration, Wellington.
Pink, W. T. (1989): *Effective Staff Development for Urban School Improvement.* Paper presented at American Educational Research Association annual meeting.
Pitner, N. J.: *Administrator Training: What Relation to Administrator Work?* Los Angeles, CA: AAERA, april 1981.

# Literatur

Pitner, N. J.: *Training of the School Administrator: State of Art.* NIE-rapport, Center for Educational Policy and Management, University of Oregon, Eugene, Oregon, febr. 1982.

Porras, J. and Berg, P.: Evaluation methodology in organization development. An analysis and critique. *Journal of Applied Behavioral Science,* Vol. 14, No. 2, 1978, s. 151–173.

Postman, Neil (1987): *Will the New Technologies of Communication Weaken or Destroy What Is most Worth Preserving in Education and Culture?* IMTEC Schoolyear 2020 MAP nr. 360.

Purkey, S. og Smith, M.: Effective Schools: A Review. *Elementary School Journal,* 427–452, 1983.

Raaen, Finn Daniel: Hva vil det så si å være i forsøk? *Norsk Pedagogisk Tidskrift* nr. 3–4/1983.

Rae, K. (1994): *New Zealand Self-Managing Schools and Five Impacts in 1993 from the Ongoing Restructuring of Educational Administration,* NZAEA, 16.–19. januar 1994, Auckland.

Ragsdale, Ronald, 1987: *Computers in the School of the Future.* IMTEC Schoolyear 2020 MAP nr. 362.

Ragsdale, Ronald G. og Brian Durell (1994):»Final Report: Happy Valley Computer Project«. Presented to the Rural County Board of Education in January.

Ramos, A. G.: Models of Man and Administrative Theory. I *Management in Education. The Management of Organisations and Individuals,* Hougton, V., McHugh, R. og Morgan, C. (red.), London: Ward Lock, 1975.

Reddin, W. J.: *Management Effectiveness.* New York: McGraw-Hill, 1970.

*Regjeringens proposition 1990/1991: 18: Ansvaret för skolan.*

Reichard, C. von (1992):»Kommunales Management im Internationalen Vergleich«, I Städtetag 12/1-1992.

Resnick, L. (1983):»Toward a Cognitive Theory of instruction«, I S. Paris, G. Olson og H. W. Stevenson (red.): *Learning and motivation in the classroom.* Hillsdale, N. Y.: Erlbaum.

*Review of Educational Research* (1993): AERA, høsten 1993, 65, nr. 3. Washington D.C.

Reynold, D. og P. Cuttance (1992): *School Effectiveness: Research, Policy and Practice.* London: Heinemann (1973).

Reynolds, David (1988): *Effective Schools Research in Great Britain: The End of the Beginning.* IMTEC Schoolyear 2020 MAP nr. 373.

Reynolds, D. og Cuttance, P.: *School Effectiveness: Research, Policy and Practice.* London: Cassell, 1992.

Rice, A. K.: *The Enterprise and Its Environment.* London: Tavistock, 1963.

Richardson, J. Elizabeth: *The Teacher, the School and the Task of Management.* London: Heinemann, 1973.

Riecken, H. W. og Homans, G. C.: Psychological aspects of social structure. I G. Lindzey (red.): *Handbook of social psychology.* Cambridge: Addison-Wesley, 1954, s. 786–829.

513

Riedl, Richard og Shannon Carroll (1993): Impact North Carolina: 21st Century Education. *T.H.E. Journal* 21 nr. 3 (oktober).
Robinsohn, Saul B. og Kuhlman, Caspar J.: Two Decades of Non-reform in West German Education. *Comparative Education Review,* Vol. XI, No 3, October 1987.
Rogel, Jeannie: *Action Research on Cooperative Learning.* IMTEC Schoolyear 2020 MAP nr. 228.
Rogers, Everett M. (1962): *Diffusion of Innovations.* New York: The Free Press.
Rogers, Carl R.: *On Becoming a Person,* Boston: Houghton Mifflin, 1961.
Rogers, E.: *The Diffusion of Innovation.* Free Press, 1962.
Rolff, H. G. (1993): *Wandel durch Selbstorganisation. Theoretische Grundlage und praktische Hinweise für eine bessere Schule.* Weinheim/München.
Rolff, H. G. (1994a): *Bremen: A Twofold Project in Organisational Development.* IMTEC, Oslo.
Rolff, H. G. (1994b): »Gestaltungsautonomie verwirklichen. Lehrerinnen und Lehrer als Träger der Entwicklung«. *Pädagogik,* nr. 4, 1994.
Rommetveit, R.: *Språk, tanke og kommunikasjon.* Oslo: Universitetsforlaget, 1972.
Roosens, Eugeen (1994): »Education for Living in Pluriethnic Societies«. Paper prepared for the Carnegie Corporation's *Frontiers in the Education of Young Adolescents,* a conference held at Marbach Castle, Germany from Nov. 3–5.
Rosenholtz, S.: *Teachers' workplace: The social organization of schools.* New York: Longham, 1989.
Rotchild-Whitt, J.: The collectivist organization: An alternative to rational-bureaucratic models. *American Sociological Review,* 1979, 44, s. 509–27.
Rowan, B.: Commitment and Control: Alternative Strategies for the Organizational Design of schools, I Cazden, C. B. (red.): *Review of Research in Education,* nr. 16. Washington, D.C.: AERA, 1990.
Rowan, B. (1990): *Organizational Design of Schools.* Michigan State University.
Rubin, J. Z. og Brown, B. R.: *The Social Psychology of Bargaining and Negotiation.* New York: Academic Press, 1975.
Runkel, P. J. and Bell, W.: Some conditions affecting a school's readiness to profit from O. D. Training. *Education and Urban Society,* Vol. 8, No. 2, februar 1976, s. 127–144.
Runkel, P. J. m. fl.: *Transforming the school's capacity for problem solving.* Eugene. OR: Center for Educational Policy and Management, University of Oregon, 1978.
Rust, V. D.: *Alternatives in education: Theoretical and historical perspectives.* London: Sage, 1977.
Rust, V. D.: The Common School Issue. A Case of Cultural Borrowing. W. Correll og F. Sullwold (red.): *Forschung und Erziehung.* Donauwörth: Auer, 1968.
Rust, Val D. (1989): *The Democratic Tradition and the Evolution of Schooling in Norway.* Westport, Conn.: Greenwood Press.

Rust, Val D. (1993): *East German Education in Transition: Blenheim Street School.* IMTEC Schoolyear 2020 MAP.
Rust, Val D. (1994): »Berufsausbildung im Zeitalter der Postmoderne«. *Zeitschrift für Pädagogik.*
Rust, Val D., Peter Knost og Jürgen Wichmann (1994): *Education and the Values Crisis in Central and Eastern Europe,* Franfurt am Main: Peter Lang.
Rutter, M. m. fl. (1979): *Fifteen Thousand Hours, Secondary Schools and their Effect on Children.* Somerset: Open Books.
Röhrs, Hermann (1983): Frieden – Eine Pädagogische Aufgabe. Idee und Realität der Friedenspädagogik. Agenter Pedersen: Westermann.
Röhrs, Hermann (1994): »The Pedagogy of Peace as a Central Element in Peace Studies: A Critical Outlook on the Future«. Pamphlet No. 63 of Peace Education Miniprints. Malmö.
Raaen, Finn Daniel: *The School in its Local Environment.* IMTEC Schoolyear 2020 MAP nr. 142.

Salancik, G. R. og Pfeffer, J.: An Examination of Need-Satisfaction Models of Job Attitudes. *Administrative Science Quarterly,* 1977, 22, 427–456.
Sandstad, S. og Wanberg R.: *Utviklingsarbeid i skolen.* Oslo: Forsøksrådet for skoleverket og Gyldendal, 1985.
Sandstrøm, Bjørn og Ekholm, Mats: *Stabilitet och förändring i skolan.* Utbildningsforskning FoU rapport 50, Skolöverstyrelsen og Liber Forlag, Stockholm 1984.
Sandstrøm, Bjørn og Ekholm, Mats: *Innovationer i grunnskolan – metoder og resultatern* Skolöverstyrelsen, 1986.
Sapolsky, H. M.: Organizational Structure and Innovation. *Journal of Business.* 40: 497–510, 1967.
Sarason, S.: *The Culture of the School and the Problem of Change.* Boston: Allyn & Bacon, 1971.
Sarason, S.: *The Creation of Settings and the Future Societies.* San Francisco: Jossey-Bass, 1972.
Sarason, S. (1982): *The culture of the school and the problem of change* (rev. utg.). Boston. Allyn & Bacon.
Sarason, S. (1990): *The predictable failure of educational reform.* San Francisco: Jossey-Bass.
Sarason, S. B., K. S. Davidson og B. Blatt (1986): *The preparation of teachers: An unstudied problem in education,* Cambridge, Mass.: Brookline Books.
Sashkin, M. og J. Egermeier (1993): *School Change Methods and Processes. A Review and Synthesis of Research and Practices.* Office of Educational Research and Improvement, US Department of Education, Washington D. C.
Schelling, T.: *The Strategy of Conflict.* Cambridge, Mass.: Harvard University Press, 1960.
Scherer, Marge (1992): »School Snapshot: Focus on African American Culture«. *Educational Leadership* 49, nr. 4 (december), s. 17–19.

Schmidt, Hermann (1983): Technological Change, Employment and Occupational Qualifications. *Vocational Training Bulletin* 11 (juni).

Schmidt, Hermann (1992): »German Vocational Education and the Dignity of Work«. I V. D. Rust, H. Silberman og M. Weiner (red.): *Vocational Education: Germany and the United States*. Berkeley, Calif.: National Center for the Study of Vocational Education.

Schmuck, R. A. (1982): »Education of School Leaders in Sweden: Assessment and Recommendation«. I seminarrapporten fra Helsingør, april 1982.

Schneider, F.: The Immanent Evolution of Education: A Neglected Aspect of Comparative Education. *Comparative Education Review 4*, 1961 s. 13639.

Schon, D.: *The reflective practitioner*. New York: Basic, 1983.

Schutz, William: *Joy: Expanding Human Awareness*, New York: Growe, 1967.

Schwarz, P.: Management in Non-profit Organisations. *Die Orientierung*, nr. 88, Schweizerische Volksbank, Bern, 1986.

Selznick, P.: *Leadership in Administration*, New York: Harper & Row, 1957.

Senge, P. M.: *The Fifth Discipline, The Art & Practice of The Learning Organization*, New York: Doubleday Currency, 1990.

Sergiovanni, T. J.: Is Leadership the Next Great Training Robbery? *Educational Leadership*, 36,6, March 1979.

Sergiocanni, T. J. og Elliot, D. L.: *Educational and Organizational Leadership in Elementary Schools*. Englewood Cliffs, N. J.: Prentice-Hall, 1975.

Shanker, A. (1990): »Staff development and the restructured school«. I B. Joyce (red.): *Changing school culture through staff development*, s. 91-103. Alexandria, Va.: Association for Supervision and Curriculum Development.

Sheppard, D.: Neighbourhood Norms and the Adoption of Farm Practices. *Rural Sociology*, 25, 1960, s. 336-358.

Showers, B.: *Coaching: A Training Component for Facilitating Transfer of Training*. Foredrag ved årsmøtet i American Educational Research Association, Montreal 1983.

Sieber, S. D.: Organizational influences on innovative roles. I Eidell, T. L. og Kitchel, J. M. (red.): *Knowledge production and utilization in educational administration*. Eugene, Oregon: CASEA, 1968.

Sieber, S. D.: *Incentives and disincentives for knowledge utilization in public education*. Program on Research and Educational Practice. Washington D.C.: National Institute of Education, 1980.

Silberman, C. E.: *Crisis in the Classroom*. New York: Vintage Books, 1971.

Silcox, Harry (1991): »Abraham Lincoln High School: Community Service in Action«. *Phi Delta Kappan* 72, nr. 10 (juni).

Simmons, J.: *The Educational Dilemma, Policy Issues for Developing Countries in the 80s*. Oxford: Pergamon Press, 1980.

Simon, Herbert: Making Management Decisions: The Role of Intuition and Emotion. *Academy of Management Executive*. Februar 1987, s. 58-59.

Sivard, Ruth Leger (1987): *World Military and Social Expenditures 1987-88*, Washington D.C.: World Priorities.

Sjøberg, S.: *Elever og lærere sier sin mening.* Rapport nr. 1 fra SISS: Universitetsforlaget, 1986.

*Skolen i 70-årene.* Forsøk og reform nr. 17. Oslo: Universitetsforlaget, 1969.

Skrindo, M.: Normerte prøver i norsk – hvilke mål fremmer de? *Norsklæreren* nr. 3, 1981.

Skyum-Nilsen, S.: *At lede skoler i dag – på psykologisk grunnlag.* Vejle: Krogs Forlag A/S, 1985.

Slavin, R. E. (1990): »Achievement effect of ability grouping in secondary schools: A best-evidence synthesis«. *Review of Educational Research,* 60, s. 471–499.

Sleeter, Christine E. (red.) (1991): *Empowerment through Multicultural Education.* Albany, N. Y.: State University of New York Press.

Sloan, Douglas (1982): »Toward an Education for a Living World«. *Teachers College Record* 84, nr. 1.

Smith, L. M. og Keith, P. M.: *The Anatomy of Educational Innovations: An Organizational Analysis of an Elementary School.* New York: John Wiley, 1971.

Snyder, K. J. (1988): *Managing Productive Schools.* San Diego, Calif.: Harcourt Brace Jovanovich.

Snyder, K. J., M. Acker-Hocevar og K. M. Snyder (1994): *Organisational Development in Transition: The Schooling Perspective.* Paper til AERA, New Orleans, 4.–8. april.

Snyder, K. J. og R. H. Anderson (1986): *Managing Productive Schools: Toward an Ecology.* San Diego, Calif.: Harcourt Brace and Jovanovich.

Soja, Edward W. (1989): *Postmodern Geographies: The Reassertion of Space in Critical Social Theory.* London: Verso.

Solmon, L. (1992): »An Economics Perspective of Vocational Education«. I V. D. Rust, H. Silberman og M. Weiner (red.): *Vocational Education: Germany and the United States.* Berkeley, Calif.: National Center for the Study of Vocational Education.

Solstad, A.: *Lederopplæring og organisasjonsutvikling – en modell.* IMTEC, 1985.

Solstad, Karl Johan: *Ein skole for samfunnet.* Cappelens Forlag, 1984.

Spence, L. D., Takei, Y. og Sim, F. M.: *Conceptualizing loose coupling: believing it seeing or the garbage can as myth and ceremony.* Rapport presentert for American Sociological Association meeting, 1978.

Stallings, J. A. (1989): »School achievement effects and staff development: What are some critical factors?« Paper presented at American Educational Research Association annual meeting.

Stanek, Milos (1993): *Demands of the Labour Market and Education in the Czech Republic.* IMTEC Schoolyear 2020 MAP nr. 431.

*Stanford Law and Policy Review,* bd. 4, vinteren 1992 og våren 1993.

Stewart, J. H.: *Theory of Culture Change: The Methodology of Multilinear Evolution.* Urbana: University of Illinois Press, 1955.

Stortingsmelding nr. 4, 1988–89.

Stortingsmelding nr. 33, 1992–93.

## Literatur

Stortingsmelding nr. 37, 1990–91.
Stortingsmelding nr. 39 (1983–84): *Om datateknologi i skolen.*
Stortingsmelding nr. 37 (1990–91): *Om organisering og styring i utdanningssektoren.*
Sykorova, Anna (1993): *The Position of a Teacher in the Process of Social Change.* IMTEC Schoolyear 2020 MAP nr. 477.
Sørmlands-modellen (udatert); Roller i omvandling för 90-tallet, Landstinget i Sörmland.

Tangerud, H.: *Mønsterplanen i søkelyset.* Oslo: Universitetsforlaget 1980.
Tangerud, Hans og Wallin, Erik: *Values and Contextual Factors in School Improvement.* CERI, OECD, Paris 1983.
Tannenbaum, R. og Schmidt, W. H.: How to Choose a Leadership Pattern. *Harvard Business Review,* mars – april 1957, s. 05–101.
Taylor, D. og C. Teddlie (1992): »Restructuring and the classroom: A view from a reform district«. Paper presented at the annual meeting of the American Educational Research Association, San Francisco.
Technology in Education Act of 1993 – s. 1040, 1994: *T.H.E. Journal* 21 nr. 1 (august).
Telhaug, A. O.: *Norsk skoleutvikling etter 1945. Didakta 1982.*
Telhaug, A. O.: Hvor blir det av pengene, visjonene, talentene? *Norsk Pedagogisk Tidsskrift,* 1985.
Tella, Seppo (1994): New Information and Communication Technology as a Change Agent of Change of an Open Learning Environment. Del 2. Research Report 133. Department of Teacher Education, University of Helsinki.
Tema 32 (1992): *Idékatalog om kvalitetsudvikling og selvevaluering, Undervisningsministeriet, Köbenhavn.*
Terhart m. fl.: *Berufsbiographien von Lehrern und Lehrerinnen.* Sluttrapport til DFG, Institutt for skole- og høgskoleforskning, Universität Luneburg, 1993.
»*The Kollegstufe«. Nordrhein-Westfalen, IMTEC, 1975.*
Thomas, Daniel C. og Michael T. Klaare (1989): *Peace and World Order Studies.* Boulder, Colo.: Westview Press.
Thomas, L. G.: *Types of Schooling for Developing Nations.* International and Developmental Education Program, School of Education, University of Pittsburgh, 1968.
Thompson, J. D.: *Sociology of the School.* London: Longman, 1968.
Thompson, J. D.: *Organizations in Action.* New York: McGraw-Hill, 1976.
Timmer, J.: *Small Range Innovations in Education.* Amsterdam: RITP, 1981 (intern publikasjon).
Tjeldvold, A.: *Evaluering av MOLIS.*
Toffler, Alvin (1990): *Powershift: Knowledge, Wealth, and Violence at the Edge of the 21st Century.* New York: Bantam Books.
Totten, Sam (1982): »Activist Educators«. *Teachers College Record* 84, nr. 1.
Trist, E. L. og Bamforth, K. L.: Some Social and Psychological Consequences of the Long Wall Method of Coal-Getting, *Human Relations,* 1951, 4, 4, 3–38.

# Literatur

Tveiten, Toralf: *An Investigation on organizational climate in primary schools in Norway.* Agder distriktshøgskole, 1975.

Tye, K. A.: *Changing Our Schools: The Realities.* IDEA Technical Report nr. 30. The Laboratory for School and Community Education, UCLA, 1981.

Undervisningsministeriet (1993): Rapport fra et besøg på N. Zahles Gymnasieskole, København.

Undervisningsministeriet m. fl. (1990): *Folkeskolens nye styringsregler,* 2. utgave.

UNICEF (1988): *The State of the World's Children.* New York: Oxford University Press.

U.S. Department of Education (1988): *High school and beyond administrator teacher survey (1984): Data file users manual.* Washington, D.C.: U.S. Department of Education.

Velzen, W. van, M. B. Miles, M. Ekholm, U. Hameyer og D. Robin (1985): *Making school improvement work: a conceptual guide to practice.* Leuven Amersfoort: Acco.

Versteeg, Dave (1993): »The Rural High School as Community Resource«. *Educational leadershp* 50, nr. 7 (april), s. 54–55.

Vestre, S. E.: *Mønsterplanen og arbeidet i skolen.* Oslo: Didakta, 1980.

Veugelers, W.: *The Modular Approach in the Netherlands: A Technical Rationality in the Relationship between Education and Labor.* IMTEC Schoolyear 2020 MAP nr. 160.

Von Christoph Reichard: Kommunales Management im internationalen Vergleich, *Der Städtetag* 12/1992.

Vormeland, O. (1982): »Examination of the Swedish School Leader Education Studies. Data and Observations at the local level«. I seminarrapporten fra Helsingør, april 1982.

Wallace, M. (1991): »Contradictory interests in policy implementation: The case of LEA development plans for schools«. *Journal of Educational Policy,* 6, 4, s. 385–400.

Waltner, Jean Campbell (1992): »Learning from Scientists at Work«. *Educational Leadership* 49, nr. 6 (mars).

Wang, M. C., G. D. Haertel og H. J. Walberg (1993a): »Toward a knowledge base for school learning«. *Review of Educational Research,* 63, s. 249–294.

Weber, M.: *The Theory of Social and Economic Organization,* redigert av Talcott Parsons, oversatt av A. M. Henderson og Talcott Parsons. New York: The Free Press, 1964, s. 339.

Weeren, J. van, P. van Dam og M. Wijnstra (1992): »Zentrale Tests und Prüfungen in den Niederlanden«. I K. Ingenkamp og R. Jäger: *Test und Trends. 9. Jahrbuch der Pädagogischen Diagnostik.* Weinheim/Basel, s. 151–175.

Wehlage, G., G. Smith og P. Lipman (1992): »Restructuring Urban High Schools:

519

## Literatur

The New Futures Experience«. *American Educational Research Journal*, 29, 1, s.-51-93.
Weick, K. E.: *The Social Psychology of Organizing*. Reading, Mass.: Addison Wesley, 1969.
Weick, K. E.: Educational organizations as loosely coupled systems. *Administrative Science Quarterly*, 1976, 21, s. 1-19.
Weick, K. E.: *Loosely coupled systems relaxed meanings and thick interpretations*. Upublisert manuskript, Cornell University, 1980.
Weiler, H. N.: Legalization, Expertise and Participation: Strategies of Compensatory Legitimation in Educational Policy. *Comparative Educational Review*, vol. 27, 259-277, 1983.
Weiler, H. N. (1990): »Desentralisering og styring av utdanning – En øvelse i motsigelser?« I M. Granheim, U. P. Lindgren og T. Tiller (red.): *Utdanningskvalitet – styrbar eller ustyrlig?* Oslo: Tano, s. 47-72.
Weindling, R. og Earley, P.: *Secondary Headship. The First Year*. Windsor: NFER-Nelson, 1987.
Weisbord, M.: How do you know it works if you don't know what it is. *OD Practitioner*, Vol. 9, No. 3, 1977, s. 1-9.
Weisbord, M.: The wizard of O. D. *OD Practitioner*, Vol. 10, No. 2, 1978, s. 1-7.
Wennås, O. (1989): *Vem skall styra vad i skolan – och hur?* Utbildningsförlaget.
White, Alice (1988): *Education in the Information Age*. IMTEC Schoolyear 2020 MAP nr. 376.
White, R. og Lippit, R.: *Autocracy and Democracy: An Experimental Inquiry*. New York: Harper & Row, 1960.
Whitehouse, Richard: Patterns of Innovation in Two Schools undergoing Comprehensive Reorganization. Unpublished Ph. D. 1978, University of Bristol.
Wilkening, E. A. og D. Johnsen (1952): »Goals in Farm Decision-Making as related to Practice Adoption«. I *Wisconsin Agricultural Experiment Station Research Bulletin*, 225, Madison.
Williams, Richard og Margaret Heritage (1988): *Increasing Lay Power in School Site Management: Comparing and Contrasting England and Chicago*. IMTEC Schoolyear 2020 MAP nr. 383.
Willms, D. og F. Echols (1993): »Alert and Inert Clients: The Scottish Experience of Parental Choice in Schools«. *Economics of Education Review*, 11, s. 339-350.
Willower, D. J.: Educational change and functional equivalents. *Education and Urban Society*, 2. august 1970.
Wilson, G. og Wilson, M.: *The Analysis of Social Change*. Cambridge: Cambridge University Press, 1965.
Wilson, H. C.: On the Evolution of Education. I *Learning and Culture, Proceedings of the 1972 Annual Spring Meeting of the American Ethnological Society*. Redigert av S. T. Kimball og J. H. Burnett. Seattle: University of Washington Press, 1973, s. 211-44.
World Bank: *Education Sector Paper*, 1978.

Wylie, C. (1994): *Self-managing Schools in New Zealand: The fifth year.* NZCER, Wellington.

Yarger, S. J., K. R. Howey og B. R. Joyce (1980): *In-service Teacher Education.* Palo Alto, Calif.: Booksend Laboratory.

Yarger, S. J. (1990): »The Legacy of the Teacher Center«. I *Changing School Culture Through Staff Development.* 1990 Yearbook, ASCD, Alexandria, Va.

# LUCHTERHAND – 75 JAHRE VON PROFI ZU PROFI

## 1924
Verlags-Gründung in Berlin durch Hermann Luchterhand (1886–1950).

Erste Verlagserzeugnisse: Steuerinformationen und Formblätter. Entwicklung des Loseblattwerks „Handbuch für das Lohnbüro".

## 1934
Eintritt von Eduard Reifferscheid (1899–1992) als Prokurist in den Verlag, später Mehrheitsgesellschafter und Geschäftsführer.

Allmählicher Aufbau des juristischen Fachbuchprogramms. Edition von ergänzbaren Loseblattwerken aus verschiedenen Rechtsgebieten und Einzeldarstellungen zum Wirtschaftsrecht.

## 1945
Nach Ausbombung von Verlag und Druckerei 1943/44 beginnt Eduard Reifferscheid im Sommer mit dem Wiederaufbau.

## 1948
Eröffnung einer Zweigniederlassung am heutigen Hauptsitz Neuwied/Rhein.

Konsequente Entwicklung von Loseblattwerken, Büchern und Zeitschriften in zahlreichen Rechtsgebieten.

## 1955
Start des Belletristik-Programms, u.a. mit Werken von Günter Grass, Peter Härtling, Eugène Ionesco, Georg Lukács, Anna Seghers, Christa Wolf und den Nobelpreisträgern Miguel A. Asturias, Alexander Solschenizyn, Pablo Neruda und Claude Simon.

## 1972
Erweiterung der Programmpalette durch „Alternativkommentare" und zahlreiche juristische Fachzeitschriften.

## 1987/88
Verkauf des Luchterhand Verlags an den holländischen Verlagskonzern Kluwer NV. Verkauf des literarischen Verlagsteils und Integration juristischer Kleinverlage in den Luchterhand Verlag, dadurch Gründung einer Niederlassung in Frankfurt/Main. Seitdem ist Luchterhand ein Unternehmen der Verlagsgruppe Wolters Kluwer, Amsterdam.

## 1991
Übernahme pädagogischer Programmteile vom Berliner Verlag Volk und Wissen. Gründung der Berliner Niederlassung. Verlegung der Niederlassung Frankfurt/Main nach Kriftel (Taunus).

## 1991/92
Erste elektronische Produkte, Disketten und CD-ROM.

## 1994
Erwerb des auf Architektur, Bautechnik, Bauwirtschaft und Baurecht spezialisierten Werner Verlages, Düsseldorf.

## 1998
Erwerb des Fachverlages Deutscher Wirtschaftsdienst, Köln, mit den Programmschwerpunkten Außenwirtschaft, Wirtschaftsförderung, Personalmanagement sowie Informationstechnologie.

## 1999
Der Hermann Luchterhand Verlag feiert sein 75jähriges Bestehen. Insgesamt sind 1.500 Titel – als Buch, Loseblattwerk, Tabelle, Formular, CD-ROM/Diskette sowie rund 30 Fachzeitschriften – zu den Schwerpunkten Recht, Wirtschaft, Steuern, Bildung, Erziehung und Soziale Arbeit lieferbar.

# Schule auf dem Weg in das 21. Jahrhundert

*Per Dalin*
**Schule auf dem Weg in das 21. Jahrhundert**
*1997, 252 Seiten, kartoniert,*
*DM 39,80*
*öS 291,–/sFR 39,80*
*ISBN 3-472-02578-6*

Die Publikation beschreibt die Planung von Schule für das kommende Jahrhundert.

Folgende Themenbereiche werden behandelt:
- Das Lernverhalten von Kindern und Jugendlichen
- Die veränderten schulischen Bedürfnisse
- Das Erreichen professionellen Standards
- Zeitgemäße Bildungsmodelle für die Zukunft
- Jugend in der zukünftigen Gesellschaft
- Theorien und Strategien schulischer Entwicklung
- Zur Sozialisation von Kindern und Jugendlichen
- Die Medien – der neue »Schrittmacher«
- Planungen der zukünftigen Schule
- Wege einer wertorientierten Gesellschaft
- Kriterien einer »guten« Schule
- Eine ökologische Vision: Leben in Harmonie mit der Natur
- Von einer monokulturellen zu einer multikulturellen Gesellschaft
- Zusammenfassung: Hin zu einer neuen Ethik.

Die Hinweise auf eine verändernde Pädagogik basiert auf dem Ergebnis der Beratungen und Gespräche von Personen, die sowohl konzeptionelle, wie auch praktische Beispiele zu einer Veränderung von Schule geleistet haben.

**Bezug über Ihre Buchhandlung oder direkt beim Verlag.**

Postfach 2352 · 56513 Neuwied
Tel.: 02631/801-0 · Fax:/801-204
info@luchterhand.de
http://www.luchterhand.de

VON PROFI ZU PROFI